감정은 어떻게 만들어지는가?

How Emotions Are Made

감정은 어떻게 만들어지는가?

리사 펠드먼 배럿
최호영 옮김

Thinking Lab
생각연구소

소피아Sophia에게 이 책을 바칩니다.

| 추천의 글 |

감정 연구 분야에서 이룩한 성과들을 빠르게 이해하도록 돕는 설득력 있는 사례와 이야기들.

_〈월스트리트저널〉

최신의 뇌과학이 이뤄낸 발견들과 깜짝 놀랄 만한 것들로 가득 차 있다.

_〈포브스〉

감정의 기원에 대한 놀라운 사실과 이론들을 증명해낸 심리학 교수와 함께 떠나는 뇌 탐험 여행.

_〈북리스트리뷰〉

별 다섯 개! 감정의 본질에 대한 연구의 깊이는 다른 어떤 책보다 주목할 만하다. 감정적 관계의 다양한 양상을 하나로 엮어내어, 일반 독자들도 활용할 수 있는 정보로 풀어내고 있다. 가장 현실적인 독서의 기회를 제공한다.

_〈시애틀북리뷰〉

감정과 이성이 다툰다는 관점을 증명하기 위한 치밀하고 흥미로운 논쟁들. 저자는 개인의 행동에 책임을 져야 할 뿐만 아니라 우리 사회의 합리적 편견, 성 고정관념과 같은 것들을 제거해야 하는 이유에 대해 색다른 시각을 제시한다. 도덕적 판단만큼 중요한 법률 문제를 포함해 자유 의지를 둘러싼 논쟁적인 질문으로 우리를 이끈다.

_〈커커스리뷰〉

사람들이 사실보다 느낌에 사로잡히는 이유를 밝히는 뇌과학의 최신 연구 사례들. 매우 파격적인 사례들을 현실적인 비유를 들어 일상적인 언어로 쓴 혁신적인 책.

_〈라이브러리저널〉

다윈 이후 가장 깊이 있는 사고를 보여준다. 감정의 과학에 관한 뛰어나고 독창적인 책.

_대니얼 길버트Daniel Gilbert,《행복에 걸려 비틀거리다》의 저자

우리는 모두 감정이 무엇인지 막연히 알고 있다. 그러나 리사 배럿은 현대 과학의 성과를 바탕으로 감정의 경험이 고도로 개인화된 것이며, 신경생물학적으로 유일무이하고, 인지 작용과 분리될 수 없는 것이라는 시각을 제시한다. 도발적이면서도 이해하기 쉽고 의미심장한 책이다.

_ 로버트 새폴스키Robert Sapolsky

《스트레스: 당신을 병들게 하는 스트레스의 모든 것》의 저자

우리가 무엇을 느끼는지 그리고 왜 그것을 느끼는지에 대해 우리가 알고 있던 모든 것을 뒤집는 충격적인 증명들. 건강, 육아, 연애, 국가 안보 같은 다양한 실생활 분야에서 감정이 무엇보다 중요한 이유에 대해 구체적으로 설명한다.

_ 페기 오렌스타인Peggy Orenstein,《소녀와 성》의 저자

불안에서 사랑까지 우리에게 익숙한 수많은 가정을 바라보는 새로운 렌즈. 정서과학, 신경과학, 사회심리학, 철학 분야의 다양한 발견을 능숙하게 통합하여 우리가 매일 경험하고 목격하는 감정의 많은 사례를 의미 있게 이해할 수 있도록 도와준다.

_ 바바라 프레드릭슨Barbara Fredrickson,《긍정성》과《사랑 2.0》의 저자

첨단 신경과학 연구와 일상생활 사이의 연결 고리를 설득력 있게 보여주는 이 책을 읽은 독자라면 감정에 대해 예전과는 전혀 다른 사고를 하게 될 것이다.

_ 대니얼 샥터Daniel L. Schacter, 《기억의 일곱 가지 죄악》의 저자

감정의 과학에 패러다임 전환이 도래했음을 알리는 이정표. 새롭게 등장한 감정의 신경과학을 뛰어난 문체와 함축된 의미로 알기 쉽게 전달하며 우리가 뇌에 대해 가지고 있는 오래된 가정들에 도전장을 내민다. 그리고 더욱 경이로운 것은 그의 이런 도전이 엄청난 성공을 거두고 있다는 점이다.

_ 낸시 게트너Nancy Gertner

하버드 로스쿨 부교수 및 매사추세츠 지방법원 전직 연방 판사

많은 연구와 깊은 사고를 토대로 세심하게 서술된 이 책은 우리의 감정에 관해, 특히 감정이 무엇이며 어디에서 발생하는지에 관해 그리고 왜 우리에게 감정이 있는지에 관해 많은 정보를 제공한다. 감정과 이성의 조화에 관해 고민해 본 사람이라면 누구나 이 책을 매우 소중하게 여길 것이다. 왜냐하면 이 책에는 이 문제에 관한 과학적 설명과 인문학적 통찰이 함께 담겨 있기 때문이다.

_ 앤드류 솔로몬Andrew Solomon

《부모와 다른 아이들》과 《한낮의 우울》의 저자

성욕, 분노, 슬픔과 기쁨에 대해 우리가 안다고 생각했던 모든 것이 틀렸다면 어떻게 할 것인가? 가장 창의적이고 지혜로운 심리학자 중 한 명인 리사 배럿이 제시하는 구성된 감정의 이론은 급진적이고도 매혹적이다. 생생한 사례와 예리하고 명쾌한 설명으로 서술된 이 책은 인간 본성의 가장 핵심적인 측면에 대해 새롭고도 대담한 시각을 제시한다.

_ 폴 블룸Paul Bloom, 《공감에 맞서》와 《우리는 왜 빠져드는가?》의 저자

리사 배럿은 우리가 어떤 감정을 가지고 태어났는지, 그리고 우리의 뇌가 어떻게 감정을 조합하는지, 나아가 우리가 이 과정에 어떻게 영향을 미칠 수 있는지에 대해 명쾌하게 설명한다. 이것은 매혹적인 이야기이다.

_ 조지프 르두Joseph LeDoux, 《불안》과 《시냅스와 자아》의 저자

이 책은 감정이 무엇이며 어디에서 발생하는지에 대해 그리고 가장 중요하게는 무엇이 감정이 아닌지에 대해 획기적인 새 관점을 제시한다. 뇌과학은 반反직관적인 과학인데, 리사 배럿은 반직관적인 것을 이해 가능하게 만드는 놀라운 능력을 지니고 있다. 당신은 이 책을 통해 큰 깨달음을 얻을 것이며, 어째서 뇌에 대한 이런 시각이 이제서야 나왔을까 하는 감회를 떨치기 어려울 것이다.

_ 스튜어트 파이어슈타인Stuart Firestein
《실패: 과학이 그렇게 성공적인 이유》와
《무지: 과학의 추진력》의 저자

| 차례 |

추천의 글 006

들어가며 2천 년 된 가정 016

1부 나는 지금 무엇을 느끼는가?

1장 감정의 지문을 찾아서 030

· 표정으로 감정 읽기 035

· 신체의 상태로 감정 읽기 047

· 뇌를 분석해 감정 읽기 054

· 다양성이 표준이다 065

2장 우리는 우리의 경험을 설계한다 070

· 극적인 상황에서 사랑에 빠지는 이유 079

· 구성된 감정 이론의 세 가지 접근법 083

· 똑같은 쿠키는 세상에 존재하지 않는다 087

· 우리의 경험으로 만들어낸 감정 096

3장 보편적 감정의 신화 099

· 행복과 미소는 동일한 개념일까? 102

· 보편적 표현 프로젝트가 초래한 오해들 115

· 얼굴에 드러난 감정이 전부가 아니다 121

2부 감정은 어떻게 구성되는가?

4장 느낌의 기원 124

· 날아오는 야구공과 예측하는 뇌 126

· 감정과 신체 에너지의 불균형 140

· 무고한 사람에게 유죄를 선고한 판사 150

· 우리는 뇌가 느끼는 대로 느낀다 158

· 경제를 망친 합리적 경제인 163

· 당신의 세계도 당신이 구성한다 168

5장 개념과 단어의 통계학 171

· 맥락에 따라 개념을 창조하는 능력 175

· 창조적 통계학자들 188

· 아이들은 어떻게 분노를 학습하는가? 197

· 피자 효과 206

· 뱀을 발견한 사람의 다중 감각 211

6장 뇌는 어떻게 감정을 만들어내는가? 219

· 아기의 예측은 오류투성이다 221

· 개념과 예측이 만들어낸 기억된 현재 229

· 불확실성을 제거하고 감정을 조절하는 통제 신경망 236

· 감정은 의미의 구성이다 240

7장 감정은 사회적 실재다 245

· 문명의 전제 조건: 공유와 상징 254

· 너와 내가 함께 느끼는 바로 그것 262

· 우리는 저마다 감정 사전을 갖고 있다 267

· 일곱 색깔 무지개와 여섯 색깔 무지개 272

· 새로운 문화가 살아남는 법 284

3부 감정이 세상을 움직인다

8장 인간 본성에 대한 새로운 견해 288

· 문화가 진화의 효율을 높인다 289

· 우리는 다윈에 대해 잘못 알고 있다 297

· 본질주의에서 벗어나지 못하는 이유 305

· 자연과 신과 진화 vs 환경과 문화 313

· 심리학을 어지럽힌 행동주의 321

· 오늘의 경험이 내일을 바꾼다 325

9장 감정에 휘둘리지 않는 삶 327

· 신체 예산을 관리하는 생활 습관 329

· 감정 표현에 서투른 사람을 위한 조언 334

· 나와 나의 모든 감각을 해체하기 347

· 과학자와 바텐더처럼 대화하기 360

· 당신의 지각은 추측일 뿐이다 365

10장 뇌의 잘못된 예측이 내 몸을 망친다 368
· 왜 불안과 우울은 함께 발생하는가? 370
· 감정의 또 다른 이름, 스트레스 375
· 잘려 나간 팔에서 고통을 느끼는 이유 378
· 우울증은 정신의 질병이 아니다 384
· 불안과 우울은 어떻게 만들어지는가? 389
· 예측하지 못하는 사람들 394
· 약물 중독에 시달리는 사회 397

11장 감정이 법률에 미치는 영향 401
· 왜 법률은 냉정한 범죄자만 처벌하는가? 403
· 남성과 여성에게 내려진 모순된 판결 411
· 범죄를 위한 뇌는 없다 416
· 무엇으로 범죄자의 양심을 판단하는가? 419
· 배심원의 편견과 목격자의 기억 왜곡 425
· 공명정대한 판사는 존재하는가? 432
· 감정의 괴롭힘은 유죄인가, 무죄인가? 437
· 올바른 법률 제도를 위한 다섯 가지 조언 442
· 나의 행동은 누구의 책임인가? 447
· 결국 법정도 감각의 지배를 받는다 454

·

12장 동물도 화를 내는가? 456

· 인간 아기와 원숭이 새끼의 차이점 461

· 목표에 기초한 개념형성의 부재 466

· 개는 인간의 감정을 이해하는가? 476

· 우리가 몰랐던 개의 감정 구성 483

· 꼼짝하지 않는 것에 대한 심리 추론 오류 488

· 동물의 마음을 읽는다는 것 498

4부 감정과 마음의 관계

13장 뇌가 창조한 마음, 뇌를 오해한 마음 502

· 신경망에서 창조된 마음 504

· 인간의 마음에 설정된 세 가지 모드 510

· 확실성의 속박에서 벗어나기 518

· 우리는 더 나은 질문을 통해 진보한다 523

감사의 말 526

부록 541

주요 용어 해설 589

주석 577

참고문헌 637

옮긴이의 말 699

2천 년 된 가정

2012년 12월 14일, 코네티컷 주의 뉴타운Newtown에 있는 샌디 훅Sandy Hook 초등학교에서 미국 역사상 가장 끔찍한 학내 총기 사고가 발생했다. 한 총기 휴대자가 20명의 아동을 포함해 모두 26명을 교내에서 살해한 것이다. 그리고 나는 그 참사로부터 몇 주 후에 텔레비전을 통해 코네티컷 주지사 대닐 멀로이Dannel Malloy의 연례 시정 연설을 보았다. 그는 처음 3분 동안 크고 활기찬 목소리로 공익 근무 요원들의 노고를 치하한 뒤에 이어서 뉴타운의 비극을 언급했다.

> 우리는 다 함께 매우 길고 어두운 길을 걸어왔습니다. 뉴타운에 닥친 일은 코네티컷의 아름다운 마을에서 일어나리라고는 상상조차 할 수 없는 것이었습니다. 그렇지만 우리는 역사상 가장 불행한 이런 시기 중에도 우리 주의 가장 훌륭한 모습을 확인할 수

있었습니다. 그것은 바로 교사들과 한 명의 치료사가 자신의 목숨을 희생하면서까지 학생들을 보호했다는 사실입니다.[1]

주지사는 "학생들을 보호했다"는 말을 내뱉는 순간 살짝 목이 메었다. 주의를 기울이지 않으면 알아채기 어려울 정도로 아주 미세한 떨림에 불과했지만, 내게는 커다란 울림을 주었다. 위가 딴딴하게 뭉치는 듯한 느낌이 들었고 눈에서는 눈물이 넘쳐흘렀다. 텔레비전에 비친 청중도 흐느끼기 시작했다. 그 순간 멀로이 주지사는 연설을 멈춘 채 아래쪽을 응시했다.

그때 멀로이 주지사나 내가 느낀 감정은 원초적인 성격을 지닌 듯하다. 즉 우리 몸 안에 내장되어 있고, 반사적으로 나오며, 모든 인간에게 공통된 것처럼 보인다. 또한 기본적으로 우리 모두에게서 동일한 방식으로 터져 나오는 듯하다. 내 슬픔과 멀로이 주지사의 슬픔과 청중의 슬픔은 달라 보이지 않았다.

인류는 2천 년 이상 동안 이런 식으로 슬픔이나 기타 감정을 이해했다. 다른 한편으로 인류가 수백 년의 과학적 발견을 통해 배운 것이 있다면, 그렇게 보인다고 해서 반드시 실제로 그런 것은 아니라는 점이다.

아주 오래전부터 우리는 모두 타고난 감정이 있다고 이해했다. 이런 감정들은 우리 내부에서 일어나며 서로 뚜렷이 구별되는 별개의 것으로서 식별 가능한 현상이다. 만약 이 세계에서 총기 사고 또는 이성을 유혹하는 추파와 같은 사태가 발생하면, 마치 누가 스위치를 켜듯이 자동적으로 우리의 감정이 일어난다. 그런 다음 우리는 누구나 쉽게 알아채는 미소, 찌푸림, 노려봄 등의 표정을 통해 우리의 감정을 다른 사람에게 드러낸다. 또한 우리의 목소리는 웃음, 외침, 울음 등을 통해 우리의 감정을 표현하고, 우리의 몸은 온갖 몸짓과 자세를 통해 우리의 느낌을 표출한다.

현대 과학에서는 이런 이야기에 부합하는 설명을 제시하는데, 나는 이것을 **감정에 대한 고전적 견해**라고 부를 것이다. 이 견해에 따르면 멀로이 주지사의 떨리는 목소리가 나의 뇌에서 시작된 연쇄 반응을 촉발했다. 특정 뉴런들의 집합이(말하자면 '슬픔 회로'가) 작동해 나의 얼굴과 몸이 특정한 방식으로 반응하도록 만들었다. 그래서 나는 이마를 찌푸리고, 얼굴을 찡그렸다. 또 어깨를 움츠리고, 울음을 터뜨렸다. 또한 이 회로가 내 몸 안에 변화를 촉발해, 나의 심박수와 호흡이 빨라졌고 땀샘이 활성화되었으며 혈관이 수축되었다.* 감정에 대한 고전적 견해에 따르면 내 몸 안팎에서 일어나는 이런 일련의 움직임은 나의 슬픔을 유일무이하게 확인시켜 주는 '지문'과도 같다. 마치 당신의 지문을 통해 당신의 정체를 유일무이하게 확인할 수 있는 것처럼 말이다. 이 견해에 따르면 우리의 뇌에는 이런 감정 회로가 다수 존재하며, 각각의 회로는 뚜렷이 구별되는 일련의 신체 변화를, 즉 지문을 야기한다. 예컨대 직장 동료가 짜증나게 굴면, 당신의 '분노 뉴런'이 촉발되어 혈압이 상승한다. 그러면 당신은 상대를 매섭게 노려보며 고함을 치고 격분한다. 또는 걱정스러운 뉴스를 접하면, 당신의 '공포 뉴런'이 촉발되어 심장이 요동친다. 그러면 당신은 몸이 얼어붙으면서 갑자기 공포

* 이 책에서 나는 '몸/신체'라는 단어를 뇌를 제외한 의미로 사용할 것이다. 예컨대 다음 문장이 그렇다. "당신의 뇌가 당신의 신체에게 움직이라고 명한다." 반면에 뇌를 포함한 몸/신체 전체를 가리킬 때는 '해부학상 신체'라는 표현을 쓸 것이다.

에 휩싸인다. 우리는 대체로 분노, 행복, 놀라움 등의 감정들을 서로 뚜렷이 구별되는 상태로 느끼므로, 이런 하나하나의 감정마다 고유한 뇌와 신체의 변화 패턴이 있을 것이라고 가정하는 것은 합리적인 듯하다.

고전적 견해에 따르면 감정은 진화의 산물이다. 감정은 아주 오래전에 인류의 생존에 유리한 작용을 했으며 지금은 우리가 지닌 생물학적 본성의 고정된 일부다. 따라서 감정은 보편적인 것이다. 즉 나이, 문화, 지역에 상관없이 모든 사람은 당신과 거의 똑같이 슬픔을 경험할 것이다. 그리고 백만 년 전에 아프리카 사바나 지역을 배회했던 우리의 사람족Hominini 조상도 우리와 거의 똑같이 슬픔을 경험했을 것이다. 물론 나는 여기서 '거의'라고 말했다. 왜냐하면 누군가 슬플 때마다 얼굴, 신체, 뇌 활동 등이 **정확히** 똑같다고는 아무도 생각지 않기 때문이다. 당신의 심박수, 호흡, 혈류 등이 언제나 똑같은 양만큼 변화하지는 않을 것이다. 눈살을 찌푸리는 것도 우연히 또는 관습에 따라 약간씩 다를 것이다.[2]

그래서 감정은 일종의 야만적인 반사이며 우리의 합리성과 매우 자주 충돌하는 것으로 간주된다. 당신 뇌의 원시적인 부분에서는 당신이 사장에게 대놓고 "야, 이 멍청이야!"라고 소리치길 원한다. 그러나 당신 뇌의 신중한 부분에서는 그러면 당신이 곧바로 잘린다는 것을 알기 때문에, 당신은 꾹 참는다. 감정과 이성 사이에 이런 종류의 내전이 벌어진다는 것은 서구 문명의 거대 담론 중 하나이다. 이것은 당신을 인간으로 정의하는 데도 한몫한다. 합리성이 없다면 당신은 그저 감정적 짐승에 불과할 것이다.

감정에 대한 이런 견해는 수천 년 동안 다양한 형태로 존재했다.

플라톤도 이런 식의 견해를 가지고 있었으며, 히포크라테스, 아리스토텔레스, 부처, 데카르트, 프로이트, 다윈 등도 마찬가지였다. 오늘날 스티븐 핑커Steven Pinker, 폴 에크먼Paul Ekman, 달라이 라마Dalai Lama 같은 유명한 사상가들도 이런 고전적 견해에 뿌리를 둔 설명을 제시한다. 이 고전적 견해는 대학의 거의 모든 심리학 입문서와 감정을 다룬 대다수 잡지와 신문 기사에서 찾아볼 수 있다. 미국 전역의 유치원에도 감정 인식의 바탕이 되는 얼굴의 보편 언어인 웃는 얼굴, 찡그린 얼굴, 토라진 얼굴을 그린 포스터들이 걸려 있다. 심지어 페이스북에서는 다윈의 저술에서 영감을 얻은 몇 가지 이모티콘emoticon을 사용하고 있다.[3]

이 고전적 견해는 우리 문화에도 깊게 뿌리를 내리고 있다. 〈라이 투 미Lie to Me〉나 〈데어데블Daredevil〉 같은 텔레비전 드라마는 당신의 가장 내밀한 감정이 당신의 심박수나 안면 움직임을 통해 드러난다는 가정에 기초해 있다. 〈세서미 스트리트Sesame Street〉에서는 아이들에게 이런저런 감정이 우리 안에 따로따로 존재하면서 얼굴이나 신체를 통해 표현된다고 가르치며, 〈인사이드 아웃Inside Out〉 같은 픽사Pixar 영화도 마찬가지다. 어펙티바Affectiva나 리얼아이즈Realeyes 같은 회사에서는 '감정 분석'을 통해 고객의 감정을 탐지할 수 있는 도구를 판매한다. 미국프로농구협회NBA 신인 선발 제도에 참여하는 밀워키 벅스Milwaukee Bucks는 표정을 바탕으로 선수의 '심리, 성격, 인격 문제'와 '팀 융화력'을 평가한다. 그리고 미국 연방수사국FBI에서는 이런 고전적 견해를 바탕으로 첨단 요원 교육을 몇십 년째 실시하고 있다.[4]

더욱 중요한 것은 감정에 대한 고전적 견해가 우리의 사회 제도에도 굳게 자리를 잡고 있다는 사실이다. 미국의 법률 제도는 감정이 인간에게 내재하는 동물적 본성의 일부이며 합리적 사고에 기초한 통제가 없을 경우 어리석거나 심지어 폭력적인 행동을 하도록 우리를 부추긴다는 가정에 기초한다. 예컨대 의학 분야에서 분노의 건강 효과를 연구하는 연구자들은 분노라고 부를 만한 특정한 신체 변화가 있다는 가정에 입각해 있다. 자폐 범주성 장애autism spectrum disorder 진단을 받은 아동과 성인을 포함해 각종 정신질환에 시달리는 사람들에게 안면 배치facial confguration[안면 구성요소들의 배치 - 옮긴이 주]를 바탕으로 특정 감정을 인식하는 법을 가르치며, 이를 통해 다른 사람과 소통하고 관계를 맺는 기술이 향상된다고 기대한다.

감정에 대한 고전적 견해는 이처럼 확고한 지적 전통에서 탄생했고 우리 문화와 사회에 엄청난 영향력을 발휘하지만, 이 견해가 결코 진실일 수 없음을 보여주는 과학적 증거는 수도 없이 많다. 100년 이상의 과학적 노력에도 불구하고 특정 감정을 일관되게 확인할 수 있는 신체 지문은 단 한 건도 발견되지 않았다. 피험자의 얼굴에 전극을 부착해 어떤 감정을 느끼는 동안 안면 근육이 실제로 어떻게 움직이는지를 측정했던 과학자들은 어마어마한 다양성에 직면했을 뿐이며 거기에서 일관성을 발견하지 못했다. 마찬가지로 신체와 뇌를 연구하는 과학자들도 다양성을, 즉 지문이 없다는 사실을 발견할 뿐이다. 당신이 분노를 경험할 때, 혈압의 급상승은 있을 수도 있고 없을 수도 있다. 당신이 공포를 경험할 때, 역사적으로 공포의 중추라는 이름표가 붙은 뇌 부위인 편도체amygdala가 관여할 수도 있고 관여하지 않을 수도 있다.

물론 고전적 견해를 일부 뒷받침하는 증거를 제공한 수백 가지 실험이 있다. 그러나 이 증거를 의심하게 만드는 **수백 가지 이상의** 실험도 존재한다. 내가 보기에 합당한 과학적 결론은 단 하나다. 감정이 우리가 흔히 생각하는 것과 다르다는 것이다.

그렇다면 감정은 실제로 무엇인가? 과학자들의 고전적 견해를 한쪽으로 제쳐놓고 그냥 데이터만 살펴보면, 감정에 대해 근본적으로 다른 설명을 떠올리게 된다. 한마디로 말해 우리의 감정은 내장된 것이 아니라 더 기초적인 부분들을 바탕으로 구성된 것이다. 감정은 보편적인 것이 아니라 문화에 따라 다르다. 감정은 촉발되는 것이 아니다. 다시 말해 우리가 감정을 만들어낸다. 감정은 당신의 신체 특성, 환경과 긴밀한 관계를 맺으며 발달하는 유연한 뇌, 이 환경에 해당하는 당신의 문화와 양육 조건의 조합을 통해 출현한다. 감정은 실재하지만, 분자나 뉴런이 실재하는 것과 같은 객관적 의미에서 실재하지는 않다. 오히려 감정은 화폐가 실재하는 것과 같은 의미에서 실재한다. 다시 말해 감정은 착각은 아니지만, 사람들 사이의 합의의 산물이다.[5]

내가 **구성된 감정 이론**theory of constructed emotion이라고 부르는 견해에 따르면 멀로이 주지사의 연설 중 일어난 사태를 매우 다르게 해석할 수 있다. 멀로이 주지사의 목이 메었을 때, 이것이 내 안의 슬픔 회로를 촉발해 일련의 전형적인 신체 변화를 일으킨 것이 아니다. 오히려 그 순간 내가 슬픔을 느낀 까닭은 특정 문화 속에서 성장한 나의 입장에서 볼 때 특정한 신체 감각이 끔찍한 인명 피해와 동시에 일어날 경우 '슬픔'이 생길 수 있다는 점을 이미 오래전에 배웠기 때문이다. 총기 사고에 대한 나의 지식, 그 피해자들과 관련된 나의 예전 슬픔 같은 과거 경험의 조각들을 사용해 나의 뇌는 내 몸이 이런 비극에 대처하기 위해 무엇을 해야 할지를 신속히 예측했다. 그리고 이 예측 때문에 내 심장이 두근거렸고, 내 얼굴이 붉어졌으며, 내 위가 딴딴하게 뭉치는 느낌이 들었다. 이 예측이 내게 울라는 명령을 내렸고, 그래서 내 신경계가 어느 정도 진정되었다. 그리고 이를 통해 슬픔의 사례로서 의미를 지니는 최종 느낌이 남게 되었다.

이런 식으로 나의 뇌가 나의 감정 경험을 **구성**했다. 나의 특정한 동작과 감각은 슬픔의 지문이 아니었다. 만약 뇌의 예측이 달랐다면, 나의 피부는 붉어지지도 않았을 것이며 위가 딴딴하게 뭉치는 느낌도 들지 않았을 것이다. 그렇지만 나의 뇌는 이렇게 해서 생긴 신체 감각을 여전히 슬픔으로 변모시킬 수도 있다. 게다가 내가 원래 경험한 심장의 두근거림, 얼굴의 붉어짐, 위의 뭉치는 느낌, 눈물 등은 슬픔이 아니라 분노나 공포 같은 다른 감정으로서 의미를 지닐 수도 있다. 또는 매우 다른 상황이라면, 예컨대 결혼식장이라면 똑같은 신체 감각이 기쁨 또는 감사의 감정이 될 수도 있다.

지금까지의 설명이 충분히 그럴듯해 보이지 않거나 심지어 반反직관적으로 보인다면, 이 점에서는 솔직히 말해 나도 마찬가지다. 멀로이 주지사의 연설이 끝난 후 눈물을 닦으며 정신을 차린 나는 내가 과학자로서 감정에 관해 무엇을 **알고** 있든 내가 감정을 상당 부분 고전적 견해에서 말하는 것처럼 **경험**한다는 사실을 새삼 깨달았다. 나의 슬픔은 마치 즉각적으로 식별 가능한 일련의 신체 변화와 느낌이 참담한 비극과 인명 피해에 대한 반응으로 나를 엄습한 것처럼 느껴졌다. 만약 내가 감정이 실제로는 촉발된 것이 아니라 구성된 것이라는 사실을 밝히기 위해 실험을 수행하는 과학자가 아니라면, 나도 나의 직접 경험을 신뢰할 것이다.

감정에 대한 고전적 견해에 반하는 증거에도 불구하고 여전히 그럴듯하게 느껴지는 이유는 이것이 우리의 직관에 부합하기 때문이다. 그런가 하면 고전적 견해는 다음과 같이 깊고 근본적인 물음들에 대해서도 우리를 안심시키는 답변을 제공한다. 즉 진화의 관점에서 볼 때 당신은 어디에서 왔는가? 당신이 감정에 휩싸였을 때 당신은 당신의 행위에 대해 책임이 있는가? 당신의 경험은 당신 밖에 있는 세계를 정확히 드러내는가?

구성된 감정 이론은 이런 물음에 대해 다른 답변을 제공한다. 이것은 인간 본성에 대한 다른 이론이며, 과학적으로 더 정당화된 새로운 관점에서 당신 자신과 다른 사람들을 바라보도록 도와줄 것이다. 구성된 감정 이론은 당신이 감정을 흔히 경험하는 방식에 꼭 들어맞지 않을 수 있다. 게다가 이것은 마음이 어떻게 작동하는지, 인간이 어디에서 왔는지, 우리가 왜 이렇게 행동하고 느끼는지에 대해 당신이 마음속 깊이 가지고 있는 신념에 반할 수 있다. 그러나 이 이론은 감정에 대한 과학적 증거들을 일관성 있게 예측하고 설명한다. 그리고 거기에는 고전적 견해가 좀처럼 설명하지 못했던 수많은 증거가 포함되어 있다.

어떤 감정 이론이 맞는지가 중요한 이유는 고전적 견해에 대한 믿음으로 인해 당신의 삶이 당신이 미처 깨닫지도 못할 다양한 방식으로 영향을 받기 때문이다. 최근에 당신이 공항 보안 검색대를 통과하던 때를 생각해보라. 미국 교통안전국 소속의 무뚝뚝한 직원이 당신의 신발을 엑스레이 촬영한 다음에 당신이 테러리스트일 확률을 계산했을 것이다. 얼마 전에 교통안전국에서는 SPOT(Screening Passengers by Observation Techniques, 관찰 기법을 이용한 승객 검사)라는 훈련 프로그램을 도입해 안면 움직임과 신체 동작을 바탕으로 속임수를 탐지하고 위험을 평가하는 법을 직원들에게 가르쳤다. 이 프로그램은 이런 움직임이 당신의 가장 내밀한 감정을 드러낼 것이라는 이론에 기초해 있었다. 그러나 이것은 성공을 거두지 못했으며, 이 프로그램 때문에 9억 달러의 세금만 축났을 뿐이다. 정부 요원이 감정에 대한 잘못된 견해를 바탕으로 우리를 억류하는 일이 없기 위해서라도 또는 실제 위험 인물을 간과하는 일이 없기 위해서라도 감정을 과학적으로 이해할 필요가 있다.[6]

당신이 의사를 찾아가 왠지 가슴이 답답하고 숨이 가쁘다고 호소하는 상황을 상상해보라. 이것은 심장마비 증상일 수도 있다. 만약 당신이 여성이라면 불안 때문이라는 진단과 함께 그냥 집으로 돌아갈 확률이 높다. 반면에 당신이 남성이라면 심장병 진단을 받고 생명을 구하는 예방 치료를 받게 될 확률이 높다. 이런 차이로 인해 65세 이상 여성이 남성보다 심장마비로 사망하는 사례가 많다. 의사와 간호사 그리고 여성 환자 자신의 이렇게 왜곡된 지각은 그들이 불안 등의 감정을 탐지해낼 수 있으며 여성이 남성보다 근본적으로 더 감정적이라는 고전적 견해에 기초해 있다. 그리고 이것은 치명적인 결과로 이어졌다.[7]

고전적 견해에 대한 믿음은 전쟁으로 이어질 수도 있다. 이라크에서 걸프 전쟁이 시작된 이유 중의 하나는 사담 후세인Saddam Hussein의 이복 형제가 미국 협상자들의 감정을 읽을 수 있다고 믿었으며 그래서 미국이 공습을 진지하게 고려하는 것은 아닌 것 같다고 사담에게 말했기 때문일 것이다. 그 후 벌어진 전쟁으로 인해 175,000명의 이라크인과 수백 명의 연합군 병사가 목숨을 잃었다.[8]

나의 판단으로는 오늘날 감정과 마음과 뇌에 대한 우리의 이해에 혁명이 일어나고 있다. 이것은 정신과 신체의 질병에 대한 치료, 대인 관계에 대한 이해, 자녀 양육, 그리고 궁극적으로는 우리 자신에 대한 이해 등과 관련해 우리 사회에서 진리로 간주되는 핵심 가정들을 근본적으로 다시 생각하게 만드는 혁명이다. 우리는 다른 과학 분야에서 이런 종류의 혁명을 목격한 바 있으며, 이런 혁명들은 매번 몇 세기 동안 지속된 상식을 뒤집는 것이었다. 물리학은 시간과 공간에 대한 아이작 뉴턴Isaac Newton의 직관적 견해에서 알버트 아인슈타인Albert Einstein의 조금 더 상대적인 견해로 그리고 결국에는 양자역학으로 이행했다. 생물학에서 예전 과학자들은 자연계를 저마다 이념형이 있는 고정된 생물 종들의 세계로 이해했지만, 찰스 다윈Charles Darwin이 자연 선택이라는 개념을 도입하면서 이런 이해는 자취를 감추게 되었다.

과학 혁명의 출현은 우연찮은 발견의 결과라기보다 더 나은 물음을 던지는 데서 비롯하는 경향이 있다. 만약 감정이 그저 촉발된 반응이 아니라면, 감정은 어떻게 형성되는가? 감정은 왜 그렇게 다양한가? 어째서 우리는 그렇게 오랫동안 감정이 저마다 뚜렷한 지문을 가지고 있다고 생각했을까? 이런 물음들은 그 자체로도 무척 흥미롭고 곰곰이 생각해볼 가치가 있을 것이다. 그러나 미지의 것에서 얻는 기쁨은 단순히 학문적인 탐닉에 그치지 않는다. 이것은 우리를 인간이게끔 만드는 탐험심의 일부이다.

나는 이 책에서 감정에 대한 새로운 과학을 소개할 것이다. 1부에서는 심리학, 신경과학 및 관련 학문들에서 어째서 감정의 지문 찾기를 멀리하게 되었는지, 그리고 그 대신에 감정이 어떻게 구성되는가라는 물음을 던지게 되었는지 설명할 것이다. 2부에서는 감정이 정확히 어떻게 구성되는지를 설명할 것이다. 3부에서는 감정에 대한 이 새로운 이론이 건강, 감성지능emotional intelligence, 자녀 양육, 대인 관계, 법률 제도, 그리고 인간 본성 자체에 대해 어떤 실제적인 의미를 지니는지 살펴볼 것이다. 마지막 4부에서는 감정의 과학에 비추어 볼 때 인간의 뇌가 인간의 마음을 어떻게 만들어내는가라는 아주 오래된 수수께끼에 대해 논의할 것이다.

1부

나는 지금 무엇을 느끼는가?

| 1장 |

감정의 지문을 찾아서

1980년대에 나는 임상심리학자가 되겠다고 생각했었다. 나는 워털루Waterloo대학 박사과정에 들어갔고, 심리치료사가 되기 위해 필요한 것들을 배워서 언젠가는 현대적이면서도 우아한 사무실에서 환자들을 치료할 것이라는 꿈에 부풀어 있었다. 다시 말해 나의 계획은 과학의 생산자가 아니라 소비자가 되는 것이었다. 나는 플라톤 시절부터 존재했던 마음에 대한 기본 신념을 뒤엎는 혁명에 가담할 생각이 전혀 없었다. 그러나 삶은 때때로 뜻하지 않은 방향으로 전개되곤 한다.

감정에 대한 고전적 견해에 의심이 싹트기 시작한 것은 대학원 시절 때였다. 당시에 나는 낮은 자존감의 근원이 무엇이며 어떻게 이것이 불안이나 우울로 이어지는지를 연구하고 있었다. 수많은 실험에 따르면 사람들은 자신이 스스로 설정한 이상에 맞게 살지 못하거나, 다른 사람들이 설정한 표준에 미치지 못하면 불안해한다. 대학원에서 내가 처음으로 수행한 실험은 이 유명한 현상을 단순히 재현하는 것이었으며, 나중에 이것을 토대로 내 자신의 가설을 검증할 계획을 가지고 있었다. 이 실험에서 나는 이미 잘 확립된 증상 목록을 바탕으로 많은 자원 참가자들에게 불안을 느끼는지 아니면 우울을 느끼는지에 대한 질문을 던졌다.[1]

나는 학부생 시절에 훨씬 더 복잡한 실험도 한 적이 있기 때문에 이것은 사실상 식은 죽 먹기였다. 그러나 실험은 완전히 엉망이 되고 말았다. 자원 참가자들이 나의 예상대로 불안 또는 우울한 느낌을 보고하지 않았기 때문이다. 나는 또 다른 실험을 재현하려고 시도했지만, 이것마저도 실패하고 말았다. 이렇게 3년이 지난 뒤 내가 얻은 것은 **8회 연속** 똑같은 실패가 전부였다. 과학에서 실험이 재현되지 않는 경우는 종종 있다. 그러나 8회 연속 실패는 상당히 인상적인 기록임에 틀림없었다.

그러나 그동안 수집된 모든 증거를 면밀히 살펴본 나는 여덟 번의 실험에서 일관되게 나타난 이상한 점을 발견했다. 피험자들 중 대다수가 불안감과 우울감을 구별할 의사가 또는 능력이 없는 것처럼 보였다. 오히려 그들은 두 느낌을 모두 보고하거나 아무것도 보고하지 않는 경우가 많았으며, 둘 중 하나만 보고한 피험자는 별로 없었다. 그러나 이것은 아무 의미가 없었다. 불안과 우울이 감정으로서 분명히 다르다는 것은 누구나 다 아는 사실이었기 때문이다. 당신이 불안에 휩싸일 때, 당신은 몹시 흥분하고 예민하며 뭔가 나쁜 일이 일어날 것 같은 걱정에 휩싸인다. 반면에 당신이 우울할 때는 몹시 불행하고 축 처지는 느낌이 든다. 만사가 지긋지긋해 보이고 삶이 힘겹기만 하다. 이 두 감정은 당신의 신체를 완전히 정반대의 상태로 몰고 갈 것이며, 따라서 이 둘은 다른 느낌이 들 것임에 틀림없고 건강한 사람이라면 둘을 쉽게 구별할 것이다. 그러나 데이터는 내가 시험한 피험자들이 전혀 그렇지 않다는 사실을 명백히 보여준다. 도대체 왜 그럴까?

나중에 밝혀졌듯이 내 실험은 실패한 것이 아니었다. 나의 첫 번째 '망가진' 실험은 실제로는 진정한 발견이었다. 즉 나는 사람들이 불안감과 우울감을 종종 구별하지 않는다는 사실을 발견한 것이다. 그리고 일곱 번에 걸친 후속 실험도 실패한 것이 아니었다. 이 실험들을 통해 첫 번째 실험이 반복해서 증명되었기 때문이다. 또한 나는 다른 과학자들의 데이터에도 동일한 효과가 잠복해 있다는 사실을 깨닫기 시작했다. 박사 과정을 마치고 대학 교수가 된 후에도 나는 이 수수께끼를 계속 탐구했다. 내가 이끈 연구실에서는 수백 명의 피험자에게 일상생활 속에서 몇 주 또는 몇 달 동안 자신의 감정 경험을 추적하라고 요청했다. 내 학생들과 나는 불안감과 우울감뿐만 아니라 그 밖의 여러 감정 경험을 조사해 과연 이 발견이 일반화될 수 있는지를 살펴보았다.

그리고 이 새로운 실험들을 통해 그동안 한 번도 기록되지 않았던 것을 발견할 수 있었다. 우리가 검사한 사람들은 모두 '화난', '슬픈', '겁에 질린' 같은 동일한 감정 단어를 사용해 자신의 느낌을 표현했지만, 그 의미가 언제나 동일하지는 않았다. 몇몇 피험자는 이런 단어를 사용해 매우 섬세한 구별을 했다. 예컨대 그들은 슬픔과 공포를 질적으로 다른 것으로 경험했다. 그러나 또 다른 피험자들은 '슬픈', '겁에 질린', '불안한', '우울한' 같은 단어들을 뭉뚱그려서 '기분이 더럽다'는 의미로(조금 더 과학적으로 말하자면 '불쾌감이 든다'는 의미로) 사용했다. 행복, 평온, 자부심 같은 유쾌한 감정의 경우에도 마찬가지였다. 700명 이상의 미국 피험자를 검사한 결과 우리는 자신의 감정 경험을 구별하는 방식이 사람에 따라 천차만별이라는 사실을 발견했다.

실내 장식 전문가라면 파란색의 다섯 가지 색조를, 즉 하늘색, 코발트색, 군청색, 감청색, 청록색을 구별하고 지각할 수 있을 것이다. 반면에 내 남편이라면 그것들을 모두 파란색이라고 부를 것이다. 내 학생들과 나는 감정에 대해서도 비슷한 현상을 발견했는데, 나는 이것을 **감정 입자도**emotional granularity라고 불렀다.[2]

이 지점에서 감정에 대한 고전적 견해가 끼어든다. 이 견해에 따르면 감정 입자도는 당신 내면의 감정 상태를 얼마나 정확히 판독하는가의 문제이다. '기쁨', '슬픔', '공포', '혐오', '흥분', '경외감' 같은 단어를 사용해 다양한 느낌을 구별하는 사람이 있다면, 그는 각 감정에 대한 신체 단서 또는 반응을 탐지해 그것을 올바로 해석한 셈이다. 반면에 감정 입자도가 낮은 사람은, 즉 '불안한'과 '우울한' 같은 단어를 뒤죽박죽으로 사용하는 사람은 이런 단서를 제대로 탐지하지 못한 셈이다.

나는 사람들이 자신의 감정 상태를 정확히 인지하도록 훈련시켜서 그들의 감정 입자도를 향상시킬 수 있지 않을까 하고 궁리하기 시작했다. 여기서 핵심 단어는 '정확히'이다. 누가 '나는 행복하다' 또는 '나는 불안하다'라고 말할 때, 그 사람이 정확한지 아닌지를 어떻게 과학자가 판단할 수 있을까? 분명히 나는 어떤 식으로든 **감정을 객관적으로 측정**해야 하며, 그런 다음에 이것을 그 사람의 보고와 비교해야 한다. 만약 어떤 사람이 불안감을 보고한다면, 그리고 객관적 기준에 비추어 그가 불안 상태에 있다면, 그는 자신의 감정을 정확히 탐지한 셈이다. 반면에 객관적 기준에 비추어 그가 우울하거나 화가 났거나 무엇에 열광한 상태라면, 그는 부정확한 셈이다. 객관적 검사법이 존재한다면 나머지는 무척 간단해진다. 어떤 사람에게 기분이 어떠냐고 물은 다음에 그의 답변과 그의 '실제' 감정 상태를 비교하면 되기 때문이다. 그리고 이런 식으로 이런저런 감정을 구별 짓는 단서를 더 잘 인식하도록 가르침으로써 그 사람의 오류로 보이는 것을 교정하고 그 사람의 감정 입자도를 개선시킬 수 있을 것이다.

심리학과의 대다수 학생들처럼 나도 감정마다 서로 뚜렷이 구별되는 신체 변화 패턴이, 말하자면 지문과 같은 것이 있을 것이라는 이야기를 읽은 적이 있다. 당신이 문 손잡이를 움켜쥘 때마다 거기에 남는 지문은 움켜쥐는 세기, 손잡이 표면의 미끄러운 정도, 피부의 부드러움 정도 등에 따라 다를 수 있다. 그러나 매번 찍히는 당신의 지문은 당신의 정체를 유일무이하게 확인할 수 있을 만큼 충분히 비슷하다. 마찬가지로 감정의 '지문'도 사례마다 충분히 비슷할 것이며, 나아가 연령, 성별, 성격, 문화 등에 상관없이 사람마다 충분히 비슷할 것이라고 가정되어 왔다. 이 가정에 따르면 실험실의 과학자는 어떤 사람의 얼굴과 신체와 뇌의 물리적 측정치만 보아도 그 사람이 슬픈지, 행복한지, 불안한지를 알 수 있을 것이다.

나는 이런 감정 지문이 감정 측정에 필요한 객관적 기준이 될 것이라고 확신했다. 과학 저서들이 옳다면, 사람들의 감정 정확도를 평가하기는 아주 쉬울 것이다. 그러나 내 기대는 예상 외의 방향으로 전개되었다.

표정으로 감정 읽기

감정에 대한 고전적 견해에 따르면 감정을 객관적으로 그리고 정확히 평가하기 위한 열쇠는 얼굴에 있다. 찰스 다윈의 책《인간과 동물의 감정 표현The Expression of the Emotions in Man and Animals》은 이런 견해에 일차적으로 영감을 불어넣었다. 이 책에서 다윈은 감정과 감정 표현이 보편적 인간 본성의 아주 오래된 일부라고 주장했다. 그러면서 세계 어느 지역이든 상관없이 모든 사람이 훈련을 전혀 받지 않아도 감정을 표정으로 나타낼 수 있고 또 그것을 인식할 수 있다고 말했다.[3]

그래서 나는 피험자의 안면 움직임을 측정해 실제 감정 상태를 평가한 다음에 이것을 피험자의 감정 보고와 비교해 보고의 정확도를 계산하는 것이 가능하리라고 생각했다. 예컨대 피험자가 입을 삐죽 내미는 표정을 지으면서도 슬픔을 느낀다는 보고를 하지 않

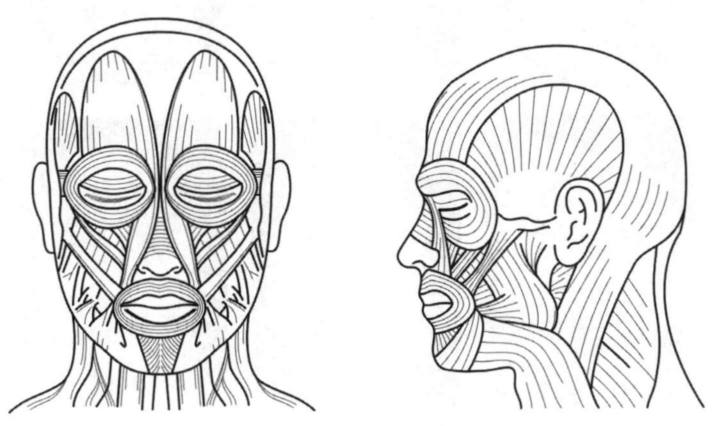

그림 1-1 인간의 얼굴 근육

는다면, 그 피험자가 느껴야만 하는 슬픔을 제대로 인식하도록 그를 훈련시킬 수 있을 것이다. 그러면 모든 것이 해결되는 셈이다.

인간 얼굴의 좌우에는 각각 42개의 작은 근육이 있다. 우리가 매일 서로의 얼굴에서 관찰하는 안면 움직임은, 예컨대 윙크, 눈 깜박임, 히죽히죽 웃기, 얼굴 찡그리기, 눈썹 치켜 올리기, 눈살 찌푸리기 등은 안면 근육의 수축과 이완이 조합되어 연결된 조직과 피부가 움직임으로써 일어난다. 맨눈으로 보면 당신의 얼굴이 완전히 가만히 있는 것처럼 보일 때도 당신의 근육은 계속 수축과 이완을 반복한다.[4]

고전적 견해에 따르면 특정 감정은 얼굴에서 특정 패턴의 움직

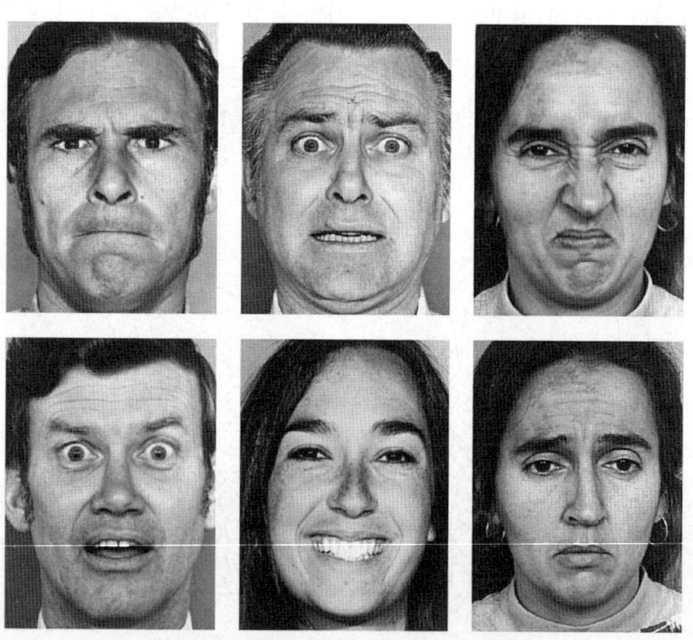

그림 1-2 기본 감정 기법 연구에 사용된 얼굴 사진들

임으로, 즉 특정 '표정'으로 표현된다. 예컨대 당신이 행복하면, 당신은 미소를 지을 것이다. 반면에 당신이 화가 났으면, 당신은 눈살을 찌푸릴 것이다. 그리고 이런 움직임은 해당 감정의 지문의 일부로 간주된다.

일찍이 1960년대에 심리학자 실반 톰킨스Silvan S. Tomkins와 그의 제자 캐롤 아이자드Carroll E. Izard 그리고 폴 에크먼은 이것을 실험실에서 검증해보기로 했다. 그들은 그림 1-2에서처럼 다양한 표정의 사진을 준비했다. 이것은 생물학적 지문을 가지고 있을 것으로 추측된 여섯 가지 기본 감정인 분노, 공포, 혐오, 놀라움, 슬픔, 행복을 각각 표현한 것이었다. 사진 속 배우들은 감정을 일부러 과장되거나 인위적으로 연출했다. 톰킨스는 이것이 감정을 전달하는 가장 강력하고 명확한 신호라고 간주했다.[5]

톰킨스와 그의 동료들은 실험 기법을 사용해 사람들이 감정 표현을 얼마나 잘 '인식'하는지를, 더 정확히 말해 안면 움직임을 감정 표현으로 얼마나 잘 지각하는지를 연구했다. 지금까지 발표된

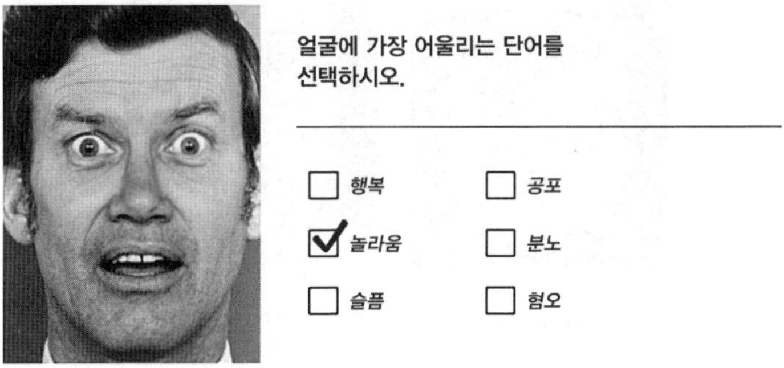

그림 1-3 기본 감정 기법: 얼굴에 어울리는 단어 고르기

수백 건의 실험이 이 방법을 사용했으며, 오늘날에도 여전히 훌륭한 표준으로 여겨진다. 톰킨스가 사용한 방법에서는 피험자에게 그림 1-3과 같이 사진 한 장과 감정 단어 몇 개가 제시된다.

그러면 피험자는 제시된 얼굴에 가장 어울리는 단어를 선택한다. 이 예에서 실험자의 의도에 부합하는 단어는 '놀라움'이다.

또는 다른 실험 조건에서는 피험자에게 그림 1-4와 같이 연출된 사진 두 장과 간단한 이야기를 제시한 후 어느 얼굴이 이야기에 가장 어울리는지를 고르도록 한다. 이 예에서 실험자의 의도에 부합하는 얼굴은 오른쪽 얼굴이다.[6]

이 연구 기법은(우리는 이것을 기본 감정 기법basic emotion method이라고 부르겠다) 톰킨스 연구팀에서 '감정 인식'이라고 부른 주제에 대한 과학적 연구를 혁명적으로 변화시켰다. 과학자들은 이 기법을

아래 이야기에 가장 어울리는 얼굴을 선택하시오.

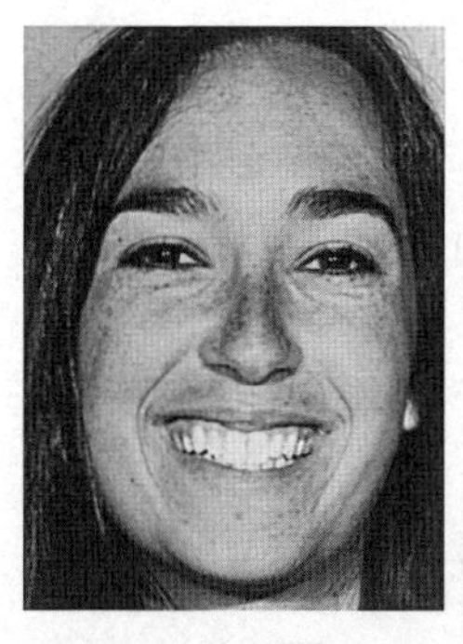
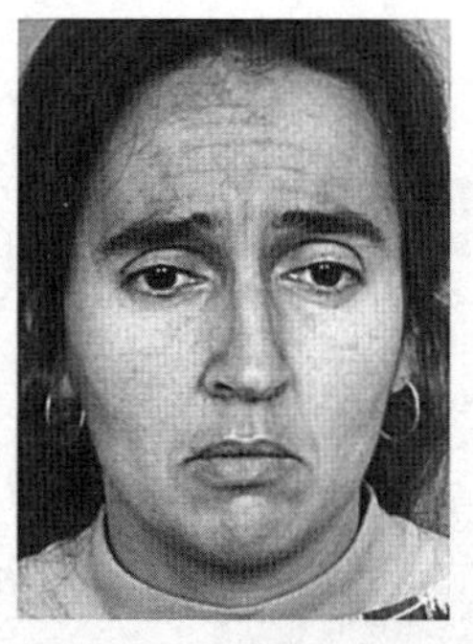

이 여성은 어머니가 돌아가셔서 매우 슬프다.

그림 1-4 기본 감정 기법: 이야기에 어울리는 얼굴 고르기

사용해 전 세계 곳곳의 사람들이 각각의 얼굴에 대해 동일한 감정 단어를(즉 해당 지역의 언어로 번역된 동일한 감정 단어를) 일관되게 선택한다는 사실을 증명할 수 있었다. 에크먼과 그의 동료들은 파푸아뉴기니로 가서 서방 세계와 거의 접촉이 없던 원주민인 포레족 Fore을 대상으로 실험을 했다. 그러자 이렇게 멀리 떨어진 지역에서 살던 사람들도 각각의 얼굴과 그것에 따라 기대되는 감정 단어 또는 이야기를 일관되게 연결시켰다. 그리고 몇 년 후에는 일본이나 한국 같은 다른 많은 국가에서도 비슷한 연구가 수행되었다. 매번 피험자들은 노려보기, 삐죽 내민 입, 미소 등의 표정이 담긴 사진과 제시된 감정 단어나 이야기를 어렵지 않게 연결시켰다.[7]

이런 증거를 바탕으로 과학자들은 감정 인식이 보편적이라고 결론지었다. 즉 당신이 어디서 태어나 성장했든 당신은 사진에서 보는 것과 같은 미국 스타일의 표정을 인식할 수 있어야 한다. 그리고 과학자들은 감정 표현이 보편적으로 인식될 수 있으려면 이런 표현이 보편적으로 산출되어야 할 것이라고 추론했다. 따라서 이들에 따르면 표정은 신뢰할 만한 감정 진단을 가능케 하는 감정의 지문임에 틀림없다.[8]

그러나 다른 과학자들은 인간의 판단에 의지하는 기본 감정 기법이 감정 지문의 존재를 증명하기에는 너무 간접적이고 주관적이라고 생각했다. 안면 근전도 검사 facial electromyography라는 조금 더 객관적인 기법에서는 인간의 지각 자체가 사용되지 않는다. 이 검사에서는 얼굴 표면에 전극을 부착해 안면 근육을 움직이게 만드는 전기 신호를 탐지한다. 이를 통해 얼굴의 각 부분이 얼마나 많이 그리고 얼마나 자주 움직이는지를 정확히 확인할 수 있다. 이

기법을 사용한 전형적인 연구에서 피험자는 눈썹, 이마, 뺨, 턱 부위에 전극을 부착한 채 다양한 감정을 불러일으키는 영화 또는 사진을 보거나 이런저런 상황을 회상 또는 상상하게 된다. 이때 과학자들은 근육 활동의 전기적 변화를 기록하여 다양한 감정이 일어나는 동안에 각 근육이 움직인 정도를 계산한다. 만약 사람들이 특정 감정을 경험할 때마다 동일한 안면 근육이 동일한 방식으로 움직인다면(예: 분노를 느낄 때 노려보기, 행복을 느낄 때 미소 짓기, 슬픔을 느낄 때 입을 삐죽 내밀기 등), 그리고 바로 그 감정을 경험할 **때만** 그러하다면, 이런 움직임은 감정의 지문으로 간주될 수 있을 것이다.[9]

이러한 안면 근전도 검사는 감정에 대한 고전적 견해와는 다른 결과를 내놓았다. 수많은 연구를 거듭했지만 근육 움직임으로 누가 화가 났는지 아니면 슬픈지 아니면 공포에 휩싸였는지를 알 수 있는 증거는 발견되지 않았다. 다시 말해 근육 움직임은 각각의 감정을 예측할 수 있게 해주는 지문이 아니다. 우리는 이런 움직임을 통해 기껏해야 유쾌한 감정과 불쾌한 감정을 구별할 수 있을 뿐이다. 게다가 더욱 실망스러운 점은 이런 연구에서 기록된 안면 움직임이 기본 감정 기법을 위해 연출된 사진과 일관되게 일치하지 않는다는 사실이다.[10]

이런 연구 결과가 무엇을 의미하는지 잠시 따져보기로 하자. 수백 회에 걸친 실험을 통해 증명된 것처럼 세계 곳곳의 사람들은 실제로 특정 감정을 느끼고 있지 않은 배우들이 연출한 감정 표현에 어울리는 감정 단어를 선택할 줄 안다. 그러나 사람들이 **실제로 감정을 느낄 때** 객관적으로 측정된 안면 근육 움직임을 바탕으로 이

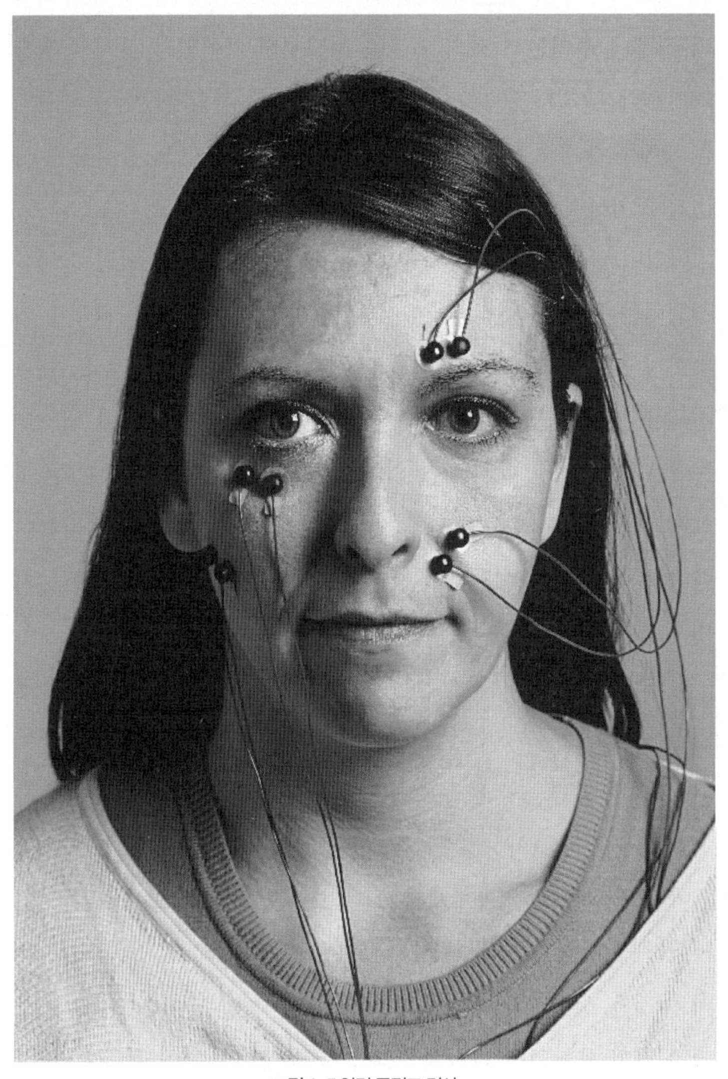

그림 1-5 안면 근전도 검사

런 감정 표현을 일관되고 구체적으로 탐지하기는 불가능하다. 물론 우리의 안면 근육은 언제나 움직이고 있으며, 이런 몇몇 움직임의 경우에 우리는 서로의 얼굴을 쳐다보면서 어렵지 않게 감정을 지각한다. 그러나 완전히 객관적인 입장에서 과학자들이 **근육 움직임 자체**를 측정해보면, 이런 움직임은 기본 감정 기법에 사용된 사진과 일치하지 않는다.

어쩌면 안면 근전도 검사의 한계 때문에 피험자가 어떤 감정을 경험하는 동안 얼굴에 나타나는 모든 의미 있는 활동을 제대로 기록하지 못하는 것일지 모른다. 피험자의 얼굴 양쪽에 각각 6개쯤 전극을 부착하면 피험자가 불편을 느끼기 시작하는데, 이 정도로는 42개의 안면 근육 모두를 의미 있게 기록하기에 역부족이다. 그래서 과학자들은 훈련된 관찰자가 피험자의 안면 움직임 하나하나를 꼼꼼하게 분류하는 안면 움직임 부호화facial action coding라는 기법을 대신 사용하기도 한다. 이것은 인간의 지각에 의존하므로 안면 근전도 검사보다 덜 객관적이지만, 기본 감정 기법에서 연출된 얼굴에 어울리는 단어를 고르는 것보다는 조금 더 객관적일 것이다. 그러나 안면 움직임 부호화를 통해 관찰된 움직임도 연출된 사진과 일관되게 일치하지 않았다.[11]

이런 불일치는 유아에게서도 나타난다. 만약 표정이 보편적인 것이라면, 분노를 느낄 때 노려보고 슬픔을 느낄 때 입을 삐죽 내미는 것은 성인보다 아기에게서 더 잘 관찰될 것이다. 아기는 아직 어려서 사회의 예의범절을 배우지 않았기 때문이다. 그러나 감정을 불러일으킬 만한 상황에서 유아를 관찰했을 때, 유아는 과학자들이 기대한 표정을 짓지 않았다. 예컨대 발달심리학자 린다 캄라스Linda A. Camras와 해리엇 오스터Harriet Oster 등은 다양한 문화권의 아기들을 비디오로 촬영했다. 이때 그들은 으르렁거리는 고릴라 장난감으로 아기를 깜짝 놀라게 하기도 했고(공포 유발) 아기의 팔을 붙잡기도 했다(분노 유발). 그러나 안면 움직임 부호화 체계를 사용해 비디오를 분석한 결과 이 두 상황에서 아기의 안면 움직임은 서로 구별되지 않았다. 그러나 비디오에서 아기의 얼굴을 가린 채 성인들에게 보여주자 그들은 고릴라 비디오의 유아가 겁에 질려 있고 팔이 붙잡힌 비디오의 유아는 화가 난 것으로 인식했다! 성인들은 아기의 안면 움직임을 전혀 보지 않고도 맥락을 바탕으로 공포와 분노를 구별한 것이다.[12]

내 말을 오해하지 않길 바란다. 신생아와 젖먹이도 의미 있게 얼굴을 움직인다. 신생아나 젖먹이가 무엇에 흥미나 궁금증을 느낄 만한 상황에서, 또는 고통에 대한 반응으로 괴로워할 때나 역겨운 냄새 또는 맛에 대한 반응으로 혐오감을 느낄 때, 아기는 뚜렷이 다르게 안면을 움직인다. 그러나 신생아가 기본 감정 기법의 사진에서 보듯이 성인만큼 분화된 표정을 짓지는 않는다.[13]

캄라스와 오스터가 보여준 것처럼 사람들이 주위 맥락에서 어마어마한 정보를 얻는다는 사실은 다른 연구를 통해서도 증명되었다. 한 연구에서는 함께 부합되지 않는 얼굴과 신체 사진을 결합해 제시했다(예컨대 기저귀를 들고 있는 신체에 화가 나서 노려보는 얼굴을 결합해 제시했다). 그러자 피험자는 거의 언제나 얼굴이 아니라 신체에 적합한 감정을, 즉 이 경우에는 분노가 아니라 혐오를 지각했다. 얼굴은 끊임없이 움직이고 있다. 그리고 당신의 뇌는 다른 많은 요인을(몸의 자세, 목소리, 전체 상황, 당신의 평생 경험 등을) 함께 고려하여

어떤 것이 의미 있는 움직임이며 그것이 무엇을 의미하는지를 알아낸다.[14]

감정과 관련해 얼굴이 그 자체로 무엇을 말하지는 않는다. 실제로 기본 감정 기법에 사용된 표정들은 실제 세계에서 얼굴을 관찰해 발견한 것이 아니다. 과학자들은 다윈의 책에서 영감을 얻어 이런 표정들을 **미리** 규정했고, 그런 다음에 배우들에게 이것을 연기하라고 요청한 것이다. 그런데 이제는 이런 얼굴들이 감정의 보편적 표현으로 간주되고 있는 것이다.[15]

그러나 이것은 보편적이지 않다. 이 점을 한 번 더 증명하기 위해 우리 연구실에서는 감정 전문가들, 즉 능숙한 배우들의 사진을 이용한 연구를 수행했다. 《연출된 인물: 배우의 연기In Character: Actors Acting》라는 책에서 배우들이 각본에 따라 감정을 연기하면서 지은 표정들의 사진을 선택했다. 우리는 미국 피험자들을 세 집단으로 나누었다. 첫 번째 집단은 각본만 읽었다(예: "그는 방금 브루클린의 조용하고 가로수가 울창한 구역에서 총격 사건을 목격했다"). 두 번째 집단은 안면 배치만 보았다(예: 총격 장면에 대한 마틴 랜도의 연기, 그림 1-6의 중앙). 그리고 세 번째 집단은 각본과 얼굴을 모두 보았다. 우리는 각 집단의 피험자에게 간단한 감정 단어 목록을 건넨 다음에 이것을 가지고 피험자가 본 감정을 분류하라고 요청했다.[16]

위에 언급한 총격 장면의 경우에 각본만 읽었거나 각본과 랜도의 얼굴을 함께 본 피험자의 66퍼센트는 이 장면을 당사자가 공포에 휩싸인 상황으로 평가했다. 그러나 아무 맥락 정보도 없이 랜도의 얼굴만 본 피험자의 경우에는 겨우 38퍼센트가 이것을 공포로 평가했으며 56퍼센트는 이것을 놀라움으로 평가했다.

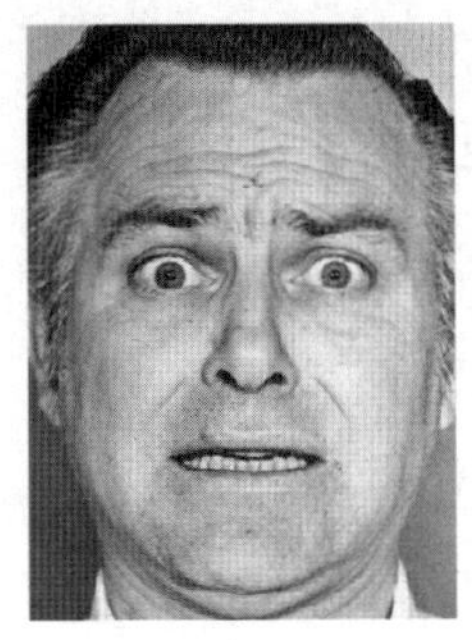

그림 1-6 배우 마틴 랜도(중앙)와 기본 감정 기법에서 공포(왼쪽) 또는 놀라움(오른쪽)을 표현한 얼굴. 랜도는 겁에 질린 것일까, 놀란 것일까, 아니면 둘 다일까.

그런가 하면 다른 배우들의 공포 연기는 랜도의 공포 연기와 크게 달랐다. 예컨대 여배우 멀리사 리오Melissa Leo는 다음 각본에 따라 공포를 연기했다.[이 책에서 '공포'는 영어 단어 'fear'를 번역한 것이다. 이 문장의 'fear'는 한국어로 '근심, 걱정'이 더 어울리지만, 이 문단 전체의 맥락상 똑같이 '공포'로 옮겼다. - 옮긴이 주] "그녀는 자신이 동성애자라는 소문이 주변에 나돌자 남편이 이 이야기를 다른 데서 듣기 전에 먼저 말해야 할지 결정을 내리려 한다." 이때 리오의 입은 닫혀 있었고 입꼬리는 처져 있었으며 눈살은 살짝 찌푸려 있었다. 이에 대해 리오의 얼굴 사진만 본 피험자의 4분의 3은 이것을 슬픔으로 평가한 반면에, 각본과 함께 제시되었을 때는 피험자의 70퍼센트가 이것을 공포로 평가했다.[17]

이런 종류의 차이는 우리가 연구한 모든 감정에서 나타났다. '공포' 같은 감정에는 단 하나의 표정이 있는 것이 아니라 상황에 따라 차이가 나는 **다양한 안면 움직임**이 있는 것이다. 이 책에서 '공포'처럼 특정 감정을 작은따옴표 안에 넣은 것은 감정의 개별 사례가 아니라 해당 감정 일반을 가리킨다. 지금 하던 일을 잠시 멈추고 당신 자신의 감정 경험을 차분히 떠올려보면 분명해질 것이다. 당신이 공포 같은 감정을 경험할 때, 당신의 얼굴은 다양한 방식으로 움직일 것이다. 예컨대 소파에 앉아 몸을 잔뜩 웅크린 채 공포영화를 볼 때, 당신은 눈을 감거나 손으로 눈을 가릴지 모른다. 반면에 바로 앞에 있는 정체불명의 사람이 당신을 해칠지도 모른다는 불길한 느낌이 들 때, 당신은 그 사람의 얼굴을 더 잘 살피기 위해 눈을 더 좁게 뜰지 모른다. 또는 다음 모퉁이를 도는 순간 위험이 도사리고 있을지 모른다는 느낌이 들면, 당신은 주변 시야를 넓히기 위해 눈을 더 크게 뜰지 모른다. 이처럼 '공포'가 단일한 신체 형태를 띠는 것은 아니다. 오히려 다양성이 표준이다. 마찬가지로 당신이 경험하는 행복, 슬픔, 분노, 그 밖의 다른 모든 감정도 제각기 매우 다양한 안면 움직임을 포함하는 **범주들**이다.[18]

'공포' 같은 하나의 감정 범주 안에 이렇게 다양한 안면 움직임이 포함되어 있다면, 어째서 우리는 눈을 크게 뜬 얼굴이 공포의 보편적 표현이라는 자연스러운 신념을 가지고 있을까? 그 이유는 이것이 우리의 문화 안에서 잘 알려진 '공포'라는 주제에 어울리는 고정 관념 또는 상징이기 때문이다. 이미 유아원이나 유치원에서부터 "노려보는 사람은 화난 사람이고, 입을 삐죽 내민 사람은 슬픈 사람이다"라는 식으로 고정 관념을 아이들에게 가르친다. 이런 고정 관념은 문화적 약식 기호 또는 관습이다. 우리는 각종 만화, 광고, 인형의 얼굴, 이모티콘 등 무수히 많은 이미지와 도형에서 이것을 보게 된다. 대학 교과서에서는 이런 고정 관념을 심리학 학생들에게 가르치고, 치료사는 이런 고정 관념을 환자에게 가르친다.

그리고 대중매체는 이것을 세계 곳곳에 전파한다. '그렇다면 이런 표현이 우리 문화를 통해 **창조**되었고, 우리 모두가 이것을 **학습**했다는 이야기인가?' 하고 당신은 질문할지 모른다. 내 답변은 '그렇다'이다. 이에 반해 감정에 대한 고전적 견해는 마치 이런 고정 관념이 감정의 진정한 지문이라도 되는 것처럼 못을 박고 있다.

물론 얼굴은 사회적 소통의 수단이 된다. 몇몇 안면 움직임은 의미를 지니는 반면에, 다른 안면 움직임은 그렇지 않다. 아직 우리는 사람들이 무엇이 무엇인지를 어떻게 알아내는지에 대해 거의 아는 바가 없다. 다만 신체 언어, 사회적 상황, 문화적 기대 등의 맥락이 어떤 식으로든 매우 중요하다는 사실을 알 뿐이다. 눈썹을 치켜올리는 식의 안면 움직임이 어떤 심리적 메시지를 전달하는 경우, 우리는 그것이 언제나 어떤 감정을 전달하고 있는지, 또 그것의 의미가 매번 동일한지 알지 못한다. 모든 과학적 증거를 종합해볼 때 감정마다 그것을 알아챌 수 있게 해주는 표정이 있다는 주장에는 어떤 합리적 근거도 없다.[19]

신체의 상태로 감정 읽기

감정의 유일무이한 지문를 찾던 나는 인간 얼굴보다 더 신뢰할 만한 정보 출처를 필요로 했다. 이번에는 인간의 신체를 살펴보게 되었다. 어쩌면 심박수, 혈압, 또는 기타 신체 기능의 몇몇 확실한 변화가 감정의 더 정확한 인식을 가능케 하는 지문이 될 수도 있겠다고 판단했기 때문이다.

신체 지문을 가장 강력하게 뒷받침하는 몇몇 실험적 증거는 폴 에크먼, 로버트 레벤슨Robert W. Levenson, 월리스 프리즌Wallace V. Friesen이 1983년에 학술지 〈사이언스Science〉에 발표한 유명한 연구에서 찾아볼 수 있다. 그들은 자율신경계의 변화를, 즉 심박수, 체온, 피부 전도성(땀 측정)의 변화를 측정하는 기계에 피험자를 연결했다. 그리고 그들은 골격운동 신경계에 기초한 팔 긴장의 변화도 측정했다. 그런 다음 실험적 기법을 사용해 피험자에게 분노, 슬픔, 공포, 혐오, 놀라움, 행복 등을 불러일으킨 다음에 각 감정이 일어난 동안의 신체 변화를 관찰했다. 그 데이터를 분석한 에크먼과 그의 동료들은 이런 신체 반응에서 특정 감정과 관련이 있는 분명하고 일관된 변화를 찾았다고 결론 내렸다. 이 연구는 연구 대상으로 삼은 각각의 감정에 대해 객관적이고 생물학적인 신체 지문을 확립한 것처럼 보였으며, 오늘날에도 여전히 과학 논문의 한 고전으로 평가받는다.[20]

그러나 이 유명한 연구에서는 감정을 불러일으키기 위해 피험자에게 기본 감정 기법에서 사용된 표정을 지은 채로 가만히 있으라는 기이한 요청을 했다. 예컨대 피험자는 슬픔을 불러일으키기 위해 10초 동안 얼굴을 찡그렸다. 또 분노를 불러일으키기 위해서는 노려보는 표정을 지었다. 이렇게 표정을 짓는 동안에 피험자는 거울을 볼 수 있었으며, 특정 안면 근육을 움직이는 법을 에크먼이 직접 가르치기도 했다.[21]

이렇게 표정 연출을 통해 특정 감정 상태를 촉발할 수 있다는 생각을 안면 피드백 가설facial feedback hypothesis이라고 한다. 이 가설에 따르면 얼굴을 특정 방식으로 일그러뜨리면 해당 감정과 관련이 있는 생리적 변화가 신체에서 일어난다는 것이다. 이것을 직접 시험해보기 위해 눈살을 찌푸리고 입을 삐죽 내민 채로 10초 동안 있어보라. 슬픔이 느껴지는가? 이번에는 활짝 웃어보라. 행복이 느껴지는가? 안면 피드백 가설은 매우 논란이 큰 가설이다. 과연 이런 식으로 제대로 된 감정 경험을 불러일으킬 수 있을지에 대해서는 학자들 사이에 의견이 크게 갈린다.[22]

어쨌든 이 연구에서는 사람들이 요청받은 안면 배치를 연기하자 실제로 신체 변화가 관찰되었다. 이것은 주목할 만한 결과다. 왜냐하면 피험자가 편안히 의자에 앉아 움직이지 않은 채 특정 안면 배치를 연기한 것만으로도 말초신경계 활동에 변화가 일어났기 때문이다. 즉 피험자가 노려보자(분노 연출) 손가락 끝의 체온이 올라갔다. 그리고 피험자가 노려보았을 때, 눈을 크게 뜨면서 깜짝 놀란 표정을 지었을 때(공포 연출), 입을 삐죽 내밀었을 때(슬픔 연출), 피험자의 심장은 행복, 놀라움, 혐오를 각각 연출했을 때보다 더 빠르게 뛰었다. 반면에 나머지 두 측정치인 피부 전도성과 팔 긴장에서는 여러 안면 배치 사이에 차이가 없었다.[23]

그러나 이런 결과를 바탕으로 감정의 신체 지문을 발견했다고 주장하려면 추가로 몇 단계를 거칠 필요가 있다. 우선 어떤 감정이 일어난 동안, 예컨대 분노가 일어난 동안 관찰된 반응이 다른 감정이 일어난 동안 관찰된 반응과 다르다는 것을 증명해야 한다. 다시 말해 이 반응이 분노의 사례에만 특수하다는 것을 증명해야 한다. 여기서 이 연구의 한계가 드러나기 시작한다. 왜냐하면 이 연구에서는 분노에 대한 몇몇 특수한 반응은 확인된 반면에, 실험 대상이 된 다른 감정에 대해서는 그런 반응이 확인되지 않았기 때문이다.

다시 말해 다른 감정에 대한 신체 반응은 서로 너무 비슷해서 뚜렷이 구별되는 지문으로 보기 어려웠다.

두 번째로 필요한 단계는 실험 결과에 대해 다른 설명이 고려될 수 없다는 점을 보이는 것이다. 오직 그럴 때만 분노, 슬픔 등에 대한 신체 지문을 발견했다고 주장할 수 있을 것이다. 그러나 이 연구의 경우에는 피험자들이 어떻게 표정을 지어야 하는지에 대한 지시를 받았기 때문에 대안적인 설명이 가능하다. 이런 지시를 받은 서양의 피험자들은 자신이 무슨 감정을 불러일으켜야 하는지를 대부분 짐작할 수 있었을 것이다. 그리고 이 연구가 수행되던 때만 해도 아직 알려지지 않았던 사실들, 즉 에크먼 등이 관찰한 심박수 및 기타 신체 변화를 실제로 산출할 수 있었다. 이 대안적 설명의 출발점이 된 것은 에크먼 등이 나중에 인도네시아 수마트라바랏주West Sumatra의 미낭카바우족Minangkabau을 대상으로 수행한 실험이었다. 이 부족 출신의 자원 참가자들은 서양의 감정에 대해 별다른 이해를 가지고 있지 않았으며 서양 피험자들과 동일한 신체 변화를 보이지도 않았다. 또한 그들은 실험자가 기대했던 감정을 느낀다는 보고를 서양 피험자들보다 훨씬 적게 했다.[24]

그 후 여러 가지 다른 방법을 사용해 감정을 불러일으킨 후속 연구들이 이어졌지만, 1983년 논문에서 원래 관찰된 생리적 차이가 다시 관찰된 경우는 그리 많지 않았다. 상당수 연구에서는 공포 영화, 눈물을 자아내는 순정 영화, 그 밖의 감정을 불러일으키는 다른 자료를 동원해 특정 감정을 불러일으키면서 그 사이 피험자의 심박수, 호흡 및 기타 신체 기능을 측정했다. 그러나 이런 많은 연구에서 관찰된 신체 측정치는 큰 차이를 보였는데, 이것은 다시 말해 감정을 구별할 수 있게 해주는 뚜렷한 신체 변화 패턴이 없음을 의미한다. 그런가 하면 감정을 구별할 수 있게 해주는 패턴이 발견된 경우도 있지만, 정확히 똑같은 영화 장면을 사용한 또 다른 연구에서는 종종 또 다른 패턴이 발견되곤 했다. 다시 말해 한 연구에서 분노, 슬픔, 공포 등을 구별할 수는 있었지만, 이것이 다른 연구에서 일관되게 재현되지 않았다. 이것은 한 연구에서 관찰된 분노, 슬픔, 공포 등의 사례가 다른 연구에서 관찰된 사례와 같지 않았음을 시사한다.[25]

이 경우처럼 여러 실험이 매우 많이 존재하면 거기서 일관된 결론을 추출하기가 쉽지 않다. 다행히 과학에는 모든 데이터를 함께 분석하여 통일된 결론에 도달하는 기법이 있다. 이것을 가리켜 메타 분석meta-analysis이라고 부른다. 과학자들은 다른 연구자들이 수행한 많은 실험을 샅샅이 조사하여 이것들의 결과를 통계적으로 결합한다. 예를 들어 심박수 증가가 행복에 대한 신체 지문의 일부인지를 검토하고자 한다고 가정해보자. 이때 당신은 직접 실험을 하는 대신에 행복한 상태에서 심박수를 측정한 다른 실험들에 대한 메타 분석을 수행할 수도 있다. 그리고 이런 실험에는 감정과 직접적인 관련이 없지만 성행위와 심장마비의 관계를 연구한 실험 등도 포함될 수 있다. 당신은 의미 있는 모든 과학 논문을 검색하여 관련 통계를 수집한 다음에 이것을 통째로 분석하여 가설을 검증할 수도 있다.

지난 20년 동안 감정 및 자율신경계와 관련해 4회에 걸쳐 중요한 메타 분석이 이루어졌다. 그중 가장 광범위한 것은 220가지 이상의 생리학 연구와 거의 22,000명에 달하는 피험자를 포괄하는 것이었다. 그러나 이 네 가지 메타 분석 모두 신체에서 일관되고 특수한 감정 지문을 찾는 데 실패했다. 그 대신에 신체 내부 기관들의 오케스트라가 행복, 공포 등의 상태에서 매우 다양한 심포니를 연주할 수 있다는 사실을 확인했다.[26]

이런 차이를 쉽게 관찰할 수 있는 한 가지 실험 절차가 있다. 최대한 빨리 13씩 뺄셈하기 또는 낙태나 종교같이 매우 논란이 되는 주제에 관해 이야기하기 같은 어려운 과제를 수행하는 피험자를 조롱하는 것이다. 피험자가 과제를 수행하느라 쩔쩔매면, 실험자는 피험자의 형편없는 과제 수행에 대해 비판적이거나 모욕적인 평가를 내뱉으면서 피험자를 질책한다. 이런 상황에서 모든 피험자가 분노를 느낄까? 그렇지는 않다. 게다가 더 중요한 것은 분노를 느끼는 피험자들의 신체 변화 패턴이 한결같지 않다는 사실이다. 어떤 사람은 분을 못 참고 격노하는가 하면 어떤 사람은 울기도 했다. 그런가 하면 더 침착하고 교활해지는 사람도 있고 그냥 포기하는 사람도 있다. 각각의 행동(격노, 울음, 궁리, 포기)은 신체의 상이한 생리적 패턴을 바탕으로 하고 있는데, 이런 패턴은 이미 오래전에 신체 자체를 연구하는 생리학자들에 의해 자세히 밝혀졌다. 심지어 몸의 자세를 조금만 바꾸어도 화난 사람의 생리적 반응이 완전히 달라질 수 있다.[27]

내가 학술 대회에서 이런 메타 분석을 발표하면 몇몇 사람들은 의심부터 한다. "좌절과 굴욕을 안기는 상황에서 모든 사람이 분노를 느껴 피가 끓고 손바닥에 땀이 나고 뺨이 발개지는 것은 아니라는 말씀인가요?" 이에 대한 나의 답변은 '그렇다'이다. 내가 말하려는 것이 바로 이것이다. 실제로 내가 이런 생각을 처음 이야기했을 때, 관련 증거를 탐탁지 않게 여긴 내 동료들이 보인 분노는 매우 다양했다. 몇몇 사람들은 앉은 자세를 이리저리 바꾸었고, 또 다른 사람들은 마음속으로 '이건 아니지'라고 생각하며 머리를 흔들었다. 한 번은 시뻘건 얼굴로 허공에 손가락질을 하면서 내게 큰소리로 고함을 친 동료도 있었다. 또 다른 동료는 애처로운 눈빛으로 나를 쳐다보면서 내게 정말로 공포를 느껴본 적이 있느냐고 물었다. 만약 내가 정말로 위험한 상황에 처해본 적이 있다면, 이런 터무니없는 생각을 주장하지는 않을 것이라는 얘기였다. 그런가 하면 또 다른 동료는 그와 친한 사회학자인 내 시아주버니에게 내가 감정의 과학을 망치고 있다고 말하겠다고 했다. 이 맥락에서 빼놓을 수 없는 예가 미식축구 선수처럼 우람한 체격에 나보다 30센티미터는 더 크고 나이도 훨씬 더 많은 동료다. 그는 주먹을 불끈 쥐어 내 얼굴을 강타할 자세를 취하면서 무엇이 정말로 분노인지를 보여주겠다고 말했다. 이런 예를 통해 나의 동료들은 나의 발표보다 훨씬 더 생생하게 분노의 다양성을 보여주었다.

수백 가지 실험을 요약한 네 가지 메타 분석을 통해 감정마다 일관되고 특수한 지문이 자율신경계에서 발견되지 않았다는 것은 무엇을 의미하는가? 이것은 감정이 착각이라는 것을 의미하지도 않고 신체 반응이 아무 규칙도 없이 일어난다는 것을 의미하지도 않는다. 이것이 의미하는 바는 경우에 따라, 맥락에 따라, 연구에 따라 여러 사람들 사이에서 또는 한 사람 안에서도 **동일한 감정 범주가 상이한 신체 반응을 포함할 수 있다**는 사실이다. 다시 한번 말하지만, 일관성이 아니라 다양성이 표준이다. 그리고 이런 결과는 생리학자들이 이미 50년 전부터 알던 사실과도 일치한다. 그것은 행동

이 다르면 행동의 유일무이한 움직임을 뒷받침하는 심박수, 호흡 등의 패턴도 다르다는 사실이다.[28]

지금까지 어마어마한 시간과 자금이 연구에 투자되었지만 단 한 가지 감정에 대해서도 일관된 신체 지문이 발견되지 않았다.

뇌를 분석해 감정 읽기

얼굴과 신체에서 감정의 객관적 지문을 찾으려 했던 나의 두 번에 걸친 첫 시도는 난관에 부딪치고 말았다. 그러나 흔히 말하듯이 위기는 때론 기회이기도 하다. 내게 찾아온 기회는 감정이 어떤 **물체**가 아니라 여러 사례를 포괄하는 범주이며, 어떤 감정 범주든 거기에는 어마어마한 다양성이 포함되어 있다는 뜻밖의 깨달음이었다. 예컨대 분노는 감정에 대한 고전적 견해로 예측 또는 설명할 수 있는 것보다 훨씬 다양하다. 누군가에 대해 분노를 느낄 때, 당신은 고함을 치며 욕을 하는가 아니면 속으로만 부글부글 끓는가? 당신도 상대방을 비난하고 괴롭히는가? 아니면 눈을 크게 뜨고 눈썹을 치켜 올리는가? 이런 동작이 이루어지는 사이에 당신의 혈압은 올라갈 수도 있고 내려갈 수도 있으며 그대로일 수도 있다. 당신은 심장이 쿵쿵 뛰는 것을 느낄 수도 있고 느끼지 않을 수도 있다. 당신의 손은 땀으로 축축해질 수도 있고 그렇지 않을 수도 있다. 구체적으로 무슨 일이 일어나든 그것은 당신의 신체가 상황에 대처하기 위한 최선의 준비를 갖추도록 할 것이다.

당신의 뇌는 이렇게 다양한 분노를 어떻게 만들어내고 기록할까? 당신의 뇌는 어떤 분노가 현재 상황에 가장 적합한지를 어떻게 알까? 만약 분노를 자아내는 여러 상황에서 당신의 느낌이 어떠냐는 질문을 받는다면, 당신은 구체적인 상황에 따라 '성이 난다', '짜증이 난다', '격분한다', '복수심이 든다' 같은 표현을 사용해 세밀한 답변을 내놓겠는가? 아니면 이 모든 상황을 뭉뚱그려 '화가 난다' 또는 그냥 '언짢다'라고만 답하겠는가? 그리고 당신은 이런 답변을 도대체 어떻게 아는가? 이러한 일련의 물음은 감정에 대한 고전적 견해에서 다룰 수 없었던 수수께끼로 남아 있다.

처음에는 나도 깨닫지 못했지만, 나는 다양한 사례를 포괄하는 감정 범주를 다루면서 생물학에서 다윈의 제안 이래로 표준이 된 **개체군 사고**population thinking라는 것을 적용하고 있었다. 예컨대 동물의 종과 같은 범주는 지문 같은 공통 핵심이 없는 유일무이한 개체들로 이루어진 개체군이다. 집단 수준에서 범주는 오직 추상적이고 통계적인 용어로만 기술될 수 있다. 3.13명으로 이루어진 미국인 가족이 어디에도 존재하지 않는 것과 마찬가지로 설령 평균 분노 패턴을 확인할 수 있다고 하더라도 그것에 정확히 일치하는 분노 사례는 존재하지 않는다. 그리고 분노 사례가 존재도 불확실한 분노의 지문이라는 것을 닮아야 할 이유도 없다. 우리가 지금까지 지문이라고 불러 온 것은 그저 고정 관념일 뿐이다.[29]

내가 개체군 사고의 관점을 받아들인 순간 나의 이론적 전망은 완전히 바뀌었다. 나는 변이를 오류가 아니라 정상으로, 나아가 바람직한 것으로 보기 시작했다. 나는 이 감정과 저 감정을 구별하는 객관적 방법에 대한 탐구를 계속했지만, 이 탐구는 더 이상 예전과 동일한 것이 아니었다. 내 마음속에서 의구심은 점점 더 커져 갔지만, 내게는 감정의 지문을 찾기 위해 살펴볼 것이 하나 더 남아 있었다. 그것은 바로 뇌였다.*

오래전부터 과학자들은 뇌에 손상을 입은 사람들을 연구하여 감정이 뇌의 어느 부위와 관련되는지를 알아내려 했다. 만약 뇌의 특정 부위에 손상을 입은 사람이 특정 감정을 경험 또는 지각하는 데 어려움을 겪는다면, 그리고 바로 그 감정에 대해서만 그렇다면, 이것은 그 감정이 그 부위의 뉴런들에 분명히 의존한다는 증거로 간주될 수 있을 것이다. 이것은 집에서 어떤 회로 차단기가 가정 전기 시스템의 어떤 부분을 통제하는지를 알아내는 것과도 비슷하다. 우선 모든 차단기가 연결된 상태에서는 모든 전기 시스템이 정상 작동한다. 그런데 특정 차단기를 내렸을 때 부엌 전등이 더 이상 켜지지 않는다는 것을 관찰했다면, 당신은 그 차단기의 용도를 발견한 셈이다.

뇌에서 공포 부위를 찾는 것은 중요한 예가 될 수 있다. 오랜 세월 동안 과학자들은 공포가 단 하나의 뇌 부위에서 감정의 위치를 확인할 수 있는 대표 사례가 될 것이라고 생각했었다. 이때 과학자들이 마음속에 둔 부위는 뇌의 측두엽 깊은 곳에 있는 신경핵 집단인 편도체였다.** 편도체가 최초로 공포와 연관 지어진 것은 1930년대에 하인리히 클뤼버Heinrich Klüver와 폴 부시Paul C. Bucy라는 과학자가 붉은털원숭이rhesus monkey의 측두엽을 제거했을 때였다. 편도체가 제거된 원숭이들은 평소라면 깜짝 놀랄 만한 물체나 동물에게

* 뉴런neuron, 엽lobe 등의 뇌 관련 용어는 부록 A에 간략히 정리해놓았다.

** 정확히 말하자면 편도체는 뇌의 좌우 측두엽에 한 개씩 있다.

(뱀, 다른 원숭이 등) 또는 수술 전에는 회피했던 낯선 사람에게 아무 망설임 없이 접근했다. 클뤼버와 부시는 이런 결함이 '공포의 부재' 때문이라고 보았다.[30]

그 후 얼마 지나지 않아 다른 과학자들은 편도체가 손상된 사람들이 공포를 경험하고 지각할 수 있는지를 연구하기 시작했다. 그 중에서도 가장 집중적인 연구가 이루어진 것은 'SM'이라고 불린 여성의 사례였다. 이 여성은 아동기와 청소년기에 편도체가 서서히 소멸되는 우르바흐-비테Urbach-Wiethe 병이라는 유전병을 앓고 있었다. 전반적으로 SM의 정신 상태는 건강해 보였으며 지능도 정상이었지만, 실험실에서 그가 공포에 대해 보인 반응은 무척 이상해 보였다. 과학자들은 그에게 〈샤이닝The Shining〉이나 〈양들의 침묵The Silence of the Lambs〉 같은 공포 영화를 보여주기도 했고, 살아 있는 뱀이나 거미를 곁에 놓기도 했으며, 귀신이 나올 것 같은 흉가로 그를 데려가기도 했지만, 그는 별다른 공포를 느끼지 않는다고 보고했다. 그리고 기본 감정 기법에 사용된 사진 중에서 눈을 크게 뜬 안면 배치를 보여주어도 그것을 겁에 질린 표정으로 인식하지 못했다. 반면에 그가 다른 감정들을 경험 또는 지각하는 데는 문제가 없었다.[31]

과학자들은 공포 학습이라는 절차를 사용해 SM에게 공포를 느끼는 법을 가르치려 했지만 성공하지 못했다. 그들은 SM에게 특정 사진을 보여주면서 곧이어 그를 깜짝 놀라게 만들기 위해 100데시벨 크기의 뱃고동을 울렸다. 만약 SM에게 공포 반응이라는 것이 있다면, 이 소리가 그의 공포 반응을 촉발할 것이라 예측했다. 또한 과학자들은 SM의 피부 전도성을 측정했다. 많은 과학자들은 피부

전도성으로 공포를 측정할 수 있으며 나아가 이것이 편도체 활동과 관련이 있다고 믿었다. 이렇게 사진과 뱃고동을 연달아 제시하기를 여러 차례 반복한 후에 과학자들은 SM에게 사진만 보여주면서 신체 반응을 측정했다. 편도체가 정상인 사람이라면 사진과 깜짝 놀랄 소리의 조합이 학습되어 사진만 보아도 뇌에서 뱃고동을 예상해 피부 전도성이 크게 상승할 것이다. 그러나 SM의 피부 전도성은 전혀 상승하지 않았다. 결국 실험자들은 SM이 새로운 물체에 대한 공포를 학습하지 못한다고 결론 내렸다.[32]

전반적으로 볼 때 SM은 공포를 느끼지 않는 것처럼 보였으며 그의 손상된 편도체가 그 이유인 것처럼 보였다. 과학자들은 이 증거와 그 밖에도 이와 비슷한 증거들을 바탕으로 정상적으로 작동하는 편도체가 뇌의 공포 중추라고 결론지었다.

그러던 중 신기한 일이 일어났다. 과학자들은 SM이 몸의 자세로 표현된 공포를 볼 수 있으며 목소리로 전달된 공포를 들을 수 있다는 사실을 발견했다. 또한 이산화탄소가 다량 함유된 공기를 들이마시면 SM이 커다란 공포를 느낀다는 사실도 발견했다. 정상 수준의 산소가 결핍되자 SM은 극심한 공포에 휩싸였다. 이렇게 SM은 몇몇 조건에서는 편도체 없이도 분명하게 공포를 느끼거나 지각할 수 있었다.[33]

뇌 손상 연구의 발전과 함께 편도체가 손상된 다른 사람들에 대한 연구가 꾸준히 수행됨에 따라 공포와 편도체 사이에 분명하고 구체적인 연관이 있다는 믿음은 깨지고 말았다. 아마도 우르바흐-비테 병 때문에 편도체가 상실된 일란성 쌍생아의 사례가 가장 중요한 반대 증거를 제공했다고 본다. 이 두 여성은 12세에 우르바흐-비테 병 진단을 받았으나, 지능은 정상이었고 고등학교 교육까지 받았다. 이 쌍둥이는 동일한 DNA와 동급의 뇌 손상을 가지고 있었고 공통의 환경 속에서 아동기와 성인기를 보냈지만 공포에 대해 매우 상이한 반응 특성을 보였다. 쌍둥이 중 한 명인 'BG'는 SM과 매우 비슷했다. 즉 그는 SM과 비슷하게 공포 관련 결함을 가지고 있었지만 이산화탄소가 추가된 공기를 호흡하면 공포를 경험했다. 반면에 쌍둥이 중 다른 한 명인 'AM'은 공포에 대해 기본적으로 정상적인 반응을 보였다. 즉 AM의 경우에는 결핍된 편도체가 뇌의 다른 신경망을 통해 보충되었다. 이렇게 동일한 DNA를 가진 일란성 쌍생아가 동일한 뇌 손상을 겪었고 매우 비슷한 환경 속에서 살았지만, 한 명은 어느 정도 공포 관련 결함을 보인 반면에 다른 한 명은 그런 결함을 보이지 않았다.[34]

이런 발견은 편도체에 공포에 대한 회로가 있을 것이라는 가정을 약화시킨다. 오히려 뇌에 공포를 만들어내는 복수의 방식이 존재할 것이며, 따라서 '공포'라는 감정 범주를 특정 부위에 한정할 수 없다는 가정에 무게를 더한다. 과학자들은 뇌 손상 환자들을 대상으로 공포 외에 다른 감정 범주에 대해서도 연구했는데, 결과는 비슷하게 가변적인 것이었다. 편도체 같은 뇌 부위는 보통 감정에 중요한 역할을 한다. 그러나 이런 부위는 감정의 필요조건도 아니고 충분조건도 아니다.[35]

이것은 내가 신경과학을 연구하기 시작하면서 깨달은 가장 놀라운 것 중 하나였다. 공포 등의 정신 사태mental event는 단 한 집합의 뉴런들에 의해 생성되지 않는다. 그 대신에 다른 뉴런들의 집합을 통해서도 공포의 사례가 생성될 수 있다. 신경과학자들은 이런 원리를 **변성**degeneracy이라고 부른다. 변성은 '다대일多對一'을 의미한다. 즉 뉴런의 다양한 조합을 통해 동일한 결과가 생성될 수 있음을 의미한다. 뇌에서 감정 지문의 위치를 확인하려 할 때 변성은 현실 검증의 작은 수단이 된다.[36]

우리 연구실에서는 자원 참가자의 뇌 영상을 검사하던 중에 변성을 관찰했다. 우리는 스카이다이빙, 피투성이 시체 등 감정을 불러일으킬 만한 사진들을 자원 참가자에게 보여주면서 신체 흥분을 얼마나 많이 느끼는지 물었다. 그러자 남성과 여성은 같은 종류의 흥분을 느낀다고 보고했고, 남성과 여성 모두 전측 섬anterior insula과 일차 시각피질이라는 2개 뇌 영역에서 활동의 증가가 관찰되었다. 그러나 여성의 흥분 느낌은 전측 섬과 더 강력한 연관이 있었던 반면에, 남성의 흥분 느낌은 시각피질과 더 강력한 연관이 있었다. 이것은 동일한 경험이(여기선 동일한 흥분 느낌이) 상이한 패턴의 신경 활동과 연관되어 있음을 보여주는 증거이자 변성의 예이다.[37]

변성 외에 내가 신경과학자가 되기 위한 훈련을 받으면서 깨달은 또 다른 놀라운 것은 뇌의 많은 부분이 하나 이상의 목적에 기여한다는 사실이었다. 뇌의 **핵심 체계**core system들은 매우 다양한 정신 상태의 생성에 관여한다. 하나의 핵심 체계가 사고, 기억, 의사결정, 시각, 청각 및 다양한 감정의 경험과 지각에 관여할 수 있다. 핵심 체계는 '일대다一對多'를 의미한다. 반면에 감정에 대한 고전적 견해는 특정 뇌 영역이 특정 심리 기능에만 관련된 것으로, 즉 '일대일' 관계인 것으로 이해한다. 그러므로 핵심 체계는 신경 지문의 안티테제인 셈이다.[38]

부디 오해가 없길 바란다. 나는 뇌에 있는 모든 뉴런이 완전히 똑같은 일을 한다거나 각각의 뉴런이 온갖 일을 다 할 수 있다고 주장하는 것이 아니다(오래전에 반증된 이런 견해는 등잠재성 equipotentiality이라고 불린다). 내가 주장하는 것은 부엌에 있는 밀가루와 달걀이 여러 요리에 쓰일 수 있는 것과 마찬가지로 대다수 뉴런이 여러 목적에, 하나 이상의 기능에 관여한다는 것이다.

핵심 체계의 실상은 신경과학의 거의 모든 실험적 방법을 통해 입증될 수 있지만, 뇌 영상 기법을 통해 뇌 활동을 관찰할 때 가장 쉽게 확인할 수 있다. 가장 흔한 방법이 기능성 자기공명영상 functional magnetic resonance imaging(fMRI)이다. 이 방법을 사용하면 누가 감정을 경험하거나 또는 타인의 감정을 지각할 때 뉴런 활동과 관련된 자기성 신호의 변화를 기록하는 식으로 살아 있는 사람에게 상해를 입히지 않으면서 그 사람의 머릿속을 들여다볼 수 있다.[39]

과학자들은 fMRI를 사용해 감정 지문을 찾으려고 뇌를 샅샅이 뒤진다. 만약 특정 감정을 경험 또는 지각할 때 특정 뇌 회로 덩어리의 활동이 증가한다면, 해당 덩어리가 해당 감정을 계산한다는 증거일 것이라고 연구자들은 추론한다. 처음에 과학자들은 편도체에 공포의 신경 지문이 있는지를 살피는 데 초점을 맞추었고 한 가지 핵심 증거를 찾았다. 뇌 영상 스캐너 안에 있는 피험자가 기본 감정 기법에서 사용된 이른바 공포 표정의 사진을 볼 때 피험자의 편도체는 중립적 표정의 얼굴을 볼 때보다 활동이 증가했다.[40]

그러나 연구가 축적됨에 따라 변칙 사례가 나타나기 시작했다. 편도체의 활동 증가는 여전히 관찰되었지만, 사진 속 얼굴의 눈이 피험자를 똑바로 응시할 때처럼 특정 상황에서만 그러했다. 만약 사진 속의 눈이 다른 곳을 보고 있으면, 편도체에 있는 뉴런들의 점화율은 거의 변하지 않았다. 또한 피험자가 정형화된 공포 표정을 반복해서 바라보면, 편도체 활동이 급속히 줄어들었다. 만약 편도체에 정말로 공포 회로가 존재한다면, 이런 습관 형성은 일어나지 말아야 한다. 만약 편도체가 공포 회로라면, 그것은 '공포' 자극의 촉발이 있을 때마다 반드시 점화해야 할 것이다. 이런 상충되는 결과를 바탕으로 나를 비롯해 많은 과학자들에게 분명해진 것은 편도체가 뇌에 있는 공포의 본거지가 아니라는 사실이다.[41]

2008년에 우리 연구실에서는 신경학자 크리스 라이트Chris Wright와 함께 기본 감정 기법에서 사용된 공포 얼굴에 대한 반응으로 편도체 활동이 증가하는 이유를 증명할 수 있었다. 편도체는 공포에 휩싸인 얼굴이든 중립적인 얼굴이든 상관없이 피험자가 그것을 이전에 본 적이 없는 경우에 **모든 낯선 얼굴**에 대한 반응으로 활동이 증가한다. 기본 감정 기법에서 사용된 사진처럼 눈을 크게 뜨고 공포에 휩싸인 듯한 안면 배치는 일상에서 흔히 접하지 않기 때문에 뇌 영상 실험에 참가한 피험자들에게 낯선 것이다. 이런 연구 결과 및 이와 비슷한 다른 결과들은 원래 실험에 대해 편도체를 공포의 뇌 부위로 간주하지 않는 대안적 설명을 제공한다.[42]

지난 20년 동안 감정의 신경 지문이 있는 것으로 추측된 모든 뇌 영역에 대한 연구에서 이렇게 증거에 반대 증거가 뒤를 잇는 지그재그식 행보가 이어졌다. 그래서 우리 연구실에서는 특정 뇌 덩어리가 정말로 감정 지문인가 하는 물음에 대한 최종 답변을 구하기로 결정했다. 우리는 분노, 혐오, 행복, 공포, 슬픔에 대해 발표된 **모든** 뇌 영상 연구를 조사하여 통계적으로 유용한 자료를 결합해 메타 분석을 실시했다. 여기에는 모두 거의 20년에 걸쳐 1,300명에

가까운 피험자를 대상으로 이루어진 거의 100편의 발표된 연구가 포함되었다.[43]

이 어마어마한 양의 데이터를 분석하기 위해 우리는 인간 뇌를 복셀voxel, 즉 3차원 화소pixel에 해당하는 아주 작은 정육면체로 가상 분할했다. 그런 다음 각 실험에서 연구된 각 감정 상태 동안 뇌의 각 복셀에서 활동 증가가 관찰되었는지 여부를 기록했다. 이를 바탕으로 우리는 각 감정을 경험 또는 지각하는 동안 각 복셀에서 활동 증가가 나타날 확률을 계산할 수 있었다. 그리고 이 확률이 우연보다 클 경우 우리는 이것을 통계적으로 유의미한 것으로 간주했다.

우리의 포괄적인 메타 분석 결과 감정에 대한 고전적 견해를 뒷받침하는 증거는 거의 발견되지 않았다. 예컨대 편도체는 여러 공포 연구에서 우연히 기대할 수 있는 것보다 더 큰 활동 증가를 일관되게 보였지만, 그것은 공포 경험 연구의 약 25퍼센트와 공포 지각 연구의 약 40퍼센트에서만 해당됐다. 이런 수치는 관련 부위가 신경 지문이라고 말하기에는 매우 부족한 것이다. 게다가 편도체는 분노, 혐오, 슬픔, 행복에 대한 연구에서도 일관된 활동 증가를 보였다. 이것은 편도체가 공포의 일부 발생 사례에서 무슨 기능을 수행하든 상관없이 편도체가 다른 감정들의 사례에서도 이런 기능을 수행한다는 것을 보여준다.

흥미롭게도 편도체 활동의 증가는 보통 비감정적인 사태로 간주되는 상황에서도, 예컨대 당신이 고통을 느낄 때, 뭔가 새로운 것을 학습할 때, 새로운 사람을 만날 때, 어떤 결정을 내릴 때 등의 상황에서도 비슷하게 나타난다. 아마도 편도체 활동은 당신이 이 글을

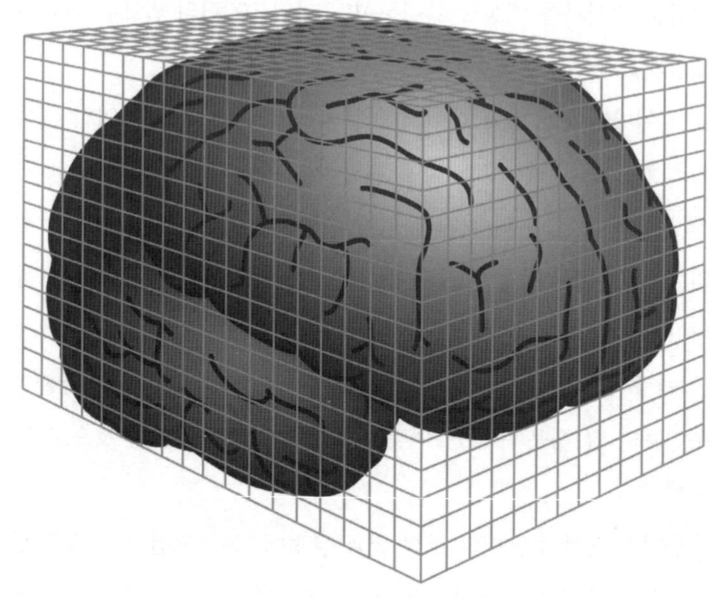

그림 1-7 복셀로 분할된 인간 뇌

읽고 있는 지금도 증가할 것이다. 실제로 감정의 뇌 영역으로 간주되었던 모든 부위는 사고나 지각 같은 비감정적 사태를 일으키는 데도 관여한다.

전체적으로 우리가 확인한 것은 **어느 뇌 영역에도 감정에 대한 지문은 없다**는 것이었다. 지문은 상호 연결된 부위를 하나로 간주하든(신경망) 아니면 개별 뉴런을 전기로 자극하든 상관없이 확인되지 않았다. 그리고 이른바 감정 회로가 있다고 주장되는 원숭이나 쥐 같은 다른 동물을 대상으로 한 실험들도 결과는 마찬가지였다. 감정은 뉴런들의 점화를 통해 발생한다. 그러나 오로지 감정에만 관여하는 뉴런은 존재하지 않는다. 내게 이런 연구 결과는 뇌의 개

별 부분에서 감정의 자리를 확인하려는 시도에 종말을 고하는 최종 결정타였다.[44]

다양성이 표준이다

이제 독자들도 짐작하듯 우리는 매우 오랜 세월 동안 감정에 대해 잘못된 견해를 가지고 있었다. 한 감정과 다른 감정을 구별할 수 있는 신체 지문을 발견했다고 주장하는 연구는 많다. 그러나 **훨씬 더 큰** 과학적 맥락에서 보면 고전적 견해는 방향을 달리한다. 이따금 나는 고전적 견해를 지지하는 감정 연구자로부터 다음과 같은 반론을 듣곤 한다. "이 50개의 다른 연구에 대해서는 어떻게 생각하나요? 이 수천 명의 피험자들은 감정 지문의 존재를 증명하는 명백한 증거를 보여주지 않나요?" 그렇다. 고전적 견해를 뒷받침하는 많은 연구가 있는 것은 사실이다. 그러나 감정에 관한 이론이라면 그 이론을 지지하는 일부 증거만이 아니라 모든 증거를 설명할 수 있어야 한다. 5천 마리의 검은 개를 들이대면서 이것이 모든 개가 검다는 증거라고 우길 수는 없는 노릇이다.

몇몇 과학자는 고전적 견해에 반대되는 연구들이 그냥 틀렸을 뿐이라고 말할지 모른다. 물론 경우에 따라 감정에 대한 실험을 수행하기가 매우 까다로운 것은 사실이다. 뇌의 몇몇 영역은 관찰하기가 정말로 어렵다. 심박수는 감정과 아무 상관이 없는 온갖 종류의 요인에 의해 영향을 받는다. 예컨대 피험자가 전날 밤에 얼마나 많이 잤는지, 지난 한 시간 동안 커피를 마셨는지, 또는 지금 앉아 있는지 아니면 서 있거나 누워 있는지 등에 따라 심박수는 달라진다. 게다가 피험자가 제때에 감정을 경험하게 만들기도 만만한 일이 아니다. 피가 얼어붙을 듯한 공포나 심장이 터질 것 같은 분노를 불러일으키는 것은 윤리적으로 허용되지 않는다.[45]

그러나 이런 모든 어려움을 고려하더라도 고전적 견해를 의심하게 만드는 실험의 숫자는 우연히 발생할 확률보다 또는 부적합한 실험 방법 때문에 발생할 확률보다 훨씬 더 많다. 안면 근전도 검사 연구를 통해 증명된 것처럼 사람들은 동일한 감정 범주의 사례를 경험할 때도 일관된 한 가지 방식이 아닌 매우 다양한 방식으로 안면 근육을 움직인다. 대규모 메타 분석들에 따르면 단 하나의 감정 범주에는 단 하나의 일관된 반응만 포함되는 것이 아니라 다양한 신체 반응이 포함된다. 뇌 회로는 변성의 다대일 원리에 따라 작동한다. 즉 단일한 감정 범주(공포)에 속하는 사례들도 때에 따라 그리고 사람에 따라 다양한 뇌 패턴을 통해 처리된다. 그리고 거꾸로 동일한 뉴런도 다양한 정신 상태를 만들어내는 데 관여할 수 있다(일대다).

이제 당신도 내가 말하려는 패턴이 무엇인지 알아챘을 것이다. **다양성이 표준이다.** 그리고 감정 지문은 신화다.

우리가 감정을 진실로 이해하고자 한다면, 이런 다양성을 진지하게 받아들여야 한다. 우리는 '분노' 같은 감정 단어가 유일무이한 신체 지문을 지닌 특정 반응을 가리키는 것이 아니라 특정 상황과 결부된 매우 다양한 사례를 가리킨다는 사실을 받아들여야만 한다. 우리가 분노, 공포, 행복 등의 감정이라고 부르는 것은 감정 범주라고 부르는 편이 더 정확하다. 이것은 하나하나가 다양한 사례의 집합이기 때문이다. '코커 스패니얼Cocker Spaniel'이라는 범주에 속하는 개의 사례가 유전자로만 설명할 수 있는 것보다 다양한 신체 특성(꼬리 길이, 코 길이, 외피 두께, 달기기 속도 등)을 보이는 것과 마찬가지로 '분노'의 사례는 다양한 신체적 표현(안면 움직임, 심박수, 호르몬, 목소리, 신경 활동 등)을 보이며, 이런 다양성은 환경 또는 맥락과 관련이 있을 것이다.[46]

우리가 다양성과 개체군 사고의 관점을 받아들이는 순간, 이른바 감정 지문은 자리를 양보해야 할 것이다. 한 가지 예를 들어보자. 몇몇 과학자는 인공지능 기법으로 훈련시킨 소프트웨어 프로그램을 활용해 상이한 감정(분노 또는 공포)을 경험하는 사람들의 뇌 영상을 확보할 수 있다. 이 경우 프로그램은 각 감정 범주를 요약하는 통계적 패턴을 계산한 다음에 새롭게 접하는 뇌 영상을 분석하여 이것이 분노의 요약 패턴에 가까운지 아니면 공포의 요약 패턴에 가까운지를 실제로 판단할 수 있다. 패턴 분류라고 불리는 이 근사한 기법의 결과가 인정되어 '신경 독심술'이라는 별명으로 부르기도 한다.

몇몇 과학자들은 분노 또는 공포의 신경 지문이 이런 통계적 요약본으로 묘사될 수 있다고 주장한다. 그러나 이것은 어마어마한 논리적 오류다. 공포의 통계적 패턴은 뇌의 실제 상태가 아니라 많은 공포 사례의 추상적 요약일 뿐이다. 이 과학자들은 수학적 평균을 표준으로 착각하고 있다.[47]

나는 동료들과 함께 감정에 대한 뇌 영상 연구의 메타 분석에 패턴 분류 기법을 적용했다. 우리가 사용한 컴퓨터 프로그램은 약 150개의 연구에서 얻은 뇌 영상을 분류하는 법을 학습했다. 이를 통해 우리는 특정 연구에 참여한 피험자가 분노, 혐오, 공포, 행복, 슬픔 중 무엇을 경험하고 있는지를 우연의 확률 이상으로 예측하게 해주는 신경 패턴을 뇌 전반에 걸쳐 발견할 수 있었다. 그러나 이런 패턴이 감정 지문은 아니다. 예컨대 분노의 패턴은 뇌 전반에 걸친 일련의 복셀들로 구성되었는데, 이 패턴이 분노의 개별 뇌 영상에서 반드시 확인되어야 하는 것은 아니었다. 패턴은 추상적 요약일 뿐이다. 실제로 분노의 모든 뇌 영상에 항상 등장하는 복셀은 단 한 개도 없었다.[48]

적절히 적용된 패턴 분류는 개체군 사고의 한 예일 뿐이다. 앞에서도 말했듯이 하나의 종은 다양한 개체의 집합이며, 따라서 이것의 요약은 통계적 의미를 지닐 뿐이다. 요약은 자연에 존재하지 않는 추상물이다. 이것은 해당 종에 속하는 어떤 개체를 그대로 기술한 것이 아니다. 감정에 관해 말하자면, 경우에 따라 그리고 사람에 따라 상이한 뉴런 조합을 통해 분노 같은 감정 범주의 사례가 생성될 수 있다. 설령 두 개의 분노 경험 사례가 당신에게는 똑같이 느껴지더라도 이 두 사례는 변성의 원리에 따라 상이한 뇌 패턴에 기초할 수 있다. 그러나 다수의 다양한 분노 사례를 요약해 이것이 추상적 관점에서 볼 때 온갖 다양한 공포 사례와 어떻게 다른지를 기술하는 것은 여전히 가능하다. 비유를 들자면, 래브라도 리트리버 품종의 두 마리 사냥개도 똑같지 않지만, 이 품종의 모든 개는 골든 리트리버 품종의 사냥개와 구별된다.

나는 오랜 시간 동안 얼굴과 신체와 뇌에서 지문을 찾으려 했지만 예상치 못한 깨달음을 얻었다. 그것은 감정이 무엇이며 감정이 어디에서 비롯하는가에 대해 새로운 이론이 필요하다는 깨달음이었다. 앞으로 나는 이 새로운 이론을 소개할 것이다. 이것은 고전적 견해를 뒷받침하는 모든 연구 결과를 설명할 뿐만 아니라 당신이 방금 목격한 모든 비일관성도 설명할 것이다. 지문을 넘어 증거를 좇음으로써 우리는 더 나은 방식으로 그리고 과학적으로 더 정당화될 수 있는 방식으로 감정을 이해하고 나아가 우리 자신을 이해할 수 있는 길을 찾을 것이다.

| 2장 |

우리는 우리의 경험을 설계한다

만약 당신이 다음의 검은 얼룩을 처음 본다면, 당신의 뇌는 이것의 정체를 파악하려고 분주하게 돌아갈 것이다. 우선 당신의 시각피질에 있는 뉴런들이 선과 가장자리를 처리할 것이다. 당신의 편도체도 낯선 입력에 대해 빠르게 점화할 것이다. 그리고 뇌의 다른 영역에서는 당신의 과거 경험을 훑으면서 예전에 이 입력과 비슷한 것을 본 적이 있는지 따져볼 것이며, 다른 한편으로는 당신의 신체와 신호를 주고받으면서 신체가 다음 행동에 대비하도록 만들 것이다. 그리고 십중팔구 당신은 정체를 알 수 없는 검은 얼룩만 보게 되는 이른바 **경험맹**experiential blindness 상태에 빠질 것이다.

이 경험맹을 치유하기 위해 부록 B에 있는 그림을 보고 다시 이 얼룩을 보라. 이제 당신은 무형의 얼룩 대신에 낯익은 물체를 보게 될 것이다.

방금 당신의 뇌에서 무슨 변화가 일어났기에 이 얼룩에 대한 지각이 바뀌었을까? 이제 당신의 뇌는 완전한 사진에서 가져온 재료를 과거 경험에 추가하여 당신이 얼룩에서 보는 낯익은 물체를 **구성**했다. 또한 당신의 시각피질에 있는 뉴런들의 점화 방식이 바뀌어 이제는 있지도 않은 선들을 만들어내고 얼룩들을 서로 연결해 물리적으로 존재하지도 않는 형체를 만들어낸다. 어찌 보면 당신은 환각을 경험하고 있는 셈이다. 다만 이것은 "병원에 가봐야 할 것 같아"라는 의미의 걱정스러운 환각이 아니라 "나의 뇌는 이렇게 작동하도록 되어 있어"라는 의미의 일상적 환각이다.

당신은 그림 2-1의 경험을 통해 두 가지 통찰을 얻을 수 있다. 첫째로 당신이 직접 경험하거나 사진, 영화, 책 등에서 얻은 과거 경험은 당신의 현재 감각에 의미를 부여한다. 둘째로 구성의 전체 과정은 당신에게 보이지 않는다. 당신이 아무리 노력해도 당신 자신이 심상을 구성하는 과정을 관찰 또는 경험할 수 없다. 그러므로 우리는 구성이 일어나고 있다는 사실을 밝히기 위해 특별히 고안

그림 2-1 정체를 알 수 없는 얼룩

된 예를 동원할 필요가 있었다. 당신이 무엇을 모르는 상태에서 아는 상태로 바뀌는 과정을 의식적으로 경험할 수 있었던 까닭은 당신이 관련 지식을 얻기 전과 후에 두 번에 걸쳐 그림 2-1을 보았기 때문이다. 구성의 과정은 아주 습관적인 것이기 때문에 이제 당신은 그림에서 경험맹을 재경험하려고 아무리 노력해도 다시는 이 그림을 무형의 얼룩으로 보기가 어려울 것이다.

뇌에서 일어나는 이 작은 마술 또는 속임수는 아주 흔하고 평범한 것이기 때문에 심리학자들은 이것의 작동 원리를 이해하기 전에도 이것을 수차례 발견했다. 우리는 이것을 **시뮬레이션**simulation이라고 부르기로 하겠다. 시뮬레이션은 들어오는 감각 입력이 없어도 뇌가 감각 뉴런의 점화를 바꾸었음을 의미한다. 시뮬레이션은 위 사진의 경우처럼 시각적인 것일 수도 있고 또는 당신의 다른 감각을 포함할 수도 있다. 당신의 머릿속에서 노랫소리가 흘러나오는 것을 떨쳐버릴 수 없었던 적이 있지 않은가? 이런 청각적 환각도 시뮬레이션이다.[1]

최근에 누가 당신에게 먹음직스런 빨간 사과를 건넸던 때를 생각해보라. 그때 당신은 사과를 받아 들고 한입 깨물어 사과의 상큼한 맛을 경험했다. 그사이에 당신의 뇌 감각과 운동 부위에서는 뉴런들이 점화했다. 운동 뉴런들은 당신의 동작을 생성하기 위해 점화했고, 감각 뉴런들은 사과에 대한 감각을 처리하기 위해 점화했다. 군데군데 녹색 느낌이 나는 빨간색 표면, 손에 닿는 매끄러운 느낌, 상큼하고 싱그러운 향기, 한입 깨물 때 들리는 바삭 소리, 시큼하면서도 달콤한 맛. 그런가 하면 다른 뉴런들은 소화를 위해 효소를 방출해 당신이 군침을 흘리게 만들었고, 코티솔cortisol을 방출해 당신의 신체가 사과 안의 당분에 대한 대사 작용을 준비하도록 했으며, 경우에 따라서는 당신의 뱃속을 약간 부글거리게 만들었을 것이다. 그러나 더욱 신기한 일들이 벌어진다. 바로 지금, 당신이 '사과'라는 단어를 읽는 바로 순간, 당신의 뇌는 마치 사과가 실제로 앞에 있는 것처럼 반응한다. 당신의 뇌는 당신이 과거에 보았고 맛보았던 사과에 관한 지식들을 조합하여 당신의 감각과 운동 부위에 있는 뉴런들의 점화 방식을 바꿈으로써 당신의 머릿속에서 '사과'라는 개념의 한 사례를 구성한다. 당신의 뇌가 감각과 운동 뉴런을 사용해 눈앞에 있지도 않은 사과를 꾸며내는 것이다. 이런 시뮬레이션은 심장 박동만큼이나 빠르고 자동적으로 일어난다.[2]

우리는 시뮬레이션의 힘을 이용해 내 딸의 열두 번째 생일 때 '구역질 나는 음식' 파티를 열었다. 우리는 치즈에 녹색 식용색소를 첨가해 곰팡이가 핀 것처럼 보이는 피자, 그리고 채소를 약간 섞어 토한 음식처럼 보이는 복숭아 젤라틴을 손님들에게 내놓았다. 또한 백포도 주스를 의료용 소변 샘플 컵에 담아 내놓았다. 그러자 손님들은 너나없이 떠들썩하게 넌더리를 쳤으며(열두 살짜리 유머가 완벽하게 성공한 순간이었다), 몇몇 손님은 자신의 의지와 상관없이 고약한 맛과 냄새를 상상하면서 음식에 손도 대지 못했다. 그러나 그날의 백미는 우리가 점심 식사 후에 벌인 게임이었다. 냄새를 맡아 음식의 정체를 알아맞히는 간단한 게임이었다. 우리는 복숭아, 시금치, 쇠고기 등을 걸쭉하게 으깬 이유식을 기저귀에 교묘하게 발라서 영락없이 아기 똥처럼 보이게 만들었다. 손님들은 이 얼룩이 음식이라는 것을 잘 알고 있었지만, 실제로 몇몇은 이렇게 시뮬레이션된 냄새 때문에 구역질을 하기까지 했다.[3]

시뮬레이션은 당신의 뇌가 세상에서 일어나는 일을 추측하는 과정이다. 당신은 깨어 있는 매순간 눈, 귀, 코, 그 밖의 다른 감각기관을 통해 들어오는 잡다하고 애매모호한 정보에 둘러싸여 있다. 이때 당신의 뇌는 당신의 과거 경험을 바탕으로 가설을 세우고(시뮬레이션) 이것을 당신의 감각을 통해 전달되는 불협화음과 비교한다. 이런 방식으로 당신의 뇌는 시뮬레이션을 통해 잡음에 의미를 부여하면서 중요한 것을 선택하고 나머지는 무시한다.

1990년대 후반, 시뮬레이션의 발견은 심리학과 신경과학을 새로운 시대로 이끌었다. 과학적 증거를 통해 밝혀지고 있듯이 우리가 보고 듣고 만지고 맛보고 냄새 맡는 것은 대부분 세계에 대한 반응이 아니라 세계에 대한 시뮬레이션이다. 게다가 앞서 가는 사상가들의 추측에 따르면 시뮬레이션은 지각의 공통 메커니즘일 뿐만 아니라 언어 이해, 공감, 기억, 상상, 꿈, 기타 많은 심리 현상의 공통 메커니즘인 듯하다. 적어도 서양 문화 속에서 사는 사람들의 상식에 따르면 사고와 지각과 꿈은 서로 분명하게 구별되는 정신 사태를 의미한다. 그러나 한 가지 일반 과정을 통해 이 모든 것을 기술할 수 있다. 시뮬레이션은 모든 정신 활동의 기본 모드다. 또한 이것은 뇌가 어떻게 감정을 만들어내는가 하는 수수께끼를 푸는 열쇠이기도 하다.[4]

당신의 뇌 밖에서 시뮬레이션은 당신의 신체에 가시적인 변화를 야기할 수 있다. 꿀벌을 소재로 간단하면서도 창의적인 시뮬레이션을 시도해보기로 하자. 당신의 마음의 눈으로 꿀벌 한 마리가 윙윙 소리를 내면서 꽃가루를 찾아 흰색 꽃잎 위를 사뿐히 날아다니는 모습을 바라보라. 만약 당신이 꿀벌을 좋아한다면, 지금 당신 머릿속의 다른 뉴런들은 상상 속의 꿀벌 날개가 펄럭이는 것을 더 가까이 보기 위해서 당신의 신체를 움직이게 만들 것이다. 그래서 당신의 심장은 더 빨리 뛰고 땀샘은 채워지고 혈압은 떨어질 준비를 할 것이다. 반면에 당신이 과거에 벌에게 쏘인 적이 있다면, 아마도 당신의 뇌는 당신의 신체를 달아나게 하거나 또는 벌을 찰싹 때리는 동작을 하도록 준비하는 패턴의 신체 변화를 일으킬 것이다. 이렇게 당신의 뇌가 감각 입력을 시뮬레이션할 때마다, 뇌는 당신의 신체에 자동적인 변화를 준비시키며, 이것은 다시 당신의 느낌을 변화시킬 수 있는 잠재력을 가지고 있다.

꿀벌에 대한 당신의 시뮬레이션은 '꿀벌'에 대해 당신이 가지고 있는 **개념**에 기초한다. 이런 개념에는 꿀벌 자체에 대한 정보뿐만 아니라(어떻게 생겼고 어떤 소리를 내는지, 당신이 어떻게 반응하는지, 이런 반응을 위해 당신의 자율신경계에 어떤 변화가 필요한지 등), 꿀벌과 관련된 다른 개념들에 담긴 정보도 포함된다('풀밭', '꽃', '꿀', '침에 쏘임', '고통' 등). 이 모든 정보가 당신의 '꿀벌' 개념과 통합되어 당신이 특정 맥락에서 꿀벌을 시뮬레이션하는 방식이 결정된다. 이렇게 볼 때 '꿀벌' 등의 개념은 사실상 당신의 뇌에서 당신의 과거 경험을 표상하는 신경 패턴들의 집합인 셈이다. 그리고 새로운 상황에 처하면 당신의 뇌는 이런 패턴을 다른 방식으로 조합하여 당신의 지각과 행동을 유연하게 조절한다.[5]

당신이 가지고 있는 개념들을 바탕으로 당신의 뇌는 이런저런 것들을 함께 묶고 또 다른 것들은 떼어 놓는다. 당신은 이런 개념들에 기초해 눈 앞에 보이는 세 개의 흙더미 가운데 두 개는 '언덕'으로 지각하고, 나머지 한 개는 '산'으로 지각할 수도 있다. 구성의 관점에서 볼 때 세계는 밀가루 반죽과도 같으며, 당신의 개념은 이 반죽에 경계를 만드는 쿠키 절단기와도 같다. 그리고 이런 경계는 그것이 자연에 원래 있기 때문이 아니라 그것이 당신에게 유용하기 때문에 또는 바람직하기 때문에 만들어진다. 물론 이런 경계에 물리적 한계가 없는 것은 아니다. 당신은 결코 산을 호수로 지각하지는 않을 것이다. 이런 의미에서 모든 것이 상대적이지는 않다.[6]

당신이 가진 개념들은 당신의 뇌가 감각 입력의 의미를 추측할 때 사용하는 기본 도구다. 예컨대 개념을 통해 소리 압력의 변화에 의미를 부여함으로써 당신은 그것을 무질서한 잡음이 아니라 단어 또는 음악으로 듣게 된다. 서양 문화권의 대다수 음악은 동일한 간격의 12개 음조로 나뉘는 옥타브를 기반으로 한다. 17세기에 요한 세바스찬 바흐가 작곡한 평균율을 예로 들어보자. 서양 문화권에서 정상적인 청각을 지닌 사람이라면 누구나 이 음계를 명확히 기술하지는 못하더라도 이에 대한 개념을 가지고 있다. 그러나 모든 음악이 이런 음계를 사용하는 것은 아니다. 인도네시아 전통 음악인 가믈란gamelan은 7개 음조로 된 옥타브와 상이한 선율을 사용한다. 12개 음조를 듣는 데 익숙해진 서양인의 뇌에는 이런 음악에 대한 개념이 없기 때문에 이것이 십중팔구 잡음처럼 들릴 것이다. 내 경우에는 나는 전자 음악의 한 장르로 자리 잡은 덥스텝dubstep을 들으면 경험맹 상태에 빠지지만, 십대인 내 딸은 틀림없이 이에 대한 개념을 가지고 있을 것이다.

그런가 하면 개념은 맛과 냄새를 만들어내는 화학 물질에도 의미를 부여한다. 만약 내가 당신에게 핑크빛 아이스크림을 건넨다면, 당신은 딸기 맛을 기대(시뮬레이션)할 것이다. 그러나 실제로는 생선 맛이 난다면, 당신은 어리둥절하고, 심지어 구역질나게 느낄 것이다. 반면에 내가 이것이 당신이 좋아하는 얼린 연어 크림이라고 미리 말해서 당신의 뇌가 적절한 사전 경고를 받았다면, 이번에는 똑같은 맛이 감미롭게 느껴질 것이다. 당신은 음식이 물리적 세계에 존재한다고 생각할지 모르지만, 실제로 '음식'이라는 개념은 매우 문화적인 것이다. 물론 몇몇 생물학적 제약이 있기는 하다. 당신은 면도날을 먹지 못할 것이다. 그러나 몇몇 물질은 우리가 충분히 먹을 수 있는데도 음식으로 지각하질 않는다. 예컨대 일본의 별미 음식 중에 벌의 유충으로 만든 하치노코hachinoko라는 것이 있는데, 대다수 미국인은 이것을 아마 쳐다보지도 않으려 할 것이다. 이런 문화적 차이가 바로 개념에 기초한 것이다.[7]

당신이 살아 있는 매순간 당신의 뇌는 개념을 사용해 바깥 세계를 시뮬레이션한다. 개념이 없다면 당신은 앞서 꿀벌 얼룩을 보았을 때처럼 경험맹 상태에 놓일 것이다. 개념을 바탕으로 당신의 뇌가 수행하는 시뮬레이션은 당신이 눈치채지 못할 정도로 자동적이기 때문에 당신의 시각, 청각, 기타 감각들은 세계에 대한 구성이라기보다 세계에 대한 반사 반응인 것처럼 느껴진다.

이제 당신의 뇌가 **당신의 신체 안에서** 생기는 감각에, 즉 당신의 심장 박동, 호흡, 기타 온갖 소란스러운 내부 움직임에서 생기는 감각에 의미를 부여하기 위해 똑같은 과정을 사용한다면 어떨지 생각해보자.

뇌의 관점에서 보자면 신체는 감각 입력의 또 다른 원천일 뿐이다. 심장과 허파, 물질대사, 체온 변화 등에서 생기는 감각은 그림 2-1의 애매모호한 얼룩과 다르지 않다. 신체 안에서 생기는 이렇게 순수하게 신체적인 감각에는 객관적으로 어떤 심리적 의미가 존재하지 않는다. 그러나 개념이 개입하는 순간 이런 감각은 추가적인 의미를 지닐 수 있다. 만약 당신이 저녁 음식을 앞에 둔 상황에서 위가 쑤시는 느낌을 받는다면, 당신은 이것을 배고픔으로 경험할 것이다. 그러나 유행성 감기가 돌고 있는 상황이라면, 당신은 이 똑같은 느낌을 메스꺼움으로 경험할 것이다. 또 당신이 법정의 재판관이라면, 당신은 이 똑같은 느낌을 피고가 의심스럽다는 직감으로 경험할 수도 있을 것이다. 상황과 맥락에 따라 뇌는 바깥 세계에서 들어온 감각뿐 아니라 내부 감각에 대해서도 개념을 사용해 의미를 부여하기 때문이다. 그리고 이 모든 것은 동시에 일어난다. 이처럼 위가 쑤시는 느낌을 바탕으로 당신의 뇌는 배고픔, 메스꺼움, 또는 불신의 사례를 구성할 수 있는 것이다.[8]

이제 내 딸의 친구들이 '구역질 나는 음식' 생일 파티에서 그랬던 것처럼 당신이 양고기 죽으로 뒤범벅이 된 기저귀의 냄새를 맡고 있는데 똑같은 복통을 느낀다면 어떨지 생각해보라. 십중팔구 이 똑같은 느낌을 구역질로 경험할 것이다. 또는 당신의 애인이 방금 방 안으로 들어온 상황이라면 이 똑같은 느낌을 갈망의 통증으로 경험할 수도 있을 것이다. 또는 당신이 병원에서 의료 검사 결과가 나오기를 기다리고 있는 상황이라면, 이 똑같은 복통을 불안의 느낌으로 경험할 수도 있을 것이다. 구역질, 갈망, 불안의 이런 경험에서 당신의 뇌에서 작동하는 개념은 일종의 **감정 개념**이다. 앞에서와 마찬가지로 이번에도 당신의 뇌는 당신의 위가 쑤시는 느낌에 대해 당신 주위의 세계에서 생긴 감각에 대해서와 마찬가지로 의미를 부여함으로써 이런 감정 개념의 사례를 구성하고 있는 것이다. 이것은 **감정**의 한 사례일 뿐이다. 그리고 감정이 만들어지는 방식도 이와 다르지 않을 것이다.

극적인 상황에서 사랑에 빠지는 이유

내가 대학원생이었을 때 한 사내 아이가 내게 데이트를 신청한 적이 있었다. 나는 그를 잘 알지도 못했고 솔직히 말해 그가 특별히 멋있지도 않았기 때문에 썩 내키지 않았다. 하지만, 그날따라 비좁은 연구실에 너무 오랫동안 갇혀 있었기 때문에 나는 데이트를 받아들였다. 우리가 커피숍에 함께 앉아 이야기를 나누는 동안에 놀랍게도 내 얼굴이 여러 번 달아오르는 것이 느껴졌다. 나는 속이 불편했고 점점 집중이 되질 않았다. 그 순간 나는 내가 상대방에 대해 오판했다고 생각했다. 내가 틀림없이 그에게 매력을 느끼고 있는 것처럼 보였다. 우리는 한 시간 뒤 헤어졌는데, 나는 그와 다시 데이트를 하기로 약속했다. 그리고 나는 설레는 마음으로 서둘러 집으로 돌아왔다. 집에 들어온 나는 열쇠를 바닥에 내팽개친 채 곧바로 구토를 했으며 그 후 7일 동안 유행성 감기로 끙끙 앓으며 누워 있어야 했다.

얼룩 그림을 바탕으로 꿀벌을 시뮬레이션하는 구성의 신경 과정은 속이 불편하고 얼굴이 달아오르는 느낌을 바탕으로 연애의 감정을 구성하는 데도 똑같이 관여한다. 당신 주위의 세계에서 일어나는 일과 관련해 당신의 신체 감각이 의미하는 바를 당신의 뇌가 구성한 것이 바로 감정이다. 철학자들은 이미 오래전부터 당신의 마음이 세계 안에 있는 당신의 신체에 의미를 부여한다고 주장했다. 17세기에 르네 데카르트René Descartes가 그랬고, 19세기에 미국 심리학의 아버지로 불리는 윌리엄 제임스William James도 그랬다. 반면에 오늘날의 신경과학은 당신이 앞으로 보게 될 것처럼 어떻게 이 과정이(그리고 훨씬 더 많은 일이) 뇌에서 일어나 곧바로 감정이 생기는지를 우리에게 보여준다. 나는 이 설명을 가리켜 **구성된 감정 이론**이라고 부를 것이다.[9]

> 깨어 있는 매순간 당신의 뇌는 개념으로 조직된 과거 경험을 사용해 당신의 행동을 인도하고 당신의 감각에 의미를 부여한다. 관련 개념이 감정 개념인 경우 당신의 뇌는 감정의 사례를 구성하는 셈이다.

만약 벌 떼가 당신의 집 현관문 아래에 끼여 윙윙거리고 있고, 당신의 가슴에서 심장이 쿵쿵거린다면, 독침을 쏘는 곤충에 대한 사전 지식을 가지고 있는 당신의 뇌가 당신의 신체에서 생긴 감각과 바깥 세계에서 들어온 광경, 소리, 냄새, 기타 감각에 의미를 부여해 벌 떼, 현관문 등을 포함하는 공포의 사례를 시뮬레이션할 것이다. 반면에 벌의 알려지지 않은 삶에 관한 흥미진진한 영화를 보고 있는 상황이라면, 똑같은 신체 감각이 신나는 흥분의 사례로 구성될 수도 있을 것이다. 또는 꿀벌이 미소 짓는 만화를 보면서 예전에 귀여운 조카와 함께 디즈니 영화를 보러 간 일을 회상한다면, 당신은 꿀벌, 조카 등이 포함된 과거에 대한 그리움의 사례를 정신적으로 구성할 수도 있을 것이다.

내가 유행성 감기에 걸린 상황에서 남성에 대한 매력을 느꼈던 경험은 고전적 견해에 따르면 오류 또는 귀인 착오라고 불릴 만한 것이다. 그러나 이것이 오류라면, 얼룩 덩어리에서 꿀벌을 보는 것도 똑같이 오류라고 불러야 한다. 얼굴이 달아오르고 열이 난 것은 내 피 속의 감기 바이러스 때문이고, 내 뇌는 점심 데이트라는 맥락 속에서 이 감각에 의미를 부여해 상대방에게 정말로 끌리는 것 같은 느낌을 구성한 것이다. 이것은 뇌가 심리 상태를 구성하는 정상적인 방식이다. 만약 내가 집에서 체온계를 입에 문 채 침대에 누운 상태에서 똑같은 신체 감각을 느꼈다면, 내 뇌는 똑같은 구성 과정을 거쳐 이것을 '병이 난 느낌'의 사례로 구성했을 것이다. 반면에 고전적 견해에서는 누구에게 끌리는 느낌과 병이 난 느낌에 대해 각각 상이한 뇌 회로를 통해 촉발되는 상이한 신체 지문이 있다고 주장할 것이다.[10]

감정은 세계에 대한 반응이 아니다. 당신은 감각 입력의 수동적 수용자가 아니라 당신 감정의 능동적 구성자이다. 당신의 뇌는 감각 입력과 과거 경험을 바탕으로 의미를 구성하고 행동을 지시한다. 만약 당신에게 과거 경험을 표상하는 개념이 없다면, 당신의 모든 감각 입력은 잡음에 불과할 것이다. 그러면 당신은 이런 감각이 무엇인지도 알 수 없고, 무엇으로 인해 야기됐으며, 이것에 대처하려면 어떻게 행동해야 하는지도 알 수 없을 것이다. 반면에 개념을 가지고 있으면, 당신의 뇌는 감각에 의미를 부여한다. 이 의미가 때로는 감정인 것이다.

구성된 감정 이론과 감정에 대한 고전적 견해는 어떻게 우리가 세계를 경험하는지에 대해 매우 다른 방식으로 접근한다. 고전적 견해에 따르면 세계 안의 사태가 우리 안의 감정 반응을 촉발한다. 매우 직관적인 이 이론에는 서로 다른 뇌 영역에 살고 있는 사고와 감정 같은 낯익은 용어들이 등장한다. 반면에 구성된 감정 이론은 당신의 일상적인 삶에 어울리지 않는 이론을 내놓는다. 이 견해에 따르면 당신의 뇌는 감정을 포함해 당신이 경험하는 모든 것을 은근슬쩍 구성한다. 이 이론에는 시뮬레이션, 개념, 변성 같은 낯선 용어들이 등장하며, 이것은 뇌 전체에 걸쳐 동시에 일어난다.

이 낯선 이론은 낯익은 구조의 이야기를 기대하는 사람들에게 일종의 도전 과제인 셈이다. 슈퍼히어로가 등장하는 모든 이야기에는 악당이 등장한다. 모든 로맨틱 코미디에서는 매력적인 커플이 우스꽝스러운 오해에 빠졌다가 결국에는 행복하게 마무리된다. 여기서 우리가 감당해야 할 도전 과제는 뇌의 역동성이, 그리고 감정이 만들어지는 방식이 원인과 결과 같은 직선적인 이야기 구조를 따르지 않는다는 점이다. 이러한 도전 과제는 과학에 흔한 것이다. 예컨대 양자역학에서는 원인과 결과의 구별에 큰 의미가 없다. 그러나 모든 책은 어떤 식으로든 이야기를 할 수밖에 없으며, 뇌 기능 같은 비선형 역동성을 다루는 이 책도 마찬가지다. 다만 이 책에서는 대다수 이야기 전개에 깔려 있는 선형 구조를 거부한다는 점이 다를 뿐이다.

이제 나의 목표는 감정의 구성에 관해 그리고 이 과학적 설명의 의미에 관해 직관적인 이해를 당신에게 심어주는 것이다. 우리는 나중에 뇌의 작동 방식에 관한 신경과학적 최신 정보가 이 이론에 녹아 있으며, 이 이론을 통해 일상적인 감정 경험과 지각의 엄청난 다양성을 설명할 수 있다는 사실을 차차 확인하게 될 것이다. 또한 이 이론을 바탕으로 행복, 슬픔, 분노, 공포 및 기타 감정 범주의 사례들이 꿀벌 얼룩, 상큼한 사과, 걸쭉한 이유식의 대변 냄새 등을 구성했던 뇌 메커니즘과 동일한 방식으로 구성되며, 거기에 감정 회로나 생물학적 지문 같은 것은 필요없다는 사실을 깨닫게 될 것이다.

구성된 감정 이론의 세 가지 접근법

나는 감정이 구성된다고 주장하는 첫 번째 사람이 아니다. 구성된 감정 이론은 당신의 경험과 행동이 매순간 당신의 뇌와 신체 안에서 일어나는 생물학적 과정을 통해 만들어진다고 보는 이른바 **구성**construction이라는 더 포괄적인 과학 전통에 속한다. 그리고 구성은 고대 그리스까지 거슬러 올라가는 매우 오래된 사상에 기초한다. 철학자 헤라클레이토스Heraclitus는 "어느 누구도 똑같은 강에 두 번 들어가지 않는다"고 말했다. 이 말에는 늘 변화하는 강물을 별개의 사물로 지각하는 것이 오로지 마음의 작용이라는 의미가 숨어 있다. 그리고 오늘날 구성주의는 기억, 지각, 정신질환 그리고 당연히 감정을 포함해 많은 주제를 포괄한다.[11]

감정에 대한 구성주의적 접근은 두 가지 핵심 견해에서 출발한다. 하나는 분노나 혐오 같은 감정 범주에 지문이 존재하지 않는다는 것이다. 분노의 한 사례가 분노의 또 다른 사례와 비슷한 형태나 느낌을 포함할 필요가 없으며, 똑같은 뉴런에 의해 야기될 필요도 없다. 다양성이 표준이다. 당신의 분노 사례들이 나의 분노 사례들과 똑같을 필요가 없다는 말이다. 다만 우리가 비슷한 환경에서 자랐다면 일부 중첩 사례가 있을 가능성이 높을 뿐이다.

또 다른 핵심 견해는 당신이 경험하고 지각하는 감정이 당신이 가진 유전자의 필연적 결과가 아니라는 것이다. 오히려 세계 안에 있는 당신의 신체에서 생기는 감각 입력에 의미를 부여하는 **몇몇 종류**의 개념을 당신이 가지고 있을 것이라는 점이다. 당신의 뇌는 이런 용도로 배선되어 있기 때문이다(5장 참조). 심지어 단세포 동물도 환경 변화에 의미를 부여할 수 있다. '분노'나 '혐오' 같은 **특정** 개념은 유전적으로 미리 결정되지 않는다. 당신에게 낯익은 감정 개념들이 내장된 것처럼 느껴지는 까닭은 이런 감정 개념이 의미 있고 쓸모 있는 것으로 받아들여지는 특정 사회적 맥락에서 당신이 자랐기 때문이다. 그리고 당신의 뇌가 당신의 의식과 상관없이 이것들을 적용해 당신의 경험을 구성하기 때문이다. 심박수 변화는 필연적이지만, 그것의 감정적 의미는 그렇지 않다. 다른 문화권이라면 똑같은 감각 입력에 대해 다른 종류의 의미를 부여할 수 있고 또 실제로 그러하다.[12]

구성된 감정 이론에는 여러 종류의 구성이 포함되어 있다. 사회적 구성이라고 불리는 접근법에서는 우리가 세계 안에서 지각하고 행동하는 방식이 사회적 가치와 관심에 의해 어떤 영향을 받는지를 연구한다. 예컨대 명왕성이 행성인가 아닌가 하는 문제는 천체물리학이 아니라 문화에 기초해 결정된다. 우주 공간의 둥근 암석 덩어리들은 객관적으로 실재하며 크기도 제각각이다. 그러나 '행성'이라는 개념은 사람들이 만들어낸 것이다. 우리는 모두 나름대로 유용한 방식으로 세계를 이해한다. 그러나 이것이 어떤 절대적이고 객관적인 의미에서 반드시 참인 것은 아니다. 감정과 관련해 사회적 구성 이론은 우리의 사회적 역할이나 신념이 우리의 느낌과 지각에 어떤 영향을 미치는지를 탐구한다. 예컨대 내가 여성이자 어머니라는 사실, 유대교 문화 속에서 자란 무신론자라는 사실, 내 피부는 희끄므레하며 나보다 피부에 흑색소가 더 많은 사람들을 한때 노예로 부렸던 국가에서 살고 있다는 사실 등은 나의 지각에 어떤 영향을 미칠까? 반면에 사회적 구성은 생물학적 요인을 감정과 무관한 것으로 간주해 무시하는 경향이 있다. 그 대신에 이 이론에서는 당신의 사회적 역할에 따라 감정이 다르게 촉발된다고 주장한다. 이렇게 사회적 구성주의 이론은 주로 당신 밖의 사회적 세계에 관심을 가지며, 이런 환경이 뇌의 배선에 어떤 영향을 미치는지는 문제 삼지 않는다.[13]

그런가 하면 심리적 구성이라고 불리는 또 다른 종류의 구성에서는 우리의 내면에 관심의 초점을 둔다. 여기서는 당신의 지각, 사고, 느낌 등이 더 기초적인 부분들을 바탕으로 구성된다고 주장한다. 19세기의 몇몇 철학자들은 마음을 커다란 화학 시험관처럼 보았다. 그들은 원자가 결합해 분자가 되듯이 단순한 감각들이 결합해 사고와 감정이 생겨난다고 보았다. 그런가 하면 다른 사람들은 마음을 레고 블록과 같은 다용도 부품 세트로 보았으며, 이런 부품들이 인지와 감정 같은 다양한 정신 상태에 관여한다고 생각했다. 예컨대 윌리엄 제임스는 우리의 다양한 감정 경험이 공통 성분을 바탕으로 구성된다고 주장했다. "감정의 뇌 과정은 평범한 감각의 뇌 과정과 비슷할 뿐만 아니라 사실상 이런 과정이 다르게 조합된 것에 지나지 않는다"라고 그는 썼다. 1960년대에 심리학자 스탠리 샥스터Stanley Schachter와 제롬 싱어Jerome Singer는 피험자 몰래 아드

레날린를 주입하자 피험자가 원인 모를 흥분을 주위 맥락에 따라 분노로 경험하기도 하고 행복감으로 경험하기도 한다는 사실을 관찰했다. 하지만 이런 분노 또는 행복감의 사례를 통해 그것의 인과 메커니즘을 바로 알 수 없다. 감정마다 뇌에 전용 메커니즘이 있어서 똑같은 단어가(예: '슬픔') 메커니즘을 뜻하기도 하고 그것의 산물을 뜻하기도 하는 고전적 견해와 뚜렷한 대조를 이루기 때문이다. 최근 몇 년 동안 새로운 세대의 과학자들은 감정을 이해하고 감정의 작동 방식을 설명하기 위해 심리적 구성을 바탕으로 여러 이론을 발전시켜 왔다. 이런 이론들의 가정이 모두 똑같지는 않지만, 이것들의 공통된 출발점은 감정이 촉발되는 것이 아니라 만들어진다는 점, 감정이 매우 가변적이며 지문이 없다는 점, 감정이 원칙적으로 인지나 지각과 구별되지 않는다는 점이다.[14]

구성의 이런 원리는 놀랍게도 뇌의 물리적 구조에도 그대로 적용되는 듯하다. 이런 견해를 가리켜 신경 구성neuroconstruction이라고 부른다. 시냅스synapse로 연결된 두 개의 뉴런을 생각해보자. 분명히 이런 뇌 세포는 객관적으로 존재한다. 그러나 이 두 뉴런이 '회로' 또는 '체계'라고 불리는 어떤 통일체의 일부인지 아니면 이 두 뉴런이 각각 별개의 회로에 속해서 하나가 다른 하나를 '조절'하는지를 객관적으로 알 수 있는 방법은 존재하지 않는다. 이것은 전적으로 인간의 관점에 따라 달라지기 때문이다. 이와 비슷하게 뇌의 상호 연결은 전적으로 유전자에 의해서만 결정되지 않는다. 오늘날 우리는 경험이 중요한 요인이라는 사실을 알고 있다. 당신의 유전자는 맥락에 따라 활성화되기도 하고 활성화되지 않기도 한다. 당신 뇌의 배선을 좌우하는 유전자도 예외가 아니다(과학자들은 이런 현상을 가리켜 가소성plasticity이라고 부른다). 이것은 다른 사람들이 당신에게 말을 걸었기 때문에 또는 당신을 특정한 방식으로 대했기 때문에 비로소 생겨난 시냅스들이 당신 머릿속에 있음을 의미한다. 다시 말해 구성은 세포 수준까지 철저하게 적용된다. 뇌의 큰 구조는 많은 부분 미리 결정되어 있지만 미세한 배선은 그렇지 않다. 그래서 과거 경험이 당신의 미래 경험과 지각을 결정하는 데 기여한다. 신경 구성은 어떻게 인간 유아가 얼굴을 인식할 수 있는 능력 없이 태어나 생후 며칠 만에 이 능력을 발달시킬 수 있는지를 설명해준다. 또한 어린 시절의 문화적 경험에 따라, 예컨대 당신의 보호자가 당신과 신체 접촉을 얼마나 자주 했는지 그리고 당신이 아기 침대에서 혼자 잤는지 아니면 가족과 함께 잤는지 등에 따라 뇌의 배선이 다르게 형성될 수 있다는 사실을 설명해준다.[15]

구성된 감정 이론은 이 세 종류의 구성을 모두 포함한다. 사회적 구성의 관점에서 이 이론은 문화와 개념의 중요성을 드러낸다. 심리적 구성의 관점에서 이 이론은 감정이 뇌와 신체의 핵심 체계에 의해 구성된다고 본다. 그리고 신경 구성의 관점에서 이 이론은 경험에 따라 뇌의 배선이 달라진다는 견해를 받아들인다.

똑같은 쿠키는 세상에 존재하지 않는다

구성된 감정 이론은 고전적 견해의 가장 기본적인 가정들을 폐기시킨다. 예컨대 고전적 견해는 행복, 분노, 기타 감정 범주마다 독특한 신체 지문이 있다고 가정한다. 반면에 구성된 감정 이론에서는 **다양성**이 표준이다. 당신이 화나면 당신은 노려볼 수도 있고, 살짝 또는 심하게 찡그릴 수도 있으며, 소리를 칠 수도 있고, 웃을 수도 있으며, 어쩌면 소름 끼칠 정도로 고요할 수도 있다. 이것은 그 상황에서 무엇이 가장 효과적인가에 달렸다. 마찬가지로 당신의 행동을 지원하기 위해 무엇이 필요한가에 따라 당신의 심박수는 증가할 수도 있고 감소할 수도 있으며 변함 없을 수도 있다. 누군가의 화난 모습을 당신이 지각할 때도 당신의 지각은 비슷하게 다양할 것이다. 따라서 '분노' 같은 감정 단어는 다양한 사례들로 이루어진 개체군을 가리키는 이름이며, 이런 단어들은 모두 주위 환경 속에서 행동을 가장 잘 인도하기 위해 구성된 것들이다. 분노와 공포 사이에 단 하나의 차이란 존재하지 않는다. 단 하나의 '분노', 단 하나의 '공포'라는 것이 존재하지 않기 때문이다. 이런 견해는 감정적 삶의 다양성에 관해 설명한 윌리엄 제임스는 물론 종과 같은 생물학적 범주가 독특한 개체들로 이루어진 개체군을 가리킨다는 혁명적 견해를 밝힌 찰스 다윈에 뿌리를 두고 있다.[16]

어찌 보면 감정 범주는 쿠키와도 같다. 세상에는 바삭바삭한 쿠키, 딱딱한 쿠키, 달콤한 쿠키, 짭짤한 쿠키, 크거나 작은 쿠키, 납작하거나 둥근 쿠키, 롤 쿠키, 샌드위치 쿠키, 밀가루 반죽 쿠키, 밀가루를 쓰지 않은 쿠키 등이 있다. 이처럼 '쿠키'라는 범주의 구성원은 엄청 다양하지만, 몇몇 목적에 따라 등가로 간주된다. 즉 이것들은 모두 맛있는 간식 또는 디저트다. 쿠키는 똑같이 생길 필요도 없고 똑같은 요리법으로 만들어질 필요도 없다. 쿠키는 다양한 사례들로 이루어진 개체군이다. '초콜릿 칩 쿠키' 같은 더 세밀한 범주 안에도 초콜릿의 종류, 밀가루의 양, 황설탕과 백설탕의 비율,

버터의 지방 함유량, 반죽을 식히는 데 들어간 시간 등에 따라 여전히 다양성이 존재한다. 마찬가지로 '행복' 또는 '죄책감' 같은 감정 범주에도 저마다 다양한 사례들이 가득하다.[17]

구성된 감정 이론은 신체뿐만 아니라 뇌에서도 지문을 필요로 하지 않는다. 이 이론에서는 신경 지문의 존재를 가정하는 "공포를 촉발하는 뉴런은 어디에 있는가?"와 같은 물음을 던지지 않는다. '어디에'라는 단어에는 당신이 그리고 지구상의 다른 모든 사람이 겁에 질릴 때마다 활성화되는 특정 뉴런 집합이 있을 것이라는 가정이 깔려 있다. 구성된 감정 이론에서 슬픔, 공포, 분노 같은 감정 범주별로 뚜렷이 구별되는 뇌 위치는 존재하지 않는다. 그리고 감정의 각 사례는 뇌 전체의 상태로서 연구하고 이해해야 한다. 따라서 우리는 감정이 어디에서 만들어지는가가 아니라 어떻게 만들어지는가라고 묻는다. "어떻게 뇌가 공포의 사례를 만들어내는가?"라는 조금 더 중립적인 물음의 배후에 신경 지문이 있을 것이라는 가정이 없다. 그저 공포의 경험과 지각이 실재하며 연구할 가치가 있다고 가정할 뿐이다.

감정의 사례가 쿠키와도 같다면, 뇌는 밀가루, 물, 설탕, 소금 같은 공통 성분들이 쌓여 있는 부엌과도 같다. 이런 성분들을 가지고 우리는 쿠키, 빵, 케이크, 머핀, 비스킷, 스콘 같은 다양한 음식을 만들 수 있다. 마찬가지로 뇌에도 핵심 '성분들'이 있는데, 우리는 이것을 가리켜 1장에서 핵심 체계라고 불렀다. 요리법이 그렇듯이 이 핵심 체계들이 복잡하게 조합하여 행복, 슬픔, 분노, 공포 등의 다양한 사례를 만들어낸다. 이런 성분들 자체는 다용도로 쓰이며, 감정에만 전용되는 것은 아니지만 감정의 구성에 관여한다. 공포와 분노 같은 상이한 두 감정 범주의 사례도 비슷한 성분들로 만들어질 수 있다. 이것은 쿠키와 빵에 모두 밀가루가 들어 있는 것과도 같다. 또한 거꾸로 공포 같은 동일한 감정 범주의 두 사례도 몇몇 쿠키에는 견과가 들었지만 다른 쿠키에는 들어 있지 않은 것처럼 일부 상이한 성분을 가지고 있을 수 있다. 이것은 우리가 앞서 배운 변성의 작용이다. 즉 뇌 전체에 걸친 핵심 체계들의 다른 조합을 통해 공포의 사례들이 구성될 수 있다. 우리는 공포의 여러 사례를 하나로 묶어 뇌 활동의 패턴으로 기술할 수도 있지만, 이 패턴은 통계적 요약일 뿐이며 반드시 공포의 실제 사례를 기술하는 것은 아니다.[18]

하지만 부엌의 비유는 과학의 모든 비유가 그렇듯이 한계를 가지고 있다. 핵심 체계 같은 신경망은 밀가루나 소금 같은 '물체'가 아니다. 신경망은 우리가 통계적 의미에서 통일된 단위로 간주하는 뉴런들의 집합이다. 그러나 특정 시점에 이런 뉴런들의 어느 부분 집합만이 작업에 관여한다. 만약 특정 신경망이 관여하는 공포의 열 가지 느낌을 당신이 알고 있다면, 이 신경망에 속하는 상이한 뉴런들이 느낌별로 관여할 수도 있다. 스포츠를 비유로 들자면 신경망은 야구팀과도 같다. 한 팀의 25명 선수 중에서 특정 시점에 경기에 참가할 수 있는 선수는 9명뿐이다. 9명의 선수는 언제라도 바뀔 수 있다. 그러나 우리는 '그 팀'이 경기에 이겼다고 또는 졌다고 말한다. 이것은 신경망 수준의 변성이다. 그 밖에도 쿠키와 빵은 따로따로 분리된 물리적 객체인 반면에, 감정의 사례들은 연속적인 뇌 활동의 순간적인 스냅 사진이다. 우리가 이런 스냅 사진을 따로따로 분리된 사태로 지각할 뿐이다. 이런 한계가 있긴 하지만 그래도 부엌의 비유는 어떻게 신경망들의 상호 작용을 통해 다양한 정신 상태가 생겨나는지를 상상하는 데 유용할 것이다.[19]

마음을 구성하는 핵심 체계들은 복잡한 방식으로 상호 작용하며, 이때 전체를 관장하는 핵심 매니저나 주방장 같은 것은 따로 없다. 그러나 이런 체계들을 기계의 분해된 부품처럼 또는 이른바 감정 모듈이나 기관처럼 서로 독립된 것으로 이해하면 안 된다. 이것들의 상호 작용을 통해 부품 자체에는 없던 새로운 속성이 생겨나기 때문이다. 만약 밀가루, 물, 이스트, 소금을 사용해 빵을 구우면, 이 성분들 사이에서 복잡한 화학적 상호 작용이 일어나 새로운 산물이 출현한다. 빵에는 성분들 자체에는 없던 '딱딱함'과 '질김' 같은 창발적 속성이 있다. 만약 당신이 완성된 빵을 맛보면서 거기에 들어간 모든 성분을 알아내기란 결코 쉽지 않다. 소금을 예로 들어보자. 빵에는 소금이 거의 항상 들어가지만, 그렇다고 빵이 짜지는 않다. 마찬가지로 공포의 사례를 그것의 성분들로 환원할 수는 없다. 빵이 밀가루가 아닌 것처럼 공포는 신체 패턴이 아니다. 그 대신에 공포는 핵심 체계들의 상호 작용을 통해 출현한다. 공포의 사례에는 성분들 자체에는 없던 환원 불가능한 창발적 속성이, 즉 불쾌감이나(예: 미끄러운 고속도로에서 당신의 차가 미끄러지면서 통제 불능 상태에 빠질 때) 쾌감(예: 롤러코스터를 타고 솟구쳤다가 내리 꽂힐 때) 같은 것이 있다. 또한 공포의 이런 느낌을 바탕으로 공포의 사례를 역설계하는 것도 불가능하다.[20]

설령 우리가 감정의 성분들을 알더라도 그것들을 따로따로 연구한다면, 그것들이 어떻게 함께 작용해 감정을 구성하는지에 대해 부정확하게 이해하는 데 그칠 뿐이다. 만약 우리가 맛보고 무게를

다는 식으로 소금을 분리해서 연구한다면, 빵을 만드는 데 소금이 어떤 기여를 하는지 제대로 이해하지 못한다. 빵을 굽는 동안에 일어나는 소금과 다른 성분들의 화학적 상호 작용이 빠져 있기 때문이다. 즉 빵을 구울 때 소금은 이스트의 부풀기 제어, 반죽 안의 글루텐 강화, 그리고 가장 중요한 향미의 증진 같은 역할을 한다. 이처럼 소금이 빵의 제조 과정을 어떻게 변화시키는지 이해하려면 소금의 작용을 맥락 속에서 관찰해야 한다. 마찬가지로 감정의 성분도 이것에 영향을 미치는 나머지 뇌의 맥락 속에서 연구해야 한다. 전체론holism이라고 불리는 이런 생각은 어째서 내가 부엌에서 빵을 구울 때 정확히 똑같은 요리법을 사용해도 매번 다른 결과가 나오는지를 설명해준다. 예를 들어 모든 성분의 무게를 재고, 반죽을 똑같은 시간 동안 주무르고, 오븐을 똑같은 온도에 맞추며 빵을 굳게 만들기 위해 오븐에 물보라를 분사하는 횟수까지 센다. 매우 체계적인 요리법을 사용해도 빵은 때때로 가볍기도 하고, 더 무겁기도 하고, 더 달기도 하다. 이것은 요리법에 나오지 않는 빵 굽기의 추가 맥락이 있기 때문이다. 즉 반죽을 주무르는 힘의 양, 부엌의 습도, 반죽이 부푸는 시점의 정확한 온도 등은 빵을 만들 때마다 달라진다. 전체론은 보스턴의 내 집에서 구운 빵이 캘리포니아주의 버클리에 사는 내 친구 앤Ann의 집에서 구운 빵보다 언제나 맛이 없는 이유도 설명해준다. 버클리에서 구운 빵은 뛰어난 풍미를 지녔다. 천연적으로 공기 중에 떠다니는 이스트가 다르고 해발 고도가 다르기 때문이다. 전문 제빵사라면 이런 사실을 잘 알고 있고, 이런 추가 변인이 최종 산물에 극적인 영향을 미칠 수 있다. 전체론, 창발적 속성, 변성은 모두 지문에 정반대되는 것들이다.[21]

신체 지문 또는 신경 지문 외에 우리가 받아들이지 않는 고전적 견해의 핵심 가정은 어떻게 감정이 진화했는가에 관한 것이다. 고전적 견해에 따르면 우리는 예쁘게 잘 포장된 동물 뇌를 가지고 있다. 즉 갓 구운 케이크에 크림을 얹듯이 동물 조상으로부터 물려받은 아주 오래된 감정 회로에 합리적 사고를 담당하는 인간만의 회로가 덧씌워 있다. 이 견해를 종종 감정에 대한 절대적 진화 이론인 양 강요하는데, 이러한 견해는 여러 진화 이론 중의 하나일 뿐이다.

구성에는 다윈의 자연 선택과 개체군 사고에 관한 최신 연구 결과들이 녹아 있다. 예컨대 변성의 다대일 원리는(즉 다양한 뉴런 집합이 똑같은 결과를 낳을 수 있다는 원리는) 더욱 강건한 생존을 가능케 한다. 그리고 일대다 원리는(즉 모든 뉴런이 하나 이상의 결과에 관여할 수 있다는 원리는) 물질대사에 효율적이며 뇌의 계산력을 높인다. 이런 종류의 뇌는 지문이 없는 유연한 마음의 바탕이다.[22]

고전적 견해의 마지막 주요 가정은 특정 감정들이 타고났으며 보편적이라는 주장이다. 이에 따르면 세상의 건강한 모든 사람들은 이런 감정들을 표현하고 인식할 수 있다. 반면에 구성된 감정 이론에서는 감정이 타고난 것이 아니며, 만약 보편적인 감정이 있다면 그것은 개념을 공유하기 때문이라고 주장한다. 보편적인 것은 우리의 신체 감각에 의미를 부여하는 개념의 형성 능력이다. 이런 능력을 바탕으로 '슬픔Sadness'이라는 서양식 개념, 정확한 영어 번역을 찾기 어려운 '허젤러흐gezellig'(친구들과 어울릴 때 느끼는 편안함 같은 것)라는 네덜란드식 개념 등이 생겨난다.

컵케이크와 머핀을 예로 들어보자. 이 두 종류의 구운 제품은 모양도 같고 기본 성분도 밀가루, 설탕, 쇼트닝, 소금으로 같다. 그리고 둘 다 건포도, 견과, 초콜릿, 당근, 바나나 같은 추가 성분이 비슷하게 들어간다. 그래서 화학 성분을 기초로 머핀과 컵케이크를 구별하기는 밀가루와 소금을 구별하기 또는 꿀벌과 새를 구별하기처럼 쉽지가 않다. 그런데 하나는 아침 음식이고 다른 하나는 디저트다. 둘을 구별하는 주요한 특징은 하루 중 언제 이것을 먹느냐이다. 이 차이는 전적으로 문화적이고 학습된 것이지 물리적인 것이 아니다. 머핀과 컵케이크의 구별은 **사회적 실재다.** 즉 물리적 세계의 물체가(예: 구운 제품) 사회적 합의를 통해 추가 기능을 떠안는다. 이와 마찬가지로 감정도 사회적 실재다. 심박수, 혈압, 호흡의 변화 같은 물리적 사태가 감정 경험이 되는 까닭은 문화 속에서 학습한 감정 개념을 가지고 있는 우리가 사회적 합의를 바탕으로 감각에 추가 기능을 부여하기 때문이다. 눈을 커다랗게 뜬 친구의 표정을 보면서 우리는 공포를 지각할 수도 있고 놀라움을 지각할 수도 있다. 이것은 우리가 어떤 개념을 사용하는가에 달렸다. 우리는 심박수 변화 또는 크게 뜬 눈 같은 물리적 실재와 감정 개념이라는 사회적 실재를 혼동하지 말아야 한다.[23]

사회적 실재는 그저 언어의 문제가 아니다. 이것은 당신의 피부 속으로 파고든다. 실험에서 피험자들은 동일한 구운 제품을 난잡한 '컵케이크'로 지각하기도 했고 건강에 좋은 '머핀'으로 지각하기도 했는데, 이에 따라 신체의 대사 작용도 달라졌다. 이처럼 당신이 문화 속에서 습득한 단어와 개념은 당신의 뇌 배선과 당신이 감정을 경험하는 동안 일어나는 신체 변화에도 영향을 미친다.[24]

이제 우리는 고전적 견해의 많은 가정을 폐기했기 때문에 감정을 논의하기 위해 새로운 어휘를 필요로 한다. '표정' 같은 낯익은 단어는 당연해 보이지만, 여기에는 감정 지문이 존재하며 얼굴을 통해 감정이 표현된다는 무언의 가정이 깔려 있다. 1장에서 나는 **안면 배치**라는 조금 더 중립적인 용어를 사용했다. '고전적 견해에서 상호 조율된 단위로 취급되는 일군의 안면 근육 움직임'을 뜻하는 영어 단어가 따로 없기 때문이었다. 나는 또한 '감정'이라는 단어를 명확히 하려고 노력했다. 예컨대 이것은 행복한 느낌의 단일 사례를 가리킬 수도 있고 행복의 범주 전체를 의미할 수도 있기 때문이다. 당신이 당신 자신의 감정 경험을 구성할 경우, 나는 이것을 **감정 사례**라고 부른다. 나는 공포, 분노, 행복, 슬픔 등을 일반적으로는 **감정 범주**로서 언급한다. 왜냐하면 '쿠키'라는 단어가 다양한 사례를 포함하는 개체군의 이름인 것처럼 이 단어들도 다양한 사례를 포함하는 개체군의 이름이기 때문이다. 만약 내가 매우 엄격하게 처리한다면, 나는 '어느 한 감정'이라는 표현을 우리 어휘에서 아예 추방해 이것이 자연에 객관적으로 존재하는 것 같은 암시를 주는 대신에 언제나 사례와 범주에 대해서만 이야기할 것이다. 그러나 이것은 지나친 이상주의처럼 보인다. 그러므로 내가 언제 사례를 의미하고 언제 범주를 의미하는지만 주의해서 분명히 하도록 하겠다.

마찬가지로 우리는 다른 사람의 감정을 '인식'하거나 '탐지'하지도 않는다. 이런 용어는 감정을 지각하는 사람과 무관하게 원래 자연에 존재하면서 발견되기만을 기다리는 지문 같은 것이 감정 범주에 들어 있다는 암시를 준다. 감정의 '탐지'에 관한 과학적 물음은 자동적으로 특정한 종류의 답변을 기대하게 만든다. 구성의 관점에서 나는 감정 사례를 **지각**한다고 말한다. 지각은 감정의 배후에 신경 지문이 있다는 암시를 주지 않는 복잡한 정신 과정이며, 여기에는 감정 사례가 어떤 식으로든 발생했다는 가정이 깔려 있을 뿐이다. 나는 또한 감정 '촉발', '감정 반응', '당신에게 들이닥친' 감정 같은 표현도 쓰지 않는다. 이런 말에는 감정이 객관적 실체라는 의미가 담겨 있기 때문이다. 당신이 감정을 경험할 때 당신은 행위 주체라는 느낌을 전혀 눈치채지 못하겠지만, 당신은 감정 경험의 능동적 참여자다.

나는 또한 어떤 사람의 감정을 '정확히' 지각한다는 표현도 쓰지 않는다. 감정 사례는 얼굴, 신체, 뇌 등에 객관적 지문을 가지고 있지 않으므로, '정확성'이란 것은 아무런 과학적 의미를 지니지 않는다. 정확성은 사회적 의미를 지닐 뿐이다. 즉 두 사람의 감정 지각이 일치하는가, 또는 어떤 사람의 지각이 특정 규범과 일치하는가 하는 질문은 던질 수 있다. 그러나 지각은 지각하는 사람 안에 존재한다.[25]

이런 언어 지침이 처음에는 까다롭게 느껴지겠지만, 부디 이것의 중요성을 차차 깨닫길 바란다. 이 새로운 어휘는 감정이 어떻게 만들어지는지를 이해하는 데 결정적으로 중요하다.

우리의 경험으로 만들어낸 감정

이 장을 시작하면서 당신은 처음에는 얼룩 뭉치를 보았다가 일련의 개념을 적용해 꿀벌의 이미지를 구체화하게 되었다. 이것은 당신 뇌의 속임수가 아니라 당신의 뇌가 평소에 어떻게 작동하는지를 보여주는 것이었다. 당신은 당신이 보는 것을 결정하는 데 능동적으로 참여하지만, 대부분의 경우에 당신은 당신이 이렇게 하고 있다는 것을 자각하지 못한다. 단순한 시각적 입력을 바탕으로 의미를 구성하는 과정은 인간 감정의 수수께끼를 푸는 열쇠이기도 하다. 우리 연구실에서 수백 번의 실험을 수행했고 다른 연구자들이 수행한 수천 건의 실험을 검토한 후에 나는 완전히 비직관적인 결론에 도달했다. 하지만 점점 더 많은 과학자들이 공감하는 결론이기도 하다. 얼굴로부터 또는 끊임없이 변화하는 신체 내부의 핵심으로부터 감정이 발산되는 것이 아니다. 감정은 뇌의 특정 부위에서 분출되는 것이 아니다. 과학적 혁신을 통해 감정의 생물학적 지문이 기적같이 발견되는 일은 결코 없을 것이다. 감정은 우리 안에 이미 내장된 채 그저 발견되기만을 기다리는 어떤 것이 아니기 때문이다. 감정은 **우리가 만들어낸다.** 우리는 감정을 **인식** 또는 **확인**하지 않는다. 우리는 여러 체계의 복잡한 상호 작용을 통해 필요할 때마다 즉석에서 우리 자신의 감정 경험을 그리고 다른 사람의 감정에 대한 우리의 지각을 **구성**한다. 인간은 고도로 진화한 뇌의 동물적인 부분에 깊숙이 파묻혀 있는 가공의 감정 회로에 휘둘리는 존재가 아니다. 우리는 우리 자신의 경험의 설계자다.

그러나 이런 견해는 우리의 일상 경험에 부합하지 않는다. 일상 경험 속에서 감정은 폭탄처럼 갑자기 폭발해 우리의 생각 또는 행위를 교란하는 것처럼 보인다. 그리고 우리가 다른 사람의 얼굴과 신체를 바라볼 때, 그 얼굴과 신체는 우리가 특별히 자극하거나 노력하지 않아도 그리고 그것의 소유자가 미처 자각하지 못할 때도 그것의 소유자가 어떤 감정 상태인지를 명백히 말해주는 것처럼 보인다. 게다가 으르렁대는 개나 가르랑거리는 고양이를 바라보면, 이런 동물의 감정도 어렵지 않게 탐지할 수 있는 것처럼 보인다. 그러나 이런 개인적인 경험은 그것이 아무리 그럴듯해 보여도 뇌가 감정을 어떻게 만들어내는지에 대해 아무것도 말해주지 않는다. 이것은 태양이 하늘을 가로지르는 것처럼 보이는 우리의 경험을 바탕으로 태양이 지구 주위를 돈다고 말할 수 없는 것과도 같다.

만약 당신이 구성의 관점을 처음 접했다면, '감정 개념', '감정 지각', '안면 배치' 같은 용어가 아직은 낯설게 느껴질 것이다. 그러나 감정을 제대로 이해하려면, 즉 진화와 신경과학의 최신 지식에 입각해 이해하려면 당신 안에 깊이 자리 잡은 몇몇 사고 방식을 포기해야만 한다. 당신을 돕기 위해 다음 장에서는 구성의 관점을 익힐 수 있는 기회를 제공할 것이다. 우리는 감정에 관한 한 가지 유명한 연구 결과를 자세히 살펴볼 것인다. 많은 사람들이 사실로 간주할 뿐만 아니라 고전적 견해가 심리학에서 자그마치 50년 동안 지배적인 지위를 누릴 수 있게 만든 연구 결과이기도 하다. 당신은 이것을 우리와 함께 구성의 관점에서 새롭게 해석함으로써 확실성이 의심으로 뒤바뀌는 경험을 하게 될 것이다. 이제 좌석 벨트를 단단히 묶기 바란다.

| 3장 |

보편적 감정의 신화

그림 3-1에서 극심한 공포를 느껴 비명을 지르는 여성의 모습을 보라. 서양 문화권에서 태어나고 자란 사람이라면 대부분 이 여성의 얼굴에서 이 감정을 어렵지 않게 읽을 수 있다. 사진에 별다른 맥락이 드러나지 않아도 마찬가지다.

다만, 이 여성은 극심한 공포를 느끼고 있지 않다. 실제로 이 사진은 2008년 미국 오픈 테니스 챔피언십 결승에서 세레나 윌리엄스Serena Williams가 언니 비너스Venus를 꺾은 직후의 모습이다. 부록 C에 전체 사진이 실려 있다. 이처럼 맥락 안에서 이 안면 배치는 새로운 의미를 얻는다.[1]

당신이 사진의 맥락을 알게 된 후에 윌리엄스의 얼굴이 미묘하게 달라 보였던 것은 당신만의 경험이 아니다. 이것은 흔한 경험이다. 그렇다면 당신의 뇌는 이런 변화를 어떻게 이뤄냈을까? 내가 사용한 첫 번째 감정 단어인 '극심한 공포' 때문에 당신의 뇌는 과

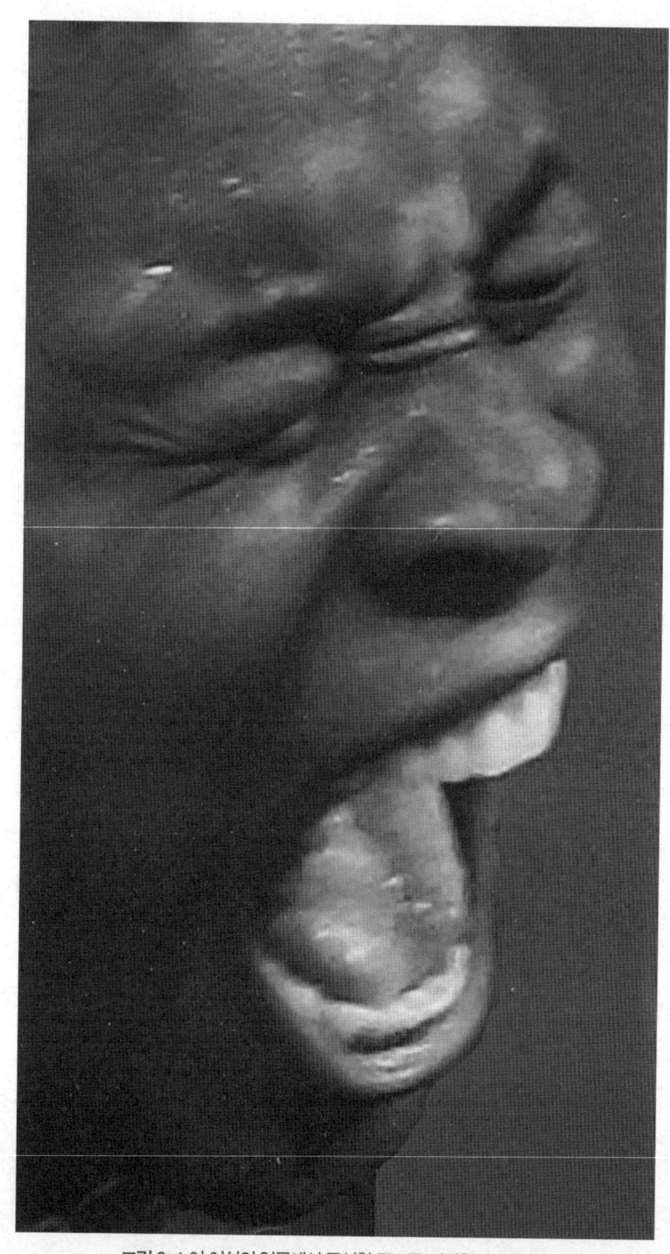

그림 3-1 이 여성의 얼굴에서 극심한 공포를 지각할 수 있는가.

거에 이런 공포를 느끼는 사람을 보았을 때의 안면 배치를 시뮬레이션하게 되었다. 당신은 거의 틀림없이 이 시뮬레이션을 자각하지 못했을 것이다. 그러나 이 시뮬레이션이 윌리엄스의 얼굴에 대한 당신의 지각에 영향을 미쳤다. 그러다 내가 사진의 맥락인 '중요한 테니스 경기에서 승리' 를 설명하자 당신의 뇌는 테니스와 승리에 관한 개념적 지식을 적용해 과거에 환희를 경험하는 사람을 보았을 때의 안면 배치를 시뮬레이션하게 되었다. 그리고 이 시뮬레이션이 다시 윌리엄스의 얼굴에 대한 당신의 지각에 영향을 미쳤다. 이 모든 과정에서 당신이 가지고 있는 감정 개념이 이 사진을 이해하는 데 관여했다.[2]

실생활에서 우리는 보통 이런저런 맥락 안에서 얼굴을 접한다. 얼굴은 신체에 붙어 있고 목소리, 냄새, 기타 주위의 세부 사항과 연결되어 있다. 이런 세부 사항을 단서로 삼아 당신의 뇌는 특정 개념을 바탕으로 감정에 대한 지각을 시뮬레이션하고 구성한다. 그래서 세레나 윌리엄스의 전체 사진을 보았을 때 당신은 극심한 공포가 아니라 승리를 지각했다. 실제로 당신은 어떤 사람이 특정 감정 상태에 있다고 경험할 때마다 감정 개념에 **의존**한다. '슬픔'이라는 개념에 관한 지식이 있어야 삐죽 내민 입을 슬픔으로 지각할 수 있고, '공포'라는 개념에 관한 지식이 있어야 크게 뜬 눈을 공포에 휩싸인 것으로 지각할 수 있다.[3]

고전적 견해에 따르면 당신이 감정을 지각하는 데는 개념이 필요치 않다. 감정에는 보편적 지문이 있으며, 이것은 전 세계 누구나 태어날 때부터 인식할 수 있다고 가정하기 때문이다. 이제 당신은 그것이 사실이 아니라는 것을 보게 될 것이다. 구성된 감정 이론을 적용하고 약간의 역설계 기법을 결합함으로써 당신은 개념이 감정 지각의 핵심 요소라는 것을 깨닫게 될 것이다. 우리는 특정 감정이 보편적이라는 것을 증명하는 최고의 실험 기법으로 알려진 것부터 살펴볼 것이다. 그것은 바로 실반 톰킨스, 캐롤 아이자드, 폴 에크먼이 사용한 기본 감정 기법이다(1장 참고). 그런 다음에 우리는 피험자들이 동원할 수 있는 감정 개념에 관한 지식의 양을 체계적으로 줄일 것이다. 그래서 피험자들의 감정 지각이 점점 더 취약해지면, 우리는 개념이 감정 지각을 구성하는 결정적 요소라는 점을 밝힌 셈이다. 또한 우리는 감정이 어떻게 특정 조건에서는 보편적으로 인식되는 것처럼 **보일** 수 있는지도 살펴봄으로써 감정이 만들어지는 방식을 더 잘 이해할 수 있는 새로운 가능성을 제시할 것이다.[4]

행복과 미소는 동일한 개념일까?

앞서 이야기했듯이 기본 감정 기법은 '감정 인식'을 연구하기 위해 고안되었다. 실험에서 과제를 수행할 때마다 피험자는 어떤 얼굴 사진을 보는데, 이것은 훈련된 배우가 특정 감정의 표현을 나타내기 위해 주의 깊게 연기한 것이다. 행복을 나타내는 미소, 분노를 나타내는 노려보기, 슬픔을 나타내는 삐죽 내민 입 등이 그것이다. 그림 3-2에서처럼 사진과 함께 몇몇 영어 감정 단어가 제시되면 피험자는 해당 얼굴에 가장 어울리는 단어를 선택해야 한다. 이때 제시되는 단어 세트는 모든 과제에 걸쳐 동일하다. 기본 감정 기법

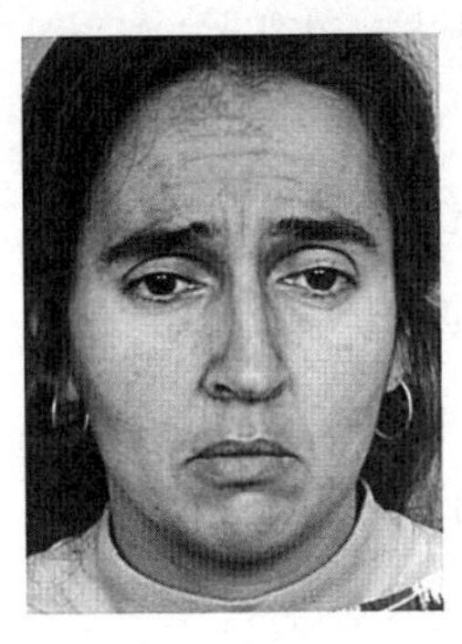

얼굴에 가장 어울리는 단어를 선택하시오.

- ☐ 행복
- ☐ 공포
- ☑ 슬픔
- ☐ 분노
- ☐ 놀라움
- ☐ 혐오

그림 3-2 기본 감정 기법: 얼굴에 어울리는 단어 고르기

의 또 다른 버전에서는 간단한 이야기 또는 설명(예: "이 여성은 어머니가 돌아가셔서 매우 슬프다.")에 가장 어울리는 사진을 두세 장의 사진 가운데 선택해야 한다.

세계 각지의(독일, 프랑스, 이탈리아, 영국, 스코틀랜드, 스위스, 스웨덴, 그리스, 에스토니아, 아르헨티나, 브라질, 칠레) 피험자들 중 평균 85퍼센트는 연구자가 예상한 단어 또는 얼굴을 선택했다. 미국과 덜 비슷한 문화권에서는(일본, 말레이시아, 에티오피아, 중국, 수마트라, 터키) 수치가 약간 떨어져 전체 피험자의 약 72퍼센트가 연구자의 예상대로 반응했다. 이런 연구 결과를 바탕으로 수백 편의 논문에서 표정이 보편적으로 인식되며 따라서 또한 보편적으로 산출된다고 결론지었고, 이것은 서구 문명과 접촉이 거의 없는 먼 지역의 사람들도 예외가 아닌 것으로 간주되었다. 그리고 이런 감정 '인식' 연구 결과는 지난 수십 년 동안 매우 성공적으로 반복 확인되었기 때문에 오늘날 보편적 감정은 인력의 법칙처럼 확실하게 증명된 과학적 사실 중의 하나인 것처럼 보인다.[5]

다만 보편적 법칙의 성가신 습성 중의 하나는 언젠가는 보편성을 상실하는 경향이 있다는 것이다. 뉴턴의 만유인력의 법칙도 상대성 이론이 등장하기 전까지만 보편적이었다.

이제 기본 감정 기법을 살짝 변형하면 무슨 일이 일어나는지 살펴보자. 예컨대 감정 단어 목록을 제거하면 어떻게 될까? 이 경우에 피험자는 그림 3-3에서처럼 피험자가 아는 수십 또는 수백 개의 감정 단어를 바탕으로 **자유롭게 명칭을 붙여야** 한다. 이 실험에서 피험자의 성공률은 수직으로 떨어졌다. 거의 최초로 수행된 자유 명명 연구에서 피험자들이 연구자가 예상한 감정 단어로 또는 그것의 동의어로 해당 얼굴을 명명한 사례는 58퍼센트에 그쳤으며, 후속 연구들에서는 더욱 낮은 결과가 나왔다. 실제로 감정을 전혀 언급하지 않고 더 중립적으로 질문을 던지면("이 사람의 내면에서 일어나는 일을 가장 잘 기술하는 단어는 무엇입니까?") 과제 성공률은 더욱 떨어졌다.[6]

이렇게 작은 변화가 이렇게 큰 차이를 만들어낸 이유는 무엇일

이 감정은 무엇입니까?

그림 3-3 감정 단어가 제거된 조건에서 기본 감정 기법

까? 그것은 그림 3-2처럼 기본 감정 기법에서 사용된 간단한 감정 단어 목록은(이른바 **강제 선택** 기법은) 피험자가 의도하지 않은 커닝 페이퍼처럼 작용하기 때문이다. 이 단어들은 가능한 선택 범위를 제한할 뿐만 아니라 해당 감정 개념에 대한 안면 배치를 시뮬레이션하도록 피험자를 자극함으로써 피험자가 특정 감정을 지각하고 다른 감정은 지각하지 않도록 예비 작용을 한다. 이런 과정은 **예비**priming 효과라고 불린다.[한국 심리학계에서는 이것을 흔히 '점화 효과'라고 번역하는데 부적절해 보인다. 이것은 대부분 단순히 특정 반응을 점화firing하는 효과가 아니라 선행 자극(이 경우 단어 목록)이 후행 자극(이 경우 얼굴 사진)에 대한 반응을(또는 반응 점화를) 예비하는 **기억** 효과를 의미하기 때문이다. - 옮긴이 주] 당신이 세레나 윌리엄스의 얼굴을 처음 보았을 때, 나는 당신에게 이 여성이 '극심한 공포를 느껴 비명을 지르는' 중이라고 말함으로써 당신을 특정한 방식으로 예비시켰다. 그래서 당신의 시뮬레이션이 윌리엄스의 얼굴에서 들어온 감각 입력을 범주화해서 의미 있는 표현을 지각하려는 당신에게 영향을 미쳤다. 마찬가지로 감정 단어 목록을 본 피험자들은 해당 감정 개념들로 예비된 상태에서, 즉 그것들을 시뮬레이션하면서 연출된 얼굴 사진을 범주화하게 된다. 이런 저런 개념에 대해 당신이 가지고 있는 지식은 다른 사람의 감정을 경험하기 위한 핵심 성분이며, 이때 감정 단어는 이 성분을 불러내는 역할을 한다. 그리고 이런 감정 단어는 기본 감정 기법을 사용한 수백 건의 연구에서 보편적 감정 지각처럼 보인 것을 산출하는 데 중요한 기여를 했을 것이다.[7]

자유 명명 기법은 개념 지식이라는 성분의 역할을 줄이긴 하지만 완전히 없애지는 못한다. 우리 연구실에서는 한 단계 더 나아가 인쇄되거나 구두로 제시된 모든 감정 단어를 제거했다. 만약 구성된 감정 이론이 옳다면, 이 작은 변화를 통해 감정 지각은 더욱 더 취약해질 것이다. 실험에서 피험자가 과제를 수행할 때마다 우리는 **단어와 결합되지 않은** 두 장의 사진을 나란히 제시하면서(그림 3-4) "이 사람들은 동일한 감정을 느끼고 있습니까?"라는 질문을 던졌다. 이때 예상 답변은 단순히 '예' 아니면 '아니오'였다. 이 얼굴 짝짓기 과제의 결과는 인상적이었다. 즉 피험자가 예상대로 짝짓기를 수행한 사례는 전체의 42퍼센트밖에 되지 않았다.[8]

그 다음으로 우리 연구팀에서는 관련 성분을 더욱 줄였다. 우리는 간단한 실험 기법을 사용해 피험자가 자신의 감정 개념에 접근하는 데 적극적으로 개입했다. 우리는 피험자가 '분노' 같은 특정

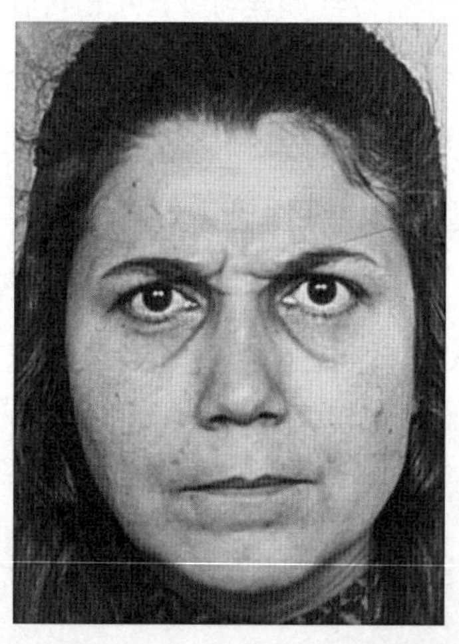

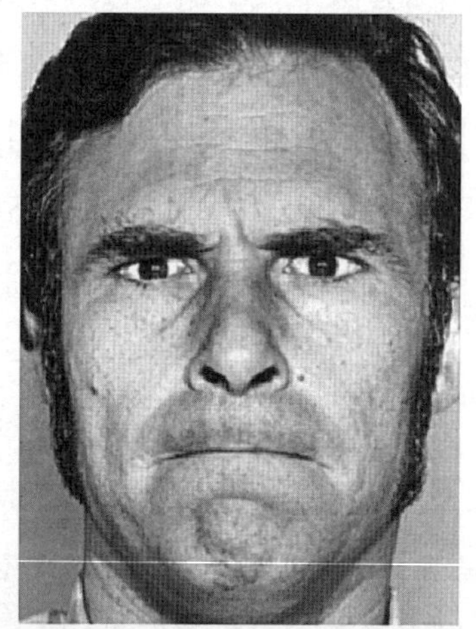

그림 3-4 단어와 전혀 결합되지 않은 기본 감정 기법.

이 사람들은 동일한 감정을 느끼고 있는가?

감정 단어를 수없이 되뇌어 결국 피험자의 마음속에서 그 단어가 그것의 의미와 분리되어 단순한 소리가('분-노') 되도록 만들었다. 이 기법은 일시적으로 뇌 손상을 유발하는 것과 똑같은 효과를 냈지만, 이것은 아주 안전하고 1초도 지속되지 않는 효과였다. 그런 다음에 우리는 곧바로 피험자에게 앞에서처럼 단어와 결합되지 않은 두 장의 얼굴 사진을 나란히 보여주었다. 그러자 피험자들의 과제 수행은 자그마치 36퍼센트까지 떨어졌다. 즉 피험자들이 내린 '예/아니오' 결정의 거의 3분의 2가 틀린 답변이었다![9]

우리는 또한 의미 치매semantic dementia라는 신경 퇴행성 질환 때문에 영구적인 뇌 손상에 시달리는 피험자들을 대상으로 실험을 진행했다. 이런 환자들은 감정 단어를 포함해 다양한 단어와 개념을 기억하는 데 어려움을 겪는다. 우리는 이들에게 6명의 배우가 기본 감정과 관련된 여섯 가지 안면 배치를 각각 연기한 36장의 사진을 제시했다(행복을 나타내는 미소 짓기, 슬픔을 나타내는 입을 삐죽 내밀기, 분노를 나타내는 노려보기, 공포를 나타내는 눈을 크게 뜬 채 헉 하며 숨을 멈추기, 혐오를 나타내는 코 찡그리기, 중립적인 안면 배치). 그런 다음 환자들에게 어떤 식으로든 의미 있는 사진들을 하나로 묶으라고 요청했다. 그러자 그들은 노려보는 모든 얼굴은 분노로, 입을 삐죽 내민 모든 얼굴은 슬픔으로 분류하는 식의 예상을 벗어났다. 그 대신에 환자들은 긍정적인 것, 부정적인 것, 중립적인 것으로만 사진을 분류했다. 이것은 유쾌한 느낌과 불쾌한 느낌의 차이만을 반영한 것이다. 이제 우리는 감정 개념이 얼굴에서 감정을 지각하는 데 반드시 필요하다는 확실한 증거를 얻은 셈이었다.[10]

우리의 연구 결과에 더욱 힘을 실어준 것은 감정 개념이 아직 충분히 발달하지 않은 어린 아동과 유아를 대상으로 한 연구였다. 심리학자 제임스 러셀James A. Russell과 셰리 와이든Sherri C. Widen이 수행한 일련의 실험에서는 두세 살 된 어린 아동에게 기본 감정에 대한 안면 배치를 보여주었을 때 아동이 '분노', '슬픔', '공포' 등에 대해 분명하게 분화된 개념을 갖고 있지 않으면 이것을 자유롭게 명명하지 못한다는 사실이 증명되었다. 이렇게 어린 아동은 낮은 감정 입자도를 보이는 성인과 비슷하게 '슬픈', '미친', '무서운' 같은 단어를 혼용했다. 이것은 단순히 감정 단어를 제대로 이해했는가의 문제가 아니었다. 왜냐하면 단어의 의미를 제대로 배운 아동들의 경우에 입을 삐죽 내민 얼굴과 '슬픈'이라는 단어를 짝짓기하는 데는 어려움이 없었던 반면에, 입을 삐죽 내민 두 장의 얼굴 사진을 짝짓기하는 데는 여전히 어려움을 겪었기 때문이다. 그리고 유아를 대상으로 한 실험의 결과도 마찬가지로 인상적이었다. 생후 4~8개월 된 유아들은 예컨대 미소 짓는 얼굴과 노려보는 얼굴을 구별할 수 있었다. 그러나 이 능력은 감정 자체와는 무관한 것으로 밝혀졌다. 이 실험에서 유아가 사진을 고를 때 단서로 작용한 것은 분명한 차이가 있었다. 행복을 연기한 얼굴은 이빨을 드러낸 반면에 분노를 연기한 얼굴은 그렇지 않았던 것이다.[11]

이 일련의 실험을(감정 단어 목록 제거하기, 단어와 결합되지 않은 사진 사용하기, 감정 개념을 일시적으로 무력하게 만들기, 감정 개념을 더 이상 처리하지 못하는 뇌 손상 환자 검사하기, 분명히 정의된 감정 개념을 아직 갖고 있지 않은 유아 검사하기) 관통하는 한 가지 주제가 있다. 그것은 사람들이 감정 개념에서 멀어질수록 고정 관념에 따라 연출된 안면 배치가 나타내는 것으로 여겨지는 감정을 인식하는 데 어려움을 겪는다는 사실이다. 이런 점진적인 변화는 사람들이 감정 개념을 가지고 있을 때만 얼굴에서 감정을 지각한다는 것을 보여주는 강력한 증거이다. 이런 지식을 가지고 있어야만 즉석에서 지각을 구성할 수 있기 때문이다.[12]

감정 개념의 힘을 확인하기 위해 우리 연구실에서는 서양의 관습과 규범을 거의 또는 전혀 알지 못하는 아프리카의 외진 문화권을 찾아 갔다. 내 박사과정 학생인 마리아 젠드론Maria Gendron은 인지심리학자 데비 로버슨Debi Roberson과 함께 힘바족Himba의 감정 지각을 연구하기 위해 아프리카의 나미비아로 향했다. 마리아와 데비는 비행기를 타고 남아프리카로 가서 다시 차를 타고 약 12시간을 가서야 비로소 나미비아 북부 지방의 오푸Opuwo에 있는 베이스캠프에 도착할 수 있었다. 그리고 거기서 다시 데비와 마리아는 통역자와 함께 차량을 타고 수풀 사이로 난 오솔길을 따라 여러 시간을 이동해서야 비로소 앙골라 국경 근처에 있는 여러 촌락에 도달할 수 있었다. 나는 불행하게도 함께 갈 수 없었는데, 그래서 그들은 위성 전화기와 발전기를 사용해 신호가 잡힐 때마다 나와 통화를 했다.[13]

힘바족의 삶은 서양 문화와는 전혀 딴판이었다. 사람들은 주로 야외에서 그리고 묘목, 진흙, 거름으로 만든 공동 주거지에서 생활했다. 남성들은 밤낮으로 소를 돌보았고, 여성들은 음식을 준비하고 아이들을 돌보았다. 그리고 아이들은 공동 주거지 근처에서 염소를 돌보았다. 힘바족은 오치헤레로어Otji-Herero의 사투리를 사용했으며 문자는 사용하지 않았다.

연구팀에 대한 힘바족의 반응은 꽤 절제되어 있었다. 아이들은 아침 일찍 가축을 돌보기 전에 호기심에 찬 얼굴로 주변을 서성거리곤 했다. 처음에 몇몇 여성은 마리아가 여성인지 확신하지 못했다. 그들이 보기에 마리아가 남자처럼 옷을 입고 있었기 때문이다. 그래서 몇몇은 손가락질을 하면서 웃기까지 했다. 그러나 어느 시점이 되자 남성들은 마리아가 여성이라는 것을 알아차리고는 마리아에게 청혼을 하기도 했다. 마리아의 나미비아 통역자는 마리아가 "매우 큰 총을 가진 다른 남성과 이미 결혼했다"고 정중하게 오치헤레로어로 설명해야 했다.

마리아는 36장의 연출된 얼굴 사진을 가지고 얼굴 분류 실험을 했다. 이것은 감정 단어뿐만 아니라 일체의 단어에 의존하지 않았

그림 3-5 마리아 젠드론(오른쪽)이 나미비아의 힘바족 피험자와 작업하는 모습

기 때문에 언어와 문화 장벽을 넘어 훌륭하게 적용되었다. 우리는 서양인의 얼굴이 힘바족처럼 보이지 않는 것을 우려해 피부가 검은 배우들의 사진을 사용했다. 힘바족 피험자들은 우리의 기대대로 과제를 곧바로 이해했으며 자진해서 사진을 배우별로 분류했다. 사진을 감정별로 분류하라는 요청을 받자 힘바족은 서양인과 분명한 차이를 보였다. 그들은 미소 짓는 모든 얼굴을 한 더미로 쌓았으며 눈을 크게 뜬 얼굴의 대다수를 또 다른 더미로 쌓았지만, 나머지 얼굴을 가지고는 매우 많은 더미를 쌓았다. 만약 감정 지각이 보편적이라면, 힘바족 피험자들은 사진을 여섯 더미로 분류했을 것이다. 힘바족 피험자들에게 더미마다 자유롭게 명칭을 붙이라고 요청하자, 미소 짓는 얼굴 더미의 명칭은 '행복한(오항게ohange)'이 아니라 '웃는(온죠라ondjora)'이었다. 그리고 눈을 크게 뜬 얼굴 더미는 '두려운(오쿠티라okutira)'이 아니라 '바라보는(타레라tarera)'이었다. 다시 말해 힘바족 피험자들은 안면 움직임을 보면서 정신 상태나 감정을 추론하기보다 행동으로 범주화했다. 전체적으로 볼 때 힘바족 피험자들은 보편적 감정 지각의 증거를 보여주지 않았다. 그리고 우리의 실험에서 영어 감정 개념에 대한 언급이 빠져 있었으므로, 이런 개념들은 기본 감정 기법이 보편성의 증거를 제시하는 것처럼 보이게 만드는 가장 중요한 요인인 듯했다.[14]

그러나 여전히 풀리지 않는 수수께끼가 있었다. 심리학자 디사 소터Disa A. Sauter가 이끈 또 다른 연구팀에서는 몇 년 전에 힘바족을 방문해 보편적 감정 '인식'의 증거를 찾았다고 보고한 바 있었다. 소터 팀은 연출된 얼굴 사진 대신에 음성을 사용해(웃음 소리, 투덜거리는 소리, 코웃음 소리, 한숨 소리 등) 기본 감정 기법을 힘바족에 적용했다. 이 실험에서는 오치헤레로어로 번역된 간단한 감정 이야기를 들려준 뒤에 두 음성 중에서 어느 것이 이야기에 어울리는지를 선택하라고 요청했다. 힘바족은 이 과제를 충분히 잘했기 때문에 소터 등은 감정 지각이 보편적이라는 결론을 내렸다. 그러나 우리는 소터의 실험에서 사용된 방법을 사용하고 당시 참여한 통역자의 도움을 받아 다른 힘바족 집단을 대상으로 이 실험을 반복했지만 같은 결과를 얻을 수 없었다. 또한 마리아는 또 다른 힘바족 집단에게 이야기를 함께 들려주지 않은 채 이 음성에 대해 자유롭게 명칭을 붙이라고 요청하자, 예상대로 범주화된 것은 이번에도 웃음 소리뿐이었다(물론 그들은 이 소리를 '행복한' 소리라기보다 '웃는' 소리라고 명명했다). 그렇다면 어째서 소터 팀에서는 보편성을 관찰한 반면에 우리는 그러지 못했을까?[15]

이 수수께끼는 2014년 말에 소터 팀이 원래 발표에 보고되지 않은 추가 실험 단계가 있었다고 밝힘으로써 풀렸다. 그것은 개념적 지식이 포함된 단계였다. 힘바족 피험자들은 감정 이야기를 듣고 나서 두 개의 음성을 듣기 전에 이야기에 등장하는 사람이 무엇을 느끼고 있는지를 기술하라는 요청을 받았다. 이때 소터 팀은 피험자들의 과제 수행을 돕기 위해 "피험자들이 **의도된 감정을 그들의 단어로 설명할 수 있을 때까지** 필요하면 녹음된 해당 이야기를 여러 번 들을 수 있도록 허용했다." 그러면서 힘바족 피험자들은 영어 감정 개념과 다른 것을 기술할 때마다 부정적인 피드백을 받았으며 다시 해보라는 지시를 받았다. 기대한 기술을 제시하지 못한 피험자들은 무자격자로 실험에서 제외되었다. 결국 힘바족 피험자들은 관련 영어 감정 개념을 **학습**하기 전에는 어떤 소리도 듣지 못했고 이야기에 어울리는 소리를 고를 기회도 없었던 셈이었다. 우리는 그들이 논문에 발표한 방법만을 사용했고 보고되지 않은 추가 단계는 거치지 않았기 때문에 우리의 힘바족 피험자들은 음성을 듣기 전에 영어 감정 개념을 학습할 기회가 없었던 셈이었다.[16]

우리의 실험 방법과 소터 팀이 사용한 실험 방법 사이에는 또 다른 차이가 있었다. 일단 힘바족 피험자가 감정 개념을(예컨대 슬픔을) 만족스럽게 설명하면, 소터 팀에서는 두 개의 소리를(예컨대 울음 소리와 웃음 소리를) 들려주었다. 그런 다음 피험자는 그중에서 슬픔에 더 잘 어울리는 것을 골랐다. 그런 다음 피험자는 **각 쌍에 항상 울음 소리가 포함되어 있는** 소리쌍을 추가로 더 들었다. 즉 울음 소리와 한숨 소리, 그 다음에는 울음 소리와 비명 소리 등의 소리 쌍을 들은 것이다. 그런 다음 피험자는 각 쌍에서 슬픔에 더 잘 어울리는 소리를 선택했다. 때문에 과제 초기에는 힘바족 피험자가 울음 소리와 슬픔 사이의 연관 관계를 잘 모를 수도 있었지만 실험을 거듭할수록 그것을 잘 알 수밖에 없었다. 반면에 우리의 실험에서는 이런 문제가 발생하지 않았다. 과제를 수행할 때마다 마리아는 통역자를 통해 이야기를 읽어준 다음에 소리 쌍을 제시했고, 그러면 피험자는 이야기에 가장 어울리는 소리를 선택했다. 이 과제는 무작위 순서로 제시되었다(예: 가장 먼저 슬픔 과제, 그 다음에 분노 과제, 그 다음에 행복 과제 등). 이것은 이런 종류의 실험 도중에 학습이 일어나는 것을 방지하는 표준적인 방법이었다. 그리고 그 결과 우리는 보편성의 어떤 증거도 찾을 수 없었다.[17]

사람들이 감정 개념의 영향을 받지 않고도 지각할 수 있는 감정 범주가 하나 있다. 바로 행복이다. 어떤 실험 방법을 사용하든 상관없이 여러 문화권의 사람들은 미소 짓는 얼굴과 웃는 목소리가 행복을 표현한다는 데 동의한다. 그러므로 '행복'은 보편적 표현 방식이 딸린 보편적 감정 범주에 가장 가까운 듯하다. 또는 그렇지 않을 수도 있다. 우선 '행복'은 기본 감정 기법을 사용해 검사된 감정 범주 중에서 유일하게 유쾌한 감정 범주이다. 그러므로 피험자들은 이것을 나머지 부정적인 범주와 무척 쉽게 구별할 수 있었을 것이다. 그리고 흥미롭게도 역사적 기록을 살펴보면 고대 그리스인과 로마인은 행복할 때 자진해서 미소를 짓지 않은 듯하다. 라틴어나 고대 그리스어에 '미소'라는 단어는 존재하지도 않는다. 미소 짓기는 중세에 등장했으며, 이를 다 드러낸 채 크게 웃는 것은(에크먼이 듀센 미소Duchenne smile라고 부른 눈가에 주름이 지는 미소는) 치과 의술이 더 저렴해지고 일반화된 18세기에 들어와서야 비로소 유행했다. 고전학자 메리 버드Mary Beard는 이를 다음과 같이 설명한다.

> 이것은 로마인이 거의 미소처럼 보이는 형태로 입 가장자리를 말아올린 적이 한 번도 없다는 얘기가 아니다. 당연히 그들은 그렇게 했다. 그러나 이런 말아올리기는 로마의 사회문화적 제스처 중에서 별다른 의미를 지니지 않았다. 그리고 거꾸로 우리에게는 별 의미가 없는 다른 제스처들에 중대한 의미가 부여되곤 했다.

어쩌면 미소 짓기는 지난 몇 백 년 사이의 어느 시점에 행복을 상징하는 보편적이고 정형화된 제스처가 되었을지 모른다. 고전적 견해의 지지자라면 치과 의술이 등장할 때까지 사람들이 타고난 행복의 미소를 사회적으로 부적절한 것으로 억압하고 있었다고 주

장할지도 모르겠다. 또는 어쩌면 행복할 때 미소를 짓는 것은 전혀 보편적이지 않을지도 모른다.[18]

보편적 표현 프로젝트가 초래한 오해들

감정 개념은 기본 감정 기법의 성공을 은밀히 떠받치고 있는 숨은 성분이다. 이런 개념 덕분에 특정한 안면 배치가 보편적으로 인식 가능한 감정 표현인 것처럼 보이지만, 실제로는 그렇지 않다. 그 대신에 우리는 모두 다른 사람의 감정에 대한 지각을 구성한다. 우리는 다른 사람의 얼굴과 신체 움직임에 우리 자신의 감정 개념을 적용해 그들이 행복하거나 슬프거나 화가 났다는 식으로 지각한다. 마찬가지로 우리는 다른 사람의 목소리에 감정 개념을 적용해 감정 섞인 목소리를 듣는 경험을 구성한다. 이런 시뮬레이션은 매우 신속하게 이루어지기 때문에 우리가 감정 개념의 작용을 알아차리기는 쉽지 않다. 오히려 얼굴, 목소리, 기타 신체 부위에서 자연스럽게 유출되는 감정을 우리가 그저 탐지하는 것처럼 보인다.

이 지점에서 다음과 같은 의문이 들 수 있다. 어떻게 나와 내 동료가 수행한 몇 안 되는 실험을 근거로, 감정이 표정을 통해 보편적으로 인식된다는 증거를 발견한 수백 건의 실험을 무효화시키는 주장을 감히 할 수 있는가? 예컨대 심리학자 다처 켈트너Dacher Keltner의 추정치에 따르면 "에크먼에 부합하는 관점을 지지하는 수천억 개의 데이터 포인트가 존재한다."[19]

이에 대한 나의 답변은 이렇다. 이런 막대한 수의 실험에서는 대부분 기본 감정 기법을 사용했다. 여기에는 방금 본 것처럼 감정에 관한 개념적 지식이 은닉되어 있다. 만약 인간에게 실제로 감정 표현을 인식하는 타고난 능력이 있다면, 이 기법에서 감정 단어를 제거해도 문제가 되지 않을 것이다. 그러나 이것은 매번 문제가 되었다. 감정 단어가 실험에 강력한 영향을 미친다는 것은 의심의 여지가 없으며, 따라서 기본 감정 기법을 사용해 수행된 **모든 연구**의 결론이 의심스러울 수밖에 없다.[20]

현재까지 우리 실험실에서 나미비아에서 두 번 그리고 (수렵채집인 생활을 하는 하드자족Hadza이 있는) 탄자니아에서 한 번 실시했던 실험에서 얻은 연구 결과는 일관된 것이었다. 또한 사회심리학자 호세-미구엘 페르난데스-돌스José-Miguel Fernández-Dols는 뉴기니의 트로브리안드Trobriand 제도에 고립해 존재하는 문화 속에서 우리의 연구 결과를 반복 확인했다. 따라서 이제 학계에는 "수천억 개의 데이터 포인트"에 대한 합리적인 대안 설명이 존재하는 셈이다. 기본 감정 기법은 사람들로 하여금 서양식 감정의 지각을 구성하도록 유도한다. 다시 말해 감정 지각은 타고난 것이 아니라 구성된 것이다.[21]

이러한 논의의 출발점이 된 1960년대의 비교문화 실험을 자세히 들여다보면, 기본 감정 기법에 포함된 개념적 요소 때문에 보편성의 외양을 띠는 결과가 유도되었다는 단서를 어렵지 않게 찾을 수 있다. 당시에 외딴 문화권의 피험자로 구성된 일곱 개의 표본 가운데 기본 감정 기법을 적용한 네 개에서는 보편성에 대한 강력한 증거가 나타난 반면에, 자유 명명 기법을 적용한 나머지 세 개에서는 이런 보편성의 증거가 나타나지 않았다. 그런데 이 세 개의 반대

표본은 정식 학술지가 아니라 단행본의 일부로만 발표되었으며 인용도 거의 되지 않았다. 그래서 보편성을 뒷받침하는 네 개 표본이 인간의 근원적인 본성을 드러내는 획기적인 연구로 칭송을 받게 되었고, 비슷한 연구가 눈사태처럼 불어나게 되었다. 수백 건의 후속 연구에서는 주로 서양 문화의 관습과 규범에 노출된 문화권의 피험자를 대상으로 기본 감정 기법이 강제 선택의 형식으로 적용되었다. 그런데 이것은 실험 설계에서 보편성의 핵심 조건으로 작용한 요인을 사실로서 주장하게 되는 오류를 낳았다. 바로 이런 사정으로 인해 오늘날 많은 과학자와 일반인은 '감정 표현'과 '감정 인식'에 대해 과학적 관점에서 볼 때 근본적으로 잘못된 이해를 가지게 되었다.[22]

만약 당시에 이 최초의 연구에 대해 다른 결론이 도출되었다면, 오늘날 감정의 과학은 어떤 모습을 띠게 되었을까? 에크먼은 뉴기니의 포레족을 처음 방문했을 때의 상황에 대해 다음과 같이 말했다.

> 나는 그들에게 각 얼굴 표현[사진]에 관해 이야기를 지어내보라고 요청했다. "지금 무슨 일이 벌어지고 있기에, 이전에 무슨 일이 벌어졌기에 이 사람이 이런 표정을 지을까요? 그리고 다음에는 무슨 일이 벌어질까요?" 이것은 정말로 어려운 일이었다. 통역 과정이 문제였는지, 아니면 내가 무엇을 듣고자 하는지 또는 왜 듣고자 하는지를 그들이 알 턱이 없다는 사실 때문이었는지는 확실치 않다. 어쩌면 낯선 사람에 관한 이야기를 지어낸다는 것 자체가 포레족으로서는 전무한 일이었을 것이다.

에크먼의 추측이 맞을지도 모른다. 그러나 어쩌면 포레족은 얼굴 '표현'이라는 개념을, 내면의 어떤 느낌이 안면 움직임을 통해 유출된다는 의미가 담긴 이 개념을 이해하지 못했거나 받아들이지 않았을지도 모른다. 모든 문화권에서 감정을 내면의 심리 상태로 이해하는 것은 아니다. 예컨대 힘바족과 하드자족의 감정 개념은 행동에 더 초점을 맞추고 있는 것처럼 보인다. 또한 일본인의 몇몇 감정 개념도 그러하다. 미크로네시아Micronesia의 이팔루크족Ifaluk은 감정을 사람들 사이의 교류라고 생각한다. 그들에게 분노는 격분하기, 노려보기, 주먹으로 치기, 큰소리로 고함치기 등으로 표출되는 어떤 느낌이 아니다. 그것은 한 사람의 몸 안에 있는 어떤 것이 아니라 두 사람이 공통 목표를 둘러싼 각본에 또는 일종의 춤에 관여하고 있는 상황이다. 이팔루크족이 보기에 분노는 어느 관계자의 내면에서 '살고' 있는 어떤 것이 아니다.[23]

기본 감정 기법의 발전 과정과 역사를 살펴보면 놀랍게도 과학적 관점에서 비판받을 만한 것들이 많다. 이러한 여러 문제점에 대해서는 이미 20여 년 전에 심리학자 제임스 러셀이 구체적으로 지적한 바 있다. 그리고 '여섯 가지 기본 표정'은 과학적 발견이 아니라는 점을 명심해야 한다. 기본 감정 기법의 서양 설계자들이 고안했고, 배우들이 연기했으며, 이런 과정을 통해 그에 관한 과학이 구축된 것이다. 특정한 얼굴 연기의 타당성은 한 번도 증명된 적이 없다. 게다가 안면 근전도 검사나 안면 부호화 같은 더 객관적인 방법을 사용한 연구에서는 사람들이 실제로 살아가면서 이런 감정을 느낄 때 습관처럼 이런 안면 움직임을 짓는다는 증거가 발견되지 않았다. 그런데도 과학자들은 여전히 꿋꿋하게 기본 감정 기법

을 사용하고 있다. 어쨌든 그래서 매우 일관된 결과가 산출되긴 한다.[24]

과학적 '사실'이 뒤집힐 때마다 새로운 발견의 장이 열리곤 한다. 물리학자 앨버트 마이컬슨Albert Michelson은 빛이 발광성 에테르라는 가상의 물질을 매개로 하여 빈 공간을 이동한다는 아리스토텔레스의 추측을 반증한 공로로 1907년에 노벨상을 수상했다. 그리고 그의 비판적인 연구는 알버트 아인슈타인의 상대성 이론을 발전시킬 수 있는 무대를 제공했다. 이제 우리는 보편적 감정의 증거에 대해 중대한 의문을 제기했다. 이런 감정은 **특정 조건에서,** 즉 고의든 아니든 사람들에게 서양식 감정 개념에 관해 아주 작은 양의 정보만 제공했을 때 보편적인 것처럼 **보일** 뿐이다. 그리고 이런 관찰은 비슷한 다른 관찰과 함께 이제 당신이 배우게 될 새로운 감정 이론의 무대를 제공한다. 이렇게 보면 톰킨스와 에크먼 등도 나름대로 중대한 발견에 기여를 한 셈이다. 다만 그들이 기대했던 발견과는 다를 뿐이다.[25]

기본 감정 기법을 사용한 많은 비교문화 연구에는 흥미진진한 다른 요소가 들어 있다. 그것은 바로 다른 문화권의 사람들에게 (심지어 의도하지 않고도) 감정 개념을 가르치기가 어렵지 않아 보인다는 점이다. 그리고 이런 전 세계적인 이해는 엄청난 혜택이 될 수도 있을 것이다. 만약 사담 후세인의 이복 형제가 미국인의 분노 개념을 제대로 이해하기만 했더라도, 그는 제임스 베이커James Baker 미국 국무장관의 분노를 지각했을 것이며, 그러면 1차 걸프 전쟁도 일어나지 않았을 것이고 수천 명이 목숨을 잃지도 않았을 것이다.

이렇게 감정 개념을 우연히 가르치기가 쉽다는 점을 고려할 때 문화 연구에서 감정에 대한 서양식 고정 관념을 사용하는 것은 매우 위험할 일이 될 수 있다. 예컨대 보편적 표현 프로젝트라는 이름으로 현재 진행 중인 일련의 연구에서는 얼굴, 신체, 목소리를 통해 드러나는 감정 표현 중에서 보편적인 것을 기록하고 있다. 그래서 지금까지 그들은 "전 세계에 걸쳐 매우 비슷한 약 30개의 얼굴 표현과 약 20개의 목소리 표현"을 확인했다고 한다. 다만 문제는 이 프로젝트에서 오로지 기본 감정 기법만을 사용하고 있다는 점이다. 즉 이 연구는 보편성의 증거를 제공할 수 있는 조건이 갖춰지지 않은 도구를 사용해 보편성을 연구하고 있는 셈이다(또한 그들은 사람들에게 감정의 문화적 표현이라고 **생각**하는 것을 연기해보라고 요청하는데, 이것은 이런 감정을 느끼는 동안에 실제로 일어나는 신체 움직임을 관찰하는 것과는 다른 것이다). 더 심각한 것은 만약 이 프로젝트가 목표를 달성한다면, 전 세계의 모든 사람이 감정에 대한 서양식 고정 관념을 학습하게 될 것이라는 점이다.[26]

여전히 기본 감정 기법을 지지하는 과학자들은 결국 자신이 발견하고 있다고 믿는 보편성을 만들어내는 데 협력할 가능성이 매우 높다.

우리의 상황을 돌아보자면 만약 사람들이 얼굴만으로도 감정이 드러난다고 믿게 될 경우 이것은 심각한 오해와 부작용을 낳을 수 있다. 대표적인 예로 이런 믿음 때문에 미국 대통령 선거의 국면이 바뀌기도 했다. 2003년과 2004년 사이에 하워드 딘Howard Dean 버몬트 주지사는 민주당의 대통령 후보 자리를 노리고 있었지만, 결국 그 영예는 존 케리John Kerry 매사추세츠 상원의원에게 돌아갔다.

당시 선거 운동 기간 동안 유권자는 각종 네거티브 캠페인에 노출되었는데, 가장 왜곡된 사례 중의 하나가 바로 딘의 연설 장면을 촬영한 영상물이었다. 급속도로 퍼진 아주 짧은 영상물에서는 전후 맥락이 생략된 채 몹시 화난 표정을 짓고 있는 딘의 얼굴만 등장했다. 그러나 비디오 전체를 보면 딘이 화를 내는 것이 아니라 열정적으로 군중을 독려하면서 흥분하는 것임을 알 수 있다. 그러나 이 짧은 영상물이 뉴스로 알려지고 널리 전파되면서 딘은 경쟁에서 밀려나고 말았다. 만약 시청자들이 이런 왜곡된 이미지를 보는 순간에 감정이 어떻게 만들어지는지를 알았더라면, 과연 어떻게 되었을까?

얼굴에 드러난 감정이 전부가 아니다

구성주의적 접근을 취하는 과학자들은 오늘날 우리 연구실의 연구 결과를 다른 문화권에서 반복 확인하는 중이다(현재 중국, 동아프리카, 멜라네시아Melanesia 등지에서 기대할 만한 데이터가 수집되고 있다). 이와 함께 우리는 서양의 고정 관념을 넘어 새로운 감정 이해로 나아가는 패러다임 전환에 속도를 내고 있다. 우리는 "당신이 공포를 얼마나 정확히 인식할 수 있는가?" 같은 질문을 던지는 대신에 사람들이 공포를 느낄 때 실제로 짓는 다양한 안면 움직임을 연구할 수 있다. 또한 안면 배치에 대한 고정 관념이 도대체 왜 생겨났으며, 혹시 이것이 어떤 가치를 지니는지에 대해서도 연구할 수 있을 것이다.

그동안 기본 감정 기법은 감정에 대한 과학적 접근과 대중적 이해에 지대한 영향력을 발휘했다. 그 결과 감정이 보편적이라고 주장하는 수천 건의 과학적 연구가 존재한다. 그리고 대중 서적, 잡지 기사, 라디오 방송, TV 쇼 등에서는 누구나 감정의 표현으로서 똑같은 안면 배치를 만들어내고 또 인식한다고 아무렇지도 않게 가정하곤 한다. 미취학 아동용 게임과 책에서는 이러한 보편적 표정을 아이들에게 가르친다. 국제 정치와 비즈니스 협상 전략조차 이러한 가정을 기반으로 하고 있다. 정신질환에 시달리는 사람의 감정 결핍을 측정하고 치료하는 심리학자들도 비슷한 방법을 사용한다. 게다가 시장이 점점 커지고 있는 감정 판독 장치와 앱에서도 보편성을 가정하면서 마치 책에서 단어를 쉽게 읽어내듯이 얼굴이나 신체 변화 패턴에서 맥락도 없이 감정을 읽어낼 수 있는 것처럼 말한다. 이런 노력에 투자되는 시간과 노고와 돈의 엄청난 양을 생각하면 그저 경이로울 뿐이다. 그러나 보편적 감정이 전혀 사실이 아니라면 어떻게 할 것인가?

만약 이것이 전혀 다른 어떤 것의 증거라면, 즉 개념을 사용해 지각을 구성하는 우리의 능력을 보여주는 증거라면 어떻게 할 것인가? 구성된 감정 이론의 핵심은 바로 이것이 보편적 감정 지문에 의존하지 않는 인간 감정의 수수께끼를 완벽하게 해명할 수 있는 대안적 설명이라는 데 있다. 이어지는 네 장에서는 이 이론의 면면과 이것을 뒷받침하는 과학적 증거에 대해 자세히 살펴볼 것이다.

2부

감정은 어떻게 구성되는가?

| 4장 |

느낌의 기원

최근에 커다란 쾌감을 느꼈던 때를 생각해보라. 꼭 성적 쾌감일 필요는 없고 일상의 기쁨도 괜찮다. 생생한 노을을 바라보았을 때, 무척 덥고 갈증을 느껴 시원한 물 한 컵을 들이켰을 때, 고달픈 일과를 마치고 평온한 휴식을 취할 때와 같은 순간일 수도 있다.

이제 불쾌한 느낌과 비교해보라. 최근에 감기에 걸려 고생했을 때, 친한 친구와 말다툼을 하고 돌아섰을 때를 생각해보라. 쾌감과 불쾌감은 질적으로 다르게 느껴진다. 당신과 나는 특정 물체나 사태가 쾌감을 일으키는지 아니면 불쾌감을 일으키는지에 대해 의견이 다를 수 있다. 예컨대 나는 호두를 맛있다고 생각하는 데 반해, 내 남편은 호두를 몹쓸 음식이라고 말한다. 그러나 우리는 모두 원칙적으로 쾌감과 불쾌감을 구별할 수 있다. 이 느낌은 보편적이다. 비록 행복이나 분노 같은 감정은 보편적이지 않으며 우리가 깨어 있는 매순간 흐르는 물처럼 한시도 가만히 있지 않지만 말이다.[1]

단순한 쾌감과 불쾌감은 **내수용**interoception이라고 불리는 당신 내부의 지속적인 과정에서 비롯한다. 내수용은 당신 내부의 기관과 조직, 혈액 속 호르몬, 면역체계 등에서 발생하는 모든 감각에 대한 당신 뇌의 표상이다. 바로 이 순간 당신의 몸 안에서 무슨 일이 일어나고 있는지 생각해보라. 당신의 내부는 계속 움직이고 있다. 심장에서 보내는 혈액은 정맥과 동맥을 힘차게 흘러가고 있다. 허파는 계속 공기로 채워졌다 비워진다. 위에서는 음식이 소화되는 중이다. 이런 내수용성 활동을 통해 쾌감과 불쾌감, 평온함과 예민함, 그리고 완전히 중립적인 느낌 같은 기본 느낌들이 산출된다.[2]

밀가루와 물이 빵의 핵심 성분인 것처럼 내수용은 감정의 핵심 성분이다. 그러나 내수용에서 비롯하는 느낌은 기쁨이나 슬픔처럼 많은 속성을 가진 감정 경험에 비하면 훨씬 단순하다. 지금부터 우리는 내수용이 어떻게 작동하는지, 그리고 이것이 감정 경험과 지각에 어떻게 관여하는지 살펴볼 것이다. 이를 위해 우리는 먼저 뇌 전반에 관해 그리고 뇌가 당신의 생명과 안녕을 유지하고자 신체 에너지를 어떻게 관리하는지에 관해 약간의 배경 지식을 쌓을 필요가 있다. 이런 지식은 느낌의 기원인 내수용의 진수를 파악하는 데 도움이 될 것이다. 그리고 이것을 바탕으로 우리는 내수용이 당신의 일상적인 사고와 결정과 행동에 뜻밖에 어마어마한 영향을 미친다는 사실을 확인하게 될 것이다.

당신은 대체로 인생의 부침에도 별다른 영향을 받지 않고 굳게 평정심을 유지하는 평온한 사람일 수도 있고, 아니면 고통과 쾌락의 강물에 몸을 맡긴 채 주변의 작은 변화에도 쉽게 동요하는 무척 예민한 사람일 수도 있으며, 아니면 그 중간 어딘가에 속할 수도 있다. 그러나 당신이 어떤 유형의 사람이든 당신 뇌의 배선에 기초한 내수용의 메커니즘을 이해하는 것은 당신 자신을 새로운 시각에서 바라보는 계기가 될 것이다. 또한 이를 통해 당신이 시도때도 없이 출몰해서 당신의 행동을 좌지우지하는 감정의 노예가 아니라는 사실도 깨닫게 될 것이다. 당신은 이런 경험의 설계자다. 당신에게는 마치 느낌의 강물이 당신을 덮치는 것처럼 느껴질지 모르나, 실제로는 당신이 이 강의 원천이다.

날아오는 야구공과 예측하는 뇌

인류 역사의 대부분에 걸쳐 학식이 고매한 사람들은 인간 뇌의 능력을 좀처럼 인정하지 않았다. 뇌가 신체 질량의 약 2퍼센트밖에 차지하지 않는 한 움큼의 회색 젤라틴 덩어리처럼 생겼기 때문이다. 그래서 고대 이집트인은 뇌를 아무짝에도 쓸모가 없는 기관으로 여겼으며 심지어 파라오가 죽으면 코를 통해 잡아 빼냈다.

오늘날 뇌는 마침내 마음의 자리로서 마땅한 대우를 받게 되었지만, 뇌의 놀라운 능력에 비하면 여전히 온당한 대접을 받지 못하고 있다. 뇌 영역은 기본적으로 평소 잠자고 있다가 외부 세계에서 자극이 들어올 때만 깨어나 점화하는 식의 '반응성' 장치로 간주되었다. 이런 자극-반응 시각은 간명하고도 직관적이며, 실제로 근육에 있는 뉴런은 이런 식으로 작동해 평소엔 가만히 있다가 자극을 받으면 비로소 점화해 근육 세포의 반응을 이끌어낸다. 과학자들은 뇌 안의 뉴런도 비슷하게 작동할 것이라고 가정했다. 커다란 뱀한 마리가 당신이 걷고 있는 길을 가로지르면서 스르르 지나가면, 이 자극이 당신의 뇌에 연쇄 반응을 촉발한다고 생각했다. 즉 감각 부위의 뉴런이 점화하면, 이 때문에 인지 또는 감정 부위의 뉴런이 점화하고, 그러면 다시 운동 부위의 뉴런이 점화해 당신이 반응하게 된다고 생각한 것이다. 감정에 대한 고전적 견해에서도 이런 시각을 쉽게 찾아볼 수 있다. 즉 뱀이 나타나면 뇌의 '공포 회로'가 평소엔 'OFF' 위치에 있다가 'ON' 위치로 바뀌면서 당신의 얼굴과 신체에 사전 설정된 변화를 야기한다는 것이다. 그러면 당신의 눈이 커지고, 당신은 비명을 지르며 달아나게 될 것이다.[3]

이런 자극-반응 시각은 직관적이긴 하지만 잘못된 것이다. 당신의 뇌에 있는 860억 개의 뉴런은 거대한 신경망에 연결된 채 외부 시동이 걸리기만을 기다리면서 잠자고 있지 않다. 당신의 뉴런들은 언제나 서로를 자극하고 있으며 때로는 수백만 개를 한꺼번에 자극하기도 한다. 산소와 영양분이 충분할 경우 **내인성 뇌 활동**이라고 불리는 이 막대한 양의 다단계 자극 활동은 우리가 태어날 때부터 죽을 때까지 계속된다. 이 활동은 외부 세계에 의해 촉발된 반응과는 전혀 다르다. 이것은 오히려 외부 촉매가 필요 없는 과정인 호흡에 더 가깝다.[4]

뇌의 내인성 활동은 마구잡이로 일어나지 않는다. 이것은 일관되게 함께 점화하는 뉴런 집합들에 의해 구조화되어 있는데, 이런 집합을 가리켜 **내인성 신경망**intrinsic network이라고 부른다. 이 신경망의 작동 방식은 스포츠팀과도 닮았다. 많은 선수가 한 팀에 속해 있지만, 특정 순간에는 일부 선수만 게임을 뛰고 나머지는 벤치에 앉아 있다가 필요하면 잽싸게 뛰어나갈 채비를 갖추고 있다. 마찬가지로 내인성 신경망에는 가용 뉴런들이 다수 있지만, 신경망이 맡은 바 임무를 수행할 때마다 다른 집단의 뉴런들이 동시에 점화하여 팀에서 필요한 모든 포지션을 맡는다. 이런 행동은 변성으로 인식될 수도 있다. 신경망에 속한 상이한 뉴런 집합들이 동일한 기본 기능을 산출하고 있기 때문이다. 지난 10년 동안 신경과학이 거둔 위대한 발견 중의 하나가 바로 내인성 신경망이다.[5]

그렇다면 연속적인 내인성 활동이 심장 박동, 허파 호흡, 기타 내부 기능의 원만한 작동에 관여하는 것 외에 도대체 무슨 일을 할까. 2장에서 시뮬레이션이라고 뭉뚱그려 불렀던 내인성 뇌 활동은 꿈, 공상, 상상, 상념, 몽상 등의 기원이다. 또한 내인성 뇌 활동은 궁극적으로 당신이 경험하는 모든 감각을 산출하며, 여기에는 당신이 느끼는 유쾌함, 불쾌함, 평온함, 예민함 같은 가장 기본적인 느낌의 기원인 내수용 감각도 포함된다.[6]

뇌의 입장에서 이러한 활동의 원인을 생각해보자. 고대 이집트의 미라처럼 뇌는 어둡고 고요한 상자 안에 매장된 채 평생을 보낸다. 뇌는 밖으로 나와 세상의 온갖 경이로운 것들을 직접 감상할 수 없다. 뇌는 광경, 소리, 냄새 등 세상에서 일어나는 일을 알기 위해 빛, 진동, 화학 물질 등에 담긴 정보 파편에 의존할 수밖에 없다. 뇌는 이런 번쩍임과 떨림의 의미를 알아내야만 한다. 이때 거대한 신경망 안에 시뮬레이션으로 구성되어 있는 당신의 과거 경험이 주요 단서가 된다. 한편 뇌는 단 하나의 감각 단서가 여러 원인 때문에 생길 수 있다는 것을 학습했다. 예컨대 크게 탕 하는 소리가 나면, 문이 세게 닫혔을 수도 있고 풍선이 터졌을 수도 있으며 아니면 누가 손뼉을 쳤거나 총을 쐈을 수도 있다. 뇌는 이 중에서 가장 적절한 것을 구별하기 위해 여러 맥락에서 개연성에 의존할 수 밖에 없다. 뇌는 다음과 같이 물을 것이다. "시각, 후각, 기타 감각이 수반된 **이 특정 상황**을 고려할 때 내 과거 경험 중에서 어떤 조합이 이 소리에 가장 어울릴까?"[7]

뇌는 이렇게 두개골 안에 갇힌 채 오로지 과거 경험의 안내만 받으면서 **예측**을 한다. 우리는 보통 예측이라 하면 미래에 관한 진술로 생각한다(예: "내일 비가 올 것이다." "월드 시리즈에서 레드삭스가 이길 것이다." "크고 어두운 방문자가 당신을 찾아올 것이다."). 그러나 여기서 내가 초점을 맞추고 있는 예측은 아주 미시적인 규모에서 수백만 개의 뉴런이 서로 이야기를 나누는 가운데 일어난다. 이런 신경 대화를 바탕으로 당신의 뇌는 당신이 경험할 광경, 소리, 냄새, 맛, 감촉의 모든 조각과 당신이 취할 모든 행동을 예상하려고 시도한다. 이 예측은 당신 주위의 세계에서 무슨 일이 일어나고 있는지, 그리고 이것을 어떻게 처리해야 당신의 생명과 안녕을 유지할 수 있는지에 대해 뇌가 행하는 최선의 추측이다.[8]

뇌 세포 수준에서의 예측은 외부 세계에서 자극이 들어올 필요도 없이 당신 뇌의 이 부위에 있는 뉴런들을 통해 당신 뇌의 저 부위에 있는 뉴런들이 미세하게 조정됨을 의미한다. 즉 내인성 뇌 활동은 셀 수 없이 많은 예측이 끊임없이 이루어지는 것이다.

예측을 통해 뇌는 당신이 경험하는 세계를 구성한다. 또한 당신이 경험한 과거의 이런저런 조각들을 조합하면서 각 조각이 현재 상황에 적용될 개연성이 얼마나 되는지를 추정한다. 2장의 꿀벌에 대한 시뮬레이션에서도 이런 일이 일어났다. 당신이 전체 사진을 본 순간 당신의 뇌는 의지할 수 있는 새 경험을 갖게 되었고, 그래서 즉시 얼룩을 바탕으로 꿀벌을 구성할 수 있었다. 그리고 지금 당신이 단어 하나하나를 읽을 때마다 당신의 뇌는 당신의 평생 독서 경험에 기초한 개연성을 바탕으로 다음 단어가 무엇일지를 예측하고 있다. 한마디로 말해 바로 이 순간 당신의 경험에 대해 당신의 뇌가 방금 전에 예측을 했다. 이렇듯 예측은 인간 뇌의 근본적인 활동이기 때문에 몇몇 과학자는 이것을 뇌의 기본 작업 모드로 간주하기도 한다.[9]

예측은 두개골 밖에서 들어오는 감각 입력을 단순히 예상하는 것이 아니라 **설명**하는 것을 포함한다. 간단한 사고 실험을 통해 작동 원리를 알아보자. 2장에서 했던 것처럼 눈을 뜬 채로 빨간 사과를 상상해보라. 당신은 어렵지 않게 희미하나마 둥글고 빨간 물체의 상을 마음의 눈으로 볼 수 있을 것이다. 당신이 이 상을 볼 수 있는 까닭은 당신의 시각피질에 있는 뉴런들이 점화 패턴을 바꾸어 사과를 시뮬레이션했기 때문이다. 그런데 만약 당신이 지금 이 순간에 슈퍼마켓 과일 코너에 있다면, 위와 똑같이 점화하는 뉴런들은 시각적 예측이 되었을 것이다. 이 맥락(슈퍼마켓 통로)에서 당신이 쌓은 과거 경험을 바탕으로 당신의 뇌는 당신이 빨간 공이나 어릿광대의 빨간 코보다는 사과를 볼 것이라고 예측한다. 그리고 이 예측이 실제 사과를 통해 확인되면, 이 예측은 해당 시각 감각이 사과라는 것을 사실상 설명한 셈이다.[10]

당신의 뇌가 완벽하게 예측한 경우, 예컨대 당신이 진열장으로 걸어가면서 매킨토시McIntosh 품종의 사과를 정확히 예측한 경우, 당신의 망막에 맺힌 사과의 실제 시각 입력에는 이 예측을 넘어서는 **새로운 정보**가 전혀 없다. 이 경우 시각적 입력은 예측이 옳다는 것을 그저 확인할 뿐이고, 따라서 이 입력은 뇌 안을 더 돌아다닐 필요가 없다. 당신의 시각피질에 있는 뉴런들은 예상대로 이미 점화해 있기 때문이다. 이렇게 효율적인 예측 과정을 통해 당신의 뇌는 세계를 돌아다니면서 세계를 이해한다. 그리고 당신이 보고 듣고 맛보고 냄새 맡고 만지는 모든 것을 지각하고 설명하기 위해 예측을 산출한다.

당신의 뇌는 예측을 사용해 신체 움직임을 개시하기도 한다(예: 팔을 뻗어 사과 집기, 뱀을 피해 쏜살같이 달아나기). 이런 예측은 당신이 몸을 움직이려는 의식적 자각 또는 의도를 갖기 전에 일어난다. 신경과학자들과 심리학자들은 이런 현상을 가리켜 '자유 의지의 착각'이라고 부른다. 여기서 '착각'이라는 단어는 부정확한 면이 있다. 당신의 뇌가 당신을 속이는 것은 아니기 때문이다. 당신은 **곧** 당신의 뇌다. 그리고 당신의 뇌에서 연쇄적으로 일어나는 모든 사태는 뇌의 예측력에 의해 야기된다. 이것이 착각이라고 불리는 까닭은 움직임이 2단계 과정처럼(결정부터 하고 그 다음에 움직이기) **느껴지기** 때문이다. 그러나 실제로는 당신이 움직이려는 의도를 자각하기 꽤 오래 전에, 심지어 당신이 사과를(또는 뱀을) 실제로 접하기도 전에, 당신의 뇌가 운동 예측을 산출해 신체를 움직인다![11]

만약 당신의 뇌가 그저 반응만 한다면, 이것은 당신의 생명을 유지하기에 너무 비효율적일 것이다. 당신은 늘 대량의 감각 입력에 노출되어 있다. 깨어 있는 매순간 1개의 인간 망막은 부하가 잔뜩 걸린 1개 전산망 연결과 맞먹는 양의 시각 데이터를 전송한다. 이제 거기에 당신이 갖고 있는 모든 감각 경로의 수를 곱해보라. 당신의 이웃들이 한꺼번에 넷플릭스Netflix에 접속해 영화 스트리밍

서비스를 너무 많이 받으면 인터넷 연결이 심하게 정체되는 것처럼 반응성 뇌에서도 똑같은 일이 발생할 것이다. 또한 반응성 뇌는 너무 낭비일 것이다. 왜냐하면 물질대사를 통해 부양하기 벅찰 만큼 많은 상호 연결이 필요할 것이기 때문이다.[12]

진화는 당신의 뇌를 효율적 예측에 알맞게 **말 그대로 배선했다.** 당신의 시각체계에 있는 배선의 예로서 그림 4-1을 보라. 이것은 뇌가 들어오는 시각 입력보다 훨씬 더 많은 시각 입력을 어떻게 예측하는지를 보여준다.

이것은 무엇을 의미하는가? 세계에서 일어나는 사태는, 예컨대 당신의 발 옆으로 뱀이 스르르 지나가는 것은 당신의 예측을 그저 **조율**할 뿐이다. 이것은 당신의 호흡이 운동을 통해 조율되는 것과 비슷하다. 지금 당신이 이 단어들을 읽으면서 그 의미를 이해하는 순간, 각 단어가 당신의 뇌에서 대량으로 발생하는 내인성 활동에 일으키는 교란 작용은 작은 조약돌 한 개가 바다의 굽이치는 파도에 부딪쳐 튀어나오듯 매우 미미한 것이다. 뇌 영상 실험에서 피험자에게 사진을 보여주거나 어떤 과제를 수행하라고 요청할 때, 사진이나 과제에서 비롯한 신호는 우리가 측정하는 전체 신호의 작은 일부에 불과하며, 대다수 신호는 내인성 활동을 표상한다. 당신은 세계에 대한 지각이 세계 안의 사태에 의해 결정된다고 생각할지 모른다. 그러나 실제로 이런 지각은 당신의 예측을 바탕으로 하며, 이 예측은 다시 작은 조약돌과도 같은 감각 입력과 비교되는 과정을 거친다.[14]

예측과 수정을 통해 당신의 뇌는 세계에 대한 정신 모형을 끊임없이 창조하고 개정한다. 이것은 당신이 지각하는 모든 것을 구성

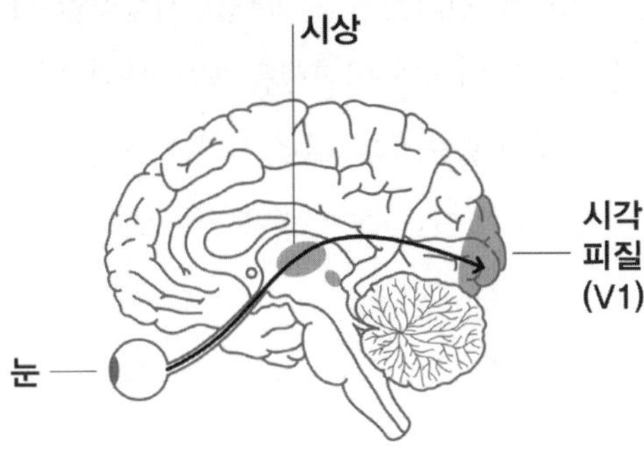

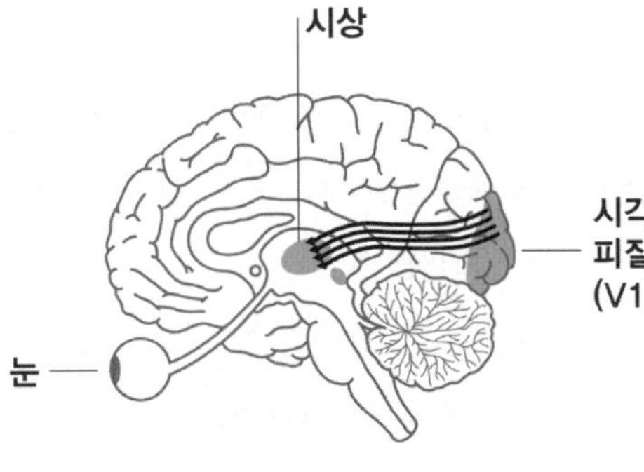

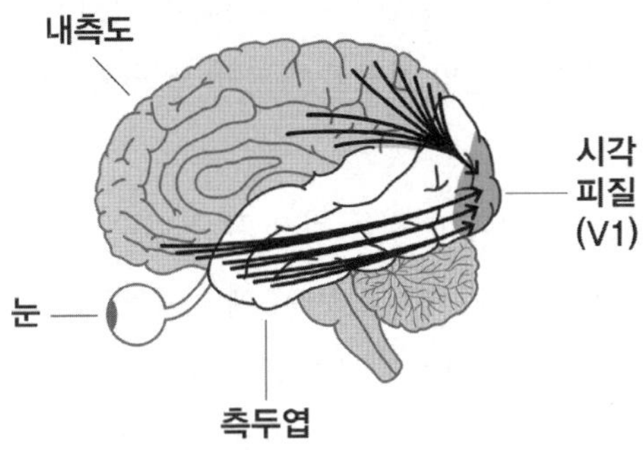

그림 4-1 뇌에는 시야를 완전히 포괄하는 지도들이 있고, 그중 하나는 V1이라고 불리는 일차 시각피질에 있다. 만약 뇌가 망막에 부딪치는 광파에 그저 반응하여 시각 정보가 시상視床을 지나 일차 시각피질(V1)로 이동한다면, 이 시각 정보를 V1으로 운반하는 많은 뉴런이 있어야 할 것이다. 그러나 뇌에서는 예상보다 훨씬 적은 수의 뉴런이 이에 관여하고 있으며(위), 이보다 열 배나 많은 뉴런은 반대 방향으로, 즉 V1에서 시상으로 시각 예측을 운반한다(가운데). 그리고 이와 비슷하게 V1으로 들어가는 전체 연결의 90퍼센트는(아래) 다른 피질 부위의 뉴런들로부터 예측을 운반한다. 결국 아주 소수의 뉴런만이 바깥 세계에서 들어오는 시각 입력을 운반하는 셈이다.[13]

하는 동시에 당신의 행동 방식을 결정하는 거대하고 지속적인 시뮬레이션이다. 그러나 실제 감각 입력과 비교했을 때 예측이 항상 옳은 것은 아니며, 따라서 조정이 필요하다. 때로는 작은 조약돌 한 개 때문에 물이 사방으로 튀기도 한다. 다음 문장을 읽어보라.

> 옛날 옛적에 아주 멀리 떨어진 산 너머 마법의 왕국에 아름다운 공주가 살았는데 피를 흘리며 죽었다.

당신은 마지막 세 단어가 뜻밖이라고 느끼지 않았는가? 그 이유는 당신의 뇌가 동화에 대해 저장된 지식을 바탕으로 부정확한 예측을 했기 때문이다(즉 **예측 오류**를 범했다). 그리고 나서 마지막 단어들을 바탕으로 눈 깜박할 사이에 예측을 조정했다. 이 마지막 단어들이 시각 정보에 담긴 작은 조약돌인 셈이다.

당신이 낯선 사람의 얼굴을 아는 얼굴로 착각할 때도, 또는 공항의 이동식 통로에서 내리다가 보행 속도의 변화에 깜짝 놀랄 때도 똑같은 과정이 일어난다. 이럴 때 당신의 뇌는 예측과 실제 감각 입력을 비교해 잽싸게 예측 오류를 계산한 다음 신속하고 효율적으로 예측 오류를 줄인다. 예컨대 당신의 뇌는 다음과 같이 예측을 바꿀 것이다. "낯선 사람이 당신의 친구와 다르게 생겼다." 또는 "이동식 통로가 끝났다."

예측 오류는 잘못된 것이 아니다. 이것은 뇌가 감각 입력을 받아들이면서 내리는 정상적인 작업 지시의 일부다. 예측 오류가 없는 삶은 지루하기 짝이 없을 것이다. 예측 오류가 없다면 놀랍거나 신기한 것도 없을 것이며, 뇌는 새로운 것을 학습하지도 못할 것이다. 적어도 당신이 성인이라면 대부분의 경우에 당신의 예측은 크게 빗나가지 않는다. 만약 예측이 매번 빗나간다면 당신은 계속해서 깜짝깜짝 놀라고 불안에 떨면서 또는 환각에 빠진 듯한 느낌으로 하루하루를 살아가야 할 것이다.

당신의 뇌에서 끊임없이 휘몰아치는 폭풍우처럼 대량으로 발생하는 예측과 수정은 수십억 개의 작은 물방울과도 같다. 이때 작은 물방울 한 개는 특정한 방식으로 배열된 배선 한 개에 해당한다. 나는 이것을 **예측 회로**라고 부를 것이다(그림 4-2). 이런 배선은 뇌 전체에 걸쳐 여러 수준에서 이루어진다. 다시 말해 뉴런은 다른 뉴런과 함께 예측 회로에 참여하고, 뇌 영역은 다른 뇌 영역과 함께 예측 회로에 참여한다. 당신의 뇌 안에 있는 수많은 예측 회로는 평생 동안 쉬지 않고 계속되는 대량 병렬 과정으로 작동하면서 당신의 경험과 행동의 바탕이 되는 광경, 소리, 냄새, 맛, 감촉을 만들어낸다.

당신이 야구를 하고 있다고 생각해보자. 상대방이 당신에게 공을 던지고, 당신은 팔을 뻗어 공을 잡는다. 이때 당신은 이것을 십중팔구 두 가지 사태로 경험할 것이다. 즉 공을 보기와 공을 잡기다. 그러나 당신의 뇌가 실제로 이렇게 반응한다면, 야구는 스포츠로 존재하지 못했을 것이다. 당신의 뇌가 야구 경기 상황에서 공을 잡기 위해 준비할 수 있는 시간은 약 0.5초밖에 되지 않는다. 이 시간은 뇌가 시각 입력을 처리하기, 공이 올 지점을 계산하기, 몸을 움직이기로 결정하기, 모든 근육 운동을 조율하기, 공을 잡을 수 있는 위치로 몸을 움직이기 위해 운동 명령을 전송하기 등의 작업을 일일이 수행하기에는 너무 짧은 시간이다.[15]

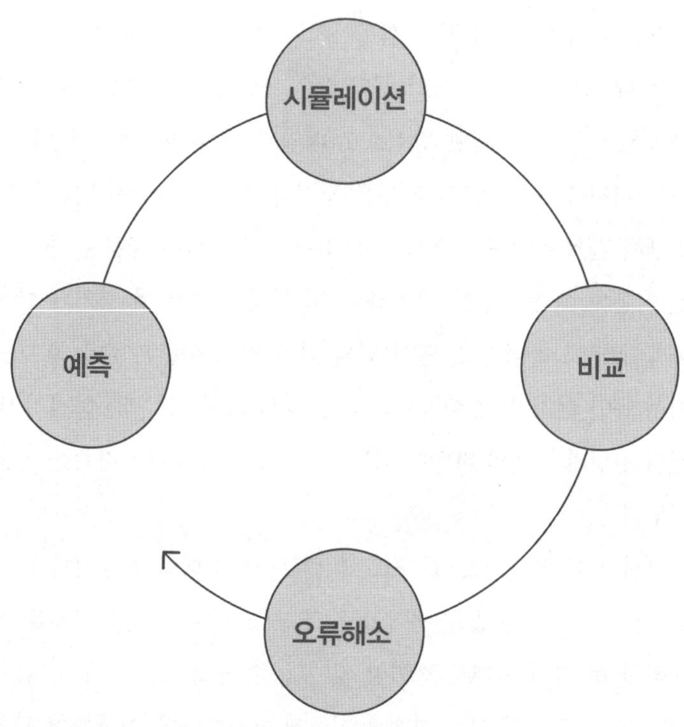

그림 4-2 예측 회로의 구조. 예측은 감각과 운동의 시뮬레이션이 된다. 이 시뮬레이션은 바깥 세계에서 들어온 실제 감각 입력과 비교된다. 그래서 둘이 일치하면, 예측은 옳은 것이고 시뮬레이션은 당신의 경험이 된다. 둘이 일치하지 않으면, 당신의 뇌는 오류를 해소해야 한다.

따라서 경기가 가능하려면 예측이 필요하다. 뇌는 당신이 의식적으로 공을 보기도 한참 전에 예측을 시작한다. 이것은 뇌가 과거 경험을 사용해 식품점에서 빨간 사과를 예측하는 것과도 같다. 예측들이 수백만 개의 예측 회로를 통해 전파됨에 따라 당신의 뇌는 예측이 표상하는 광경, 소리, 기타 감각뿐만 아니라 당신이 공을 잡기 위해 취할 행동까지 시뮬레이션한다. 그런 다음 뇌는 시뮬레이션을 실제 감각 입력과 비교한다. 그래서 일치하면 성공이다! 예측이 옳았으며, 감각 입력은 뇌 안으로 더 깊이 들어가지 않는다. 이제 당신의 신체는 공을 잡을 준비가 되었으며, 당신의 움직임은 이렇게 예측에 기초한다. 이제 마침내 당신은 의식적으로 공을 보고, 그러고 나서 공을 잡는다.[16]

하지만 이것은 예측이 옳을 때 일어나는 일이다. 내가 야구공을 던지고 운동에 꽤 소질이 있는 내 남편이 공을 받으면 이런 일이 일어난다. 반면에 남편이 내게 공을 다시 던지면, 내 뇌는 그리 훌륭하게 예측하지 못한다. 내 야구 실력은 형편없기 때문이다. 내 예측은 내가 희망하는 성공적인 공 잡기의 시뮬레이션이 된다. 그러나 내가 세계에서 실제로 받는 정보와 비교하면, 좀처럼 일치하질 않는다. 이것이 예측 오류다. 그러면 내 뇌는 내가 공을 잡을 수 있도록 이전 예측을 조정한다. 공이 내게 날아오는 동안 예측 회로의 전체 과정이 예측과 수정을 여러 번 반복한다. 이 모든 활동은 몇 밀리세컨드 동안 일어난다. 그리고 마침내 나는 공이 나의 쭉 뻗은 팔을 지나 날아가고 있다는 것을 깨닫게 된다.

뇌가 예측 오류를 해소하는 방법은 일반적으로 두 가지다. 첫째는 방금 야구공을 잡으려는 나의 처참한 시도에서 본 것처럼 뇌가 유연하게 **예측을 변경**하는 것이다. 이런 상황에서 내 운동 뉴런은 내 몸의 움직임을 조정할 것이고, 내 감각 뉴런은 여러 감각을 시뮬레이션해서 예측 회로의 추가 예측으로 이어질 것이다. 예컨대 공이 내 예상과 다른 곳에 있으면, 나는 공을 잡으려고 다이빙을 시도할 수도 있을 것이다.

두 번째 방법은 고집스럽게 원래 예측을 고수하는 것이다. 즉 감각 입력이 예측과 어울리도록 **감각 입력을 여과**하는 것이다. 이런 상황에서 나는 야구장에 가만히 선 채로 공이 내게 날아오고 있다는 공상(예측과 시뮬레이션)에 빠져 있을 수 있다. 나는 공이 완전히 내 시야 안에 있어도 공이 내 발에 쿵 부딪칠 때까지 이것을 미처 깨닫지 못한다. 또 다른 예로는 내 딸의 생일 파티에 등장한 음식 묻은 기저귀를 들 수 있을 것이다. 우리 손님들은 당근 이유식의 실제 감각 입력에 아랑곳하지 않고 아기 응가 냄새에 대한 예측을 고집했다.[17]

한마디로 말해 뇌는 외부 세계의 자극에 단순하게 반응하는 기계가 아니다. 이것은 내인성 뇌 활동을 산출하는 수십억 개의 예측 회로로 구조화되어 있다. 시각 예측, 청각 예측, 미각 예측, 체감각(촉각) 예측, 후각 예측, 그리고 운동 예측이 서로 영향과 제약을 주고받으면서 뇌 전체를 돌아다닌다. 그리고 이런 예측은 외부 세계에서 들어온 감각 입력의 견제를 받으며 당신의 뇌는 이런 입력을 우선시할 수도 있고 무시할 수도 있다.[18]

예측과 수정에 관한 이 이야기를 좀 더 알아보기 위해 당신의 뇌가 과학자처럼 작업한다고 생각해보라. 과학자가 경쟁 가설을 만들듯 뇌는 언제나 많은 예측을 만들어낸다. 과학자와 마찬가지로 뇌는 지식(과거 경험)을 사용해 각 예측의 진실성을 얼마나 확신할 수 있을지 추정한다. 그런 다음 과학자가 가설을 실험 데이터에 견주어 보듯이 뇌는 예측을 바깥 세계에서 들어온 감각 입력과 비교해 검사한다. 그래서 당신의 뇌가 잘 예측했으면, 바깥 세계에서 들어온 입력을 통해 당신의 예측이 확인될 것이다. 그러나 보통은 일부 예측 오류가 있기 마련이며, 당신의 뇌는 과학자처럼 몇몇 다른 의견을 가질 수 있다. 즉 책임감 있는 과학자처럼 데이터에 반응해 예측을 변경할 수도 있고, 아니면 편향된 과학자처럼 가설에 맞는 데이터만 선택적으로 취합하고 나머지는 모두 무시할 수도 있다. 또한 파렴치한 과학자처럼 데이터를 깡그리 무시한 채 현실이 예측과 같다고 주장할 수도 있다. 또한 학습이나 발견의 순간에는 호

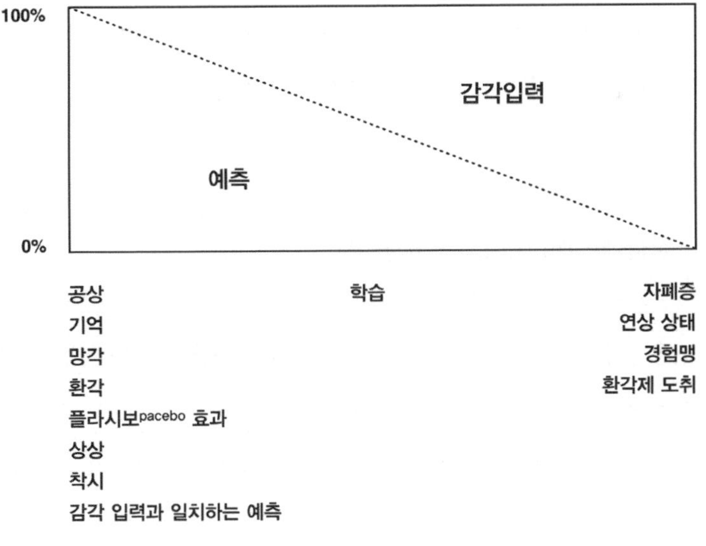

그림 4-3 다양한 정신 현상을 예측과 감각 입력의 조합으로 이해할 수 있다.[19]

기심 많은 과학자처럼 입력에 초점을 맞출 수도 있고, 또는 과학자 본연의 정신을 발휘해 세계를 상상하기 위한 공상적인 실험을, 즉 감각 입력이나 예측 오류가 없는 순수 시뮬레이션을 단행할 수도 있다.

예측과 예측 오류 사이의 균형은(그림 4-3) 당신의 경험 중에 얼마나 많은 부분이 외부 세계에 또는 당신의 머릿속에 근거하고 있는지를 보여준다. 그림에서 볼 수 있듯이 많은 경우에 외부 세계는 당신의 경험과 무관하다. 어찌 보면 당신의 뇌는 망상을 위해 배선되어 있다. 지속적인 예측을 통해 당신은 당신 자신이 만들어내고 그런 다음에야 감각 세계의 견제를 받는 세계를 경험하기 때문이다. 당신의 예측이 충분히 옳다면, 그것은 당신의 지각과 행동을 만들어낼 뿐만 아니라 당신이 감각한 것의 의미를 설명할 수도 있다. 이것이 뇌의 기본 모드다. 게다가 놀랍게도 뇌는 미래를 예측하기만 하는 것이 아니라 마음대로 상상할 수도 있다. 우리가 아는 한 다른 동물의 뇌는 이런 능력을 가지고 있지 않다.

감정과 신체 에너지의 불균형

당신의 뇌는 언제나 예측하고 있다. 뇌의 가장 중요한 임무는 신체의 에너지 수요를 예측해 당신이 생명과 안녕을 유지할 수 있도록 하는 것이다. 이 결정적 예측과 함께 예측 오류는 감정을 만드는 핵심 성분이다. 수백 년 동안 학자들은 감정적 '반응'이 특정 뇌 영역에서 야기된다고 믿었다. 그러나 뇌 영역은 여러 세기에 걸친 과학적 신념을 뒤엎는 방식으로 감정을 만드는 데 관여함으로써 모두가 예상했던 것과는 정반대의 일을 하고 있다. 다시 한 번 움직임에 대해서 생각해보자. 이번에는 야구 경기처럼 큰 규모의 움직임이 아니라 당신 신체의 내부 움직임이다.

신체**의** 움직임에는 언제나 신체 **안의** 움직임이 수반된다. 당신이 신속하게 위치를 이동해 야구공을 잡으려 하면, 당신은 더 깊게 숨을 쉬어야 한다. 독을 가진 뱀을 피하려면, 당신의 심장은 포도당이 근육으로 몰리도록 확장된 혈관을 통해 혈액을 더 빨리 공급한다. 그러면 심박수가 증가하고 혈압이 변화한다. 당신의 뇌에는 이런 내부 움직임에서 생기는 감각에 대한 표상이 있다. 이것이 바로 앞에서 언급했던 내수용이다.[20]

이런 신체 내부 움직임과 이로 인한 내수용은 당신이 살아 있는 매순간 일어난다. 뇌는 심장 박동, 혈액 순환, 허파 호흡, 포도당 물질대사 등이 끊이지 않도록 조치해야 하는데, 이것은 운동을 하지 않을 때도 또는 뱀을 피해 달아나지 않을 때도 필요하며, 심지어 잠을 자거나 쉬고 있을 때도 필요하다. 따라서 내수용은 연속적으로 이루어지며, 당신이 능동적으로 무엇을 듣거나 보지 않을 때도 청각과 시각 메커니즘이 늘 작동하고 있는 것과 마찬가지다.

두개골 안에 갇혀 있는 뇌의 관점에서 볼 때 신체는 설명이 필요한 세계의 또 다른 일부일 뿐이다. 심장 박동, 허파의 팽창, 체온 변화, 물질대사 등에서 생기는 감각 입력은 뇌에게 애매모호한 잡음과도 같다. 배가 묵직하게 아픈 느낌과 같은 단 하나의 내수용성 단서는 복통, 배고픔, 긴장, 지나치게 꽉 끼는 벨트를 의미할 수 있으며 그 밖에도 다른 많은 원인을 의미할 수 있다. 뇌는 이런 신체 감각을 이해하기 위해 이것을 당신에게 설명해야 하며, 이때 뇌가 주요 도구로 사용하는 것이 바로 예측이다. 그러므로 당신의 뇌는 **당신의 신체**를 가진 제3자의 관점에서 세계에 대한 모형을 만드는 셈이다. 당신의 뇌는 바깥 세계에서 들어온 광경, 냄새, 소리, 감촉, 맛을 당신의 머리와 팔다리의 움직임과 관련시켜 예측하는 것과 똑같은 방식으로 당신의 신체 안에서 일어나는 움직임으로 인한 감각도 예측한다.[21]

대부분의 경우에 당신은 당신 안에서 일어나는 움직임의 미세한 소용돌이를 의식하지 않는다. ("음, 오늘은 내 간에서 담즙을 많이 생산하는 것 같은데"라고 최근에 생각한 적이 있는가?) 물론 때로는 두통, 배부름, 심장의 두근거림 등을 생생하게 느끼기도 한다. 그러나 신경계는 당신이 이런 감각을 정밀하게 경험하도록 설계되지 않았다. 이것은 오히려 다행스러운 일이다. 만약 그렇지 않다면 이런 감각이 당신의 주의를 온통 빼앗을 것이다.[22]

보통의 경우에 당신은 내수용을 대체적으로만 경험한다. 즉 앞에서 말했던 쾌감, 불쾌감, 동요, 평온 같은 단순한 느낌으로만 경험한다. 그러나 이따금 강렬한 내수용 감각의 순간들이 감정으로 경험될 때가 있다. 이것은 구성된 감정 이론의 핵심 요소이기도 하다. 깨어 있는 매순간 당신의 뇌는 당신의 감각에 의미를 부여한다. 이때 일부 감각은 내수용 감각이며, 여기에 부여된 의미가 감정 사례가 될 수 있다.[23]

감정이 어떻게 만들어지는지 이해하려면 뇌의 몇몇 핵심 부위에 관해 조금 이해할 필요가 있다. 내수용은 실제로 뇌 전체의 과정이지만, 몇몇 부위의 공동 작업이 내수용에 결정적인 영향을 미친다.

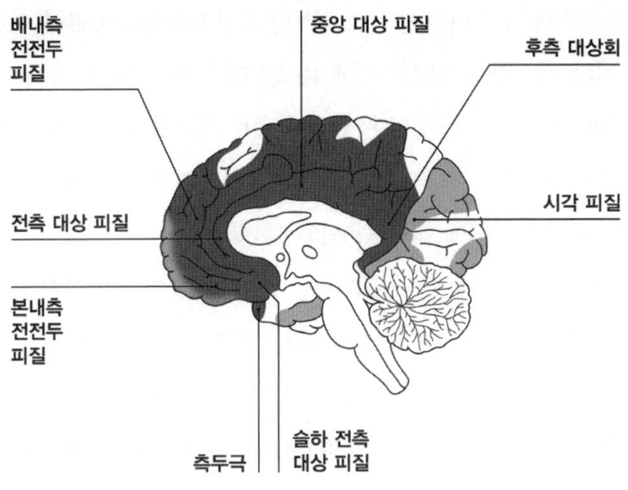

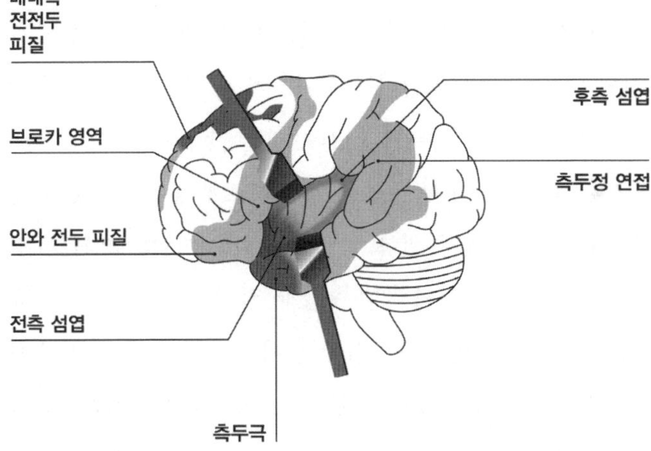

그림 4-4 피질 부위의 내수용 신경망. 짙은 회색이 신체 예산 관리 부위고, 일차 내수용 피질은 전문 용어인 후측 섬엽posterior insula으로 표시되어 있다. 이 신경망의 피질 아래 부위는 이 그림에서 보이지 않는다. 내수용 신경망에는 돌출 신경망salience network과 기본 모드 신경망default mode network이라고 흔히 불리는 2개의 신경망이 포함된다. 시각피질은 참고용으로 표시했다.[25]

우리 연구실에서는 이런 부위들로 이루어진 **내수용 신경망**이 시각, 청각, 기타 감각을 위한 신경망과 비슷하게 뇌에 내재한다는 사실을 발견했다. 내수용 신경망은 신체에 관한 예측을 산출하고, 이에 따른 시뮬레이션을 신체에서 오는 감각 입력과 비교하며, 그래서 세계 안에 있는 신체에 대한 모형을 갱신한다.[24]

우리의 논의를 과감히 단순화하기 위해 나는 이 신경망이 뚜렷이 구별되는 일반 역할을 맡는 2개의 부분으로 되어 있다고 설명할 것이다. 그 한 부분에 해당하는 일군의 뇌 영역은 예측을 신체로 전송해 신체 내부 환경을 통제하는 데 관여한다. 즉 심장을 더 빨리 뛰게 하기, 호흡 속도를 늦추기, 코티솔을 더 많이 방출하기, 포도당 대사작용을 더 많이 하기 등에 관여한다. 우리는 이것을 **신체 예산 관리 부위**body-budgeting region라고 부를 것이다.* 두 번째 부분은 신체 내부 감각을 표상하는 부위인데, 이곳은 **일차 내수용 피질**primary interoceptive cortex이라고 불린다.[26]

내수용 신경망의 이 두 부분은 예측 회로에 참여하고 있다. 신체 예산 관리 부위는 운동 변화(예: 심장을 더 빨리 뛰게 하기)를 예측할 때마다 이런 변화로 인해 생기는 감각(예: 가슴이 두근거리는 느낌)도 예측한다. **내수용 예측**이라고 불리는 이런 감각 예측은 일차 내수용 피질로 전송되어 그곳에서 평상 시 방식대로 시뮬레이션된다. 또한 일차 내수용 피질에는 평소에 심장, 허파, 콩팥, 피부, 근육,

* 이 부위는 '변연limbic' 부위 또는 '내장운동visceromotor' 부위라고도 부른다. 뇌는 복잡한 구조물이지만 논의를 너무 복잡하게 만들지 않기 위해 우리는 대뇌 피질에 있는 신체 예산 관리 부위에만 초점을 맞출 것이다. 대뇌 피질 외에 편도체의 중심핵 같은 곳에도 신체 예산 관리 부위가 있다. 이 책에서는 또한 '대뇌 피질'을 그냥 '피질'이라고도 부를 것이다.

혈관, 기타 기관과 조직에서 생긴 감각 입력도 들어온다. 일차 내수용 피질에 있는 뉴런은 시뮬레이션과 감각 입력을 비교해 주요 예측 오류를 계산함으로써 예측 회로를 완성하고 이를 통해 최종적으로는 내수용 감각을 만들어낸다.[27]

신체 예산 관리 부위는 당신이 생명을 유지하는 데 결정적인 역할을 한다. 당신의 뇌는 내부든 외부든 신체 기관, 물질 대사, 면역 체계 등의 신체 일부를 움직일 때마다 몇몇 에너지 원천을 사용한다. 이러한 에너지 원천은 먹기, 마시기, 잠자기 등을 통해 보충되고, 당신이 휴식을 취할 때나 심지어 사랑하는 사람과 성행위를 할 때도 신체 에너지로써 소비된다. 이런 모든 에너지 소비와 보충을 관리하려면 당신의 뇌는 신체 에너지 수요를 지속적으로 예측해야만 한다. 마치 회사의 재무부서에서 예금과 인출을 추적하고 계좌 이체를 집행해 회사 전체의 예산을 균형 있게 맞추는 것처럼 당신의 뇌에는 신체 예산을 주로 담당하는 회로가 있다. 내수용 신경망 안에 있는 이 신체 예산 관리 부위는 과거 경험을 토대로 당신의 생명과 안녕을 유지하기 위해 얼마나 많은 에너지 원천이 필요한지를 예측한다.[28]

그렇다면 어째서 이것이 감정과 관련이 있는가? 그 이유는 감정의 근거지로 간주되는 인간의 모든 뇌 부위가 내수용 신경망 안에 있는 신체 예산 관리 부위이기 때문이다. 그러나 이런 부위는 당신이 어떤 감정을 느낄 때 무심코 반응하는 부위가 아니다. 심지어 전혀 반응하지 않을뿐더러 본질적으로 당신의 신체 예산을 조절하기 위한 예측을 산출할 뿐이다. 광경, 소리, 사고, 기억, 상상을 위한 예측을 산출할 뿐만 아니라 당연히 감정을 위한 예측도 산출한다. 감정을 담당하는 뇌 부위가 있다는 견해는 반응성 뇌에 대한 낡은 신념이 빚어낸 착각에 불과하다. 오늘날 신경과학자들은 이 점을 잘 이해하고 있지만 이런 이해가 다수의 심리학자, 정신과 의사, 사회학자, 경제학자 및 그 밖의 감정을 연구하는 사람들에게까지 충분히 확산되지는 않았다.[29]

뇌가 움직임을 예측할 때마다(예: 아침에 침대에서 일어나기, 커피를 한 모금 마시기) 신체 예산 관리 부위에서는 예산을 조정한다. 뇌에서 신체에 신속한 에너지 분출이 필요할 것이라고 예측하면, 신체 예산 관리 부위에서는 콩팥에 있는 부신에 코티솔 호르몬을 방출하라고 지시를 내린다. 흔히 코티솔을 '스트레스 호르몬'이라고 부르는데, 이것은 잘못된 것이다. 코티솔은 에너지 분출이 필요할 때마다 방출되며, 당신이 스트레스를 받는 경우도 여기에 포함될 뿐이다. 코티솔이 방출되는 주요 목적은 포도당이 다량 함유된 혈류를 통해 세포에 즉각적인 에너지를 공급하여 근육 세포를 확장 또는 신축시킴으로써 당신이 달릴 수 있도록 하는 것이다. 또한 신체 예산 관리 부위는 당신이 숨을 더 깊게 쉬어 산소가 더 많이 혈류로 들어오도록 할 뿐만 아니라 동맥을 확장해 이 산소가 근육에 더 신속하게 전달되어 당신의 신체가 움직일 수 있도록 조치한다. 이런 모든 내부 움직임에는 내수용 감각이 수반된다. 다만 당신은 이것을 정밀하게 경험할 수 있도록 배선되어 있지 않을 뿐이다. 이렇게 내수용 신경망은 신체를 통제하고 에너지 원천을 관리하며 내부 감각을 표상한다. 그리고 이 모든 것은 동시에 일어난다.[30]

신체 예산을 인출하기 위해 반드시 신체의 실제 움직임이 필요한 것은 아니다. 당신의 상사, 선생님, 또는 야구 코치가 당신을 향해 걸어오는 것을 보았다고 치자. 당신은 이 사람이 당신의 모든 말과 행동에 대해 어떤 판단을 내릴 것이라고 생각한다. 특별한 신체 움직임이 필요해 보이지도 않는데 뇌에서는 당신의 신체에 에너지가 필요할 것이라는 예측을 바탕으로 예산을 인출하여 코티솔을 방출하고 포도당을 혈류에 대량 공급한다. 게다가 내수용 감각도 급상승한다. 차분하게 한 번 생각해보라. 당신은 가만히 서 있고 누가 당신을 향해 걸어오고 있을 뿐인데, 뇌는 당신에게 연료가 필요할 것이라고 예측한다! 이런 식으로 당신의 신체 예산에 중대한 영향을 미치는 사태는 무엇이든 **개인적 의미**를 지니게 된다.

얼마 전에 우리 연구실에서는 휴대용 심장 모니터링 장치를 시험하고 있었다. 이 장치는 착용자의 심박수가 평소보다 15퍼센트 이상 증가할 때마다 신호음을 낸다. 연구실에 있는 대학원생 에리카 시겔Erika Siegel은 이 장치를 착용한 채 책상에서 조용히 일을 하고 있었다. 그러다 내가 방 안으로 들어왔다. 에리카가 고개를 돌려 나를 본 순간(나는 그의 박사과정 지도교수다), 이 장치가 크게 삐 소리를 냈고, 그 바람에 에리카는 어쩔 줄 몰라 했고 우리는 모두 깔깔대고 웃었다. 또 그날 저녁에 나는 이 장치를 착용한 채 에리카와 회의를 하고 있었다. 그런데 내가 연구 지원 재단에서 온 이메일을 열어보는 동안 이 장치가 수차례나 삐 소리를 냈다.[31]

우리 연구실에서는 사람들의 신체 예산 관리 회로를 통해 에너지 원천이 바뀌거나 때로는 신체 예산 균형이 깨졌다 다시 회복하는 모습을 관찰했다. 그리고 실험을 통해 뇌의 예산 관리 노력을 수백 번이나 확인할 수 있었다. 우리는 실험 참가자들에게 컴퓨터 화면 앞에 앉아 몸을 절대 움직이지 말라고 요청했다. 그리고 동물, 꽃, 아기, 음식, 돈, 총, 파도타기를 하는 모습, 스카이다이빙을 하는 모습, 자동차 충돌 장면, 기타 여러 물체와 장면이 담긴 사진을 보여주었다. 그러자 사진이 사람들의 신체 예산에 영향을 미쳐 심박수 상승, 혈압 변화, 혈관 확장 같은 변화를 일으켰다. 이런 예산상의 변화는 신체가 상황에 따라 싸우거나 도망치도록 준비하는 역할을 한다. 무엇보다 이런 변화는 자원 참가자가 **움직이지도 않았고 움직이려는 의식적 계획도 없었는데** 일어났다. 실험 참가자가 기능성 자기공명영상fMRI 실험에서 이런 사진을 보는 동안 우리는 이들의 신체 예산 관리 부위가 이런 신체 내부 움직임을 통제하는 것을 관찰할 수 있었다. 게다가 피험자들은 누운 채로 전혀 움직이지 않았지만, 달리기, 파도타기 같은 동작뿐만 아니라 근육, 관절, 힘줄 등을 움직일 때 생기는 감각도 시뮬레이션했다. 또한 사진이 계기가 되어 신체 내부의 내수용성 변화가 시뮬레이션되고 수정됨에 따라 자원 참가자들의 느낌에도 변화가 일어났다. 이런 실험과 그 밖에도 수백 건의 다른 연구를 바탕으로 우리는 이제 당신의 신체가 활동하지 않을 때도 비슷한 상황과 물체에 대한 이전 경험을 바탕으로 당신의 뇌에서 신체 반응을 예측한다는 것을 보여주는 상당한 증거를 확보했다. 그리고 그 핵심은 바로 내수용 감각이다.[32]

이처럼 곁에 다른 사람이나 물체가 없어도 당신의 신체 예산에 교란이 일어날 수 있다. 당신의 상사, 선생님, 코치처럼 당신에게 중요한 누구를 그저 **상상**하기만 하면 된다. 모든 시뮬레이션은 그것이 감정이 되든 안 되든 상관없이 당신의 신체 예산에 영향을 미친다. 관련 연구를 통해 이미 밝혀졌듯이 사람들은 깨어 있는 시간의 최소 절반 동안 주변 환경에 주의를 기울이기보다 시뮬레이션

을 하면서 시간을 보낸다. 그리고 이렇게 순수한 시뮬레이션은 사람들의 느낌에 강력한 영향을 미친다.[33]

신체 예산을 관리하는 당신의 뇌는 이 일을 언제나 혼자서만 하지는 않는다. 당신의 신체 예산은 다른 사람을 통해서도 조절된다. 당신이 친구, 부모, 자녀, 연인, 동료, 치료사, 그 밖의 가까운 지인 등과 상호 작용할 때는 당신과 상대방 사이에 호흡, 심장 박동, 기타 신체적 신호의 동기화가 일어난다. 그리고 이것은 당신에게 상당한 혜택을 선사한다. 사랑하는 사람의 손을 잡고 있거나 사랑하는 사람의 사진을 당신의 사무실 책상 위에 놓기만 해도 당신의 신체 예산 관리 부위에서 활동이 감소하며 통증도 덜 괴롭게 느껴진다. 언덕 아래에 친구와 함께 있으면 혼자 있을 때보다 언덕이 덜 가파르게 보이고 오르기도 더 쉽다. 만약 당신이 가난하게 성장했다면 만성적인 신체 예산 불균형과 과민성 면역체계에 시달릴 가능성이 높다. 이런 신체 예산 문제는 당신을 곁에서 지원해주는 사람이 있으면 상당히 줄어든다. 반대로 당신이 사랑하는 사람을 잃고서 몸이 편찮음을 느낀다면, 사랑하는 사람이 더 이상 당신의 예산 관리를 도와주지 못하는 것이 주요한 원인이다. 이럴 때 당신 자신의 일부를 잃은 것 같은 느낌이 드는데 실제로 어떤 의미에서는 당신 자신의 일부를 잃은 것이기도 하기 때문이다.[34]

당신이 만나는 모든 사람, 당신이 산출하는 모든 예측, 당신이 상상하는 모든 생각, 그리고 당신이 예상하지 못한 모든 광경, 소리, 맛, 감촉, 냄새는 모두 당신의 신체 예산과 내수용 예측에 영향을 미친다. 당신의 뇌는 당신의 삶을 유지하는 온갖 예측에서 비롯하는 연속적이고 끊임없이 변화하는 내수용 감각과 씨름해야만 한다. 때로는 이것을 의식하기도 하고 때로는 그렇지 않기도 하지만, 이런 내수용 감각은 언제나 세계에 대해 뇌가 가지고 있는 모형의 일부이다. 그리고 앞에서도 말했듯이 당신이 매일 경험하는 쾌감, 불쾌감, 동요, 평온 같은 단순한 느낌의 토대가 된다. 몇몇 사람들에게 이 연속적인 흐름은 평화롭게 졸졸 흐르는 시냇물과도 같다. 그리고 또 다른 사람들에게 이것은 성난 강물과도 같다. 이런 감각은 때때로 감정으로 탈바꿈한다. 그러나 이제 보게 될 것처럼 이런 감각은 그냥 배경에 머물 때도 당신의 행동과 사고와 지각에 영향을 미친다.[35]

무고한 사람에게 유죄를 선고한 판사

아침에 잠에서 깨어나면 상쾌한 느낌이 드는가 아니면 편찮은 느낌이 드는가? 한낮이 되면 녹초가 된 듯한 느낌인가 아니면 여전히 힘이 넘치는가? 지금 이 순간에는 어떤 느낌이 드는가? 평온한가? 흥미를 잃었는가? 기운이 넘치는가? 지루한가? 피곤한가? 이런 것들은 우리가 이 장 앞에서 논의한 단순한 느낌들이다. 과학자들은 이것을 **정동**affect이라고 부른다.

정동은 당신이 하루 종일 경험하는 일반적인 느낌이다. 이것은 감정이 아니며 두 가지 특징을 지닌 훨씬 단순한 느낌이다. 첫 번째는 당신이 느끼는 쾌감 또는 불쾌감에 관한 것인데, 과학자들은 이것을 **유인성**valence이라고 부른다. 피부에 와닿는 햇빛의 쾌감, 특히 좋아하는 음식이 선사하는 맛있는 느낌, 복통이나 심한 통증이 안기는 불쾌감 등은 모두 정동적 유인성의 예다. 정동의 두 번째 특징은 당신이 느끼는 평온 또는 동요에 관한 것인데, 이것은 **흥분도**arousal라고 불린다. 좋은 소식을 기다릴 때의 기운 넘치는 느낌, 커피를 너무 많이 마신 후의 예민한 느낌, 오래 달리기 후의 피로, 잠을 못 자서 느끼는 피곤함 등은 흥분도가 높거나 낮은 예다. 위험한 투자라고 또는 상당한 돈벌이가 될 것이라고 직관적으로 느낄 때, 또는 상대방이 믿을 만하다는 또는 멍청한 자식이라는 직감이 들 때, 이것도 정동이다. 그리고 완전히 중립적 느낌도 정동이다.[36]

동서양의 철학자들은 유인성과 흥분도가 인간 경험의 기본 특징이라고 말한다. 과학자들은 태어날 때부터 정동이 존재하며 아기가 쾌감과 불쾌감을 느끼고 지각할 수 있다는 데 대체로 동의한다. 이것은 신생아가 완전히 형성된 감정을 지닌 채 세상에 나오는지에 대해 학자들의 의견이 갈리는 것과 상관없이 그러하다.[37]

정동은 이미 말했듯이 내수용에 의존한다. 이것은 정동이 당신의 삶 전체에 걸쳐, 심지어 당신이 완전히 가만히 있거나 잠들어 있을 때도 끊이지 않는 연속적 흐름임을 의미한다. 이것은 당신이 감정적으로 경험하는 어떤 사태에 대한 반응으로 켜지거나 꺼지는 것이 아니다. 이런 의미에서 정동은 밝음이나 시끄러움과 마찬가지로 의식의 근본적인 측면이다. 당신의 뇌가 물체에서 반사된 빛의 파장을 표상하면, 당신은 밝음과 어두움을 경험한다. 당신의 뇌가 공기의 압력 변화를 표상하면, 당신은 시끄러움과 조용함을 경험한다. 그리고 당신의 뇌가 내수용성 변화를 표상하면, 당신은 쾌감과 불쾌감, 동요와 평온을 경험한다. 정동, 밝음, 시끄러움은 모두 당신이 태어날 때부터 죽을 때까지 당신과 함께 있다.[38]

한 가지 분명히 할 점이 있다. 내수용은 정동을 만들어내는 데 전문화된 메커니즘이 아니다. 내수용은 인간 신경계의 근본 특징이며, 어째서 이런 감각을 정동으로 경험하는지는 과학이 아직 풀지 못한 커다란 수수께끼 중의 하나다. 내수용은 당신이 이런저런 느낌을 가지도록 하기 위해서가 아니라 당신의 신체 예산을 조절하기 위해 진화했다. 이것의 도움으로 뇌는 체온, 포도당 소비량, 조직 손상 여부, 심장이 얼마나 세게 두근거리는지, 근육이 얼마나 팽팽하게 당겨져 있는지 등의 신체 조건을 모두 동시에 추적하고 있다. 쾌감과 불쾌감, 평온과 동요 같은 정동적 느낌은 당신의 예산 관리 상태를 간단히 요약한 것이다. 당신은 얼굴이 화끈 달아올랐는가? 녹초가 되었는가? 예금이 바닥났는가? 그렇다면, 얼마나 긴박하게 그러한가?[39]

신체에 예산 불균형이 발생하면, 정동은 어떻게 행동하라고 구체적인 지시를 내리는 것이 아니라 뇌로 하여금 설명을 찾도록 만든다. 뇌는 과거 경험을 바탕으로 어떤 물체와 사태가 신체 예산에 영향을 미칠지를 끊임없이 예측하면서 정동을 변화시킨다. 이런 물체와 사태가 모두 모여 **정동적 적소**affective niche를 형성한다. 당연히 정동적 적소에는 현재 당신의 신체 예산에 중요한 모든 것이 포함된다. 지금 이 순간에 이 책은 당신의 정동적 적소 안에 있다. 이 책의 글자와 철자, 당신이 읽고 있는 수많은 견해들, 내 말이 당신에게 떠올리는 기억들, 당신 주위의 공기 온도, 과거에 비슷한 상황에서 당신의 신체 예산에 영향을 미쳤던 물체와 사람과 사태 등이 모두 당신의 정동적 적소 안에 있다. 그리고 당신의 정동적 적소 밖에 있는 것은 모두 잡음일 뿐이다. 당신의 뇌는 잡음에 대한 예측을 산출하지도 않으며, 당신은 거들떠보지도 않는다. 당신의 옷이 피부에 닿는 느낌은 평소에 당신의 정동적 적소 안에 있지 않다(그러나 지금은 내가 방금 이것을 이야기하는 바람에 상황이 달라졌을 것이다). 이런 느낌은 가령 당신이 불편함을 느낄 때 비로소 당신의 정동적 적소 안으로 들어온다.[40]

심리학자 제임스 러셀이 개발한 정동 추적법은 오늘날 임상 의사, 교사, 과학자 사이에서 인기를 끌고 있다. 그는 특정 시점의 정동을 2차원 공간상의 1개 점으로 표시할 수 있는 **원형 모형**circumplex을 개발했다(그림 4-5). 이때 2개 차원은 유인성과 흥분도이고, 중심에서 떨어진 거리는 세기를 나타낸다.[41]

당신의 정동은 언제나 유인성과 흥분도의 특정 조합이며, 이것은 이 정동 원형 모형에서 한 점으로 표시된다. 당신이 조용히 앉아 있으면, 당신의 정동은 이 원형 모형에서 '중립 유인성, 중립 흥

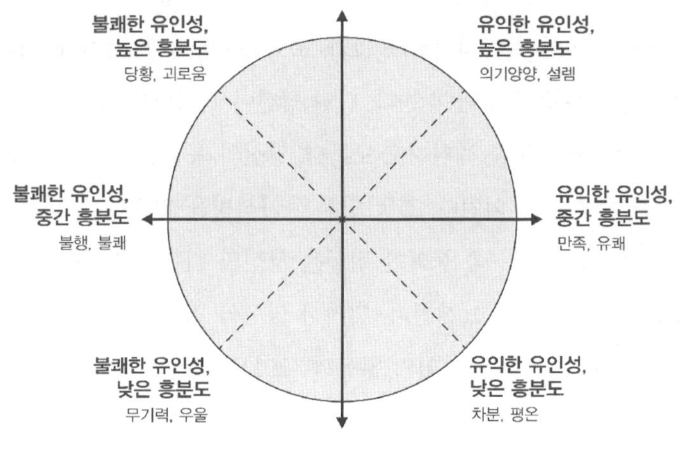

그림 4-5 정동의 원형 모형

분도'의 중앙점에 놓이게 된다. 당신이 신나는 파티에서 재미있게 놀고 있으면, 당신의 정동은 '유쾌하고 높은 흥분도'의 4분면에 놓일 것이다. 그러다 파티가 지루해지면, 당신의 정동은 '불쾌하고 낮은 흥분도'로 옮겨갈 수 있다. 젊은 미국 성인들은 위 오른쪽의 4분면인 유쾌하고 높은 흥분도를 선호하는 경향이 있는 반면에, 중년과 장년의 미국인들은 아래 오른쪽의 4분면인 유쾌하고 낮은 흥분도를 선호한다. 중국이나 일본 같은 동양 문화권의 사람들도 마찬가지다. 할리우드가 5천억 달러 규모의 산업을 자랑하는 이유는 사람들이 몇 시간이나마 이 정동적 4분면에 머물기 위해 기꺼이 돈을 내고 영화를 보기 때문이다. 또 당신은 굳이 눈을 뜨지 않고도 정동적 탐험을 즐길 수 있다. 당신이 공상에 빠져 내수용에 큰 변화가 생기면, 당신의 뇌는 정동과 함께 어지러운 춤을 출 것이기 때문이다.[42]

정동이 미치는 영향은 단순한 느낌을 훨씬 넘어선다. 당신이 죄수의 가석방 재판을 진행하는 재판관이라고 상상해보라. 당신은 수감자의 이야기를 심리하고 그가 교도소에서 보인 품행에 대해 그리 좋지 않은 느낌을 받는다. 만약 당신이 가석방에 동의한다면, 그는 밖에서 누구를 해칠지도 모른다. 당신의 육감은 그를 계속 가둬두어야 한다고 외친다. 결국 당신은 가석방을 거절한다. 당신의 좋지 않는 느낌은, 즉 불쾌한 정동은 당신의 판단이 옳다는 것을 증명하는 증거처럼 느껴진다. 그러나 당신의 정동 때문에 당신이 잘못된 길로 빠질 수도 있지 않을까? 2011년에 바로 이런 상황에 대해 재판관을 대상으로 연구가 수행됐다. 이스라엘의 과학자들은 심리가 점심 시간 직전에 열릴 경우 재판관이 죄수의 가석방을 거절할 확률이 뚜렷이 더 높다는 것을 발견했다. 재판관들은 자신의 내수용 감각을 배고픔이 아니라 가석방 결정을 거부해야 하는 증거로 경험한 것이다. 반면에 점심 직후부터 재판관들은 평소 빈도대로 가석방을 허락하기 시작했다.[43]

정동의 원인을 모른 채 정동을 경험할 경우 당신은 정동을 세계에 대한 당신의 경험이 아닌 세계에 관한 정보로 취급할 확률이 높다. 심리학자 제럴드 클로어Gerald L. Clore는 수십 년 동안 재치 있는 실험을 통해 사람들이 어떻게 매일 직감을 바탕으로 결정을 내리는지 연구했다. 이런 현상은 **정동 실재론**affective realism*이라고 불린다. 우리가 세계에 관한 사실로 경험하는 것이 일부는 우리의 느낌에 의해 만들어지기 때문이다. 예컨대 사람들은 화창한 날이면 자신이 행복하고 만족스러운 삶을 산다는 보고를 더 많이 하지만, 날씨에 관한 질문을 노골적으로 받으면 이런 편향이 사라진다. 회사나 대학에 지원할 때는 화창한 날에 면접을 보는 것이 좋다. 비 오는 날에는 면접관이 지원자를 더 부정적으로 평가하는 경향이 있기 때문이다. 혹시라도 친구가 전과는 다르게 유난히 깐깐하게 굴 경우에 정동 실재론을 떠올려라. 친구가 당신 때문에 화가 났을 수도 있지만, 어쩌면 간밤에 잠을 잘 못 잤을 수도 있고, 어쩌면 그냥 점심 시간이기 때문일 수도 있다. 친구는 자신의 신체 예산 변화를 정동으로 경험하지만, 이것은 당신과 아무 상관이 없을 확률이 높다.[44]

우리는 정동으로 인해 세계 안에 있는 물체와 사람을 그 자체가

* 정동 실재론은 자신의 감각이 세계에 대한 정확하고 객관적인 표상을 제공한다고 믿는 소박 실재론naive realism의 흔하면서도 강력한 형태이다.

부정적인 또는 긍정적인 것으로 간주하곤 한다. 새끼 고양이 사진은 유쾌한 것으로 간주된다. 반면에 부패한 사체 사진은 불쾌한 것으로 간주된다. 그러나 이런 형상 자체가 정동적 속성을 가지고 있는 것은 아니다. '불쾌한 형상'이라는 표현은 실제로는 '내 신체 예산에 영향을 미쳐 내가 불쾌로 경험하는 감각을 산출하는 형상'의 줄임말이다. 정동 실재론이 지배하는 이런 순간에 우리는 정동을 우리 자신의 경험이라기보다 바깥 세계에 있는 물체나 사태의 속성으로 경험한다. "내 느낌이 안 좋은 걸로 봐서, 네가 뭔가 나쁜 짓을 했음에 틀림없다. 너는 나쁜 놈이다." 우리 연구실에서 사람들이 눈치 못 채게 그들의 정동을 조작하자, 그들은 자신의 정동에 따라 낯선 사람을 믿음직한 사람, 유능한 사람, 매력적인 사람, 호감이 가는 사람 등으로 경험했으며, 그 사람의 얼굴 생김새까지 다르게 지각했다.[45]

정동을 정보로 사용해 정동 실재론을 만들어내는 모습은 일상 곳곳에서 확인된다. 세상에는 '맛있는' 음식이 있고 '밋밋한' 음식도 있다. 또 '아름다운' 그림이 있는가 하면 '흉한' 그림도 있고, '좋은' 사람이 있는가 하면 '비열한' 사람도 있다. 몇몇 문화권에서는 여성이 머리카락을 노출해 '남성을 유혹'하지 않도록 스카프나 가발을 써야 한다. 정동 실재론은 도움이 될 때도 있지만 인간에게 가장 골치 아픈 몇몇 문제를 안기기도 한다. 적은 '사악한' 존재다. 성폭행을 당한 여성은 이것을 '자청'한 것으로 지각된다. 가정 폭력의 피해자에 대해서는 그것을 '자초'했을 것이라고 말한다.[46]

그러나 느낌이 좋지 않다고 해서 언제나 그 대상이 잘못된 것은 아니다. 느낌이 좋지 않다는 것은 현재 당신의 신체 예산에 부담이 많이 간다는 것을 의미할 뿐이다. 예컨대 숨이 찰 정도로 운동을 하면, 에너지가 완전히 고갈되기 한참 전부터 피곤하고 매우 불편한 느낌이 든다. 수학 문제를 풀 때 또는 무엇을 애써 기억해내려고 할 때, 사람들은 실제로 잘할 수 있을 때도 절망감과 어려움을 느끼곤 한다. 내 밑에 있는 대학원생 중에서 스트레스를 전혀 받지 않는 사람이 있다면, 그는 분명히 뭔가 잘못하고 있는 것이다.[47]

정동 실재론이 비극적인 결말로 이어지는 경우도 있다. 2007년 7월에 이라크에서 전투 헬리콥터를 타고 있던 한 미군 사수는 11명의 비무장 집단을 실수로 사살했다. 거기에는 로이터 통신사의 사진기자도 다수 포함되어 있었다. 그 병사는 기자의 카메라를 총으로 오판한 것이다. 그런데 이 사건에 대한 한 설명에 정동 실재론이 등장한다. 그 병사는 순간적으로 발끈해서 중립적인 물체(카메라)에 불쾌한 유인성을 주입하게 되었다는 것이다. 군인들은 전시에 부대의 일원으로 활동하든, 이국적인 문화 조건에서 협상을 벌이며 평화 유지 임무을 수행하든, 또는 후방 기지에서 군사 지원 활동을 벌이든 매일 다른 사람에 대해 신속한 결정을 내려야 한다. 그러나 까딱 잘못하면 인명 피해가 발생할 수도 있는 중대하고 흥분도가 높은 상황에서 이렇게 신속한 판단을 적절히 내리기는 지극히 어렵다.[48]

또한 정동 실재론은 경찰이 무장하지 않은 시민에게 총격을 가할 때도 한 요인으로 작용할 수 있다. 미국 법무부에서 2007년부터 2013년까지 필라델피아 경찰관이 총격을 가한 사례를 분석한 결과 피해자의 15퍼센트가 비무장 상태였던 것으로 밝혀졌다. 이런 사례의 절반의 경우에 경찰관들은 위험하지 않은 물체(예: 휴대

전화)나 동작(예: 허리띠 잡아당기기)을 무기 또는 폭력으로 오인했다고 보고했다. 이런 비극이 발생한 데는 부주의부터 인종 편견까지 많은 요인이 작용했을 수 있지만, 압박감이 심하고 위험한 상황에서는 정동 실재론 때문에 있지도 않은 무기를 실제로 지각하게 되는 일도 발생할 수 있다.* 인간의 뇌는 이런 종류의 망상에 적합하게 배선되어 있는데, 그 이유 중의 하나는 우리가 매순간 내수용을 통해 얻게 되는 정동을 세계에 관한 증거로 사용하기 때문이다.[49]

사람들은 흔히 직접 눈으로 봐야 믿을 수 있다고 말한다. 그러나 정동 실재론은 우리가 믿어야 볼 수 있다는 것을 증명한다. 당신이 예측하면 세계는 종종 뒤따라온다(굳이 말하자면 세계는 당신이 몰고 있는 차량에 탄 승객과도 같다). 그리고 지금 우리가 이야기하는 것은 시각에 한정되지 않는다.

우리는 뇌가 믿는 대로 느낀다

당신이 홀로 숲 속을 걷고 있다고 상상해보라. 그런데 잎이 바스락거리는 소리가 들리고 땅에서 무언가 움직이는 것이 보인다. 그러면 늘 그렇듯이 신체 예산 관리 부위가 예측을 시작한다(예: "근처에 뱀이 있다."). 이런 예측은 당신이 뱀을 보고 듣도록 당신을 준

* 그렇다고 해서 정동 실재론이 경찰 총기 사고의 일차 원인이라고 말하는 것은 절대 아니다. 나는 뇌가 예측을 위해 배선되어 있다는 과학적 주장을 하고 있을 뿐이다. 우리의 예측이 외부 세계에서 들어온 감각 입력을 통해 수정되지 않는 한, 우리 모두는 말 그대로 우리의 과거 경험을 바탕으로 우리가 믿는 것을 지각한다.

비시킨다. 이와 동시에 이 부위에서는 도망칠 준비를 하느라 심박수가 증가하고 혈관이 확장될 것이라고 예측한다. 심장이 두근거리고 혈액이 갑자기 쇄도하면 내수용 감각이 발생하므로, 뇌는 이런 감각도 미리 예측해야 한다. 그 결과 당신의 뇌는 뱀, 신체 변화, 신체 감각을 시뮬레이션하게 된다. 그리고 이런 예측은 느낌으로 변환된다. 이 경우에 당신은 동요를 느끼기 시작할 것이다.[50]

그 다음에는 어떻게 될까? 어쩌면 정말로 뱀 한 마리가 수풀에서 스르르 기어나올지 모른다. 이 경우에는 감각 입력이 당신의 예측과 일치하고, 당신은 뱀을 피해 냅다 도망칠 것이다. 아니면 그저 바람 때문에 잎이 바스락거렸는데도, 당신은 뱀을 볼지 모른다. 이것이 정동 실재론이다. 그리고 세 번째 가능성은 뱀도 없고, 당신도 뱀을 보지 않는 것이다. 이 경우에 뱀에 대한 당신의 시각 예측은 신속하게 수정되었다. 그러나 당신의 내수용 예측은 그렇지 않다. 당신의 신체 예산 관리 부위에서는 예측했던 에너지 수요가 발생하지 않은 채 그냥 넘어간 후에도 오랜 시간 동안 신체 예산 조절에 대한 예측을 그대로 간직하고 있다. 따라서 설령 당신이 주변에 위험한 것이 없다는 사실을 알게 되었더라도, 당신이 평온을 되찾기까지는 조금 더 시간이 걸릴 수 있다. 앞에서 당신의 뇌가 가설을 세우고 검증하는 과학자를 닮았다고 한 말을 기억하는가? 당신의 신체 예산 관리 부위는 고집불통의 과학자를 닮았다. 즉 예측은 즐겨 하면서도 입력되는 증거에는 좀처럼 귀를 기울이지 않는다.[51]

때때로 당신의 신체 예산 관리 부위는 매우 굼뜨게 예측을 수정한다. 최근에 속이 거북할 정도로 너무 많이 먹었던 때를 기억해보라. 어찌 보면 당신의 신체 예산 관리 부위를 탓해야 할 것이다. 이 부위가 하는 일 중의 하나는 체내를 순환하는 포도당의 수준을 예측하는 것인데, 이 수준에 따라 당신이 얼마나 많은 음식을 먹을 필요가 있는지 결정된다. 그런데 이 부위가 당신의 신체로부터 "이제 배불러"라는 메시지를 제때에 받지 않기 때문에 당신은 계속 먹는다. "또 한 그릇을 비우기 전에 정말로 아직도 배고픈지 확인하기 위해 20분을 기다려라"라는 조언을 들은 적이 있다면, 이제 그 말뜻을 이해할 것이다. 당신의 신체 예산에 대규모 예금 또는 인출이 발생할 때마다(예: 음식 먹기, 운동하기, 부상당하기) 당신의 뇌가 이것을 따라잡기까지 조금 기다릴 필요가 있어 보인다. 마라톤 선수들은 이것을 잘 안다. 그들은 레이스 초기에 신체 예산이 아직 바닥나지도 않았어도 일찌감치 피로를 느낀다. 그래도 계속 달리다 보면, 불편한 느낌이 사라진다. 이렇게 그들은 에너지가 바닥났다고 주장하는 정동 실재론을 무시한 셈이다.[52]

이것이 당신의 일상생활에 의미하는 바를 잠시 따져보자. 당신은 신체로부터 받는 느낌이 신체의 실제 상태를 언제나 반영하는 것은 아니라는 점을 방금 배웠다. 가슴에서 심장이 뛰는 느낌, 허파에 공기가 차는 느낌 같은 낯익은 감각과 전반적인 쾌감, 불쾌감, 동요, 평온 같은 정동은 **실제로 당신의 신체 안에서 유래하지 않는다.** 오히려 이런 것들은 당신의 내수용 신경망에서 이루어지는 시뮬레이션의 결과다.[53]

한마디로 말해 당신은 당신의 뇌가 믿는 것을 느낀다. 그리고 정동은 기본적으로 예측에서 비롯한다.

우리는 이미 당신의 뇌가 믿는 것을 당신이 보게 된다는 점을 살펴보았다. 이것이 바로 정동 실재론이다. 그런데 당신이 살면서 경험하는 대다수 느낌도 마찬가지다. 손목에서 맥박이 뛰는 느낌도 뇌의 감각 부위에서 구성되고 감각 입력(실제 맥박)을 통해 수정되는 시뮬레이션이다. 당신이 느끼는 모든 것은 당신의 지식과 과거 경험을 바탕으로 수행된 예측에 기초한다. 당신은 진실로 당신 경험의 설계자다. 믿는 것이 곧 느끼는 것이다.

이런 견해는 단순한 억측이 아니다. 과학자들은 적절한 장비만 있으면 예측을 산출하는 신체 예산 관리 부위를 직접 조작함으로써 사람들의 정동을 변화시킬 수 있다. 신경학자인 헬렌 메이버그Helen S. Mayberg는 치료저항성 우울증에 시달리는 사람을 위한 심층 뇌 자극 요법을 개발했다. 이런 사람들은 주요 우울증 발현의 괴로움을 경험하는 데 그치지 않는다. 그들은 자기 혐오와 끝없는 고문의 함정에 빠져 몹시 괴로워하며, 일부는 거의 움직이지도 못한다. 수술 과정 중에 메이버그와 함께 일하는 신경외과 의사 팀에서는 환자의 두개골에 작은 구멍을 몇 개 뚫어 내수용 신경망의 핵심 예측 영역으로 전극을 내려 보낸다. 그런 다음 신경외과 의사가 전극을 켜면, 환자는 심한 고통의 **즉각적인** 경감을 보고한다. 전원을 켜고 끌 때마다 환자가 경험하는 극심한 공포의 파동은 자극 부여와 동일한 박자로 등락을 거듭한다. 메이버그의 이 주목할 만한 연구는 인간의 뇌를 직접 자극하여 정동적 느낌을 일관되게 변화시킬 수 있음을 보여준 역사상 최초의 사례일 것이며 정신질환에 대한 새로운 치료 가능성을 제시한다.[54]

한편 뇌의 예측 회로는 정동에 중요하지만 반드시 필요한 것은 아닌 듯하다. 희귀병 때문에 예측 회로가 파괴된 56세 환자인 로저Roger의 사례가 그랬다. 그는 평균 이상의 지능을 가졌고 대학도 졸업했지만 심각한 기억 상실증, 냄새와 맛에 대한 감각 저하 같은 정신적 문제로 고통받고 있었다. 그러나 정동을 경험하는 데는 문제가 없었다. 아마도 그의 정동은 신체에서 오는 실제 감각 입력에 기초했을 가능성이 높다. 또는 다른 뇌 부위에서 예측을 제공했을 수도 있다. 만약 그렇다면 이것은 다른 뉴런 집단에서 동일한 결과를 산출하는 변성의 예가 될 것이다. 그러나 정반대의 상황도 일어날 수 있다. 척수 손상 또는 자율신경계의 퇴행성 질환인 순수자율

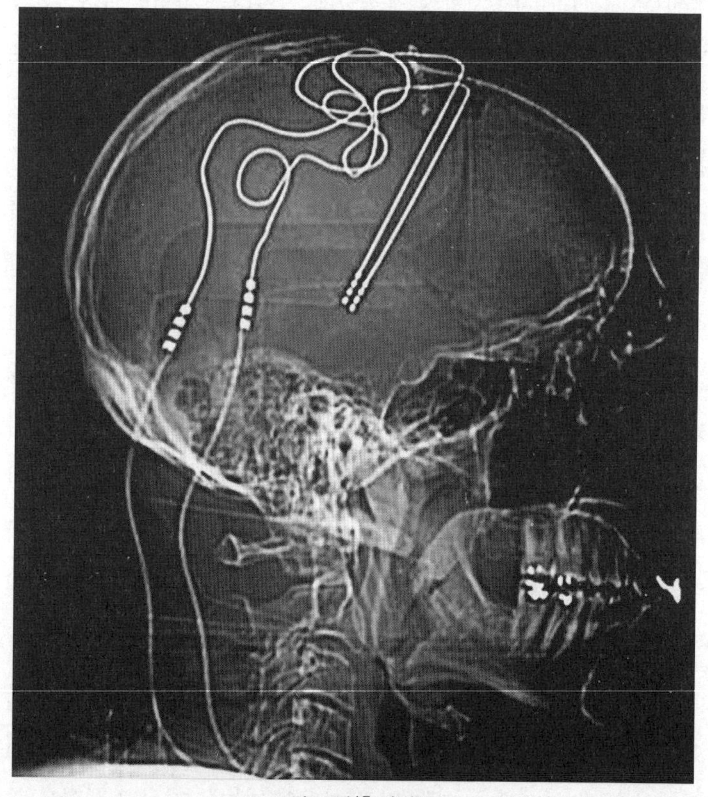

그림 4-6 심층 뇌 자극

신경부전Pure Autonomic Failure에 시달리는 환자는 내수용 예측을 할 수 있지만 자신의 기관과 조직에서 오는 감각 입력을 받지 못한다. 이런 환자는 주로 수정되지 않은 예측에 기초한 정동을 경험할 가능성이 높다.[55]

경제를 망친 합리적 경제인

내수용 신경망은 당신의 느낌이 결정되는 데 보조 역할만 하는 것이 아니다. 이 신경망의 일부인 신체 예산 관리 부위는 당신의 뇌 전체에서 가장 강력하고 잘 연결된 예측 메커니즘에 속한다. 이 부위는 큰 메가폰을 들고 떠드는 고집불통의 과학자처럼 시끄러운 우두머리 행세를 하려 한다. 이 부위에서는 시각, 청각 및 기타 감각에 대한 예측을 내놓는다. 반면에 스스로 예측을 산출하지 않는 일차 감각 부위는 이 소리를 들을 수밖에 없도록 배선되어 있다.[56]

이것은 무엇을 의미하는가? 당신은 일상 속에서 당신이 보고 듣는 것이 당신의 느낌에 영향을 미칠 것이라고 생각할지 모른다. 그러나 실제의 사정은 대개 이와 다르다. 당신의 느낌에 따라 당신이 보고 듣는 것이 바뀐다. 외부 세계보다 이 순간의 내수용이 당신의 지각과 행동에 더 큰 영향력을 발휘한다.

당신은 어떻게 처신할지 결정하기 전에 장단점을 따져보는 합리적 동물이라고 스스로 생각할지 모른다. 그러나 뇌의 피질 구조상 이것은 허구일 뿐이다. 뇌는 신체 예산에 귀를 기울이도록 배선되어 있다. 운전석에 앉아 있는 것은 정동이고, 합리성은 승객이다.

당신이 두 가지 간식 중에서 하나를 선택할 수 있고, 두 가지 일자리, 두 개의 투자처, 두 명의 심장 외과의 중에서 하나를 선택할 수 있다는 것은 중요치 않다. 당신의 일상적인 결정은 정동으로 물든 안경을 쓰고 세계를 바라보는 시끄럽고 고집불통인 과학자에 의해 좌우된다.[57]

베스트셀러 《데카르트의 오류Descartes' Error》에서 안토니오 다마지오Antonio Damasio는 마음에 열정이(즉 우리가 정동이라고 부르는 것이) 없으면 지혜도 없다는 사실을 관찰한다. 그의 기록에 따르면 내수용 신경망에, 특히 핵심적인 한 신체 예산 관리 부위에 손상을 입은 사람들은 의사 결정을 제대로 내리지 못한다. 내수용 예측을 산출하는 능력을 잃은 이 환자들은 운전석이 빈 자동차와도 같다. 이제 우리는 뇌 구조에 관한 새로운 지식을 바탕으로 한 걸음 더 나아가 다음과 같이 주장할 것이다. 정동은 지혜를 위해 반드시 필요할 뿐만 아니라 모든 결정의 직물에 돌이킬 수 없게 엮여 있다.[58]

신체 예산 관리 회로의 강력한 발언권은 경우에 따라 우리 금융권에 심각한 위협으로 작용할 수도 있을 것이다. 이를 통해 무수히 많은 가정의 경제 파탄을 초래한 2008년의 세계 금융 붕괴 같은 대규모 경제 재앙이 재촉될 수도 있기 때문이다.

경제학에 흔히 동원되는 합리적 경제인(호모에코노미쿠스homo economicus)이라는 개념에 따르면 인간은 합리적인 경제적 판단을 내리기 위해 자신의 감정을 통제할 줄 아는 존재다. 서양 경제학 이론을 떠받치고 있는 이 개념은 오늘날 학계에서 인기가 많이 시들해졌지만, 실무 경제에서는 여전히 강력한 영향력을 발휘하고 있다. 그러나 신체 예산 관리 부위에서 산출된 예측이 다른 모든 신경망을 선도하는 역할을 한다면, 합리적 경제인 모형은 생물학적 오류에 기초한 셈이다. 당신의 뇌가 내수용 예측을 바탕으로 돌아간다면, 당신은 결코 합리적 행위자가 될 수 없다. 미국 경제를(그리고 어쩌면 세계 경제를) 떠받치는 경제적 모형은 일종의 신경 동화에 근거한다.[59]

지난 30년 동안 발생한 모든 경제 위기는 적어도 일부 측면에서 합리적 경제인 모형과 연관성이 있다. 《일곱 가지 잘못된 견해: 주류 경제학자들이 미국과 세계에 입힌 손해Seven Bad Ideas: How Mainstream Economists Have Damaged America and the World》의 저자이자 언론인인 제프 매드릭Jeff Madrick에 따르면 경제학자들이 가지고 있는 가장 근본적인 몇몇 견해 때문에 일련의 금융 위기가 촉발되었고 이것이 대규모 경기 침체로 이어졌다. 이런 근본적 견해들에 공통된 주제는 규제를 받지 않는 한 자유 시장 경제가 잘 돌아갈 것이라는 가정이다. 이런 경제 체제에서 투자, 생산, 분배에 대한 결정은 정부의 규제나 감독을 받지 않은 채 순전히 수요와 공급에 기초해 이루어진다. 수학 모형상으로는 특정 조건이 충족될 경우 규제를 받지 않는 자유 시장 경제는 잘 돌아간다. 그러나 이런 '특정 조건' 중의 하나는 바로 인간이 합리적 의사 결정자라는 것이다. 나는 지난 50년 동안 수많은 실험 연구를 발표하면서 사람들이 합리적 행위자가 아니라는 사실을 밝혀 왔다. 당신은 합리적 사고를 통해 감정을 극복할 수 없다. 왜냐하면 당신의 신체 예산 상태가 모든 사고와 지각의 기초이며 내수용과 정동이 당신의 매순간에 개입하기 때문이다. 당신은 스스로를 합리적 존재로 경험할지 모르지만, 그 밑바닥에는 언제나 당신의 신체 예산과 이에 연결된 정동

이 꿈틀거리고 있다.[60]

만약 인간의 마음이 합리적이라는 견해가 경제에 그렇게 해로운 것이라면, 그리고 이것이 신경과학의 뒷받침을 받지도 못한다면, 어째서 이런 견해는 사라지지 않고 계속 버티는가? 그 이유는 동물의 왕국에서 우리 인간을 특별하게 만드는 것이 바로 합리성이라는 오랜 믿음 때문일 것이다. 그리고 이 기원 신화는 인간의 마음이 행동 통제를 둘러싼 인지와 감정의 전쟁터라는 설화와 맞닿아 있다. 이는 서양의 사고 전통 속에 가장 소중히 간직된 설화 중 하나다. 우리는 흔히 둔감한 사람 또는 순간 발끈해서 어리석게 행동하는 사람을 가리켜 '무분별thoughtless'하다고 말하곤 한다. 이런 표현에도 인지적 통제력의 결여, 우리 내면의 냉정한 심판관과의 연결이 끊겼다는 식의 생각이 담겨 있다.

이 기원 신화는 매우 강력한 것이어서 과학자들도 이에 기초한 뇌 모형을 제안하곤 했다. 이런 모형에 따르면 우리가 파충류로부터 물려받은 아주 오래된 피질하 회로는 우리의 기본 생존을 담당한다. 그리고 이 회로 꼭대기에는 우리가 초기 포유동물로부터 물려받은 '변연계'라고 불리는 감정 체계가 있다. 그리고 마치 굽기가 완료된 케이크에 크림을 얹듯이 이 변연계에 합리적이고 인간에게 독특한 피질이 덧씌워 있다고 한다. '삼위일체 뇌'라고도 불리는 이 가공의 중층 배치는 인간의 생물학적 구조에 대해 가장 널리 퍼져 있는 오해 중 하나다. 이것은 인간 지능의 진화 과정을 다룬(어찌 보면 대부분 꾸며낸) 이야기를 담은 칼 세이건Carl Sagan의 베스트셀러 《에덴의 용The Dragons of Eden》을 통해 일반에 널리 알려졌다. 그리고 대니얼 골먼Daniel Goleman도 이것을 동원해 그의 베스트셀러 《감성지능Emotional Intelligence》을 썼다. 그러나 인간은 인지라는 예쁜 포장지로 둘러싼 동물 뇌를 가지고 있지 않으며, 이것은 뇌의 진화를 이해하는 전문가라면 누구나 다 아는 사실이다. 학술지 〈행동과학과 뇌과학Behavior and Brain Sciences〉의 편집장이자 신경과학자인 바바라 핀레이Barbara L. Finlay는 "감정을 뇌의 중간 부분에만 대응시키고 이성과 논리를 피질에 대응시키는 것은 그저 허튼 소리일 뿐"이라고 말한다. "뇌의 모든 구역이 모든 척추동물에 존재한다." 그렇다면 뇌는 어떻게 진화하는가? 뇌는 회사가 그렇듯이 팽창과 동시에 재조직됨으로써 효율성과 날렵함을 유지한다.[61]

요점은 다음과 같다. 인간 뇌의 해부학적 구조상 내수용과 정동으로부터 자유로운 결정이나 행동은 있을 수 없다. 사람들이 스스로를 얼마나 합리적인 존재로 생각하든 상관없다. 지금 이 순간 당신의 신체적 느낌이 계속 전파되어 장차 당신이 느끼고 행할 것에

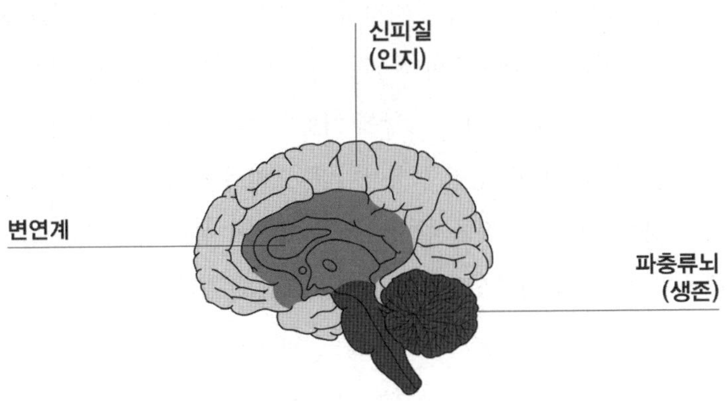

그림 4-7 '삼위일체 뇌'의 가정에 따르면 이른바 감정 회로 위에 이른바 인지 회로가 층을 이루고 있다. 이 가공의 배치에는 사고가 감정을 조절한다는 견해가 반영되어 있다.

영향을 미친다. 이것은 뇌의 구조물 안에서 섬세한 상호 조율을 바탕으로 스스로를 실현하는 예언과도 같다.

당신의 세계도 당신이 구성한다

수십억 개의 뉴런이 있는 당신의 뇌에서는 내가 이 장에서 이야기한 것보다 훨씬 많은 일이 일어나고 있다. 이런 뇌의 복잡 미묘한 작동방식을 세세히 알려면 아직도 수십 년의 세월이 필요할 것이며, 뇌에서 어떻게 의식이 만들어지는지를 이해하려면 더욱더 긴 세월이 필요할 것이라는 데 대다수 신경과학자들의 의견이 일치한다. 그러나 몇 가지 점에서는 우리가 꽤 확신할 수 있다.

지금 이 순간 당신의 뇌는 이 단어들을 바탕으로 의미를 구성하면서 당신의 신체 예산에 일어날 변화를 예측하고 있다. 당신이 구성하는 모든 사고와 기억과 지각과 감정에는 당신의 신체 상태에 관한 무언가가, 즉 내수용의 작은 조각이 담겨 있다. 예컨대 시각적 예측은 "내가 최근에 이런 상황에 처했을 때 무엇을 보았는가?"라는 물음에 대한 답변이 전부가 아니다. 오히려 시각적 예측이 답하고자 하는 물음은 다음과 같다. "내가 최근에 이런 상황에 처해서 **내 신체가 이런 상태에 있었을 때** 무엇을 보았는가?" 당신이 이 책을 읽으면서 느끼는 정동의 모든 변화는(아마도 불쾌하기보다는 유쾌하고, 예민하기보다는 평온한 흐름 속의 모든 변화는) 이런 내수용 예측들의 결과다. 정동은 당신의 신체 예산 상태에 관해 당신의 뇌가 내린 최상의 추측이다.

또한 내수용은 당신이 현실로서 경험하는 것을 이루는 가장 중요한 성분 가운데 하나다. 만약 당신에게 내수용이 없다면, 이 물리적 세계는 당신에게 무의미한 잡음에 불과할 것이다. 당신의 정동을 산출하는 내수용 예측을 바탕으로 이 순간 당신이 마음 쓰는 것이, 즉 당신의 정동적 적소가 결정된다. 뇌의 관점에서 볼 때 당신의 정동적 적소에 있는 모든 것은 당신의 신체 예산에 영향을 미칠 수 있는 잠재력을 가지고 있으며, 세상에 있는 그 밖의 모든 것은 중요치 않다. 이것은 사실상 **당신이 살고 있는 환경이 당신에 의해 구성됨**을 의미한다. 아마도 당신은 당신의 환경이 저기 바깥에 존재하며 당신과는 별개의 것이라고 생각할 것이다. 그러나 이것은 신화에 불과하다. 당신은(그리고 다른 생물들은) 그냥 어떤 환경 속에서 살면서 환경에 적응하거나 그렇지 못하면 죽는 것이 아니다. 당신은 당신의 환경을, 당신의 현실을 구성한다. 그리고 그 바탕에는 뇌가 물리적 환경에서 들어온 감각 입력을 선택하는 과정이 깔려 있다. 뇌는 일부 감각 입력을 정보로 받아들이고 일부 감각 입력을 잡음으로 무시한다. 그리고 이런 선택 과정은 내수용과 밀접히 관련되어 있다. 뇌는 신체 예산에 영향을 미칠지 모를 모든 것을 예측하려 하며, 이를 통해 신체의 물질대사 수요에 대응한다. 그리고 바로 이런 이유 때문에 정동은 의식의 한 속성이다.

내수용은 이런 예측 과정의 근본적인 일부이자 감정의 핵심 성분이다. 그러나 내수용만으로 감정이 설명되지는 않는다. 분노나 슬픔 같은 감정 범주는 불쾌감이나 동요 같은 단순한 느낌보다 훨씬 더 복잡하다.

코네티컷 주지사 대널 멀로이가 샌디 훅 초등학교 대참사를 애도하며 떨리는 목소리로 연설을 했을 때 그는 울지도, 입을 삐죽 내밀지도 않았고, 어느 순간에는 입가에 미소를 띠기까지 했다. 그러나 어떤 식으로든 관객은 그가 강렬한 슬픔을 경험하고 있다고 추론했다. 감각과 단순한 느낌만으로는 어떻게 수천 명의 청중이 멀로이의 비통한 심정을 깊이 헤아릴 수 있었는지 설명할 수 없다.

또한 정동만으로는 어떻게 우리가 슬픔의 경험을 구성하는지, 또 슬픔의 한 사례가 또 다른 사례와 어떻게 다른지를 설명할 수 없다. 또한 정동은 이런저런 감각이 무엇을 의미하는지, 또는 이런 감각을 가지고 무엇을 해야 할지를 당신에게 알려주지도 않는다. 피곤하면 음식을 먹고, 배고프면 피고가 죄를 지은 것처럼 느껴지는 것도 이런 사정 때문이다. 당신이 정동을 **의미 있게** 만들어야 비로소 당신의 뇌가 더 구체적인 행동을 집행할 수 있다. 그리고 의미를 만들어내는 한 방법은 바로 감정 사례를 구성하는 것이다.

그렇다면 내수용 감각은 어떻게 감정이 되는가? 그리고 어째서 우리는 이런 감각을(실제로는 예측을) 매우 다양하게, 즉 어떤 때는 신체 증상으로, 어떤 때는 세계의 지각으로, 또 어떤 때는 단순한 정동적 느낌으로, 그리고 또 가끔은 감정으로 경험하는가? 이제 이 수수께끼를 살펴보기로 하자.

| 5장 |

개념과 단어의 통계학

우리는 무지개를 바라볼 때 흔히 불연속적인 줄무늬 색상을 보게 된다. 그림 5-1의 왼쪽 그림과 비슷한 모습일 것이다. 그러나 자연에 있는 무지개에는 줄무늬가 없다. 무지개는 대략 400나노미터부터 750나노미터까지 이르는 크기의 파장을 가진 광선의 연속적인 스펙트럼이다. 경계선이나 띠 같은 것은 전혀 없다.

우리가 줄무늬를 보는 이유는 우리에게 '빨강', '주황', '노랑' 같은 색깔 **개념**이 있기 때문이다. 뇌는 자동적으로 이런 개념을 사용해 스펙트럼의 특정 범위 안에 있는 파장들을 한데 묶어 같은 색으로 **범주화**한다. 뇌는 각 색깔 범주 안의 다양성을 경시하고 범주들 사이의 차이를 확대하여, 결과적으로 색깔 띠를 지각하게 된다.[1]

인간의 말도 소리의 연속적인 흐름이다. 그러나 당신은 모국어를 들을 때 따로따로 분리된 단어들을 듣는다. 어떻게 이런 일이 가능할까? 다시 말하지만 당신은 개념을 사용해 연속적인 입력을

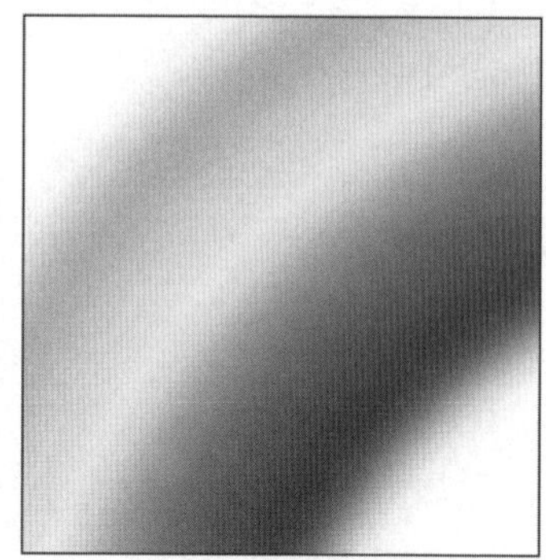

그림 5-1 줄무늬로 그린 무지개(왼쪽)와 연속적으로 그린 무지개(오른쪽)

범주화한다. 유아기부터 시작해 당신은 말의 흐름 속에서 음소들 사이의, 즉 언어에서 우리가 구별할 수 있는 가장 작은 소리 조각들(예: 영어의 'D' 또는 'P' 소리) 사이의 경계를 드러내는 규칙성을 배운다. 그리고 이런 규칙성이 개념이 되어 나중에는 당신의 뇌가 이것을 사용해 소리 흐름을 음절과 단어로 범주화하게 된다.[2]

이 주목할 만한 과정은 결코 순탄하지 않다. 그 이유는 이 음성 흐름이 애매모호하고 고도로 가변적이기 때문이다. 자음의 소리는 맥락에 따라 달라진다. 예컨대 '대드Dad(아빠)'와 '데스Death(죽음)'라는 단어에서 'D' 소리는 음향학상 같지 않지만, 우리는 이것을 어떤 식으로든 둘 다 'D'로 듣는다. 모음의 소리는 나이, 성별, 말하는 사람의 신체 크기에 따라 다르며, 똑같은 사람이더라도 맥락에 따라 다르다. 우리가 듣는 단어 중 자그마치 50퍼센트는 맥락 없이 따로따로 제시되면 이해가 불가능하다. 그러나 당신의 뇌는 당신이 가진 개념을 바탕으로 범주화하는 법을 배우며, 이 변화무쌍한 잡음성 정보로부터 몇십 밀리세컨드 안에 음소를 구성해내어, 결

국에는 당신이 다른 사람과 소통할 수 있게 된다.[3]

당신이 지각하는 모든 것은 뇌에 있는 개념을 통해 표상된다. 당신 주변에 있는 아무 물체나 바라보라. 그런 다음 그 물체의 왼쪽을 바라보라. 당신은 방금 당신도 모르는 사이에 주목할 만한 일을 해냈다. 방금 당신의 머리와 눈의 움직임은 대수롭지 않아 보였지만, 이를 통해 당신의 뇌에 도달하는 시각 입력에 **엄청난** 변화가 일어났다. 당신의 시야를 커다란 TV 화면에 비유하자면, 방금 당신의 눈이 살짝 움직임으로써 TV 화면을 구성하는 수백만 개의 화소에 변화를 일으킨 셈이다. 그러나 당신은 당신의 시야에 흐릿한 줄들이 생기는 것을 경험하지 못했다. 그 이유는 당신이 세계를 화소 수준에서 보지 않기 때문이다. 즉 당신은 물체를 본다. 그리고 이 물체는 당신이 눈을 움직이는 동안에 거의 변하지 않았다. 당신은 선, 윤곽, 줄무늬, 흐릿한 형체 같은 낮은 수준의 규칙성과 복잡한 물체나 장면 같은 더 높은 수준의 규칙성을 자각하는 것이다. 당신의 뇌는 이런 규칙성을 이미 오래전에 개념으로 학습했으며, 이제 이런 개념을 사용해 끊임없이 변화하는 시각 입력을 범주화한다.[4]

개념이 없다면 당신은 끊임없이 변동하는 잡음의 세계를 경험할 것이다. 개념이 없다면 당신이 접하는 모든 것은 다른 모든 것과 구별되지 않을 것이다. 2장에서 얼룩진 사진을 처음 보았을 때처럼 경험맹 상태에 빠질 것이며, 그것도 영원히 그러할 것이다. 그리고 개념이 없다면 당신은 학습하지도 못할 것이다.[5]

뇌는 계속 변화하는 모든 감각 정보의 수수께끼를 풀어야 한다. 당신이 보는 물체, 당신이 듣는 소리, 당신이 맡는 냄새, 당신이 느끼는 감촉과 맛, 당신이 아픔, 통증, 정동 등으로 경험하는 내수용 감각 등은 모두 매우 가변적이고 애매모호하며 연속적인 감각 신호로서 당신의 뇌에 도달한다. 그리고 뇌는 이것들이 도달하기도 전에 예측하고, 빠진 부분을 채우며, 최대한 규칙성을 찾아내, 결과적으로 당신이 물체, 사람, 음악, 사건 등으로 가득한 세계를 경험하도록 해준다. 그래서 당신은 저기 바깥에 실제로 있는 "마구 피어나는 부산스러운 혼란"을 경험하지 않는다.[6]

이 대단한 위업을 달성하기 위해 뇌는 개념을 동원해 감각 신호에 의미를 부여하고, 그것이 어디서 왔으며, 세계에 있는 무엇을 가리키는지, 그리고 그것에 어떻게 대처해야 하는지에 관한 설명을 만들어낸다. 당신의 지각이 너무나도 생생하고 직접적이기 때문에 당신은 세계 **자체**를 경험한다고 믿지만, 실제로 당신이 경험하는 것은 **당신 자신이 구성한 세계**다. 당신이 외부 세계로서 경험하는 것의 많은 부분은 당신의 머리 안에서 시작된다. 당신이 얼룩들 안에서 꿀벌을 지각했을 때 그랬던 것처럼, 당신이 개념을 사용해 범주화할 때 당신은 당신에게 제공되는 정보를 넘어선다.

이 장에서 나는 당신이 감정을 경험할 때마다 또는 다른 사람의 감정을 지각할 때마다 당신이 또다시 개념을 사용해 범주화하면서 내수용과 오감을 통해 들어오는 감각에 의미를 부여한다고 설명할 것이다. 이것이 바로 구성된 감정 이론의 핵심 주제다.

"당신은 범주화를 통해 감정 사례들을 구성한다. 이 얼마나 특별한 현상인가?" 이것이 내가 말하고자 하는 핵심이 아니다. 오히려 당신이 경험하는 **모든** 지각, 사고, 기억, 기타 정신 사태가 범주화를 통해 구성되며, 따라서 감정 사례도 **당연히** 똑같은 방식으로 구성된다는 점을 보이는 것이 핵심이다. 이것은 바구미의 새로운 샘

플을 발견한 곤충학자가 이것이 과연 **소바구미과**anthribidae에 속하는지 아니면 **송화바구미과**nemonychidae에 속하는지를 따지느라 골똘히 생각할 때처럼 의식적이고 상당한 노력이 들어가는 범주화 과정이 아니다. 이것은 당신이 깨어 있는 매순간 접하는 감각 입력을 예측하고 설명하기 위해 뇌가 쉬지 않고 몇 밀리세컨드 안에 수행하는 신속하고 자동적인 범주화 과정이다. 범주화는 뇌의 일상적인 활동이다. 그리고 이것은 지문을 가정하지 않고도 감정이 만들어지는 방식을 설명해준다.

우리는 일단 범주화의 내부 메커니즘(범주화의 신경과학)에 관해서 가볍게 다루고 조금 더 기본적인 몇 가지 물음에 초점을 맞출 것이다. 개념이란 무엇인가? 그것은 어떻게 형성되는가? 감정 개념은 어떤 종류의 개념인가? 특히 인간의 마음이 무無에서 의미를 창조하려면 어떤 막강한 능력을 가지고 있어야만 하는가? 이런 물음에 대해서는 대부분 여전히 연구가 진행 중이다. 견고한 증거들은 가감없이 소개하겠지만 증거가 부족한 경우에는 나의 지식에 기초한 추론을 시도할 것이다. 이런 답변을 통해 나는 어떻게 감정이 만들어지는지에 대한 설명을 제공하는 데 그치는 것이 아니라 인간이라는 존재의 핵심을 엿볼 수 있는 기회를 제공하고자 한다.[7]

맥락에 따라 개념을 창조하는 능력

철학자와 과학자 사이에서 **범주**란 특정 목적상 등가로 분류되는 물체, 사태, 행동 등의 집합으로 정의된다. 그리고 **개념**은 범주의

심적 표상으로 정의된다. 전통적으로 범주는 세계 안에 존재하고 개념은 머리 안에 존재한다고 여겨졌다. 당신이 '빨강'에 대한 개념을 가지고 있으면, 이 개념을 특정 파장의 빛에 적용해 공원에 핀 빨간 장미를 지각하게 되고, 그러면 이 장미의 빨간색은 '빨강' 범주의 한 사례가 되는 셈이다.* 당신의 뇌는 한 범주에 속하는 성원들 사이의 차이(예: 식물원에 있는 빨간 장미들의 다양한 색조)를 경시하여 이 성원들을 '빨강'의 등가로 취급한다. 또한 당신의 뇌는 성원과 비성원 사이의 차이(예: 빨간색 장미와 분홍색 장미의 차이)를 확대하여 당신이 이것들 사이에서 확실한 경계를 지각하도록 만든다.

당신이 온갖 개념으로 가득 찬 뇌를 가지고 거리를 산책하는 장면을 상상해보라. 꽃, 나무, 자동차, 집, 개, 새, 꿀벌 등 많은 물체가 한꺼번에 당신의 시야에 들어온다. 몸과 얼굴을 움직이며 걷는 사람들의 모습이 보인다. 온갖 소리가 들리고 다양한 냄새가 풍긴다. 뇌는 이런 정보들을 종합해 놀이터에서 뛰어노는 아이들, 정원을 가꾸는 사람, 손을 꼭 잡은 채 벤치에 앉아 있는 노부부 등의 사태를 지각하게 된다. 당신은 개념을 사용한 범주화를 통해 이런 물

---

* 나는 전 세계의 철학자, 현인, 분야별 권위자, 그 밖에 사고를 업으로 하는 사람들을 대신해 범주와 개념의 구별이 명쾌하지 못한 점에 대해 사과해야겠다. 흔히 자동차나 새 같은 범주는 세계 안에 존재하는 반면에, 개념은 뇌 안에 존재한다고 말한다. 그러나 이에 관해 조금만 생각해보라. 도대체 누가 범주를 만들어내는가? 한 범주에 속하는 것들을 함께 묶어서 등가로 취급하는 자는 누구인가? 바로 당신 자신이다. 당신의 뇌가 이 일을 하고 있다. 그러므로 범주도 개념과 마찬가지로 당신의 뇌 안에 존재한다(이 둘의 구별은 우리가 8장에서 살펴볼 이른바 '본질주의essentialism'의 문제에서 유래했다). 이 책에서는 지식(예: 빨강에 관한 지식)에 관해 이야기할 때 '개념'을 언급할 것이며, 반면에 우리가 지식을 가지고 구성하는 사례(예: 우리가 지각하는 빨간 장미)에 관해 이야기할 때는 '범주'를 언급할 것이다("철학자, 현인, 분야별 권위자, 그 밖에 사고를 업으로 하는 사람들"이라는 표현은 더글러스 애덤스Douglas Adams의 《은하수를 여행하는 히치하이커를 위한 안내서The Hitchhiker's Guide to the Galaxy》에서 따온 것이다).

체, 행동, 사태 등에 대한 당신의 경험을 만들어낸다. 끊임없이 예측하는 뇌는 감각 입력들을 잽싸게 예상하면서, "내가 가진 개념 중에 무엇이 이것과 같은가?"라고 묻는다. 예컨대 당신이 어느 차를 정면에서 보고, 다시 측면에서 볼 때 당신이 그 차에 대한 개념을 가지고 있다면 이 두 각도에서 당신의 망막에 와닿는 시각 정보는 완전히 다르지만 당신은 이것이 똑같은 차라는 사실을 알 수 있다.[8]

감각 입력을 즉각적으로 차로 범주화하는 당신의 뇌는 '차'의 개념을 이용하고 있다. '차의 개념'이라는 표현은 단순해 보이지만, 여기에는 뜻밖에 복잡한 것들이 담겨 있다. 개념이란 정확히 무엇인가? 이것은 과학에서 흔히 그렇듯이 어느 과학자에게 이 질문을 던지는가에 따라 다르다. "지식은 인간의 마음에서 어떻게 조직되고 표상되는가?" 같은 근본적인 주제에 대해서는 어느 정도 논란이 있을 수밖에 없다. 그리고 이 물음에 대한 답변에 따라 어떻게 감정이 만들어지는가에 대한 이해도 달라질 수밖에 없다.

만약 내가 당신에게 '차'의 개념을 기술하라고 요청하면, 아마도 당신은 바퀴가 네 개이고, 금속 재질이며, 엔진이 있고, 몇 가지 연료를 사용해 작동하는 운송 수단이라는 식으로 답할 것이다. 예전의 과학적 접근에서는 개념이 바로 이와 같이 작동한다고 가정했다. 즉 필요하고 충분한 특징을 기술하는 개념의 사전적 정의가 당신의 뇌에 저장되어 있다고 가정했다. "차는 엔진, 네 바퀴, 좌석, 도어, 지붕이 있는 운송 수단이다." "새는 알을 낳고, 날개를 사용해 나는 동물이다." 개념에 대한 고전적 견해에 따르면 개념에 상응하는 범주에는 확실한 경계가 있다. '꿀벌' 범주의 사례가 결코

'새' 범주의 사례가 될 수는 없다. 또한 이 견해에 따르면 어느 범주의 모든 사례는 이 범주를 똑같이 대표한다. 즉 어느 꿀벌이든 대표성을 가진다. 모든 꿀벌이 외양, 행동방식, 꿀벌에게 내재한 지문 같은 공통점을 가지고 있기 때문이다. 꿀벌들 사이의 차이는 모두 꿀벌이라는 사실에 비추어볼 때 중요치 않은 것으로 간주된다. 이것은 '공포' 범주의 모든 사례가 비슷하며, '공포' 사례가 '분노' 사례와 뚜렷이 구별된다는 감정에 대한 고전적 견해와 비슷한 면이 있다.[9]

이런 고전적 개념이 고대부터 1970년대까지 철학, 생물학, 심리학을 지배했다. 그러나 실생활에서 한 범주의 사례들은 엄청나게 다양하다. 도어가 없는 차, 바퀴가 여섯 개 달린 차 등이 존재한다. 그리고 한 범주의 몇몇 사례는 다른 사례보다 더 대표성을 가진다. 대표적인 새로 타조를 언급하는 사람은 아무도 없을 것이다. 이처럼 1970년대에 와서 개념에 대한 고전적 견해는 마침내 붕괴했다. 다만 감정의 과학은 예외다.[10]

고전적 개념의 잔재로부터 새로운 견해가 피어났다. 이에 따르면 개념은 뇌에서 범주의 가장 대표적인 예로서, 즉 **원형**prototype으로서 표상된다. 예컨대 새의 원형은 깃털과 날개를 가지고 있으며 날 수 있다. 타조나 타조와 비슷한 에뮤emu처럼 '새'의 모든 사례가 이런 특징을 가지고 있지는 않지만, 그래도 이것들은 여전히 새다. 원형과 차이가 나도 문제될 것은 없으나, 너무 많이 차이가 나면 문제가 된다. 꿀벌은 날개도 있고 날 수도 있지만 그래도 새는 아니다. 이 견해에 따르면 당신이 범주를 학습할 때 당신의 뇌에서는 개념이 단 하나의 원형으로 표상된다. 이것은 해당 범주의 가장 빈번한 예일 수도 있고 가장 전형적인 예일 수도 있다. 다시 말해 이것은 해당 범주의 특징에 가장 일치하는 또는 해당 범주의 특징을 대부분 가지고 있는 사례다.[11]

감정과 관련해 사람들은 특정 감정 범주의 전형적인 특징을 기술하는 데 별 어려움을 느끼지 않는 듯하다. 미국인에게 전형적인 슬픔을 기술하라고 요청하면, 슬픔의 특징은 찌푸린 얼굴 또는 입을 삐죽 내민 얼굴, 축 처진 자세, 울음, 침울하게 서성거림, 단조로운 목소리 등이며 슬픔은 무언가를 상실할 때 생기고 전반적인 피로감 또는 무기력감으로 끝난다는 식으로 답할 것이다. 슬픔의 모든 사례가 이 모든 특징을 가지고 있지는 않겠지만, 이런 기술이 슬픔에 전형적이라고 답할 것이다.[12]

이렇게 볼 때 원형은 감정 개념을 이해하기에 적합한 모형인 것처럼 보이지만, 한 가지 역설적인 측면이 있다. 과학적 도구를 사용해 슬픔의 실제 사례를 측정해보면, 눈살을 찌푸린 또는 입을 삐죽 내민 얼굴 같은 상실감의 원형은 가장 빈번하게 또는 전형적으로 관찰되는 패턴이 아니다. 누구나 이 원형을 아는 듯하지만, 실생활에서는 좀처럼 발견되지 않는다. 그 대신에 1장에서 수차례 확인한 것처럼 우리가 관찰하는 슬픔의 사례는 엄청나게 다양하며, 다른 모든 감정 범주들도 마찬가지다.[13]

만약 감정 원형이 뇌에 저장되어 있는 것이 아니라면, 어떻게 사람들은 이런 특징을 그렇게 쉽게 열거할까? 아마도 당신의 뇌는 당신이 필요로 할 때마다 원형을 즉석에서 구성할 것이다. 그동안 당신이 경험한 '슬픔' 개념의 다양한 사례들(개체군)이 당신의 머릿속에 조각조각 머물러 있다가, 당신의 뇌가 상황에 가장 어울리는

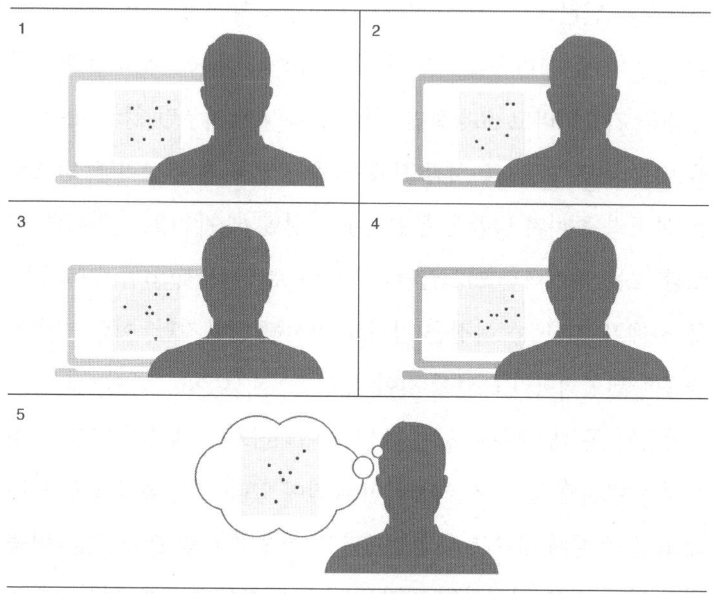

그림 5-2 예(단계 1-4)를 바탕으로 '원형' 패턴(단계 5)을 추론하기. 피험자는 먼저 30×30 격자 위에 9개의 점으로 된 여러 패턴을 보았다. 그런 다음 각 패턴을 두 개 범주(A와 B) 중 하나로 분류했다. 연구자는 이것을 실험의 '학습 단계' 라고 불렀다. 다음 단계에서 피험자는 더 많은 패턴을 분류했는데, 여기에는 이전에 본 패턴도 있었고 새 패턴도 있었으며, 피험자가 지금까지 한 번도 보지 않은 범주 A와 B의 원형도 포함되어 있었다. 이때 피험자는 어렵지 않게 원형을 범주화한 반면에, 이전에 보지 않은 새 패턴을 범주화하는 데는 조금 더 어려움을 겪었다. 이것은 피험자의 뇌에서 학습 단계 동안에 한 번도 보지 않은 원형을 이미 구성했음을 의미한다.

슬픔의 요약본을 눈 깜박할 사이에 구성할 것이다(이것은 뇌에서 일어나는 개체군 사고의 한 예다).[14]

과학자들은 사람들이 실험실에서 비슷한 방식으로 원형을 구성할 수 있다는 점을 보여주었다. 다수의 점으로 이루어진 임의의 패턴을 종이에 인쇄한 후 이 패턴의 변형을 십여 개 만들어서 사람들에게 보여주면, 사람들은 원래의 원형 패턴을 본 적이 없어도 변형들 사이의 유사성을 찾아내 원래의 원형 패턴을 산출할 수 있다. 이것은 원형이 자연에 존재하지 않더라도 뇌가 필요하면 그것을 구성할 수 있음을 의미한다. 이렇게 볼 때 감정 원형이라는 것도 똑같은 방식으로 구성될 수 있을 것이다.[15]

그러므로 개념은 당신의 뇌에 있는 고정된 정의가 아니다. 그리고 개념은 가장 전형적인 또는 빈번한 사례에 해당하는 원형도 아니다. 그 대신에 당신의 뇌는 차, 점들의 패턴, 슬픔 기타 등에 대한 많은 사례를 가지고 있다가 특정 상황에서 당신의 **목표**에 맞게 순식간에 사례들 사이의 유사성을 내세운다. 예컨대 운송 수단에 대한 당신의 평소 목표는 이것을 운송에 이용하는 것이며, 따라서 어떤 물체가 당신의 목표를 충족하면 그것은 자동차든, 헬리콥터든, 아니면 합판에 바퀴 네 개를 달아 놓은 것이든 모두 운송 수단인 셈이다. 개념과 범주를 연구하는 대표적 인지과학자인 로렌스 바살루Lawrence W. Barsalou가 개념에 대한 이러한 설명을 제시했다.[16]

목표에 기초한 개념은 매우 유연하고 상황에 맞게 적응할 수 있다. 수족관에 넣을 물고기를 사러 애완동물 상점에 가서는 점원이 "어떤 종류의 물고기를 찾으세요?"라고 물었을 때 "금붕어"나 "블랙 몰리black molly"라고는 답해도, "데친 연어"라고는 답할 사람은

물체	날아다니는 동물	날아다니는 동물	날아다니는 동물
물체+목표	날아다니는 물체	날아다니는 물체	날아다니는 물체
목표	연예 (열정, 갈망, 성욕) 목표: 열망	엄격한 사랑 (규율, 비판, 처벌) 목표: 도움	형제애 (호의, 협력, 제휴) 목표: 연결

그림 5-3 개념과 목표. 첫째 행은 날개 같은 지각적 유사성에 초점을 맞춘 개념들이다. 둘째 행은 물체의 범주가 목표에 기초할 수 있음을 보여준다. 박쥐, 헬리콥터, 플라스틱 원반은 지각적 유사성이 없지만 정신적 유사성으로, 즉 공중을 이동한다는 공통된 목표로 기술할 수 있다. 셋째 행은 순전히 정신적인 유사성을 예시하고 있다. 이 경우 '사랑' 개념이 맥락에 따라 상이한 목표와 결부될 수 있음을 보여준다.

없을 것이다. 이 상황에서 당신이 가진 '물고기' 개념은 식사 주문이 아니라 애완동물 구매라는 목표를 위한 것이며, 따라서 당신은 수족관에 가장 알맞은 '물고기' 개념 사례를 구성할 것이다. 만약 당신이 스노클snorkel을 착용한 채 물 속을 헤엄치고 있다면, 당신은 근사한 야생 생물을 찾으려는 목표에 맞게 '물고기' 개념을 사용할 것이며, 따라서 이때는 커다란 수염상어나 화려한 얼룩무늬 거북복 같은 것이 가장 훌륭한 사례가 될 것이다. 이렇게 개념은 정적이지 않고 상당히 유연하며 맥락에 따라 좌우된다. 바로 목표가 상황에 따라 변하기 때문이다.

또한 하나의 물체가 여러 개념의 사례가 될 수 있다. 예컨대 차가 언제나 운송이라는 목표만을 대변하지는 않는다. 때때로 차는 '신분 상징' 개념의 사례가 된다. 또 다른 상황에서는 차가 노숙자를 위한 '침대'가 될 수도 있고 '살인 무기'가 될 수도 있다. 만약 차를 바다에 내동댕이친다면, 차는 '인공 암초'가 될 것이다.

목표에 기초한 개념의 실제 위력을 확인하기 위해 '독침을 쏘는 곤충으로부터 나를 보호해주는 것'처럼 순전히 정신적인 개념을 예로 들어보자. 이 범주에 드는 사례는 꽤 다양하다. 파리채, 양봉업자용 의복, 집, 마세라티Maserati 스포츠카, 대형 쓰레기통, 남극 대륙에서 휴가 보내기, 차분하게 처신하기, 곤충학 학위 등이 사례가 될 수 있을 것이다. 이것들 사이에 지각적 공통점은 없다. 이 범주는 분명히 그리고 전적으로 인간 마음의 구성물이다. 그리고 모든 사례가 모든 맥락에서 목표에 적합한 것은 아니다. 예컨대 당신이 정원에서 너무 크게 자란 붓꽃 뿌리를 모판에 세게 후려치다가 뜻하지 않게 벌집을 건드려 벌떼가 당신을 향해 날아온다면, 가까이 있는 집은 파리채보다 훨씬 좋은 보호 수단이 될 것이다. 그러나 어쨌든 당신의 뇌는 이 모든 사례가 쏘이는 것을 막아준다는 동일한 목표에 기여할 수 있으므로 이것들을 모두 동일한 범주로 쓸어 담을 수 있다. 실제로 이 경우에 범주를 지탱하는 것은 오직 목표뿐이다.

당신은 범주화를 수행하면서 마치 당신이 수동적으로 세계를 관찰하면서 물체나 사태 사이의 유사성을 발견할 뿐이라고 느낄지 모른다. 그러나 실제로는 그렇지 않다. '독침을 쏘는 곤충으로부터 나를 보호해주는 것'처럼 순전히 정신적이고 목표에 기초한 개념에서 알 수 있듯이 범주화는 그렇게 간단하고 정적으로 이루어질 수 없다. 파리채와 집 사이에는 아무런 지각적 유사성도 없다. 따라서 목표에 기초한 개념은 물리적 외양의 족쇄에서 자유롭다. 당신은 완전히 새로운 상황에 처했을 때 오로지 사물의 모습과 소리와 냄새 등을 바탕으로 상황을 경험하지 않는다. 오히려 당신은 당신의 목표를 바탕으로 상황을 경험한다.

그렇다면 당신이 범주화를 수행할 때 당신의 뇌에서는 무슨 일이 일어나는가? 당신은 세계 안의 유사성을 발견하는 것이 아니라 **창조**한다. 개념이 필요하면 당신의 뇌는 당신이 과거에 경험한 개체군을 바탕으로 이리저리 짜맞추어 특정 상황에서 당신의 목표에 가장 부합하는 개념을 즉석에서 구성해낸다. 그리고 이것이야말로 감정이 어떻게 만들어지는지를 이해하기 위한 열쇠다.[17]

감정 개념은 목표에 기초한 개념이다. 예컨대 행복의 사례들은 매우 다양하다. 행복할 때 당신은 미소를 지을 수도 있고, 흐느껴 울 수도 있으며, 비명을 지를 수도 있고, 팔을 번쩍 치켜들 수도 있으며, 주먹을 불끈 쥘 수도 있고, 껑충껑충 뛰면서 다른 사람과 하이 파이브를 할 수도 있으며, 정신이 멍한 상태로 가만히 있을 수도 있다. 행복할 때 당신의 눈은 커질 수도 있고 작아질 수도 있으며, 호흡이 빨라질 수도 있고 느려질 수도 있다. 당신은 복권에 당첨되어 심장이 두근거리고 매우 흥분되는 행복을 느낄 수도 있고 또는 피크닉 매트 위에 애인과 함께 누워 평온하고 느긋한 행복을 느낄 수도 있다. 또한 당신은 다른 많은 사람들의 행복을 다양하게 지각한 바 있다. 전체적으로 볼 때 이렇게 잡다한 경험과 지각이 뒤섞여 있는 '행복'에는 다양한 행동과 신체 내부 변화가 포함되어 있으며, 이것들은 정동적인 느낌도 다르고 모습과 소리와 냄새도 제각각일 수밖에 없다. 그러나 이 순간 당신에게 이렇게 다양한 신체 변화의 집합은 특정 목표에 비추어 등가로 취급될 수 있다. 예컨대 당신의 목표는 사람들의 인정을 받는 것일 수도 있고, 또는 쾌감을 만끽하는 것, 야망을 달성하는 것, 삶의 의미를 찾는 것일 수도 있다. 이 순간 당신의 '행복' 개념은 이와 비슷한 특정 목표를 중심으로 당신이 과거에 경험한 다양한 사례들을 함께 묶고 있다.

한 가지 예를 들어보자. 당신이 공항에서 아주 오랜만에 당신을 방문하는 친구를 기다리고 있다고 치자. 친구가 당장이라도 출구로 모습을 드러낼 것 같은 상황에서 당신의 뇌는 당신이 가진 개념들을 바탕으로 분주하게 수천 가지 예측을 쏟아낸다. 그리고 이것은 모두 당신이 자각하지 않는 상태에서 몇 밀리세컨드 안에 일어난다. 이런 상황에서 당신은 온갖 감정을 경험할 수 있다. 친구가 이제 곧 나타날 것이라고 예상하면서 친구를 만나는 행복을 경험할 수도 있고, 아니면 혹시라도 친구가 도착하지 않은 것은 아닐지 또는 세월이 너무 흘러 이제 둘 사이에 공통점이 없는 것은 아닐지 하는 걱정과 두려움을 경험할 수도 있다. 또한 장시간 공항까지 차를 몰고 오느라 밀려오는 피로감, 감기에 걸렸는지 가슴이 답답한 느낌 같은 감정과 무관한 경험을 할 수도 있다.

이렇게 마구 쏟아지는 예측 속에서 뇌는 공항, 친구, 질병, 그 밖에 관련 상황에 대한 당신의 과거 경험을 바탕으로 감각에 의미를 부여한다. 또한 뇌는 개연성을 바탕으로 예측의 경중을 따진다. 이런 예측들은 무엇이 당신의 감각을 일으켰는지를 설명하기 위해 경쟁하며, 이런 과정을 통해 이 상황에서 당신의 지각과 행동과 느낌이 결정된다. 그래서 결국 가장 그럴듯한 예측이 당신의 지각이 된다. 예컨대 당신은 지금 행복하며 당신의 친구가 바로 지금 출구를 통해 모습을 드러낸다. 당신이 과거에 경험한 '행복'의 모든 사례와 현재 상황이 일치하지는 않는다. 왜냐하면 '행복'은 목표에 기초한 개념이며, 여기에는 매우 다양한 사례가 포함되어 있기 때문이다. 그러나 이 중 몇 가지는 현재 상황과 충분히 일치하는 조각들을 가지고 있으며, 그래서 경쟁에서 이길 수 있다. 세계와 당신의 신체에서 전달되는 실제 감각 입력과 예측이 일치하는가? 아니면 처리해야 할 예측 오류가 있는가? 이것은 당신의 예측 회로에서 답을 찾고 필요하면 수정 조치를 취해야 할 문제다.

당신의 친구가 무사히 도착했다고 치자. 잠시 후 커피를 마시면서 친구는 비행기가 사납게 흔들려 공포에 휩싸였던 이야기를 늘어놓는다. 친구는 비행기가 위아래로 마구 흔들리는 상황에서 안전벨트를 꽉 묶고 눈을 질끈 감은 채 몸이 달아오르고 구역질이 날 것 같으면서 불길한 예감이 쏜살같이 머릿속을 스치고 지나가는 느낌이 어떤 것인지를 전달하려는 목표를 가지고 '공포'의 사례를 구성한다. 친구가 '겁에 질려'라는 표현을 쓸 때 당신도 덩달아 '공포'의 사례를 구성하지만, 이것이 반드시 친구의 사례와 아주 똑같은 신체적 특징을 포함하는 것은 아니다. 예컨대 당신은 비슷한 상황에서 눈을 감지 않을 수도 있다. 그래도 당신은 여전히 친구의 공포를 지각할 수 있으며 친구와 공감할 수 있다. 당신의 사례가 똑같은 상황에서(비행기가 사납게 흔들리는 상황) 똑같은 목표와(위험의 감지) 관련되어 있는 한, 당신과 친구는 충분히 명쾌하게 소통하고 있는 것이다. 반면에 당신이 롤러코스터를 타면서 느낀 스릴 넘치는 공포 같은 '공포'의 다른 사례를 구성했다면, 당신은 친구가 비행기에서 왜 그렇게 호들갑을 떨었는지 제대로 이해하지 못할 것이다. 이처럼 성공적인 소통을 위해서는 당신과 친구가 동기화된 개념을 사용할 필요가 있다.

하나의 종 안에 존재하는 다양성을 중시한 다윈의 견해(1장)를 다시 생각해보자. 동물의 각 종은 서로 다른 독특한 개체들로 이루어진 개체군이다. 한 개체군의 모든 개체에게 필요 또는 충분 조건이 되거나 빈번하게 또는 전형적으로 나타나는 특징 또는 일군의 특징이란 존재하지 않는다. 개체군에 대한 모든 요약은 어느 개체에게도 적용되지 않는 통계적 허구일 뿐이다. 그리고 가장 중요한 점은 한 종 안의 다양성이 개체들의 환경과 의미 있게 관련되어 있다는 것이다. 몇몇 개체는 다른 개체들에 비해 유전 물질을 다음 세대에 전달하기에 더 적합하다. 이와 비슷하게 개념의 몇몇 사례는 특정 맥락에서 특정 목표를 달성하는 데 더 효과적이다. 당신의 뇌 안에서 개념의 사례들이 벌이는 경쟁은 다윈의 자연 선택 이론과도 비슷하다. 다만 몇 밀리세컨드 안에 벌어질 뿐이다. 이 순간 당신의 목표에 어울리는 가장 적합한 사례들이 다른 모든 경쟁자를 물리치고 살아남는다. 이것이 바로 범주화다.[18]

창조적 통계학자들

그렇다면 감정 개념은 어디에서 유래하는가? '경외감' 같은 개념이 광대한 우주에 대한 경외감, 에베레스트산에 오른 시각장애인 에릭 웨이언메이어Erik Weihenmayer에 대한 경외감, 작은 일개미가 자신의 몸무게보다 5천 배나 무거운 것을 나를 수 있다는 사실에 대한 경외감처럼 다양한 까닭은 무엇인가? 고전적 견해에서는 이런 개념이 타고난 것이라고 또는 뇌가 사람들의 표현에서 감정 지문을 찾아내 이것을 개념으로 내면화한다고 주장한다. 그러나 우리가 알다시피 과학자들은 이런 지문을 발견하지 못했다. 그리고 아기들이 태어날 때부터 '경외감'을 안다는 증거는 어디에도 없다.

인간의 뇌는 생후 1년 안에 자력으로 자신의 배선 안에 개념 체계를 발달시킨다. 그리고 이 체계는 당신이 현재 감정을 경험하고 지각하기 위해 동원하는 풍부한 감정 개념들의 바탕이 된다.

신생아의 뇌는 **통계적 학습**이라고 불리는 패턴 학습 능력을 가지고 있다. 아기가 이 낯설고 새로운 세계에 태어나는 순간부터 애매모호한 잡음성 신호가 세계와 아기의 신체로부터 폭탄처럼 쏟아진다. 그러나 이 대량의 감각 입력은 무질서한 것이 아니라 구조와 규칙성을 가지고 있다. 아기의 작은 뇌는 어떤 모습, 소리, 냄새,

감촉, 맛, 내수용 감각 등이 함께 일어나는지 또는 그렇지 않은지에 관한 개연성을 계산하기 시작한다. "이 가장자리들이 모여 경계가 된다. 저 두 얼룩은 더 큰 얼룩의 일부다. 이 짧은 고요함 때문에 분리가 생겼다." 조금씩 조금씩, 그러나 놀라운 속도로 아기의 뇌는 이 애매모호한 감각의 바다를 패턴으로, 즉 모습과 소리, 냄새와 맛, 감촉과 내수용 감각, 그리고 이 모든 것들의 조합으로 푸는 법을 배운다.[19]

과학자들은 인간이 무엇을 타고나며 무엇을 학습하는지에 관해 수백 년 동안 논쟁을 벌여 왔다. 내가 이 자리에서 그러한 논쟁에 끼어들 생각은 없다. 다만 인간은 주위의 규칙성과 개연성으로부터 학습할 수 있는 근본적인 능력을 타고난다는 점을 지적하고자 한다. 실제로 인간은 자궁 안에서도 통계적으로 학습하며, 때문에 구체적으로 어떤 개념을 타고나는지 또는 학습하는지를 판단하기란 그만큼 더 복잡해진다. 통계적 학습의 이 비상한 능력 덕분에 당신은 특별한 개념 체계를 가진 특별한 종류의 마음으로 발달하는 과정을 거치게 되며, 그 결과가 바로 당신이 현재 가지고 있는 마음이다.[20]

인간의 통계적 학습은 언어 발달에 관한 연구에서 처음 발견되었다. 아기는 말에 귀를 기울이려는 자연스러운 관심을 가지고 있는데, 아마도 태어날 때부터 그리고 자궁 안에서부터 소리가 신체 예산 관리와 함께 일어났기 때문일 것이다. 아기는 주변의 소리 흐름을 들으면서 점차 음소 사이의, 음절 사이의, 그리고 단어 사이의 경계를 추론하게 된다. 아기는 "맘마먹자", "배고프니맘마먹을까", "맘마먹자맛있는당근이야냠냠" 같은 소리 덩어리를 들으면서 어느 음절이 더 자주 짝을 이루는지("맘-마", "냠-냠"), 그래서 한 단어의 일부일 가능성이 높은지를 학습한다. 반면에 비교적 드물게 함께 들리는 음절은 다른 단어의 일부일 가능성이 높다고 학습한다. 아기는 이런 규칙성을 엄청 신속하게 학습하며, 이런 소리 자극에 노출된 지 몇 분 만에 학습하기도 한다. 이 학습 과정은 아기 뇌의 배선에 변화를 일으킬 만큼 강력하다. 아기는 태어날 때부터 모든 언어의 모든 소리 사이의 차이를 들을 수 있지만, 생후 1년쯤 되면 통계적 학습의 결과로 이 능력은 살아 있는 사람이 말한 것을 직접 들었던 언어에 포함된 소리로 한정된다. 다시 말해 아기는 통계적 학습을 통해 모국어에 알맞게 배선되는 것이다.[21]

인간이 지식을 획득하는 방법 중 통계적 학습이 유일한 것은 아니지만, 이 학습은 삶의 매우 이른 시기부터 시작되며 언어에 국한되지 않는다. 아기가 소리와 광경에 포함된 통계적 규칙성을 쉽게 학습한다는 것을 보여주는 연구들을 통해 나머지 감각과 내수용 감각도 마찬가지일 것이라고 충분히 가정할 수 있다. 게다가 아기는 여러 종류의 감각에 걸쳐 있는 복잡한 규칙성도 학습할 수 있다. 찍찍거리는 소리를 내는 노란 공과 아무 소리도 내지 않는 파란 공이 상자에 담겨 있을 때, 아기는 색깔과 소리 사이의 이 연관관계를 일반화할 수 있다.[22]

아기는 통계적 학습을 바탕으로 세계에 관해 예측하고 이를 바탕으로 행동한다. 마치 꼬마 통계학자처럼 아기는 가설을 세우고, 자신의 지식을 바탕으로 개연성을 평가하며, 환경에서 얻은 새로운 증거를 통합하고, 검사를 수행한다. 발달심리학자 페이 쉬Fei Xu의 창의적인 연구에서는 생후 10~14개월 된 아기들을 대상으로 분홍색 막대 사탕과 검은색 막대 사탕 중에서 어느 것을 선호하는

지를 먼저 살펴보았다. 그런 다음에 아기에게 검은 색 막대 사탕이 더 많이 들어 있는 사탕 단지와 분홍색 막대 사탕이 더 많이 들어 있는 사탕단지를 보여주었다. 그런 다음 실험자는 눈을 감은 채 각 단지에서 막대 사탕 한 개씩을 꺼내면서 아기가 사탕의 색깔을 볼 수 없게 했다. 실험자는 단지에서 꺼낸 막대 사탕을 막대만 보이도록 불투명한 컵에 따로따로 놓았다. 그러자 아기들은 자신이 선호하는 색깔의 사탕이 있을 확률이 더 높은 컵 쪽으로, 다시 말해 자신이 선호하는 색깔의 사탕이 더 많이 담겨 있던 단지에서 나온 사탕 쪽으로 기어갔다. 이와 같은 실험이 증명하듯이 아기는 세계에 아무렇게나 반응하지 않는다. 아기는 아주 어릴 때부터 능동적으로 자신이 관찰하고 학습하는 패턴을 바탕으로 개연성을 평가해 자신이 원하는 결과를 얻을 가능성을 최대화한다.[23]

영장류, 개, 쥐 등도 통계적으로 학습할 수 있다. 심지어 단세포 동물도 통계적 학습과 이에 기초한 예측을 한다. 다시 말해 단세포 동물은 환경 변화에 단순히 반응하는 것이 아니라 그것을 예상한다. 그러나 유아는 간단한 개념의 통계적 학습 이상의 것을 한다. 즉 인간 유아는 자신이 필요로 하는 세계에 관한 정보가 일부는 **주위 사람들의 마음속에 있다**는 것을 잽싸게 학습한다.[24]

당신은 어린아이들이 다른 사람도 자신과 똑같은 취향을 가졌을 것이라고 생각하는 모습을 종종 보았을 것이다. 브로콜리보다 크래커를 더 좋아하는 한 살 된 아이는 세상의 다른 모든 사람도 마찬가지라고 믿는다. 멀로이 주지사가 샌디 훅 대참사에 관한 연설 도중에 비애에 잠겼다는 것을 청중이 추론할 수 있었던 것처럼 이 아이는 다른 사람의 정신 상태를 추론하지 못한다. 그렇지만 쥐와 그의 학생들은 어린아이들도 통계적 학습 과정에서 심리 추론의 가능성을 보인다는 점을 성공적으로 관찰했다. 그들은 생후 16개월 된 아이들에게 두 개의 그릇을 보여주었다. 한 그릇에는 별 흥미 없는 흰색 주사위들이 담겨 있었고, 다른 그릇에는 조금 더 흥미로운 나선형 스프링 장난감인 슬링키Slinky가 가득 담겨 있었다. 그리고 아이들에게 그릇에 담긴 물체를 선택할 수 있게 하자, 그들은 더 마음에 드는 슬링키를 골라 가졌고 실험자에게도 슬링키를 집어 주었다. 그러나 그 후에 실험자는 다수의 슬링키와 소수의 주사위가 담긴 세 번째 그릇을 가져와서 아이가 보는 앞에서 다섯 개의 흰색 주사위를 골라 가졌다. 그러자 아이들은 실험자에게 주사위를 집어 주었다! 다시 말해 아이들은 실험자의 주관적 취향이 자신과 다르다는 것을 학습할 수 있었다. 이렇게 어떤 물체가 다른 누구에게 긍정적 가치를 가질 수 있다는 점을 깨닫는 것은 심리 추론의 한 예라 하겠다.[25]

아기는 취향 외에도 다른 사람의 목표를 통계적으로 추론할 수 있다. 아기는 실험자가 색깔이 있는 공들을 무작위로 선택할 때와 의도를 가지고 선택할 때의 차이를 지적할 수 있다. 실험자가 의도를 가지고 선택할 때 아기는 특정 색깔의 공을 선택하는 것이 실험자의 목표라는 것을 추론할 수 있으며, 그래서 실험자가 계속 그런 식으로 선택할 것이라고 예상한다.* 이렇게 볼 때 아기는 자동적으

* 아기가 무엇을 '예상'하는지 과학자가 어떻게 알까? 만약 실험자가 예측 가능한 행동을 하면, 예컨대 실험자의 목표에 부합하는 색깔의 공을 집으면, 아기는 별다른 주의를 기울이지 않을 것이다. 그러나 실험자가 다른 종류의 공을 선택하면, 아기는 세심한 주의를 기울이면서 더 오랫동안 바라볼 것이다. 예상 밖의 일이 벌어졌기 때문이다. 심리학에서는 이것을 습관화 방법이라고 부른다.

로 다른 사람의 행동 뒤에 있는 목표를 추측하려 하는 것 같다. 아기는 과거에 비슷한 상황에서 경험한 것을 바탕으로 가설을 세우고 몇 분 후에 일어날 일을 예측한다.[26]

그러나 통계적 학습만으로는 아무런 지각적 유사성도 없는 사례들을 목표에 기초해 정신적으로 묶는 개념을 학습하기 어렵다. '돈'의 개념을 예로 들어보자. 역사상 몇몇 사회에서는 컬러 인쇄된 종이, 금 덩어리, 조개껍질, 보리 또는 소금 더미 등이 통화로 간주되었다. 단순히 이런 것을 보기만 해서는 '돈'의 개념을 학습할 수 없다. 마찬가지로 '공포' 같은 감정 범주의 사례들은 통계적 규칙성이 대단치 않기 때문에(1장 참조) 인간의 뇌가 지각적 유사성을 기초로 개념을 형성하기 어렵다. 순전히 정신적인 개념을 형성하려면 또 다른 비밀 성분이 필요하다. 그것은 바로 단어다.

유아기부터 인간의 뇌는 음성 신호를 적극 처리하려는 성질을 보이며, 말소리가 다른 사람의 마음속 정보에 접근하는 방법이라는 점을 잽싸게 깨닫는다. 특히 아기의 뇌는 더 높고 더 가변적인 음조, 더 짧은 문장, 강력한 시선 접촉이 동원되는 성인의 '아기 말투'에 민감하게 반응한다.[27]

아기가 단어의 의미를 성인들처럼 이해하기 전에도 단어의 소리에 담긴 통계적 규칙성은 아기의 개념 학습을 촉진한다. 이 분야의 대표적 연구자인 발달심리학자 산드라 왁스맨Sandra R. Waxman과 수잔 젤먼Susan A. Gelman의 가설에 따르면 단어는 유아의 개념 형성을 유도한다. 다만 성인이 소통하려는 의도를 가지고 말할 때만 그러하다. "아가야, 여기 봐. **꽃**!"[28]

왁스맨은 생후 3개월밖에 되지 않은 아기를 대상으로 단어의 위력을 증명했다. 아기는 먼저 여러 공룡 그림을 보았고, 실험자는 아기에게 그림을 보여줄 때마다 '토마toma'라는 지어낸 단어를 말했다. 나중에 아기에게 다른 공룡 그림과 공룡이 아닌 물고기 같은 동물 그림을 보여주자, '토마'라는 단어를 들었던 아기는 어느 그림이 '토마'에 해당하는지를 더 잘 구별할 수 있었다. 즉, 아기에게 간단한 개념이 형성된 것이다. 반면에 인간의 말소리 대신에 녹음된 음향을 사용해 똑같은 실험을 반복했을 때는 이런 효과가 전혀 나타나지 않았다.[29]

인간의 말소리에 포함된 단어는 아기의 뇌에게 세계를 관찰해서는 얻을 수 없고 오로지 다른 사람의 마음속에 있는 정보에, 즉 목표, 의도, 취향 같은 **정신적 유사성**에 접근할 수 있는 기회를 제공한다. 이처럼 단어는 감정 개념을 포함해 목표에 기초한 개념이 아기에게 형성되기 시작하는 토대를 제공한다.

아기의 뇌는 주위 사람들이 말하는 단어에 휩싸인 채 간단한 개념들을 축적해 간다. 일부 개념은 단어 없이도 학습되지만, 단어는 이제 막 발달 중인 개념 체계에 뚜렷한 이점을 제공한다. 처음에 단어는 아기에게 그저 소리 흐름일 뿐이고 포괄적인 통계적 학습 과정의 일부에 지나지 않겠지만, 이내 단어는 그 이상의 의미를 지니게 된다. 즉 단어는 아기가 각종 사례에 걸친 유사성을 **창조**하는 계기로 작용한다. 단어는 아기에게 다음과 같이 말을 건다. "물리적으로 다르게 생긴 이 모든 물체를 볼 수 있니? 이것들은 모두 정신적으로 마찬가지야." 바로 이런 등가성이 목표에 기초한 개념의 토대가 된다.[30]

페이 쉬와 그의 학생들은 이것을 실험적으로 증명하기 위해 생후 10개월 된 아기들에게 물체를 보여주면서 물체마다 '욱', '닥' 같은 무의미의 이름을 부여했다. 제시된 물체는 개 모양의 장난감, 물고기 모양의 장난감, 여러 색의 구슬이 달린 원기둥, 고무 꽃이 달린 직사각형 물체 등이 포함되어 있고 서로 비슷한 점이 거의 없었다. 그리고 물체마다 종소리, 달가닥거리는 소리 같은 잡음을 냈다. 그러나 이런 상황에서도 아기들은 패턴을 학습했다. 상이한 물체에 걸쳐 똑같은 무의미의 이름을 들은 아기는 물체의 모양과 상관없이 이런 물체가 똑같은 잡음을 낼 것이라고 예상했다. 또 두 물체가 다른 이름을 가지고 있으면 다른 잡음을 낼 것이라고 예상했다. 아기가 단어의 소리를 바탕으로 물체가 똑같은 잡음을 낼지 아닐지를 예측했다는 점에 주목해야 한다. 이것은 단순한 물리적 외양을 넘어서는 패턴의 학습이기 때문이다. 단어는 아기로 하여금 상이한 것들을 등가로 표상하도록 자극함으로써 목표에 기초한 개념의 형성을 촉진한다. 실제로 관련 연구에 따르면 아기는 단어 없이 물리적 유사성으로 정의된 개념보다 단어를 제시했을 때 목표에 기초한 개념을 더 잘 학습한다.[31]

나는 이것을 생각할 때마다 소름이 끼칠 정도로 경이롭다는 느낌을 받는다. 비슷하게 생긴 물체들을 보면서 이것들에 대한 개념을 형성할 수 있는 동물은 무수하게 많다. 그러나 인간의 아기는 생김새도 다르고 소리도 다르며 촉감도 다른 물체들을 제시해도 여기에 단어 하나만 추가하면 이런 물리적 차이를 넘어서는 개념을 형성한다! 아기는 물체들이 오감을 통해 직접 지각할 수 없는 심리적 유사성을 가질 수 있다는 점을 이해한다. 이 유사성이 바로 우리가 개념의 목표라고 부른 것이다. 아기는 **현실의 새로운 한 조각**

을, '종소리 잡음 내기'라는 목표를 지닌 '욱'이라는 이름의 물체를 창조한 것이다.

아기의 관점에서 볼 때 '욱'이라는 개념은 성인이 가르쳐주기 전에는 세계에 존재하지 않았다. 이런 종류의 사회적 실재는 순전히 정신적인 무언가가 실재한다고 두 사람이 또는 그 이상의 사람이 합의함으로써 성립하며 인간 문화와 문명의 토대를 이룬다. 이를 바탕으로 아기는 우리에게(즉 말을 하는 사람들에게) 그리고 결국에는 아기 자신에게 일관되고 의미를 지니며 예측 가능한 방식으로 세계를 범주화하는 법을 배운다. 이렇게 세계에 대한 아기의 정신 모형은 우리의 정신 모형과 비슷해지고, 마침내는 소통과 경험의 공유와 동일한 세계의 지각이 가능해진다.

내 딸 소피아Sophia가 아장아장 걷는 아기였을 때, 나는 장난감 승용차를 사주면서 소피아가 목표에 기초한 범주를 확장하고 개념 체계를 다듬어 사회적 실재를 창조하는 데 내가 일조하고 있다는 사실을 미처 깨닫지 못했다. 내 딸은 그 승용차를 장난감 트럭 곁에 놓고는 그것들에 입을 맞추곤 했다. 그때 그것들은 '엄마'와 '아가'가 되었을 것이다. 때로는 나의 대녀代女이자 소피아와 동갑인 올리비아Olivia가 놀러 오곤 했는데, 그러면 두 여자 아이는 욕조로 기어 들어가 장난감, 비누, 수건, 기타 욕실 용품에 새로운 기능을 부여해 드라마 소품처럼 활용하면서 몇 시간 동안이나 정교한 가상 드라마를 벌이곤 했다. 한 아이가 머리에 수건을 두르고 칫솔을 휘두르면서 절대 권력자 행세를 하면 다른 아이는 그 앞에서 애원하듯 무릎을 꿇고 있었다. 그것은 아이가 인간답게 성장하는 결정적 순간이었다.

성인이 아이에게 단어 하나를 말하는 순간, 위대한 연극의 막이 거창한 팡파르도 없이 오른다. 바로 이 순간에 우리는 아이에게 현실을 확장할 수 있는 도구를, 즉 순전히 정신적인 한 가지 유사성을 제시하며, 그러면 아이는 이것을 자신의 뇌 안에 배선 중인 패턴으로 통합해 미래의 사용을 준비한다. 특히 바로 이 순간에 우리는 아이에게 감정을 형성하고 지각할 수 있는 도구를 건네는 것이다.

아이들은 어떻게 분노를 학습하는가?

갓 태어난 아기는 얼굴을 보지 못한다. 갓난아기는 '얼굴'에 대한 지각적 개념을 가지고 있지 않으므로 경험맹 상태에 있다. 그러나 갓난아기는 지각적 규칙성만을 바탕으로, 즉 위쪽의 두 눈, 중간의 코, 그 아래 입 등을 바탕으로 인간의 얼굴을 보는 법을 신속하게 배운다.[32]

이런 과정을 감정에 대한 고전적 견해의 관점에서 관찰하는 사람이라면 아기가 행복, 슬픔, 놀라움, 분노 및 기타 감정 범주의 사례들의 감정 개념을 통계적으로 학습하는 것도 신체를 통해 드러내는 또는 다른 사람의 감정 표현을 통해 드러내는 지각적 규칙성을 배우는 방식과 똑같이 이루어진다고 말할 것이다. 실제로 많은 연구자들이 고전적 견해에 의거해 얼굴 표현을 이해하는 능력이 타고나거나 출생 초기에 발달하며 아동의 감정 개념도 이런 능력에 기초할 것이라고 단순히 가정했다. 그러면서 연구자들은 이를 통해 아동의 감정 단어 학습뿐만 아니라 감정의 원인과 결과까지

도 설명할 수 있다고 주장했다.[33]

그러나 결정적으로 이런 견해의 문제점은 우리가 이미 보았듯이 얼굴이나 신체에 일관된 감정 지문이 존재하지 않는다는 사실이다. 따라서 아이는 감정 개념을 다른 방식으로 획득할 수밖에 없다.

또한 방금 전에 보았듯이 단어는 아기로 하여금 매우 상이한 물체들을 동일시하도록 자극한다. 단어는 아기로 하여금 물리적 특성을 넘어서는 유사성을, 개념의 정신적 접착제 역할을 하는 유사성을 찾도록 자극한다. 아마도 아기는 감정 개념도 이런 방식으로 학습할 것이다. 예컨대 '분노'의 사례들 사이에 아무런 지각적 유사성이 없더라도, 아기가 '욱'의 물체들과 '닥'의 물체들을 하나로 묶은 것처럼 '화난'이라는 단어를 통해 이 사례들이 하나의 개념으로 묶일 수 있을 것이다. 이것은 나의 추측이긴 하지만, 이것은 우리가 지금까지 논의한 데이터에 부합하는 견해이기도 하다.

나는 내 딸 소피아가 아기였을 때 나와 내 남편이 의도적으로 내뱉은 감정 단어들을 들으면서 감정 개념을 어떻게 학습했을지에 관해 상상해보곤 한다. 서양 문화에서 '분노'의 한 가지 목표는 누가 부당하게 당신의 길 위에 놓은 장애물을 극복하는 것이다. 예컨대 어느 친구가 소피아를 툭 치면, 소피아는 때로는 울음을 터뜨리기도 했고 또 때로는 맞받아치기도 했다. 그런가 하면 소피아는 음식이 마음에 들지 않으면, 때로는 음식을 뱉어냈고 또 때로는 슬쩍 미소를 지으며 그릇을 바닥에 뒤엎곤 했다. 이런 신체 행동에 수반되는 안면 움직임은 제각각이었으며, 이때 수반되는 신체 예산 변화와 내수용성 패턴도 제각각이었을 것이다. 그러나 이렇게 지속적인 활동 흐름을 접할 때 나와 남편은 다음과 같은 소리 흐름을 내뱉곤 했다. “우리 소피, 화났어?” “아가야, 화내지 마.” “소피가 화난 모양이네.”[34]

이런 잡음이 처음에는 소피아에게 낯설었을 것이다. 그러나 만약 내 가설이 옳다면 시간이 흐르면서 소피아는 종소리를 내는 장난감을 '욱' 소리와 결부시킨 아이처럼 이런 다양한 신체 패턴과 맥락을 '화-난'이라는 소리와 결부시키는 법을 통계적으로 학습했을 것이다. 이렇게 볼 때 '화난'이라는 단어는 겉모습도 전혀 다르고, 느낌도 다른 여러 사례가 어떤 방식으로 똑같은 것이 될 수 있는지를 탐색하도록 내 딸을 자극한 셈이다. 그래서 결국 소피아에게는 장애물 극복이라는 공통 목표로 특징지을 수 있는 사례들에 대한 개념의 싹이 형성되었을 것이다. 그리고 가장 중요하게는 상황에 따라 이 목표를 달성하는 데 어떤 행동과 느낌이 가장 효과적인지를 학습했을 것이다.

이런 방식으로 소피아의 뇌는 '분노' 개념을 신경 구조물 안에 자력으로 구축했을 것이다. 우리가 소피아를 상대로 '화난'이라는 단어를 처음 사용했을 때, 우리는 소피아와 함께 소피아의 분노 경험을 구성했다. 우리는 소피아의 주의를 집중시킴으로써 소피아의 뇌가 각 사례를 거기에 딸린 모든 감각적 세부 사항과 함께 저장하도록 인도했다. 이 단어는 소피아가 이미 자신의 뇌에 있는 다른 모든 '분노' 사례와 이번 사례 사이의 공통점을 창조하도록 도왔다. 또한 소피아의 뇌는 무엇이 이런 경험에 앞서 또는 뒤따라 일어나는지를 파악했다. 그래서 이 모든 것이 소피아의 '분노' 개념이 되었다.[35]

앞에서 나는 멀로이 주지사와 관련해 어떻게 관객이 특정 맥락에서 그의 움직임과 목소리를 관찰함으로써 그의 감정 상태를(즉 강렬한 슬픔을) 추론할 수 있었는지에 대해 이야기한 바 있다. 나는 아이들도 똑같은 것을 할 수 있도록 학습한다고 생각한다. 아이들은 '분노' 같은 개념을 학습함에 따라 자신의 신체 감각뿐만 아니라 다른 사람의 움직임과 목소리에 대해서도(미소, 어깨를 으쓱함, 외침, 속삭임, 어금니 깨물기, 눈을 크게 뜨기, 심지어 가만히 있기에 대해서도) 의미를 부여하고 이것들을 예측함으로써 분노에 대한 지각을 구성하게 된다. 또한 아이들은 바깥 세계에서 들어온 감각 외에도 자신의 내수용 감각에 초점을 맞추어 이것을 예측하고 이것에 의미를 부여함으로써 감정 경험을 구성할 수 있다. 소피아는 성장하면서 문을 쾅 닫는 사람에게까지 자신의 '분노' 개념을 확장했을 것이고 이런 사람을 자신의 사례 개체군에 추가했을 것이다. 그리고 소피아가 재채기 하는 사람을 가리키며 "엄마, 저 사람 화났어"라고 말했을 때, 그리고 내가 그렇지 않다고 답했을 때, 소피아는 자신의 '분노' 개념을 다시 한 번 다듬었을 것이다. 이렇게 소피아의 뇌는 상황에 적합한 개념을 사용해 감각에 의미를 부여하면서 감정 사례를 구성했을 것이다.[36]

만약 내가 옳다면, 아이는 '분노' 개념을 계속 발달시켜 모든 '분노' 사례가 모든 상황에서 똑같은 목표를 위해 구성되는 것은 아니라는 점도 학습할 것이다. 즉 '분노'는 무례한 행동으로부터 자신을 보호하려 할 때, 불공정하게 행동하는 사람을 대할 때, 다른 사람을 공격하고자 할 때, 경쟁에서 이기거나 더 좋은 성과를 내려 할 때, 자신이 강력해 보이고 싶을 때 등에도 구성될 수 있다.[37]

이런 추론을 계속 전개해보면 결국 소피아는 '짜증', '경멸', '복수' 같은 분노와 관련된 단어들이 저마다 서로 다른 사례 개체군을 거느리는 상이한 목표와 관련이 있다는 점을 학습했을 것이다. 그리고 이를 통해 소피아가 갖게 된 분노 관련 개념들의 특수 어휘는 전형적인 십대 미국인의 삶에 적절한 것이 되었을 것이다. 정확히 말하자면 소피아는 경멸이나 복수 같은 것을 일상적으로 그렇게 많이 경험하지는 않았지만, 그래도 다른 청소년들과 어울리다 보면 이런 개념들도 쓸모가 있었을 것이다.

지금까지 소피아의 발달에 관해 이야기하면서 분명해진 것처럼 나의 중심 가설에 따르면 감정 단어는 생물학적 지문도 없는 상황에서 그리고 어마어마한 다양성이 존재하는 상황에서 아이가 감정 개념을 어떻게 학습하는지를 이해하는 열쇠가 된다. 물론 여기서 말하는 감정 단어는 맥락도 없이 따로따로 존재하는 단어가 아니라 아이의 정동적 적소 안에서 감정 개념을 사용하는 다른 사람들이 내뱉은 단어를 의미한다. 이런 단어는 아이가 아이의 문화 속에서 '행복', '슬픔', '공포' 등의 감정 개념을 목표에 기초해 형성하도록 인도하는 역할을 한다.

지금까지 감정 단어에 대해 제시한 나의 가설은 그저 합리적인 추측에 지나지 않는다. 아직까지 감정의 과학에서 이 물음에 대한 체계적 탐색이 이루어지지 않았기 때문이다. 감정 개념이나 범주와 관련해서는 왁스맨, 쉬, 젤먼 같은 발달심리학자들의 창의적 연구와 비교할 만한 연구가 아직 이루어지지 않았다. 그러나 이 가설과 부합하는 몇 가지 그럴듯한 증거가 있기는 하다.

그러한 증거들 중 일부는 실험실에서 아동을 대상으로 주의 깊게 수행된 연구에서 나온 것이다. 연구에 따르면 아동이 약 3세가

되기 전에는 '분노', '슬픔', '공포' 등에 관해 성인과 비슷한 감정 개념이 발달하지 않는다. 서양 문화권의 어린 아이들은 '슬픈', '무서운', '미친' 같은 단어를 뒤섞어 사용한다. 이때 그들이 뜻하는 것은 '나쁜'이라는 의미다. 그들은 감정 입자도가 낮은 셈인데, 이것은 나의 대학원 시절에 실시했던 실험에서 그저 '불쾌한'이라는 의미로 '우울한'과 '불안한' 같은 단어를 마구 사용했던 피험자와 다르지 않다. 부모들은 아기의 울음, 몸부림, 미소 등에서 아기의 감정을 지각하곤 한다. 물론 아기도 태어날 때부터 유쾌와 불쾌를 느끼며, 정동과 관련된 개념은('유쾌한'/'불쾌한') 생후 3~4개월경이면 나타난다. 그러나 수많은 연구를 통해 입증되었듯이 성인과 비슷한 감정 개념은 더 늦게 발달한다. 다만 그 시기가 언제인지는 아직 분명치 않다.[38]

감정 단어에 관한 내 가설을 뒷받침하는 다른 증거는 뜻밖에도 침팬지에게서 발견했다. 우리 연구실에서 박사 후 과정을 거친 제니퍼 푸게이트Jennifer Fugate는 일부 과학자들이 감정 표현으로 간주하는 침팬지의 안면 배치 사진을 수집했다. 거기에는 '놀이를 하는' 얼굴, '비명을 지르는' 얼굴, '이빨을 드러낸' 얼굴, '우우 소리를 내는' 얼굴 등이 포함되어 있었다. 푸게이트는 침팬지 전문가와 일반인을 대상으로 이런 안면 배치를 인식할 수 있는지 검사했는데, 처음에는 아무도 이것을 인식하지 못했다. 그래서 우리는 아기를 대상으로 자주 하는 실험과 비슷한 실험을 시도했다. 즉 전문가와 일반인의 절반에게는 침팬지의 안면 배치 사진만을 보여주었고, 나머지 절반에게는 지어낸 단어를(예: 놀이를 하는 얼굴에는 '피엔트', 비명을 지르는 얼굴에는 '쉐인') 표시한 사진을 보여주었다. 그러자 단어를 학습한 피험자들만이 침팬지의 새로운 안면 배치 사진들을 올바로 범주화할 수 있었다. 즉 이 피험자들은 얼굴 범주에 대한 개념을 획득한 것이다.[39]

틀림없이 아이들은 성장하면서 비로소 감정에 대한 전반적인 개념 체계를 형성하게 된다. 여기에는 아이들이 살면서 학습한 모든 감정 개념이 포함되며, 이런 개념들은 그것의 이름에 해당하는 단어와 결합되어 있을 것이다. 이 개념 체계에서는 다양한 안면 배치와 신체 배치가 동일한 감정으로 범주화되며, 또한 하나의 배치가 여러 감정으로 범주화된다. 다양성이 표준이다. 그렇다면 '행복'이나 '분노' 같은 개념을 지탱하는 통계적 규칙성은 어디에 존재하는가? 그것은 바로 단어 자체에 존재한다. 모든 '분노' 사례에 공통된 가장 가시적인 특징은 이것들이 모두 '분노'라고 불린다는 점이다.

일단 아이에게 초보적인 감정 개념이 생기면, 단어 외의 다른 요인이 감정에 대한 개념 체계의 발달을 위해 중요해진다. 아이는 감정이 일정 시간 동안 전개되는 사태라는 점을 깨닫게 된다. 감정에는 시작이 또는 감정에 선행하는 원인이 있다("엄마가 방 안으로 들어왔다."). 그리고 감정이 일어나는 가운데에는 지금 일어나고 있는 목표 자체가 있다("엄마를 보니 행복하다."). 그리고 끝에는 나중에 일어날 목표 충족의 결과가 있다("나는 미소를 지을 것이며, 그러면 엄마도 미소를 지으며 나를 껴안을 것이다."). 이처럼 감정 개념의 사례는 감각 입력의 연속적 흐름을 서로 구별되는 여러 사태로 분할하면서 그것에 의미를 부여하는 데 큰 역할을 한다.[40]

우리는 눈 깜박임, 눈살 찌푸림, 그 밖의 근육 씰룩거림에서 감정을 보고, 목소리의 높낮이와 리듬에서 감정을 들으며, 우리 자신의 신체에서 감정을 느낀다. 그러나 감정 정보는 신호 자체에 담겨 있지 않다. 우리의 뇌는 선천적으로 표정이나 그 밖의 감정 표현을 인식하고 이것에 반사적으로 반응하도록 프로그래밍되지 않았다. 감정 정보는 우리의 지각 안에 존재한다. 자연이 우리에게 선사한 뇌는 개념 체계를, 아이에게 감정 단어를 사려 깊게 의도적으로 말하는 보호자들의 합창을 통해 들어오는 입력을 자신의 배선에 통합할 수 있는 원재료일 뿐이다.

개념 학습은 평생 계속된다. 때로는 당신의 제1언어에 새로운 감정 단어가 등장해 새로운 개념을 낳기도 한다. 예컨대 '다른 누구의 불행에서 느끼는 쾌감'을 뜻하는 독일 감정 단어 '샤덴프로이데schadenfreude'는 이제 영어에서도 쓰이고 있다. 개인적으로 나는 비운, 절망, 질식, 긴축의 느낌을 뜻하는 그리스 단어 '스테나호리아stenahoria'를 영어에 추가하고 싶다. 내가 보기에 일부 연인관계에 이 감정 개념이 꼭 들어맞을 것 같다.[41]

영어에서 등가물이 없는 개념을 가리키는 감정 단어들이 여러 언어에 꽤 존재한다. 예컨대 러시아어에는 미국인이 '분노'라고 부르는 것에 대해 뚜렷이 구별되는 두 가지 개념이 있다. 그런가 하면 독일어에는 뚜렷이 구별되는 세 가지 '분노' 개념이 있으며, 중국 관화官話에는 다섯 가지 '분노' 개념이 있다. 만약 당신이 이런 언어를 배울 계획이라면, 각 언어에 있는 새로운 감정 개념을 획득해야만 이것과 관련된 지각과 경험을 구성할 수 있을 것이다. 이때 원어민과 함께 생활할 수 있다면 이런 개념의 발달이 더 빨리 이루어질 것이다. 그리고 새로운 개념은 당신의 제1언어에 있는 기존 개념들의 영향을 받을 것이다. 예컨대 영어가 모국어인 사람이 러시아어를 배운다면 사람에 대한 분노(세르디치아serdit'sia)와 정치 상황 같은 조금 더 추상적인 이유로 생기는 분노(즐리치아zlit'sia)를 구별할 줄 알아야 한다. 후자가 영어의 '분노' 개념에 더 비슷하지만, 러시아 사람들은 전자를 더 자주 사용한다. 그래서 영어가 모국어인 사람도 덩달아 '세르디치아'를 더 자주 사용하게 된다. 그러다 보면 종종 잘못 적용하는 일이 생기곤 한다. 물론 이것은 생물학적 의미에서 오류는 아니다. 두 개념 모두 생물학적 지문과 무관하기 때문이다. 그러나 문화적 의미에서는 오류임에 틀림없다.[42]

그런가 하면 제2언어의 새로운 감정 개념 때문에 제1언어의 기존 개념이 변형될 수도 있다. 우리 연구실에 연구원으로 있는 알렉산드라 투루토글루Alexandra Touroutoglou는 그리스에서 왔다. 그는 영어 회화 실력이 늘어남에 따라 그리스어 감정 개념과 영어 감정 개념이 뒤섞이는 경험을 해야 했다. 예컨대 그리스어에는 '죄책감'을 뜻하는 두 가지 개념이 있다. 하나는 사소한 위반 행위에 대한 것이고 다른 하나는 심각한 범칙 행위에 대한 것이다. 영어에서는 이 두 상황 모두에 '죄책감이 드는guilty'이라는 하나의 단어만 사용한다. 언젠가 알렉스는 그리스에 있는 여동생과 통화하면서 우리 연구실의 파티 때 파이를 너무 많이 먹어 꺼림칙하다는 의미로 '중대한' 죄책감을 뜻하는 '에노히enohi'라는 단어를 사용했다. 그러나 이것은 여동생이 보기에 너무 과장된 표현이었다. 이런 오류는 알렉스가 영어의 죄책감 개념을 사용해 자신의 디저트 경험을 구성했기 때문에 발생한 것이다.[43]

이제 당신도 어떤 드라마가 펼쳐지고 있는지 감이 잡힐 것이다. 감정 단어는 당신의 뇌에 고정된 파일처럼 저장된 감정적 사실에 관한 것이 아니다. 감정 단어는 당신이 세계에서 들어오는 단순한 물리적 신호에 대해 당신의 감정 지식을 바탕으로 구성하는 다양한 감정적 의미를 반영한다. 그리고 당신이 획득한 이 지식의 일부는 당신을 돌보면서 당신과 이야기를 나눔으로써 당신이 사회적 세계를 창조하도록 거들었던 사람들의 뇌에 저장된 집단 지식에서 온 것이다.

감정은 세계에 대한 반응이 아니다. 감정은 당신이 구성하는 세계의 일부다.

피자 효과

당신의 뇌에 개념 체계가 일단 확립되면, 감정 단어를 일부러 머릿속에 떠올리거나 입 밖으로 내뱉지 않더라도 감정 사례를 구성할 수 있다. 심지어 당신에게 어떤 감정 단어가 없더라도 당신은 해당 감정을 경험하고 지각할 수 있다. 예컨대 영어를 사용하는 사람들은 대부분 '샤덴프로이데'라는 단어가 영어에 유입되기 훨씬 전에도 다른 사람의 불행에서 쾌감을 느낄 수 있었다. 중요한 것은 개념이다. 그렇다면 어떻게 단어 없이도 개념을 획득할 수 있을까? 그것은 뇌의 개념 체계에 이른바 **개념 조합**의 특별한 능력이 있기 때문이다. 뇌의 개념 체계는 기존 개념들을 조합해 아주 새로운 감정 개념의 최초 사례를 창조할 수 있다.[44]

내가 네덜란드의 문화심리학자인 바챠 메스퀴타Batja Mesquita를 만나러 벨기에를 처음 방문했을 때 그는 우리가 '허젤러흐'라는 감정을 함께 느끼고 있다고 말했다. 우리는 그의 거실에 쪼그리고 앉아서 포도주와 초콜릿을 먹고 있었다. 그는 이러한 감정이 친구나 연인과 집에 있을 때 느끼는 편안함, 포근함, 단란함을 의미한다고 설명했다. '허젤러흐'는 한 사람이 다른 사람에 대해 갖는 내면의 느낌이 아니라 세계 안에서 자신을 경험하는 한 방식이다. 영어의 어떤 한 단어로도 '허젤러흐'의 경험을 기술할 수 없지만, 바챠가 이것을 내게 설명한 순간 나는 곧바로 이것을 경험할 수 있었다. 바챠가 사용한 이 단어에 자극받은 나는 아기처럼, 그러나 내가 자동적으로 동원한 여러 개념의 조합을 통해 새로운 개념을 형성했다. 이때 나는 '친한 친구', '사랑', '기쁨' 같은 개념과 '편안함', '안녕' 같은 느낌을 조합했다. 물론 나의 이런 번역이 완벽하지는 않다. 나는 '허젤러흐'를 미국식으로 경험하면서 상황을 기술하기보다는 내면의 느낌에 더 초점을 맞춘 감정 개념들을 사용했기 때문이다.[45]

개념 조합은 뇌의 강력한 능력이다. 이것의 메커니즘에 대해서는 과학자들 사이에서 여전히 논란이 많지만, 이것이 뇌에 있는 개념 체계의 기본 기능이라는 점에 대해서는 상당수가 동의한다. 이 기능 덕분에 당신은 당신이 가지고 있는 개념들을 바탕으로 아주 새로운 개념을 사실상 무한히 구성할 수 있다. 여기에는 '독침을 쏘는 곤충으로부터 나를 보호해주는 것'처럼 일시적인 목표에 기초한 개념도 포함된다.[46]

그러나 개념 조합은 강력한 대신에 단어를 가지고 있는 것보다는 훨씬 덜 효율적이다. 만약 당신이 내게 오늘 저녁에 무엇을 먹었냐고 묻는다면, 나는 '토마토 소스와 치즈를 얹어 구운 반죽'을 먹었다고 말할 수도 있다. 그러나 이것은 '피자'라고 말하는 것보다 훨씬 비효율적이다. 엄밀히 말하면 감정 단어 없이도 해당 감정의 사례를 구성할 수 있다. 그러나 단어가 있으면 훨씬 쉽다. 개념이 효율적이길 원한다면, 그리고 그 개념을 다른 사람에게도 전하고자 한다면, 단어만큼 편리한 수단은 없다.

아기는 말을 배우기 전에도 이런 '피자 효과'의 덕을 볼 수 있다. 예컨대 말을 배우기 이전 단계의 아기는 일반적으로 대략 세 가지 물체를 마음속에 동시에 품을 수 있다. 아기가 지켜보는 가운데 장난감을 상자에 숨기면, 아기는 숨긴 장소를 최대 세 군데까지 기억한다. 그러나 장난감을 숨기기 전에 여러 장난감을 '닥스' 같은 무의미의 단어로 명명해 부르고 또 다른 여러 장난감에 대해서는 '블리켓' 같은 단어로 이름을 붙여 부르면(그래서 장난감들을 특정 범주로 할당하면), 아기는 최대 여섯 가지 물체를 마음속에 품을 수 있다! 이런 효과는 여섯 개의 장난감이 물리적으로 모두 똑같은 경우에도 나타난다. 이것은 아기가 성인과 마찬가지로 개념적 지식이 선사하는 효율성의 덕을 보고 있음을 강력히 시사한다. 이처럼 개념 조합에 단어가 추가되면 현실을 창조하는 막강한 힘이 생긴다.[47]

간혹 주변에서 수백, 어쩌면 수천 개의 감정 개념을 구사하는 사람을 볼 수 있다. 그런 사람은 감정 입자도가 매우 높은 사람이다. 그런 사람은 분노, 슬픔, 공포, 행복, 놀라움, 죄책감, 경탄, 수치심, 동정심, 혐오, 경외감, 흥분, 자부심, 당혹감, 감사, 경멸, 갈망, 기쁨, 욕정, 활기, 사랑 등에 대한 개념을 가지고 있을 것이다. 또한 '성가심', '짜증', '좌절감', '적대감', '격분', '불만' 같은 상호 연관된 단어에 대해서도 뚜렷이 구별되는 개념들을 가지고 있을 것이다. 이런 사람은 감정의 전문가 또는 감별사라 할 만하다. 이런 사람에게는 각 단어에 상응하는 감정 개념이 있으며, 각 개념은 적어도 한 목표를 위해, 그러나 보통은 다수의 목표를 위해 사용될 수 있다. 감정 개념을 도구에 비유한다면, 이런 사람은 능숙한 장인이 되는 데 필요한 거대한 연장통을 가진 셈이다.

이에 비해 감정 입자도가 중간쯤 되는 사람은 수백 개는 아니고 수십 개 정도의 감정 개념을 구사할 것이다. 이런 사람은 분노, 슬픔, 공포, 혐오, 행복, 놀라움, 죄책감, 수치심, 자부심, 경멸 등에 대한 개념을 가지고 있을 것이며, 아마도 이런 사람의 어휘는 이른바 기본 감정을 크게 초과하지 않을 것이다. 이런 사람에게는 '성가심', '짜증', '좌절감', '적대감', '격분', '불만' 같은 단어가 모두 '분노' 개념에 속할 것이다. 이런 사람의 지극히 평범한 연장통에는 능숙한 장인만큼은 아니어도 몇 가지 꽤 편리한 도구들이 들어 있다. 특별히 눈을 끌지는 않지만 쓸 만한 것들이다.

이에 반해 감정 입자도가 낮은 사람은 겨우 몇 개의 감정 개념을 가지고 있을 것이다. 이런 사람도 '슬픔', '공포', '죄책감', '수치심', '당혹감', '짜증', '분노', '경멸' 같은 단어를 사용할 수 있지만, 이런 단어는 모두 '불쾌한 느낌'의 표현 같은 목표를 추구하는 한 가지 개념에 해당한다. 이런 사람이 가진 도구는 몇 개 되지 않는다. 망치와 다용도 칼 정도가 전부다. 이런 사람도 사는 데는 별 지장이 없지만, 새 도구를 몇 개 추가한다고 해서 손해 볼 일은 없을 것이며, 적어도 서양 문화권에서 살아가려면 그러할 것이다(내 남편은 나를 만나기 전에는 행복, 슬픔, 배고픔의 세 가지 감정밖에 몰랐다고 우스개로 말하곤 한다).

감정에 대해 빈약한 개념 체계를 가진 마음은 감정을 제대로 지각할 수 있을까? 우리 연구실에서 수행한 실험에 비추어 보면 쉽지 않을 것 같다. 3장에서 살펴본 것처럼 사람들이 가지고 있는 감정 개념에 대한 접근을 제한하면 노려보는 얼굴에서 분노를 지각하기, 입을 삐죽 내민 얼굴에서 슬픔을 지각하기, 미소 짓는 얼굴에서 행복을 지각하기 같은 능력은 좀처럼 발휘되지 않는다.

만약 사람들이 감정에 대한 개념 체계를 잘 발달시킨다면, 그들의 감정적 삶은 어떠할까? 그들은 오직 정동만을 느낄까? 이런 물음은 과학적으로 검증하기가 어렵다. 감정 경험의 객관적 지문이 얼굴, 신체, 뇌 등에 존재하지 않으므로 이런 물음에 대한 답변을 기계적으로 구하기는 불가능하다. 결국 사람들에게 어떤 느낌이 드는지 물어볼 수밖에 없다. 그러면 사람들은 이 물음에 답하기 위해 감정 개념을 사용할 수밖에 없기 때문에, 이런 절차 자체가 실험의 목적에 배치되는 면이 있다.

이런 곤란한 상황을 피하려면 감정에 대해 자연적으로 빈약한 개념 체계를 가지고 있는 사람들을 연구해야 한다. 예컨대 실감정증alexithymia이 있는 사람들이 바로 여기에 해당한다. 이들은 전 세계 인구의 약 10퍼센트에 달하는 것으로 추정된다. 실감정증이 있는 사람들은 구성된 감정 이론에서 예측하는 것처럼 감정을 경험하는 데 어려움을 겪는다. 제대로 작동하는 개념 체계를 가진 사람이라면 분노를 경험할 상황에서 이들은 복통을 경험하는 경향이 있다. 이들은 신체 증상에 관해 불편을 호소하고 정동적인 느낌에 대해서는 보고하지만, 이런 것을 감정으로 경험하지는 못한다. 또한 다른 사람의 감정을 지각하는 데도 어려움을 겪는다. 정상적인 개념 체계를 가진 사람이라면 두 남자가 서로 소리치는 광경을 보았을 때 그 사람들의 심리를 추론하여 분노를 지각할 것이다. 그러나 실감정증이 있는 사람은 이런 상황에서 소리치는 모습만을 지각했다고 보고한다. 또한 매우 제한된 감정 어휘만을 구사하며 감정 단어를 기억하는 데도 어려움을 겪는다. 이런 사실들은 개념이 감정의 경험과 지각에 결정적으로 중요하다는 점을 보여주는 또 다른 증거라 하겠다.[48]

뱀을 발견한 사람의 다중 감각

개념은 당신이 행하고 지각하는 모든 것에 결부되어 있다. 그리고 앞 장에서 살펴본 것처럼 당신이 행하고 지각하는 모든 것은 당신의 신체 예산에 결부되어 있다. 따라서 개념도 당신의 신체 예산에 결부되어 있을 것이라고 추론할 수 있다. 그리고 실제로도 그러하다.

아기는 자신의 신체 예산을 스스로 조절하지 못하므로 보호자가 대신해주게 된다. 엄마가 아기를 안고 먹을 것을 줄 때마다 다중 감각적이고 규칙적인 사태가 벌어진다. 즉 눈에 보이는 엄마 얼굴, 귀로 들리는 엄마 목소리, 코로 맡는 엄마 냄새, 피부로 느끼는 엄마의 촉감, 입으로 느끼는 엄마 젖의 맛, 그리고 엄마가 아기를 안고 어르면서 먹이는 행동으로 인해 발생하는 아기의 내수용 감각이 있다. 아기의 뇌는 이 순간의 **감각적인 전체 맥락**을 광경, 소리, 냄새, 맛, 감촉, 내수용 감각의 총체적인 패턴으로 파악한다. 그리고 이런 과정을 통해 개념이 형성되기 시작한다. 이처럼 학습은 다중 감각적으로 일어난다. 아기의 신체 내부 변화와 이런 변화에 따른 내수용 감각은 아기가 학습하는 모든 개념의 일부를 이룬다.[49]

아기가 다중 감각적인 개념을 사용해 범주화할 때 아기의 신체 예산도 함께 조절된다. 공을 가지고 노는 아기는 공을 단순히 색깔과 모양과 질감 등으로만(그리고 방 안의 냄새, 아기의 손과 무릎에 닿는 방바닥의 촉감, 아기가 마지막으로 먹은 음식의 남아 있는 맛 등으로만) 범주화하는 것이 아니라 그 순간 아기의 내수용 감각을 통해서도 범주화한다. 이를 바탕으로 아기는 자신의 신체 예산에 영향을 미치는 자신의 행동을(예: 공을 치기, 공을 입에 넣기) 예측할 수 있게 된다.

당신이 성인으로서 어떤 사태가 특정 감정의(예: '당혹감') 사례라는 점을 학습할 때도 마찬가지로 그 사태의 광경, 소리, 냄새, 맛, 감촉 및 이와 결부된 내수용 감각이 다함께 파악되어 당신의 개념이 형성된다. 그리고 이 개념을 사용해 의미를 구성할 때도 당신의 뇌는 다시 당신의 전체 상황을 고려한다. 예컨대 당신이 바다에서 수영을 하다 뭍으로 나왔을 때 수영복이 벗겨진 사실을 깨닫게 된다면, 당신의 뇌는 '당혹감'의 사례를 구성할 것이다. 이때 당신의 개념 체계에서는 당신의 과거 경험으로부터 당혹스러운 노출의 사례를 수집할 것이며, 이것은 사우나에서 나왔을 때의 상쾌한 노출이나 애인과 열정적인 시간을 보낸 뒤의 편안한 노출보다 더 많은 신체 예산를 필요로 할 것이다. 그리고 상황에 따라서는 수업 시간에 답변을 제대로 못해 까발려진 느낌이 들었을 때처럼 옷을 다 입은 채로 경험한 '당혹감'의 사례도 수집될 것이다. 그러나 아주 친한 친구의 생일을 깜박 잊었을 때처럼 사적인 당혹감의 사례는 포함되지 않을 것이다. 이렇게 당신의 뇌는 현재 상황에서 당신의 목표에 따라 더 포괄적인 개념 체계로부터 사례를 수집할 것이며, 이렇게 수집된 여러 사례 중에서 가장 적절해 보이는 사례를 바탕으로 당신의 신체 예산이 조절될 것이다.[50]

모든 범주화는 개연성에 근거한다. 예컨대 당신이 파리에서 휴가를 보내던 중 지하철에서 낯선 사람이 당신을 향해 얼굴을 찌푸리는 것을 보았다고 생각해보자. 당신에게는 그 낯선 사람이나 그 지하철과 얽힌 과거 경험도 없고 이전에 파리를 방문한 적도 없더라도, 적어도 낯선 장소에서 다른 사람들이 얼굴을 찌푸리는 것을 보았던 과거 경험은 있을 것이다. 그렇다면 뇌는 과거 경험과 개연성을 근거로 개념 사례를 구성해 예측으로 활용할 수 있을 것이다. 그리고 맥락이 조각조각 추가될 때마다(주변에 당신밖에 없는가 아니면 지하철이 붐비는가? 낯선 사람이 남성인가 아니면 여성인가? 눈썹을 치켜올렸는가 아니면 눈살을 찡그리고 있는가? 등) 뇌는 개연성을 가다듬어 마침내 가장 적절한 개념을 찾아내고 예측 오류도 최소화할 수 있을 것이다. 감정 개념을 사용한 범주화는 이렇게 이루어진다. 당신이 다른 사람의 얼굴에서 감정을 발견하거나 인식하는 것이 아니다. 또한 당신이 당신의 신체에서 일어나는 생리적 패턴을 인식하는 것도 아니다. 당신은 이런 감각의 의미를 개연성과 경험을 바탕으로 예측하고 설명한다. 당신이 어떤 감정 단어를 들을 때마다 또는 일련의 감각을 접할 때마다 이런 일이 일어난다.[51]

당신에게는 범주화, 맥락, 개연성에 관한 이런 이야기가 모두 매우 반직관적으로 느껴질지 모른다. 만약 숲 속을 걷다가 길 앞을 가로지르는 커다란 뱀을 보았다면, 이런 상황에서 마음속으로 이렇게 생각하지는 않을 것이다. "나는 과거 경험 중에서 현재의 감각과 어느 정도 유사성을 지니는 몇몇 경쟁적인 개념을 구성한 다음 이를 바탕으로 능동적으로 내 지각을 창조하면서 이 뱀을 예측했다." 대신에 그저 뱀을 보았을 뿐이다. 그리고 조심조심 돌아서서 도망치면서 이렇게 생각하지도 않을 것이다. "나는 많은 예측을 계속 가다듬어 마침내 '공포'라는 감정 범주의 가장 적절한 사례를 찾아내었고, 그래서 도망치게 되었다." 대신에 그저 겁에 질려 달아나야겠다는 충동을 느꼈을 뿐이다. 공포는 갑자기, 걷잡을 수 없이 들이닥치며, 마치 자극(뱀)이 작은 폭탄(신경 지문)을 건드려 반응(공포와 도주)이 촉발된 것처럼 느껴진다.

그리고 나는 나중에 친구들과 커피를 마시면서 뱀 이야기를 할 때도 이렇게 이야기하지 않을 것이다. "내 뇌에서 나의 과거 경험을 사용해 주위 환경에 알맞은 '공포' 개념의 사례를 구성한 뒤 뱀이 길 앞에 나타나기도 전에 시각 뉴런의 점화를 변화시킴으로써 내가 뱀을 지각하고 다른 방향으로 도주하도록 준비를 갖추었으며, 내 예측이 확증되자 내 감각도 범주화되었고, 그래서 나는 내 감각을 목표에 맞게 설명해주는 공포 경험을 구성했고, 정신적 추론을 통해 뱀을 내 감각의 원인으로 그리고 도주를 이것의 결과로 지각하게 되었다." 대신에 훨씬 단순하게 이야기할 것이다. "나는 뱀을 발견해서 비명을 지르며 냅다 도망쳤어."

내가 뱀과 마주친 이야기의 어느 부분에서도 내가 모든 경험의 설계자라는 인상을 받기 어렵다. 그러나 얼룩 모양의 꿀벌 사진에서 그랬던 것처럼 나도 내가 그렇게 느끼든 그렇지 않든 상관없이 내 경험의 설계자다. 내가 뱀을 의식하기 전부터 내 뇌는 분주하게 공포의 사례를 구성하고 있었다. 만약 내가 언젠가는 애완동물용 뱀을 갖고 싶어 하는 8세 소녀라면, 나는 신나는 흥분의 사례를 구성했을 수도 있을 것이다. 그리고 만약 내가 뱀을 집 안에 들여 놓는 데 결사코 반대하는 이 소녀의 부모라면, 나는 짜증의 사례를 구성했을 것이다. 자극에 반응하는 뇌는 신화다. 뇌 활동은 예측과 수정이다. 그리고 우리가 감정 경험을 구성하는 일은 우리의 자각 없이 이루어진다. 이것이 뇌의 구조와 작동 방식에 어울리는 설명이다.[52]

간단히 말하자면 다음과 같다. 내가 뱀을 보았기 때문에 그것의 범주화가 이루어진 것이 아니다. 내가 도망쳐야겠다는 충동을 느꼈기 때문에 그것의 범주화가 이루어진 것이 아니다. 내가 심장이 마구 뛰는 것을 느꼈기 때문에 그것의 범주화가 이루어진 것이 아니다. 내가 범주화했기 때문에 뱀을 보았고, 심장이 마구 뛰는 것을 느꼈고, 도망친 것이다. 나는 이런 감각을 올바르게 예측했으며, 그럼으로써 이런 감각을 '공포' 개념의 사례로 설명했다. 이것이 바로 감정이 만들어지는 방식이다.

지금 이 순간 이 단어들을 읽는 당신의 뇌에는 이미 감정에 대한 강력한 개념 체계가 배선되어 있다. 처음에 당신의 뇌는 순수하게 정보를 얻는 체계로 시작하여 통계적 학습을 통해 당신의 세계에 관한 지식을 획득했다. 그리고 단어 덕분에 당신의 뇌는 당신이 학습한 물리적 규칙성을 넘어 다른 뇌들과 협력하는 가운데 당신 세계의 일부를 발명했다. 당신이 창조한 강력하고 순전히 정신적인 규칙성은 당신의 신체 예산을 통제하여 생존하는 데 기여한다. 이런 정신적 규칙성의 일부가 바로 감정 개념이며, 이것의 기능은 당신의 심장이 마구 뛰고, 당신의 얼굴이 붉어지고, 특정 상황에서 특정 방식으로 느끼고 행동하는 이유에 대한 심리적 설명을 제공하는 것이다. 그리고 이런 추상물을 다른 사람들과 공유함으로써 그리고 범주화에 사용되는 개념들을 서로 동기화함으로써 우리는 서로의 감정을 지각하고 이에 관해 소통할 수 있게 된다.

이것이 구성된 감정 이론의 핵심이다. 이것은 어떻게 당신이 감정 지문 없이도 힘들이지 않고 감정을 경험하고 지각하는지에 대한 설명이다. 감정의 씨앗은 유아기 때 당신이 매우 다양한 상황에서 어떤 감정 단어를(예컨대 '짜증 나는'이라는 단어를) 되풀이해서 들을 때 뿌려진다. 그리고 '짜증 나는'이라는 단어를 바탕으로 이 다양한 사례들의 개체군이 함께 묶여 '짜증'이라는 개념이 형성된다. 이 단어는 당신으로 하여금 이 사례들에 공통된 특징을 찾도록 유도하며, 이때 이런 유사성은 다른 사람들의 마음속에만 존재할 수도 있다. 그래서 이 개념이 일단 당신의 개념 체계에 확립되면, 당신은 매우 다양한 감각 입력에 대해 '짜증'의 사례를 구성할 수 있게 된다. 만약 범주화하는 동안에 당신의 주의가 당신 자신에게 쏠린다면, 당신은 짜증의 경험을 구성할 것이다. 반면에 당신의 주의가 다른 사람에게 쏠린다면, 당신은 짜증의 지각을 구성할 것이다. 그리고 어느 경우든 이런 개념을 바탕으로 당신의 신체 예산이 조절될 것이다.

다른 운전자가 갑자기 끼어드는 바람에 혈압이 오르고 손에 땀이 날 때, 그래서 당신이 급브레이크를 밟으면서 큰소리를 치고 짜증을 느낄 때, 이것은 범주화의 작용이다. 어린 자녀가 날카로운 칼을 집어드는 바람에 숨이 멎고 손이 건조해질 때, 그래서 당신이 미소를 지으며 차분하게 칼을 내려놓으라고 말하면서 속으로는 짜증이 날 때, 이것은 범주화의 작용이다. 누가 이상하게 눈을 크게 뜬 채 당신을 쳐다보는 모습을 보면서 그가 짜증이 났다고 지각할 때, 이것도 범주화의 작용이다. 이 모든 경우에 '짜증'에 대한 당신의 개념적 지식이 범주화를 주도하고, 당신의 뇌는 맥락에 맞게 의미를 구성한다. 2장에서 이야기한 것처럼 내가 대학원생 시절에 한 남자의 점심 신청을 받은 뒤 실제로는 내가 유행성 감기에 걸린 것을 그 남자에 대한 매력으로 느꼈다는 이야기도 범주화의 또 다른 예다. 나의 신체 예산이 바이러스 때문에 교란되었는데, 이로 인한 정동의 변화를 내가 점심 상대에 대한 끌림으로 경험한 까닭은 내가 '사랑의 열병' 사례를 구성했기 때문이다. 만약 같은 증상을 다른 맥락에서 범주화했다면, 나는 이것을 감기약과 며칠간의 휴식이 필요한 어떤 것으로 이해했을 것이다.

당신의 유전자가 당신에게 선사한 뇌는 자체 배선을 통해 자신의 물리적이고 사회적인 환경에 적응할 수 있다. 당신의 문화 안에서 함께 살아가는 주위 사람들은 그들의 개념을 사용해 이 환경을 유지하면서 그들의 뇌에서 당신의 뇌로 이런 개념들을 전달함으로써 당신이 이 환경 안에서 살아가는 데 기여한다. 그리고 시간이 흐르면 다시 당신은 당신의 개념을 다음 세대의 뇌에 전달한다. 이렇게 인간의 마음이 창조되는 데는 하나 이상의 뇌가 참여한다.

나는 아직 이 모든 것이 뇌 안에서 어떻게 작동하는가에 관해서, 즉 범주화의 생물학적 메커니즘에 관해서 설명하지 않았다. 과연 어떤 신경망이 관여할까? 이 과정은 당신의 뇌에 내재하는 예측력과 어떤 관계가 있으며, 당신의 지극히 중요한 신체 예산에 어떤 영향을 미치는가? 다음 장에서 우리는 뇌에서 감정이 어떻게 만들어지는지를 이해하기 위한 마지막 수수께끼를 풀면서 이 점을 논의할 것이다.

| 6장 |

뇌는 어떻게 감정을 만들어내는가?

상사에게 주먹을 한 방 날리고 싶은 충동을 느낀 적이 있는가? 물론 나는 직장 폭력을 부추길 마음이 전혀 없으며, 직장 동료로서 훌륭한 자질을 갖춘 상사는 수두룩하게 많다. 그러나 때로는 '주먹을 부르는 얼굴'을 뜻하는 독일 감정 단어 '박파이펜게지히트Backpfeifengesicht'를 체현한 듯한 상사와 일을 해야만 하는 운명에 처할 때도 있다.

만약 그러한 상사가 당신에게 거의 1년 내내 추가 업무를 지시했다고 치자. 당신은 모든 일을 훌륭히 완수한 후 승진을 기대했지만, 상사는 다른 사람이 승진했다고 퉁명스럽게 내뱉는다. 이럴 때 당신의 감정은 어떻겠는가?

당신이 서양 문화권에서 살고 있다면, 십중팔구 당신은 분노를 느꼈을 것이다. 그리고 당신의 뇌에서는 '분노'에 관한 수많은 예측이 산출되었을 것이다. 그중 하나는 주먹으로 책상을 내려치면서 상사에게 고함을 지르는 것일 수 있다. 또 다른 하나는 자리에서 일어나 천천히 상사에게 다가간 뒤에 위협적인 태도로 몸을 숙이면서 "당신, 후회하게 될 거야"라고 속삭이는 것이다. 또는 그냥 조용히 자리에 앉아 상사의 경력에 흠집을 낼 계획을 세울 수도 있을 것이다.[1]

이렇게 다양한 '분노'의 예측에는 상사, 승진 실패, 복수심 같은 유사성이 있는 반면 고함, 속삭임, 침묵 사이에는 제각기 상이한 감각 예측과 운동 예측이 요구되기 때문에 많은 차이가 있다. 각 예측에 포함된 당신의 동작도 다르며(책상 내려치기, 몸을 구부리기, 앉기), 따라서 당신의 신체 내부 변화도 다르고 신체 예산에 초래되는 귀결도 다르며, 따라서 내수용성 결과와 정동적 결과도 다르다. 그리고 최종적으로는 당신의 뇌에서 우리가 곧 논의할 과정을 통해 이 특정 상황에서 당신의 목표에 가장 적합한 '분노'의 **최종 사례** winning instance가[여러 예측의 경합에서 최종 승리한 사례가 - 옮긴이 주] 선택된다. 그리고 이 최종 사례를 통해 당신의 행동과 경험이 결정된다. 이런 과정이 바로 범주화다.

그러나 당신의 상사와 관련된 상황은 다른 방향으로 전개될 수도 있다. 예컨대 당신은 분노를 느끼면서도 상사의 마음을 사로잡기, 당신을 밀어내고 승진한 동료와 원만한 관계를 유지하기 같은 다른 목표를 추구할 수도 있다. 또는 '후회', '공포' 같은 다른 감정의 사례를 구성할 수도 있으며, 또는 '종속 상태의 탈피' 같은 비감정이나 '두통' 같은 물리적 증상 또는 상사가 '멍청한 자식'이라는 지각 등을 구성할 수도 있다. 어느 경우든 당신의 뇌는 과거 경험을 바탕으로 현재의 전체 상황과 당신의 내부 감각에 가장 어울리는 것을 범주화하려는 비슷한 과정을 거치게 된다. 범주화는 당신의 지각이 되는 그리고 당신의 행동을 인도하는 최종 사례를 선택하는 과정이다.[2]

앞 장에서 본 것처럼 감정을 구성하는 데는 많은 개념이 동원된다. 이제 당신이 아주 어린 아기였을 때부터 당신의 뇌가 **어떻게** 개념 체계를 획득하고 사용하게 되었는지 살펴보기로 하자. 그러면서 앞서 접했던 여러 주요 주제의 신경적 기초에 대해서도 살펴볼 것이다. 여기에는 감정 입자도, 개체군 사고를 비롯해 감정이 구성되기보다 촉발되는 것처럼 느껴지는 이유, 그리고 신체 예산 관리 부위가 당신의 모든 결정과 행동에 영향을 미칠 수 있는 이유 등의 주제가 포함될 것이다.* 그리고 이런 설명들을 바탕으로 우리는 인간의 마음에 관한 가장 까다로운 수수께끼 중의 하나인 "어떻게 뇌가 의미를 만들어내는가?"라는 물음에 대한 통일적인 설명틀을 얻게 될 것이다.

아기의 예측은 오류투성이다

아기의 뇌에는 성인이 가지고 있는 대다수 개념이 결여되어 있다. 아기는 망원경이 무엇이고 해삼이 무엇이며 나들이가 무엇인지 모른다. '변덕', '샤덴프로이데' 같은 순전히 정신적인 개념은 말할 것도 없다. 신생아는 상당한 정도로 경험맹 상태에 있다. 따라서

* 이 장을 뒷받침하는 과학적 증거에 대해 더 자세한 것은 부록 D를 참조하라.

아기의 뇌가 제대로 예측하지 못하는 것은 놀라운 일이 아니다. 성장한 뇌는 예측으로 가득 차 있지만, 아기의 뇌는 예측 오류투성이다. 그러므로 아기의 뇌에 세계에 대한 모형이 생기려면, 우선 아기가 감각 입력을 바탕으로 세계를 학습해야 한다. 이 학습이 아기 뇌의 기본 과제다.

처음에는 아기의 뇌에 마구 쏟아지는 감각 입력의 대부분이 새로운 것이며, 무엇이 중요한지도 미결정된 상태이기 때문에 무시하고 넘어갈 것도 별로 없다. 감각 입력이 바다의 굽이치는 파도(뇌 활동)에 부딪쳐 튀어나오는 작은 조약돌 한 개와 같다면, 아기에게 이 조약돌은 바위와도 같다. 아기는 주위에서 들어오는 감각 입력을 쭉쭉 빨아들이면서 배우고 또 배운다. 발달심리학자 앨리슨 고프닉Alison Gopnik은 아기가 엄청 밝지만 사방으로 흩어지는 주의의 '손전등'을 가지고 있다고 말한다. 반면에 성인인 당신의 뇌에 있는 신경망은 당신의 예측을 곁길로 새게 만들 정보를 미리 차단해 당신이 이 책을 읽기 같은 일에 주의를 집중할 수 있도록 해준다. 당신에게는 여기 있는 단어 같은 몇 가지만 비추고 다른 것은 어둡게 만들어버리는 주의의 '스포트라이트'가 내장되어 있다. 그러나 아기의 뇌에 있는 '손전등'은 이런 식으로 초점을 맞출 수 없다.[3]

몇 달이 지나고, 모든 것이 순조롭게 진행되면, 아기의 뇌는 조금 더 효과적으로 예측하기 시작한다. 바깥 세계에서 들어온 감각이 세계에 대한 아기의 모형을 구성하는 개념이 된 것이다. 밖에 있던 것이 이제는 안에 있다. 시간이 지나면 이런 감각 경험들을 바탕으로 아기의 뇌는 여러 감각을 포괄하는 **상호 조율된** 예측을 할 수 있게 된다. 잠에서 깨어나 밝은 방에서 배가 꼬르르하면, 이것은 아침을 의미한다. 반면에 머리 위에 밝은 빛이 있고 따뜻하고 축축하면, 이것은 저녁 목욕 시간을 의미한다. 내 딸 소피아가 태어난 지 겨우 몇 주 되었을 때, 우리는 딸의 수면 패턴 발달을 촉진시켜 우리의 평화로운 잠자리를 확보하기 위해 이런 다중 감각 예측을 활용했다. 우리는 뚜렷이 구별되는 노래, 이야기, 색깔 담요, 기타 의례를 동원해 딸이 낮잠 시간과 밤잠 시간을 통계적으로 구별할 수 있도록 거들었다. 그래서 우리는 딸이 때에 맞춰 잠깐 자거나 또는 길게 자기를 바랐다.[4]

소량의 구체적인 개념과 대량의 예측 오류로 뒤덤벅이던 아기의 뇌가 어떻게 다양한 사례의 개체군에 해당하는 '경외감', '절망' 같이 복잡하고 순전히 정신적인 수천 가지 개념을 갖게 될까? 이러한 공학적 궁금증에 대한 답은 인간 대뇌 피질의 구조에서 찾을 수 있다. 또한 효율과 에너지를 둘러싼 몇 가지 기본 문제로 모든 것을 설명할 수 있다. 아기의 뇌는 변화하는 환경 속에서 끊임없이 개념을 학습하고 갱신해야 한다. 그러기 위해서는 매우 강력하고 효율적인 뇌가 필요하다. 그러나 뇌에는 실제적인 제약이 있다. 뇌의 신경망은 엄마의 골반을 통과해 세상에 나온 후에라야 두개골 안에 담길 만큼만 커질 수 있다. 또한 뉴런은 많은 에너지를 소비하는 만큼 먹여 살리기가 만만치 않은 값비싼 세포들이다. 따라서 뇌가 물질대사를 통해 먹여 살리면서 돌릴 수 있는 신경 연결의 수에는 한계가 있을 수밖에 없다. 그러므로 아기의 뇌는 정보를 되도록 소수의 뉴런에게 전달하면서 **효율적으로** 작업할 필요가 있다.

이 공학적 문제에 대한 해결책은 **유사성과 차이를 분리**하는 방식으로 개념을 표상하는 피질이다. 이 분리는 이제 살펴볼 것처럼 어마어마한 최적화로 이어진다.

유튜브YouTube에 있는 동영상을 볼 때마다 당신은 비슷한 종류의 효율적인 정보 전달을 목격한다. 동영상은 여러 정지 영상 또는 '프레임'이 빠르게 연속해서 제시되는 것이다. 그러나 프레임들 사이에 중복이 많기 때문에 유튜브 서버에서 인터넷을 통해 당신의 컴퓨터나 휴대폰으로 동영상 정보를 전송할 때 모든 프레임의 모든 화소를 일일이 전송할 필요는 없다. 이전 프레임에서 정지한 부분은 이미 전송했으므로 한 프레임에서 다음 프레임으로 옮겨 가면서 **변화**한 것만 전달하는 것이 더 효율적이다. 즉, 유튜브에서는 동영상의 유사성과 차이를 분리해 전송 속도를 높이고, 당신의 컴퓨터나 휴대폰에 있는 소프트웨어는 이 조각들을 조립해 통일된 동영상을 만든다.

예측 오류를 처리하는 인간의 뇌에서도 거의 똑같은 일이 일어난다. 눈으로 들어오는 감각 정보는 동영상처럼 중복되는 부분이 매우 많으며, 청각, 후각, 그 밖의 다른 감각도 마찬가지다. 뇌는 이 정보를 점화하는 뉴런들의 패턴으로 표상한다. 이때 되도록 적은 뉴런으로 이것을 표상하는 것이 유리하고 효율적이다.

예컨대 시각체계는 직선을 일차 시각피질에서 점화하는 뉴런들의 패턴으로 표상한다. 이제 이 첫 번째 선에 직각을 이루는 두 번째 선을 표상하기 위해 또 다른 집단의 뉴런들이 점화한다고 가정해보자. 그러면 세 번째 집단의 뉴런들은 이 두 선 사이의 통계적 관계를 '각도'라는 간단한 개념으로 효율적으로 **요약**할 수 있을 것이다. 아기의 뇌는 길이, 두께, 색깔 등이 제각각인 선 조각들이 서로 교차하는 수백 가지 경우를 접하겠지만, 이것들은 모두 개념적으로 '각도'의 사례이며, 따라서 더 작은 규모의 뉴런 집단들을 통해 효율적으로 요약될 수 있다. 이런 요약을 통해 중복이 제거된다. 그리고 뇌는 이런 방식으로 감각적 차이에서 통계적 유사성을 분리해낸다.

마찬가지로 '각도' 개념의 사례들은 다시 다른 개념의 일부가 된다. 예컨대 아기에게는 엄마의 얼굴에 대한 시각 입력이 여러 각도와 상황에서(예컨대 젖을 먹으면서, 얼굴을 마주하고 앉아서, 아침에, 저녁에 등) 들어온다. 이때 아기의 '각도' 개념은 다양한 각도와 밝기 속에서 끊임없이 변화하는 엄마 눈의 선과 윤곽을 요약하는 '눈' 개념의 일부가 될 수 있다. 이렇게 다른 뉴런 집단에서 '눈' 개념의 다양한 사례를 표상하게 되면, 아기는 이런 눈들의 감각적 차이를 넘어 이것들을 매번 엄마의 눈으로 인식할 수 있게 된다.[5]

매우 특수한 개념에서 점점 더 일반적인 개념으로 나아감에 따라(여기서는 선에서 각도로, 그리고 다시 눈으로) 뇌가 창조하는 유사성은 정보의 점점 더 효율적인 요약본이 된다. 예컨대 '각도'는 선에 비하면 효율적인 요약본이지만, 눈에 비하면 감각적 세부 사항일 뿐이다. 그리고 '코'나 '귀' 등의 개념에도 똑같은 논리가 적용된다. 즉 이런 개념들은 모두 얼굴 특징의 감각적 규칙성을 더 효율적으로 요약하는 '얼굴' 개념의 일부가 된다. 결국 아기의 뇌에 시각 개념들에 대한 요약 표상이 충분히 형성됨에 따라 아기는 낮은 수준의 감각적 세부 사항에서는 엄청나게 다양한 사례들을 접하면서도 하나의 안정된 물체를 보게 된다. 생각해보라. 당신의 두 눈은 매순간 수백만 개의 아주 작은 정보 조각을 당신의 뇌에 전달한다. 그러나 당신은 그냥 '책 한 권'을 보고 있다.

유사성을 찾아 효율을 높이는 이 원리는 시각체계뿐만 아니라 모든 감각 체계에(청각, 후각, 내수용 감각 등) 그리고 여러 감각의 조합 패턴에도 적용된다. '엄마' 같은 순전히 정신적인 개념에 대해 생각해보자. 아기가 아침에 젖을 먹을 때, 아기의 여러 감각 체계에 있는 뉴런 집단들이 점화해 엄마의 시각 이미지, 목소리, 냄새, 안겨서 느끼는 촉감, 영양 섭취에 따른 에너지 증가, 배부른 느낌, 안겨서 젖을 빠는 쾌감 등을 통계적으로 관련된 패턴으로 표상한다. 이 모든 표상들은 서로 관련되어 있으며, 이것들의 요약본은 다른 곳에, 즉 더 작은 뉴런 집단의 점화 패턴 안에 '엄마'의 초보적인 다중 감각적 사례로서 표상된다. 그리고 같은 날 다시 나중에 젖을 먹는 동안에 비슷하지만 동일하지는 않은 뉴런 집단들이 동원되어 '엄마' 개념의 또 다른 요약본이 비슷한 방식으로 형성될 것이다. 나아가 아기가 침대 위에 매달린 장난감을 찰싹 때릴 때, 그래서 장난감이 흔들거리는 것을 보면서, 이와 관련된 촉각과 아기의 움직임에 따른 에너지 감소와 결부된 내수용 감각을 느낄 때, 아기의 뇌에서는 이렇게 통계적으로 관련된 사태들이 '자기' 개념의 초보적인 다중 감각적 사례로서 요약될 것이다.[6]

이런 방식으로 아기의 뇌는 개별 감각들에 대한 분산된 점화 패턴에서 하나의 다중 감각적 요약본을 추출한다. 이런 과정을 통해 중복이 감소하고, 나중에 사용할 정보가 효율적인 최소 형태로 표상된다. 이것은 평소에 적은 공간을 차지하고 있다가 먹기 전에 복원해야 하는 건조 식품과도 같다. 이런 효율성 덕분에 아기의 뇌는 학습을 통해 '엄마'나 '자기' 같은 개념의 초기 형태를 발달시킬 수 있다.

아이가 나이를 먹으면서 아이의 뇌는 저장된 개념들을 바탕으로 더 효과적인 예측을 하기 시작한다. 그러나 당연히 예측 오류도 여전히 존재한다. 예컨대 소피아가 세 살이었을 때 우리는 함께 쇼핑몰에 갔는데 소피아가 레게머리를 한 남성을 발견했다. 당시에 소피아는 레게머리를 한 사람을 세 명 알고 있었다. 평균 키에 피부가 거무스름하며 소피아가 아주 좋아하는 케빈Kevin 삼촌, 마찬가지로 피부가 거무스름하지만 키가 꽤 크고 어깨가 넓은 또 한 지인, 그리고 이웃 중에 여성이고 키가 작으며 밝은 색 피부를 가진 사람이 그들이다. 소피아가 레게머리를 한 남성을 발견한 순간 소피아의 뇌에서는 다수의 예측이 우후죽순처럼 생겨나서 소피아의 경험이 되기 위한 경합을 벌였을 것이다. 논의의 편의상 소피아가 과거에 여러 장소와 시점에 여러 각도에서 경험한 케빈 삼촌에 관한 100가지 예측, 소피아의 지인에 관한 14가지 예측, 이웃 여성에 관한 60가지 예측이 생겨났다고 치자. 이때 이런 예측은 모두 소피아의 뇌에 있던 온갖 패턴 조각들을 이리저리 짜 맞춘 것이다. 또한 이 174가지 예측 외에도 소피아가 이전에 경험한 사람들, 장소들, 물체들에 관한, 즉 당시에 소피아의 앞에 벌어진 장면과 통계적으로 관련이 있는 온갖 것들에 관한 다른 많은 예측이 생겨났을 것이다.

소피아의 뇌에 생겨난 174가지 예측들의 개체군은 '레게머리를 한 사람'이라는 개념에 해당한다. 우리는 이런 사례들이 하나의 개념으로 '분류'된다고 말하곤 했지만, 실제로 소피아의 뇌 어느 곳에도 이렇게 분류된 '집단'이 따로 저장되어 있는 것은 아니다. 개념은 정보의 흐름 속에서 단 하나의 특정 뉴런 집단에 의해 표상되는 것이 아니다. 개념은 다수 사례의 개체군일 뿐이며, 이런 사례들은 매번 다양한 뉴런 패턴으로 표상된다(이것이 변성이다). 개념은 매순간 즉석에서 구성된다. 그리고 무수히 많은 사례 가운데 패턴 일치의 측면에서 소피아의 현재 상황에 가장 비슷한 것이 바로 우리가 '최종 사례'라고 부른 것이 된다.[7]

바로 그날 소피아는 유모차에서 뛰어 나와 쇼핑몰을 가로질러 달려가더니 작은 팔로 그 남성의 다리를 와락 껴안으면서 '케빈 삼촌!' 하고 외쳤다. 그러나 소피아의 기쁨은 오래가지 못했다. 소피아가 알고 있는 케빈 삼촌은 거기서 천 킬로미터 떨어진 집에 있었기 때문이다. 소피아는 완전히 낯선 사람의 얼굴을 올려다 보면서 외마디 소리를 내뱉었다.*

이런 일반적인 과정은 '슬픔' 같은 순전히 정신적인 개념에 대해서도 똑같이 일어난다. 한 아이가 세 가지 다른 상황에서 누가 '슬픔'이라는 단어를 말하는 것을 들었다고 치자. 이 세 사례는 이 아이의 뇌에 조각조각 표상된다. 이 사례들은 어디에 구체적으로 '함께 분류'되어 있지 않다. 네 번째 상황에서 이 아이는 교실에서 다른 아이가 우는 모습을 보게 되고, 이때 선생님은 '슬픈'이라는 단어를 사용한다. 이 아이의 뇌에서는 현재 상황과 어떤 식으로든 통계적으로 비슷한 다른 예측들과 함께 이전 세 사례가 예측으로 구성된다. 이 세 사례의 예측 집합이 바로 '슬픔' 사례들 사이의 순전히 정신적인 몇몇 유사성을 바탕으로 이 순간에 창조된 개념이다. 그리고 다시 현재 상황에 가장 비슷한 예측이 이 아이의 경험이, 즉 이 경우에는 하나의 감정 사례가 된다.[8]

* 공교롭게도 그 남성의 이름도 케빈이었다.

개념과 예측이 만들어낸 기억된 현재

이제 나는 지금까지 언급했던 것을 조금 더 분명하게 설명하고자 한다. 내가 지금까지 논의한 개념과 예측이라는 두 현상은 실제로는 동일한 것이다.

당신의 뇌가 '행복이라는 개념의 사례를 구성'할 때, 이것은 당신의 뇌가 행복의 '예측을 내놓는다'고 말하는 것과 마찬가지다. 소피아의 뇌가 케빈 삼촌에 관한 100가지 예측을 내놓았을 때, 이 예측들은 모두 소피아가 낯선 사람의 다리를 붙잡기 전에 즉석에서 형성했던 '케빈 삼촌'이라는 개념의 사례였다.[9]

나는 앞에서 몇몇 설명을 단순화하기 위해 예측과 개념을 구별했다. 그러나 이 책 전체에 걸쳐 '예측'이라는 단어만 사용하고 '개념'이라는 단어는 언급도 하지 않을 수 있으며, 거꾸로도 마찬가지다. 그러나 정보 전달은 뇌 여기저기를 돌아다니는 예측의 관점에서 이해하기가 더 쉬운 반면에, 지식은 개념의 관점에서 이해하기가 더 용이하다. 이제 우리는 개념이 뇌에서 어떻게 작동하는지를 논의하고 있으므로, 개념이 곧 예측이라는 점을 인정해야 할 것이다.

아기는 자신의 신체와 세계에서 들어오는 세세한 감각 입력을 바탕으로 개념을(즉 예측 오류에 해당하는 개념을) 형성한다. 유튜브에서 동영상을 압축하듯이 차이에서 유사성을 추출함으로써 뇌는 감각 입력을 효율적으로 압축하고 결국에는 효율적인 다중 감각적 요약본을 만들어낸다. 일단 뇌가 이런 식으로 개념을 학습했으면, 뇌는 이 과정을 거꾸로 돌려 유사성을 차이로 팽창시킴으로써 해당 개념의 사례를 구성할 수 있다. 이것은 컴퓨터나 휴대폰에서 입력된 유튜브 동영상을 압축 해제해 재생하는 것과도 비슷하다. 이렇게 개념의 사례를 구성하는 것이 바로 예측이다. 예측은 개념을 '적용'하고, 일차 감각 부위와 운동 부위의 활동을 변경하며, 필요하면 수정과 미세 교정을 거치는 과정이다.

내가 딸과 함께 그랬던 것처럼 당신이 쇼핑몰에서 이 상점 저 상점을 둘러보고 있다고 상상해보라. 쇼핑몰은 분주히 돌아다니는 사람들의 소리로 가득하고, 상점 진열창에는 매혹적인 제품들이 넘쳐난다. 이때 당신의 뇌는 분주하게 수천 가지 예측을 동시에 쏟아낸다. "내 앞에서 누가 움직인다." "내 왼쪽에서 누가 움직인다." "내 호흡이 느려진다." "내 배가 꼬르륵거린다." "웃음 소리가 들린다." "나는 평온하다." "나는 외롭다." "내 이웃이 보인다." "우체국에서 일하는 바로 그 참한 청년이 보인다." "케빈 삼촌이 보인다." 이 중에서 사람에 관한 마지막 세 예측이 넓은 의미의 친구와 관련해 느끼는 '행복' 개념의 사례들이라고 치자. 그러면 당신의 뇌에서는 당신이 뜻밖에 친구와 마주쳤던 비슷한 상황에 대한 과거 경험을 바탕으로 이 개념의 많은 사례가 동시에 구성될 것이다. 그리고 각 사례는 바로 이 순간에 사실일 개연성을 어느 정도씩 가지고 있다.

이제 이 사례 중 하나에, 즉 평소 좋아하던 케빈 삼촌을 뜻밖에 쇼핑몰에서 보았다는 당신의 예측에 초점을 맞춰보자. 당신의 뇌에서 이 예측을 내놓는 까닭은 과거 언젠가 당신이 케빈 삼촌을 비슷한 상황에서 본 적이 있고 그래서 당신이 행복으로 범주화하는 감각을 경험했기 때문이다. 그렇다면 이 예측은 지금 이 순간 당신에게 들어오는 감각 입력과 얼마나 일치할까? 만약 이것이 다른 모든 예측보다 더 잘 일치한다면, 당신은 이 '행복'의 사례를 경험할 것이다. 만약 그렇지 않다면, 당신의 뇌는 예측을 조정할 것이고, 당신은 '실망'의 사례를 경험할 수도 있을 것이다. 또는 당신의 뇌에서 예측이 감각 입력과 일치하도록 **만들어**, 소피아가 그날 쇼핑몰에서 그랬던 것처럼 엉뚱한 사람을 당신이 좋아하는 케빈 삼촌으로 잘못 지각할 수도 있을 것이다.

이제 당신이 쇼핑몰에 서 있는 이 순간에 당신의 뇌는 케빈 삼촌에 대한 예측이 최종적으로 당신의 지각이 되어 당신의 행동을 이끌게 될지, 아니면 코스 수정이 필요한지를 결정해야 한다. 세부 사항을 판단할 필요가 있는 뇌에서는 마치 재생할 유튜브 동영상을 압축 해제하듯이 또는 탈수 처리된 음식에 물을 더해 먹을 수 있게 만들듯이 온갖 감각 입력의 요약본을 풀어 더 자세한 예측들을 내놓는 거대한 **다단계 과정**cascade이 전개된다. 이 과정은 세부 사항을 바탕으로 개념을 형성하는 과정과 방향만 다른 동일한 과정이다(그림 6-1).

예컨대 '행복'의 예측이 시각체계의 윗 부분에 도달하면, 이 예측은 케빈 삼촌의 모습에 대한(예컨대 그가 당신 쪽을 바라보고 있는지, 당신으로부터 멀리 떨어져 있는지, 어떤 옷을 입고 있는지 등에 대한) 세부 사항으로 압축 해제될 수 있을 것이다. 이 세부 사항도 개연성에 근거한(예컨대 케빈 삼촌은 격자 무늬 옷을 절대 입지 않는다는 식의) 예측인데, 당신의 뇌에서는 이런 시뮬레이션을 실제 감각 입력과 비교하면서 혹시 있을 수 있는 예측 오류를 계산하고 해소하게 된다. 이 해소는 단 하나의 단계로 일어나는 것이 아니라 4장에서 논의한 예측 회로의 경우처럼 수백만 개의 조각들을 통해 일어난다. 이런

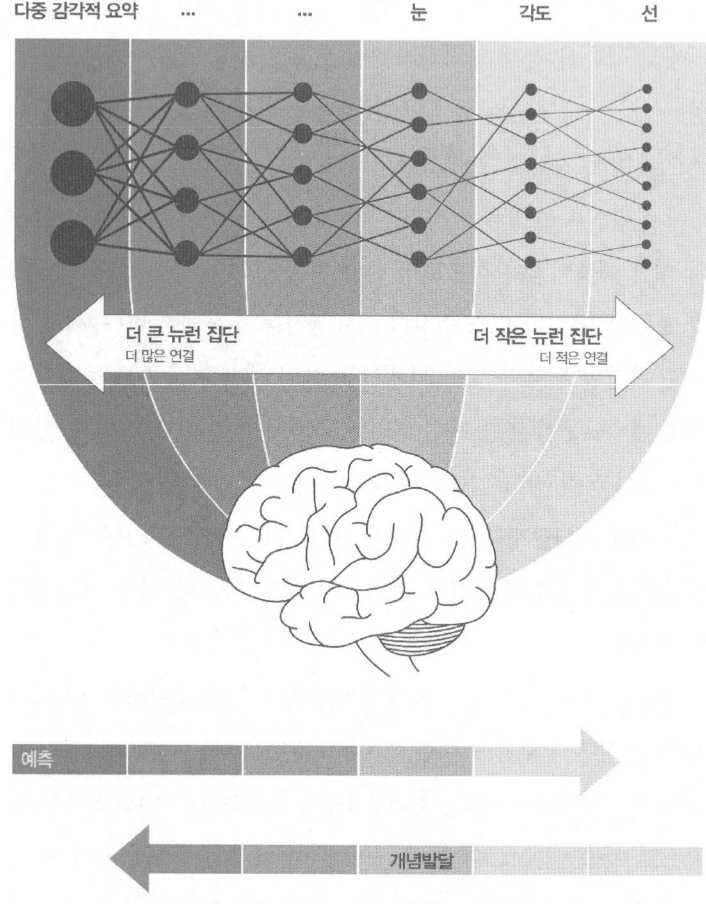

그림 6-1 개념의 다단계 과정. 개념 발달(오른쪽에서 왼쪽으로) 시에는 감각 입력이 효율적인 다중 감각적 요약본으로 압축된다. 반면에 예측(왼쪽에서 오른쪽으로)을 통해 개념 사례가 구성될 때는 이 효율적인 요약본이 더 자세한 예측들로 압축해제되어 단계별로 실제 감각 입력과 비교된다.

시각적 세부 사항은 다시 더 자세한 예측들로(예컨대 색깔, 셔츠 무늬 등에 대한 예측들로) 압축 해제되는데, 이럴 때마다 더 많은 예측 회로와 더 많은 단계와 더 많은 압축 해제가 관여하게 된다. 이런 다단계 과정은 계속 변화하는 선들과 가장자리들이 폭풍우처럼 몰아치는 가운데 가장 낮은 수준의 시각 개념이 표상되는 뇌의 일차 시각피질에서 끝난다.

다단계 과정은 온갖 영역 중에서도 우리에게 이미 익숙해진 내수용 신경망에서 시작된다.* 이곳은 당신의 뇌에서 다중 감각적 요약본이 구성되는 곳이다. 그리고 다단계 과정은 일차 감각 부위에서 끝나는데, 이곳은 경험의 가장 작은 세부 사항이 표상되는 곳이며, 여기에는 우리의 예에 언급된 시각뿐만 아니라 소리, 감촉, 내수용, 그 밖의 모든 감각이 포함된다.

만약 예측의 한 다단계 과정에서 들어오는 감각 입력이 설명되면(즉 케빈 삼촌이 머리카락을 특정 방식으로 뒤로 넘긴 채, 특정 셔츠를 입은 채, 그의 목소리가 특정 방식으로 들리는 가운데, 당신의 신체가 특정 상태에 있는 가운데 등의 상황에서 그가 실제로 당신 앞에 있으면), 당신은 넓은 의미의 친구와 관련해 느끼는 '행복'의 사례를 구성한 것이다. 다시 말해 **전체 다단계 과정**은 당신이 삼촌을 알아보면서 느끼는 '행복' 개념의 사례가 되었다. 그래서 당신은 행복을 느낀다.

다단계 과정이라는 개념에는 내가 이 책 앞에서 제기한 몇몇 주장에 대한 신경적 근거가 담겨 있다. 첫째로 예측의 다단계 과정은 어째서 행복 같은 경험이 구성되기보다는 촉발된 것처럼 느껴지

---

* 특히 내수용 신경망의 일부인 기본 모드 신경망에서 시작된다. 자세한 것은 부록 D를 참조하라.

는지를 설명해준다. 당신은 범주화가 완료되기도 전에 '행복'의 사례를 시뮬레이션한다. 당신의 뇌는 당신이 스스로 움직인다는 느낌을 받기도 전에 당신 얼굴과 신체의 움직임을 수행할 준비를 하며, 감각 입력이 도착하기도 전에 이것을 예측한다. 그래서 실제로는 당신의 뇌가 경험을 능동적으로 구성하면서 세계의 상태 및 당신 신체의 상태와 비교하고 있는 것임에도, 당신에게는 감정이 갑자기 '들이닥치는' 것처럼 느껴진다.[10]

둘째로 이 다단계 과정은 내가 4장에서 주장한 것처럼 당신이 살면서 구성하는 모든 사고, 기억, 감정, 지각에 당신의 신체 상태에 관한 것이 포함되어 있다는 점을 설명해준다. 당신의 신체 예산을 조절하는 내수용 신경망에서 이 다단계 과정이 개시되기 때문이다. 당신이 행하는 모든 예측, 당신의 뇌가 완성하는 모든 범주화는 언제나 당신의 심장과 허파 활동, 당신의 물질대사, 당신의 면역 기능, 그리고 당신의 신체 예산에 영향을 미치는 기타 체계들과 관련되어 있다.

셋째로 이 다단계 과정은 높은 감정 입자도가, 즉 감정 경험을 정밀하게 구성하는 것이 어떤 신경적 이익을 가져다주는지를 잘 보여준다. 당신의 뇌가 케빈 삼촌을 만났을 때의 '행복' 사례를 다수 구성할 경우 뇌에서는 당신의 현재 감각 입력과 가장 비슷한 것을 최종 사례로서 선택해야 한다. 이것은 뇌에 적지 않은 물질대사 비용이 들어가는 상당히 큰 작업이다. 그러나 한국어의 '정情'처럼 '행복'보다 더 구체적으로 가까운 친구에 대한 애착을 가리키는 단어가 영어에 있다면 어떨지 상상해보라. 그러면 당신의 뇌에서 이렇게 더 정밀한 개념을 사용해 적절한 사례를 구성하는 데는 노력이 덜 들어갈 것이다. 더 나아가 만약 당신에게 '나의 케빈 삼촌에게 친근감을 느낄 때의 행복'을 뜻하는 특별 단어가 있다면, 당신의 뇌는 더욱 효율적으로 최종 사례를 결정할 수 있을 것이다. 반면에 만약 당신이 '행복' 대신에 '유쾌한 느낌'이라는 매우 포괄적인 개념을 사용해 구성 중이라면, 당신의 뇌는 더 고달픈 일을 수행해야 할 것이다. 정밀하면 효율적이다. 이것은 더 높은 감정 입자도가 선사하는 생물학적 혜택이다.[11]

끝으로 여기서 우리는 뇌에서 작동 중인 개체군 사고를 확인할 수 있다. 다수의 예측이 모이면 이 순간의 한 개념이 된다. 당신은 '행복'의 단 한 사례를 구성한 뒤 이것을 경험하는 것이 아니다. 당신은 많은 예측이 포함된 큰 개체군을 구성하며, 이 각각의 예측에는 그것에 고유한 다단계 과정이 뒤따른다. 이 큰 개체군이 한 개념에 해당한다. 이것은 당신이 행복에 관해 알고 있는 모든 것의 총계를 표상하는 것이 아니라 비슷한 상황에서(즉 우연히 친구와 마주치는 상황에서) 당신이 갖게 되는 목표에 어울리는 요약을 표상할 뿐이다. 만약 행복과 관련된 다른 상황이라면(예컨대 선물을 받게 된 상황 또는 당신이 아주 좋아하는 노래를 듣는 상황이라면) 당신의 내수용 신경망에서는 이 순간의 '행복'을 표상하는 매우 다른 요약이(그리고 이에 따라 매우 다른 다단계 과정이) 개시될 것이다. 이런 역동적인 구성은 뇌의 효율을 보여주는 또 다른 예라 하겠다.

얼마 전부터 과학자들은 과거에 기초한 지식이 뇌의 연결망 속에 배선되어 상상 같은 시뮬레이션된 미래 경험을 만들어낸다는 사실을 알고 있었다. 그런가 하면 이 지식이 현재 이 순간의 경험을 어떻게 만들어내는지에 초점을 맞추는 과학자들도 있다. 노벨상 수상자이자 신경과학자인 제럴드 에델만Gerald M. Edelman은 당신의 경험을 '기억된 현재'라고 표현한다. 오늘날 우리는 신경과학의 발전 덕분에 에델만이 옳았다는 것을 알 수 있다. 뇌 전체의 한 상태에 해당하는 개념 사례는 당신이 현재 이 순간에 어떻게 행동할지 그리고 당신의 감각이 무엇을 의미하는지에 대한 선행 추측이다.[12]

개념의 다단계 과정에 대한 내 기술은 훨씬 거대한 병렬적 과정의 스케치일 뿐이다. 실제로는 뇌에서 한 개념을 사용해 범주화가 100퍼센트 이루어지고 다른 개념들로는 범주화가 0퍼센트 이루어지는 일은 결코 벌어지지 않는다. 예측은 이보다 더 확률론적인 성격을 띤다. 뇌는 매순간 다양한 개연성들의 폭풍우 속에서 수천 가지 예측을 동시에 내놓으며, 결코 단 하나의 최종 사례에 매달리지 않는다. 당신이 어느 한 순간에 케빈 삼촌에 대한 예측을 동시에 100가지 구성한다면, 이때 각각의 예측이 하나의 다단계 과정에 해당한다(신경 메커니즘의 더 자세한 사항에 관심이 있으면 부록 D를 참조하라).[13]

불확실성을 제거하고 감정을 조절하는 통제 신경망

당신이 개념을 사용해 범주화할 때마다 당신의 뇌에서는 수많은 감각 입력의 폭격 아래 경합하는 많은 예측이 만들어진다. 그중에서 어느 예측이 승자가 될까? 어떤 감각 입력이 중요한 것이고, 어떤 것은 그저 잡음일 뿐인가? 당신의 뇌에는 이런 불확실성의 해소에 관여하는 신경망이 있다. **통제 신경망**control network이라고 불리는 신경망은 아기의 주의력 '손전등'을 성인인 당신이 지금 가지고 있는 '스포트라이트'로 변화시키는 신경망과 동일한 것이다.[14]

그림 6-2의 착시 현상을 통해 통제 신경망의 작동방식을 엿볼 수 있다. 맥락에 따라, 당신이 수평으로 읽느냐 아니면 수직으로 읽느냐에 따라, 당신은 한가운데 심벌을 'B'로 지각하거나 '13'으로 지각할 것이다. 이때 통제 신경망은 각 순간에 최종 개념을 선택하는 데("글자인가 숫자인가?") 관여한다.[15]

통제 신경망은 감정의 사례를 구성하는 데도 관여한다. 당신이 최근에 당신에게 중요한 누구와 심하게 다투었는데, 지금 가슴에 통증을 느낀다고 가정해보자. 이것은 심장마비 증상인가, 소화 불

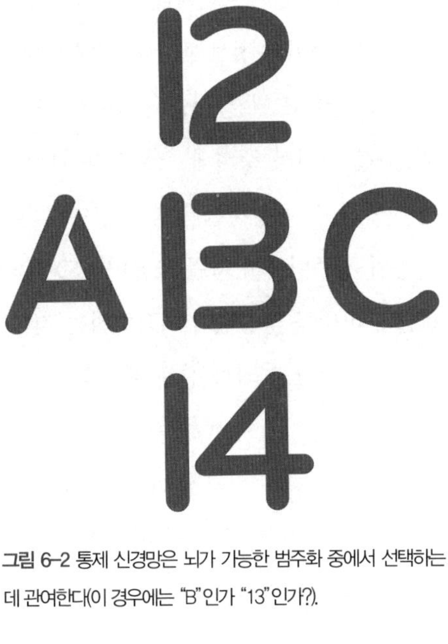

12

A 13 C

14

그림 6-2 통제 신경망은 뇌가 가능한 범주화 중에서 선택하는 데 관여한다(이 경우에는 "B"인가 "13"인가?).

량인가, 불안의 경험인가, 아니면 당신의 말다툼 상대가 불합리하다는 지각인가? 이 난제를 해결하기 위해 당신의 내수용 신경망에서는 상이한 개념의 수백 가지 경합 사례를 내놓을 것이며, 이것은 제각기 뇌 전체에 걸친 다단계 과정으로 이어질 것이다. 이때 당신의 통제 신경망은 뇌가 후보 사례들 중에서 승자를 선택하고 효율적으로 구성하는 데 관여한다. 다시 말해 이것은 뉴런들이 많은 구성 가능성 가운데 특정 구성에 참여하도록 지원하고, 그래서 몇몇 개념 사례는 살아남고 다른 사례는 억제되도록 한다. 그래서 자연선택과 비슷하게 현재 환경에 가장 적합한 사례들이 살아남아 당신의 지각과 행동을 결정하게 된다.[16]

그런데 '통제 신경망'이라는 이름이 썩 적절하지는 않다. 마치 중앙 통제소에서 결정을 내리고 과정을 지휘하는 것처럼 보이기 때문이다. 그러나 그렇지 않다. 통제 신경망은 일종의 최적화 장치에 더 가깝다. 이것은 뉴런들 사이의 정보 흐름을 끊임없이 땜질하면서 몇몇 뉴런의 점화율을 높이고 다른 것들은 늦추어, 결과적으로 어느 감각 입력이 이 순간 당신의 주의력 스포트라이트를 받게 되는지, 또 어느 예측이 적합하고 다른 것들은 중요하지 않은지를 결정하는 데 관여한다. 자동차 경주팀에서 차를 조금이라도 더 빠르고 안전하게 만들려고 엔진과 바디를 끊임없이 최적화하는 것과 비슷하다. 그래서 이런 땜질은 궁극적으로 뇌가 신체 예산 조절, 안정된 지각 산출, 당신의 행동 개시를 동시에 수행하는 데 기여한다.[17]

통제 신경망은 감정 개념과 비감정 개념 사이의 선택("이것은 불안인가 소화 불량인가?"), 여러 감정 개념 사이의 선택("이것은 흥분인가 공포인가?"), 한 감정 개념의 여러 목표 사이의 선택("공포 속에서 피할 것인가 공격할 것인가?"), 그리고 여러 사례 사이의 선택을("피하려고 달음박질치면서 비명을 지를 것인가 말 것인가?") 돕는다. 영화관에서는 당신이 영화에 빠져들도록 통제 신경망이 당신의 시각과 청각 체계를 우선시할 수도 있다. 반면에 다른 경우에는 통제 신경망이 전통적인 오감을 배경으로 보내고 더 강렬한 정동을 우선시하여 감정의 경험으로 이어지게 할 수도 있다. 이런 땜질 작업은 많은 부분 당신이 자각하지 못하는 가운데 이루어진다.[18]

몇몇 과학자는 통제 신경망을 '감정 조절' 신경망이라고 부르기도 한다. 이들의 가정에 따르면 감정 조절은 감정 자체와는 별개로 존재하는 인지 과정이다. 예컨대 당신이 상사에 대해 분노를 느끼지만 그를 때리는 것을 자제할 때가 그런 상황이다. 그러나 뇌의 관점에서 볼 때 조절은 범주화일 뿐이다. 이른바 합리적 측면이 감정적 측면을 진정시키려 하는 것 같은 경험을 할 때, 당신은 '감정 조절' 개념의 사례를 구성하고 있는 것이다. 그러나 당신이 학습한 이런 가공의 구별이 뇌의 배선에 반영되어 있지는 않다.[19]

지금까지 살펴본 것처럼 통제 신경망과 내수용 신경망은 감정의 구성에 결정적 역할을 한다. 나아가 이 두 핵심 신경망에는 뇌 전체에 걸친 소통을 위한 대다수 주요 허브가 포함되어 있다. 많은 항공 노선을 보유한 세계 최대 규모급 공항들을 생각해보라. 뉴욕의 존 F. 케네디 국제공항에서 여행자는 아메리칸 항공American Airlines에서 브리티시 항공British Airways으로 또는 반대로 갈아탈 수 있다. 두 항공 노선이 그곳에서 겹치기 때문이다. 마찬가지로 정보는 내수용 신경망과 통제 신경망에 있는 여러 주요 허브를 거쳐 다른 신경망으로 효율적으로 전달될 수 있다.[20]

이런 주요 허브는 뇌 안의 많은 정보 흐름을 동기화하는 데 기여한다. 아마도 이것은 의식 형성의 전제 조건이 될 것이다. 그리고 이런 허브 중 하나만 손상을 입어도 뇌는 큰 곤란을 겪는다. 우울증, 공황장애, 조현병, 자폐증, 난독증, 만성 통증, 치매, 파킨슨병, 주의력결핍 과다활동장애 등은 모두 이런 허브 손상과 관련이 있다.[21]

내수용 신경망과 통제 신경망에 있는 주요 허브들 때문에 내가 4장에서 기술한 것처럼 정동으로 물든 안경을 낀 채 세계를 바라보는 내면의 시끄러운 고집불통의 과학자와도 같은 신체 예산 관리 부위가 당신의 일상적인 결정을 좌우하는 일이 발생할 수 있다. 뇌의 신체 예산 관리 부위는 그 자체가 주요 허브다. 이 부위는 대량 연결을 바탕으로 예측을 사방으로 퍼뜨려 당신이 보고 듣고 그 밖에 지각하거나 행하는 것에 영향을 미친다. 그러므로 뇌 회로의 수준에서 정동으로부터 자유로운 결정은 있을 수 없다.

감정은 의미의 구성이다

나는 뇌가 과학자처럼 작용한다고 여러 번 강조했다. 뇌는 예측을 통해 가설을 만들고 감각 입력 '데이터'에 비추어 이것을 검증한다. 그리고 반대 증거가 나오면 과학자가 가설을 조정하는 것처럼 뇌는 예측 오류를 통해 예측을 수정한다. 뇌의 예측이 감각 입력과 일치할 경우 이것은 그 순간에 세계에 대한 모형이 된다. 이것은 옳은 가설이 과학적 확실성으로 나아가는 길이라고 믿는 과학자와도 비슷하다.

몇 년 전에 우리 가족은 보스턴에 있는 우리 집 부엌에서 저녁을 먹던 중 갑자기 아주 새로운 감각을 느꼈다. 우리가 앉아 있던 의자가 잠시 뒤로 기울더니 다시 제자리로 돌아온 것이다. 마치 바다에서 파도 타기를 하는 것 같은 느낌을 받았다. 완전히 색다른 경험 때문에 우리는 경험맹 상태에 빠질 수밖에 없었고, 곧이어 가설을 세우기 시작했다. 우리 모두가 그냥 일시적으로 균형감각을 잃은 것일까? 아니다. 이런 일이 세 명에게 동시에 일어날 가능성은 별로 없다. 그렇다면 집 밖에서 차가 충돌했나? 아니다. 우리는 아무 소리도 듣지 못했다. 그렇다면 가청 범위 밖의 훨씬 먼 곳에서 빌딩이 폭발해 땅이 울린 것일까? 그럴지도 모르겠다. 그러나 울림이라기보다는 뭔가 갑가지 푹 꺼지는 듯한 느낌이었다. 지진이었을까? 그럴지도 모르겠다. 그러나 우리는 지금까지 한 번도 지진을 경험한 적이 없으며, 우리는 겨우 1초 정도 느꼈을 뿐이다. 재난영화에서 본 지진에 비하면 훨씬 짧은 것이었다. 그러나 거의 사인곡선에 가깝게 올라갔다 내려간 움직임은 지진에 대한 우리의 이해와 맞아떨어지는 것이었다. 결국 지진이 우리의 지식과 가장 부합했기 때문에 우리는 이 가설로 결론을 내렸다. 몇 시간 뒤에 우리는 근처 메인Maine 주에서 진도 4.5의 지진이 발생해 뉴잉글랜드New England 전역으로 진동이 퍼졌다는 사실을 알게 되었다.

이렇게 우리 가족이 의식적으로 수행했던 제거의 과정을 뇌는 자연적으로, 자동적으로, 그리고 아주 신속히 수행한다. 뇌에는 세계가 바로 다음 순간에 어떻게 전개될지에 대한 정신적 모형이 있다. 이 모형은 과거 경험을 바탕으로 구성된 것이자, 세계와 신체를 바탕으로 개념을 사용해 이루어지는 **의미 구성**making meaning 현상이다. 당신이 깨어 있는 매순간 뇌는 개념으로 조직된 과거 경험을 사용해 당신의 행동을 인도하고 당신의 감각에 의미를 부여한다.

나는 이 과정을 '범주화'라고 불렀지만, 과학에서는 이것을 경험, 지각, 개념화, 패턴 완성, 지각적 추론, 기억, 시뮬레이션, 주의, 도덕성, 심리 추론 등 수많은 이름으로 부른다. 우리가 일상적 삶에서 사용하는 통속심리학에서는 이런 단어들을 다른 의미로 사용하고, 과학자들은 종종 이것들을 상이한 현상으로 취급하면서 마치 이것들이 제각기 별개의 뇌 과정을 통해 산출되는 것처럼 가정한다. 그러나 실제로 이것들은 모두 똑같은 신경 과정을 통해 일어난다.

내 조카 제이콥Jacob이 작은 팔로 내 목을 와락 껴안으며 환호하는 바람에 내 기분이 한껏 좋아질 때, 이것은 보통 '감정 경험'이라고 불린다. 그러나 나를 껴안는 조카의 방긋 웃는 얼굴에서 행복을 볼 때, 나는 더 이상 행복을 경험하는 것이 아니라 '지각'하는 것이다. 내가 이 껴안음을 되돌아보면서 그때 느낀 따스함을 회상할 때, 나는 더 이상 지각하는 것이 아니라 '기억'하는 것이다. 그때 내가 행복을 느꼈는지 아니면 감상에 젖었는지를 따져볼 때, 나는 더 이상 기억하는 것이 아니라 '범주화'를 하는 것이다. 내가 보기에 이런 용어들에는 뚜렷한 차이가 없다. 이것들은 모두 똑같은 뇌 요소들에 기초한 의미 구성으로 설명될 수 있다.

의미 구성은 주어진 정보 너머로 가는 것이다. 심장이 빨리 뛰는 것은 충분한 산소를 팔다리에 공급해 당신이 달릴 수 있도록 하는 것 같은 신체 기능을 가지고 있다. 그러나 범주화를 통해 이것은 행복이나 공포 같은 감정 경험이 될 수 있고, 당신의 문화 안에서 이해된 추가적인 의미와 기능을 획득하게 된다. 당신이 불쾌한 유인성과 높은 흥분도의 정동을 경험할 때, 당신이 행하는 범주화에 따라 이것의 의미가 구성된다. 이것은 공포의 감정 사례인가? 카페인을 너무 많이 섭취해 생긴 신체 사례인가? 아니면 당신에게 말을 거는 사내가 얼간이라는 지각인가? 생물학적 신호에 새 기능을 부여하는 범주화는 신호의 물리적 성질에 따라 이루어지는 것이 아니라 당신의 지식과 세계 안에 있는 당신의 주위 맥락에 기초한다. 만약 당신이 이 감각을 공포로 범주화한다면, 당신은 "공포가 내 몸에 이런 신체 변화를 야기했다"라는 식의 의미를 구성하는 것이다. 그리고 이때 관련된 개념이 감정 개념이면, 당신의 뇌는 감정 사례를 구성하는 것이다.[22]

당신이 2장에서 얼룩 사진을 꿀벌로 지각했을 때, 당신은 이 시각 감각의 의미를 구성했다. 당신의 뇌는 꿀벌에 대한 예측을 바탕으로 얼룩을 연결하는 선들을 시뮬레이션함으로써 이 위업을 달성했다. 실제 꿀벌 사진을 보았던 이전 경험에 힘입어 당신의 뇌는 예측을 수정하지 않았다. 그래서 당신은 얼룩에서 꿀벌을 지각하게 되었다. 이전 경험이 현재 감각의 의미를 좌우한다. 마찬가지로 이런 기적 같은 과정을 통해 감정이 구성된다.

감정은 의미다. 감정은 당신의 내수용성 변화와 이에 따른 정동적 느낌을 상황과 관련시켜 설명한다. 감정은 행동 지침이다. 개념을 실행하는 뇌 체계들은, 내수용 신경망과 통제 신경망 같은 체계들은 의미 구성의 생물학적 메커니즘이다.

이제 당신은 감정이 뇌에서 어떻게 만들어지는지를 알게 되었다. 우리는 예측하고 범주화한다. 우리는 모든 동물이 그렇듯이 우리의 신체 예산을 조절한다. 그러나 이런 조절은 우리가 매순간 구성하는 '행복'이나 '공포' 같은 순전히 정신적인 개념에 둘러싸여 있다. 우리는 이런 순전히 정신적인 개념을 다른 성인들과 공유하며 우리의 아이들에게 가르친다. 우리는 새로운 종류의 실재를 구성하면서 매일 그 안에서 살고 있는데, 대개는 우리가 그렇게 한다는 것을 자각하지 못한다. 이것이 다음 장의 주제다.

| 7장 |

감정은 사회적 실재다

숲에서 나무 한 그루가 쓰러졌는데 그 소리를 들은 사람이 아무도 없다면, 소리가 난 것인가? 철학자들과 초등학교 교사들이 수도 없이 던진 이 케케묵은 물음은 인간의 경험에 관해, 그리고 특히 우리가 어떻게 감정을 경험하고 지각하는지에 관해 결정적인 단서를 제공한다.

이 수수께끼에 대한 상식적인 답변은 "예"다. 당연히 나무가 쓰러지면 소리가 난다. 만약 당신과 내가 당시에 그 숲을 걷고 있었다면, 우리는 분명히 나무가 쩍 갈라지는 소리, 나뭇잎이 바스락거리는 소리, 나무 몸통이 땅바닥에 쿵하고 부딪치는 굉음을 들었을 것이다. 그리고 당신과 내가 그 자리에 없었더라도 이 소리가 났을 것이라는 점은 분명해 보인다.

그러나 이 수수께끼에 대한 과학적 답변은 "아니오"다. 나무가 쓰러진다고 해서 그 자체로 소리가 나는 것은 아니다. 나무가 쓰러지면 공기와 지면에 진동이 일어날 뿐이다. 이 진동이 소리가 되려면, 이것을 받아들여 변환하는 뭔가 특별한 것이, 즉 뇌에 연결된 귀가 있어야 한다. 포유동물의 귀라면 이 일을 훌륭히 해낼 것이다. 공기 압력의 변화가 외이로 수집되어 고막에 집중되면 중이에서 진동이 산출된다. 이 진동으로 내이 안의 유체가 움직이면, 그곳의 섬모를 통해 압력 변화가 뇌에서 받아들이는 전기 신호로 변환된다. 이 특별한 장치가 없다면 소리도 없으며 오직 공기 움직임이 있을 뿐이다.

뇌가 이런 전기 신호를 받아들인 후에도 뇌의 임무는 끝나지 않는다. 이 파동을 나무 쓰러지는 소리로 해석하는 일이 남았기 때문이다. 이를 위해서는 뇌에 '나무'가 무엇이며 나무가 무엇을 할 수 있는지(예: 숲에서 쓰러지기)에 대한 개념이 있어야 한다. 이 개념은 나무에 대한 이전 경험, 책에서 나무에 관해 읽은 것, 다른 사람의 설명 등을 바탕으로 형성될 수 있다. 이런 개념이 없다면 와지끈 부러지는 나무도 없으며 단지 경험맹 상태의 무의미한 잡음이 있을 뿐이다. 그러므로 소리는 세계에서 **발견**되는 사태가 아니다. 소리는 공기 압력의 변화를 발견하는 신체와 이런 변화의 의미를 구성하는 뇌가 세계와 상호 작용할 때 **구성**되는 경험이다.[1]

지각하는 존재가 없다면 소리도 없으며 물리적 실재만이 있다. 이 장에서 우리는 우리 인간이 구성하는 또 다른 종류의 실재를 탐색한다. 그 실재는 그것을 지각할 수 있는 사람들에게만 존재한다. 그리고 이 수월해 보이는 능력 안에 "감정이란 무엇인가?"라는 물음에 대한 답변이 들어 있다. 이 능력은 또한 어떻게 감정이 생물학적 지문 없이도 여러 세대에 걸쳐 전수되는지를 설명해준다.

이제 "사과가 빨간가?"라는 또 다른 물음을 살펴보자. 이것도 수수께끼지만, 쓰러지는 나무의 수수께끼처럼 그렇게 알쏭달쏭하지는 않다. 이번에도 상식적인 답변은 "예"다. 사과는 빨갛다(물론 노랗거나 녹색일 수도 있다). 그러나 과학적 답변은 "아니오"다. '빨강'은 물체에 들어 있는 색이 아니다. '빨강'은 빛의 반사, 인간의 눈과 뇌가 관련된 경험이다. 특정 파장의(즉 600나노미터의) 빛이 물체에서 반사될 때만(보통은 다른 파장의 빛과 함께 반사될 때만), 그리고 이렇게 대조를 이룬 빛이 수용기를 통해 시각 감각으로 변환될 때만 우리는 빨강을 경험한다. 이 과정에서 수용기는 인간의 망막이다. 망막은 원추체라고 불리는 세 종류의 광수용기를 사용해 반사된 빛을 전기 신호로 변환해 뇌에 전달한다. 망막에 중간 원추체 또는 긴 원추체가 없으면 600나노미터의 빛은 회색으로 경험된다. 그리고 뇌가 없으면 색깔 경험이 아예 없으며, 오직 반사된 빛이 세계에 있을 뿐이다.[2]

제대로 된 장비가 제자리에 있어도(눈과 뇌) 아직 빨간 사과의 경험이 완료된 것은 아니다. 뇌가 시각 감각을 빨강의 경험으로 변환하려면, 뇌에 '빨강'의 개념이 있어야 한다. 이 개념은 사과, 장미, 그 밖에 당신이 빨갛게 지각하는 다른 물체에 대한 이전 경험이나 다른 사람으로부터 빨강에 관해 배운 것 등을 바탕으로 형성될 수 있다(태어날 때부터 장님인 사람도 대화나 책을 통해 '빨강' 개념을 획득한다). 이 개념이 없다면 사과는 다르게 경험될 것이다. 예컨대 파푸아뉴기니의 베린모족Berinmo에게 600나노미터의 빛을 반사하는 사과는 갈색 비슷하게 경험된다. 베린모족의 색깔 개념에서는 빛의 연속적인 스펙트럼이 다르게 나뉘기 때문이다.[3]

사과와 나무에 관한 이런 수수께끼를 마주할 때 우리는 지각하는 존재로서 두 가지 충돌하는 관점과 씨름하게 된다. 한편으로 상식에 따르면 소리와 색은 우리의 피부 밖 세계에 존재하며, 우리는 뇌로 정보를 전달하는 눈과 귀를 통해 이것을 발견한다. 다른 한편으로 우리 인간은 4~6장에서 살펴본 것처럼 우리가 경험하는 것의 설계자다. 우리는 세계의 물리적 변화를 수동적으로 발견하지 않는다. 비록 대개는 자각하지 못하더라도, 우리는 우리의 경험이 구성되는 데 능동적으로 참여한다. 물체의 색에 관한 정보가 물체에서 당신의 뇌로 전달되는 것처럼 보일지 모른다. 그러나 당신이 색을 경험하기 위해 필요한 정보는 대부분 당신의 예측에서 비롯하며, 뇌가 세계에서 받아들이는 빛은 이것을 수정할 뿐이다.

예측을 사용해 당신은 필요하면 언제든지 마음의 눈으로 색을 '볼' 수 있다. 지금 당장 푸른 잎이 무성한 숲의 녹색을 보려고 노력해보라. 색이 평소처럼 생생하지 않고 경험이 오래 지속되지도 않겠지만, 어쨌든 당신은 녹색을 볼 수 있을 것이다. 그리고 당신이 녹색을 보았을 때, 당신의 시각피질에 있는 뉴런들은 다르게 점화했다. 당신이 녹색을 시뮬레이션한 것이다. 또한 당신은 마음속으로 나무가 우지끈 부러지는 모습을 상상하면서 그 소리를 들을 수도 있다. 한 번 해보라. 그러면 당신의 청각 피질에 있는 뉴런들이 다르게 점화할 것이다.

공기 압력의 변화와 빛의 파장은 세계에 존재하지만, 우리에게 이것은 소리와 색이다. 우리가 이것을 지각할 때, 우리는 주어진 정보 너머로 과거 경험에 기초한 지식을(즉 개념을) 사용해 이것의 의미를 구성한다. 모든 지각은 지각하는 사람이 구성한 것이며, 이때 세계에서 들어온 감각 입력은 보통 이런 구성 과정의 한 성분일 뿐이다. 공기 압력의 특정한 변화만이 나무 쓰러지는 소리로 들린다. 망막에 부딪치는 빛의 몇몇 파장만이 빨간색 또는 녹색의 경험으로 변환된다. 반면에 마치 지각이 실재와 동의어라도 되는 것처럼 여기는 것은 소박한 실재론이다.

세 번째이자 마지막 수수께끼는 "감정이 실재하는가?"라는 물음이다. 당신은 이 물음이 어처구니없으며 학문적 유희의 전형적인 예라고 생각할지 모른다. 당연히 감정은 실재한다. 최근에 당신이 아주 신이 났을 때를 또는 슬펐거나 화가 치밀었을 때를 생각해보라. 이런 것은 실재하는 느낌임에 틀림없다. 그러나 이 세 번째 수수께끼도 쓰러지는 나무나 빨간 사과와 비슷하다. 즉 이것은 세계에 존재하는 것과 인간의 뇌에 존재하는 것 사이의 딜레마에 관한 것이다. 이 수수께끼는 실재의 본질에 관해 그리고 실재를 창조하는 우리의 역할에 관해 우리가 평소 갖고 있던 가정을 되돌아보게 만든다. 그러나 여기서 답변은 조금 더 복잡한데, 왜냐하면 '실재'를 어떻게 이해하느냐에 따라 답변이 달라지기 때문이다.

화학자와 대화를 나눌 때는 분자, 원자, 양성자 등이 '실재'한다. 물리학자에게는 쿼크quark, 힉스 입자Higgs boson, 또는 어쩌면 11개 차원에서 진동하는 작은 끈string들의 집합이 '실재'한다. 이것들은 인간이 존재하든 존재하지 않든 상관없이 자연계에 존재하는 것으로 간주된다. 다시 말해 이것들은 **지각하는 존재와 무관한** 범주로 간주된다. 설령 모든 인간이 내일 이 행성을 떠난다 해도, 아원자 입자들은 여전히 이곳에 존재할 것이다.[4]

그러나 진화는 또 다른 종류의 실재를, 즉 인간 관찰자에게 전적으로 의존하는 실재를 창조할 수 있는 능력을 인간의 마음에 부여했다. 우리는 공기 압력의 변화를 바탕으로 소리를 구성한다. 우리는 빛의 파장을 바탕으로 색을 구성한다. 우리는 구운 반죽을 바탕으로 이름만 빼곤 구별이 안 되는 컵케이크와 머핀을 구성한다(2장). 어떤 것이 실재한다고 두 사람이 동의만 해도, 그리고 그것에 이름을 붙이기만 해도, 두 사람은 실재를 창조한다. 정상 작동하는 뇌를 가진 모든 인간은 이 작은 마술을 부릴 수 있는 잠재력을 지니고 있으며, 우리는 늘 이것을 사용한다.

실재를 불러내는 당신의 마력을 못 믿겠거든 그림 7-1을 보라. 이 식물은 흔히 야생 당근이라고 불리는 다우쿠스 카로타Daucus carota다. 보통 바깥쪽 꽃은 흰색이지만, 가끔은 분홍색일 때도 있

그림 7-1 야생 당근

다. 다시 말해 이 꽃은 우리 문화권의 사람들이 분홍색으로 경험하는 파장의 빛을 반사한다. 내 친구 케빈은(그 '케빈 삼촌'이다) 언젠가 분홍색 야생 당근을 아주 힘겹게 구해서 자신의 집 뜰 한가운데에 자랑스럽게 심었다. 하루는 그와 내가 그의 뜰에서 차를 마시고 있었는데, 또 한 친구가 그의 집에 들렀다. 케빈과 나는 잽싸게 안으로 들어가 차를 준비했다. 잠시 후 다시 돌아온 우리는 그 친구가 머리를 흔들며 웅크리고 앉아서 수십 년의 경험에서 우러나온 능숙한 솜씨로 야생 당근을 땅에서 뽑아내는 광경을 목격했다.

자연계의 그 무엇으로도 어떤 식물이 꽃인지 아니면 잡초인지를 분명하게 구별할 수 없다. 야생 당근은 케빈에게는 꽃이었지만, 그 친구에게는 잡초였다. 이 구별은 지각하는 사람에게 달렸다. 장미는 보통 꽃으로 간주되지만, 만약 당신이 이것을 채소밭에서 발견한다면 이것은 잡초일 뿐이다. 민들레는 종종 잡초로 간주되지만, 이것이 야생화 꽃다발 안에 있으면 또는 당신의 두 살배기 자녀가 건넨 선물이라면 이것은 꽃으로 탈바꿈한다. 식물은 자연에 객관적으로 존재하지만, 꽃과 잡초는 이것을 지각하는 사람이 있어야만 존재한다. 이것은 **지각하는 존재에게 종속된** 범주다. 알버트 아인슈타인의 다음과 같은 말은 이 점을 훌륭하게 지적하고 있다. "물리학의 개념들은 인간 마음의 자유 창작물이며, 보기에는 어떨지 몰라도 외부 세계에 의해 유일무이하게 결정되지 않는다."[5]

상식에 따르면 감정은 자연에 실재하며 힉스 입자나 식물과 마찬가지로 관찰자와 무관하게 존재한다. 감정은 실룩거리는 눈썹과 찡긋한 코에, 축 처진 어깨와 땀이 흥건한 손바닥에, 마구 뛰는 가슴과 코티솔 분출에, 침묵과 비명과 한숨에 담겨 있는 것처럼 보인다.

그러나 과학에서는 색이나 소리와 마찬가지로 감정이 있으려면 지각하는 사람이 있어야 한다고 말한다. 당신이 감정을 경험하거나 지각할 때, 감각 입력은 점화하는 뉴런들의 패턴으로 변환된다. 이때 당신의 신체에 주의를 기울여보면, 빨간색이 사과에서 그리고 소리가 세계 안에서 경험되는 것과 마찬가지로 마치 감정이 당신의 신체 안에서 일어나는 것처럼 경험된다. 그리고 세계에 초점을 맞춰보면, 마치 다른 사람의 얼굴과 목소리와 신체에서 감정이 표출되어 당신은 그것을 해독하기만 하면 되는 것처럼 경험된다. 그러나 5장에서 살펴본 것처럼 당신의 뇌는 감정 개념에 기초한 범주화를 통해 이런 감각의 의미를 구성한다. 다시 말해 당신이 행복, 공포, 분노 및 기타 감정 범주들의 사례를 구성한다.

감정은 실재한다. 그러나 이것은 나무 쓰러지는 소리, 빨강의 경험, 꽃과 잡초의 구별과 같은 방식으로 실재한다. 이것들은 모두 지각하는 사람의 뇌에서 구성한 것이다.

당신은 늘 안면 근육을 움직인다. 당신은 늘 눈썹을 실룩거리고 입술을 뒤틀며 코를 찡긋거린다. 이런 행동은 지각하는 사람과 무관하며 당신이 감각 세계를 수집하는 데 도움을 준다. 눈을 크게 뜨면 주변 시야가 향상되어 주변 물체를 더 쉽게 탐지할 수 있다. 눈을 가늘게 뜨면 바로 정면에 있는 물체에 대한 시력이 향상된다. 코를 찡긋거리면 유해 화학물질을 막는 데 도움이 된다. 그러나 이런 움직임이 그 자체로 감정적인 것은 아니다.[6]

당신의 신체 안에서 심장 박동, 혈압, 호흡, 체온, 코티솔 수준 등은 하루 종일 변동을 거듭한다. 이런 변동은 세계 안에 있는 당신의 신체를 조절하는 신체 기능을 수행한다. 즉 이것들은 지각하는 사람과 무관하다. 또한 이것들은 그 자체로 감정적인 것이 아니다.

당신의 근육 움직임과 신체 변화가 감정 사례로서 기능하게 되는 것은 **오직 당신이 이것들을 그렇게 범주화할 때**이며, 그래서 이것들에게 경험과 지각의 새로운 기능을 부여할 때다. 감정 개념이 없으면 이런 새로운 기능도 없다. 오직 안면 움직임, 심장 박동, 호르몬 순환 등이 있을 뿐이다. 이것은 색과 나무 개념 등이 없으면 '빨강'과 나무 쓰러지는 소리도 없으며, 오직 빛과 진동이 있는 것과 마찬가지다.

역사적으로 과학자들은 공포나 분노 같은 감정 범주가 자연에 실재하는지 아니면 일종의 착각인지에 관해 많은 논쟁을 벌였다. 1장에서 살펴본 것처럼 고전적 견해를 지지하는 사람들은 감정 범주가 자연에 새겨져 있으며, 예컨대 '공포'의 모든 사례에 공통된 생물학적 지문이 있다고 믿는다. 그들에 따르면 당신의 머릿속에 있는 감정 개념은 이런 자연적 범주와 별개로 존재한다. 이에 대해 비판자들은 보통 분노, 공포 등이 통속심리학에서 사용되는 단어에 불과하며 과학적 탐구 대상이 될 수 없다고 반박한다. 내 지적 여행의 초기에 나는 이 두 번째 견해를 지지했다. 그러나 나는 이제 조금 더 현실적인 제3의 가능성이 있다고 생각한다.[7]

'자연에 실재하는' 것 대 일종의 '착각'인 것의 구별은 잘못된 이분법이다. 공포와 분노는 신체, 얼굴 등의 특정 변화가 감정으로서 의미 있다고 **동의**하는 사람들에게 실재한다. 다시 말해 감정 개념은 **사회적 실재**social reality다. 감정 개념은 자연의 일부인 인간 뇌에 마법처럼 구현된 인간의 마음 안에 존재한다. 물리적 실재에 뿌리 박고 있고 뇌와 신체에서 관찰 가능한 범주화의 생물학적 과정을 통해 사회적으로 실재하는 범주가 창조된다. '공포'나 '분노' 같은 통속적인 개념은 과학적 사고에서 배척해야 할 단어들에 불과한 것이 아니라 감정이 뇌에서 어떻게 창조되는지에 관한 이야기에서 결정적인 역할을 수행한다.

문명의 전제 조건: 공유와 상징

사회적 실재는 꽃, 잡초, 빨간 사과 같은 사소해 보이는 예에 불과한 것이 아니다. 인간의 문명은 말 그대로 사회적 실재를 바탕으로 구축되었다. 당신의 삶에서 중요한 대다수가 사회적으로 구성되었다. 당신의 일자리, 당신의 집 주소, 정부와 법률, 당신의 사회적 지위 등이 그러하다. 국가 간에 전쟁이 벌어지고 이웃 간에 살인이 발생하는 것도 모두 사회적 실재 때문이다. 파키스탄의 전 총리 베나지르 부토Benazir Bhutto는 "당신이 사람을 죽일 수는 있어도 관념을 죽일 수는 없다"라고 말했다. 이것은 세계를 재구성하는 사회적 실재의 힘을 선언한 것이다.

화폐는 사회적 실재의 고전적 예다. 죽은 지도자의 얼굴이 인쇄된 직사각형 종이나 금속 원반에 대해 또는 무슨 껍질이나 곡물에 대해 일군의 사람들은 그 물체를 화폐로 범주화했고, 그래서 그것은 화폐가 **되었다.** 매일 수십억 달러가 주식시장이라고 불리는 사회적 실재를 통해 교환된다. 사람들은 이런 경제를 복잡한 수학 방정식을 동원해 과학적으로 분석한다. 2008년의 금융 위기가 빚어낸 파국적인 효과도 사회적 실재의 산물이었다. 마찬가지로 사회적 실재의 구성물인 대량의 대출금이 순식간에 귀중한 것에서 쓸모 없는 것으로 탈바꿈함에 따라 수많은 사람들이 경제적 나락으로 떨어졌다. 생물학이나 물리학의 관점에서 객관적으로 존재하는 어떤 것도 이 사태를 야기하지 않았다. 오직 집단적 상상의 파멸적 변화가 전부였다. 1달러 지폐 200장과 1달러 지폐 200장을 실크스크린 기법으로 인쇄한 그림 사이의 차이가 무엇일지 한 번 생각해 보라. 그 차이는 약 4,380만 달러다. 2013년에 앤디 워홀Andy Warhol의 그림 〈1달러 지폐 200장200 One Dollar Bills〉이 이 가격에 팔렸기 때문이다. 이 그림은 작품명이 시사하듯이 이것이 묘사하는 통화와 거의 차이가 없었다. 이 둘의 어마어마한 가치 차이는 전적으로 사회적 실재였다. 이 그림의 가격은 변동이 심해서 1990년대에는 겨우 30만 달러의 비교적 헐값에 팔리기도 했는데, 이것 역시 사회적 실재를 반영한 것이었다. 만약 이 4,380만 달러가 비싸게 느껴진다면, 당신도 이 사회적 실재의 참여자인 셈이다.[8]

무언가를 꾸며낸 다음에 그것에 이름을 붙이면, 당신은 개념을 창조한 것이다. 당신의 개념을 다른 사람들에게 알려줘서 그들이 동의하면, 당신은 실재하는 무언가를 창조한 것이다. 이 창조의 마술은 어떻게 작동하는가? 이것은 우리의 범주화를 통해 작동한다. 우리는 자연에 존재하는 사물을 가져다가 그것의 물리적 속성을 넘어서는 새로운 기능을 그것에 부여한다. 그런 다음 이런 개념을 서로 전파함으로써 이 사회적 세계를 지탱하는 우리의 뇌를 서로 배선한다. 이것이 바로 사회적 실재의 핵심이다.[9]

감정은 사회적 실재다. 우리는 색, 쓰러지는 나무, 화폐의 경우와 똑같은 방식으로, 즉 뇌의 배선 안에 구현된 개념 체계를 사용해 감정의 사례를 구성한다. 우리는 신체와 세계에서 들어온 감각 입력을, 지각하는 사람과 무관한 감각 입력을, 예컨대 여러 인간의 마음속에 있는 '행복' 개념의 맥락 안에서 행복의 사례로 변환한다. 개념은 감각에 새로운 기능을 부여함으로써 이전에는 아무것도 없던 곳에 실재를 창조한다. 이것이 바로 감정의 경험 또는 지각이다.

"감정이 실재하는가?"라는 물음보다 더 나은 물음은 "감정이 어떻게 실재가 되는가?"라는 것이다. 이 물음에 대한 해답은 원칙적으로 뇌와 신체의 생물학적 메커니즘에서(지각하는 사람과 무관한 내수용 같은 감각에서) 일상의 통속적인 개념으로(우리가 살면서 늘 사용하는 '공포'나 '행복' 같은 개념으로) 건너가는 다리를 놓는 데 있다.

감정은 사회적 실재의 전제 조건인 두 인간의 능력을 통해 우리에게 실재가 된다. 우선 '꽃', '돈', '행복' 같은 개념이 존재한다고 동의하는 일군의 사람들이 있어야 한다. 이렇게 여러 사람이 공유하는 지식은 흔히 **집단지향성**collective intentionality이라고 불린다. 모든 사회의 토대는 사람들이 굳이 관심을 갖지 않는 집단지향성으로 이루어진다. 당신의 이름조차 집단지향성을 통해 실재가 되었다.[10]

내가 보기에 감정 범주는 집단지향성을 통해 실재가 된다. 당신이 화가 났다고 누군가에게 이야기하려면 두 사람 사이에 '분노'에 대한 공유된 이해가 있어야 한다. 만약 안면 움직임과 심혈관 변화의 특정 조합이 특정 맥락에서 분노를 의미하려면 사람들 사이에서 동의가 있어야 한다. 당신이 이런 동의에 대해 분명하게 자각하고 있을 필요는 없다. 심지어 당신은 특정 사례가 분노인지 아닌지에 대해 동의할 필요도 없다. 당신은 특정 기능을 지닌 분노가 존재한다는 데 원칙적으로 동의하기만 하면 된다. 이것만으로도 이 개념에 관한 정보가 사람들 사이에 효율적으로 전파되어 분노가 마치 타고난 것처럼 보이게 될 수 있다. 만약 특정 맥락에서 눈살을 찌푸리는 것이 분노를 나타낸다는 동의가 당신과 나 사이에 존재한다면, 그리고 내가 눈살을 찌푸린다면, 나는 당신과 효율적으로 정보를 공유하고 있는 것이다. 내 움직임 자체를 통해 분노가 당신에게 전달되는 것은 아니다. 이것은 공기 진동 자체를 통해 소리가 전달되는 것이 아닌 것과 마찬가지다. 우리가 개념을 공유한다는 사실에 힘입어 내 움직임은 당신의 뇌에서 예측을 개시하게 만드는 단서가 된다. 이것은 인간이 부리는 독특한 종류의 마술이다. 이것은 협동 행위로서 이루어지는 범주화다.[11]

집단지향성은 사회적 실재의 필요 조건이지만 충분 조건은 아니다. 인간 외의 특정 동물도 초보적인 형태의 집단지향성을 가질 수 있지만, 그렇다고 해서 바로 사회적 실재가 생기는 것은 아니다. 개미나 꿀벌은 협력을 통해 공동 작업을 달성한다. 새 떼와 물고기 떼는 동기화된 움직임 속에서 이동한다. 특정 집단의 침팬지들은 막대기로 흰개미를 낚거나 돌멩이로 견과를 깨는 식으로 도구를 사용하며 이런 사용법을 후손에게까지 전수한다. 심지어 침팬지는 '도구'의 개념을 학습할 수 있는 것처럼 보인다. 침팬지는 다른 모양의 물체가 동일한 목적을 위해 사용될 수 있다는 점을(예컨대 나무막대기나 나사돌리개 같은 몇몇 종류의 물체를 손에 쥐고 있으면 음식을 얻는다는 점을) 깨달을 수 있기 때문이다.

그러나 인간은 정신적인 개념이 포함된 집단지향성을 가지고 있다는 점에서 독특하다. 우리는 망치, 전기톱, 얼음 깨는 송곳 같은 것을 바라보면서 이것들을 모두 '도구'로 범주화할 수도 있고, 혹시 마음이 바뀌면 이것들을 모두 '살인 무기'로 범주화할 수도 있다. 우리는 사물에 다른 식으로는 존재하지 않던 기능을 부여함으로써 새로운 실재를 발명할 수 있다. 우리에게 이런 마술이 가능한 까닭은 사회적 실재의 두 번째 전제 조건인 언어 덕분이다.

어떤 동물도 단어와 결합된 집단지향성을 가지고 있지 않다. 몇몇 동물 종의 경우에 일종의 상징적 소통이 이루어지기도 한다. 예컨대 코끼리는 1.5킬로미터 이상 떨어진 곳에서도 들을 수 있는 낮은 주파수의 울음 소리를 통해 서로 소통하는 듯하다. 몇몇 유인원은 보상 확보와 관련된 상황에서 두 살배기 인간 수준의 제한된 방식으로나마 기호 언어를 사용할 수 있는 능력을 지닌 것처럼 보인다. 그러나 오직 인간만이 언어와 집단지향성 모두를 가지고 있다. 이 두 능력이 복잡한 방식으로 상승작용을 일으킴으로써 인간 아기의 뇌에서는 배선의 변화를 수반하는 개념 체계의 발달이 이루어진다. 또한 이 두 능력의 결합을 바탕으로 사람들 사이의 소통과 사회적 영향력 행사의 기초가 되는 협동적인 범주화가 가능하다.[12]

단어는 5장에서 살펴본 것처럼 우리가 물리적으로 상이한 것들을 특정 목적을 위해 함께 묶음으로써 개념을 형성하는 계기가 된다. 트럼펫, 팀파니, 바이올린, 군사용 대포 등은 전혀 비슷해 보이지 않지만, '악기'라는 단어를 바탕으로 우리는 이것들을 표트르 차이코프스키Pyotr Tchaikovsky의 《1812년 서곡1812 Overture》 같은 곡의 연주라는 동일한 목표를 충족한다는 점에서 서로 비슷한 것으로 취급할 수 있다. 또한 '공포'라는 단어는 매우 다양한 움직임과 내수용 감각과 세계의 사태를 포함하는 다양한 사례를 함께 묶는 역할을 한다. 심지어 말을 배우기 이전 단계의 아기도 주위 사람이 공이나 딸랑이 등에 대한 단어를 의도적으로 사용하면 이런 단어를 사용해 공과 딸랑이에 관한 개념을 형성할 수 있다.

또한 단어는 집단이 공유하는 개념을 소통할 때 우리가 아는 한 가장 효율적으로 사용할 수 있는 수단이다. 나는 피자를 주문하면서 결코 다음과 같은 대화를 하지 않는다.

> 나: 여보세요, 주문할게요.
>
> 통화 상대: 네, 뭐로 하시겠어요?
>
> 나: 반죽 덩어리를 납작하게 굴려서 원형 또는 직사각형으로 만든 다음에 토마토 소스와 치즈를 위에 얹고 매우 뜨거운 오븐에서 충분히 구워 치즈가 녹고 껍질이 갈색이 된 것을 주문할게요.
>
> 통화 상대: 그것은 9.99달러예요. 큰 바늘이 12를 가리키고 작은 바늘이 7을 가리키면, 다 될 거예요.

이 상황에서 '피자'라는 단어로 인해 전화 통화를 상당히 단축할 수 있다. 우리 문화에서는 피자에 대한 공유된 경험과 공유된 지식이 있기 때문이다. 내가 피자의 개별 속성을 기술하는 것은 피자를 한 번도 접한 적이 없는 누군가와 대화할 때뿐일 것이며, 그런 상황에서는 그 사람도 피자의 특징 하나하나를 이해하기 위해 많은 노력을 기울여야 할 것이다.

또한 단어는 힘을 가지고 있다. 단어에 힘입어 우리는 이런저런 관념을 다른 사람의 머릿속에 곧바로 넣을 수 있다. 아무런 움직임도 없이 의자에 가만히 앉아 있는 당신에게 내가 '피자'라는 단어를 말하면, 당신의 뇌에 있는 뉴런들은 자동적으로 점화 패턴을 바꾸어 예측을 개시할 것이다. 당신은 버섯과 페퍼로니의 맛을 시뮬레이션하면서 침까지 흘릴지 모른다. 이처럼 단어는 특별한 형태의 텔레파시를 가능하게 해준다.

또한 단어는 다른 사람의 의도, 목표, 신념 등을 알아내려는 **심리 추론**의 계기로 작용한다. 5장에서 논의한 것처럼 아기는 다른 사람의 마음속에 있는 중대한 정보를 알아내는데, 이때 단어는 이런 정보를 전달하는 매개체가 된다.

물론 단어가 개념을 소통하는 유일한 방법은 아니다. 내가 기혼자라는 사실을 세상에 알리고 싶다면, 나는 굳이 돌아다니면서 "나는 결혼했어요. 나는 결혼했어요. 나는 결혼했어요." 하고 반복할 필요가 없다. 우리 문화에서는 반지 한 개만 끼고 있으면, 그것으로 충분하다. 물론 이왕이면 매우 큰 다이아몬드가 박힌 것으로 말이다. 또는 인도 북부 지방이라면 이마에 찍은 빨간 점인 빈디bindi로 충분할 것이다. 마찬가지로 내가 행복하다면, 굳이 이것을 단어로 소통할 필요도 없다. 내가 미소를 짓기만 해도 주위 사람들은 집단지향성을 바탕으로 이것을 이해할 것이며, 그 사람들의 뇌에서 수많은 예측이 억수같이 쏟아질 것이다. 내 딸이 유치원을 다니던 시기에 나는 눈을 부릅뜨는 것만으로도 딸이 못된 짓을 삼가도록 경고할 수 있었다. 이럴 때 단어는 필요 없었다.

그러나 개념을 효율적으로 가르치려면 단어가 필요하다. 집단지향성이 제대로 작동하려면 집단의 모든 사람이 '꽃'이든 '잡초'든 '공포'든 비슷한 개념을 공유할 필요가 있다. 이런 개념의 사례들은 매우 다양하며, 이것들의 물리적 특징에서 통계적 규칙성을 찾기란 쉽지 않다. 그러나 집단의 모든 성원이 어떤 식으로든 이런 개념을 학습할 필요가 있으며, 이때 단어는 이런 학습의 모든 실제적인 목적에 매우 잘 부합한다.

그렇다면 개념이 먼저인가 아니면 단어가 먼저인가? 과학자들과 철학자들 사이에서는 끊임없이 논쟁의 대상이 되지만, 여기서 이 물음을 해결하려고 시도하지는 않을 것이다. 그러나 사람들이 단어를 알기도 전에 특정 개념을 형성한다는 것은 분명하다. 태어난 지 며칠만 되어도 아기는 5장에서 언급한 것처럼 '얼굴'이라는 단어를 몰라도 얼굴에 대한 지각적 개념을 빠르게 학습한다. 얼굴에는 두 눈, 코, 입 같은 통계적 규칙성이 있기 때문이다. 이와 비슷하게 우리는 '식물'과 '인간'이라는 개념을 해당 단어 없이도 구별한다. 식물은 광합성을 하고 인간은 그렇지 않다. 이 차이는 지각하는 사람과 무관하며, 이 두 개념을 어떻게 명명하는지와 상관없다.[13]

반면에 단어가 필요한 개념도 있다. '전화하는 척하기'라는 범주에 대해 생각해보자. 우리는 모두 아이가 어떤 물건을 귀에다 갖다 대고 뭐라고 지껄이면서 부모의 통화 행동을 흉내 내는 모습을 본 적이 있을 것이다. 이때 선택하는 물건은 매우 다양하다. 바나나도 될 수 있고, 그냥 손도 될 수 있으며, 컵이나 담요도 될 수 있다. 이런 사례들 사이에는 특별한 통계적 규칙성이 존재하지 않는다. 그러나 아빠가 어린 아들의 귀에다 바나나를 갖다 대면서 "따르릉, 따르릉, 전화 왔어요" 하면, 이것으로도 충분히 다음 행동에 대한 이해가 아빠와 아들 사이에 공유될 수 있다. 그러나 만약 당신이 '전화하는 척하기'라는 개념을 모른다면, 두 살배기 아이가 장난감 차를 귀에다 대고 말하는 광경을 보았을 때 당신은 아이가 장난감을 머리 옆에다 대고 이야기하는 모습만을 보게 될 것이다.

이와 비슷하게 감정 개념은 감정 단어가 사용될 때 가장 쉽게 학습된다. 이제 당신은 얼굴, 신체, 뇌 등에 감정 범주의 일관된 지문이 없다는 점을 알게 되었다. 다시 말해 '놀라움' 같은 감정 개념의 사례들 사이에 물리적 유사성이 없어도 당신의 뇌는 이것들을 함께 묶을 수 있다. 마찬가지로 '놀라움'과 '공포' 같은 두 감정 개념 사이에 일관된 지문의 차이가 없어도 우리는 이것들을 안정되게 구별할 수 있다. 이런 정신적 유사성은 단어를 통해 특정 문화 안으로 **도입**된다. 우리는 어릴 때부터 사람들이 특정 맥락에서 '공포'나 '놀라움' 같은 단어를 말하는 것을 듣는다. 이런 단어의 소리를 바탕으로(조금 더 성장하면 글로 쓰인 이런 단어의 형태를 바탕으로) 각 범주 안에서 충분한 통계적 규칙성이 창조되고, 범주 사이의 충분한 통계적 차이가 창조된다. 단어를 바탕으로 우리는 각 개념을 붙드는 목표를 신속하게 추론한다. '공포'와 '놀라움'이라는 단어가 없으면 이 두 개념은 사람들 사이에서 쉽게 전파되지 않을 것이다. 단어에 앞서 개념이 먼저 형성되는지 아니면 그 반대인지에 대해서는 아무도 확실히 알지 못한다. 그러나 순전히 정신적인 개념이 우리 안에서 발달하고 전파되는 방식에 단어가 결정적으로 결부되어 있다는 점은 분명하다.

너와 내가 함께 느끼는 바로 그것

고전적 견해를 지지하는 이론가들 사이에서는 얼마나 많은 감정이 존재하는가를 둘러싼 논쟁이 끊이질 않는다. 사랑은 감정인가?

경외감은 감정인가? 호기심은? 배고픔은? '행복한', '쾌활한', '기쁜' 같은 동의어는 서로 다른 감정을 가리키는가? 욕정, 욕망, 열정 같은 단어는 어떠한가? 이것들은 서로 다른 것인가? 이것들이 감정이기는 한 것인가? 사회적 실재의 관점에서 보면 이런 논쟁은 전혀 중요하지 않다. 사랑, 호기심, 배고픔 등은 이것의 사례가 감정의 기능을 수행한다고 우리가 동의하는 한에서 감정인 것이다.[14]

우리는 이전 장들에서 감정의 몇몇 기능을 언급한 바 있다. 첫 번째 기능은 감정 개념이 다른 모든 개념과 마찬가지로 **의미를 구성**한다는 사실에서 비롯한다. 당신이 숨을 빠르게 쉬면서 땀을 흘리고 있다고 가정해보자. 당신은 들떠 있는가? 겁에 질려 있는가? 몸이 기진맥진한 상태인가? 이렇게 상이한 범주화는 상이한 의미를 표상한다. 즉 이것은 이 상황에서 당신의 신체 상태에 대해 당신의 과거 경험을 바탕으로 상이한 설명을 제시하고 있다. 일단 당신이 감정 개념을 사용한 범주화를 통해 감정 사례를 만들어내면, 당신의 감각과 행동은 설명된 것이다.

감정의 두 번째 기능은 개념이 **행동을 명령**한다는 사실에서 비롯한다. 당신이 숨을 빠르게 쉬면서 땀을 흘리고 있다면, 무엇을 해야 하는가? 들뜬 마음으로 싱긋 웃어야 하는가? 겁에 질려 달아나야 하는가? 아니면 드러누워 낮잠을 청해야 하는가? 예측을 바탕으로 구성된 감정 사례는 과거 경험을 지침으로 삼아 특정 상황에서 특정 목표를 추구하도록 당신의 행동을 재단하는 기능을 한다.

세 번째 기능은 **신체 예산을 조절**하는 개념의 능력과 관련된 것이다. 땀이 나고 숨이 찬 상태를 당신이 어떻게 범주화하느냐에 따라 당신의 신체 예산은 다른 영향을 받게 될 것이다. 들뜬 마음으로 범주화하면, 팔을 번쩍 들기 위해 코티솔이 약간 방출될 수 있다. 공포로 범주화하면, 당신이 달아날 준비를 하느라 코티솔이 더 많이 방출될 것이다. 반면에 낮잠을 자는 데는 코티솔이 추가로 필요하지 않을 것이다. 범주화가 말 그대로 당신의 피부 아래에서 일어난다. 감정의 모든 사례에는 바로 이어지는 미래의 신체 예산 관리가 결부되어 있다.

이 세 기능의 공통점은 모두 당신만의 문제라는 점이다. 의미 구성, 행동, 신체 예산 조절이 이루어지기 위해 당신의 경험에 다른 사람이 관련되어야만 하는 것은 아니다. 그러나 감정 개념의 또 다른 두 기능을 위해서는 다른 사람이 당신의 사회적 실재 안으로 들어와야만 한다. 그 한 기능은 **감정 소통**인데, 이 경우에는 두 사람이 동기화된 개념을 사용해 범주화할 필요가 있다. 한 남성이 숨을 빠르게 쉬면서 땀을 흘리는 모습을 당신이 보았다면, 그가 조깅복 차림일 때와 신랑의 턱시도 차림일 때 이 모습이 전달하는 바는 전혀 딴판일 것이다. 이 경우에 범주화는 의미 소통과 이 남성의 행동을 설명하는 데 기여한다. 감정의 또 다른 기능은 **사회적 영향력 행사**이다. '흥분', '공포', '기진맥진' 같은 개념은 당신 자신의 신체 예산뿐만 아니라 다른 사람의 신체 예산 조절에 영향력을 행사하기 위한 도구가 될 수 있다. 만약 당신이 다른 누구로 하여금 당신의 숨차고 땀나는 상태를 공포로 지각하도록 만들 수 있다면, 당신은 그 사람의 행동에 대해 단순히 빠른 숨과 촉촉한 이마만으로는 실현 불가능한 영향력을 행사하는 셈이다. 이런 방식으로 당신은 다른 사람의 경험을 구성할 수도 있다.[15]

마지막에 언급한 이 두 기능이 제대로 작동하려면 특정 신체 상태 또는 신체 활동이 특정 맥락에서 특정 기능을 수행한다는 것에 대해 당신이 대화하는 또는 영향을 미치는 다른 사람이 동의해야만 한다. 이런 집단지향성이 없다면 한 사람의 행동은 그것이 당사자에게 어떤 의미를 지니든 상관없이 다른 사람에게는 그저 무의미한 잡음으로 지각될 것이다.

당신과 친구가 함께 길을 걷고 있는데 한 남성이 발로 보도를 힘껏 밟고 있는 모습을 보았다고 가정해보자. 당신은 그 남성이 화가 났다고 범주화한다. 반면에 당신의 친구는 그 남성이 낙심했다고 범주화한다. 그 남성 자신은 신발에 들러붙은 진흙 덩이를 털고 있을 뿐이라고 생각한다. 그렇다면 당신과 친구는 잘못 범주화한 것인가? 혹시 그 남성이 그 순간에 자신의 감정을 자각하지 못한 것은 아닐까? 과연 누가 옳은가?

만약 이것이 물리적 실재에 관한 물음이라면, 우리는 이 문제에 대해 확실한 답을 찾을 수 있을 것이다. 나는 내 셔츠가 실크 옷이라고 말하는데 당신은 폴리에스테르 옷이라고 말한다면, 우리는 화학 검사를 통해 누가 옳은지를 결정할 수 있다. 그러나 사회적 실재가 관련되면, 정답 같은 것은 기대하기 어렵다. 나는 내 셔츠가 아름답다고 말하는데 당신은 이것이 몹시 추하다고 말한다면, 우리 중 어느 누구도 객관적으로 옳다고 말하기 어렵다. 보도를 짓밟는 남성의 모습에서 감정을 지각하는 것도 마찬가지다. 감정에는 지문이 없으므로, 정답이라는 것도 있을 수 없다. 기껏해야 합의에 도달할 수 있을 뿐이다. 다시 말해 내 셔츠에 대해 또는 보도를 짓밟는 남성에 대해 당신의 의견에 동의하는지 아니면 내 의견에 동의하는지를 다른 사람들에게 물어볼 수 있을 뿐이다. 또는 우리가

행한 범주화를 우리 문화의 규범과 비교해 볼 수 있을 뿐이다.[16]

당신과 당신의 친구와 보도를 짓밟는 남성은 제각기 예측을 통해 지각을 구성하고 있다. 보도를 짓밟는 남성 자신도 불쾌한 동요를 느낄지 모르지만, 그는 자신의 내수용 감각을 외부 세계를 바탕으로 예측한 감각들과 함께 '신발에서 진흙 털기'의 사례로 범주화할 수 있다. 반면에 당신은 분노의 지각을 구성할 수 있고, 당신의 친구는 낙심의 지각을 구성할 수 있다. 이런 구성은 모두 실재한다. 그러므로 어느 것이 정확한가라는 물음은 엄밀히 객관적인 의미로는 답변 불가능한 것이다. 그렇다고 해서 이 때문에 과학이 제한을 받는 것은 아니다. 오히려 이런 물음 자체가 잘못된 것이다. 왜냐하면 이 물음에 대해 확실하고도 명확하게 판결을 내릴 수 있는 관찰자와 무관한 측정 방법이 존재하지 않기 때문이다. 정확도를 계산하기 위한 객관적 기준을 찾기 어렵고 그저 합의가 최선일 때, 이것은 당신이 물리적 실재가 아니라 사회적 실재를 대하고 있다는 단서로 볼 수 있다.[17]

이것은 오해하기 쉬우므로, 다시 한 번 분명하게 말하고자 한다. 나는 감정이 착각이라고 말하는 것이 아니다. 감정은 실재한다. 그러나 꽃이나 잡초와 마찬가지로 사회적으로 실재한다. 나는 모든 것이 상대적이라고 말하는 것이 아니다. 만약 정말로 그렇다면, 인간의 문명은 성립할 수도 없을 것이다. 또한 나는 감정이 '그저 당신의 머릿속에' 있을 뿐이라고 말하는 것도 아니다. 이런 표현은 사회적 실재의 힘을 제대로 평가하지 못하고 있다. 화폐, 평판, 법률, 정부, 우정, 그 밖에 우리가 가장 열렬히 신봉하는 것들도 모두 '그저' 인간의 마음속에 있을 뿐이지만, 우리는 이런 것들을 위해

살고 또 죽는다. 이것들은 이것들이 실재한다고 우리가 동의하기 때문에 실재한다. 그러나 이것들은, 그리고 감정은 오직 지각하는 인간이 있을 때만 존재한다.

우리는 저마다 감정 사전을 갖고 있다

포테이토칩 봉지에 손을 넣었는데 방금 먹은 것이 마지막이었다는 것을 깨달은 순간의 느낌을 상상해보라. 당신은 봉지가 비었다는 실망감, 더 이상 칼로리를 섭취하지 않아도 된다는 안도감, 한 봉지를 다 먹어버렸다는 약간의 죄책감, 그래도 더 먹고 싶은 갈망을 느낀다. 방금 나는 감정 개념을 하나 발명한 셈인데, 아쉽게도 이것을 가리키는 영어 단어는 없다. 그러나 당신은 이 복잡한 느낌에 대한 나의 장황한 기술을 읽으면서 바삭거리는 봉지와 바닥에 조금 남은 칙칙한 부스러기까지 시뮬레이션했을 가능성이 높다. 당신은 이 감정을 이것에 대한 단어 없이도 경험한 셈이다.

뇌는 당신이 이미 알고 있는 '봉지', '칩', '실망감', '안도감', '죄책감', '갈망' 같은 개념들의 사례를 조합함으로써 이 위업을 달성했다. 뇌에 있는 개념 체계의 이 강력한 능력을 가리켜 우리는 5장에서 개념 조합이라고 부른 바 있다. 그리고 이 강력한 능력을 바탕으로 당신은 칩과 관련된 이 새로운 감정 범주의 첫 사례를 시뮬레이션한 셈이다. 이제 내가 이 새로운 창조물에 '칩 부재감 Chiplessness'이라는 이름을 붙여 주위 사람들에게 열심히 전파한다면, 이것은 '행복'이나 '슬픔' 같은 감정 개념만큼이나 실재하는 감정 개념이 될 수도 있을 것이다. 사람들이 이것을 사용해 예측하고, 이것을 바탕으로 범주화하며, 이것으로 자신의 신체 예산을 조절하고, 여러 상황에서 '칩 부재감'의 다양한 사례를 구성하면 그렇게 되는 것이다.

이제 우리는 이 책에 등장하는 가장 도전적인 견해 중의 하나에 도달했다. 당신은 감정 개념이 **있어야만** 관련된 감정을 경험하거나 지각할 수 있다. 이것은 필요 조건이다. '공포'에 대한 개념이 없으면 공포를 경험할 수도 없다. '슬픔'에 대한 개념이 없으면 다른 사람의 슬픔을 지각할 수도 없다. 당신은 필요한 개념을 학습할 수도 있고, 개념 조합을 통해 즉석에서 구성할 수도 있을 것이다. 어쨌든 당신의 뇌에서 이 개념을 만들어내고 이것을 사용해 예측할 수 있어야만 한다. 그렇지 않으면 당신은 경험맹 상태에 놓일 것이다.

이 견해는 매우 반직관적으로 들릴 수 있으므로, 몇 가지 예를 들어보자. 당신은 '리제트liget'라는 감정에 대해 잘 모를 것이다. 이것은 사람을 사냥하는 부족인 필리핀의 일롱고트족Ilongot이 경험하는 열광적인 공격성의 느낌이다. 리제트에는 또 다른 집단과 경쟁을 벌이는 집단의 일원으로서 위험한 도전을 감행하면서 느끼는 긴장된 집중, 열정, 활기 등이 담겨 있다. 위험과 활기는 단결심과 소속감을 고취한다. 리제트는 어떤 정신 상태가 아니다. 이것은 어떤 활동을 해야 이것이 생기는지, 언제 이것을 느껴야 하는지, 이것을 느낄 때 다른 사람들이 당신을 어떻게 취급할지 등에 관한 사회적 규칙이 포함된 복합 상황이다. 일롱고트족 사람들에게 리제트는 당신에게 행복과 슬픔이 실재하는 것만큼이나 실재하는 감정이다.

서양인들도 유쾌한 공격성을 경험하는 것은 분명하다. 운동선수들은 경쟁의 열기 속에서 이것을 느낀다. 비디오 게임을 즐기는 사람들은 사격 게임을 통해 이것을 탐닉한다. 그러나 이런 사람들이 리제트와 거기에 딸린 행동 규범, 신체 예산 변화, 소통, 사회적 영향 등의 모든 의미를 경험하려면 개념 조합을 사용해 '리제트'를 구성할 수 있어야만 할 것이다. 리제트는 포괄적인 개념 패키지다. 당신의 뇌가 이 개념을 만들어낼 수 없다면, 당신은 리제트를 경험할 수 없다. 물론 부분적으로는 경험할 수 있다. 유쾌하고 고도로 흥분된 정동, 공격성, 위험한 도전을 감행하는 스릴, 집단의 일원으로서 느끼는 형제애나 유대감 같은 것이 그것이다.

이제 최근에 미국 문화에 수용된 감정 개념의 예를 살펴보자. 나는 최근에 우리 연구실 사람들과 회의를 하던 중에 한 지인이(그를 로버트라고 부르기로 하자) 노벨상 수상 기회를 아깝게 놓쳤다는 소식을 접했다. 예전에 로버트가 나를 형편없이 취급한 적이 있기 때문에(그가 '바보 같은 놈'임을 과학자의 품위를 지켜 표현한 것이다), 나는 그 소식을 듣은 순간 솔직히 말해 복합적인 감정을 경험했다. 즉 나는 로버트에 대한 어느 정도의 동정심, 그의 불운에 대한 약간의 만족감, 나의 옹졸함에 대한 큰 죄책감, 거기다가 내 야박한 마음을 누구한테 들킬지 모른다는 당혹감을 느꼈다.

내가 이런 개념 조합을 우리 연구실 사람들에게 다음과 같이 이야기했다면 어떻게 될지 상상해보라. "로버트는 그것을 놓쳐서 무척 실망했을 거야. 그래서 나는 매우 기뻐." 아마도 내 말은 매우 부적절하게 느껴졌을 것이다. 우리 연구실의 어느 누구도 나와 로버트 사이의 역사를 알지 못했으며, 내가 죄책감과 당혹감을 동시에 느낀 것도 눈치채지 못했으므로, 그들은 내 입장을 이해할 수 없었을 것이며 오히려 나를 바보 같은 작자로 보았을 것이다. 그래서 나는 그 대신에 다음과 같이 말했다. "약간은 샤덴프로이데가 느껴지네." 그러자 방 안에 있던 모두가 미소를 지으면서 인정한다는 듯 고개를 끄덕였다. 이렇게 나는 단어 하나로 내 감정을 효율적으로 전달했을 뿐만 아니라 이런 감정이 사회적으로 받아들여지도록 만들 수 있었다. 물론 그 이유는 연구실의 모든 사람이 '샤덴프로이데'라는 개념을 가지고 있었고 이것의 지각을 구성할 수 있었기 때문이다. 만약 누군가의 불운에 대해 느끼는 유쾌한 유인성의 정동만 있었다면, 이런 일은 일어날 수 없었을 것이다.

슬픔 같이 낯익은 감정과 관련해서도 상황은 정확히 똑같다. 건강한 사람이라면 누구나 낮은 흥분도의 불쾌한 정동을 경험할 수 있다. 그러나 당신에게 '슬픔'의 개념이 없다면 슬픔과 이것에 딸린 모든 문화적 의미, 이에 적합한 행동, 슬픔의 기타 기능 등을 제대로 경험할 수는 없을 것이다.

몇몇 과학자는 감정 개념 없이도 감정 자체는 존재하며 당사자가 깨닫지 못할 뿐이라고 주장한다. 이는 감정 상태가 의식 밖에 존재할 수 있음을 가정하는 것이다. 나는 이런 가능성을 배제하지는 않지만, 이런 가능성이 크다고 보지는 않는다. 만약 당신에게 '꽃'의 개념이 없는데, 누가 당신에게 장미를 보여준다면, 당신은 식물을 경험할 뿐이며 꽃을 경험하지는 않을 것이다. 이런 상황에서 당신이 꽃을 보고 있지만 그것을 깨닫지 못할 뿐이라고 주장하는 과학자는 없을 것이다. 이와 비슷하게 2장에서 본 얼룩 이미지 자체에 꿀벌이 숨어 있는 것은 아니다. 당신이 꿀벌을 지각한 것은 오직 꿀벌에 대한 개념적 지식이 있었기 때문에 가능했다. 우리는 똑같은 추론을 감정에도 적용할 수 있다. 범주화에 사용할 '리제트', '슬픔', '칩 부재감' 같은 개념이 없으면 감정도 없으며 오직 감각 신호 패턴이 있을 뿐이다.

'리제트'라는 개념이 서양 문화권에서 얼마나 유용할 수 있을지 생각해보자. 전술 훈련을 받는 사관생도 중 일부는 살해의 쾌감을 발달시킨다는 보고가 있다. 물론 그들이 쾌감을 느끼려고 살해할 대상을 찾는 사이코패스는 아니다. 그러나 그들은 살해할 때 쾌감을 경험한다. 그들의 전투 이야기를 들어보면 사냥의 스릴, 전우와 함께 성공시킨 작전 등에서 강렬한 쾌감을 느끼는 상황이 종종 묘사되곤 한다. 그러나 서양 문화권에서 살해의 쾌감은 끔찍하고 수치스러운 것으로 간주된다. 그래서 이런 느낌을 경험한 사람에게 공감하거나 동정심을 보이기는 쉽지 않다. 그렇다면 사관생도에게 '리제트'라는 개념과 단어를 가르치고 리제트를 언제 느껴야 하는지에 관한 사회적 규칙까지 가르친다면 어떨까? 샤덴프로이데의 경우와 마찬가지로 우리는 이 감정 개념을 우리의 포괄적인 가치와 규범에 어울리게 도입할 수 있을 것이다. 그러면 이 개념을 바탕으로 군인들은 군사 임무 중 필요할 때마다 융통성 있게 리제트의 경험을 함양할 수 있을 것이다. 리제트 같은 새로운 감정 개념은 군인들의 감정 입자도를 높여 부대 단결과 작전 수행 능력을 향상시키는 한편, 전쟁터에서든 고향으로 복귀해서든 군대 성원들의 정신 건강까지 보호하는 일석이조의 효과를 낼 수 있을 것이다.[18]

감정 개념이 있어야만 그 감정을 경험 또는 지각할 수 있다는 나의 주장은 분명 매우 도발적인 것이다. 상식이나 일상 경험에 비추어보면 전혀 그렇지 않기 때문이다. 감정은 우리 안에 확실히 내장된 것처럼 느껴진다. 그러나 감정이 예측을 통해 구성된다면, 그리고 개념을 가지고 있어야만 예측할 수 있다면, 만약 이것이 사실이라면, 당연히 당신도 그러할 것이다.

일곱 색깔 무지개와 여섯 색깔 무지개

당신이 쉽게 경험하고 당신 안에 내장된 것처럼 느껴지는 감정들은 십중팔구 당신의 부모 세대도 느꼈을 것이며 부모의 부모 세대도 느꼈을 것이다. 고전적 견해에서는 이런 연속성을 설명하기 위해 감정 개념과 다른 감정 자체가 진화를 통해 신경계에 내장되었다고 주장한다. 나도 진화 이야기를 하고자 하는데, 그러나 이것은 사회적 실재에 관한 것이며 신경계의 감정 지문을 가정할 필요가 없는 것이다.

'공포', '분노', '행복' 같은 감정 개념은 한 세대에서 다음 세대로 전수된다. 이것은 단순히 우리가 유전자를 번식시켜서 그런 것이 아니라 이런 유전자에 힘입어 세대마다 다음 세대의 뇌를 배선할 수 있기 때문이다. 아기는 자신이 속한 문화의 관습과 가치를 학습하면서 온갖 개념으로 가득 찬 마음을 발달시킨다. 이 과정은 뇌 발달, 언어 발달, 사회화 등 다양한 이름으로 불린다.

인류가 종으로 번성할 수 있었던 주요 적응 이점 중 하나는 우리가 사회적 집단을 이루어 생활한다는 점이다. 이런 집단 생활 덕분에 서로 먹여주고 입혀주고 학습함으로써 살기 어려운 물리적 조건 속에서 살기 좋은 서식지를 창조하면서 지구 곳곳으로 퍼져 나갈 수 있었다. 그리고 이런 과정을 통해 우리는 각 세대가 다음 세대의 뇌 배선을 좌우하는 데 유용한 이야기, 요리법, 전통 등의 정보를 여러 세대에 걸쳐 축적할 수 있었다. 이렇게 여러 세대에 걸쳐 축적된 지식 덕분에 우리는 물리적 환경에 그저 적응하는 대신에 이런 환경을 능동적으로 가꾸면서 문명을 창조할 수 있었다.[19]

집단 생활에는 당연히 문제점도 따른다. 특히 사이좋게 지낼지 아니면 앞질러 나아갈지 하는 문제는 모든 사람이 직면하는 주요 딜레마다. '분노'나 '감사' 같은 일상적 개념은 이 두 가지 경합하는 관심을 다루기 위한 결정적 도구다. 즉 이것들은 문화적 수단이다. 이것들은 상황에 맞는 행동을 규정하고 소통을 가능케 하며 다른 사람의 행동에 영향을 미치면서, 다른 한편으로는 각자의 신체 예산 관리에 기여한다.

공포가 당신의 문화권에서 여러 세대에 걸쳐 나타났다는 사실만으로 공포가 인간 게놈에 인코딩되었다거나 자연 선택을 통해 수백만 년 전에 아프리카 사바나 지역에서 살던 사람족Hominini 조상의 몸 안에 생겨났다고 단정할 수는 없다. 이렇게 단 하나의 원인으로 모든 것을 설명하려는 태도는 현대 신경과학이 제공하는 다량의 증거뿐만 아니라 집단지향성의 엄청난 힘을 간과하는 것이다. 진화 덕분에 인간에게 문화를 창조할 수 있는 능력이 생겼고, 목표에 기초한 개념들의 체계를 사용해 자기 자신과 서로를 관리하는 것도 이런 문화의 일부임에 틀림없다. 우리에게 이런 생물학적 능력이 없었다면 목표에 기초한 개념을 창조할 수도 없었을 것이다. 그러나 문화적 진화의 관점에서 보자면 이렇게 창조된 개념이 정확히 어떤 것인지가 관건일 것이다.[20]

인간의 뇌는 일종의 문화적 인공물이다. 컴퓨터에 소프트웨어가 탑재되듯이 순진무구한 뇌에 문화가 탑재되는 것이 아니다. 오히려 문화는 뇌의 **배선**에 기여한다. 그러면 뇌는 문화의 운반자가 되어 문화의 창조와 보존에 기여한다.

집단 생활을 하는 모든 인간은 여러 가지 공통된 문제에 직면하며, 따라서 자연스럽게 여러 문화에 걸쳐 비슷한 개념들이 발견된다. 예컨대 대다수 인간 사회에는 초자연적 존재에 관한 신화가 존재한다. 고대 그리스의 님프Nymph, 켈트족 전설의 요정Fairy, 아일랜드의 레프러콘Leprechaun, 아메리카 원주민의 이야기에 나오는 소인, 하와이 원주민의 민담에 나오는 메네후네Menehune 요정, 스칸디나비아의 트롤Troll, 아프리카의 아지자Aziza, 이뉴잇족Inuit 문화의 아그룰릭Agloolik, 오스트레일리아 원주민의 미미Mimi, 중국의 신神, 일본의 신, 그 밖에도 무수한 존재들이 있다. 이런 마법적 존재에 관한 이야기는 인류 역사와 문학의 중요한 일부다. 그러나 그렇다고 해서 이런 마법적 존재가 자연에 실제로 존재하거나 과거 언젠가 존재했던 것은 아니다(해리포터의 마법학교 호그와트Hogwarts를 다니면 얼마나 좋을까 하는 우리의 바람과는 상관없다). '마법적 존재'라는 범주는 인간의 마음이 구성한 것이다. 그리고 이것이 그렇게 많은 문화권에 존재한다는 사실에 비추어볼 때 여기에는 몇 가지 중요한 기능이 있을 것이다. 마찬가지로 '공포'가 많은 문화권에 존재하는 까닭도(칼라하리 사막의 '쿵족Kung'은 예외다) 그것에 중요한 기능이 있기 때문일 것이다. 내가 아는 한 보편적인 감정 개념은 없다. 그러나 설령 그런 것이 있더라도, 보편성이 곧 지각하는 사람과 무관한 실재를 뜻하는 것은 아니다.[21]

사회적 실재는 인간 문화를 떠받치는 추진력이다. 사회적 실재의 일부인 감정 개념을 유아기에 다른 사람으로부터 또는 훨씬 나중에 다른 문화권으로 이주함에 따라 학습한다는 것은 충분히 있을 수 있는 이야기다(후자의 경우는 잠시 후 다시 언급할 것이다). 따라서 사회적 실재는 행동, 취향, 의미 등이 조상으로부터 후손에게 자연 선택을 통해 전달되는 도관의 역할을 한다. 개념은 생물학적 메커니즘의 꼭대기에 그저 얹어 놓은 사회적 장식물이 아니다. 개념은 문화를 통해 당신의 뇌에 배선된 생물학적 실재다. 특정 개념을 가진 또는 더욱 다양한 개념을 가진 문화 안에서 생활하는 사람들은 그렇지 않은 사람들보다 적응 이점을 누릴 수도 있다.[22]

5장에서 우리는 우리의 색 개념을 가지고 빛의 파장을 범주화함으로써 무지개에 새겨지는 줄무늬 착각에 대해 살펴보았다. 러시아 구글Google(images.google.ru)을 방문해 무지개의 러시아 단어(라두가радуга)를 검색하면, 여섯 가지가 아니라 일곱 가지 색이 담긴 러시아 무지개 그림을 볼 수 있는데, 이것은 서양의 파란색 줄무늬를 옅은 파란색과 짙은 파란색으로 더 나눈 것이다(그림 7-2).[23]

이 그림은 색 개념이 문화의 영향을 받는다는 사실을 보여준다. 파란색과 녹색이 미국인에게 상이한 범주인 것처럼 러시아 문화에서는 시니이синий(서양인에게 파란색)와 갈루보이голубой(서양인에게 하늘색)가 상이한 범주다. 이런 차이는 러시아인과 미국인의 시각체계에 타고난 구조적 차이가 있기 때문이 아니라 문화에 따라 다르게 학습된 색 개념 때문에 생긴다. 러시아에서 자란 사람들은 옅은 파랑과 짙은 파랑이 이름도 다른 별개의 색이라고 배운다. 이런 색 개념이 러시아인의 뇌에 배선되어, 그들은 일곱 가지 줄무늬를 지

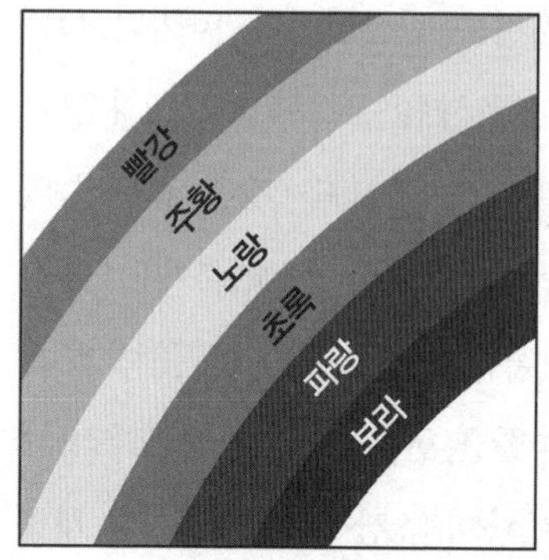

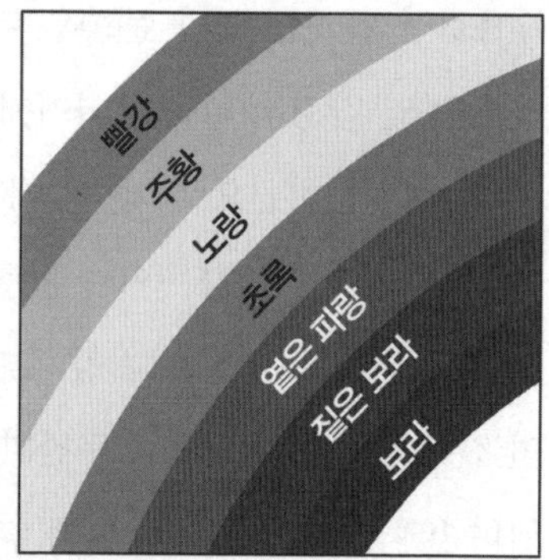

그림 7-2 무지개 그림은 문화에 따라 다르다.

각하게 되는 것이다.[24]

단어는 개념을 표상하고, 개념은 문화의 도구이다. 우리는 이것을 할머니의 할머니가 고향에서 쓰던 촛대처럼 부모로부터 자녀에게로, 한 세대에서 다음 세대로 전수한다. "무지개에는 여섯 가지 줄무늬가 있다." "돈은 상품을 거래할 때 쓴다." "컵케이크는 디저트고 머핀은 아침 식사다."

감정 개념도 마찬가지로 문화적 도구다. 여기에는 모두 당신의 신체 예산을 조절하거나 다른 사람의 신체 예산에 영향을 미치는 데 기여하는 많은 규칙이 딸려 있다. 어떤 상황에서 어떤 감정을 구성하는 것이 적절한지를 규정하는 이런 규칙은 문화에 따라 다를 수 있다. 미국에서 두려움을 느끼는 것이 적절한 상황은 롤러코스터를 탈 때, 암 검진 결과를 접하기 직전, 누가 당신에게 총을 겨눌 때 등이다. 반면에 당신이 미국의 안전한 동네에서 살면서도 집을 나설 때마다 두려움을 느낀다면, 부적절한 것이다. 이런 느낌은 병적인 것으로, 즉 광장공포증이라는 불안 장애로 간주될 것이다.

볼리비아 태생의 내 친구 카르멘Carmen은 감정 개념이 문화마다 크게 다르다는 내 이야기를 듣고 깜짝 놀랐다. "나는 세상 사람이 모두 똑같은 감정을 가지고 있다고 생각했는데"라면서 그는 스페인어로 다음과 같이 설명했다. "그러고 보니 볼리비아인이 미국인보다 더 강렬한 감정을 가지고 있는 것 같네. 마스 포르테Más fuerte(더 강렬한)." 대다수 사람들은 카르멘처럼 한 가지 세트의 감정 개념들만 가지고 평생을 살기 때문에, 감정이 문화에 따라 다르다는 이야기를 들으면 놀라워한다. 그러나 과학자들은 전 세계를 돌아다니면서 영어에 없는 수많은 감정 개념을 기록했다. 노르웨이인은 사랑에 빠질 때의 강렬한 기쁨을 가리켜 '포렐시에Forelsket'라고 부른다. 덴마크인은 친밀한 우정의 특정한 느낌을 가리키는 '휘게Hygge'라는 개념을 사용한다. 러시아어의 '토치카Tocka'는 영적 비통이고, 포르투갈어의 '사우다드Saudade'는 강력한 영적 갈망이다. 간단한 조사 끝에 나는 영어에 비슷한 말이 없는 스페인어 감정 개념을 하나 찾아냈다. 바로 '페나 헤나Pena Ajena'라는 것이었다. 카르멘은 이것을 내게 '다른 사람의 상실감에 대해 느끼는 슬픔'이라고 설명했는데, 나는 다른 곳에서 이것이 '타인의 입장에서 느끼는 불편한 심경 또는 당혹감'이라는 설명도 보았다. 내가 흥미롭게 느낀 몇 가지 예를 더 들자면 다음과 같다.[25]

기길Gigil(필리핀): 너무 사랑스러워 꽉 껴안고 싶은 충동[26]

후브레트Voorpret(네덜란드): 어떤 사태의 발생 전에 느끼는 쾌감[27]

아제오토리あげおとり(일본): 머리를 자른 후 더 못나 보이는 느낌[28]

다른 문화권의 몇몇 감정 개념은 어쩌면 영어로 번역하기 불가능할지도 모른다. 게다가 믿기지 않을 정도로 복잡하지만, 그곳 사람들은 아주 자연스럽게 경험한다. 이팔루크족(미크로네시아) 문화의 '파고Fago'라는 개념은 맥락에 따라 사랑, 공감, 연민, 슬픔, 동정심 등을 의미할 수 있다. 체코 문화의 '리토스트Litost'라는 개념은 번역이 불가능하다고들 말하지만, 대충 '자신의 불행과 복수심이 결합되어 느끼는 고통'쯤 된다. 일본의 감정 개념 '아리가타 메이와쿠ありがためいわく'는 누가 당신에게 받고 싶지 않은 호의를 베풀어 난처해졌지만 그래도 감사를 표해야 할 때 느끼는 감정이다.[29]

내가 미국인 청중을 대상으로 감정 개념이 매우 가변적이고 문화에 따라 다르며 영어 개념들도 마찬가지로 우리 문화의 지역적 특색을 띠고 있다고 말하면, 일부 사람들은 내 친구 카르멘이 그랬던 것처럼 매우 놀랍다는 반응을 보인다. "그렇지만 행복과 슬픔은 **실제** 감정이잖아요"라면서. 그들은 마치 다른 문화권의 감정들이 자신의 감정만큼 실제적인 것이 아니라는 듯 주장한다. 그러면 나는 다음과 같이 말한다. "맞아요. '파고', '리토스트' 등은 **당신에게는** 감정이 아니에요. 왜냐하면 당신은 이런 감정 개념들을 모르잖아요. 이런 개념들과 결부된 상황과 목표가 미국 중산층 문화에서는 중요하지 않은 것이지요." 당신의 뇌는 '파고'를 사용해 예측을 내놓지 못하므로, 이 개념은 당신에게 행복이나 슬픔처럼 자동적으로 느껴지지 않는다. 당신이 '파고'를 이해하려면, 당신이 이미 아는 다른 개념들을 바탕으로 개념 조합을 수행하는 정신적 노력이 필요하다. 반면에 이팔루크족은 이 감정 개념을 가지고 있으며, 그들의 뇌는 자동적으로 이것을 사용해 예측한다. 그들이 파고를 경험할 때, 이것은 행복과 슬픔이 당신에게 그런 것처럼 자동적이고 실재하는 것으로 느껴진다. 그들에게 파고는 마치 그냥 들이 닥치는 것처럼 느껴진다.

그렇다. '파고', '리토스트' 등은 사람들이 만들어낸 단어일 뿐이다. 그러나 '행복한', '슬픈', '두려운', '화난', '역겨운', '놀란' 같은 단어도 이와 전혀 다르지 않다. 단어의 발명은 사회적 실재의 본질이다. 당신이 사는 지역의 통화는 실제 돈이고 다른 문화권의 통화는 그저 만들어낸 것일 뿐이라고 말하겠는가? 다른 문화권으로 한 번도 여행하지 않은 사람에게는 또 다른 통화에 대한 개념이 없으므로 그렇게 보일 수도 있겠다. 그러나 여행을 자주하는 사람들은 '다른 문화권의 통화'라는 개념을 가지고 있다. 당신은 '다른 문화권의 감정'이라는 개념을 배울 필요가 있다. 그러면 당신은 당신의 감정이 당신에게 실재인 것처럼 이런 개념의 사례들이 다른 사람들에게 실재라는 사실을 이해하게 될 것이다.

다음과 같은 경우는 어떠한가? 서양 문화권에서 소중히 여기는 일부 감정 개념이 다른 문화권에는 전혀 없는 경우가 있다. 예컨대 우트카Utka 에스키모인에게는 '분노'라는 개념이 없다. 그리고 타히티인Tahitian에게는 '슬픔'이라는 개념이 없다. 두 번째 경우는 서양인이라면 특히 받아들이기 어려울 것이다. 슬픔이 없는 인생이라고? 정말로? 서양인이라면 '슬픈'이라는 표현을 사용할 상황에서 타히티인은 아픔, 곤란, 피곤, 시큰둥함 등을 느끼면서 이 모든 것을 싸잡아 '페아페아pe'ape'a'라고 부른다. 감정에 대한 고전적 견해를 지지하는 사람이라면 이런 차이를 무시하면서 얼굴을 찌푸린 타히티인 본인이 알던 모르던 실제로는 슬픔의 생물학적 상태에 있는 것이라고 주장할지 모른다. 그러나 구성주의자가 보기에는 사태가 그렇게 확실하지 않다. 사람들은 온갖 이유로 얼굴을 찌푸릴 수 있기 때문이다. 예컨대 무엇을 골똘히 생각할 때, 무슨 이유에서든 애를 쓸 때, 익살스러운 표정을 지을 때, 무슨 생각을 억누를 때, 또는 '페아페아'를 느낄 때 사람들은 얼굴을 찌푸릴 수 있다.[30]

문화에 따른 차이는 개별 감정 개념에서만 나타나는 것이 아니라 '감정'이 무엇인가라는 물음과 관련해서도 나타난다. 서양인은 감정이 개인의 내면에서, 몸 안에서 일어나는 경험이라고 생각한다. 그러나 다른 많은 문화권에서는 감정이 두 명 이상의 사람 사이에서 일어나는 사태라고 본다. 예컨대 미크로네시아의 이팔루크족, 발리인Balinese, 풀라인Fula, 필리핀의 일롱고트족, 파푸아뉴기니의 칼룰리족Kaluli, 인도네시아의 미낭카바우족, 오스트레일리아의 핀투피Pintupi 원주민, 사모아인Samoan 등이 그러하다. 더욱 흥미로운 것은 서양인이 감정적인 경험이라고 부르는 것들을 싸잡아서 가리키는 통일된 '감정' 개념이 아예 없는 문화도 있다는 점이다. 타히티인, 오스트레일리아의 기징갈리Gidjingali 원주민, 가나의 판테족Fante과 다그바니족Dagbani, 말레이시아의 체웡족Chewong, 그리고 우리가 방문했던 힘바족(3장) 등은 상당한 연구가 이루어진 이런 사례들이다.[31]

감정에 대한 대다수 과학적 연구는 미국식 개념과 미국식 감정 단어를 사용해 번역되어 영어로 수행되었다. 저명한 언어학자 안나 비에르즈비카Anna Wierzbicka에 따르면 영어는 감정의 과학이 갇힌 개념적 교도소였다. "감정에 관한 영어 용어들은 민속적인 분류 체계이지 문화와 상관없이 객관적인 분석틀이 아니다. 혐오, 공포,

수치심 같은 영어 단어가 마치 인간의 보편적인 개념이나 근본적인 심리적 실재를 밝히는 단서라도 되는 것처럼 그렇게 명백하게 가정해서는 안 된다." 사태를 더욱 제국주의적으로 만드는 것은 이런 감정 단어가 20세기 영어에서 가져온 것이며 일부는 매우 현대적인 개념이라는 사실이다. '감정emotion'이라는 개념 자체도 17세기의 발명품이다. 그 전에는 학자들이 약간 다른 의미를 지니는 '열정passion', '정취sentiment' 등의 개념을 사용했다.[32]

인간의 다양한 경험은, 즉 감정이나 그 밖의 정신 사태, 색, 신체 부분들, 방향, 시간, 공간 관계, 인과성 등은 언어에 따라 다르게 기술된다. 언어들 사이의 차이는 놀라울 정도다. 5장에서 언급했던 문화심리학자 바차 메스퀴타의 경험을 예로 들어보자. 그는 네덜란드에서 태어나 자랐고 박사 후 과정을 밟기 위해 미국으로 건너 왔다. 그 후 15년 동안 그는 결혼을 해서 가족이 생겼고 노스캐롤라이나의 웨이크포레스트Wake Forest 대학 교수가 되었다. 네덜란드에서 살았을 때 바차는 말자하면 자신의 감정이 자연스러운 것이라고 느꼈다. 그러나 미국으로 이주한 후 자신의 감정이 미국 문화에 꼭 들어맞지는 않는다는 사실을 금세 알아차렸다. 그에게는 미국인이 행복을 부자연스럽게 연출하는 것처럼 보였다. 그가 보기에 미국인은 늘 쾌활한 목소리로 이야기했고 툭하면 미소를 지었다. 바차가 안부를 물을 때마다 미국인은 늘 긍정적으로 답했다("아주 잘 지내죠!"). 반면에 바차 자신의 감정 반응은 미국의 문화적 맥락에서 부적절해 보였다. 누가 안부를 물으면, 그는 그렇게 열광적으로 답하지도 않았고 "끝내줘요", "아주 멋져요" 같은 표현을 쓰지도 않았다. 언젠가 나는 그가 자신의 경험에 대해 이야기하는 것을 들으면서 연신 고개를 끄덕였고 마지막에는 열광적으로 박수까지 쳤다. 그런 다음 그에게 다가가 포옹하면서 "아주 멋졌어요!"라고 말했다. 그러나 잠시 후 나는 그가 지적한 모든 것을 내가 방금 행동으로 보여주었다는 사실을 깨달았다.[33]

바챠의 경험은 예외적인 것이 아니었다. 러시아 출신의 내 동료 율리아 첸트소바 더튼Yulia Chentsova Dutton은 미국으로 건너온 후 1년 내내 뺨이 뻑적지근했다고 한다. 전에는 그렇게 많이 미소를 지은 적이 없었기 때문이다. 영국에서 이주한 감정 연구자인 내 이웃 폴 해리스Paul Harris는 미국 학자들이 과학적인 수수께끼를 붙들고 늘 들떠 있지만(높은 흥분도의 유쾌한 느낌), 그에게 더 익숙한 광경인 꼬치꼬치 캐거나 당혹스러워하거나 혼란스러워하는 모습은(낮은 흥분도의 꽤 중립적인 경험) 전혀 찾아볼 수 없다고 한다. 일반적으로 미국인은 높은 흥분도와 유쾌한 상태를 선호한다. 또 엄청 많이 미소를 짓고 서로에게 칭찬, 찬사, 격려를 아끼지 않는다. 수준을 가리지 않고 모든 업적에 대해 상을 주고, 정 없으면 '참석증'이라도 준다. 텔레비전을 보면 시상식이 마치 격주로 열리는 듯하다. 나는 행복에 관한 책이 지난 10년 동안 미국에서 얼마나 많이 출판되었는지 더 이상 세기를 포기했다. 이렇듯 미국인은 긍정의 문화 속에서 산다. 미국인은 행복하기를 원하고 자신의 위대함을 축하하는 것을 세계 어느 나라 사람들보다도 좋아한다.[34]

바챠는 미국에서 오래 지내면서 그의 감정도 점점 미국식으로 바뀌었다. 그가 지닌 유쾌한 감정 개념의 범위가 확장되었고 내용도 더 다양해졌다. 유쾌한 감정에 대한 입자도가 높아져서 미국식 행복을 욕구 충족이나 만족과는 다른 것으로 경험하게 되었다. 미국식 규범과 관습에 대한 새로운 개념들이 그의 뇌에서 생겨난 것이다. 이런 과정은 **감정의 문화적 동화**emotion acculturation라고 불린다. 새로운 문화 속에서 우리는 새로운 개념을 획득하고, 이것은 다시 새로운 예측으로 변환된다. 그리고 이런 예측을 사용해 제2의 고향에서 사람들이 느끼는 감정을 경험하고 지각할 수 있게 된다.

실제로 감정의 문화적 동화를 발견한 과학자는 바챠 자신이었다. 그는 사람들의 감정 개념이 문화마다 다를 뿐만 아니라 변천 과정을 겪기도 한다는 사실을 발견했다. 예컨대 벨기에에서라면 당신의 목표가 동료 때문에 가로막혀 분노를 자아낼 상황에서 터키인은 죄책감, 수치심, 경의의 느낌도 받곤 한다. 그러나 벨기에의 터키 이주민들은 그곳에서 오래 살수록 벨기에식 감정 경험을 갖게 된다.[35]

새로운 문화 속에 처하게 된 뇌는 어찌 보면 아기의 뇌와 비슷하게 예측보다 예측 오류에 의해 좌우되는 처지가 된다. 이런 상황에서 새로운 문화의 감정 개념을 가지고 있지 않은 이주자의 뇌는 감각 입력을 활발히 빨아들여 새로운 개념을 형성한다. 새로 학습한 감정 패턴 때문에 오래된 감정 패턴이 사라지지는 않겠지만, 5장에서 언급했던 그리스 출신의 내 연구 조교 알렉산드라처럼 새로운 감정 패턴 때문에 간섭을 받는 일이 일어날 수 있다. 만약 당신이 해당 지역의 개념을 모른다면, 당신은 효율적으로 예측할 수 없을 것이다. 당신은 개념 조합을 사용해 그럭저럭 대처하겠지만, 이것은 많은 노력을 필요로 하고 대강의 의미를 산출할 뿐이다. 또는 많은 상황에서 당신은 예측 오류에 휩싸일지 모른다. 문화적 동화의 과정은 당신의 신체 예산에도 부담이 된다. 실제로 감정의 문화적 동화가 덜 된 사람들은 신체 질병을 더 많이 보고하는 경향이 있다. 다시 말하지만 범주화는 당신의 피부 아래에서 진행된다.[36]

새로운 문화가 살아남는 법

이 책에서 나는 당신이 감정에 대한 새로운 사고 방식에 문화적으로 동화되도록 돕고 있다. 당신이 자각하든 자각하지 못하든 당신은 감정이 무엇이며, 어디에서 생기며, 어떤 의미를 지니는지 등에 대해 여러 개념을 가지고 있다. 어쩌면 당신은 이 책을 읽기 시작했을 때 '감정 반응', '표정', '뇌의 감정 회로' 같은 고전적 견해의 개념들을 가지고 있었을 것이다. 만약 그렇다면, 나는 지금까지 이런 개념들을 '내수용', '예측', '신체 예산', '사회적 실재' 같은 새로운 개념들로 천천히 대체하는 작업을 해온 셈이다. 어찌 보면 나는 구성된 감정 이론이라고 불리는 새로운 문화 속으로 당신을 끌어들이고 있는 셈이다. 새로운 문화의 규범은 당신이 한동안 그것과 함께 지내면서 그것을 이해하게 되기까지는 이상하게 또는 틀린 것으로 보일 수 있다. 나로서는 당신이 이미 문화적 동화의 과정 속에 있기를 또는 그럴 마음을 갖고 있기를 바랄 뿐이다. 그리고 언젠가 내가 또는 나와 뜻을 같이하는 다른 과학자들이 낡은 개념들을 이 새로운 개념들로 대체하는 데 성공한다면, 그것은 가히 과학 혁명이라 부를 만한 대사건일 것이다.

구성된 감정 이론은 얼굴, 신체, 뇌 등에 일관된 생물학적 지문이 없는데도 어떻게 당신이 감정을 경험하고 지각할 수 있는지를 설명한다. 당신의 뇌는 당신의 신체 안팎에서 전달되는 모든 감각 입력을 끊임없이 예측하고 시뮬레이션함으로써 이것이 무엇을 의미하며 이것을 바탕으로 무엇을 해야 할지를 이해한다. 이런 예측이 내수용 신경망에 있는 신체 예산 관리 회로에서 시작해 일차 감각 피질에 이르는 다단계 과정을 통해 피질 전체를 돌아다니면서 뇌 전체에 분산된 시뮬레이션이 만들어진다. 이런 시뮬레이션 하나하나가 개념의 사례에 해당하는 것이다. 이때 당신의 실제 상황에 가장 가까운 시뮬레이션이 최종적으로 당신의 경험이 되며, 이것이 감정 개념의 사례이면 당신은 감정을 경험하는 셈이다. 이 전체 과정은 신체 예산을 조절해 당신의 생명과 건강을 보전하는 데 기여하는 통제 신경망의 지원 속에 이루어진다. 이 과정 중에 당신이 주위 사람들의 신체 예산에 미치는 영향은 당신이 생존해서 유전자를 다음 세대에 전파하는 데 기여한다. 이것은 뇌와 신체가 사회적 실재를 창조함으로써 이루어진다. 또한 이것은 감정이 실재가 되는 과정이기도 하다.

물론 이것은 간단치 않은 이야기이다. 게다가 몇몇 세부 사항은, 예컨대 개념의 다단계 과정이 진행되는 정확한 메커니즘 등은 여전히 합리적 추론에 머물 뿐이다. 그러나 자신 있게 말할 수 있는 것은 구성된 감정 이론이 감정이 만들어지는 방식에 관한 사고 방식으로서 계속 살아남을 것이라는 점이다. 이 이론은 고전적 견해에서 취급한 모든 현상을 설명할 뿐만 아니라 감정 경험, 감정 개념, 감정 경험 시의 신체 변화 등에서 관찰되는 어마어마한 다양성과 같은 변칙 사례까지 설명한다. 이 이론은 단 하나의 개념틀 속에서 물리적 실재와 사회적 실재를 함께 이해하고 사회적 세계와 자연적 세계를 잇는 과학적 다리를 놓는 데 한 걸음 더 다가감으로써 무익한 본성/양육 논쟁을(예: 하드웨어로 깔려 있는 것은 무엇이고 학습된 것은 무엇인가?) 해체한다. 그리고 모든 다리가 그렇듯이 이 다리도 우리를 새로운 장소로 인도할 것이다. 그것은 다음 장에서 다룰 인간 존재의 현대적인 기원 설화에 관련된 것이다.

3부

감정이 세상을 움직인다

| 8장 |

인간 본성에 대한 새로운 견해

구성된 감정 이론은 감정이 만들어지는 방식에 대한 현대적 설명에 그치지 않는다. 이것은 또한 **인간 존재의 의미**에 대해 근본적으로 다른 견해를 제시한다. 이 견해는 신경과학의 최신 연구 결과와 일치한다. 또한 이것은 고전적 견해에 비해 당신의 느낌과 행동에 대해 더 많은 통제권을 당신에게 부여하며, 어떻게 살 것인가에 관해 깊은 의미를 함축하고 있다. 당신은 세계의 사태에 그저 반응하도록 배선된 수동적 동물이 아니다. 당신은 당신의 경험과 지각을 생각보다 훨씬 더 크게 좌우한다. 당신은 예측하고 구성하며 행동한다. 당신은 당신 경험의 설계자다.

인간 본성에 대한 또 다른 그럴듯한 견해는 감정에 대한 고전적 견해에서 출발한다. 이것은 이미 수천 년 동안 우리 주위에 있었으며 사회의 법률, 의료, 기타 주요 부문에 여전히 굳게 뿌리 내리고 있다. 실제로 이 두 견해는 역사가 기록된 이래로 끊임없이 전쟁을 벌였다. 지금까지의 전투에서는 인간 본성에 대한 고전적 견해가 줄곧 우위를 차지했다. 그러나 오늘날 현대 신경과학은 마음과 뇌의 혁명 한가운데에서 우리에게 이 갈등을 해소할 수 있는 도구를 선사했고, 고전적 견해는 압도적인 증거에 직면하여 점점 자리를 내어주고 있다.

이 장에서 나는 구성된 감정 이론을 바탕으로 인간 본성에 대해 뚜렷이 새로운 견해를 제시하고 이것을 고전적 견해가 지지하는 전통적 관점과 비교할 것이다. 또한 반대 증거가 꾸준히 제기되었는데도 고전적 견해가 과학과 문화의 영역에서 굳건한 참호를 구축한 채 그렇게 오랫동안 위세를 떨치도록 작용한 배후의 범인을 소개할 것이다.

문화가 진화의 효율을 높인다

대다수 사람들은 외부 세계가 물리적으로 우리와 별개로 존재한다고 생각한다. '저기 바깥' 세계에서 사태가 벌어지면, 당신의 뇌가 '여기 안에서' 사태에 반응하는 식으로 생각한다.

그러나 구성된 감정 이론에서는 다르게 바라본다. 우선 뇌와 세계를 나누는 경계선이 통과 가능한 것으로, 어쩌면 아예 존재하지 않는 것으로 간주한다. 그리고 뇌에 있는 핵심 체계들이 다양한 방식으로 결합해 당신의 지각, 기억, 사고, 느낌 및 기타 정신 상태가 구성된다. 당신이 얼룩진 꿀벌 사진에서 물리적으로 존재하지 않는 형태를 보았을 때 경험한 것이기도 하다. 이것은 뇌가 시뮬레이

선을 통해 세계에 대한 모형을 만든다는 사실을 보여준다. 뇌에서 내놓은 수많은 예측이 폭풍우처럼 휘몰아치고, 마치 이런 예측이 실재하는 것처럼 예측의 결과에 대한 시뮬레이션이 이루어지며, 이어서 실제 감각 입력에 비추어 이런 예측을 점검하고 수정하는 과정이 진행된다. 그러는 사이 당신의 내수용 예측을 바탕으로 정동의 느낌이 산출되고, 당신의 모든 행동이 그 영향을 받게 되며, 당신이 이 순간 신경을 쓰는 세계의 부분(정동적 적소)이 결정된다. 만약 내수용이 없다면, 당신은 신체 주변에 또는 그 밖의 어떤 것에도 주목하거나 관심을 갖지 않을 것이며, 결국 그리 오래 생존하지도 못할 것이다. 내수용 덕분에 뇌는 당신이 살아가는 환경을 구성할 수 있다.

뇌가 세계에 대한 모형을 구성하는 동안에 외부 세계는 뇌의 배선을 지원한다. 외부 세계가 감각 입력을 통해 아기의 뇌에 뿌린 씨앗이 싹터 개념들이 형성되고, 이에 따라 아기 뇌의 주요 신경망이 주위의 물리적 세계에 어울리게 배선된다. 이런 과정을 통해 아기의 뇌는 사람 얼굴을 인식하도록 배선된다. 그리고 뇌가 발달을 거듭해 단어를 학습하기 시작하면, 뇌의 주요 신경망이 사회적 세계에 어울리게 배선되면서, '독침을 쏘는 곤충으로부터 나를 보호해주는 것' 또는 '슬픔' 같은 순전히 정신적인 개념이 창조되기 시작한다. 당신이 살고 있는 문화에 기초한 이런 개념들은 외부 세계에 있는 것처럼 보이지만, 실제로는 당신의 개념 체계에서 구성한 것이다.

이런 구성의 관점에서 보면 문화는 당신을 둘러싸고 있는 무정형의 옅은 안개 같은 것이 아니다. 오히려 당신의 뇌는 문화의 도움을 받아 배선되었다. 그리고 당신의 특정한 행동 방식은 다음 세대의 뇌 배선에 영향을 미친다. 예컨대 특정한 피부색을 가진 사람들이 덜 소중하다고 가르치는 문화 속에서는 이런 사회적 실재가 해당 집단에게 물리적인 파급효과를 낳을 수 있다. 즉 이 집단은 더 낮은 봉급을 받을 것이며 이 집단의 아이들은 열악한 영양 상태와 생활 조건에 처할 것이다. 그리고 이런 요인 때문에 아이들의 뇌 구조가 악화될 경우 학교 성적은 떨어질 것이고 그러면 장차 이 아이들은 더 낮은 봉급을 받게 될 확률이 높을 것이다.[1]

구성은 자의적인 것이 아니다. 당신의 뇌는(그리고 당신의 뇌가 창조하는 마음은) 당신의 생명과 건강을 유지하기 위해 중요한 실재의 부분들과 계속 접촉해야만 한다. 구성한다고 해서 두꺼운 벽을 얇게 만들 수 있는 것은 아니다(그러려면 돌연변이체의 초능력 같은 것이 필요하다). 그러나 구성을 통해 국가를 재설계하고, 결혼을 재정의하며, 누가 소중하고 누가 소중하지 않은지를 결정할 수는 있다. 유전자가 당신에게 선사한 뇌는 물리적 환경과 사회적 환경에 어울리게 배선될 수 있으며, 이런 환경은 당신의 문화 속에 있는 다른 구성원과 당신이 함께 구성하는 것이다. 이렇게 하나 이상의 뇌가 있어야 마음이 창조된다.

구성된 감정 이론은 개인의 책임에 대해서도 완전히 새로운 사고 방식을 제시한다. 당신이 상사에게 화가 나서 상사의 책상을 주먹으로 내려치고 그를 멍청이라고 부르면서 그에게 맹비난을 퍼부었다고 가정해보자. 고전적 견해에서는 가설상의 분노 회로가 원인으로 지목되면서 당신의 책임이 일부 면제될지 모르지만, 구성의 관점에서는 책임의 범위가 가해의 순간 너머까지 확장된다. 이

때 당신의 뇌는 반응하는 것이 아니라 예측한다. 뇌의 핵심 체계에서는 바로 다음에 무슨 일이 일어날지를 끊임없이 추측하며, 이런 예측을 바탕으로 당신은 생존할 수 있다. 그리고 당신의 행동과 이런 행동의 출발점이 된 예측은 바로 이 순간까지 이어진 당신의 모든 과거 경험에(개념으로서 작용하는 과거 경험에) 기초한다. 당신이 상사의 책상을 내려친 까닭은 뇌에서 당신의 '분노' 개념을 바탕으로 그리고 비슷한 상황에서 책상을 내려친 행동이 직접적으로든 영화나 책 등을 통해서든 당신의 과거 경험을 토대로 분노의 사례가 예측되었기 때문이다.

앞서 말했듯이 통제 신경망은 당신이 스스로를 통제하고 있다고 경험하든 그렇지 않든 상관없이 당신의 예측과 예측 오류의 진행 방향에 끊임없이 영향을 미쳐 여러 행동 중에서 특정 행동이 선택되는 데 관여한다. 이 신경망은 오직 당신이 획득한 개념들에 기초해서만 작동한다. 따라서 다음과 같은 책임의 문제가 제기된다. "당신이 가진 개념들에 대한 당신의 책임은 무엇인가?" 물론 이 모든 것에 대한 책임이 당신에게만 있지는 않을 것이다. 당신이 아기였을 때, 당신은 다른 사람들이 당신의 머릿속에 넣어주는 개념을 선택할 처지가 아니었다. 그러나 성인으로서 당신에게는 당신이 무엇을 접할지, 그래서 무엇을 학습할지를 선택할 수 있는 절대적인 기회가 존재한다. 그리고 이런 경험을 바탕으로 형성되는 개념들이 궁극적으로는 당신의 행동을(그것이 의도한 행동으로 느껴지든 그렇지 않든 상관없이) 인도하는 역할을 하게 된다. 이렇게 볼 때 '책임'은 당신이 가진 개념들을 변화시키기 위한 신중한 선택의 문제가 된다.[2]

실제 세계의 예로서 세계 각지에서 벌어지는 주요 분쟁들에 대해 생각해보자. 이스라엘 대 팔레스타인의 분쟁, 르완다의 후투족Hutu 대 투치족Tutsi의 대립, 보스니아 대 세르비아의 갈등, 이슬람교 수니파Sunni 대 시아파Shia의 대립 등이 그런 예다. 물론 이미 여러 세대 전에 시작되었던 분쟁이기 때문에 상대방에 대해 느끼는 분노의 일차적인 책임이 이 집단의 현재 구성원들에게 있지는 않을 것이다. 그러나 현재를 살고 있는 각 개인에게도 자신이 가진 개념들과 함께 자신의 행동을 변화시키는 것이 **가능**하다는 점에서 이 갈등의 지속에 대한 책임이 어느 정도 있다. 진화에 의해 이미 정해진 분쟁이란 존재하지 않는다. 분쟁이 지속되는 까닭은 관련된 개인들의 뇌 배선이 지속적으로 사회적 환경의 영향을 받기 때문이다. 그러나 **누군가는** 이런 환경과 이런 개념들을 변화시키기 위한 책임을 떠안아야 할 것이다. 그리고 당사자가 아니라면 과연 누가 이 일을 하겠는가?

이와 관련해 희망적인 과학적 연구가 있었다. 해당 연구자들은 이스라엘인들을 대상으로 여러 부정적인 사태를 상상하면서(예: 팔레스타인의 로켓 발사, 이스라엘 병사 납치) 이런 사태를 덜 부정적인 것으로 재범주화하는 훈련을 실시했다. 그러자 이 훈련을 받은 사람들은 그렇지 않은 사람들보다 팔레스타인인에 대해 분노를 덜 느꼈을 뿐만 아니라 팔레스타인에 대한 원조 제공과 같이 평화롭고 타협적인 정책에 대해 더 많이 지지했고 가자Gaza 지구의 팔레스타인인에 대한 공격 작전에 대해서는 덜 지지했다. 최근에 유엔 가입을 위한 팔레스타인의 노력이 이어지는 가운데 재범주화 훈련을 받은 사람들은 그렇지 않은 사람들보다 완전 평화를 대가로 예루

살렘 동부 지역의 팔레스타인인에 대한 보안 통제를 포기하는 데 더 많은 지지를 보였고, 팔레스타인인의 이스라엘 의료체계 이용 금지 같은 억제 정책에 대해서는 더 적은 지지를 보였다. 그리고 이런 태도 변화는 훈련 후 5개월 동안 지속되었다.[3]

만약 당신이 분노와 증오로 가득 찬 사회에서 성장했다면, 당신이 관련 개념들을 가지고 있는 것을 당신 탓으로 돌리기는 어렵다. 그러나 이제 성인이 된 당신은 자신을 교육하고 또 다른 개념을 추가로 학습하는 기회를 선택할 수 있다. 물론 쉽지는 않겠지만, 불가능한 과제는 아니다. 내가 "당신이 당신 자신의 경험의 설계자다"라고 반복해서 주장하는 이유이기도 하다. 실제로 당신은 당신의 행동에 대해 부분적으로 책임이 있다. 이것은 당신의 통제를 벗어난 것처럼 느껴지는 감정적 반응의 경우에도 마찬가지다. 타인을 해치는 행동을 삼가도록 예측을 통해 당신을 인도하는 개념을 학습할 것인지는 스스로가 선택할 수 있다. 또한 당신은 다른 사람들에 대해서도 어느 정도 책임을 져야 한다. 당신의 행동이 다른 사람들의 개념과 행동에 영향을 미칠 뿐만 아니라, 이런 행동들을 통해 어떤 환경이 조성되는가에 따라 다음 세대의 뇌를 포함해 다른 사람들의 뇌 배선을 좌우하는 유전자가 활성화되기도 하고 그렇지 않기도 하기 때문이다. 사회적 실재 안에서 살아가는 우리 모두는 서로의 행동에 대해 어느 정도 책임이 있을 수밖에 없다. 이것은 모든 것을 사회 탓으로 돌리는 막연한 의미에서가 아니라 뇌 배선의 매우 실제적인 의미에서 그러하다.

예전에 나는 치료사로 활동하면서 어린 시절 부모의 가혹한 학대에 시달린 대학생 연령대의 여성들을 자주 상대했다. 그때 나는 그들이 2중으로 피해를 입었다는 사실을 깨닫게 해주려고 애썼다. 즉 그들은 학대를 받았던 그 순간에 한 번 피해를 입었고, 자신만이 해결 가능한 정서적 상처를 떠안았다는 점에서 다시 한 번 피해를 입었다. 이런 상처 때문에 그들의 뇌는 그들이 더 나은 환경으로 탈출한 후에도 계속해서 자신에게 결코 호의적이지 않은 세계에 대한 모형을 만들어낸다. 물론 그들의 뇌가 유해한 환경에 맞게 배선된 것은 그들의 잘못이 아니다. 그러나 자신의 개념 체계를 더 낫게 변화시킬 수 있는 유일한 사람은 그 여성들 자신이다. 이것이 바로 내가 말하고자 하는 책임의 형태다. 때때로 책임이란 당신이 사태를 바꿀 수 있는 유일한 사람임을 뜻한다.

이제 우리는 인간의 기원에 관한 물음에 이르렀다. 우리는 우리 자신이 장구한 진화 과정의 최종 목적지인 양 생각하는 경향이 있다. 그러나 구성된 감정 이론은 조금 더 균형 잡힌 관점을 취한다. 자연 선택의 최종 목적지는 우리 인간이 아니다. 우리는 우리의 유전자를 다음 세대에 전달하는 데 도움이 되는 특정한 적응 특성을 지닌 또 다른 종일 뿐이다. 다른 동물들은 진화를 통해 우리에게 없는 온갖 능력을 가지고 있다. 예컨대 거미는 아주 먼 거리를 껑충 뛰고 벽을 기어오를 수 있다. 우리가 스파이더맨 같은 슈퍼히어로에 열광하는 까닭도 우리에게 이런 능력이 없기 때문이다. 반면에 인간은 다른 행성까지 가는 로켓을 제작하거나 우리 마음속에 존재하면서 우리가 서로를 대하는 방식을 규정하는 법률을 발명하고 강제하는 능력 등에서는 분명히 타의 추종을 불허한다. 인간의 뇌에 있는 무언가가 우리에게 이런 독특한 능력을 선사한 것은 맞다. 그러나 이 무언가가 로켓 제작을 위한 또는 법률 강제를 위한

(또는 우리의 논의와 관련해서는 감정을 위한) 별도의 전용 뇌 회로일 필요는 없으며, 이것이 아주 먼 조상으로부터 물려받은 것일 필요도 없다.

오히려 인간의 가장 주목할 만한 적응 특성 중의 하나는 인간의 뇌에서 이루어지는 모든 배선을 위해 모든 유전 물질을 후세에 전달할 필요가 없다는 점이다. 그것은 생물학적으로 엄청 많은 비용을 초래하기 때문이다. 그 대신 인간의 유전자는 뇌가 주위 사람들의 뇌를 바탕으로, 다시 말해 문화를 통해 발달하는 것을 가능케 한다. 개별 뇌에서 정보의 중복성을 바탕으로 정보를 유사성과 차이로 압축하는 과정이 이루어지는 것과 비슷하게 복수의 뇌는 개별 뇌들 사이의 중복성을 바탕으로(우리가 동일한 문화 속에서 살고 있으며 동일한 개념들을 학습했다는 사실을 바탕으로) 서로의 뇌를 배선한다. 결국 인간의 문화는 진화의 효율을 높이는 역할을 하며, 우리는 후손의 뇌를 배선함으로써 그들에게 문화를 전수한다.

인간의 뇌는 거시 수준부터 미시 수준까지 다양성과 변성에 적합한 조직을 가지고 있다. 뇌의 상호 작용하는 여러 신경망 안에서 뉴런 집단들은 부분적인 독립성을 유지하면서 많은 정보를 효율적으로 공유한다. 상이한 뉴런 집단들이 몇 밀리세컨드 안에 형성되었다가 해체되기를 끊임없이 반복하는 가운데 개별 뉴런들은 다양한 상황에서 다양한 구성에 참여하여 가변적이고 부분적으로만 예측 가능한 세계에 대한 모형을 만들어낸다. 이런 역동적인 환경 속에 신경 지문은 어디에도 존재하지 않는다. 인간이 전 세계에 걸쳐 지리적으로나 사회적으로 매우 다양한 환경 속에서 살고 있다는 점을 고려할 때, 몇 가지 정신 모듈이 모든 인간에게 유전적으로 전수된다면 그것은 매우 비효율적일 것이다. 인간의 뇌는 다양한 환경에 적응해 다양한 종류의 마음을 창조하도록 진화했다. 우리 모두가 같은 종이라는 사실을 증명하기 위해 한 가지 보편적인 마음을 창조하는 한 가지 보편적 뇌가 있을 필요는 없다.[4]

전체적으로 볼 때 구성된 감정 이론은 인간이 어떤 존재인지에 대하여 생물학적 지식에 기초한 심리학적 설명을 제공한다. 이 이론은 진화와 문화의 두 측면을 모두 고려한다. 당신은 유전자에 의해 결정된 몇몇 뇌 배선을 가지고 태어났다. 그러나 몇몇 유전자는 환경에 따라 활성화되기도 하고 비활성화되기도 하며, 이를 통해 당신의 뇌는 당신의 경험에 맞게 배선될 수 있다. 당신의 뇌는 당신이 살고 있는 세계의 여러 실재에 의해 영향을 받으며, 여기에는 사람들 사이의 합의를 바탕으로 형성되는 사회적 세계도 포함된다. 비록 당신이 자각하지 못하더라도, 당신의 마음은 거대한 공동작업의 산물이다. 구성을 통해 당신은 세계를 객관적으로 정확하게 지각하는 것이 아니라 당신이 얼룩진 꿀벌 사진을 보면서 그랬던 것처럼 당신 자신의 필요와 목표와 이전 경험의 렌즈를 통해 세계를 지각한다. 그리고 인간은 진화의 정점에 있는 것이 아니라 몇몇 독특한 능력을 지닌 매우 흥미로운 종류의 동물일 뿐이다.

우리는 다윈에 대해 잘못 알고 있다

구성된 감정 이론은 인간 본성에 대해 고전적 견해와는 매우 다른 전망을 제시한다. 서양 문화권에서 인간의 진화적 기원, 개인의 책임, 개인과 외부 세계의 관계에 대한 고전적 견해는 수천 년 동안 지배적인 지위를 누려왔다. 많은 과학적 이야기와 마찬가지로 인간 본성에 대한 이 낡은 견해와 어째서 이것이 그렇게 오랫동안 굳건한 지위를 누릴 수 있었는지를 이해하기 위해서 찰스 다윈에서부터 이야기를 시작하는 것이 적절해 보인다.

1872년에 발표된《인간과 동물의 감정 표현》에서 다윈은 감정이 초기의 동물 조상으로부터 오랜 세월 동안 변하지 않은 채 인간에게 전수되었다고 주장했다. 이에 따르면 현대인의 감정은 우리 신경계의 아주 오래된 부분에서 관장하며, 각 감정의 바탕에는 구체적이고 일관된 지문이 존재한다.[5]

철학적인 용어를 사용하자면 다윈은 감정마다 **본질**essence이 있다고 주장한 셈이다. 만약 슬픔의 사례가 입을 삐죽 내밀기와 심박수 저하와 함께 발생한다면, '입을 삐죽 내밀기와 심박수 저하'라는 지문이 슬픔의 본질이 될 수 있을 것이다. 또는 슬픔의 모든 사례를 슬픔이라는 감정의 사례로 만드는 특정 뉴런 집단 같은 기초적인 원인이 슬픔의 본질로 간주될 수도 있겠다(이 책에서 나는 '본질'이라는 단어로 이 두 가지 가능성을 모두 언급할 것이다).[6]

본질의 존재에 대한 신념은 **본질주의**라고 불린다. 본질주의는 특정 범주마다(예컨대 슬픔과 공포, 개와 고양이, 아프리카계 미국인과 유럽계 미국인, 남성과 여성, 선과 악 등에 저마다) 그것의 참된 실재 또는 본성이 있다고 가정한다. 그리고 각 범주에 속하는 사례들의 깊은 근저에는 이 사례들을 겉으로는 달라 보여도 서로 비슷한 것으로 규정하는 공통된 속성(본질)이 존재한다고 가정한다. 여러 개의 크기, 모양, 색, 걸음걸이, 성질 등은 달라도 모든 개에게 공통된 본질에 비추어 보면 이런 차이는 피상적인 것으로 간주된다. 이 때문에 개는 결코 고양이가 아니다.

이와 마찬가지로 모든 종류의 고전적 견해는 슬픔이나 공포 같은 감정이 서로 뚜렷이 구별되는 본질을 가지고 주장한다. 예컨대 신경과학자 야크 판크세프Jaak Panksepp는 뇌의 피질 아래 있는 한 회로가 감정의 실체라고 주장한다. 그런가 하면 진화심리학자 스티븐 핑커는 감정이 신체 기관과 비슷하게 전문화된 기능을 담당하는 일종의 정신 기관이며, 몇몇 유전자가 감정의 실체라고 주장한다. 또한 진화심리학자 레다 코스미디스Leda Cosmides와 심리학자 폴 에크먼은 감정마다 관찰 불가능한 생득적 본질이 있다고 가정하면서, 이것이 일종의 '프로그램'과 비슷하다고 말한다. 이런 고전적 견해의 에크먼식 버전이 바로 기본 감정 이론이라고 불리는 것이다. 이 이론의 가정에 따르면 행복, 슬픔, 공포, 놀라움, 분노, 혐오 등의 본질은 세계 안의 물체와 사태에 의해 자동적으로 촉발된다. 고전적 평가 이론classical appraisal theory이라고 불리는 또 다른 고전적 견해에서는 당신과 세계 사이에 또 한 단계를 추가한다. 이에 따르면 당신의 뇌에서 먼저 상황에 대한 판단('평가')이 이루어지고 이에 따라 특정 감정이 촉발될지가 결정된다. 이 모든 형태의 고전적 견해에 공통된 점은 감정 범주마다 서로 뚜렷이 구별되는 지문이 있다고 가정한다는 점이다. 이런 견해들은 단지 감정의 실체가 구체적으로 무엇인지에 대해 서로 다른 주장을 펼칠 뿐이다.[7]

고전적 견해가 난공불락의 요새처럼 강고한 까닭은 그 밑바닥에 깔린 본질주의 때문이다. 본질주의는 사람들로 하여금 자신의 감각을 통해 자연의 객관적인 경계가 드러난다고 믿게 만든다. 본질주의의 관점에서 보면 행복과 슬픔이 서로 달라 보이고 느낌도 다르므로 뇌에 있는 이것들의 본질도 다를 것임에 틀림없다. 사람들은 평소에 이런 식의 본질주의적 사고를 거의 자각하지 못한다. 사람들은 자연에 경계선을 긋고 있는 자신의 손을 보지 못한다.

감정에 대한 고전적 견해가 현대적인 형태로 번창하게 된 계기는《인간과 동물의 감정 표현》에서 다윈이 감정의 실체에 대한 믿음을 드러낸 것이었다. 또한 이런 믿음 때문에 다윈은 본의 아니게 위선자처럼 보이게 되었다. 역사상 가장 위대한 과학자 중의 한 명을 비판하고 반박하는 것은 결코 쉬운 일이 아니지만, 나는 이제 이것을 감행할 것이다.

다윈의《종의 기원On the Origin of Species》은 생물학이 현대 과학으로 발전하는 패러다임 전환의 기폭제가 되었다. 다윈의 가장 위대한 과학적 업적은 진화생물학자 에른스트 마이어Ernst Mayr의 멋진 표현처럼 "본질주의의 마비 작용"으로부터 생물학을 해방시킨 점이었다. 그러나 감정에 관해 다윈이 13년 후에 발표한《인간과 동물의 감정 표현》은 무슨 이유에서인지 본질주의로 가득했다. 이 책에서 그는 자신의 혁신적인 업적을 내다 버리고 다시 본질주의의 마비 작용에 허덕이는 모습을 보였다.[8]

19세기에《종의 기원》을 통해 다윈의 이론이 널리 알려지기 전까지는 본질주의가 동물의 왕국을 지배했다. 사람들은 동물 종마다 신이 창조한 이념형이 있으며, 해당 종을 다른 모든 종과 구별짓는 특징적인 속성(본질)이 있다고 믿었다. 그리고 이 이념형에서 벗어나는 것은 모두 오류 또는 우연 탓으로 간주되었다. 이것은 생물학에서 일종의 '애완견 대회'가 개최된 것과도 같았다. 애완견 대회는 경합하는 개들 가운데 '최고'의 개를 뽑는 대회다. 단, 개들이 직접 경합하는 대신에 심사위원들이 가상의 이상적인 개를 기준으로 어느 개가 그것에 가장 가까운지를 비교 평가한다. 만약 골든 리트리버 품종에 대해 심사한다면 대회에 출전한 개들은 골든 리트리버의 이념형과 비교된다. 키가 적당한가? 사지가 대칭을 이루는가? 주둥이가 가지런하고 두개골과 조화를 이루는가? 가죽은 털이 촘촘하고 윤기가 흐르는 황금색인가? 심사위원들은 이념형에서 벗어나는 것은 모두 오류로 인식하고, 오류가 가장 적은 개에게 우승컵을 준다. 이와 마찬가지로 19세기 초기의 저명한 사상가들은 생물계를 대규모 애완견 대회처럼 취급했다. 당신이 골든 리트리버 품종의 개를 한 마리 살펴보는데, 이 개의 보폭이 평균 이상으로 넓으면, 이것은 이념형에 비해 **너무** 넓은 것이고, 심지어 잘못된 것인 셈이다.[9]

이런 와중에 등장한 다윈은 종 안에서 관찰되는 차이가(예컨대 보폭의 차이가) 오류가 아니라고 주장했다. 오히려 차이는 충분히 예상되는 것이며, 종의 환경과 의미 있게 연관된 것이라고 인식했다. 골든 리트리버 품종의 개체군에는 언제나 다양한 보폭의 개들이 존재하며, 이 중 일부는 달리기, 오르기, 사냥하기 등에 기능적으로 장점을 갖고 있을 것이다. 이런 상황에서 자신의 환경에 가장 적합한 보폭을 지닌 개들이 더 오래 생존할 것이며 그래서 더 많은 새끼를 낳을 것이다. 이것이 바로 《종의 기원》에 나오는 다윈 진화론의 구체적인 작동 방식인 자연 선택 또는 '적자생존'이다. 다윈이 생각한 생물의 종은 개념적 범주였다. 즉 본질이라는 핵심 없이 서로 다른 개체들의 집단이었다. 이상적인 개는 존재하지 않는다. 그저 수많은 상이한 개들의 통계적 요약일 뿐이다. 한 개체군에 속한 모든 생물에게 필요 조건 또는 충분 조건이 되는 또는 전형적인 특징이란 존재하지 않는다. 개체군 사고라고 불리는 이런 관찰이야말로 다윈 진화론의 핵심이다.[10]

동일성에 기초하는 본질주의와 다양성에 기초하는 개체군 사고는 근본적으로 양립할 수 없다. 따라서 다윈이 근본적으로 반본질주의적인《종의 기원》을 발표한 후,《인간과 동물의 감정 표현》으로 자신의 최대 업적을 뒤집은 것은 실로 충격적인 일이다.[11]

다윈이 생물학에서 척결한 본질주의에 기초하는 것이 바로 감정에 대한 고전적 견해다. 그런데 이것 역시 충격적이고 아이러니한 상황이 아닐 수 없다. 이 고전적 견해는 스스로를 '진화' 이론이라고 부르면서 감정과 감정 표현이 자연 선택의 산물이라고 가정하지만, 감정에 대한 다윈의 사고에서 자연 선택은 전혀 찾아볼 수 없다. 다윈의 이름으로 포장된 모든 본질주의적 견해는 진화에 대한 다윈의 핵심 견해를 철저히 오해하고 있는 것이다.

본질주의의 힘에 사로잡힌 다윈의 사고에서 우리는 감정에 대해 지극히 터무니없는 몇몇 견해를 찾아볼 수 있다.《인간과 동물의 감정 표현》에서 그는 다음과 같이 말한다. "심지어 곤충도 신체 부분을 비벼 소리를 내면서 분노, 극심한 공포, 질투, 사랑 등을 표현한다." 다음에 부엌에서 파리를 쫓아낼 일이 있거든, 이 점을 생각해보기 바란다. 그런가 하면 다윈은 감정의 불균형 때문에 머리카락이 곱슬곱슬해질 수도 있다고 주장했다.[12]

본질주의는 강력할 뿐만 아니라 전염성도 뛰어나다. 감정의 불변하는 본질에 대한 다윈의 납득하기 어려운 믿음으로 인해 다른 저명한 과학자들의 유산이 왜곡되는 결과를 초래하기도 했다. 그리고 이런 과정을 통해 감정에 대한 고전적 견해는 탄력을 받게 되었다. 미국 심리학의 아버지로 알려진 위대한 사상가 윌리엄 제임스가 가장 대표적인 예다. 1,200쪽에 달하는 그의 대작《심리학의 원리Principles of Psychology》는 서구 심리학에서 가장 중요한 견해들을 대부분 담고 있으며, 100년도 더 지난 오늘날까지 심리학의 근간을 이루고 있다.

제임스는 행복, 공포 등의 감정 유형마다 신체에 뚜렷이 구별되는 지문이 존재한다고 말한 것으로 널리 알려져 있다. 고전적 견해의 핵심 요소로 자리 잡은 이런 본질주의적 사고와 그 영향을 받은 여러 세대의 연구자들은 심장 박동, 호흡, 혈압, 기타 신체 표지에서 이런 지문을 발견하려는 연구를 계속해 왔고 감정에 관한 책을 발표하기도 했다. 그러나 여기에는 함정이 있다. 그는 한 번도 이런 이야기를 한 적이 없다. 이러한 오해는 그가 100년 전에 한 이야기를 본질주의의 관점에서 잘못 해석한 데서 비롯했다.

실제로 제임스는 각 감정 범주가 아니라 각 감정 **사례**가 독특한 신체 상태에 기초한다고 말했다. 이것은 매우 다른 이야기이다. 왜냐하면 이것은 당신이 공포 때문에 몸을 떨 수도 있고, 공포 때문에 펄쩍 뛸 수도 있으며, 공포 때문에 몸이 얼어붙거나, 공포 때문에 숨이 멎거나, 공포 때문에 몸을 숨기거나, 공포 때문에 공격을 감행하거나, 심지어 공포에 직면해 웃을 수도 있음을 의미하기 때문이다. 공포에 대한 각 사례는 서로 다른 내부 변화 및 감각과 관련되어 있다. 제임스에 대한 고전적 해석은 마치 그가 감정의 실체가 있다고 주장한 것처럼 그의 이야기를 180도 뒤집어 놓았다. 제임스의 말을 인용하자면 "물에 젖을까봐 느끼는 두려움은 곰에 대해 느끼는 두려움과 똑같은 두려움이 아니다."[13]

제임스의 이야기에 대한 오해는 어떻게 생겨났을까? 이런 혼동의 씨를 뿌린 사람은 바로 제임스와 동시대 철학자였던 존 듀이 John Dewey였다. 듀이는《인간과 동물의 감정 표현》에 담긴 다윈의 본질주의적 견해를 이와 근본적으로 양립할 수 없는 제임스의 반본질주의적 견해에 접목해 독자적인 감정 이론을 만들어냈다. 그러나 이렇게 탄생한 것은 감정 범주마다 고유한 본질을 가정함으로써 제임스의 견해를 완전히 뒤집은 괴상한 이론이었다. 그러면서 듀이는 자신이 만들어낸 혼성물에 제임스의 이름을 끌어 와 '제임스-랑게 감정 이론James-Lange theory of emotion'이라는 이름을 붙였다.* 이렇게 뒤범벅이 된 이론의 탄생에서 듀이가 한 역할은 사람들의 기억 속에서 사라졌으며, 수많은 문헌에서는 듀이의 이론을 제임스의 것으로 간주한다. 대표적인 예로는《데카르트의 오류》나 그 밖에도 감정에 관해 인기 있는 책들을 발표한 신경학자 안토니오 다마지오를 들 수 있다. 그가 신체 표지somatic marker라고 부르는 각 감정마다의 신체 지문은 뇌가 적절한 결정을 내리기 위해 필요한 정보의 원천이다. 다마지오에게 이 표지는 지혜의 작은 조각과도 같다. 그에 따르면 감정 경험은 신체 표지가 의식적인 느낌으로 변환될 때 발생한다. 사실상 다마지오의 이 가설은 제임스의 실제 견

---

* 여기서 '랑게'는 제임스나 듀이와 같은 시대를 살았던 생리학자 칼 랑게Carl Lange를 가리킨다. 감정에 대한 그의 견해는 겉으로는 제임스와 비슷했지만, 랑게의 견해에는 감정 범주마다 독특한 지문이 있다는 본질주의적 신념이 담겨 있었다. 그래서 랑게는 듀이의 이론에 자신의 이름이 새겨지는 행운을 붙잡을 수 있었다.

해가 아니라 제임스-랑게 혼성물의 현대적 소산이라 할 수 있다.[14]

듀이가 제임스를 잘못 해석한 것은 다윈의 이름 아래 본질주의가 빚어낸 현대 심리학의 가장 심각한 오류 중 하나였다. 본질주의적인 견해에 권위를 부여하기 위해 생물학에서 본질주의를 몰아내는 데 가장 큰 공을 세운 다윈의 이름이 언급되는 것은 아이러니할 뿐만 아니라 참으로 비극적이라고 말하지 않을 수 없다.

본질주의에서 벗어나지 못하는 이유

그렇다면 위대한 과학자의 말을 왜곡하고 과학적 발견의 진로를 오도하는 본질주의의 강력한 힘은 어디에서 비롯하는가? 가장 단순한 이유는 본질주의가 매우 직관적이라는 것이다. 우리의 감정은 마치 자동적인 반응처럼 경험되기 때문에, 이것이 뇌의 아주 오래된 특수 부위에서 발생할 것이라고 믿는 것은 어렵지 않은 일이다. 또한 우리는 눈 깜박임, 눈살 찌푸림, 기타 근육 경련에서 감정을 목격하고 목소리의 높낮이와 리듬에서 감정을 들을 수 있다. 이때 우리가 특별한 노력을 기울인다거나 우리가 이 과정에 능동적으로 관여한다는 느낌은 들지 않는다. 따라서 우리가 선천적으로 감정 표현을 인식하고 거기에 반응하도록 설계되고 프로그래밍되었다고 믿는 것도 자연스러운 일이다. 그러나 이러한 믿음이 진실인지는 매우 의심스럽다. 전 세계 수백만 명의 사람들이 코미디 인형극 〈머펫 쇼Muppet show〉에 등장하는 커밋Kermit 개구리를 즉각적으로 아주 쉽게 인식한다. 그러나 그렇다고 해서 인간의 뇌에 이 인형을 인식하는 회로가 선천적으로 존재하는 것은 아니다. 본질주의는 상식에 부합하는 간단한 설명을 제시하지만, 이것은 우리가 살고 있는 복잡한 세계에서 복합 원인을 단일 원인으로 환원하는 오류를 범하고 있다.

또한 본질주의는 반증하기가 매우 어렵다. 본질은 관찰 불가능한 속성일 수 있으므로 본질이 발견되지 않아도 그것의 존재를 믿는 데는 전혀 지장이 없다. 어째서 실험을 통해 본질이 확인되지 않았는지에 대해 이유를 붙이는 것은 식은 죽 먹기다. "우리는 아직 모든 곳을 살펴보지 않았다." "이 복잡한 생물학적 구조의 내부는 우리가 아직 들여다볼 수 없다." "오늘날 사용하는 도구는 본질을 찾아낼 만큼 강력하지 않지만, 언젠가는 그런 날이 올 것이다." 물론 이러한 희망적인 사고가 진심이 담긴 말일 수는 있어도 논리적으로 반증 불가능하다는 문제를 안고 있다. 이렇게 **본질주의는 반대 증거에 대한 면역력을 가지고 있다.** 또한 본질주의는 과학의 실천 방식에도 영향을 미칠 수밖에 없다. 만약 과학자들이 언젠가 발견될 본질로 가득 찬 세계를 믿는다면, 이 본질을 찾기 위해 사실상 무한한 탐험의 길을 나서는 데 주저하지 않을 것이기 때문이다.[15]

그런가 하면 본질주의는 인간이 타고난 심리적 소질의 일부인 것처럼 보이기도 한다. 5장에서 살펴보았듯이 인간은 순전히 정신적인 유사성을 생각해냄으로써 범주를 창조하고 이것에 이름을 붙인다. 그래서 '애완동물'이나 '슬픔' 같은 한 단어가 수많은 사례에 적용된다. 단어는 인간의 놀라운 업적임에 틀림없지만, 다른 한편으로는 인간의 뇌에게 있어서 파우스트의 거래와도 같은 것이다. 한편으로 '슬픔' 같은 단어가 다양한 지각에 적용될 때 우리는 눈에 띄는 차이 너머로 근저에 깔린 동일성을 찾으려는(또는 발명하려는) 유혹에 직면한다. 다시 말해 '슬픔'이라는 단어를 통해 그럴싸한 물체와도 같은 한 가지 감정 개념이 창조된다. 또한 단어는 동일성의 **근거**가 있을 것이라는 믿음을 부추긴다. 깊숙이 놓여 있어 관찰 불가능한, 어쩌면 영원히 알 수 없을 어떤 성질에 대한 믿음, 등가성의 근거가 되고 다양한 사례들의 진정한 정체성을 구성하는 어떤 성질에 대한 믿음을 부추긴다. 한마디로 말해 단어는 본질에 대한 믿음을 부추기며, 이런 과정이야말로 본질주의의 심리적 기원일 것이다. 윌리엄 제임스는 1세기 전에 이와 비슷한 관찰을 하면서 다음과 같이 말한 바 있다. "특정 집단의 현상을 가리키기 위해 …… 단어를 만들 때마다 우리는 현상 너머에 존재하는 실체를 가정하고, 그 단어가 이것을 가리키기 때문에 이름이 된 것이라고 생각하는 경향이 있다." 우리가 개념을 학습할 때 도움이 되는 바로 그 단어의 속임수에 빠져 우리는 단어가 가리키는 범주가 자연에 원래 있는 경계를 반영한다는 잘못된 믿음을 갖기 쉽다.[16]

아동을 대상으로 한 연구는 인간의 뇌에서 본질에 대한 믿음이 어떻게 구성되는지를 잘 보여준다. 연구자가 아이에게 빨간 실린더를 하나 보여주면서 '블리켓' 같은 무의미한 이름으로 이것을 부른다. 그리고 연구자는 이것이 기계에 불이 들어오게 하는 특별한 기능을 가지고 있다는 사실을 보여준다. 그 다음에 아이에게 두 물체를 더 보여준다. 하나는 연구자가 마찬가지로 '블리켓'이라고 부르는 파란 정사각형 물체이고 다른 하나는 '블리켓'이라고 불리지 않는 또 다른 빨간 실린더다. 그러면 아이는 파란 정사각형 물체가 원래의 빨간 '블리켓'과 시각적으로 크게 다른 데도 이 물체만이 기계에 불이 들어오게 할 것이라고 예상한다. 아이는 기계에 불이 들어오게 하는 보이지 않는 인과적 힘이 모든 '블리켓'에 들어 있다고 추론한 것이다. 과학자들이 귀납법이라고 부르는 이 현상은 뇌가 다양성 너머로 개념을 확장할 때 사용하는 매우 효율적인 방식이다. 그러나 귀납법은 본질주의를 부추기기도 한다. 당신이 어릴 적에 친구가 땅바닥에 널브러져 장난감이 없어졌다고 우는 모습을 보았을 때, 그리고 그 아이가 슬픔을 느끼고 있다는 이야기를 들었을 때, 당신의 뇌는 이 아이 내면에 있는 보이지 않는 인과적 힘이 슬픔의 느낌과 널브러진 자세와 울음을 야기했다고 추론했다. 그리고 당신이 입을 삐죽 내민 아이, 떼를 쓰는 아이, 이를 악문 아이, 그 밖의 다른 행동을 하는 아이를 보았을 때, 그리고 주위 어른들이 이 아이들에게도 '슬픔'이라는 단어를 사용했을 때, 이 본질에 대한 당신의 믿음은 이 아이들에게까지 확장되었다. 이렇게 감정 단어는 우리가 창조한 등가성이 세계에 객관적으로 실재한다는(그리고 우리는 그것을 발견할 뿐이라는) 허구를 강화한다.[17]

어쩌면 본질주의는 우리의 뇌가 배선된 방식에 따른 자연스러운 결과일지 모른다. 왜냐하면 당신이 개념을 형성하고 이것으로 예측하는 데 기여하는 바로 그 회로가 본질주의적인 사고를 부추기기 때문이다. 당신의 피질은 6장에서 살펴본 것처럼 차이에서 유사성을 분리해냄으로써 개념을 학습한다. 당신의 피질에서는 시각, 청각, 내수용, 그 밖의 다른 감각 영역에서 전달된 정보가 통합되고 효율적인 요약본으로 압축된다. 이 요약본은 당신이 과거에 경험한 많은 사례가 서로 비슷하다는 것을 표상하기 위해 당신의 뇌가 발명한 상상 속의 작은 본질과도 같다.[18]

이렇게 본질주의는 직관적이고 논리적으로 반증 불가능하며 인간의 심리적 또는 신경적 소질의 일부인 동시에 과학에서는 좀처럼 소멸되지 않는 골칫거리이다. 또한 본질주의는 감정에 보편적인 지문이 있다는 고전적 견해의 가장 근본적인 가정을 뒷받침하고 있기도 하다. 따라서 사실상 불멸의 이 믿음을 바탕으로 고전적 견해가 강력한 힘을 자랑하는 것은 놀라운 일이 아니다.

본질주의가 감정 이론에 적용될 때, 이것은 당신이 어떻게 그리고 어째서 감정을 느끼는지에 대한 학설 이상의 것이 된다. 왜냐하면 이것은 인간 존재의 의미에 대해 그럴듯한 이야기를, 즉 인간 본성에 대한 고전적 이론을 제공하기 때문이다.

이 고전적 이야기는 인간의 진화적 기원에서부터 시작된다. 이 이야기에 따르면 당신은 본질적으로 동물이다. 당신은 동물 조상으로부터 다양한 정신적 실재를 물려받았으며, 여기에는 당신의 피질 하부 깊숙이 파묻혀 있는 감정적 실체도 포함되어 있다. 다윈을 인용하자면 "인간은 온갖 고상한 성질과 …… 신을 닮은 지성과 ……. 이 모든 고귀한 능력에도 불구하고 …… 인간의 신체 틀에는 여전히 인간의 저급한 기원을 말해주는 지울 수 없는 도장이 찍혀 있다." 그러나 고전적 견해에 따르면 당신은 이런 동물적 본질이 합리적 사고로 잘 포장되어 있기 때문에 특별한 존재다. 인간만이 지닌 이성적 본질 덕분에 당신은 감정을 합리적 수단으로 조절할 수 있으며, 이 덕분에 당신은 동물의 왕국의 정점에 서 있다.[19]

인간 본성에 대한 고전적 견해는 개인의 책임에 대해서도 언급한다. 이에 따르면 당신의 행동은 당신의 통제력을 벗어나는 내부의 힘에 의해 지배된다. 즉 세계가 당신을 뒤흔들면, 당신은 충동에 따라 감정적으로 반응한다. 이 견해에 따르면 때로는 당신의 감정적 실체와 인지적 실체 사이에 행동에 대한 통제권을 두고 싸움이 벌어지기도 하며, 때로는 이 두 실체가 협력해 당신을 지혜로운 행동으로 이끌기도 한다. 어쨌든 당신이 강력한 감정에 의해 납치당한 상태라면 당신의 행동에 대해 비난을 덜 받아도 되는 것으로 간주된다. 오늘날 이런 가정은 서양 법률 제도의 근간을 이룬다. 이른바 치정 범죄가 특별 대우를 받는 것도 이런 이유에서다. 게다가 감정이 완전히 결여된 상태에서 잔혹한 행위를 저지를 경우 이것은 비난을 더 받아야 하는 것으로 간주된다. 일부 사람들은 양심의 가책을 전혀 느끼지 않는 연쇄 살인범이 자신의 행동을 깊이 뉘우치는 살인자보다 왠지 덜 인간적이라고 믿기도 한다. 만약 정말로 그렇다면, 도덕성은 특정 감정을 느끼는 능력에 달린 셈이다.

또한 고전적 견해는 당신과 외부 세계를 엄격히 구분한다. 나무, 바위, 집, 뱀, 다른 사람들 같은 물체는 당신의 해부학적 신체 밖에 존재한다. 이 견해에 따르면 쓰러지는 나무는 당신이 주변에 있든 없든 소리를 만들어낸다. 반면에 당신의 감정, 사고, 지각 등은 당신의 해부학적 신체 안에 존재하며, 이것들에는 저마다 본질이 있다. 따라서 이렇게 보면 당신의 마음은 완전히 당신 안에 있고, 세계는 완전히 당신 밖에 있는 셈이다.[20]

어찌 보면 고전적 견해는 인간의 본성을 종교의 영역에서 끌어내어 진화의 손에 넘겼다. 당신은 더 이상 불멸의 영혼이 아니며, 오히려 당신 내부에 있는 특수하고 서로 뚜렷이 구별되는 여러 힘들의 집합이다. 당신은 신의 형상이 아니라 유전자에 의해 사전 결정된 채 세상에 나왔다. 당신이 세계를 정확히 지각할 수 있는 이유는 신이 그렇게 설계했기 때문이 아니라 그래야 당신의 유전자가 다음 세대로 전달될 수 있기 때문이다. 그리고 당신의 마음은 선과 악, 정의와 죄악이 싸우는 전쟁터가 아니라, 합리성과 감정, 피질과 피질 하부, 내부의 힘과 외부의 힘, 뇌의 사고와 신체의 감정 등이 싸우는 전쟁터다. 합리적 피질로 포장된 동물 뇌를 지닌 당신이 다른 동물과 뚜렷이 구별되는 본성을 지닌 까닭은 당신이 영혼을 지녔기 때문이 아니라 통찰력과 이성을 지닌 존재로서 진화의 정점에 있기 때문이다.

다윈은 인간 본성에 대한 이런 본질주의적 견해를 체현한 인물이었다. 그는 자연계에 대한 우리의 이해에서 본질주의를 몰아냈지만, 이 세계에서 인간이 차지하는 지위와 관련해서는 본질주의의 지배를 벗어나지 못했다. 이러한 《인간과 동물의 감정 표현》에는 인간 본성에 대한 고전적 견해의 핵심적인 세 가정이 모두 등장한다. 즉 동물과 인간이 감정의 보편적 본질을 공유한다는 가정, 감정이 우리의 통제를 벗어나 얼굴과 신체를 통해 표현된다는 가정, 감정이 외부 세계에 의해 촉발된다는 가정이 바로 그것이다.

그러나 얼마 지나지 않아 다윈은 자신이 내세운 본질주의에 역습을 당하고 만다. 다윈의 지적 후예들이 그의 견해를 받아들여 고전적 견해를 만들었을 때, 아이러니하게도 본질주의에 더욱 완벽히 부합하기 위해 다윈의 말을 잘못 해석할 뿐 아니라 심지어 왜곡하는 오류를 범한 것이다.

《인간과 동물의 감정 표현》에서 다윈은 인간이 공통 조상으로부터 진화한 보편적 표정을 보인다면서 다음과 같이 말했다.

> 극심한 공포에 휩싸여 머리카락이 곤두서거나 몹시 화가 나서 이빨을 드러내는 것 같은 인간의 몇몇 표현은 인간이 한때 훨씬 더 저급하고 동물과 비슷한 조건 속에서 존재했다는 신념없이는 거의 이해하기 어렵다. 서로 다르지만 인척 관계인 종들에게서 관찰되는 특정 표현들은, 예컨대 인간과 여러 원숭이가 웃을 때 똑같은 안면 근육이 움직이는 것 등은 이것들이 공통 조상의 후예라고 믿어야 조금 더 잘 이해할 수 있다.[21]

언뜻 보면 여기서 다윈은 표정이 진화의 유용하고 기능적인 산물이라고 말하는 듯하다. 실제로 고전적 견해는 이런 견해를 바탕으로 했다. 그러나 다윈이 실제로 말한 것은 정반대였다. 그는 미소, 눈살 찌푸림, 동공 확장 등의 표정이 쓸모 없이 흔적만 남은 동작이라고, 즉 인간의 꼬리뼈나 맹장처럼 또는 타조의 날개처럼 더 이상 어떤 기능을 수행하지 않는 진화의 산물이라고 썼다. 이런 언급은《인간과 동물의 감정 표현》에서 십여 차례 등장한다. 그에게 감정 표현은 기본적으로 진화에 관한 그의 더 폭넓은 주장을 뒷받침하는 한 가지 강력한 예였다. 만약 이런 표현이 인간에게 쓸모 없는데도 다른 동물과 마찬가지로 존재한다면, 이것이 존재하는 까닭은 아주 오래된 공통 조상에게 어떤 기능을 수행했기 때문일 것이라고 다윈은 주장했다. 그에게 흔적만 남은 표현은 인간이 동물임을 보여주는 강력한 증거이자 그가 1859년의《종의 기원》에서 발표했고 이어서 1871년의《인간의 유래와 성선택The Descent of Man, and Selection in Relation to Sex》에서 인간 진화에 적용했던 자연 선택에 관한 그의 초기 견해를 정당화하는 것이었다.[22]

자연과 신과 진화 vs 환경과 문화

감정 표현이 생존에 기여하기 위해 진화했다는 주장을 다윈이 한 적이 없다면, 어째서 그렇게 많은 과학자들은 그가 이런 주장을 했다고 확신하는 것일까? 우리는 다윈의 견해에 관해 많은 글을 썼던 20세기 초엽의 미국 심리학자 플로이드 올포트Floyd Allport의 글에서 그 답을 찾을 수 있다. 1924년에 올포트는 다윈의 저술을 바탕으로 대범한 추론을 전개하면서 다윈이 원래 의미했던 바에 상당한 수정을 가했다. 올포트는 신체 표현이 신생아에게서 퇴화한 흔적으로 시작되지만 이내 기능성을 획득하게 된다면서 다음과 같이 말했다. "조상에게는 생물학적으로 유용한 반응이었지만 후손에게는 흔적만 남은 표현이라기보다 우리는 이 두 기능이 모두[즉 생물학적 유용성과 표현 기능이 모두 – 옮긴이 주] 후손에게 존재한다고, 그리고 전자가 후자 발달의 기초로 작용한다고 생각한다."[23]

올포트의 이런 수정은 그리 정확한 것은 아니었지만 동료 과학자들로부터 상당한 신빙성과 타당성을 인정받았다. 이를 통해 인간 본성에 대한 고전적 견해를 뒷받침할 수 있었기 때문이다. 올포트와 그의 추종자들은 이 수정을 적극 수용해 감히 공격할 수 없는 찰스 다윈의 후계자 행세를 할 수 있었다. 그러나 실제로 그들은 다윈을 교묘히 변형시킨 올포트의 후계자였을 뿐이다.

때때로 다윈이라는 이름은 과학적 비판의 악귀를 쫓아내는 부적처럼 작용한다. 이 부적 덕분에 플로이드 올포트와 존 듀이는 윌리엄 제임스와 다윈의 말을 정반대로 변질시켜 감정에 대한 고전적 견해를 강화할 수 있었다. 이 부적이 보호 기능을 수행한 까닭은 다윈의 견해에 동의하지 않으면 진화를 부정한다는 비난을 감수해야만 했기 때문이다. 이런 인물은 십중팔구 가면을 쓴 창조론자일 것이다.

다윈이라는 꼬리표는 뇌가 구체적인 여러 전용 기능을 수행하는 부위들의 덩어리로 진화했다는 잘못된 견해의 확산에도 기여했다. 많은 과학자들이 고전적 견해의 이러한 핵심 신념 때문에 뇌에서 감정 부위를 찾으려는 헛된 길에 들어섰다. 이 길을 포장한 사람이 바로 다윈을 애지중지 여겼던 19세기 중엽의 내과의사이자 인간의 뇌에서 언어를 담당하는 부위를 발견했다고 주장한 폴 브로카 Paul Broca였다. 그는 좌측 전두엽의 한 부위에 손상을 입은 환자들에게서 말을 유창하게 하지 못하는 눌변성 실어증 또는 표현 실어증을 발견했다. 브로카 실어증이라고도 불리는 이런 증상에 시달리는 사람은 뭔가 의미 있는 이야기를 하려 할 때 단어를 뒤죽박죽으로 내뱉는다. "화요일에, 에, 에, 에, 아니, 에, 금요일에 …… 바-바-라 …… 아내 …… 그리고, 어 …… 유료 고속로로에서 …… 자동차를 …… 운전 …… 당신도 알다시피 …… 나머지는 …… 텔레비전을 ……" 브로카는 이런 관찰을 바탕으로 뇌에 있는 언어의 본질을 발견했다고 추정했다. 이것은 고전적 견해를 가진 과학자들이 편도체 손상을 공포 회로의 증거로 지목한 것과도 비슷했다. 그 후로 이 부위는 브로카 영역이라고 불리게 되었다.[24]

그러나 브로카가 자신의 주장을 뒷받침하기 위해 제시한 증거는 매우 빈약했던 반면, 다른 과학자들은 그가 틀렸다는 것을 보여주는 많은 증거를 가지고 있었다. 예컨대 그들은 눌변성 실어증이 있으면서도 브로카 영역에 전혀 이상이 없는 환자들이 있다는 점을 지적했다. 그럼에도 불구하고 브로카의 주장은 다윈이라는 꼬리표와 적당량의 본질주의에 의해 보호받고 있었기 때문에 학계에서 힘을 얻게 되었다. 브로카 덕분에 과학자들은 신이 인간에게 언어를 선사했다는 당시의 지배적인 관념에 반기를 들면서 언어의 진화적 기원과 언어 중추가 '합리적인' 피질에 존재한다는 이야기를 펼칠 수 있게 되었다. 오늘날에도 여전히 심리학과 신경학 교과서에서는 브로카 영역이 뇌 기능의 국부화를 보여주는 가장 명백한 예로 언급되지만, 이 영역이 언어의 필요 조건도 아니고 충분 조건도 아니라는 신경과학적 증거가 다수 존재한다.* 실제로 브로카 영역은 심리적 기능을 뇌의 특정 부위에 한정하려 한 **오류**의 산물이었다. 그러나 역사는 브로카에게 유리한 쪽으로 쓰여졌으며, 이것은 마음에 대한 본질주의적 견해의 강화로 이어졌다.[25]

브로카와 그가 활용한 다윈이라는 꼬리표는 감정과 이성이 뇌의 중층 구조로 진화했다는 고전적 허구의 강화에도 기여했는데, 우리는 이와 관련해 4장에서 '삼위일체 뇌'에 관해 논의한 바 있다. 브로카는 다윈이 《인간의 유래와 성선택》에서 주장한 것처럼 인간의 마음이 신체와 마찬가지로 진화를 통해 형성되었을 것이라는 생각

---

* 브로카 실어증에 시달리는 상당수의 환자는 건강한 브로카 영역을 가지고 있다. 그리고 반대로 브로카 영역이 손상된 사람의 약 절반은 브로카 실어증을 보이지 않는다. 브로카 영역의 또는 더 적절한 명칭인 외측 전전두엽 피질의 기능에 대한 논쟁은 여전히 진행 중이지만, 이 영역이 언어 산출이나 문법 능력 또는 더 일반적인 언어 처리를 전문적으로 담당한다고 믿는 과학자는 거의 없다. 오늘날 대다수 과학자는 이 영역이 내수용 신경망과 통제 신경망을 포함해 여러 내인성 신경망의 일부라는 데 동의한다. 언어와 관련해 통제 신경망은 뇌가 경합하는 의견들 가운데서(예컨대 '당신의'와 '당신은'이라는 표현 중에서) 선택하는 데 관여한다. 그러나 6장에서 살펴본 것처럼 이 신경망은 다른 비언어적인 과제에도 관여한다.

에 심취했다. 다윈은 "동물이 우리와 똑같은 감정에 의해 흥분한다"고 주장하면서 인간의 뇌에는 신체의 나머지 부분과 마찬가지로 인간의 '저급한 기원'이 반영되어 있다고 결론지었다. 이런 주장에 호응해 브로카와 그 밖의 신경학자들과 생리학자들은 동물적인 감정 회로를 찾으려는, 즉 우리 내면의 짐승을 찾으려는 대대적인 연구를 개시했다. 이때 그들의 초점은 진화적으로 더 진보한 피질의 조절을 받는다고 여겨진 뇌의 아주 오래된 부분에 맞추어졌다.[26]

브로카는 인간의 뇌 깊숙이 위치한 아주 오래된 '엽lobe'에서 '내면의 짐승'을 발견했다고 믿었다. 그는 이것을 '커다란 변연엽le grand lobe limbique'이라고 불렀다. 브로카는 자신이 발견한 엽을 감정의 소재지로 확정하지는 않았지만(실제로 그는 여기에 후각과 그 밖의 원시적인 생존 회로가 자리한다고 생각했다), 변연 조직을 단일한 통일체로 취급함으로써 나중에 이것이 감정의 집으로 실체화되는 과정의 초석을 놓았다. 다음 세기에 걸쳐 브로카의 변연엽은 고전적 견해의 다른 신봉자들에 의해 감정을 담당하는 통일된 '변연계'로 탈바꿈했다. 그들의 주장에 따르면 이러한 체계는 진화적으로 오래된 것이며, 인간 외의 포유동물에서 형성된 이래 거의 변화하지 않았고, 심장과 허파와 그 밖의 신체 내부 기관을 통제한다. 이것은 뇌간에 소재해 배고픔, 갈증 등을 관장하는 아주 오래된 '파충류' 회로와 인간에게서만 발견되고, 동물적인 감정을 조절하는 비교적 신생의 피질층 사이에 위치한다고 여겨졌다. 이 가공의 위계 구조에는 인간 진화에 관한 다윈의 견해가, 즉 기본 욕구가 가장 먼저 진화했고 동물적인 감정이 뒤를 이었으며 마지막으로 합리성이 우리의 영예로운 왕관처럼 진화했다는 견해가 반영되어 있었다.[27]

고전적 견해를 신봉한 과학자들은 편도체 등의 변연 부위에서 다른 많은 감정을 확인했으며, 이것들이 피질 또는 인지의 통제를 받는다고 주장했다. 그러나 현대 신경과학은 변연계가 허구라는 사실을 증명했으며, 뇌 진화의 전문가들은 더 이상 변연계에 관한 주장을 진지하게 취급하지도 않을 뿐더러 이것이 과연 통일된 체계인가 하는 점에도 동의하지 않는다. 변연계가 뇌에 자리 잡은 감정의 소재지가 아니라는 사실은 그리 놀라운 것이 아니다. 감정에만 전문화된 뇌 부위란 어디에도 없기 때문이다. '변연'이라는 단어는 여전히 뇌의 해부학적 구조와 관련해 의미를 지니지만, 변연계라는 개념은 다윈의 냄새가 가미된 본질주의적 이데올로기가 인간 신체와 뇌의 구조에 적용된 여러 사례 중의 하나일 뿐이다.[28]

브로카가 그의 첫 번째 뇌 부위를 유행시키기 훨씬 전부터 인간 본성에 대한 고전적 견해와 구성적 견해는 전쟁을 벌였다. 일찍이 고대 그리스에서 플라톤은 인간의 마음을 합리적 사고, 열정(즉 오늘날에는 주로 감정이라고 부르는 것), 욕구(예: 배고픔과 성욕)라는 세 유형의 실체로 나누었다. 이때 합리적 사고는 열정과 욕구를 제어해야 할 책임이 있었는데, 플라톤은 이런 위계 관계를 날개 달린 두 마리 말이 끄는 마차를 조종하는 전사에 비유했다. 그러나 플라톤보다도 100년 전에 헤라클레이토스(2장)는 무수한 물방울이 모여 강이 되는 것처럼 인간의 마음이 즉석에서 지각을 구성한다고 주장했다. 그런가 하면 고대 불교에서는 '다르마dharma'(법法)라고 불린 정신적 실체를 50가지 이상 열거했다. 이 중 일부는 고전적 견해의 이른바 기본 감정과 놀라울 정도로 유사했다. 그리고 몇 세기 뒤에는 고대 불교에 대한 근본적 수정이 이루어지면서 다르마가

개념에 의존하는 구성물이라는 주장이 제기되기도 했다.[29]

이런 초기 전투로 개시된 전쟁은 인류 역사 전체에 걸쳐 계속되었다. 과학적 방법의 초기 발달에 기여한 11세기 과학자 이븐 알하이삼Ibn al-Haytham은 인간이 판단과 추론을 통해 세계를 지각한다는 구성주의적 견해를 가지고 있었다. 반면에 중세 기독교 신학자들은 뇌의 상이한 부위를 기억, 상상, 지능 같은 상이한 실체와 결부시킨 본질주의자였다. 데카르트와 바뤼흐 스피노자Baruch Spinoza 같은 17세기 철학자들은 감정적 실체의 목록을 작성하려 한 반면에, 데이비드 흄David Hume과 임마누엘 칸트Immanuel Kant 같은 18세기 철학자들은 구성과 지각을 바탕으로 인간 경험을 설명해야 한다고 주장했다. 19세기에 들어와 신경해부학자 프란츠 요제프 갈Franz Joseph Gall은 뇌에 대한 본질주의적 견해의 결정판과도 같은 골상학phrenology을 창시해 두개골 융기 형태를 바탕으로 정신적 실체를 탐지하고 측정하려 했다!

그 후 얼마 지나지 않아 윌리엄 제임스와 빌헬름 분트Wilhelm Wundt는 마음에 대한 구성주의 이론을 주창했는데, 이와 관련해 제임스는 다음과 같이 썼다. "마음과 뇌의 관계에 관한 과학에서는 마음의 기본 성분들이 뇌의 기본 기능들에 어떻게 대응하는지를 보여야 한다." 그러나 제임스와 다윈은 인간 본성을 둘러싼 이 전쟁의 피해자이기도 했다. 감정에 대한 이들의 견해는 연구자들의 입맛에 맞게 '조정'되었고 그 전리품을 챙긴 브로카 같은 과학자들은 진화의 승리를, 더 정확히 말해 본질주의적으로 변질된 진화의 승리를 선언했기 때문이다.[30]

플라톤이 이야기한 마음의 실체는 오늘날에도 여전히 우리 주위를 맴돌고 있다. 다만 우리가 더 이상 마차를 타지 않는 것처럼 이것도 다른 이름으로 불릴 뿐이다. 오늘날 이것은 흔히 지각, 감정, 인지로 불린다. 프로이트는 이것을 원초아, 자아, 초자아라고 불렀다. 심리학자이자 노벨상 수상자인 대니얼 카너먼Daniel Kahneman은 이것을 비유적으로 체계 1과 체계 2라고 부른다.* '삼위일체 뇌' 이론에서는 이것을 가리켜 파충류 뇌, 변연계, 신피질이라고 부른다. 아주 최근에 신경과학자 조슈아 그린Joshua Greene은 빠르고 쉽게 작동하는 자동 모드와 더 융통성 있고 사려 깊게 작동하는 수동 모드를 갖춘 카메라의 비유를 들어 이것을 설명하기도 했다.[31]

그런가 하면 오늘날 마음에 대한 구성적 견해도 다수 존재한다. 심리학자 대니얼 샥터Daniel L. Schacter는 기억의 구성 이론을 발전시켰다. 그 밖에도 지각, 자기, 개념 발달, 뇌 발달(신경 구성)의 구성 이론이 있으며, 당연히 구성된 감정 이론도 있다.[32]

오늘날 이 두 진영 간의 전쟁은 서로 상대방을 희화화하는 식으로 번지면서 더욱 격렬해졌다. 고전적 견해의 진영에서는 흔히 구성 진영이 모든 것을 상대화하고 마음을 백지처럼 취급하며 생물학적 요인을 무시한다고 비난한다. 반면에 구성 진영에서는 고전적 견해가 문화의 강력한 효과를 무시하고 현 상태를 정당화한다고 맹공을 퍼붓는다. 이렇게 희화화된 대립 속에서 고전적 견해는 '본성'만을 강조하고 구성적 견해는 '양육'만을 강조하는 것처럼 묘사되었으며, 그 결과 양 진영의 다툼은 허구적으로 세워진 허수

* 카너먼은 이것이 비유일 뿐이라고 말하면서 매우 신중한 태도를 취했지만, 많은 사람들은 이에 아랑곳하지 않고 체계 1과 2를 뇌의 특정 부위로 실체화하는 듯하다

아비들 사이의 싸움으로 전락하고 말았다.

그러나 현대 신경과학의 발달과 함께 양 진영의 희화화는 모두 시들해졌다. 우리는 백지 상태로 태어나지도 않았으며, 우리의 아이들은 마음대로 조형할 수 있는 찰흙 장난감도 아니다. 그러나 그렇다고 해서 생물학적 요인이 우리의 운명을 좌우하는 것도 아니다. 뇌의 작동 방식을 아무리 들여다보아도 거기에서 정신 모듈 같은 것은 찾아볼 수 없다. 우리가 관찰할 수 있는 것은 복잡한 방식으로 끊임없이 상호 작용하는 핵심 체계들뿐이며, 이를 통해 문화에 따라 여러 종류의 마음이 산출될 뿐이다. 인간의 뇌에 자리 잡은 배선은 경험에 의해 인도되므로 그 자체가 문화적 인공물이다. 우리가 가진 몇몇 유전자는 환경에 따라 활성화되기도 하고 그렇지 않기도 하며, 다른 유전자는 환경에 대한 우리의 민감성을 조절한다. 나는 이런 점을 최초로 지적한 인물이 아니다. 그러나 어쩌면 나는 뇌의 진화와 발달 및 이에 따른 뇌의 해부학적 구조가 감정의 과학과 인간 본성에 대한 우리의 견해가 지향해야 할 방향을 분명하게 보여준다는 점을 지적한 최초의 인물일지 모른다.[33]

아이러니하게도 인간의 본성을 둘러싼 수천 년에 걸친 전쟁 자체가 본질주의에 의해 오염되어 있었다. 양 진영 모두 단 하나의 강력한 힘이 뇌를 조형하고 마음을 설계할 것이라고 가정했기 때문이다. 이 힘은 고전적 견해로는 자연, 신, 그리고 진화였고, 구성적 견해로는 환경과 문화였다. 그러나 생물학적 메커니즘이든 문화든 한 가지만으로 모든 것을 설명할 수는 없다. 물론 우리는 여전히 마음과 뇌의 작동 방식을 아주 세세하게 알지는 못하지만, 생물학적 결정론과 문화적 결정론이 모두 옳지 않다고 확실하게 말할 수 있을 만큼의 지식은 가지고 있다. 신체의 피부를 기준으로 그어진 경계선은 인위적이고 안팎으로 통과 가능한 것이다. 스티븐 핑커가 멋지게 표현한 것처럼 "인간이 신축적인가 아니면 프로그래밍되었는가, 행동이 보편적인가 아니면 문화에 따라 다른가, 행위가 학습된 것인가 아니면 타고난 것인가 등을 묻는 것은 이제 그저 부적절한 질문일 뿐이다." 관건은 세부 사항에 있다. 그리고 이 세부 사항이 우리에게 제시하는 것은 다름 아니라 바로 구성된 감정 이론이다.[34]

심리학을 어지럽힌 행동주의

고전적 견해의 관에 마지막 못을 박고 있는 이 신경과학의 시대에, 나는 이번에야말로 우리가 본질주의를 제대로 청산하고 이데올로기에 사로잡히지 않은 채 마음과 뇌를 이해하기 시작할 것이라고 믿고 싶다. 이것은 분명 멋진 생각이지만, 역사를 돌이켜 보면 오히려 걱정이 앞선다. 구성적 견해가 우위를 점했던 마지막 시점에 무슨 이유에선지 전투에서 패배했고 전사들은 모두 종적을 감추었기 때문이다. 인기 있는 공상과학 텔레비전 쇼 〈배틀스타 갤럭티카Battlestar Galactica〉에 나온 표현을 빌리자면 "이 모든 것은 이전에 일어났으며 또 다시 일어날 수 있다." 그리고 그 마지막 전투 이후로 우리 사회는 수십억 달러의 비용과 무수한 시간의 헛된 노력과 우리의 개선되지 않은 삶을 대가로 치러야만 했다.

나의 걱정스러운 이야기는 일단 20세기 초엽으로 거슬러 올라간다. 당시에 다윈이나 돌연변이에 가까운 제임스-랑게 이론에서 영감을 얻은 과학자들은 분노, 슬픔, 공포 등의 실체를 찾으려는 헛된 시도를 계속하고 있었다. 그러다 실패가 거듭되자 그들은 마침내 창의적인 해결책을 강구했다. 그들은 신체와 뇌에서 감정을 측정하는 것이 불가능하다면 그 앞뒤로 일어나는 것은 측정할 수 있을 것이라고 생각했다. 즉 감정의 원인이 되는 사태와 감정에 뒤이어 나타나는 신체 반응은 측정할 수 있을 것이라고 생각한 것이다. 그 중간에 두개골 안에서 무슨 일이 일어나든 거기에는 신경 쓰지 말자! 이렇게 해서 심리학의 역사상 최악의 시기라 할 **행동주의** behaviorism의 시대가 개막되었다. 이 시기에 감정은 생존을 위한 행동, 즉 집합적으로 '4F'라 불리는 싸움fighting, 도망fleeing, 섭취feeding, 교미mating(fucking)로 재정의되었다. 행동주의자에게 '행복'은 미소 짓기와 같았고, '슬픔'은 울음이었으며, '공포'는 얼어 붙어 꼼짝 않는 행동이었다. 이렇게 해서 감정의 지문을 찾는 골치 아픈 문제는 눈 깜짝할 사이에 재정의를 통해 자취를 감추게 되었다.[35]

심리학자들은 종종 행동주의에 관해 싸늘한 어조로 이야기하곤 한다. 행동주의는 사고, 느낌, 기타 마음의 요소들이 행동을 이해하는 데 중요하지 않다고, 어쩌면 존재하지도 않을 것이라고 선언했다. 수십 년 동안 지속된 이 감정 연구의 '암흑기'에 인간 감정에 관해 중요하게 발견된 것은 아무것도 없었다. 결국 대다수 과학자는 행동주의가 가장 기본적인 사실을, 즉 우리에게 마음이 있으며 깨어 있는 매순간 우리가 생각하고 느끼고 지각한다는 사실을 인정하지 않았다는 이유로 행동주의를 거부하게 되었다. 우리는 이런 경험과 행동의 관계를 과학적으로 설명할 필요가 있다. 심리학의 공식 역사를 따르자면 심리학은 1960년대의 암흑기에 마음을 과학적 탐구의 주제로 재정립한 인지 혁명과 함께 재탄생했다. 이때는 감정적 실체가 컴퓨터처럼 작동하는 마음 안의 모듈 또는 기관으로 비유되었다. 이런 변천 과정을 거쳐 고전적 견해의 현대판을 이루는 마지막 퍼즐이 맞추어졌고, 고전적 견해의 두 축인 기본 감정 이론과 고전적 평가 이론에 공식적인 권위가 부여되었다.[36]

여기까지는 심리학 역사책에 나오는 이야기다. 그러나 역사책은 승자가 쓰기 마련이다. 감정 연구가 다윈에서 비롯해 제임스와 행동주의를 거쳐 마침내 구원에 이르렀다는 공식 역사는 고전적 견해의 부산물일 뿐이다. 그러나 실제로 이른바 암흑기에는 감정적 실체가 존재하지 않는다는 것을 증명하는 연구가 봇물처럼 쏟아졌다. 그렇다. 우리가 1장에서 보았던 것과 같은 종류의 반대 증거들이 이미 70년 전에 발견되었지만, 그 후로 사람들은 그것을 잊고 말았다. 그리고 그 결과 오늘날에도 여전히 엄청난 양의 시간과 돈이 감정의 지문을 찾으려는 헛된 연구에 낭비되고 있다.

내가 이런 사실을 알게 된 것은 2006년에 사무실을 정리하다가 감정 연구가 소멸했다던 1930년대의 오래된 논문 두 편을 우연히 보게 되면서부터다. 이 논문들에서는 행동주의를 받아들이지도 않았을 뿐더러 감정에 생물학적 본질 같은 것은 없다는 주장까지 제기되었다. 참고문헌을 한참 추적하던 나는 약 50년에 걸쳐 작성된 100편 이상의 소중한 출판물을 발견할 수 있었다. 대부분 내 주위 동료들이 들어보지도 못했던 것이다. 이 글의 저자들은 구성주의라는 용어를 사용하지는 않았지만 구성주의적인 견해를 싹 틔우고 있었다. 그들은 개별 감정에 대한 신체 지문을 발견하려는 실험을 수행했으나, 이에 실패하자 고전적 견해가 정당화되기 어렵다는 결론을 내리면서 구성주의적인 추측을 전개하고 있었다. 나는 이 과학자들에게 '잃어버린 합창단'이라는 이름을 붙였다. 그들이 학술지에 발표한 연구들이 이른바 암흑기가 끝난 후 대부분 간과되었거나 무시되었거나 잘못 이해되었기 때문이다.[37]

어째서 이 잃어버린 합창단은 반세기 동안 왕성하게 활동하다가 종적을 감추게 되었을까? 내 추측으로는 이 과학자들이 고전적 견해와 경쟁할 만한 감정의 대안 이론을 충분히 완성된 형태로 제시하지 못했기 때문이 아닌가 싶다. 물론 그들은 확실한 반대 증거를 제시했지만, 비판만으로는 중요성을 인정받기 어려웠던 셈이다. 철학자 토마스 쿤Thomas Kuhn이 과학 혁명의 구조에 관해 논하면서 말한 것처럼 "한 패러다임을 거부하면서 그것을 대체할 패러다임을 제시하지 않는 것은 과학 자체를 거부하는 것이다." 결국 1960년대에 고전적 견해가 재등장하자 반세기에 걸친 반본질주의적 연구 성과는 역사의 쓰레기통에 처박히고 말았다. 그리고 오늘날 있지도 않은 감정의 실체를 찾는 데 얼마나 많은 시간과 돈이 허비되고 있는지를 생각하면, 우리는 이런 망각 때문에 그만큼 더 가난해진 셈이다. 오늘날 마이크로소프트Microsoft는 감정을 인식하겠다는 목표 아래 얼굴 사진을 분석한다. 애플Apple은 최근에 인공지능 기법을 사용해 표정에서 감정을 탐지하는 기술을 개발 중인 이모션트Emotient라는 신생 기업을 인수했다. 몇몇 회사에서는 표정에서 감정을 탐지하는 프로그램을 구글 글래스Google Glass에 적용해 자폐아를 돕는 장치를 개발 중이다. 스페인과 멕시코의 정치인들은 유권자의 표정에서 투표 선호도를 읽어낸다는 이른바 신경정

치학neuropolitics에 관심을 보이고 있다. 이렇게 많은 사업가와 과학자가 여전히 본질주의에 몰두하는 동안 감정에 관해 가장 긴급한 몇몇 물음은 미해결된 채로 남아 있고, 중요한 물음들은 뒷전으로 밀려나고 있다.[38]

고전적 견해가 인간 존재의 의미에 관한 뿌리 깊은 신념과 결합되어 있는 한, 고전적 견해를 버리기란 결코 쉽지 않을 것이다. 그러나 신뢰성 있고 실험적으로 재현 가능하며 객관적으로 측정할 수 있는 감정의 본질이 단 한 건도 발견된 적이 없다는 사실은 그대로 남아 있다. 반대로 산처럼 쌓여 있는 데이터 앞에서도 자신의 견해를 포기하지 않는다면, 그런 사람은 더 이상 과학적 방법을 따르고 있지 않은 것이다. 그런 사람은 이데올로기를 따르고 있는 것이다. 그리고 이데올로기로 작용하는 고전적 견해는 100년 이상의 세월 동안 수십억 달러의 연구비를 헛되이 소비했고 과학적 탐구를 잘못된 길로 이끌어 왔다. 70년 전에 잃어버린 합창단이 꽤 견고한 증거를 바탕으로 감정적 실체를 배격했을 때, 사람들이 이데올로기 대신 증거를 따랐다면 오늘날 정신질환 치료나 자녀 양육과 관련해 우리의 처지는 어떻게 달라졌을까?[39]

오늘의 경험이 내일을 바꾼다

모든 과학적 탐험은 하나의 이야기이다. 때때로 이것은 점진적인 발견의 이야기로 나타난다. "옛날에는 그리 많이 알지 못했지만 세월이 흐르면서 점점 더 많은 것을 알게 되어 오늘날에는 엄청난 지식이 쌓였다." 그런가 하면 급진적 변화의 이야기도 있다. "한때는 모두 그것이 옳다고 믿었다. 그러나 그것은 틀렸다! 오히려 진실은 바로 이것이다."

우리의 탐험은 한 이야기 안에 담긴 또 하나의 이야기에 가깝다. 안에 있는 이야기는 감정이 어떻게 만들어지는가에 관한 것이고, 그것을 둘러싸고 있는 밖의 이야기는 인간 존재의 의미에 관한 것이다. "2천 년 동안 사람들은 주변에 반대 증거가 널렸는데도 감정에 관해 특정 신념을 가지고 있었다. 이제 우리가 알게 된 것처럼 인간의 뇌는 실재에 대한 지각을 구성하도록 배선되어 있다. 오늘날 강력한 도구를 바탕으로 더욱 확실한 증거에 기초해 제시된 설명을 무시하기란 거의 불가능하다 …… 그래도 몇몇은 여전히 살아남았다."

반가운 소식은 우리가 마음과 뇌 연구의 황금기를 살고 있다는 점이다. 많은 과학자들은 이제 이데올로기 대신 데이터가 가리키는 방향을 따라 감정과 우리 자신을 이해하려 하고 있다. 데이터에 기초한 이 새로운 이해는 건강하고 의미 있는 삶에 관한 혁신적인 견해로 이어진다. 당신의 뇌가 예측과 구성을 바탕으로 작동하고 경험을 통해 재배선된다면, 오늘 당신의 경험을 바꿈으로써 내일의 당신이 달라질 수 있다는 말은 결코 과장이 아니다. 뒤이은 장들에서는 감성지능, 건강, 법률, 인간과 다른 동물의 관계를 주제로 이 말에 함축된 의미를 파헤쳐보기로 하자.[40]

| 9장 |

감정에 휘둘리지 않는 삶

당신이 상큼한 복숭아를 한 입 깨물거나 바삭바삭한 포테이토칩을 씹을 때, 당신은 단순히 에너지를 보충하고 있는 것이 아니다. 당신은 유쾌하거나 불쾌한 또는 그 중간의 경험을 하고 있다. 당신이 목욕을 하는 데는 질병을 예방하기 위한 목적도 있지만, 따뜻한 물이 피부에 와닿는 것을 즐기기 위한 목적도 있다. 당신이 다른 사람들을 찾아 나서는 데는 단순히 무리 속에 숨어 맹수를 피하기 위한 목적이 아니라 훈훈한 우정을 느끼기 위한 목적이나 힘들 때 힘을 얻기 위한 목적도 있다. 그리고 오로지 당신의 유전자를 전파하려고 성행위를 하는 것이 아님은 분명하다.

이런 예를 통해 당신의 신체와 정신 사이에 특별한 연결이 있음을 확인할 수 있다. 당신은 신체 예산을 관리하기 위해 어떤 신체 활동을 할 때마다 개념을 사용해 정신적인 어떤 활동을 함께하고 있다. 그런가 하면 모든 정신 활동은 신체에도 영향을 미친다. 당신은 이 연결이 당신을 위해 작용하도록 만듦으로써 당신 감정의 주인이 되고, 복원력을 향상시키며, 더 좋은 친구나 부모나 애인이 되고, 나아가 당신의 정체감까지 바꿀 수 있다.

물론 변화는 쉬운 일이 아니다. 심리치료사나 불교 수도승에게 물어보라. 그들은 자신의 경험을 자각하고 통제하기 위해 오랜 세월을 훈련했다. 하지만 당신도 바로 지금 구성된 감정 이론과 여기에 담긴 새로운 인간관을 바탕으로 첫 걸음을 뗄 수 있다.

내가 이 장에서 소개할 몇몇 제안은, 예컨대 충분한 수면을 취하라는 제안은 새로워 보이지 않겠지만, 새로운 과학적 증거와 결합하여 당신에게 새로운 동기를 부여할 수 있을 것이다. 그런가 하면 외국어 단어를 학습하라는 조언처럼 정서적 건강과 아무 상관이 없어 보이는 아주 새로운 이야기도 있을 것이다. 물론 모든 제안이 당신에게 꼭 들어맞지는 않을 것이다. 그러나 노력을 통해 더 나은 안녕과 성공을 이끌어낼 수 있다. 감정 어휘가 풍부한 학생은 학교 성적도 더 낫다. 신체 예산의 균형을 잘 유지하는 사람은 당뇨병이나 심장병 같은 중병에 걸릴 확률이 낮을 뿐만 아니라 나이가 들어서도 예리한 정신 능력을 더 오래 유지할 것이다. 나아가 삶 자체가 더욱 의미 있고 보람 있게 될 것이다.

당신은 옷 갈아입듯이 내키는 대로 손가락을 물어뜯어 감정을 변화시킬 수 있는가? 아무리 당신이 당신의 감정 경험을 구성한다고 해도, 당신은 여전히 이런 감정 때문에 당황하는 순간을 맞을 수 있다. 그러나 바로 지금 조치를 취해서 당신의 **미래** 감정 경험에 영향을 미칠 수 있고, 내일의 당신을 조각할 수 있다. 나의 제안은 막연하게 당신 안에 있는 우주의 기운을 일깨우겠다는 것이 아니라 예측하는 뇌에 기초한 매우 실제적인 것이다.

지금까지 당신이 읽은 내수용, 정동, 신체 예산, 예측, 예측 오류, 개념, 사회적 실재 등은 당신이 누구인지, 그리고 어떻게 살 것인지에 대해 하나같이 심대한 실천적 의미를 지닌다. 이 장에서 우리는 정서적 안녕에 관해 살펴볼 것이고, 이어서 건강(10장), 법률(11장), 인간 외의 동물(12장)에 관해 논의할 것이다.

이 책의 나머지 부분에서 우리는 인간 본성에 대한 우리의 새로운 견해를 적용해, 특히 신체적인 것과 사회적인 것 사이의 경계가 상호 침투 가능하다는 점을 적용해 삶을 요리하기 위한 방법을 강구할 것이다. 이 요리법의 주요 성분은 당신의 신체 예산과 당신이 가진 개념이다. 신체 예산의 균형을 유지하면 전반적으로 기분이 좋아질 것이므로, 이 점부터 살펴보기로 하자. 그리고 당신이 가진 개념들이 풍부해지면, 당신에게 의미 있는 삶을 위한 연장통이 마련될 것이다.

신체 예산을 관리하는 생활 습관

자기 계발서들은 전형적으로 당신의 마음에 초점을 맞춘다. 당신이 생각을 바꾸면 느낌도 달라질 것이라는 식이다. 열심히 노력하면 당신의 감정을 조절할 수 있다고 말한다. 이런 책에서는 당신의 신체에 크게 관심을 두지 않는다. 만약 앞선 5개 장에서 당신이 학습한 하나만 들라면, 그것은 아마도 당신의 신체와 마음이 서로 깊게 연결되어 있다는 점일 것이다. 내수용에 따라 당신의 행동이

좌우된다. 당신의 문화에 따라 당신의 뇌가 배선된다.[1]

감정의 주인이 되기 위해서는 자신의 신체 예산을 잘 관리하는 것이 가장 기본이 되어야 한다. 우리가 이미 살펴본 것처럼 당신의 내수용 신경망은 밤낮을 가리지 않고 작동하면서 이런저런 예측을 내놓아 신체 예산을 건강하게 유지하려고 애쓰며, 이런 과정을 통해 당신의 정동적 느낌(쾌감, 불쾌감, 동요, 평온)이 생겨난다. 당신이 좋은 기분을 유지하고 싶다면, 당신의 심박수, 호흡, 혈압, 체온, 호르몬, 물질대사 등에 관한 뇌의 예측이 신체의 실제 수요에 맞게 조정될 필요가 있다. 그렇지 않으면 당신의 신체 예산이 정상 궤도를 이탈할 것이며, 그러면 당신이 무슨 자기 계발 방법을 동원하든 상관없이 기분이 더럽게 느껴질 것이다. 이런 상황에서 자기 계발은 더러운 기분에 양념을 치는 것밖에 안 된다.

불행하게도 현대 문화는 당신의 신체 예산을 엉망으로 만들도록 설계되었다. 슈퍼마켓이나 음식점에서 파는 많은 제품은 신체 예산을 왜곡하는 정제 설탕과 나쁜 지방이 가득한 불량 식품이다. 학생과 직장인 들이 일찍 일어나고 늦게 잠들기를 강요받듯 13세부터 64세 사이의 미국인 가운데 40퍼센트 이상이 만성 수면 부족 상태이다. 이것은 신체 예산의 만성 불균형과 심지어 우울증이나 다른 정신질환으로 이어질 수 있다. 미디어에서는 친구들에게 나쁜 평가를 받지 않으려면 근사한 옷과 자동차를 장만해야 하고, 사회적 거부는 당신의 신체 예산에 매우 해로운 것이라는 광고를 내보낸다. 게다가 소셜 미디어를 통해 사회적 거부의 새로운 장이 열렸고 애매모호한 상황이 연출됨으로써 당신의 신체 예산은 더욱 불리한 상황에 처하게 되었다. 한편 친구들과 회사에서는 당신이 24시간 내내 휴대전화에 매달려 있기를 바란다. 그 덕분에 당신은 진정한 휴식의 시간을 빼앗기고, 늦은 밤까지 화면을 들여다보느라 당신의 수면 패턴은 망가진다. 당신이 속한 문화가 당신의 일, 휴식, 대인 관계에 대해 강요하는 것 때문에 당신의 신체 예산은 쉽게 흔들릴 수 있다. 이렇게 사회적 실재는 물리적 실재로 변환된다.[2]

우리가 살펴본 것처럼 당신의 신체 예산은 내수용 신경망에 있는 예측 회로에 의해 조절된다. 이 예측이 신체의 실제 수요와 만성적으로 부조화하게 되면, 다시 균형을 회복하기가 쉽지 않다. 신체 예산 관리 회로(당신 뇌의 수다쟁이)는 신체가 제공하는 반대 증거(예측 오류)에 신속하게 반응하지 않는다. 이 예측이 상당 기간 완전히 빗나버리기라도 하면, 당신은 만성적으로 비참한 기분에 빠질 것이다.

평소에 불쾌감이 떠나질 않는 사람들의 상당수는 약을 복용한다. 미국에서 소비되는 모든 약품의 30퍼센트는 각종 스트레스를 처치하기 위한 것이다. 만성 스트레스에 시달리는 사람들의 경우 뇌의 평소 예측이 신체의 실제 경비에 맞게 조정되어 있지 않다. 이는 뇌에서 이 비용을 잘못 산정하기 때문일 가능성이 높다. 그래서 비참한 기분에 빠져 약을 먹거나 알코올에 의지하거나 아편제 같은 불법 약물에 손을 대게 된다.[3]

그렇다면 뇌의 예측이 현실적으로 조정되고 신체 예산이 균형을 유지하기 위해 당신이 실제로 할 수 있는 것은 무엇인가? 내가 갑자기 당신 어머니처럼 잔소리를 늘어놓는 것 같겠지만, 우선은 건강하게 먹고 운동을 게을리 하지 않으며 수면을 충분히 취하는 것이 중요하다. 물론 빤하고 케케묵은 얘기처럼 들릴 것이다. 그러나 안타깝게도 생물학적으로 볼 때 다른 대체물은 없다. 신체 예산도 재무 예산과 마찬가지로 견고한 토대 위에 있어야 관리하기도 쉬운 법이다. 당신이 아기였을 때는 당신의 보호자가 당신의 신체 예산을 전적으로 관리했다. 그리고 당신이 성장함에 따라 당신의 예산을 관리하는 책임은 점차 당신에게로 이전되었다. 오늘날 당신의 친구나 가족이 약간 거들 수는 있겠지만, 당신의 영양 상태를 관리하는 것은 상당 부분 당신의 책임이다. 그러므로 최대한 노력해서 채소를 많이 먹고, 정제 설탕과 나쁜 지방과 카페인을 가급적 줄이고, 활기차게 규칙적으로 운동하고, 잠을 충분히 자라.[4]

이 조언이 당신 삶의 구조와 습관을 크게 바꾸지 않으면 불가능해 보일지 모른다. 일부 사람들은 정크 푸드와 과도한 텔레비전 시청과 주류 문화 속 다양한 유혹을 이겨내는 데 어려움을 겪는다. 그런가 하면 겨우 끼니를 이어가면서 먹어야 할지 아니면 공과금을 내야 할지를 두고 고민해야 하는 사람들에게 생활 방식을 바꾸라는 것은 사치일지 모른다. 그러나 당신이 할 수 있는 것을 하면 된다. 과학적으로 볼 때 건강한 음식, 규칙적인 운동, 충분한 수면이 균형 잡힌 신체 예산과 정서적 건강을 위한 필요 조건이라는 것은 너무나 명백하다. 신체 예산의 부담이 만성적으로 지속되면 다음 장에서 보게 될 것처럼 다른 많은 질병이 발생할 위험이 그만큼 커질 수밖에 없다.

그 다음으로 시도할 수 있는 것은 당신이 할 수 있는 범위 안에서 신체적 안락감을 조절하는 것이다. 연인이나 가까운 친구로부터 또는 마사지 치료사로부터 마사지를 받아보라. 인간의 접촉은 건강에 유익하다. 이것은 당신의 내수용 신경망을 통해 신체 예산의 향상에 기여한다. 특히 힘든 운동 후에는 마사지가 매우 좋다. 마사지는 염증을 줄이고 운동 중에 생긴 근육 조직의 작은 손상을 더 빨리 낫도록 한다. 이런 손상을 그냥 놔두면 불쾌한 경험의 원천이 될 것이다.[5]

신체 예산의 균형을 잡기 위한 또 다른 활동으로 요가가 있다. 요가를 꾸준히 한 사람은 더 빠르고 효과적으로 마음을 가라앉힐 수 있다. 아마도 느린 박자의 신체 활동과 호흡이 결합하여 생기는 효과일 것이다. 또한 요가는 장기간에 걸쳐 신체에 유해한 염증을 촉진하는 전염증성 시토킨proinflammatory cytokine이라는 단백질의 수준을 감소시킨다. 또한 요가를 규칙적으로 하면 항염증성 시토킨이라는 다른 단백질의 수준이 증가하는데, 이것은 심장병, 우울증 및 기타 질병의 발달 위험을 낮추는 작용을 한다.[6]

주변 환경도 당신의 신체 예산에 영향을 미친다. 그러므로 가능한 한 소음이 적고 덜 붐비면서 초목과 자연광이 많은 장소에서 시간을 보내도록 노력하라. 자신의 생활 환경을 개선하기 위해 새 집으로 이사하거나 집을 개조할 수 있는 여력이 있는 사람은 그리 많지 않을 것이다. 그러나 실내 화초만으로도 놀라운 효과를 낼 수 있다. 이런 환경 요인은 신체 예산에 매우 중요하며 정신과 환자의 회복 속도를 높이는 효과도 있는 듯하다.[7]

낯설고 흥미진진한 일에 몰두하는 것도 당신의 신체 예산에 유익하다. 이것은 단순한 현실 도피가 아니다. 대개 사람들은 다른 사람의 이야기에 자기 자신의 이야기만큼 몰두하지 않는다. 그러나 이런 정신적인 외유는 내수용 신경망의 일부인 기본 모드 신경망을 가동시키고, 그러면 자신에 대한 잔걱정도 줄어들어 신체 예산에 유익한 결과를 초래할 것이다. 책 읽기를 즐기지 않는다면 감동적인 영화를 보는 것도 도움이 된다. 만약 슬픈 영화라면, 충분히 울어라. 이것도 당신의 신체 예산에 유익할 것이다.[8]

신체 예산에 활기를 불어넣는 또 다른 간단한 방법들이 있다. 친구와 정기적으로 점심을 함께하기로 약속하고 번갈아 식사를 대접하라. 여러 연구에 따르면 공여와 감사는 양쪽 모두의 신체 예산에 이롭다. 그러므로 번갈아 대접하면 당신은 두 혜택을 모두 누리게 될 것이다.[9]

그 밖에도 당신은 내가 아직 언급하지 않은 많은 것을 시도할 수 있다. 애완동물을 키워라. 그러면 접촉과 무조건적인 애정을 동시에 얻을 것이다. 공원을 산책하라. 당신이 즐기는 취미가 스트레스 해소에 도움이 되는지 인터넷으로 검색해보라. 또는 무엇이 효과가 있는지 살펴보라. 뜨개질은 분명 효과가 있을 것이다. 참고로 내게는 십자수 뜨기가 맞는 것 같다.[10]

당신의 신체 예산에 맞게 습관을 바꾸는 일은 결코 쉽지 않으며, 때로는 불가능할 수도 있다. 그러나 당신이 할 수 있을 때마다 이런 기법을 시도해보라. 그러면 기분이 좋아질 것이고 예전보다 더 많은 시간 동안 스트레스를 덜 받게 될 것이다.

감정 표현에 서투른 사람을 위한 조언

신체 예산 돌보기 외에 당신의 정서적 건강을 위해 할 수 있는 일은 당신이 가진 개념들을 보강하는 것으로, 흔히 '감성지능 높이기'라고 불린다. 고전적 견해를 가진 사람들은 감성지능이 다른 사람의 감정을 '정확히 탐지하기' 또는 '제때에' 행복을 경험하거나 슬픔을 피하기 같은 것이라고 생각한다. 그러나 감정에 대한 구성적 견해에서는 감성지능을 새로운 방식으로 이해한다. '행복'이나 '슬픔'은 다양한 사례의 개체군이다. 그러므로 감성지능의 핵심은 당신의 뇌가 특정 상황에서 가장 유용한 감정 개념의 가장 유용한 사례를 구성하도록 하는 것이다. 그리고 감정을 구성하지 않을 때는 가장 유용한 다른 개념의 가장 유용한 사례를 구성하는 것이다.

세계적인 베스트셀러 《감성지능》의 저자 대니얼 골먼은 감성지능이 더 높으면 학교, 사업, 대인 관계에서 더 큰 성공을 거둘 수 있다고 주장한다. "어느 분야의 어느 일자리든 최고의 성과를 거두려면 감정적인 능력이 순수하게 인지적인 능력보다 두 배는 중요하다"라고 그는 말한다. 그러나 놀랍게도 감성지능에 대해 과학계에서 널리 인정된 정의나 측정 방법은 여전히 존재하지 않는다. 골먼의 책들은 실제적이고 그럴 듯한 조언을 많이 제공하지만, 그의 조언이 **왜** 효과가 있는지를 적절히 설명하지는 못한다. 골먼의 주장은 시대에 뒤진 '삼위일체 뇌' 모형에 크게 의존하고 있다. 이른바 감정적인 내면의 짐승을 효과적으로 조절하면 감성지능을 높일 수 있다는 식이다.[11]

감성지능은 개념의 관점에서 더 잘 규정될 수 있다. 당신이 아는 감정 개념이라곤 '기분이 아주 좋다'와 '기분이 더럽다'라는 두 개밖에 없다고 가정해보자. 그러면 당신은 감정을 경험할 때마다 또는 다른 사람의 감정을 지각할 때마다 오로지 이 거친 붓으로 범주화를 할 것이다. 이런 사람은 감성지능이 높을 수 없다. 반면에 만약 당신이 '기분이 아주 좋다'의 의미를 행복한, 만족스러운, 설레는, 느긋한, 기쁜, 희망찬, 감동적인, 자랑스러운, 존경스러운, 감사한, 더없이 행복한 등과 같이 더 미세하게 구별할 수 있다면, 그리고 화난, 짜증난, 걱정스러운, 분한, 언짢은, 후회되는, 우울한, 굴욕적인, 편치 않은, 오싹한, 원통한, 두려운, 질투심이 생기는, 비통한, 울적한 등과 같이 '기분이 더럽다'의 50가지 뉘앙스를 안다면, 당신의 뇌는 예측과 범주화와 감정 지각의 훨씬 더 많은 옵션을 갖게 될 것이다. 따라서 당신은 더 유연하고 효과적인 대처를 위한 도구를 갖추게 될 것이다. 그러면 당신의 감각을 더 효과적으로 예측하고 범주화하게 될 것이며, 당신의 행동을 주변 환경에 어울리게 더 잘 조정할 수 있을 것이다.

내가 이야기하는 것은 감정 입자도(1장), 즉 감정 경험을 얼마나 섬세하게 구성하는가의 문제다. 감정 경험을 고도로 섬세하게 구성하는 사람은 감정의 전문가다. 이런 사람은 구체적인 상황에 적절하게 맞춘 듯 미세하게 조정된 예측을 내놓고 감정 사례를 구성한다. 그런가 하면 정반대 쪽에는 아직 성인 수준의 감정 개념을 발달시키지 못한 어린 아이들이 있다. 그들은 우리가 5장에서 살펴본 것처럼 불쾌감을 표현할 때 '슬픈'과 '미친'이라는 단어를 혼용한다. 우리 연구실에서 수행한 연구에 따르면 성인의 감정 입자도는 아주 낮은 수준부터 아주 높은 수준까지 다양하게 분포한다. 그러므로 감성지능의 열쇠는 새로운 감정 개념을 획득하고 기존의 것들을 예리하게 연마하는 것이다.[12]

새로운 감정 개념은 여행, 산책, 독서, 영화 관람, 낯선 음식 체험하기 등과 같은 다양한 방법으로 획득할 수 있다. 다양한 경험의 수집가가 되라. 새로운 옷을 시험하듯이 새로운 관점을 시험하라. 이런 종류의 활동은 당신의 뇌로 하여금 개념 조합을 통해 새로운 개념을 형성하도록 자극할 것이며, 개념 체계의 선제적인 변화를 통해 나중에 당신에게 다른 예측과 다른 행동을 가능케 할 것이다.

예컨대 나는 셀로판 포장지나 나무 같은 것도 재활용해야 마땅하다고 생각해 물건을 늘 엉뚱하게 쓰레기통에 버리곤 한다. 그 덕분에 쓰레기 재활용은 늘 남편 댄Dan이 담당한다. 이럴 때면 댄은 나로 인한 추가 노동 때문에 좌절하는 대신에 슈퍼히어로 만화책을 수집하던 어린 시절에 배운 개념을 사용하곤 한다. 현실을 인정하지 않으려는 나의 헛된 시도를 가리켜 그는 '초능력'이라고 부르는 것이다. 이것은 나의 재활용 방식이 희망 사항에 불과하다는 의미이다. 이렇게 나의 짜증나는 습관은 그의 입을 통해 애교 있는 기벽으로 탈바꿈했다.

새로운 개념을 획득하는 가장 쉬운 방법은 아마도 새 단어를 학습하는 것일 것이다. 당신은 단어 학습이 정서적 건강에 유익할 것이라고 꿈에도 생각하지 않았을지 모르지만, 이것은 구성의 신경 메커니즘에 비추어 볼 때 당연한 것이다. 단어는 개념의 씨앗이 되고, 개념은 예측의 원동력이 되며, 예측을 통해 신체 예산이 조절되고, 신체 예산에 따라 기분이 좌우된다. 따라서 당신의 어휘가 섬세할수록 당신의 뇌는 더 정밀한 예측을 통해 신체 수요에 알맞게 예산을 조절할 수 있다. 실제로 감정 입자도가 더 높은 사람들은 병원을 덜 방문하고, 약을 덜 먹고, 병에 걸려 입원해 있는 기간도 더 짧다. 이것은 마술이 아니다. 이것은 사회적인 것과 신체적인 것 사이의 경계가 꽉 막혀 있지 않기 때문에 가능한 것이다.[13]

그러므로 새로운 단어를 최대한 많이 학습하라. 당신이 잘 모르는 분야의 책을 읽거나 내셔널 퍼블릭 라디오National Public Radio처럼 사고를 자극하는 방송을 청취하라. '행복한'이라는 단어로 만족하지 말라. '환상적인', '황홀한', '감동적인' 같은 좀 더 구체적인 단어를 찾아 사용하라. '낙심한' 또는 '좌절한' 느낌과 뭉뚱그려 '슬픈' 느낌의 차이를 학습하라. 이렇게 관련된 개념들을 학습하다 보면 당신의 경험을 좀 더 섬세하게 구성할 수 있을 것이다. 그리고 당신의 모국어에 있는 단어에 한정되지 말라. 화목한 느낌을 가리키는 네덜란드어 '허젤러흐', 중대한 죄책감을 뜻하는 그리스어 '에노히'처럼 당신의 언어에 없는 개념을 다른 언어에서 찾아보라. 이런 단어들은 당신의 경험을 새롭게 구성하는 또 다른 계기가 될 것이다.[14]

또한 개념을 조합해 사회적 실재를 구성하는 능력을 발휘해 당신만의 감정 개념을 발명해보라. 작가 제프리 유제니디스Jeffrey Eugenides의 소설 《미들섹스Middlesex》에는 재미있는 개념들이 많이 나온다. 그는 '중년에 시작되는 거울에 대한 혐오', '이상형과 자고 난 뒤의 실망감', '미니 바가 있는 객실을 얻었을 때의 기대감'과 같이 한 단어로만 명명하지 않는다. 당신도 똑같이 할 수 있다. 눈을 감고 당신이 차를 몰고 가는 장면을 상상해보라. 당신은 살던 곳에서 아주 멀리 떠나왔으며 다시는, 결코 돌아가지 않을 것이라는 점을 알고 있다. 감정 개념들을 조합해서 이럴 때의 느낌을 표현할 수 있겠는가? 만약 당신이 이 기술을 매일 동원할 수 있다면, 당신은 더욱 예리하게 다양한 상황에 대처하고, 다른 사람에게도 더욱 공감을 느낄 수 있을 것이며, 향상된 기술로 갈등을 무마해 사람들과 더욱 사이좋게 지낼 수 있을 것이다. 7장에서 내가 만든 '칩 부재감'이라는 단어처럼 당신만의 창조물에 이름을 붙여 그것을 가족과 친구들에게 설명할 수도 있을 것이다. 그래서 당신의 창조물이 공유되기만 하면, 그것은 다른 감정 개념들과 똑같은 실재가 되며 당신의 신체 예산에 똑같은 혜택을 가져다줄 것이다.

감성지능이 높은 사람은 많은 개념을 가지고 있을 뿐만 아니라 언제 어느 것을 사용해야 하는지도 잘 안다. 화가가 색의 섬세한 차이를 보는 법을 배우듯이 또는 포도주 애호가가 일반인은 모르는 맛의 세계를 경험하기 위해 풍부한 어휘를 개발하듯이 당신도 범주화를 기타 기술들처럼 연습할 수 있다. 당신의 십대 아들이 방금 침대에서 기어나온 꼴을 한 채 학교에 가려는 것을 보았다고 가정해보라. 헝클어진 머리, 구겨진 옷, 셔츠에 묻은 어제 저녁의 음식 자국이 눈에 들어오자 당신은 아들을 호되게 꾸짖으면서 다시 방으로 돌려 보낼 수도 있을 것이다. 그러나 그 대신에 당신이 무엇을 느끼는지 되돌아보라. 학교에서 선생이 아들을 소홀히 대할까봐 걱정이 되는가? 아들의 기름투성이 머리가 역겨운가? 아들의 차림새가 부모인 당신에게 악영향을 끼칠까봐 신경 쓰이는가? 그가 입지도 않는 옷에 돈을 쓴 것 때문에 화가 나는가? 아니면 혹시 조그마하던 아이가 어느새 다 커서 어릴 적의 생기가 사라진 것을 슬퍼하고 있지는 않은가? 만약 이 모든 것이 마음에 와닿지 않는다면, 바로 이런 목적을 위해 많은 사람들이 심리 치료사나 상담사에게 상당한 돈을 지불한다는 사실을 유념하라. 그들은 상황을 재정의하고 행동으로 이어질 수 있는 가장 쓸모 있는 범주를 찾는 데 도움을 준다. 하지만 당신은 혼자 힘으로도 할 수 있다. 계속 연습하면 당신도 감정 범주화의 전문가가 될 수 있다. 그리고 이것은 반복할수록 쉬워진다.

섬세한 범주화는 감정을 '조절'하기 위한 대중적인 접근법보다 더 효과가 있는 것으로 증명되었다. 거미 공포증에 대한 연구에서 인지 재평가라고 불리는 첫 번째 접근법을 적용하기 위해 피험자에게 거미를 위협과 무관한 용어로 기술할 것을 요청했다. "내 앞에 앉아 있는 것은 작은 거미인데, 이것은 안전하다." 두 번째 접근법은 피험자에게 거미와 무관한 것에 주의를 기울일 것을 요청하는 주의 분산이다. 세 번째 접근법은 입자도를 높여 감각을 범주화하는 것이었다. 예컨대 "내 앞에 징그러운 거미가 있다. 이것은 역겹고 신경이 쓰이지만 호기심을 불러일으키기도 한다." 실험 결과 거미 공포증이 있는 사람들이 거미를 관찰할 때 덜 불안해하고 거미에게 다가가도록 하는 데 가장 효과적인 방법은 세 번째 접근법이었다. 그리고 이 효과는 실험 후 일주일 동안 지속되었다.[15]

높은 감정 입자도는 만족스러운 삶을 위한 또 다른 혜택을 선사한다. 일련의 연구에서 불쾌감을 섬세하게 구별할 줄 아는 사람들은, 다시 말해 '기분이 더럽다'의 50가지 뉘앙스를 아는 사람들은 자신의 감정을 조절할 때 융통성을 30퍼센트나 더 발휘했고, 스트레스를 받아도 과음을 덜 했으며, 마음의 상처를 입힌 사람에게 공격적인 보복을 덜 했다. 조현병이 있는 사람들 중에서 감정 입자도가 상대적으로 높은 사람은 입자도가 낮은 사람보다 가족이나 친구와 더 잘 지내는 편이며, 대인 관계에서 적절한 행동을 선택하는 데도 더 낫다.[16]

반면에 낮은 감정 입자도는 온갖 종류의 불행과 관련이 있다. 주요 우울 장애, 사회 불안 장애, 섭식 장애, 자폐 범주성 장애, 경계 인격 장애 등이 있는 사람들이나 그저 좀 더 불안하고 우울한 느낌을 경험하는 사람들은 모두 부정적인 감정에 대해 비교적 낮은 입자도를 보이는 경향이 있다. 조현병 진단을 받은 사람들은 긍정적인 감정과 부정적인 감정을 구별할 때 낮은 입자도를 보인다. 물론 낮은 입자도가 이런 장애의 원인이라고 주장하는 사람은 아무도 없지만, 무언가 역할을 하는 듯하다.[17]

감정 입자도를 향상시킨 다음에 당신의 개념을 갈고 닦을 또 다른 방법은 심리치료나 자기계발서에서도 많이 응용되는 것처럼 당신의 긍정적인 경험을 매일 기록하는 것이다. 당신을 잠시라도 미소 짓게 만드는 것을 찾아보라. 긍정적인 것에 주목할 때마다 당신은 당신의 개념 체계를 비틀어 이런 긍정적인 사태에 관한 개념을 강화하고 세계에 대한 정신적 모형에서 이것이 두드러지도록 만든다. 긍정적인 경험을 글로 기록하면 더욱 좋다. 이미 수차례 이야기했듯이 단어가 개념 발달을 촉진하고, 그러면 삶의 긍정적인 면을 가꾸는 새로운 순간들을 더 잘 예측할 수 있기 때문이다.[18]

반면에 불쾌한 일을 곱씹는 행위는 당신의 신체 예산에 동요를 일으킨다. 우울한 일을 반추하는 행위는 악순환된다. 예컨대 최근에 연인과 헤어진 일을 곰곰이 되새길 때마다 예측할 또 한 사례가 추가되는 셈이고, 그러면 또 다시 반추할 확률이 높아진다. 이별의 특정한 개념이, 예컨대 마지막으로 크게 싸웠던 일이 또는 연인이 마지막으로 떠날 때의 모습이 세계에 대한 당신의 모형에 둥지를 튼다. 보행자가 발걸음을 내딛을 때마다 점점 깊게 패이고 굳어지는 산책로처럼 이런 개념은 신경 활동 패턴으로 당신의 뇌에서 점점 더 쉽게 재창조된다. 당신은 이러한 산책로가 굳어져 포장도로가 되는 것을 원치 않을 것이다. 당신이 구성하는 모든 경험은 일종의 투자다. 그러므로 현명하게 투자하라. 당신이 미래에 다시 구성하고 싶은 경험을 가꾸어라.

불쾌한 감정 사례를 일부러 구성하는 것이 도움이 되기도 한다. 큰 시합을 앞두고 분노를 키우는 미식축구 선수들을 생각해보라. 그들은 고함을 지르며 껑충 뛰고 주먹을 불끈 쥐면서 상대팀을 박살내자고 다짐한다. 심박수를 올리고 숨을 더 깊게 들이쉬면서, 전반적으로 신체 예산에 영향을 미침으로써 그들은 특정 감정이 성과에 기여했던 과거 상황에 대한 지식을 바탕으로 경기장이라는 맥락 안에서 그들에게 낯익은 신체 상태를 창조하고 범주화한다. 또한 그들의 공격성은 팀원 간의 유대를 강화하고 상대팀에 경고를 보낸다. 이것은 감성지능이 작동하는 방식 중 드문 예다.[19]

당신이 부모라면, 자녀의 감성지능 기술이 개발되도록 도울 수 있다. 감정이나 다른 정신 상태에 관해 되도록 일찍 자녀와 대화를 나누어라. 설령 자녀가 이야기를 이해하지 못하더라도 대화를 나누어라. 당신의 생각보다 훨씬 일찍 아기의 개념 발달이 시작된다는 점을 유념하라. 아이의 눈을 똑바로 쳐다보고, 눈을 크게 떠 아이의 주의를 끌면서, 감정이나 다른 정신 상태의 용어로 신체 감각과 동작에 관해 이야기하라. "저 꼬마 아이 보이지? 울고 있네. 넘어져 무릎이 까져서 아픈가 보네. 아이가 슬퍼서 부모가 안아주기를 바라는 것 같아." 이야기책에 나오는 인물의 감정에 관해, 자녀의 감정에 관해, 또는 당신의 감정에 관해 상세히 설명하라. 되도록 다양한 감정 단어를 사용하라. 무엇 때문에 감정이 생겼는지, 그리고 그것이 다른 사람에게 어떤 결과를 초래하는지에 관해 이야기하라. 당신이 인간과 인간의 동작 및 소리의 신비한 세계로 자녀를 안내하는 여행 가이드라고 생각하라. 당신의 자세한 설명을 바탕으로 감정에 대한 자녀의 개념 체계가 훌륭하게 발달할 것이다.[20]

당신이 자녀에게 감정 개념을 가르칠 때, 당신은 소통 이상의 일을 하고 있다. 당신은 자녀를 위한 **사회적 실재를 창조**하고 있다. 아이는 당신이 건네는 도구를 사용해 자신의 신체 예산을 조절하고, 자신의 감각에 의미를 부여하며, 그것을 바탕으로 행동하고, 자신의 감정을 다른 사람에게 이야기하며, 다른 사람에게 더 효과적으로 영향을 미치게 될 것이다. 그리고 아이는 이런 기술을 평생 사용할 것이다.

아이에게 감정에 관해 가르칠 때, 본질주의적인 고정 관념에 얽매이지 않도록 주의하라. 행복하면 미소를 지어야 하고 화가 나면 노려봐야 하는 것 등이 고정 관념이다.* 아이가 실제 세계의 다양성을 이해하도록, 미소가 맥락에 따라 행복, 당혹감, 분노, 심지어 슬픔을 의미할 수도 있다는 것을 이해하도록 도와라. 또한 언제 당신 스스로도 당신의 느낌이 확실치 않은지, 언제 당신이 다른 사람의 감정을 그저 추측하는지, 또는 언제 잘못 추측하는지를 솔직히 인정하려고 노력하라.

---

* 이러한 고정 관념에서 벗어나기 위해서는 감정에 대한 서양식 고정 관념에 충실한 텔레비전 만화영화 등과 경쟁해야 하기 때문에 쉽지 않을 것이다. 픽사 영화는 이런 고정 관념에 얽매이지 않는다는 점에서 매우 인상적이다. 감정에 관한 철저히 본질주의적인 환상을 다룬 〈인사이드 아웃〉의 배역들조차 감정을 경험할 때 매우 다양하면서도 미묘하고 매혹적인 안면 배치와 신체 배치를 보인다.

어린 자녀와 번갈아 이야기하면서 완전한 대화를 나누어라. 설령 자녀가 아직 말로 반응하지 못하는 아기라고 하더라도 시도해야 한다. 아장아장 걸을 때쯤 되면, 단어뿐만 아니라 대화 패턴도 감정 개념의 형성에 중요한 역할을 한다. 내 남편과 나는 딸에게 '아기 말투'를 한 번도 사용하지 않았다. 그 대신에 아이가 태어날 때부터 완전한 형태의 성인 문장으로 말을 걸었고 딸이 어떤 식으로든 '반응'할 때까지 기다리곤 했다. 슈퍼마켓에 가면 주위 사람들이 이상하다는 듯 쳐다보곤 했지만, 결국 우리 딸은 성인과도 진실한 대화를 나누는 감정적으로 성숙한 십대로 성장했다(그리고 이제 딸아이는 소수점 이하 셋째 자리까지 가는 정밀도로 나를 괴롭히곤 한다. 이에 대해 나는 무척 자랑스럽다).[21]

자녀가 마구 비명을 지르거나 성질을 부리는가? 이럴 때에도 사회적 실재를 활용해 자녀가 감정을 다스리고 가라앉히도록 도울 수 있다. 내 딸 소피아가 두 살이었을 때 성질을 부리면 도저히 말로는 진정시킬 수가 없었다. 그래서 우리는 '짜증 내는 요정'이라는 개념을 발명했다. 소피아가 성질을 부릴 때마다 우리는 다음과 같이 설명했다. "안 돼, 그러면 짜증 내는 요정이 찾아와. 그러면 네가 짜증이 날 거야. 그러니까 짜증 내는 요정을 쫓아내자." 그런 다음 우리는 딸아이가 마음을 가라앉히는 장소로 지정해놓은 특별 의자에, 즉 〈세서미 스트리트〉의 엘모Elmo 그림이 있는 빨간 솜털 의자에 딸아이를 앉혔다. 처음에는 딸아이를 의자에 데려다 앉히면, 발작을 일으키면서 의자를 걷어차기도 했지만, 나중에는 알아서 의자로 걸어가 불쾌한 느낌이 가라앉을 때까지 앉아 있었다. 그리고 때로는 짜증 내는 요정이 물러나고 있다고 선언하기도 했다. 이런 절차가 우습게 보일지 모르지만, 이것은 분명히 효과가 있었다. '짜증 내는 요정'과 '엘모 의자'라는 개념을 발명해 소피아와 공유함으로써 우리는 소피아 스스로 마음을 가라앉히기 위한 도구를 창조한 셈이었다. 우리에게 화폐, 예술, 권력, 그 밖의 사회적 구성물이 실재인 것처럼 소피아에게는 이런 개념이 실재였다.

일반적으로 감정의 개념 체계가 풍부한 아이들은 학교에서 성공할 수 있는 준비를 갖춘 셈이다. 예일 감성지능센터Yale Center for Emotional Intelligence에서 수행한 연구에서는 초등학생들에게 매주 20분에서 30분 동안 감정 단어에 대한 지식을 넓히고 감정 단어를 사용하는 시간을 가지라고 가르쳤다. 그 결과 사회적 행동과 학업 성적이 모두 향상되었다. 또한 이 교육 모형을 적용한 학급은 단합도 더 잘 되었을 뿐만 아니라 제3자의 블라인드 테스트에서 학생들에 대한 교육 지원이 더 나은 것으로 평가되었다.[22]

반면에 만약 당신이 아이의 감각에 관해 감정 용어로 대화를 나누지 않는다면, 당신은 아이의 개념 체계 발달을 사실상 방해하는 것이다. 생후 4년이 지났을 때 소득 수준이 높은 가정의 아이들은 소득 수준이 낮은 가정의 아이들보다 단어를 보거나 들은 횟수가 **400만** 번이나 더 많았고 어휘와 독해력에서도 더 나은 능력을 보였다. 물질적 혜택을 가장 덜 받은 아이들은 사회적 세계에서도 뒤처지게 되었다. 소득이 낮은 부모들에게 자녀와 더 많이 대화하라는 간단한 조언으로도 아이들의 학업 성적을 개선시킬 수 있다. 마찬가지로 감정 단어를 더 많이 사용하는 것은 아이들의 감성지능을 향상시킬 것이다.[23]

자녀의 행동에 대해 피드백을 줄 때도 똑같은 원리가 적용된다.

연구에 따르면 소득이 낮은 가정의 4세 아이들은 칭찬보다 꾸짖는 단어를 12만 5천 번 더 들은 반면에, 소득이 높은 가정의 4세 아이들은 꾸중보다 칭찬하는 단어를 56만 번 더 들었다. 이것은 소득이 낮은 가정의 아이들이 신체 예산의 부담을 더 느끼지만 이것에 대처하기 위한 자원은 더 부족함을 의미한다.[24]

우리는 모두 때때로 아이들을 꾸짖곤 한다. 단 그럴 때마다 우리는 아이들에게 구체적인 피드백을 주려고 노력할 필요가 있다. 당신의 딸이 쉬지 않고 칭얼거리면, "입 닥쳐!" 하고 소리 지르는 대신에 다음과 같은 식으로 말해보라. "네가 칭얼거리니까 짜증이 나네. 그러니까 그만해. 문제가 있으면 제대로 말을 해야지." 당신의 아들이 갑자기 딸아이의 머리를 쥐어박으면, '나쁜 녀석'이라고 말하지 말라. 아이가 이런 개념을 발달시키는 것을 누구도 원치 않을 것이다. 좀 더 구체적으로 말하라. "누나를 때리면 안 되지. 그러면 누나가 아프고 슬프잖아. 누나한테 미안하다고 얘기해." 칭찬의 경우도 마찬가지다. '우리 착한 딸'이라고 말하지 말라. 그 대신에 딸아이의 행동을 칭찬하라. "동생을 되받아치지 않은 것은 좋은 선택이었어." 이런 표현은 아이들이 더 유용한 개념을 형성하는 데 도움을 준다. 이때 당신이 말하는 어조도 중요하다. 이를 통해 당신의 정동이 쉽게 전달되고 아이의 신경계에 직접적인 영향을 미칠 수 있기 때문이다.[25]

자녀의 신체 예산을 효과적으로 조절함으로써 당신은 자녀를 더 풍부한 감정 개념 체계로 인도할 뿐만 아니라 전체적인 언어 발달에 긍정적인 영향을 미쳐 자녀의 학업 수행을 위한 준비에도 도움을 줄 것이다.

나와 나의 모든 감각을 해체하기

자, 이제 당신은 균형 잡힌 신체 예산을 위해 최선을 다해 생활 방식을 뜯어 고쳤고 감정 전문가가 되기 위해 개념 체계를 보강했다. 그러나 당신에게는 여전히 우여곡절이 있을 것이다. 당신은 여전히 사랑이 요구하는 양보와 타협, 사회적 삶의 애매하고 다의적인 측면, 불안정한 직장, 변덕스러운 우정, 나이가 들면서 서서히 말을 듣지 않는 몸 등에 대처해야 할 것이다. 이런 순간에 당신의 감정을 다스리려면 어떻게 해야 하는가?

가장 간단한 방법은 몸을 움직이는 것이다. 너무 간단한 방법이어서 믿기지 않을지도 모른다. 하지만, 모든 동물은 움직임을 사용해 신체 예산을 조절한다. 동물의 뇌에서 신체 수요보다 더 많은 포도당을 내놓으면, 잽싸게 나무를 타고 올라가 에너지 수준을 다시 균형 상태로 돌릴 것이다. 반면 인간은 몸을 움직이지 않고도 순전히 정신적인 개념을 사용해 신체 예산을 조절할 수 있다는 점에서 특이한 동물이다. 그러나 이런 기술이 말을 듣지 않을 때는 당신도 동물이라는 사실을 명심하라. 마음에서 내키지 않더라도 일어나 이리저리 움직여라. 음악을 틀어 놓고 집에서 춤을 춰라. 공원을 산책하라. 어째서 이런 것이 효과가 있을까? 몸을 움직이면 당신의 예측이 바뀔 수 있고 따라서 당신의 경험이 바뀔 수 있기 때문이다. 몸을 움직이면 통제 신경망이 덜 성가신 다른 개념을 전면에 내세우는 데도 도움이 될 것이다.[26]

즉석에서 당신의 감정을 다스리는 또 다른 방법은 당신이 있는 장소 또는 상황을 바꾸어 당신의 예측이 바뀌도록 하는 것이다. 예컨대 베트남 전쟁 동안 미국 군인의 15퍼센트가 헤로인에 중독되었다. 그들이 퇴역 군인이 되어 집에 돌아왔을 때, 95퍼센트는 돌아온 지 1년 만에 마약을 끊었다. 일반 시민의 경우 마약 사용자 중 겨우 10퍼센트만이 재발을 면한다는 사실에 비하면 이것은 놀라운 수치다. 장소 변경이 그들의 예측을 바꾸었고, 그래서 약물에 대한 갈망도 줄어든 것이다.*[27]

움직임과 맥락의 변화로 감정을 다스리는 데 실패한다면, 다음으로 시도할 만한 것은 당신의 감정을 재범주화하는 것이다. 이것은 어느 정도 설명이 필요하다. 처량한 기분이 든다면, 그것은 당신이 내수용 감각으로 인해 불쾌한 정동을 경험하기 때문이다. 당신의 뇌에서는 충실하게 이런 감각의 원인을 예측할 것이다. 어쩌면 이것은 신체가 보내는 메시지일지 모른다(예: "배탈이 났다"). 아니면 "내 삶에서 무언가가 심각하게 잘못되었다"라는 메시지일지 모른다. 이것은 **불편**과 **괴로움**의 차이이다. 불편은 순전히 신체적인 것이고, 괴로움은 인격적인 것이다.

당신의 신체가 침입하는 바이러스에게 어떻게 보일지 상상해보라. 당신은 DNA, 단백질, 물, 그 밖의 바이러스가 자신을 복제하기 위해 필요로 하는 생물학적 물질들의 큰 자루일 뿐이다. 당신의 세포에 침입하는 유행성 감기 바이러스는 당신의 신념, 성질, 가치관 등에 관심이 없다. 또한 당신의 인격에 대한 도덕적 판단을 내리지

* 때때로 나는 중년의 위기가 맥락을 바꾸어 자신의 예측을 변화시키려는 극적인 시도가 아닐까 하는 생각이 든다. 분홍색 야생 당근을 재배했던 내 친구 케빈은 명언을 남긴 적이 있다. "이봐, 이도 저도 안 되면, 우아하게 흘러내리는 스카프와 멋진 선글라스를 하고 오픈카를 한 대 사서 전국 방방곡곡을 돌면 되지."

도 않는다(예: "야, 이 여자는 헤어스타일도 엉망인 속물이네 …… 이 여자를 감염시키자!"). 바이러스는 피해자를 차별하지 않는 평등주의자다. 바이러스는 불편을 초래하지만, 인격을 건드리지는 않는다. 잠이 부족하고 폐가 충분히 젖어 있는 사람은 누구나 바이러스에게 숙주가 될 수 있다.

반면에 정동은 내수용 감각을 **당신**에 관한 어떤 것으로, 당신의 장점과 단점이 결부된 어떤 것으로 변모시킨다. 그러면 감각은 인격적인 것이 되고, 당신의 정동적 적소 안에 머물게 된다. 당신이 비참한 기분을 느낄 때, 세계는 끔찍한 장소처럼 보인다. 사람들은 당신에 대해 끊임없이 평가를 내리고, 전쟁이 휘몰아치며, 극지의 만년설이 녹아내린다. 이런 것들로 인해 당신은 괴롭다. 그리고 대다수 사람들은 괴로움을 덜기 위해 많은 시간을 보낸다. 우리는 종종 영양분을 위해서가 아니라 쾌감을 위해서 또는 자신을 달래기 위해서 먹는다. 내가 보기에 약물 중독은 만성 불량 상태의 신체 예산에서 비롯하는 괴로움을 덜기 위한 잘못된 시도인 듯하다.[28]

매순간 불편과 괴로움을 구별하기는 쉽지 않다. 당신은 지금 그저 짜증이 나는가 아니면 그저 카페인 금단 현상을 겪는가? 당신이 여성이라면, 월경 주기나 갱년기와 관련된 애매모호한 신체 증상을 경험한 적이 있을 것이며, 이런 감각에 실제로는 있지도 않은 감정적 의미를 부여하는 범주화를 할 때도 있을 것이다. 2010년에 우리 연구실 전체가 이사를 간 적이 있다. 무려 20명의 연구자와 수십만 달러어치의 장비가 딸린 아주 큰 일이었다. 때마침 나는 2주간 여행을 떠나야 할 참이었다. 나는 어떻게든 타오르는 모든 불씨를 끄면서 버텼다. 그러다 내 노트북마저 고장 나고 말았다. 나는 집의 부엌 한가운데 주저앉아 흐느끼기 시작했다. 그때 남편이 들어와 나를 보더니 순진하게 물었다. "생리 전인가 보네?" 맙소사. 나는 그에게 맹비난을 퍼부었다. "이 망할 성차별주의 돼지야, 나는 고생하면서 겨우 꾸려가고 있는데, 어떻게 감히 그렇게 태연하게 말할 수 있어?" 나의 격분에 우리 둘 다 깜짝 놀랐다. 그리고 3일 후 나는 그가 맞았다는 것을 알게 되었다.

당신은 정동적 느낌이 세계를 바라보는 렌즈가 되도록 놔두는 대신에 이런 느낌을 단순한 신체 감각으로 해체하는 법을 배울 수 있다. 당신은 불안을 빨리 뛰는 심장으로 해체할 수 있다. 그리고 일단 신체 감각으로 해체했으면, 당신이 가진 풍부한 개념을 사용해 다른 방식으로 이것을 재범주화할 수 있다. 어쩌면 당신의 가슴이 뛰는 것은 불안이 아니라 기대나 설렘일지 모른다.

바로 지금 주변에서 주의를 집중할 물체를 찾아보라. 이것을 3차원의 시각적 물체가 아니라 당신의 지각이 구성되는 바탕을 이루는 여러 색깔의 빛 조각들로 재범주화해보라. 이것이 어렵더라도 연습하면 할 수 있다. 물체에서 가장 빛나는 부분을 골라서 그것의 윤곽을 눈으로 그려보라. 연습을 많이 하면 당신도 이와 같이 물체를 해체하는 법을 배울 수 있다. 렘브란트Rembrandt 같은 위대한 화가가 캔버스에 어떤 물체를 현실감 있게 표현하는 것처럼 당신도 당신의 감정을 해체할 수 있다.

재범주화는 감정 전문가를 위한 도구다. 더 많은 개념을 알고 더 많은 사례를 구성할 수 있다면 그만큼 더 효과적인 재범주화를 통해 당신의 감정을 다스리고 행동을 조절할 수 있다. 예컨대 당신이 시험을 앞두고 흥분을 느낀다면, 당신은 이것을 해로운 불안으로 범주화할 수도 있고("아, 시험을 망칠 것 같아!") 아니면 유익한 예상으로 범주화할 수도 있다("힘이 솟는다. 나는 준비되었다!"). 내 딸이 다니는 무술 도장의 명인 조 에스포지토Joe Esposito는 검은 띠 승단 시험을 앞두고 초조한 학생들에게 다음과 같이 조언한다. "너희의 울렁증을 모두 날려 버려라." 그의 말은 당신이 지금 흥분한 것은 맞지만, 이것을 불안으로 지각하지 말고 '굳은 결심'의 사례로 구성하라는 것이다.

이런 종류의 재범주화는 당신의 삶에 실질적인 혜택을 가져다줄 수 있다. 대학원 입학 자격시험GRE 같은 시험 성적을 살펴본 여러 연구 결과에 따르면 불안을 신체가 제대로 대처하고 있다는 신호로 재범주화하는 학생들은 그렇지 않은 학생들보다 높은 점수를 얻었다. 공개 연설을 하거나 심지어 노래방에서 노래를 할 때도 불안을 설렘으로 재범주화하는 사람들은 더 뛰어난 능력을 발휘하고 고전적인 불안 증상을 덜 보인다. 그들의 교감신경계에서는 여전히 과민성 울렁증이 산출되지만, 수행 능력을 낮추고 일반적으로 기분을 망치게 만드는 전염증성 시토킨의 수준이 내려가기 때문에, 더 나은 능력을 발휘하게 된다. 관련 연구에서는 시민 대학에서 수학 보충수업을 듣는 학생들이 효과적인 재범주화를 통해 시험 성적과 최종 학점을 올릴 수 있다는 사실이 증명되었다. 대학 학위가 있느냐 없느냐에 따라 재정적인 성공과 평생 빠듯한 살림살이 사이의 차이가 생길 수 있다는 점을 고려할 때, 이런 의미 있는 발전을 통해 개인의 인생 행로가 바뀔 수도 있다.[29]

불편을 유익한 것으로 범주화하는 일은 말하자면 운동을 열심히 해서 튼튼한 체력을 키우는 것과도 같다. 미국 해병대에는 이 원리를 담은 표어가 있다. "고통은 허약함이 몸을 떠나는 것이다." 운동을 하다가 불편을 느껴 중단한다면, 그 순간 당신은 당신의 신체 감각을 기진맥진한 상태로 범주화하는 것이다. 그러면 당신은 언제나 당신의 한계치 미만에서 운동하게 된다. 그러나 재범주화를 통해 운동을 계속한다면, 결국에는 더 튼튼하고 더 건강한 신체라는 혜택을 얻으면서 기분도 더 좋아질 것이다. 열심히 노력할수록 당신의 개념 체계도 미래의 더 오랜 운동을 위한 준비를 갖추게 될 것이다.[30]

하부 요통, 스포츠로 인한 상해, 고된 치료를 받을 때의 고통, 그 밖의 여러 질병도 신체의 불편과 정동의 스트레스를 구별할 수 있는 기회를 제공한다. 예컨대 만성 통증을 안고 사는 사람들은 흔히 고통의 실제 강도보다 더 심각하게 삶에 영향을 미치는 파멸적인 사고를 한다. 그러나 그들이 신체 감각과 불쾌한 정동을 구별하는 법을 배운다면, 아편제를 덜 사용하고 그것에 대한 갈망도 줄어들 것이다. 거의 6퍼센트의 미국인이 매년 만성 통증용 처방 약품을 이용하며, 이것을 장기간 사용하면 고통 증상이 오히려 증가한다는 사실을 고려할 때 매우 중요한 결과다. 《고통의 추적Paintracking》의 저자이자 내 시누이인 데보라 배럿Deborah Barrett에 따르면 고통을 신체적인 것으로 범주화할 수 있으면 고통이 인격적인 파멸이 될 이유가 없다.[31]

괴로움을 불편으로 재범주화하고 정신적인 것을 신체적인 것으로 해체한다는 생각은 고대부터 있었다. 불교에서 몇몇 명상은 감각을 신체 증상으로 재범주화하여 괴로움을 줄이는 데 도움을 준다. 불교도들은 이것을 '자기 해체'라고 부른다. 당신의 '자기'는 당신의 정체성, 즉 당신을 정의하는 특성들의 집합이다. 예컨대 당신의 선별된 기억, 신념, 기호와 혐오, 희망, 삶의 선택, 도덕, 가치관 등이 있다. 그 밖에도 여러 가지로 당신을 정의할 수 있다. 예를 들자면 당신의 유전자, 신체 특성(몸무게, 안구 색), 당신이 속한 민족, 당신의 성격(재미있는, 믿음직한), 대인 관계(친구, 부모, 자녀, 연인), 당신이 맡은 책임(학생, 과학자, 판매원, 공장 노동자, 내과의사), 당신의 지리학적 또는 이념적 공동체(미국인, 뉴욕 시민, 기독교도, 민주당원), 심지어 당신의 자동차 등이 있다. 이런 다양한 정의에 공통된 핵심은 당신이 누구인가에 대한 당신 자신의 이해이며, 이것이 마치 당신의 본질인 양 장기간에 걸쳐 연속적으로 존재한다는 가정이다.[32]

불교에서는 이런 자기를 허구이자 인간이 겪는 괴로움의 기본 원인으로 간주한다. 당신이 값비싼 자동차나 의복 같은 물질을 갈망할 때마다, 또는 당신의 평판을 높여줄 칭찬의 말을 바랄 때마다, 또는 당신의 삶에 이익이 될 지위와 권력을 추구할 때마다, 불교에서는 당신이 허구적인 자기를 실재로 취급한다고(자기의 실체화) 말한다. 이런 물질적 관심이 즉각적인 만족과 쾌감을 줄지 모르지만, 이것은 다른 한편으로 황금 수갑처럼 당신을 옭아매고 지속적인 괴로움을 야기한다. 이것은 우리가 말하는 장기화된 불쾌한 정동과 같다. 불교도에게 자기는 일시적인 신체 질병보다 더 나쁜 것이다. 이것은 지속적인 번뇌이기 때문이다.[33]

자기에 대한 나의 과학적 정의는 뇌의 작동 방식에서 영감을 얻은 것이지만, 불교의 견해와도 비슷한 면이 있다. 자기는 사회적 실재의 일부다. 정확히 말해 자기는 허구는 아니지만, 중성자처럼 자연에 객관적으로 실재하는 것도 아니다. 다른 사람에 의존하는 것이기 때문이다. 과학의 관점에서 볼 때 매순간 당신이 하는 예측과 거기서 비롯하는 당신의 행동은 다른 사람들이 당신을 취급하는 방식에 따라 어느 정도 좌우된다. 당신은 혼자 힘으로 자기가 될 수 없다. 영화 〈캐스트 어웨이Cast Away〉에서 톰 행크스Tom Hanks가 연기한 인물이 4년 동안 무인도에서 홀로 생활하면서 어째서 배구공에게 윌슨Wilson이라는 이름을 붙여 친구로 삼아야 했는지를 생각해보면 쉽게 이해할 수 있다.[34]

어떤 행동과 취향은 당신의 자기와 일관되고 어떤 것들은 그렇지 않다. 당신이 좋아하는 음식이 있는가 하면 먹고 싶어 하지 않는 음식도 있다. 당신은 자신을 '개 애호가' 또는 '고양이 애호가'로 부를 수도 있다. 이런 행동과 취향은 상당히 제각각이다. 당신이 감자튀김을 좋아할 수도 있지만, 그렇다고 매일 먹고자 하지는 않을 것이다. 가장 열렬한 개 애호가라도 곁에 두기 어려운 개가 있기 마련이며 남 몰래 몇몇 고양이를 좋아하기도 한다. 전체적으로 볼 때 당신의 자기는 매순간 당신의 기호와 혐오와 습관을 요약하는 긍정과 부정의 집합과도 같다.

우리는 앞에서 이와 비슷한 것을 보았다. 이런 긍정과 부정은 한 개념의 특징과도 비슷하다. 따라서 내가 보기에 자기는 '나무', '독침을 쏘는 곤충으로부터 나를 보호해주는 것', '공포' 등과 마찬가지로 평범하고 일상적인 개념이다. 당신이 스스로를 하나의 개념이라고 생각하면서 돌아다니지는 않겠지만, 잠시 나와 함께 이 이야기를 계속해보자.[35]

만약 자기가 개념이라면, 당신은 시뮬레이션을 통해 자기의 사례를 구성한다. 그리고 각 사례는 매순간 당신의 목표에 어울린다.

예컨대 때때로 당신은 자신을 경력에 의해 범주화한다. 때때로 당신은 부모 또는 자식 또는 애인이다. 때때로 당신은 그저 몸뚱이다. 사회심리학자들은 우리가 다수의 자기를 가지고 있다고 말한다. 그러나 우리는 이런 목록을 목표에 기초한 단 하나의 개념인 '자기'의 여러 사례로 생각할 수 있으며, 이때 목표는 맥락에 따라 변화하는 것으로 간주할 수 있다.[36]

어떻게 당신의 뇌는 아기, 어린아이, 청소년, 중년, 노년으로 이어지는 '자기'의 이 모든 다양한 사례를 파악하고 있을까? 그 이유는 당신의 일부가 일정하게 남아 있기 때문이다. 즉, 바로 당신에게 언제나 신체가 있다는 점이다. 당신이 지금까지 학습한 모든 개념에는 학습 당시 당신의 신체 상태가(내수용 예측) 포함되어 있다. 몇몇 개념에는 많은 내수용이 포함되어 있고(예: '슬픔'), 다른 개념에는 덜 포함되어 있지만(예: '비닐 랩'), 모든 개념은 언제나 동일한 신체에 관련되어 있다. 그러므로 당신이 구성하는 모든 범주에는, 즉 세계 안의 물체, 다른 사람, '정의' 같은 순전히 정신적인 개념 등에 관한 모든 범주에는 약간의 당신이 포함되어 있다. 이것은 자기감의 초보적인 심리적 기초가 된다.[37]

자기의 허구적인 측면은 불교의 견해와 비슷하게 당신이 누구인지를 규정하는 몇몇 영속적인 본질이 있다는 생각이다. 하지만 당신에게 그런 것은 없다. 내 추측으로 자기는 감정을 구성하는 예측성 핵심 체계와 동일한 체계에서 매순간 새롭게 구성되는 듯하다. 이 체계에는 다른 것들과 함께 우리에게 낯익은 두 신경망(내수용 신경망과 통제 신경망)도 포함되며, 신체와 세계에서 전달된 연속적인 감각 흐름이 이 신경망들에 의해 범주화된다. 실제로 내수용 신경망의 일부인 기본 모드 신경망은 '자기 체계'라고 불리기도 한다. 이 체계는 자기 성찰 시 일관되게 활동이 증가한다. 알츠하이머병에 걸린 사람들처럼 기본 모드 신경망이 위축되면, 자기감도 결국 사라진다.[38]

자기를 해체하면 감정의 주인이 되기 위한 새로운 영감을 얻을 수 있다. 당신의 개념 체계를 비틀고 당신의 예측을 바꿈으로써 당신은 당신의 미래 경험만 바꾸는 것이 아니다. 당신은 실제로 당신의 '자기'를 바꿀 수 있다.

당신의 기분이 편치 않다고 가정해보자. 재정 문제로 씨름하느라 걱정이 많거나, 충분한 자격을 갖추고도 승진의 기회를 놓쳐 화가 났거나, 선생님이 당신을 다른 학생들만큼 똑똑하게 여기질 않아서 의기소침하거나, 애인에게 버림을 받아 가슴이 찢어질 듯하다. 불교의 관점에서 보면 이런 느낌은 물질적 부, 평판, 권력, 안정에 집착해 자기를 실체화하려 하기 때문에 생기는 괴로움일 것이다. 구성된 감정 이론의 언어로 말하자면 부, 평판 등이 당신의 정동적 적소에 굳게 둥지를 터서 신체 예산에 영향을 미침으로써 결국 당신은 불쾌한 감정의 사례를 구성하게 된 것이다. 이때 잠시라도 자기를 해체할 수 있다면 당신의 정동적 적소가 줄어들어 '평판', '권력', '부' 같은 개념이 불필요하게 될 것이다.[39]

서양 문화에도 이런 생각과 관련된 몇 가지 공통된 지혜가 있다. 물질만능주의에 빠지지 말라. 우리를 죽이지 않는 것은 우리를 더 강하게 만든다.[니체가 한 말이며, 적당한 시련이 당사자를 더 강하게 만든다는 의미 - 옮긴이 주] 막대기와 돌멩이.["막대기와 돌멩이가 내 뼈를 부러뜨릴 수는 있어도, 이름만으로 나를 해칠 수는 없지"라는 동요에서 파생된 표현으로, 언어적 폭력에 꿋꿋이 대처하라는 의미 – 옮긴이 주] 그러나 나는 당신에게 한 걸음 더 나아갈 것을 요구한다. 당신이 어떤 질병이나 모욕 때문에 괴로움을 느끼고 있다면, 다음과 같이 자문하라. 나는 정말로 지금 위험에 처해 있는가? 아니면 이러한 상해는 그저 자기의 사회적 실재를 위협하고 있지 않은가? 이런 물음에 대한 답변은 심장의 두근거림, 배가 딴딴하게 뭉친 느낌, 땀에 젖은 이마 등을 순전히 신체적인 감각으로 재범주화하여 걱정, 분노, 낙심 등을 물에 알약 녹듯이 녹여 버리는 데 도움이 될 것이다.[40]

물론 이런 종류의 재범주화가 쉬운 것은 아니다. 그러나 연습하면 할 수 있다. 그리고 이것은 건강에도 이롭다. 어떤 것을 '나와는 상관없는 것'으로 범주화하면, 이것은 당신의 정동적 적소 밖에 놓이게 되고, 그러면 당신의 신체 예산에 미치는 영향도 미미할 것이다. 이와 비슷하게 당신이 성공을 거두어 자부심, 명예심, 만족감 등을 느낀다면, 한 걸음 뒤로 물러서 이런 유쾌한 감정이 당신의 허구적인 자기를 강화하는 사회적 실재의 산물일 뿐이라는 점을 명심하라. 당신의 성공을 축하하되, 이것이 황금 수갑이 되지 않도록 유의하라. 작은 평정심으로 먼 길을 갈 수 있다.

이런 전략을 더 적극적으로 추진하고 싶다면 명상을 하라. 이런 명상 중의 하나인 마음 챙김 명상mindfulness meditation에서는 매순간 각성된 상태로 현재에 충실하면서 감각이 들어오고 나가는 것을 판단하지 말고 그저 관찰하라고 가르친다. 불교의 관점에서 보자면 자기를 해체하는 것이 '범주화를 보류'하는 데 도움이 된다고 말할 것이다. 그러나 신경과학의 관점에서 보자면 뇌는 예측을 결코 멈추지 않으므로 개념을 '끄는' 것도 불가능하다. 어마어마한 연습을 통해서만 도달 가능한 이런 상태는 내게 신생아의 평온한 각성 상태를 연상시킨다. 이런 상태에서 신생아는 불안한 기색 없이 세계를 관찰하고, 아기의 뇌는 예측 오류에 편안하게 파묻혀 있다. 신생아는 감각을 경험하되 붙잡지 않는다. 명상을 통해 도달 가능한 경지도 이와 비슷한 면이 있다. 이 상태에 도달하려면 오랜 기간의 연습이 필요하므로, 차선책은 당신의 사고, 느낌, 지각을 손에서 놓기 쉬운 신체 감각으로 재범주화는 것이다. 명상을 활용해 처음에는 신체적인 것에 초점을 맞추는 범주화를 우선시하고, 그 다음에는 당신에게 또는 세계에서 당신이 차지하는 자리에 더 많은 심리적 의미를 부여하는 범주화를 탈우선시하려고 시도하라.

명상은 뇌 구조와 기능에 상당한 영향을 미치지만, 아직 그 세부 사항이 과학적으로 정확히 규명되지는 않았다. 명상가들의 경우에 내수용 신경망과 통제 신경망의 핵심 부위들이 더 넓고 이런 부위들 사이의 연결도 더 강한 것을 확인할 수 있다. 이것은 우리의 예상과도 일치한다. 내수용 신경망은 정신적 개념을 구성하고 신체에서 전달된 감각을 표상하는 데, 그리고 통제 신경망은 범주화를 조절하는 데 결정적 역할을 하기 때문이다. 몇몇 연구에서는 겨우 몇 시간의 훈련 후에도 연결이 더 강해진 것을 확인할 수 있었다. 그런가 하면 명상이 스트레스를 줄이고, 예측 오류의 탐지와 처리를 향상시키며, 재범주화(또는 '감정 조절'이라고 불리는 것)를 촉진하고, 불쾌한 정동을 줄인다는 연구도 있다. 다만 연구에 따라 일관되지 않은 결과가 종종 나오는데, 그 이유는 모든 실험이 충분히 통제된 조건에서 진행되지 않았기 때문이다.[41]

때로는 자기 해체가 감당하기 벅찰 수도 있다. 자기 해체와 동일한 몇몇 혜택을 누릴 수 있는 비교적 간단한 방법은 경외감을, 즉 당신보다 엄청나게 더 위대한 무엇의 존재에 대한 느낌을 키우고 경험하는 것이다. 이런 경험은 당신의 자기로부터 어느 정도 거리를 둘 수 있게 해준다.[42]

나는 우리 가족이 로드아일랜드Rhode Island의 해변 별장에서 몇 주 동안 여름 휴가를 즐겼을 때 이런 혜택을 직접 경험한 적이 있다. 귀뚜라미의 합창이 매일 저녁 엄청난 강도로 울려 퍼지면서 우리를 에워쌌다. 전에는 별다른 주의를 기울이지도 않았던 귀뚜라미가 그날 나의 정동적 적소로 들어왔다. 나는 매일 저녁 귀뚜라미를 기다리기 시작했고, 잠자리에 들 때도 귀뚜라미의 노래가 전혀 시끄럽지 않게 느껴졌다. 휴가에서 돌아온 후 나는 침대에 가만히 누워 있으면 집의 두꺼운 벽을 통해 귀뚜라미 소리가 들린다는 것을 알아차렸다. 이제 나는 낮에 실험실에서 겪은 스트레스 때문에 밤에 잠에서 깰 때마다 귀뚜라미 소리를 들으며 다시 편안히 잠을 청할 수 있었다. 나는 내가 자연에 둘러싸인 작은 점 같다는 느낌을 가지고 경외감 비슷한 개념을 발전시켰다. 이 개념은 내가 원할 때마다 나의 신체 예산을 변화시키는 데 도움을 준다. 작은 잡초가 보도의 갈라진 틈을 뚫고 올라오는 것을 보면서, 자연을 문명으로 길들일 수 없다는 점을 다시 한 번 깨달으면서 나는 이 경외감 비슷한 개념을 사용해 나의 하찮음을 편안하게 받아들인다.[43]

이와 비슷한 경외감을 경험할 수 있는 기회는 널려 있다. 바다의 굽이치는 파도가 해변가 바위에 부딪치는 소리를 들으면서, 하늘의 별들을 바라보면서, 한낮에 낀 먹구름 아래를 걸으면서, 미지의 오지 깊숙이 여행을 하면서, 또는 영적인 예식을 함께하면서 우리는 이것을 경험할 수 있다. 또한 경외감을 더 빈번하게 느끼는 사람들은 염증을 일으키는 성가신 시토킨의 수준이 아주 낮았다(그러나 이것의 원인과 결과에 대해서는 증명된 것이 없다).[44]

경외감을 키우든, 명상을 하든, 아니면 당신의 경험을 신체 감각으로 해체할 수 있는 다른 방법을 찾든, 재범주화는 이 순간 당신의 감정을 다스리는 데 결정적인 도구다. 기분이 언짢으면, 이런 불쾌감이 어떤 개인적인 의미를 지닐 것이라고 가정하는 대신에, 마치 감기에 걸린 것처럼 당신 자신을 취급하라. 당신의 느낌은 그저 잡음일 수 있다. 당신은 그저 잠이 필요한 것일 수 있다.

과학자와 바텐더처럼 대화하기

이제 당신은 당신의 경험에 대한 감성지능을 높이려면 어떻게 해야 하는지 알게 되었다. 이제는 주위 사람들의 감정을 어떻게 지각해야 당신의 안녕에 이로운지 살펴보기로 하자.

내 남편 댄은 몇 십 년 전, 우리가 서로 알기도 전에 잠시 힘든 시기를 보내면서 정신과 의사를 소개받았었다. 그는 종종 무언가에 집중할 때 눈살을 찌푸리면서 노려보는 표정을 짓곤 하는데 당시에 1차 진료가 시작되고 약 30초가 지났을 때에도 그 표정을 지었다. 그러자 정신과 의사는 자신의 지각이 정확하다는 확신 속에 댄이 "억눌린 분노로 가득하다"고 선언했다. 그러나 댄은 내가 아는 사람들 중에 가장 차분한 사람에 속했다. 댄은 정신과 의사에게 화가 나지 않았다고 말했으나, 의사는 환자의 마음을 읽는 자신의 능력을 믿어 의심치 않는 태도로 입장을 굽히지 않았다. "아니에요, 맞아요." 결국 댄은 초침이 한 바퀴를 채 돌기도 전에 병실 밖으로 나왔다.

여기서 나의 의도는 정신건강 전문의들을 비난하는 것이 아니라 다른 사람의 정신 상태에 대한 자신의 지각이 옳다는 또는 옳을 수 있다는 잘못된 확신을 예시하려는 것이다. 이런 확신은 환자가 뚜렷한 지문이 있는 분노를 표출하고 치료사가 그것을 탐지한다고 (설령 댄이 그것을 자각하지 못하더라도) 주장하는 고전적 견해에서 비롯한다. 당신이 다른 사람의 감정 경험을 지각하는 데 통달하고자 한다면, 이런 본질주의적 가정부터 버려야 한다.

댄의 진료 시간에 무슨 일이 일어났는가? 그는 집중의 경험을 구성했고, 치료사는 분노의 지각을 구성했다. 두 구성 모두 실재였다. 물론 객관적 의미에서가 아니라 사회적 의미에서 실재였다. 감정의 지각은 추측이다. 이것은 다른 사람의 경험과 일치할 때만, 즉 어떤 개념을 적용할지에 대해 두 사람의 의견이 같을 때만 '옳다'. 다른 사람의 감정이 어떤지 안다고 생각할 때, 당신의 확신은 실제 지식과 아무 상관도 없다. 당신은 그저 정동 실재론에 빠져 있을 뿐이다.[45]

감정 지각을 향상시키려면 우리가 다른 사람의 느낌을 안다는 허구를 떨쳐버려야 한다. 당신과 친구가 느낌에 대해 생각이 다를 때, 댄의 치료사가 그랬던 것처럼 친구가 틀렸다고 가정하지 말라. 그 대신에 "우리의 생각이 다르네"라고 생각하라. 그리고 친구의 관점을 배우는 데 당신의 호기심을 발휘하라. 친구의 경험에 대해 호기심을 갖는 것이 옳은 것보다 더 중요하다.

우리의 지각이 추측일 뿐이라면, 우리는 어떻게 서로 소통하는가? 당신이 아이의 학교 성적에 대해 자부심을 느낀다고 내게 말할 때, 그리고 '자부심'이 일관된 지문도 없는 다양한 사례의 개체군일 뿐이라면, 당신이 말한 '자부심'이 어떤 '자부심'인지 내가 어떻게 아는가?(이런 물음은 고전적 견해에서 제기되지도 않는다. 왜냐하면 자부심에는 뚜렷한 본질이 있고, 당신이 그저 자부심을 표출하기만 하면 내가 그것을 인식한다고 가정하기 때문이다.) 당신과 나는 어마어마한 다양성 속에서 뇌의 예측 메커니즘을 통해 감정을 소통한다. 당신의 감정은 당신의 예측에 의해 인도된다. 그리고 내가 당신을 관찰할 때, 내가 지각하는 감정은 나의 예측에 의해 인도된다. 그러므로 감정적 소통은 당신과 내가 **동기화된 채** 예측하고 범주화할 때 일어난다.[46]

과학자와 바텐더는 사람들이 소통할 때 다양한 방식으로 동기화한다는 것을, 특히 서로 좋아하거나 신뢰할 때 동기화한다는 것을 잘 안다. 내가 고개를 끄덕이면, 당신도 고개를 끄덕인다. 당신이 내 팔에 손을 얹으면, 잠시 후 나도 당신을 접촉한다. 우리의 비언어적 행동은 상호 조율된다. 생물학적인 동기화도 있다. 어머니와 아이가 안전하게 결합되어 있으면, 어머니의 심박수와 아이의 심박수가 동기화할 것이다. 그리고 똑같은 일이 대화 도중에 누구에게나 일어날 수 있다. 그 메커니즘은 여전히 밝혀지지 않았다. 내 추측으로는 상대방의 가슴이 올라갔다 내려갔다 하는 것을 무의식적으로 서로 관찰하면서 호흡의 동기화가 일어나기 때문이 아닐까 싶다. 이러한 추측은 내가 수습 치료사 시절에 최면의 준비 단계로

서 내 호흡을 내담자의 호흡과 의도적으로 동기화하는 법을 배웠던 것에서 비롯한다.[47]

마찬가지로 우리는 우리의 감정 개념과도 동기화한다. 내 감정은 내 예측에 의해 인도된다. 그리고 당신이 나를 관찰하면서 당신이 지각하는 감정은 당신의 예측에 의해 인도된다. 당신의 뇌에 의해 지각된 내 목소리와 내 몸의 움직임은 당신의 예측을 확증하거나 아니면 당신에게 예측 오류가 된다.

당신이 내게 다음과 같이 이야기한다고 가정해보자. "우리 아들이 학예회에서 1등을 했어. 우리 애가 너무 자랑스러워." 당신의 단어와 행동이 내 뇌에서 많은 예측을 불러일으키고, 그럼으로써 이 순간 우리가 공유하는 '자랑스러움'이라는 개념의 상호 조율에 기여한다. 내 뇌에서는 과거 경험을 바탕으로 개연성을 계산하면서 예측들을 걸러 내어 최종 사례에 이르고, 경우에 따라서는 "축하해"라는 나의 말로 이어진다. 그러면 당신이 나를 지각하면서 이 과정이 반대 방향으로 반복된다. 이때 우리가 문화적 배경이나 다른 과거 경험을 공유한다면, 그리고 특정 안면 배치, 신체 움직임, 목소리, 기타 단서가 특정 맥락에서 특정 의미를 지닌다는 데 우리가 동의한다면, 우리 사이의 동기화는 더욱 깊어질 것이다. 조금씩 우리는 우리 둘이 '자랑스러움'이라는 단어와 동일시하는 감정 경험을 함께 구성한다.

이 장면에서 우리의 개념이 정확히 일치해야만 내가 당신의 느낌을 이해할 수 있는 것은 아니다. 우리의 개념에 비교적 양립 가능한 목표가 깔려 있기만 하면 된다. 반면에 만약 내가 불쾌한 종류의 자랑스러움의 사례를 구성한다면, 즉 당신이 건방지고 오만

하다는 사례를 구성한다면, 나는 당신이 말하는 것을 제대로 이해하지 못할 것이다. 당신이 사용한 개념이 이 경우 내 개념과 일치하지 않기 때문이다. 이때 우리의 상호 구성은 비록 여기서는 단순히 왔다 갔다 하는 사태로 묘사되었지만 두 뇌가 끊임없이 활동하는 가운데 이루어지는 연속적인 과정이라는 점을 명심할 필요가 있다.

경험의 공동 구성 덕분에 우리는 또한 서로의 신체 예산을 조절할 수 있다. 이것은 우리가 집단 생활에서 얻는 커다란 혜택 중의 하나다. 사회적 종의 모든 구성원은 서로의 신체 예산을 조절한다. 꿀벌, 개미, 바퀴벌레도 그렇다. 그러나 우리는 서로에게 순전히 정신적인 개념을 가르침으로써, 그리고 그것을 동기화해 사용함으로써 서로의 신체 예산을 조절할 수 있는 유일한 종이다. 우리의 단어 덕분에 우리는 서로의 정동적 적소에 들어갈 수 있으며, 설령 우리가 아주 멀리 떨어져 있더라도 그럴 수 있다. 설령 당신이 바다 건너편에 있더라도, 전화나 이메일로 또는 그냥 서로에 대해 생각함으로써, 당신은 친구의 신체 예산을(그리고 친구는 당신의 신체 예산을) 조절할 수 있다.[48]

당신의 단어 선택은 이 과정에 엄청난 영향을 미친다. 또한 이러한 단어는 다른 사람의 예측에 영향을 미친다. "기분이 어때?"라는 좀 더 일반적 물음 대신에 "속상해?"라고 아이에게 묻는 부모는 아이의 답변에 영향을 미치고 감정을 함께 구성하면서 아이의 개념을 속상함 쪽으로 연마시킨다. 마찬가지로 의사가 환자에게 "그동안 어떠셨어요?"라고 묻는 대신에 "우울하다고 느끼시나요?"라고 묻는다면, 그렇다는 답변이 돌아올 가능성이 더 높아질 것이다. 이것은 변호사가 증인석의 목격자를 상대로 활용하는 유도 질문과도 같다. 따라서 일상 생활에서 그리고 법정에서 당신은 당신의 단어로 사람들의 예측에 영향을 미칠 수 있다는 사실을 명심할 필요가 있다.

마찬가지로 다른 사람이 당신의 감정을 헤아려주기를 바란다면, 다른 사람이 효과적으로 예측하도록 그리고 동기화가 일어나도록 분명한 단서를 전달할 필요가 있다. 감정에 대한 고전적 견해에서는 감정이 보편적으로 표현된다고 가정하기 때문에 모든 책임이 지각하는 사람에게 있다고 여긴다. 그러나 구성적 관점에서는 당신도 좋은 발신자가 되어야 할 책임이 있다.[49]

당신의 지각은 추측일 뿐이다

당신이 이 책을 읽지 않았다고 가정해보라. 그런데 누가 당신에게 다음과 같이 말했다. "그런데 말이야, 네 감정의 주인이 되고 싶지? 그러려면 정크 푸드를 덜 먹고 새로운 단어를 많이 배워야 해!" 나는 솔직히 이러한 방법이 그다지 와닿지 않는다는 것을 인정한다. 그러나 건강한 섭취는 더 균형 잡힌 신체 예산과 더 적절한 내수용 예측으로 이어진다. 그리고 새로운 단어는 감정 경험과 지각을 구성하는 토대인 새로운 개념의 씨앗이 된다. 사회적인 것과 신체적인 것 사이의 경계는 상호 침투가 가능하기 때문에 감정과 무관해 보이는 많은 것들이 실제로는 당신의 느낌에 심대한 영향을 미친다.

당신은 당신의 신체 상태에 영향을 미치는 순전히 정신적인 개념을 창조할 수 있는 신기한 동물이다. 사회적인 것과 신체적인 것은 당신의 신체와 뇌를 통해 긴밀하게 연결되어 있다. 그리고 사회적인 것과 신체적인 것 사이에서 효과적으로 움직이는 능력은 당신이 학습할 수 있는 몇몇 기술에 달렸다. 그러므로 당신의 감정 개념을 키워라. 당신의 뇌가 당신의 사회적 세계에 어울리게 배선될 기회를 만들어라. 이 순간 불쾌감을 느낀다면, 당신의 경험을 해체 또는 재범주화하라. 그리고 다른 사람에 대한 당신의 지각이 추측일 뿐 사실이 아니라는 점을 깨달아라.

이런 새로운 기술 중에 몇몇은 연마하기가 매우 어렵다. 나 같은 과학자가 "뇌는 이렇게 작동한다"라고 말하는 것과 당신의 생활 방식 전체를 뒤엎어 과학의 혜택을 누리는 것은 완전히 다른 일이다. 누가 자신의 식사와 취침 습관을 뜯어고치고 운동을 더 열심히 할 만큼 시간적인 여유가 있을까? 하물며 누가 새로운 개념을 학습하고, 범주화를 연습하며, 때때로 허구적인 자기로부터 물러설 만큼 시간적인 여유가 있을까? 우리 모두에게는 챙겨야 할 일과 숙제가 있고, 시간의 제약과 온갖 종류의 개인적인 상황과 가정상황이 있다. 또한 이런 제안 중에 몇몇은 시간이나 돈을 투자해야 하는데, 이런 제안이 가장 절실한 사람들은 오히려 시간과 돈이 부족할 수 있다. 그러나 누구나 자신이 시도할 수 있는 것을 이 장에서 찾을 수 있을 것이다. 그저 산책하기나 자기 전에 감정 개념을 몇 개 조합하기도 좋다. 또는 포테이토칩을 단념하기도 좋다.

우리가 방금 살펴본 것처럼 감정 개념과 신체 예산 관리는 당신의 건강과 안녕을 향상시킬 수 있다. 그러나 이것은 또한 병의 축

매가 될 수도 있다. 감정은 우울, 불안, 원인이 분명치 않은 만성 통증 같은 심신을 약화시키는 각종 질병뿐만 아니라 2형 당뇨병, 심장병, 심지어 암으로 이어질 수 있는 대사 장애 등에도 영향을 미친다고 한다. 그런가 하면 구성된 감정 이론이 신체적인 것과 사회적인 것 사이의 경계를 희미하게 만든 것처럼 신경계에 관한 새로운 발견들은 우리가 신체 질환이라고 생각하는 것과 정신 질환이라고 생각하는 것 사이의 신성한 경계를 무너뜨리고 있다. 이것이 우리가 살펴볼 다음 주제다.

| 10장 |

뇌의 잘못된 예측이 내 몸을 망친다

최근에 걸린 감기를 생각해보라. 아마 콧물이 질질 흐르고 기침을 콜록콜록 하며 열이 나고 그 밖의 다양한 증상에 시달렸을 것이다. 대다수 사람들이 감기를 단 하나의 원인, 즉 감기 바이러스 탓으로 돌린다. 그러나 과학자들이 감기 바이러스를 수백 명의 코에 주입할 때 감기에 걸리는 사람은 오직 25~40퍼센트이다. 따라서 감기 바이러스가 감기의 본질일 리가 없다. 분명히 무언가 더 복잡한 것이 작용한다. 바이러스는 필요조건이기는 하지만 충분조건은 아니다.[1]

당신이 뭉뚱그려 '감기'라고 부르는 다양한 증상은 신체만이 아니라 마음과도 관련이 있다. 예컨대 당신이 내향적 사람이거나 부정적 마음의 사람이라면, 단지 병원균 몇 개 때문에 곧잘 감기에 걸린다.[2]

인간 본성에 관한 우리의 새로운 견해는 구성된 감정 이론에서 영감을 받은 것인데 질병이 관련된 곳을 포함하는 신체와 정신 사이의 경계를 허문다. 반면에 케케묵은 본질주의 사고에서는 이 경계선이 분명하다. 뇌에 문제가 있는가? 그러면 신경학자에게 가보라. 문제가 마음에 있으면 정신과 의사한테 가야 한다. 더욱 현대적인 견해에서는 마음과 뇌를 통합하고, 인간의 질병을 더 잘 이해하는 방법에 대해 지침을 제공한다.

예컨대 불안, 우울, 만성 통증, 만성 스트레스 같은 질병에서 나타나는 각종 증상은 식기 서랍처럼 잘 구획된 몇 개의 칸에 들어맞지 않는다. 질병마다 다양성이 어마어마하고, 이런 모든 다양성은 엄청나게 중첩된다. 이 상황이 낯익게 여겨질 것이다. 당신은 행복과 슬픔 같은 감정 범주에는 본질이 없다는 것을 이미 학습했다. 감정 범주는 다른 사람들의 신체와 뇌의 맥락 속에서 당신의 신체와 뇌의 핵심 체계에 의해 만들어진다. 이제 나는 별개의 것처럼 보이는 몇몇 질병도 구성된 것이라고 주장할 것이다. 다시 말해 매우 가변적인 똑같은 생물학적 파이를 나누는 인공적인 방식에 따라 구성된 것이라고 주장할 것이다.

질병 이해를 위한 구성적 접근법은 한 번도 해결된 적이 없는 몇몇 물음에 답변할 수 있다. 어째서 많은 질병이 똑같은 증상을 공유할까? 어째서 많은 사람들이 불안하고 우울한가? 만성 피로 증후군은 별개의 질병인가, 또는 그저 겉모습을 바꾼 우울에 지나지 않는가? 확인 가능한 조직 손상이 없는데도 만성 통증에 시달리는 사람들은 정신적으로 아픈 것인가? 어째서 심장병을 앓는 많은 사람들이 우울증에 걸리는가? 명칭이 다른 질병들이 이들 질병 사이의 경계선을 모호하게 만드는 똑같은 일군의 핵심 원인과 관련 있다면, 이런 물음은 더 이상 수수께끼가 아닐 것이다.

이 장은 가장 많은 추론을 제시하는 장이지만, 나의 추론은 데이터에 근거한 것이다. 나는 당신이 여기서 매력적이고 도발적인 견해를 발견하기를 바란다. 나는 고통과 스트레스 같은 현상과 만성 통증, 만성 스트레스, 불안, 우울 같은 질병이 당신이 생각하는 것보다 더 얽혀 있다는 것을 증명하고, 그것들이 감정과 똑같은 방식으로 구성된다는 것을 증명할 것이다. 이런 관점의 핵심 요소는 예측성 뇌와 당신의 신체 예산을 더 잘 이해하는 것이다.

왜 불안과 우울은 함께 발생하는가?

당신의 신체 예산은 뇌가 산소, 포도당, 소금, 물 같은 예산 자원을 둘러싼 신체의 수요와 변화를 예상하기 때문에 보통 하루 종일 오르내린다. 음식을 소화할 때 위胃와 장腸은 근육으로부터 자원을 '빌린다'. 당신이 달릴 때 근육은 간과 콩팥에서 자원을 빌린다. 당신의 예산은 이런 이동에 대한 지불 능력이 있다.

당신의 신체 예산은 뇌가 잘못 판단할 때 균형을 잃고 기운다. 이것은 꽤 정상적인 상황이다. 상사, 코치, 선생님이 걸어오는 것을 보는 것처럼 정신적으로 의미 있는 어떤 무엇이 일어날 때 당신의 뇌는 당신의 예산에 영향을 주는 생존 회로를 활성화시킬 연료가 필요하다고 불필요하게 예측할지도 모른다. 일반적으로, 이런 단기간 불균형 상태는 먹기와 잠자기로 인출을 상환하는 한 걱정할 것이 못 된다.

그러나 예산 불균형이 장기화되면 당신의 내부 활력이 악화된다. 당신의 뇌는 신체가 에너지를 필요로 한다고 거듭 잘못 예측하고, 당신의 예산은 균형을 잃는다. 만성 적자의 영향으로 당신의 건강은 엄청난 타격을 입을 수 있고, 당신의 신체는 면역 체계의 부분인 '빚 해결사'를 부를 수도 있다.

보통, 당신의 면역체계는 침입자와 상해로부터 당신을 보호해주는 역할을 한다. 이것은 어쩌다 망치로 손가락을 치거나 꿀벌 침에 쏘여 부어오를 때 또는 병원균 때문에 부어오를 때 염증을 일으켜 당신을 도와준다. 염증은 내가 이전 장에서 간략히 언급한 전염증성 시토킨이라는 작은 단백질로부터 일어난다. 부상을 입거나 질병에 걸렸을 때 세포는 감염 부위로 혈액을 끌어당겨 온도를 높이고 부어오르게 하는 시토킨을 분비한다* 이런 시토킨이 당신이 낫도록 분주히 도와주는 동안 당신은 피곤하다거나 일반적으로 아프다고 느낄 수 있다.

그러나 전염증성 시토킨은 채권 추심에 적합한 조건이 주어지면 나쁜 녀석이 될 수도 있다. 이것은 특히 당신의 신체 예산이 균형을 잃었을 때, 예컨대 당신이 우범 지역에 살고 있어서 매일 밤 총소리를 들을 때 더욱 심화된다. 이런 고약한 환경에서는 당신의 뇌가 신체에서 요구하는 것 이상의 에너지를 필요로 한다고 곧잘 예측할지도 모른다. 이런 예측은 필요 이상으로 당신의 신체에 코티솔을 더 자주 그리고 더 많이 방출하게 한다. 코티솔은 일반적으로

* 모든 유형의 염증이 시토킨과 관련 있지는 않고 모든 유형의 시토킨이 염증을 일으키지는 않는다. 우리는 전염증성 시토킨이 유발하는 만성 염증에만 관심이 있다. 간단히 '시토킨'이라 한다.

염증을 억제한다(하이드로코티존hydrocortisone 크림이 가려움을 완화하고 코티존 주사가 부어오름을 감소시키는 것도 바로 이 때문이다). 당신의 혈액에 코티솔이 장기간에 걸쳐 너무 많이 있으면 염증이 확 일어난다. 그러면 당신은 무기력함을 느끼고 열이 나기 시작한다. 만약 누가 당신의 코에 감기 바이러스를 주입하면 당신도 아픈 사람이 될 것이다.[3]

이제 악순환이 이어진다. 염증 때문에 피곤하다고 느낄 때 당신은 한정된 에너지 자원을 보존하기 위해(뇌가 착각한 것) 가급적 움직이지 않는다. 당신은 제대로 먹지도 않고 자지도 않으며 운동도 게을리하게 된다. 그러면 예산이 더욱 더 균형을 잃고 당신은 진짜 몸이 좋지 않다고 느끼게 된다. 체중이 늘지도 모른다. 그러면 문제가 심각해진다. 특정 지방세포가 염증를 악화시키는 전염증성 시토킨을 실제로 만들어내기 때문이다. 또한 당신은 사람들을 기피하기 시작할지도 모른다. 그러면 다른 사람들이 당신의 신체 예산이 균형을 이루도록 도와줄 수 없다. 그래서 사회적 연결이 더 적은 사람은 전염증성 시토킨이 더 많아 병에 더 자주 걸릴지도 모른다.[4]

약 10년 전에 과학자들은 전염증성 시토킨이 신체에서 뇌로 건너갈 수 있다는 것을 발견하고는 깜짝 놀랐다. 또한 이제 우리는 뇌가 이런 시토킨을 분비하는 세포가 포함된 염증 체계를 가지고 있다는 것도 안다. 비참한 느낌을 유발하는 능력을 지닌 이 작은 단백질은 뇌의 배선에 변화를 일으킨다. 염증은 뇌에서, 특히 내수용 신경망 내에서 뇌 구조 변화를 야기한다. 이것은 신경 연결을 방해하고 뉴런을 죽이기까지 한다. 또한 만성 염증은 주의력과 기

억력을 떨어뜨릴 수 있고, 지능검사 결과를 떨어뜨릴 수도 있다.[5]

직장 동료들이 갑자기 같이 점심 식사하러 가자고 하지 않거나 친구들이 문자 메시지를 읽고도 답신을 보내지 않을 때처럼 스트레스가 많은 사회적 상황에 처하게 되면 어떻게 될지 생각해보라. 으레 그렇듯이, 당신의 뇌는 신체가 요구하지 않는 연료를 필요로 한다고 예측하여 당신의 예산에 일시적으로 영향을 준다. 그러나 만약 사회적 상황이 신속하게 해결되지 않는다면? 이런 당신의 하루하루가 사회적 거부로 가득하다면? 당신의 신체는 경계를 늦추지 않고 코티솔과 시토킨을 내뿜는다. 이제 당신의 뇌는 당신의 신체가 병들고 손상되었으며 만성 염증이 시작되었다고 간주하기 시작한다.[6]

당신 뇌 속의 염증은 매우 나쁜 것이다. 이것은 당신의 예측, 특히 신체 예산 관리 예측에 영향을 미치고, 예산의 초과 인출을 초래한다. 당신의 신체 예산 관리 회로가 먹통이 되어 당신의 신체가 보내는 수정 요구에 거의 귀를 귀울이지 못하게 된다는 것을 기억하라. 염증은 바늘을 '완전 먹통' 쪽으로 옮긴다. 당신의 신체 예산 관리 부위는 당신의 상황에 둔감해져 예산을 계속 초과 인출시킬 것이다. 그러면 당신은 피로와 불쾌한 느낌에 사로잡힐 수 있다. 만성 적자 예산은 당신의 자원을 고갈시키고, 당신의 신체를 소모시키며 결국에는 전염증성 시토킨을 더욱 증가시킨다. 그렇게 되면 당신은 실제로, 정말로 곤경에 처한다.[7]

만성 불균형 신체 예산은 질병 촉진제 같은 작용을 한다. 최근 20년 사이에 면역체계가 예상보다 훨씬 더 많은 질병의 요인이라는 것이 밝혀졌다. 면역체계는 당뇨병, 비만, 심장병, 우울증, 불면증, 기억 감퇴, 그리고 조로早老 및 치매와 관련된 '인지' 기능 이상의 요인이다. 예컨대 만약 당신이 이미 암에 걸렸다면 염증이 종양을 더 빨리 자라게 한다. 암 세포 또한 혈류를 통해 신체의 다른 부위를 감염시키는 위태로운 여행, 즉 전이라는 과정에서 살아남을 가능성이 더 크다. 암 때문에 죽음이 더 빨리 닥치는 것이다.[8]

염증은 우리의 정신질환 이해에 결정적 역할을 해왔다. 오랜 세월 동안 과학자와 임상 의사는 만성 스트레스, 만성 통증, 불안, 우울증 같은 정신질환에 대해 고전적 견해를 고수했다. 각 질병을 다른 모든 질병과 구별시키는 생물학적 지문이 있다고 믿었다. 연구자들은 각 질병이 별개의 것이라고 가정하는 본질주의적 질문을 하곤 했다. "우울증은 어떻게 신체에 영향을 미치는가? 감정은 어떻게 고통에 영향을 미치는가? 어째서 불안과 우울은 번번이 함께 발생하는가?"[9]

하지만 최근에는 이런 질병들 사이의 경계선이 사라지고 있다. 똑같은 병이라고 진단 받은 사람들의 증상이 천차만별일 수도 있다. 무엇보다 다양성이 표준이다. 동시에, 다른 질병들이 겹친다. 다른 질병들이 증상을 공유하고, 똑같은 뇌 부위를 위축시킨다. 이들 환자는 낮은 감정 입자도를 보이고, 몇몇 똑같은 약물이 효과가 있는 것으로 처방된다.

이런 연구 결과를 바탕으로 연구자들은 별개의 본질을 가진 상이한 질병들이 존재한다는 고전적 견해에서 탈피하고 있다. 그 대신에 사람들이 유전적 요인, 불면증, 그리고 내수용 신경망 또는 뇌의 핵심 허브 손상 같은 다양한 질병에 걸리게 쉽게 만드는 일군의 공통 성분에 초점을 맞춘다(6장). 만약 이런 영역이 손상되면, 뇌는 큰 문제를 일으킨다. 우울증, 공황장애, 조현병, 자폐증, 난독증, 만성 통증, 치매, 파킨슨병, 주의력결핍 과다활동장애는 모두 허브 손상과 관련이 있다.[10]

나는 몇몇 주요 질병이 별개의 것으로 간주된다는 것과 '정신'이 모든 만성 불균형 신체 예산과 걷잡을 수 없는 염증의 뿌리라고 생각한다. 우리는 똑같은 신체 변화를 범주화하여 다른 감정이라고 이름 붙이듯이 맥락을 바탕으로 몇몇 주요 질병을 범주화하여 다른 질병이라고 이름 붙인다. 만약 내 견해가 옳다면 "어째서 불안과 우울은 번번이 함께 발생하는가?" 같은 물음은 더 이상 수수께끼가 아니다. 감정과 마찬가지로, 이런 질병들은 자연에서 명확한 경계를 가지고 있지 않다. 나는 스트레스, 고통, 우울, 불안의 세부사항을 논하면서 이 견해를 더욱 정당화하려 한다.

감정의 또 다른 이름, 스트레스

스트레스부터 보기로 하자. 당신은 과제 5개를 즉시 처리하려고 할 때 또는 상사가 내일 할 일은 어제 처리했어야 했다고 말할 때 또는 사랑하는 사람을 떠나보냈을 때처럼 당신에게 일어난 그 무엇이 스트레스라고 생각할지도 모른다. 그러나 스트레스는 외부 세계에서 비롯하지 않는다. 오히려 당신이 스트레스를 구성한다.

학교에서 새 과목을 학습하는 도전 같은 스트레스는 긍정적이다. 가장 친한 친구와 다투는 것 같은 스트레스는 부정적이지만 견딜 만하다. 만성 스트레스인 지속적 빈곤, 학대, 또는 외로움 같은 스트레스는 몹시 해롭다. 다시 말해 스트레스는 다양한 사례의 개체군이다. 균형이 깨진 신체 예산으로부터 당신이 경험을 구성하기 위해 적용하는 것이 '행복' 또는 '공포' 같은 개념이다.[11]

당신은 감정을 구성하는 것과 똑같은 뇌 메커니즘을 통해 '스트레스' 사례를 구성한다. 당신의 뇌는 외부 세계와 관련하여 당신의 신체 예산을 예측하고 의미를 구성한다. 이런 예측은 내수용 신경망으로부터 발화해 똑같은 경로를 따라 뇌에서 신체로 내려간다. 반대로 신체에서 뇌로 감각 입력을 운반하는 상승 경로는 스트레스 경로 및 감정 경로와 같은 것이다. 똑같은 쌍의 신경망, 즉 내수용 신경망과 통제 신경망은 이것들의 똑같은 역할을 한다. 감정 연구자와 스트레스 연구자들은 이런 유사성을 거의 인식하지 못하고, 마치 스트레스와 감정이 독립되어 있기나 하듯이 스트레스가 어떻게 감정에 영향을 미치고 반대로 감정이 어떻게 스트레스에 영향을 미치는지 묻는 경향이 있다. 구성의 관점에서 보면, 둘의 차이는 최종 결과이다. 즉 당신의 뇌가 당신의 감각을 스트레스가 많은 것으로 범주화하느냐 또는 감정적인 것으로 범주화하느냐는 것이다.[12]

어째서 예측성 뇌는 주어진 상황에서 스트레스 또는 감정의 사례를 구성하는가? 아무도 모른다. 당신의 신체 예산이 제대로 돌아가지 않을수록 당신은 '스트레스' 개념을 더 범주화하는 것 같다. 그러나 이것은 순전히 억측이다.

만약 당신의 신체 예산이 장기간 균형을 잃고 있으면 당신은 만성 스트레스를 경험할지도 모른다(신체 예산의 만성 적자는 종종 스트레스로 진단된다. 그래서 사람들은 스트레스가 질병을 유발한다고 생각한다). 만성 스트레스는 당신의 신체적 건강에 해롭다. 만성적으로 균형을 잃은 당신의 신체 예산 때문에 관련 뇌 회로가 개조되면, 이것은 당신의 내수용 신경망과 통제 신경망을 말 그대로 갉아먹고 위축시킨다. 정신적 질병과 신체적 질병 사이의 고전적 구분에 대해서는 이쯤 해두기로 하자.[13]

과학자들은 여전히 면역체계, 스트레스, 감정이라는 수수께끼를 풀고 있다. 그러나 현재 우리가 아는 것도 몇 개 있다. 누적된 신체 예산 불균형(예컨대 안전하다고 느끼지 못하거나 영양가 있는 음식, 조용한 수면 시간 등의 기본적인 필수 조건을 박탈당한 어려운 처지에서 성장하는 것) 또한 당신의 내수용 신경망 구조를 변화시키고, 뇌를 재배선하며, 신체 예산을 정확히 조절하는 능력을 감소시킨다. 이런 상황에서 아이들은 마치 전쟁 지역에서 사는 것 같은 느낌을 받게 되고, 신체 예산 관리 부위가 왜소화된 채 성인기를 맞게 된다. 다툼 또는 악담이 난무하는 흉흉한 집안에서 성장하는 것은 사춘기 소녀의 염증을 증가시키고 아이를 만성 질병으로 향하는 궤도에 올려놓는다. 이것은 신경망 발달에 있어서 거의 아동 학대나 아동 방임만큼이나 나쁜 것이다. 약자 괴롭힘의 표적이 되어 괴로움을 당하는 것도 마찬가지다. 어릴 때 약자 괴롭힘의 표적이 된 아이는 성년기에도 지속적으로 낮은 수준의 염증 반응을 보인다. 이로 인해 아이들은 온갖 정신적 질병과 신체적 질병에 잘 걸린다. 이런 것들은 균형을 잃은 신체 예산이 당신의 뇌에 새겨져 평생 심장병, 관절염, 당뇨병, 암, 그 밖의 질병에 걸릴 위험을 더 높이는 수많은 방식중 하나다.[14]

감정과 스트레스의 연관성이 긍정적으로 시사하는 바는 당신이 이전 장들에 나온 기법을 응용함으로써 염증을 감소시킬 수 있다는 점이다. 예컨대 감성지능이 더 높은 암환자들은 더 낮은 수준의 전염증성 시토킨을 가지고 있는 듯하다. 환자들이 자신의 감정을 빈번하게 범주화하고 명명하고 이해한다고 말할 때 그들은 전립선암으로부터 회복되는 중에 또는 스트레스가 많은 사태 후에 시토킨을 증가시킬 가능성이 더 적었고, 최고 수준의 순환성 시토킨은 이름이 붙지 않은 많은 정동을 보인 남성들에게서 발견되었다. 또한 자신의 감정에 분명히 이름 붙이고 이를 이해하는 여성 유방암 생존자들은 더 건강하고 암 관련 증상으로 인해 병원 진료를 받는 일이 더 적다. 이것은 시간이 지나면서 효과적으로 자신의 내수용 감각을 감정으로 범주화하는 사람들이 허약한 건강 상태를 초래하는 만성 염증 과정으로부터 더 잘 보호될지도 모른다는 것을 의미한다.[15]

잘려 나간 팔에서 고통을 느끼는 이유

스트레스나 감정과 마찬가지로 고통은 접질린 발목의 쑤시는 느낌, 시도 때도 없이 찾아오는 두통, 모기에 물리는 짜증, 그리고 10센티미터 자궁 경관을 통해 35센티미터의 머리를 밀어내야 하는 산고 같은 다양한 경험의 개체군을 기술하는 단어다.

당신은 신체가 손상될 때 단순히 손상된 부위로부터 뇌로 정보가 전파되어 당신이 큰 소리로 욕을 해대면서 손을 내뻗어 이부프로펜ibuprofen[소염 진통제 - 옮긴이 주]과 붕대를 잡게 만든다고 생각할지도 모른다. 근육 또는 관절을 다쳤을 때 또는 신체 조직이 지독한 더위나 추위 때문에 손상되었을 때 또는 눈에 고춧가루가 들어갔을 때의 화학적 자극에 대한 반응으로 신경계가 뇌에 감각 입력을 보낸다는 것은 사실이다. 이 과정을 **통각**nociception이라고 한다. 과거에 과학자들은 뇌가 단순히 통각을 지각하고 표상하면, 보란 듯이 당신이 고통을 경험하게 된다고 생각했다.

그러나 고통의 내부 작용은 예측성 뇌에서 더 복잡하다. 고통은 신체적 손상으로 인해 일어나는 **경험**일 뿐만 아니라 뇌가 손상이 임박했음을 예측할 때 일어나는 **경험**이기도 하다. 뇌의 다른 모든 감각 체계가 그러하듯이 만약 통각이 예측에 의해 작용한다면 당신은 '고통' 개념을 사용하는 더 기본적 부분에서 고통 사례를 구성한다.[16]

내 견해로는 고통은 감정이 만들어지는 것과 똑같은 방식으로 구성된다. 병원에서 파상풍 주사를 맞는다고 상상해보라. 이전에 주사 맞은 적이 있기 때문에 당신의 뇌는 살갗을 뚫고 들어올 바늘에 대해 예측함으로써 '고통' 사례를 구성한다. 당신은 바늘이 팔에 닿기 전에 고통을 느낄지도 모른다. 당신의 예측이 신체로부터 온 실제 통각 입력(바늘 주사)에 의해 수정되어 예측 오류가 처리되면, 당신은 통각 감각을 범주화하고 이것을 의미 있게 만든다. 주사 맞을 때 경험하는 고통은 실제로 당신의 뇌에 있다.[17]

두 가지 관찰이 나의 예측 기반 고통 설명을 뒷받침한다. 주사 맞기 직전처럼 고통을 예기할 때는 통각을 처리하는 뇌의 부위가 이것들의 활동을 변화시킨다. 다시 말해 당신은 고통을 시뮬레이션하고 이로 인해 고통을 느낀다. 이 현상을 노시보nocebo 효과라

한다. 아마도 당신은 대응 관계에 있는 플라시보placebo 효과가 더 익숙할 것이다. 이것은 설탕 알약처럼 의학적으로 비효과적인 치료법을 이용하여 고통을 완화하는 것이다. 만약 고통을 덜 느낀다고 생각하면 당신의 신념이 예측에 영향을 미쳐 통각 입력을 낮추었기 때문에 당신은 고통을 덜 느낀다. 플라시보와 노시보는 통각을 처리하는 뇌 부위의 화학적 변화와 관련이 있다. 이런 화학물질은 고통을 완화하고 모르핀 비슷한 작용을 하는 오피오이드opioid, 코데인codeine, 헤로인heroin, 그 밖의 아편 제제를 포함한다. 오피오이드는 플라시보 효과 중에 통각을 증가시켰다가 감소시키고, 마찬가지로 노시보 효과 중에는 감소시키므로 '당신의 내부 의학 캐비닛'이라는 별칭을 가지고 있다.[18]

나는 내 딸이 태어난 지 아홉 달 만에 귓병 치료를 열세 번 받을 때 노시보 효과를 경험하는 것을 본 적이 있다. 처음에 소아과를 찾아 갔을 때 딸은 의사가 귀 안을 자세히 들여다 보자 불편해하면서 앙앙 울었다. 두 번째로 찾아 갔을 때 딸은 대기실에서 울었다. 세 번째는 병원 로비에서 딸이 훌쩍훌쩍 흐느끼기 시작했고, 네 번째는 우리가 주차장에 들어서자 딸은 흐느끼기 시작했다. 그 후 우리가 병원 길목을 지나칠 때마다 딸은 훌쩍였다. 이것이 바로 뇌의 예측 활동이다. 어린 소피아는 귀의 통증을 시뮬레이션하는 것 같았다. 소피아는 귓병이 다 낫고 걸음마를 배우는 시기에 접어들고도 우리가 병원 근처를 지날 때마다 "의사한테 가? 소피 귀에 쿡?"이라는 질문을 했고, 그 후 여러 달 후에야 비로소 그만두었다.

고통은 감정이나 스트레스와 마찬가지로 뇌 전체의 구성인 듯하다. 이것은 우리의 낯익은 두 신경망인 내수용 신경망 및 통제 신경망과 관련이 있다. 유사성은 여기서 그치지 않는다. 통각 예측을 신체로 내려 보내는 경로와 통각 입력을 뇌로 올려 보내는 경로는 내수용과 밀접한 관련이 있다(통각은 내수용의 한 형태일 가능성도 있다). 전체적으로 보면 고통, 스트레스, 감정으로 범주화되는 신체 감각은 뇌와 척수의 뉴런 수준에서조차도 기본적으로 똑같은 것이다.* 즉 고통, 스트레스, 감정의 구별은 감정 입자도의 한 형태이다.[19]

내수용과 통각이 한 침대에 함께 누워 있는 것은 쉽게 확인할 수 있다. 만약 내가 우리 연구실에서 당신의 팔에 고통스러운 열을 가함으로써 당신이 불쾌한 정동을 느끼게 만들었다면 당신은 고통을 더 많이 느낀다고 보고할 것이다. 이것은 당신의 신체 예산 관리 부위가 마치 음량 조절기처럼 고통을 키우거나 줄일 수 있는 예측을 내놓기 때문에 일어난다. 이런 예측은 뇌의 고통 시뮬레이션에 영향을 미칠 수 있고, 또한 당신의 신체로 내려가 뇌에게 보내는 현황 보고를 부풀릴 수도 있고 줄일 수도 있다. 따라서 당신의 신체 예산 관리 부위는 뇌를 속여서 신체에 일어나는 일과는 상관없이 조직 손상이 있다고 믿게 할 수 있다. 그러므로 당신이 불쾌함을 느낄 때 관절과 근육이 더 많이 아플 수도 있고 복통이 일어날 수도 있다. 당신의 신체 예산이 정상이 아닐 때, 즉 당신의 내수용 예측이 잘못 조정되었을 때 허리가 더 아플 수도 있고 두통이 더 심할 수도 있다. 이것은 당신의 조직이 손상되었기 때문이 아니라 당신의 신경이 횡설수설하기 때문이다. 이것은 가상의 고통이

* 이 논의를 위해 나는 앞으로도 내수용과 통각을 별개로 언급할 것이다.

아니라 실제 고통이다.[20]

신체 조직에 아무런 손상 없이 지속적인 고통을 경험할 때 이것을 **만성 통증**이라고 한다. 대표적인 예가 섬유근통, 편두통, 만성 요통이다. 매년 치료비로 도합 5천억 달러를 지불하는 미국의 만성 통증 환자 1억 명을 포함하여 15억 명 이상이 이러한 만성 통증에 시달리고 있다. 당신이 잃은 생산성을 가격표에 포함시킬 때 미국은 매년 6350억 달러를 고통 비용으로 치르고 있는 셈이다. 또한 오늘날 처방되는 진통제의 반 이상이 잘 듣지 않기 때문에 만성 통증은 좌절감을 줄 정도로 치료가 어렵다. 전 세계적인 현상인 만성 통증 유행병은 오늘날의 큰 의료 수수께끼의 하나이다.[21]

어떻게 해서, 어째서 그렇게 많은 사람이 신체의 물리적 손상이 없는 것처럼 보일 때도 지속적 고통을 경험할까? 이 물음에 답변하려면 뇌가 불필요한 고통 예측을 내놓고 예측 오류를 무시할 경우 무슨 일이 일어날지 생각해봐야 한다. 이렇다 할 이유가 없는데도 진짜로 고통을 경험할 수도 있다. 이것은 2장의 얼룩진 사진이 꿀벌이 될 때처럼 당신이 존재하지 않는 선을 진짜로 지각할 때의 당신의 경험과 흡사한 것이다. 당신의 뇌는 감각 입력을 무시하고, 그 예측이 실재라고 우긴다. 이 예를 고통에 적용해보라. 그 결과가 바로 그럴듯한 만성 통증 모형이다. 다시 말해 수정 없는 잘못된 예측이다.

과학자들은 이제 만성 통증을 염증에 뿌리를 둔 뇌 질병으로 간주한다. 만성 통증 환자의 뇌가 과거 언젠가 강렬한 통각 입력을 받았고 그 아픔이 치유될 때 뇌가 통지를 못 받았을 가능성이 있다는 것이다. 어쨌든 계속 예측하고 범주화하여 만성 통증을 일으키는 것이다. 또한 신체 내부 움직임에 대한 예측이 신체에서 뇌로 올라가는 통각 입력의 양을 증가시킬 가능성도 있다.[22]

당신이 겪는 고통을 이해하지 못하는 회의론자들은 "그것은 당신 머릿속에 있다"고 말함으로써 당신의 고통을 하찮은 것으로 치부해버린다. 이 말은 "조직 손상이 없으니 정신과 의사한테나 가보라"는 뜻이다. 하지만 나는 당신이 정상이라고 말한다. 당신에게는 무언가 잘못된 것이 **있다.** 실제로 '당신 머릿속에' 있는 예측성 뇌는 신체가 이미 치유된 후에도 계속되는 **진짜 고통을 일으키고 있다.** 이것은 환각지 증후군phantom limb syndrome과 비슷하다. 팔 또는 다리가 절단된 사람도 뇌가 팔다리에 대해 계속 예측을 내놓기 때문에 잃어버린 팔 또는 다리를 여전히 느낄 수 있다.[23]

우리는 몇몇 유형의 만성 통증이 예측에 의해 작동한다는 흥미로운 증거를 이미 가지고 있다. 어릴 때 스트레스를 받거나 부상을 입은 동물은 지속적 고통을 겪을 가능성이 더 크다. 수술을 받은 인간 아기는 아동기에 접어들면서 더 큰 고통을 받을 가능성이 더 크다(놀랍게도, 아기는 고통을 느낄 수 없다는 신념에 따라 1980년대 이전에는 주요 수술 중에 보통 **마취를 안 했다!**) 또한 부상으로 인한 고통이 불가사의하게도 신체의 다른 영역으로 퍼지는 복합 부위 통증 증후군이라는 질병이 있다. 이것은 잘못된 통각 예측과 관련이 있는 것 같다.[24]

따라서 '고통'은 '스트레스'처럼 당신이 신체 감각에 대해 의미를 구성하는 또 다른 개념이다. 당신은 고통과 스트레스를 감정으로 규정할 수도 있고, 감정과 스트레스마저 고통의 유형으로 규정할 수도 있다. 나는 감정과 고통의 사례들이 뇌에서 식별될 수 없다고 말하지는 않는다. 그러나 감정과 고통은 둘 다 지문을 가지고 있지 않다. 만약 내가 당신이 치통을 앓을 때와 화났을 때 당신의 뇌를 스캔하면 그 결과는 다를 것이다. 그러고 나서 만약 내가 다른 분노 사례 중에 당신의 뇌를 스캔하면 그 결과도 역시 다르다. 다른 치통 사례들도 스캔 결과가 다를 것이다. 이것이 변성이다. 즉, 다양성이 표준이다.[25]

감정, 급성 통증, 만성 통증, 스트레스는 똑같은 신경망에서 구성되고, 신체로 오가는 똑같은 신경 경로에서 구성되며, 십중팔구 피질의 똑같은 일차 감각 부위에서 구성된다. 따라서 우리가 개념을 이용하여 감정과 고통을 구별한다는 것, 다시 말해 신체 감각의 의미를 구성하기 위해 뇌가 적용하는 개념을 통해 구별한다는 것은 매우 그럴 듯하다. 뇌가 조직 손상 또는 조직에 대한 위협 없이도 고통 경험을 구성하기 때문에 만성 통증은 뇌에 의한 '고통' 개념의 오용일 가능성이 있다. 다시 말해 만성 통증은 형편없이 예측하고 신체로부터 오는 오도된 데이터를 받아들이는 비극적인 사례인 것 같다.[26]

우울증은 정신의 질병이 아니다

만성 스트레스와 만성 통증에 대해 방금 학습한 것들을 명심하면서 우울증에 대해 살펴보기로 하자. 우울증은 삶을 압도할 수 있는 또 다른 심신 악화 질환이다. 주요 우울 장애라고도 알려진 우울증은 사람들이 "몹시 우울한 것 같다"고 내뱉을 때 느끼는 일상의 괴로움을 훨씬 넘어서는 것이다. 더글러스 애덤스의《은하수를 여행하는 히치하이커를 위한 안내서》에 나오는 우울증에 걸린 안드로이드 로봇 마빈Marvin은 진짜 우울했다. 때때로 마빈은 삶에 너무 낙담하여 스스로 세상과 담을 쌓았다. 마찬가지로 주요 우울증 발현은 정상적 생활을 못하게 만든다. 소설가 윌리엄 스타이런William Styron은 그의 회고록에서 "겪어보지 않은 자는 심한 우울증의 고통을 상상조차 할 수 없다. 우울증의 고통을 더는 견딜 수 없어 자살하는 사례도 수두룩하다"라고 회상하기도 했다.[27]

많은 과학자와 의사들은 우울증을 마음의 질병으로 여긴다. 우울증은 정동 장애로 분류되고, 종종 부정적 사고와 관련이 있다고 비난받는다. 이러한 부정적 사고의 대표적인 예가 '당신은 너무 자학한다', '너무 자기 패배적인 파멸적 생각에 젖어 있다', '유전적 취약성을 지닌 경우 외상적 사태가 우울증을 촉발할지 모른다', '어쩌면 당신이 감정을 잘 조절하지 못하여 부정적 사태에 너무 반응하고 긍정적 사태에는 너무 반응하지 않을지도 모른다'와 같은 것들이다. 이런 설명은 모두 사고가 느낌을 통제한다고 가정한다. 이것은 케케묵은 '삼위일체 뇌'의 관점이다. 이 논리에 따르면 사고를 바꾸거나 감정을 더 잘 조절하면 우울증이 사라질 것이다. 그리고 이들은 마치 "걱정 말라, 행복하라. 그리고 이것이 효과가 없으면 항우울제를 복용하라고 주문을 외우는 것과 같다."[28]

실제로 2700만 명의 미국인이 매일 항우울제를 복용한다. 그러나 70퍼센트 이상이 어쨌든 증상을 계속 경험한다. 정신요법이 모든 사람에게 효과가 있는 것도 아니다. 종종 청소년기나 성년 초기에 증상이 나타나 평생 반복된다. 세계보건기구는 2030년 무렵에는 우울증이 암, 뇌졸중, 심장병, 전쟁, 또는 사고보다 조기 사망과 장애를 더 많이 야기할 것으로 추정한다. '정신' 질환치고는 꽤 끔찍한 결과다.[29]

지금도 우울증의 보편적인 유전적 본질 또는 신경학적 본질을 밝히려는 연구가 수없이 이루어지고 있다. 그러나 십중팔구 우울증은 한 요인으로 이루어진 것이 아니다. 우울증은 당신도 짐작하겠듯이 개념이다. 우울증은 다양한 사례의 개체군이다. 따라서 우울증에 이르는 경로는 많다. 이 중 많은 것이 균형을 잃은 신체 예산에서 비롯한다. 만약 우울증이 정동 장애이고 정동이 신체 예산 상황을 통합적으로 요약한 것이라면(즉 신체 예산 상황이 꽤나 형편없다고 요약한 것이라면), 우울증은 실제로 예산 불균형 및 예측의 장애일지 모른다.[30]

우리는 당신의 뇌가 과거 경험을 바탕으로 신체의 에너지 수요를 끊임없이 예측한다는 것을 안다. 정상 환경 하에서는 당신의 뇌 또한 신체로부터 온 실제 감각 정보를 바탕으로 예측을 수정한다. 그러나 만약 이 수정이 적절히 행해지지 않으면 어떻게 될까? 당신의 순간적인 경험은 과거의 것이면서 **현재에 의해 수정되지 않은** 것으로 구성될 것이다. 일반적 용어로 말하자면, 나는 이것이야말로 우울증이라고 생각한다. 당신의 뇌는 끊임없이 물질대사 수요를 잘못 예측하고 있다. 따라서 당신의 신체와 뇌는 만성 스트레스 또는 만성 통증의 경우처럼 감염이나 상처가 존재하지 않는데도 마치 당신이 감염과 싸우고 있거나 상처로부터 치유되고 있는 것처럼 행동한다. 그 결과, 당신의 정동이 제대로 돌아가지 않는다. 다시 말해 당신은 심신 쇠약, 피로, 그 밖의 우울 증상을 경험한다.

동시에, 당신의 신체는 불필요한 포도당에 신속하게 대사 작용을 하여 존재하지도 않는 높은 에너지 수요에 대처하게 함으로써 체중 문제를 야기하고 당뇨병, 심장병, 암을 포함해 우울증과 동시에 일어나는 그 밖의 물질대사 관련 질병에 노출시킨다.[31]

전통적 견해에 따르면 우울증은 부정적 사고가 부정적 느낌을 야기한 것이다. 나는 그 반대라고 생각한다. 예측과 마찬가지로 당신의 지금 이 순간 느낌이 당신의 지각뿐만 아니라 당신의 다음 사고를 가동시킨다. 따라서 우울한 뇌는 과거의 비슷한 인출 예측을 바탕으로 가차없이 예산으로부터 인출한다. 이것은 어려운 사태와 불쾌한 사태를 끊임없이 다시 경험한다는 것을 의미한다. 즉 예측 오류가 무시되고 과소평가되어 뇌에 전달되지 않기 때문에 당신은 결국 예산 불균형의 순환에 빠져들고, 예측 오류로는 이것을 깰 수 없게 된다. 실제로, 당신은 수정되지 않은 예측의 순환에 갇히고, 물질대사 수요가 높았던 과거의 어려웠던 때에서 빠져나오지 못한다.

우울한 뇌는 사실상 고통에 갇혀 있다. 또한 만성 통증의 뇌처럼 예측 오류를 무시한다. 그러나 훨씬 더 큰 규모로 당신을 망쳐 놓는다. 당신의 예산을 만성 적자 상태로도 만든다. 따라서 당신의 뇌는 소비를 줄이려고 한다. 소비를 줄이는 가장 효율적인 방법은 꼼짝 않은 채 세계에 주의를 기울이지 않는 것이다(예측 오류). 이것이 우울이라는 무자비한 피로이다.[32]

만약 우울증이 만성 예산 불균형에 의해 야기된 장애라면, 엄밀히 말해 우울증은 정신 질병만은 아니다. 우울증은 신경, 물질대사, 면역과도 관련된 질병이다. 우울증은 신경계의 수없이 뒤엉킨 부분의 불균형이다. 이 뒤엉킨 부분은 기계의 부품처럼 따로 떨어진 하나의 체계로 간주해서는 이해할 수 없고 전체 사람으로 간주할 때만 이해할 수 있다. 주요 우울증 발현의 계기는 다른 많은 원천에서 비롯할 수 있다. 특히 아동기에 당신은 장기간 스트레스 또는 학대를 받았던 과거의 유해한 경험으로부터 만들어진 세계에 대한 모형을 간직하고 있을 수도 있다. 당신은 나쁜 내수용 예측을 야기하는 만성 심장병 또는 불면증 같은 신체 증상을 가지고 있을 수도 있다. 유전자가 환경과 모든 작은 문제에 당신이 민감하게 반응하도록 만들었을 수도 있다. 또한, 만약 당신이 가임 여성이라면, 당신의 내수용 신경망 내의 연결은 한 달 내내 변화한다. 그래서 당신은 생리 주기의 특정 지점에서 불쾌한 정동, 우울한 일의 반추, 그 밖에도 우울증이나 외상 후 스트레스 장애 같은 기분 장애의 증가된 위험에 노출되기 쉽다. '긍정적 사고' 또는 항우울제 복용은 당신의 신체 예산을 균형 잡히게 하는 데 충분하지 않을지도 모른다. 라이프스타일 변화 또는 체계 조정이 필요할지도 모른다.[33]

구성된 감정 이론은 예산 불균형 순환을 끊음으로써, 다시 말해 내수용 예측이 당신에게 일어나는 사태에 일치하게끔 변화시킴으로써 우울증을 치료할 수 있음을 시사한다. 과학자들은 이것이 사실이라는 증거를 발견했다. 항우울제를 이용한 치료 또는 인지 행위 요법이 시작되어 당신이 우울증을 덜 느끼면 당신의 핵심 신체 예산 관리 부위 활동은 정상 수준으로 돌아가고, 당신의 내수용 신경망 연결도 복구된다. 이런 변화는 지나친 예측의 감소라는 견해와 일치한다. 우리는 예측 오류를 더 많이 허용함으로써, 예컨대 긍정적 경험에 관한 일기를 쓰게 함으로써 우울증을 치료할 수 있을

지도 모른다. 이것은 신체 예산 고갈을 완화할 수 있다. 당연히 문제는 모든 사람에게 작동하는 치료법은 없고 어떤 치료법도 작동하지 않는 사람들이 있다는 것이다.[34]

내가 본 치료법 중에서 가장 유망한 것은 신경학자 헬렌 메이버그(4장)의 획기적인 작업이다. 그녀의 기법은 우울증의 심한 고통을 즉시 완화한다. 메이버그는 끊임없이 우울증에 시달리는 환자의 뇌에 전기 자극을 가한다. 전류가 흐르기만 하면 환자 뇌의 초점이 모든 것을 빨아들이는 내부로부터 외부 세계로 이동하기 때문에 뇌에서 정상적으로 예측 오류를 예측하고 처리할 수 있게 된다. 이런 고무적인 예비 결과를 이용하여 최종적으로 과학자들이 우울증의 더욱 영구적인 치료법을 개발하기를 기대해보자. 적어도, 이런 결과는 우울증이 행복한 사고의 부족이 아니라 뇌 질병이라는 생각을 확산시키는 데 도움이 될 것이다.

불안과 우울은 어떻게 만들어지는가?

불안은 만성 통증 및 우울과는 크게 다른 것처럼 보이는 조건이다. 불안할 때 당신은 무엇을 해야 할지 모르거나 일반적으로 비참할 때처럼 걱정을 하고 속상해한다. 이것은 우울과 엄연히 대조된다. 우울할 때는 살고 싶은 마음이 없거나 일반적으로 비참하거나 고통스러운 만성 통증을 느낄 때처럼 심신이 무겁게 느껴진다.

지금까지 우리는 감정, 만성 통증, 만성 스트레스, 우울증이 모두 내수용 신경망 및 통제 신경망과 관련이 있다는 것을 학습했다. 똑같은 신경망이 불안에도 결정적 역할을 한다. 불안은 여전히 풀리지 않는 수수께끼다.* 그러나 한 가지는 분명한 것 같다. 이 두 신경망에 걸친 예측과 예측 오류의 또 다른 장애가 불안이라는 것이다. 예측 및 예측 오류에 대한 불안에서 연구된 신경 경로는 감정, 고통, 스트레스, 우울 등을 담당하는 신경 경로와 똑같다.[35]

전통적인 불안 장애 연구는 인지가 감정을 통제한다는 오래된 '삼위일체 뇌' 모형에 바탕을 두고 있다. 그들은 당신의 이른바 감정 담당 편도체가 과민하고 당신의 이성 담당 전전두엽 피질이 이것을 통제하지 못한다고 말한다. 편도체가 어떤 감정의 근거지가 아니고 전전두엽 피질이 인지의 근거지가 아니며 감정과 인지가 서로 조절할 수 없는 전체 뇌의 구성물임에도 불구하고 이 접근법은 여전히 막강한 영향력을 가지고 있다. 그렇다면 불안은 어떻게 만들어지는가? 우리는 아직 세부 사항을 모른다. 그러나 흥미로운 몇 가지 단서는 가지고 있다.[36]

나는 불안한 뇌가 어떤 의미에서는 우울한 뇌의 정반대라고 생각한다. 우울한 상태에서는 예측이 증대하고 예측 오류에 대해서는 둔감해져서 당신은 과거에 갇히게 된다. 반면에 불안한 상태에서는 세계에서 들어오는 예측 오류를 너무 많이 그대로 허용하여, 결국 너무 많은 예측이 실패하게 된다. 이렇게 예측이 불충분하면

---

* 모든 불안 장애는 공통된 원인을 가지고 있다는 것이 잘 알려지 있기 때문에 이 장에서 나는 모든 불안 장애를 (달리 지시하지 않는 한) 뭉뚱그려 논할 것이다. 오랫동안 여러 가지 불안 장애는 생물학적으로 별개의 것으로 간주되어 왔다. 그러나 (당신은 지금 학습하는 것에 놀라서는 안 된다) 불안 증상 프로필은 다른 장애들과 중첩되는 부분이 많아 이것들을 떼어놓고 한 장애로만 연구하기 어렵다.

다음 모퉁이에서 무슨 일이 일어날지조차 모르게 되고, 삶은 이런 모퉁이로 가득 차게 된다. 이것이 고전적 불안이다.[37]

무슨 이유인지는 몰라도 불안으로 고통받는 사람은 편도체를 포함하는 내수용 신경망의 여러 핵심 허브 사이에 약해진 연결을 가지고 있다. 또한 이런 허브는 공교롭게도 통제 신경망에 자리잡고 있다. 이렇게 약화된 연결은 주변 환경에 어울리는 예측을 내놓는 데 서투른 불안한 뇌로 변환되기 쉬우며, 불안한 뇌는 경험으로부터 효과적으로 학습하지 못한다. 당신은 불필요하게 위협을 예측할 수도 있고, 부정확하게 예측하거나 전혀 예측하지 않음으로써 불확실성을 만들어낼 수도 있다. 게다가 당신의 신체 예산이 적자 상태에 있으면, 내수용 입력은 평소보다 더 요란해진다. 그러면 결국 당신의 뇌가 내수용 입력을 무시하게 된다. 이런 상황 때문에 당신은 스스로 해결할 수 없는 무수한 불확실성과 무수한 예측 오류에 무방비 상태가 된다. 그리고 미래에 대해 수수께끼 상태인 불확실성은 미래를 준비할 수 없게 만들기 때문에 확실한 피해보다 더 불쾌하고 동요를 더 일으킨다. 예컨대 중병에 걸렸지만 회복할 확률이 아주 높은 사람은 불치병에 걸렸다는 것을 아는 사람보다 오히려 삶의 만족을 덜 느낀다.[38]

증거에 입각하여 볼 때 불안은 우울증과 마찬가지로 감정, 고통, 스트레스와 동일한 방식으로 구성된 범주인 것 같다. 당신이 불안하거나 우울할 때 느끼는 비참함은 신체 예산에 큰 문제가 있다고 당신에게 말한다. 그래서 뇌는 자금을 확보하려고 애쓰면서 불쾌한 정동을 증가시키거나 아니면 자금 수요를 줄이려고 가만히 있기 때문에 피로를 초래한다. 당신의 뇌는 이런 감각을 불안, 우울 또는 경우에 따라 고통, 스트레스, 감정 등으로 범주화한다.

분명히 밝히지만 내 말은 주요 우울 장애와 불안 장애가 사실상 같은 것이라는 의미가 아니다. 나의 주장은 정신 질환의 각 범주가 다양한 사례의 개체군이며, 특정 증상 집합은 불안 장애로 범주화하든 우울증으로 범주화하든 똑같이 합당할 것이라는 점이다. 또한 증상의 심각도도 고려해야 한다. 헬렌 메이버그가 다루었던 몹시 우울한 몇몇 환자는, 긴장증에 가까운 환자와 마찬가지로, 분명히 불안 장애로 진단될 수 없을 것이다. 그러나 그녀가 다루었던 심한 고통을 겪고 있는 다른 환자들은 불안, 만성 스트레스 또는 심지어 만성 통증으로 진단되어도 충분히 합당할 것이다. 일반적으로 말해 중간 정도로 심한 우울증과 불안은 증상 프로필이 서로 중첩될 수 있으며 만성 스트레스, 만성 통증, 만성 피로 증후군과도 중첩될 수 있다.[39]

이런 관찰은 1장 도입부에 언급된 수수께끼에 대한 해답을 제공한다. 그 수수께끼란 내 대학원 실험의 피험자들이 어째서 불안한 느낌과 우울한 느낌을 구별할 수 없는 것처럼 보이는가 하는 것이다. 이에 대해 우리가 이미 살펴본 한 가지 이유는 감정 입자도다. 아마도 내 피험자 몇 명은 다른 피험자들보다 자신에게 꼭 알맞은 감정을 구성할 수 있었을 것이다. 이제 두 번째 이유, 즉 '불안'과 '우울'은 비슷한 감각을 범주화하는 개념이라는 것을 밝힐 차례이다.

내 피험자들이 불쾌하다고 느낄 때 나는 평가 척도를 알려주고 불안과 우울에 대해서만 그들의 느낌을 보고하라고 했다. 사람들은 자신들에게 주어진 척도를 사용하여 그들의 느낌을 기술할 것이다. 만약 누가 몸이 편치 않다고 느끼는데 당신이 불안 척도만을 주면 그녀는 불안 관련 단어만 사용하여 느낌을 보고할 것이다. 단어들이 그녀에게 '불안' 사례를 시뮬레이션하도록 준비시키기 때문에 그녀는 불안을 느낄지도 모른다. 그 대신 만약 당신이 그녀에게 우울 척도를 주면 그녀는 우울 관련 단어를 사용하여 느낌을 보고할 것이고 마찬가지로 우울을 느낄지도 모른다. 이것은 나의 불가해한 결과를 설명해줄 것이다. '불안'과 '우울' 같은 개념들은 매우 다양하고 가변적이다. 기본 감정 기법이 감정 단어 목록으로 지각에 영향을 미치는 것처럼 설문지의 단어들은 사람들의 범주화에 영향을 미칠 수 있다.[40]

나는 얼마 전에 진료실에서 이와 비슷한 것을 겪었다. 나는 얼마 동안 피곤하다고 느꼈고 체중도 약간 늘었다. 의사가 "우울합니까?"라고 물었다. 나는 "슬픈 느낌은 없지만, 엄청 피곤하다고 느낄 때가 많아요"라고 대답했다. 의사는 "우울한 것 같은데, 그걸 모르고 있군요"라고 대꾸했다. 의사는 불쾌한 정동이 신체적 원인 때문일 수 있다는 점을 깨닫지 못했다. 내 경우 100명의 사람들이 드나드는 연구실을 운영하느라 수면이 부족하고, 밤 늦게까지 이 책을 집필해야 했고, 십대 딸아이의 엄마 노릇도 해야 했고, 폐경기라는 것도 한몫했을 것이다(나는 결국 의사한테 내수용과 신체 예산에 대해 설명을 해주었다). 문제는 다음과 같은 것이다. 만약 의사가 나를 단순히 우울증 환자라고 진단했다면, 바로 그 순간 그는 내 안에서 우울한 느낌을 키우는 역할을 했을 것이다. 분명히 나는 지쳐 있었다. 그리고 약간의 만성 스트레스 때문에 염증도 생기고 있었을 것이다. 의사의 진단을 거부하지 않았다면 내 삶이 무언가 크게 잘못

되었다거나 스스로 극복할 수 없는 문제가 있다고 생각하면서 항우울제 처방전을 들고 나왔을 것이다. 만약 내 삶의 문제점들을 찾기 시작했다면 …… (마음만 먹으면 당신은 언제든지 무언가 찾아낼 수 있다) 이 신념은 잘못 조정된 내 신체 예산을 더욱 악화시켰을지도 모른다. 그 대신에 의사와 나는 신체 예산 관리 이슈를 들추며 그것을 바로잡을 방법을 찾았다. 의사는 눈치 채지 못했지만, 그는 내 경험을 함께 구성하고 있었다. 그는 하나의 사회적 실재를 구성하기를 원했고, 나는 또 다른 사회적 실재를 구성하기를 원했다.

예측하지 못하는 사람들

세계에서 들어온 예측 오류가 예측을 압도할 때 당신은 불안을 느낄 수 있다. 당신이 **전혀** 예측을 못한다고 상상해보라. 그러면 어떻게 되겠는가?

무엇보다도 당신이 물질대사 수요를 예측할 수 없기 때문에 신체 예산이 망가질 것이다. 당신은 시각, 청각, 냄새, 내수용, 통각으로부터 온 감각 입력을 통합하기가 어렵고, 다른 감각 체계들을 결합된 전체로 통합하기가 어렵다. 따라서 통계적 학습 능력이 악화되어 기본적 개념 학습이 어려워질 것이고, 다른 각도에서 똑같은 사람을 인식하는 것조차 어려워질 것이다. 많은 것들이 당신의 정동적 적소 바깥에 놓이게 될 것이다. 만약 그 상황에서 당신이 아기라면, 십중팔구 다른 인간에게 무관심해질 것이다. 그러면 당신이 보호자 얼굴을 쳐다보지 않아, 보호자가 당신의 망가진 신체 예산을 조절하기가 더욱 어려워질 것이고, 결정적인 유대가 끊길 것이다. 또한 당신은 사회적 실재에 대한 순전히 정신적인 개념을 학습하기가 어려워질 것이다. 다른 사람들은 단어로 학습을 했는데 당신은 인간에게 무관심하여 언어 학습이 어려워질 것이기 때문이다. 그리고 당신은 적절한 개념 체계를 결코 발전시키지 못할 것이다.

결국 당신은 의미 있는 구성에 필요한 별다른 개념도 없이 애매모호한 감각 입력의 끊임없는 흐름 속에 놓이게 될 것이다. 감각들이 예측 불가능하게 되면 당신은 항상 불안할 것이다. 그리고 사실상 당신의 내수용, 개념, 사회적 실재가 완전히 망가질 것이다. 학습하기 위해서는 감각 입력이 매우 일관되어야 하고 정형화되어 있어야 하며 가급적 변화가 적어야 한다. 나는 당신에 대해 모른다. 그러나 내가 보건대 이런 증상의 집합은 다름 아닌 자폐증 같다.[41]

분명히 자폐증은 엄청 복잡한 질환이고 거대한 연구 분야이다. 자폐증은 몇 줄로 요약될 수 없다. 또한 자폐증은 엄청 가변적이고, 복잡다단한 원인을 가진 각양각색의 증상에 공통적으로 적용되는 용어다. 내 말의 요지는 자폐증이 예측 장애일 가능성이 농후하다는 것이다.[42]

자신의 경험을 기술할 수 있는 자폐증 환자가 하는 말들은 이런 가능성을 뒷받침한다. 가장 유명하고 거침없는 자폐증 환자에 속하는 템플 그랜딘Temple Grandin은 자신에게 예측이 부족하고 예측 오류가 엄청 많다고 분명히 이야기한다. 그녀는 〈당사자가 본 자폐증An Inside View of Autism〉에서 "신경을 건드리는 치과용 천공기처럼 갑작스런 시끄러운 잡음이 내 귀를 아프게 한다"라고 말한다. 또한 그랜딘은 개념을 형성하기 위해 어떻게 고투했는지 웅변조로 기술한다. “아이였을 때 나는 개와 고양이를 크기로 분류함으로써 이 두 동물을 범주화했다. 우리 이웃들이 닥스훈트Dachshund를 들일 때까지 우리 주위의 개는 모두 컸다. 나는 작은 개를 보고 어째서 고놈이 고양이가 아닌지 알아내려고 했던 기억이 난다.”《내가 점프하는 이유The Reason I Jump》를 쓴 13세의 자폐증 환자 나오키 히가시다Naoki Higashida는 자신의 범주화 노력에 대해 이렇게 쓰고 있다. “먼저, 나는 지금 일어나고 있는 것에 가장 가까운 경험을 발견하기 위해 내 기억을 스캔한다. 상당히 일치하는 것을 발견했다면, 다음 단계는 내가 그때 한 말을 떠올리는 것이다. 그래서 운이 좋으면 쓸 만한 경험을 찾게 되고, 그러면 모든 것이 해결된다.” 다시 말해 히가시다는 제대로 작동하는 개념 체계가 결여되었기 때문에 다른 뇌가 자동적으로 하는 것을 열심히 노력해서 수행해야 한다.[43]

최근에는 다른 연구자들도 자폐증이 예측 실패라고 생각한다. 몇몇 연구자는 자폐증이 기본적으로 통제 신경망의 기능 장애에 의해 야기되고 각 상황에 너무 특정한 모형 세계를 만들어낸다고 본다. 또 다른 연구자들은 이 문제를 내수용 신경망에 문제를 일으키는 옥시토신oxytocin이라는 신경 화학 물질의 결함으로 본다. 나는 자폐증에는 신경망 문제 하나만 있는 것이 아니고 변성으로 인한 다른 가능성들이 있다고 생각한다. 실제로 자폐증은 유전학, 신경 생물학, 증상에서 엄청 가변적인 신경 발달 장애로 특징지워진다. 나는 이 문제가 태어날 때부터 있고, 모든 통계적 학습은 신체 예산 조절에 기초하기 때문에 신체 예산 관리 회로에서 비롯된다고 생각한다(4장과 5장). 회로 변경은 뇌 발달 궤도를 변화시킬 것이다. 예측으로 가득 찬 뇌가 없다면 당신은 환경에 휘둘릴 것이다. 신경계가 물질대사에 더 효율적인 뇌 조직에 최적화되어 있을 때 당신은 자극과 반응에 의해 움직이는 뇌를 가질 것이다. 이것은 자폐증 환자의 경험을 설명해줄지도 모른다.[44]

약물 중독에 시달리는 사회

이제 당신은 주목할 만한 여러 중증 장애가 모두 예측성 뇌 안에서 정신적 건강과 신체적 건강을 연결시키는 면역체계와 관련이 있을지도 모른다는 것을 알았다. 나쁜 예측을 그대로 두면 만성 불균형 신체 예산을 초래할 수 있고, 뇌의 염증을 촉발하여 당신의 내수용 예측을 점점 더 악순환에 빠지게 만든다. 이런 식으로 감정을 구성하는 똑같은 체계가 질병을 초래할 수도 있다.

나는 신체 예산 적자가 모든 정신질환의 유일한 원인이라고 생각하지 않는다. 예산 조절이 최상의 치료법이라고 주장하지도 않는다. 나는 인간 본성에 대한 새로운 견해 덕분에 신체 예산이 전통적으로 별개의 것으로 간주된 질병의 공통 요인이라는 점을 이해할 수 있다고 말할 뿐이다.

당신은 예측만 많이 하고 수정을 제대로 하지 않으면 왠지 찜찜하다고 느낄 것이다. 찜찜하다는 것은 당신이 사용하는 개념에 달려 있다. 이러한 찜찜함이 적을 때 당신은 화나거나 창피스럽다고 느낄지도 모른다. 그 양이 엄청날 때는 만성 통증 또는 우울증에 걸린다. 반면에 너무 많은 감각 입력과 비효율적인 예측은 불안을 낳고, 이 양이 엄청날 때는 불안 장애를 초래할지도 모른다. 그리고 예측이 전혀 없으면 당신은 자폐증과 비슷한 상태가 된다.

이런 모든 장애는 예산 불균형에 뿌리를 두고 있는 것 같다. 젊은 사람이 신체 예산의 만성 초과 인출 상태에 빠지는 수많은 방식을 이제 잠깐 상상해보자. 명백한 남용과 부주의가 당연히 있을 것이다. 그러나 더 작은 사태들도 무수히 존재한다. 그들이 텔레비전, 영화, 동영상, 컴퓨터 게임에서 목격하는 폭력의 지속적인 흐름이 있다. 그들이 대중음악에서 듣는 모멸적인 언어와 "야이, 새끼야"라고 또래에게 인사할 때(이것은 다정한 인사인가, 모욕인가, 위협인가?) 무심코 흉내 내는 것들이 있다. 텔레비전 방송에서는 조크 형태의 약자 괴롭힘이 증가하고, 사람들이 서로에게 끔찍한 말을 내뱉으면 녹음된 관객 웃음 소리가 뒤를 잇는다. 이 밖에도 부족한 수면 및 운동, 문자 메시지와 몇몇 형태의 사회적 미디어가 제공하는 거의 무궁무진한 사회적 거부의 기회, 영양가가 의심스러운 불량 식품의 범람 등은 만성 신체 예산 불균형에 시달리는 한 세대의 성인들을 만들어내기 위한 문화적 요리법과도 같다.[45]

미국이 아편제 위기 한가운데에 놓이게 된 이유 중 하나가 만성 예산 불균형이라는 재앙 때문일까? 당신 뇌의 천연 오피오이드는 (통각이 아닌) 정동을 조절함으로써 고통을 감소시킨다. 한편 아편 제제는 이런 효과를 모방한다(이것은 아편 제제가 널리 남용되는 이유를 설명해줄지도 모른다). 1997년부터 2011년까지 처방약에 중독된 미국 성인의 수는 900퍼센트 증가했다. 다른 많은 사람들은 헤로인, 메탐페타민methamphetamines [각성제 – 옮긴이 주], 그리고 고통을 감소시키는 길거리 의약품에 의지해 왔다. 우리는 또한 상당수 국민이 수면을 충분히 취하지 못하고 잘 먹지도 못하며 규칙적으로 운동하지 않는다는 것을 알고 있다. 사람들은 만성 신체 예산 불균형에서 유래하는 가벼운 고통을 아편 제제를 이용해 자기 치료하는 것 같다. 그리고 그들은 다양한 이유로 아편 제제를 복용하기 시작하여 계속 이용하고 심지어는 남용한다. 내가 보기에는 아편 제제가 제대로 돌아가지 않는 정동을 조절하여 더 기분 좋게 해주기 때문인 것 같다. 또한 그들의 신체 예산이 너무 뒤죽박죽이어서 뇌의 천연 오피오이드가 제 일을 할 수 없기 때문이다.[46]

만성 예산 불균형의 비참한 상태는 아편제에 반응하는 뇌 수용체의 일부를 자극하는 음식을 통해 잠시 완화될 수 있다. 쥐를 대상으로 한 실험에서 이 자극은 쥐들이 배고프지 않을 때도 탄수화물이 풍부한 먹거리를 탐하게 만든다. 사람의 경우 설탕을 먹으면 뇌의 오피오이드 생산이 증가한다. 따라서 정크 푸드 또는 흰 빵을 먹으면 실제로 기분 좋게 **느껴진다.** 내가 바삭바삭한 바게트를 좋아하는 것은 당연하다. 설탕은 실제로 순한 진통제 작용을 할지 모른다. 따라서 우리 사회가 설탕에 중독되어 있다고 말하는 사람들도 설탕 중독에서 그리 자유롭지 않을 것이다. 나는 사람들이 탄수화물이 풍부한 식품을 약처럼 이용해 정동을 관리하고 기분을 더 좋게 만들더라도 놀라지 않을 것이다. 다만 그러면 비만 유행병이 퍼질 뿐이다.[47]

신체 예산 균형을 잃은 사람들은 건강 관리를 위해 수십 억 달러만 지불하는 것이 아니다. 행복, 대인 관계, 심지어 목숨을 대가로 지불한다. 이런 질병을 연구하는 사람들은 '불안', '우울', '만성 통증' 같은 범주를 만들어내는 본질주의를 무시하고 그 대신에 공통 기본 요인에 기대를 걸기 시작한다. 만약 내수용, 신체 예산 균형,

감정 개념을 이 공통 요인 목록에 추가할 수 있으면 심신을 약화시키는 이런 장애에 더 잘 대처할 수 있을 것이다. 그리고 이런 공통 요인에 대한 지식은 질병을 피하고 의사와 더 효과적으로 소통하는 데 도움이 될지 모른다.[48]

우리는 모두 세계와 마음, 자연과 사회 사이에서 줄타기를 한다. 한때 순전히 정신적인 것으로 간주된 우울, 불안, 스트레스, 만성 통증 같은 많은 현상은 실제로 생물학적 용어로 설명될 수 있다. 고통처럼 순전히 신체적인 것으로 간주된 다른 현상들도 정신적인 개념이다. 당신 경험의 효과적인 설계자가 되려면 당신은 물리적 실재와 사회적 실재를 구별해야 하고, 이 두 개가 불가피하게 엉켜 있다는 것을 이해하면서 하나를 다른 것으로 오인하면 안 된다.

| 11장 |

감정이 법률에 미치는 영향

모든 사회에는 감정이 수용될 때의 수용 규칙과 감정 표현 규칙이 있다. 누가 죽을 때 슬픔을 느끼는 것은 적합하고 관을 땅에 묻을 때 낄낄거리는 것은 부적합하다. 만약 당신이 깜짝 파티인 줄 미리 알았다면 도착했을 때 놀란 척하는 것이 적합하다. 필리핀의 일롱고트족 구성원은 팀의 일원으로서 적의 목을 벨 때 '리제트'라는 감정을 느끼며 환호할지 모른다.[1]

만약 당신이 사회적 실재인 문화 규칙을 위반하면 처벌이 뒤따를지도 모른다. 장례식 때 웃으면 왕따 당할지도 모른다. 당신을 위한 파티에 깜짝 놀라지 않으면 손님들이 실망할지도 모른다. 또 전 세계의 대다수 문화에서는 더 이상 참수를 옳은 일이라고 평가하지 않는다.

어떤 사회에서 감정의 기본 규칙은 법률 제도에 의해 정해진다. 이것은 놀라운 주장처럼 보일지도 모른다. 그러나 다음과 같은 것을 고려해보라. 미국에서는 당신의 회계사가 당신의 노후 대비 저축을 도용하거나 은행원이 당신에게 부실 모기지 론mortgage loan을 판매하더라도 이들을 살해하는 것은 용납할 수 없는 것으로 간주된다. 그러나 특히 당신이 남자일 경우 만약 아내가 다른 사람과 바람을 피웠다는 이유로 격분하여 아내를 살해하면 법은 관대히 봐줄지도 모른다. 당신의 이웃에게 신체에 상해를 가하겠다고 공포심을 느끼게 하는 것은 용납될 수 없다. 이것은 일종의 협박으로 간주된다. 그러나 몇몇 주에서는 설령 그 사람을 살해하는 것일지라도 '정당방위'를 위해 누군가에게 먼저 상해를 가하는 것을 용인한다. 당신이 낭만적인 사랑을 고백하는 것은 용납되지만 (미국 역사의 여러 시기에서) 당신과 동성인 사람 또는 피부 색이 다른 사람에 대한 낭만적인 사랑 고백은 용납되지 않았다. 이런 규범을 위반하면 돈, 자유 또는 목숨을 잃을지도 모른다.

여러 세기 동안 미국의 법률은 감정에 대한 고전적 견해에 의해 규정되었고, 인간 본성에 대한 본질주의적 견해에 빠져 있었다. 예컨대 재판관들은 감정과 이성이 별개의 실체라는 가정에 따라 감정을 배제한 채 이성만으로 판결을 내리려 한다. 폭행 피의자는 마치 분노가 별도의 가마솥이라도 되는 것처럼, 당시 분노에 사로잡혀 있었다는 이유를 대곤 한다. 이것은 명쾌한 사고의 통제가 없으면 부글부글 끓어올라 공격성이 억수같이 분출되는 것처럼 가정하는 셈이다. 배심원단은 마치 자책감이 얼굴과 신체에서 탐지 가능한 단서라도 되는 것처럼, 피고에게서 자책감을 찾으려 한다. 전문가들은 근거 없는 뇌 부위론의 예를 들며 피고의 나쁜 행동이 뇌의 한 부위에서 탈선이 일어났기 때문이라고 증언하곤 한다.

법은 사회적 세계에 존재하는 사회 계약이다. 당신은 당신의 행동에 대해 책임이 있는가? 인간 본성에 대한 본질주의적 견해에 따르면 당신의 감정이 당신을 징발하지 않은 한 당신은 책임이 있다. 다른 사람은 당신의 행동에 대해 책임이 있는가? 없다. 당신은 자유 의지를 가진 개인이기 때문이다. 피고의 감정을 당신은 어떻게 아는가? 표정으로 드러나는 감정을 탐지하면 알 수 있다. 당신은 공정하고 도덕적인 결정을 어떻게 내리는가? 자신의 감정을 배제함으로써 내린다. 상해의 본질은 무엇인가? 신체적 상해, 즉 조직 손상은 감정적 상해보다 더 나쁘다. 감정적 상해는 신체와 별개이고 덜 명확하기 때문이다. 본질주의에서 유래하는 이런 모든 가정이 법률의 가장 기초적인 토대를 이루어 유무죄의 평결과 형량 산정을 좌우하는 원동력이 된다. 그러나 신경과학은 이미 이런 가정들이 신화에 불과하다는 사실을 조용히 폭로하고 있다.[2]

요컨대 과학이 아닌 신념에 뿌리를 둔 마음 이론에 입각하여 부당하게 처벌 받기도 하고, 처벌을 면하기도 한다. 이 장에서 우리는 법률 제도 속의 감정에 대한 몇 가지 공통 신화를 살펴보고, 생물학적으로 더 풍성해진 마음 이론을 통해, 특히 신경과학의 실제에 기초한 마음 이론을 통해 사회 정의를 추구할 수 있는지 살펴볼 것이다.

왜 법률은 냉정한 범죄만 처벌하는가?

모든 청소년들이 아는 바와 같이 자유란 위대한 것이다. 당신은 자정이 지나서 친구들과 외박하기로 결정할 수 있다. 숙제를 안 하기로 결정할 수도 있다. 저녁 식사 때 케이크를 먹기로 선택할 수도 있다. 그러나 우리가 모두 아는 바와 같이 선택에는 결과가 따른다. 법은 당신이 다른 사람들을 좋게 대할 수도 있고 나쁘게 대할 수도 있다는 간단한 견해를 근거로 한다. 선택에는 책임이 따른다. 만약 다른 사람들을 나쁘게 대하여 그 결과로 다른 사람들이 어떤 상해를 입었다면, 특히 당신이 의도적으로 상해를 가했다면 당신은 처벌받아야 한다. 이것은 사회가 개별자로서의 당신을 존중하는 방식이다. 몇몇 법학자는 인간으로서의 당신의 가치는 당신이 행동을 선택하고 이에 책임을 진다는 사실에 뿌리를 두고 있다고 말한다.[3]

만약 무언가가 행동을 자유롭게 선택할 당신의 능력을 방해한다면 법에 따라 당신이 가한 상해에 책임을 적게 질 수도 있다. 고든 패터슨Gordon Patterson의 사례를 보기로 하자. 패터슨은 아내 로버타Roberta가 '반라의 상태로' 그녀의 남자친구 존 노스럽John Northrup과 함께 있는 것을 목격했다. 패터슨은 노스럽의 머리에 총을 두 발 쏘아 살해했다. 패터슨은 살해한 것을 시인했으나 범죄를 저지른 때에 '감정적 혼란이 극에 달했기' 때문에 덜 비난받아야 한다고 주장했다. 미국의 법에 따르면, 패터슨은 갑작스런 격분의 폭발로 자신의 행동을 제대로 통제하기 못했기 때문에 2급 살인 평결을 받는다. 고의성이 인정되어 더 엄한 처벌을 받는 1급 살인 평결을 받지는 않는다. 다시 말해 다른 조건이 모두 같을 때 이성적 살인은 감정적 살인보다 더 나쁜 것으로 간주된다.[4]

미국의 법률 제도는 감정이 이른바 동물적 본성의 일부이며 이성적 사고로 통제하지 않으면 어리석은 행동과 폭력적 행동도 유발한다는 것을 전제하고 있다. 여러 세기 전, 법률가들은 사람들이 열 받은 때는 아직 '냉정을 되찾지' 못해 분노가 저절로 폭발하기 때문에 살인을 저지르기도 한다고 결론을 내렸다. 분노는 끓어올라 폭발하고 그 길에 파괴 자국을 남긴다. 분노했을 때는 자신의 행동을 법에 일치시킬 수 없기 때문에 행동에 대한 책임이 일부 경감된다. 이런 논거를 '흥분 상태의 항변heat-of-passion defense'이라고 한다.[5]

흥분 상태의 항변은 감정에 대한 고전적 견해의 몇몇 익숙한 가정에 의존한다. 첫 번째 가정은 살인죄에 대한 이런 방어를 정당화해주는 보편적 유형의 분노가 특정 지문을 가지고 있다는 것이다. 이것은 벌개진 얼굴, 굳게 다문 입, 확 벌어진 콧구멍, 심박수와 혈압의 증가, 발한을 포함하는 것으로 보인다. 당신이 이미 학습한 것처럼 이른바 이 지문은 그저 서양 문화권의 고정 관념일 뿐이고 데이터로 뒷받침되지 않는다. 일반적으로, 화날 때는 심박수가 증가한다. 그러나 어마어마한 다양성이 존재한다. 행복, 슬픔, 공포에 대한 고정 관념의 일부에서도 비슷한 심박수의 증가를 찾을 수 있다. 그러나 대다수 살인은 행복 또는 슬픔 상태에서 일어나지 않는다. 만약에 그렇다면 법은 이런 감정의 발현을 경감 요인으로 참작하지 않는다.[6]

게다가 대다수 분노 사례는 살인으로 이어지지 않는다. 단언하건대 우리 연구실에서 분노 사례를 유발한 지난 20년 동안 피험자가 누군가를 살해하는 것을 본 적이 없다. 맹세, 위협, 테이블 내려치기, 방에서 뛰쳐나가기, 울음, 분쟁을 해결하려는 노력, 또는 억압자가 천벌을 받기를 빌면서도 미소 짓기 등 우리는 훨씬 다양한 행동을 목격한다. 따라서 분노를 억제되지 않은 살인의 촉발제로 보는 견해는 의문의 여지가 있을 따름이다.[7]

법조계 인사들에게 분노에는 생물학적 지문이 없다고 설명하면 그들은 종종 내가 감정이 존재하지 않는다고 주장하는 것처럼 여긴다. 천만의 말씀. 당연히 분노는 존재한다. 다만 피고의 뇌, 얼굴, 또는 심전도EKG에서 결함을 지적할 수 없을 따름이고, 법적 결론을 이끌어내는 것은 고사하고 "봐, 분노는 바로 여기 있어"라고 말한다.

흥분 상태의 항변 배후에 있는 법률 제도의 두 번째 가정은 뇌에서의 '인지 통제'가 합리적 사고, 고의 행동, 자유 의지와 동의어라는 것이다. 당신이 유죄로 간주되려면 해로운 행동(법률 용어로 범죄 행위actus reus라 한다)을 하는 것으로는 충분하지 않다. 당신이 그것을 의도했어야 한다. 당신은 자신의 자유 의지로 죄를 지으려는 마음(범행 의도mens rea)을 가지고 해악을 야기했다. 반면에 감정은 까마득한 옛날부터 도사리고 있는 내부의 짐승으로부터 신속하게 자동 촉발된 반응으로 간주된다. 이때 인간의 마음은 이성과 감정의 싸움터로 간주된다. 그래서 당신이 충분한 인지 훈련을 못했다면 당신의 행동이 느닷없이 감정에 의해 납치된다고 말한다. 감정은 당신의 행동 선택을 방해하고, 따라서 당신이 덜 비난받게 만든다. 이러한 설명은 감정을 더욱 진보한 인간의 합리적인 부분에 의해 통제되어야 할 인간 본성의 원시적 부분으로 간주한다. 바로 4장에서 봤던 '삼위일체 뇌' 신화인데 그 기원은 플라톤에게까지 거슬러 올라간다.

감정과 인지의 구별은 하나가 다른 하나를 통제한다는 이른바 뇌에서의 분리에 의거한다. 돈을 훔치려는 상황을 생각해보자. 당신의 감정적 편도체는 열려 있는 금전등록기를 찾아낸다. 그러나, 당신은 콩밥 먹을 가능성을 합리적으로 계산한다. 이 때문에 당신의 전전두엽 피질이 급제동을 걸고 서랍에 손대지 못하게 한다. 지금 학습한 것처럼 사고와 느낌은 뇌에서 별개의 것이 아니다. 눈먼 돈easy cash에 대한 욕망과 이를 물리치려는 결정은 둘 다 상호 작용하는 신경망에 의해 뇌 전체에 걸쳐 구성된다. 물체를 총으로 인식하는 것처럼 자동적으로 느껴지는 행동이든 사람을 겨누는 것처럼 고의적인 것으로 느껴지는 행동이든 간에 당신이 행동을 할 때마다 뇌는 언제나 행동과 경험을 결정하기 위해 서로 경쟁하는 병렬 예측의 회오리 상태에 있다.

당신은 각각의 상황마다 행위 주체의 다른 경험을 한다. 감정은 경고 없이 찾아오는 분노의 폭발처럼 때로는 통제 불가능한 것으로 느껴진다. 그러나 당신은 분노 상태에서 의도적이고도 치밀하게 계획하여 누군가를 죽일 수도 있다. 게다가 기억 또는 견해 같은 비감정은 의도치 않게 당신의 머릿속에 떠오를 수 있다. 그러나 우리는 피고가 '사고의 발작' 상태에서 살인을 저질렀다는 말을 들어본 적이 없다.

당신은 고의로 분노를 터뜨릴 수도 있다. 2015년 6월 사우스캐롤라이나South Carolina 주의 한 성경 공부 모임에서 9명을 쏘아 죽여 기소된 살인범 딜런 루프Dylann Roof는 교회에 걸어 들어가기 전에 여러 달 동안 의도적으로 아프리카계 미국인들에 대한 분노를 키운 것처럼 보였다. 루프는 사람들이 너무 잘난 것처럼 보여 자기 계획을 거의 이루지 못했다고 말했다. 그는 "난 반드시 해내고 말 거야." "당신은 없어져야 해." 같은 말을 되내면서 극악한 행동을 저지르기로 작정한 것처럼 보였다. 이렇게 어떤 사건의 전체적인 면을 보면, 감정의 순간은 통제 불능 상태의 순간과 같지 않다.[8]

분노는 다양한 사례의 개체군이지, 단 하나의 자동적 반응이 아니다. 인지, 지각, 다른 유형의 정신 사태 같은 다른 모든 감정 범주도 마찬가지다. 뇌는 신속한 직관적 과정과 느린 의도적 과정을 가지고 있으며 전자가 더 감정적이고 후자가 더 합리적인 것처럼 보일지도 모른다. 그러나 이 견해는 신경과학 또는 행동과학의 변호를 받을 수 없다. 당신의 통제 신경망은 구성 과정에서 언제나 관련되어 있다. 큰 역할을 할 때도 있고 작은 역할을 할 때도 있지만 작은 역할을 한다고 해서 반드시 감정적인 것은 아니다.[9]

어째서 이원 체계 뇌라는 허구가 본질주의의 일반적 이성을 넘어 살아남는가? 이는 대다수 심리학 실험이 이 허구를 영속시키기 때문이다. 각 뇌 상태는 이전 상태에 의존하기 때문에 실생활에서 당신의 뇌는 곧장 예측한다. 실험실 실험은 이 의존성을 파괴한다. 피험자는 임의의 순서로 제시된 이미지를 보거나 소리를 듣고는 버튼을 누르는 식으로 하나씩 반응한다. 이런 실험은 뇌의 자연스러운 예측 과정을 방해한다. 그 결과 피험자의 뇌가 신속한 자동적 반응을 하고 약 150밀리세컨드 후에 통제된 선택이 뒤따르는 것처럼 보인다. 마치 두 반응이 뇌의 별개의 체계에서 나온 것처럼 말이다. 수세기에 걸친 결함 있는 실험 설계의 산물로서 등장한 것이 이원 체계 뇌라는 착각이고, 우리의 법은 이 착각을 지속시킨다.*[10]

* 나도 삐딱하게 생각할 때는 '이원 체계 뇌'가 나쁜 행동의 비난 근거가 될 수 있는 뇌의 짐승 같은 감정적 부분으로, 편리한 희생양으로 살아남는다고 생각한다.

마음과 뇌의 본질주의적 견해에 따르면, 법률 제도는 의지(당신의 뇌가 실제로 행동 통제 역할을 하든 말든)와 의지의 **자각**(당신이 선택을 경험하든 말든)을 뒤섞어버린다. 신경과학에서는 이러한 구별에 대한 수많은 단서를 내놓았다. 만약 당신이 발가락이 바닥에 닿지 않게 다리를 구부린 채 의자에 앉아서 종지뼈 바로 밑을 톡톡 친다면 다리 아래 부분이 조금 발길질을 할 것이다. 또 손을 불꽃에 대어보라. 그러면 팔이 움츠러든다. 각막에 공기를 훅 불어보라. 그러면 눈이 깜박인다. 바로 반사작용의 대표적인 예들이다. 감각은 직접 움직임으로 이어진다. 말초신경계의 반사는 운동 뉴런에 직접 배선되어 있는 감각 뉴런을 가지고 있다. 우리는 그 결과로 일어나는 행동을 '불수의' 행동이라고 한다. 이는 직접 배선되어 있어서 특정 감각 자극에는 단 하나의 특정 행동만 존재하기 때문이다.[11]

그러나 당신의 뇌는 반사처럼 배선되어 있지 않다. 만약 그렇다면 당신은 우연히 촉수를 스친 물고기를 반사적으로 죄다 찔러 죽이는 말미잘처럼 세계에 휘둘릴 것이다. 세계의 입력을 받아들이는 말미잘의 감각 뉴런은 움직임을 위한 운동 뉴런에 직접 연결되어 있다. 다시 말해 말미잘에게는 의지가 없다.

그러나 인간 뇌의 감각 뉴런과 운동 뉴런은 **연합 뉴런**이라는 매개물을 통해 연락을 주고받는다. 연합 뉴런은 신경계에 의사 결정이라는 주목할 만한 능력을 부여한다. 이러한 연합 뉴런이 감각 뉴런으로부터 신호를 받아 할 수 있는 행동은 하나가 아니라 둘이다. 또 연합 뉴런은 운동 뉴런을 자극하거나 **억제한다.** 따라서, 똑같은 감각 입력이 다른 상황에서는 다른 결과를 낳을 수 있다. 이것은 선택의 생물학적 기초로서, 인간이 가진 것 중에서 가장 소중한 것이다. 만약 물고기가 **당신의** 피부를 스치면 연합 뉴런 덕분에 당신은 무관심, 웃음, 폭력, 또는 그 어떤 것으로 반응할 수 있다. 당신은 때로는 말미잘 같다고 생각할지도 모른다. 그러나 당신은 생각하는 것보다 더 많이 당신의 반응을 통제한다.[12]

당신의 행동 선택을 도와주는 뇌의 통제 신경망이 바로 이 연합 뉴런으로 이루어져 있다. 이 신경망은 언제나 활동하고 있으며 능동적으로 당신의 행동을 선택한다. 다만 당신은 언제나 통제되고 있다고 느끼지 않을 뿐이다. 다시 말해 통제되고 있다는 당신의 경험은 그저 경험일 뿐이다.[13]

바로 이 점에서 법은 과학과 일치하지 않는다. 이것은 인간 본성에 대한 고전적 견해 때문이다. 법은 당신이 사고와 행동을 통제한다고 **느끼느냐**에 따라 의도적 선택(자유 의지)을 정의한다. 그러나 당신의 선택 능력(즉 통제 신경망의 작동)과 당신의 주관적인 선택 경험을 혼동하고 있는 것이다. 이 둘은 뇌에서 같지 않다.[14]

과학자들은 뇌가 어떻게 통제 경험을 만들어내는지 알아내려고 여전히 노력하고 있다. 그러나 한 가지는 분명하다. '통제에 대한 자각이 없는 순간'을 감정이라고 하는 것은 과학적으로 정당화가 안 된다는 것이다.[15]

이러한 것들이 법에서 어떤 의미를 가지는가? 법률 제도는 의도를 근거로, 즉 누가 해악을 범하려고 했는지를 근거로 유무죄를 결정한다는 것을 기억하라. 법은 앞으로도 의도적 해악을 근거로 처벌할 뿐, 감정이 관련되어 있느냐 또는 어떤 사람이 자신을 의지를 가진 행위자로 경험하느냐를 근거로 처벌하지는 않을 것이다.

감정은 합리성에서 잠시 벗어난 것이 아니다. 당신의 동의 없이 당신을 침략하는 외인부대도 아니다. 감정은 그 항적에 파괴 자취를 남기는 쓰나미가 아니다. 세계에 대한 당신의 반응도 아니다. 감정은 세계에 대한 당신의 구성물이다. 감정 사례가 통제를 벗어나지 않는 것은 사고 또는 지각 또는 신념 또는 기억이 통제를 벗어나지 않는 것과 같다. 사실 당신은 많은 지각과 경험을 구성하고 많은 행동을 한다. 몇몇 행동은 당신이 많이 통제하고 몇몇 행동은 많이 통제하지 않을 뿐이다.

남성과 여성에게 내려진 모순된 판결

법률 제도는 사회, 즉 당신의 문화 내의 사회적 실재의 표준을 대표하는 **합리적인 사람**이라는 표준을 가지고 있다. 피고는 이 표준을 어긴 사람을 가리킨다. 흥분 상태의 항변과 관련해 본질에 대한 법적 논쟁을 살펴보자. 합리적인 사람에 대한 논쟁은 진정할 새도 없이 비슷하게 화나는 일을 당했다면 똑같은 살인을 저질렀을까의 문제를 다룬다.

합리적인 사람의 표준과 그 배후에 깔린 사회적 표준은 법에 반영되어 있는 것이 아니라 법에 의해 만들어진 것이다. 말하자면 "어떤 사람이 어떻게 행동하리라고 우리가 기대하는 것이 있다. 만약 당신이 이에 순응하지 않으면 처벌할 것이다"라는 식이다. 이것은 사회적 계약, 즉 다양한 개체 중의 한 개체군에 속하는 평균적 사람을 위한 행동 지침이다. 하지만 모든 평균적 사람과 마찬가지로, 합리적인 사람은 정확히 단 하나의 개체에 적용되지 않는 허구이다. 이것은 고정 관념이고, 감정에 대한 고전적 견해와 이 견해를 뒷받침하는 인간 본성 이론의 부분인 감정적 '표현', 느낌, 지각에 대한 정형화된 견해를 포함한다.

감정의 고정 관념에 기초한 법적 표준은 특히 남녀 평등 대우의 경우에 문제가 있다. 여성은 더 감정적이고 공감을 잘하는 반면에 남성은 더 냉정하고 분석적이라는 신념이 많은 문화에 널리 퍼져 있다. 사람들에게 인기 있는 책들은 이러한 고정 관념을 사실로 묘사한다. 예컨대 《여성 뇌The Female Brain》, 《남성 뇌The Male Brain》, 《그의 뇌His Brain》, 《그녀의 뇌Her Brain》, 《본질적 차이The Essential Difference》, 《브레인 섹스Brain Sex》, 《여성 뇌의 힘을 폭발시켜라Unleash the Power of the Female Brain》 같은 책이다. 이 고정 관념은 널리 존경 받는 여걸에게도 영향을 미친다. 미국의 첫 여성 국무장관 매들린 올브라이트Madeline Albright는 회고록에 이렇게 썼다. "많은 동료들이 내가 지나치게 감정적이라고 느끼게끔 만들었고, 나는 이를 극복하려고 엄청 노력했다. 이윽고 나는 중요하다고 생각하는 이슈를 말할 때는 내 목소리가 무덤덤하고 냉정하다는 것을 알았다."[16]

잠시 당신 자신의 감정에 대해 곰곰이 생각해보라. 당신은 사물을 강렬하게 느끼는 경향이 있는가, 그저 그렇게 느끼는 경향이 있는가? 기억으로부터의 느낌을 평가하기 위해 남녀 피험자에게 이런 질문을 하면 여성이 남성보다 감정을 더 느낀다고 보고한다. 여성은 자신이 남성보다 더 감정적이라고 믿고 남성은 이에 동의한다. 단, 분노만큼은 예외다. 피험자들은 남성이 화를 더 잘 낸다고 생각한다. 그러나 똑같은 피험자들이 일상에서 일어나는 감정 경험을 기록할 때에는 성차가 없다. 몇몇 남녀는 매우 감정적이고, 몇몇 남녀는 감정적이지 않다. 마찬가지로, 여성 뇌는 감정 또는 공감에 고정화되어 있지 않고, 남성 뇌는 냉정함 또는 합리성에 고정화되어 있지 않다.[17]

이런 성 고정 관념은 어디에서 나오는가? 적어도 미국에서는 남성과 비교할 때 여성이 더 많은 감정을 '나타낸다.' 예컨대 영화를 볼 때 여성은 남성보다 안면 근육을 더 많이 움직인다. 그러나 여성은 영화를 보는 중에 더 강렬한 감정을 경험한다고 보고하지 않는다. 이 결과는 어째서 냉정한 남성과 감정적 여성이라는 고정 관념이 법정에 흘러들어 재판관과 배심원에게 중요한 영향을 미치는지를 설명해줄 단서가 될지도 모른다.[18]

이런 고정 관념 때문에 흥분 상태의 항변과 관련된 재판은 종종 남성 피고와 여성 피고에게 다르게 적용된다. 피고의 성을 제외하고 꽤 비슷한 성격의 두 살인 사례를 살펴보자. 첫 번째 사례에서 로버트 엘리어트Robert Elliott라는 남성은 '형에 대한 극도의 공포'를 포함한 '감정의 극단적 혼란' 때문에 형을 죽였다는 이유로 유죄 선고를 받았다. 배심원들은 엘리어트가 살인죄를 범했다고 했으나 코네티컷 주 대법원은 엘리어트의 형에 대한 '강렬한 느낌'이 그의 '자기 통제'와 '이성'을 압도했다고 하면서 이 결정을 뒤집었다. 두 번째 사례에서 주디 노먼Judy Norman이라는 여성은 남편이 수년간 걸핏하면 구타하고 학대하자 남편을 살해했다. 노스 캐롤라이나 주 대법원은 노먼의 행동이 죽음에 대한 예견 또는 커다란 신체 상해에 대한 상당한 공포에서 나온 자기 방어였다는 피고의 주장을 배척했다. 노먼은 고의적인 살인죄 판결을 받았다.[19]

이런 두 사례는 남성과 여성의 감정에 대한 고정 관념에 딱 들어맞는다. 남성은 공격자로 여겨지기 때문에 남성에게 있어서 분노는 전형적인 것이다. 여성은 피해자로 여겨지고, 피해자는 두려워한다고 가정되기 때문에 착한 피해자는 화를 내어서는 안 된다. 따라서 여성은 분노를 표출했다는 이유로 처벌받는다. 분노를 표출하는 여성은 존경받지 못하고 급료를 삭감당하며 심지어 직장까지 잃는다. 약삭빠른 남성 정치인이 여성 반대자에게 '성난 암캐 카드'를 내보일 때마다, 나는 이것을 그 여성이 실제로는 유능하고 강력함에 틀림없다는 역설적인 신호로 간주한다(리더로 인정받기 전에 '화난 여성'으로서 대가를 치르지 않은 여성을 나는 아직 보지 못했다).[20]

노먼처럼 화난 여성들은 법정에서 자유를 잃는다. 실제로 가정 폭력 사례들에서 살인을 저지른 남성은 여성이 가까운 파트너를 살해했을 때보다 더 가벼운 죄로 기소되어 더 짧고 더 가벼운 형을 받는다. 살인죄를 지은 남편은 전형적인 남편으로서 행동한 것이지만, 살인죄를 지은 여성은 전형적인 아내처럼 행동하지 못한 것으로 간주된다. 따라서 여성은 혐의를 벗는 경우가 드물다.[21]

가정 폭력 사례의 여성 피해자가 아프리카계 미국인일 때는 감정 고정화가 훨씬 더 두드러진다. 미국 문화에서 전형적인 피해자는 공포에 휩싸이고 수동적이며 무기력하다고 인식된다. 그러나 아프리카계 미국인 공동체에서는 여성이 때로는 학대자에 맞서 옹골차게 자신을 방어함으로써 이 고정 관념을 깬다. 이를 되받아침으로써 그들은 여성 감정에 대한 다른 고정 관념, 즉 '화난 검은 여성'을 강화한다. 이것 또한 미국 법률 제도에 만연해 있다. 이런 여성은 그 행동이 자기 방어에서 나온 것이고 당한 폭행에 비하면 심하지 않은 데도 불구하고 가정 폭력으로 곧잘 기소되기 마련이다

('정당방위'는 여기서 인정되지 않는다!). 만약 학대자를 가해하거나 살해하면 그들은 보통 똑같은 상황에 처한 유럽계 미국인 여성보다 도리어 질타를 받기 일쑤다.[22]

예컨대 진 뱅크스Jean Banks의 사례를 살펴보자. 뱅크스는 동거남인 제임스 맥도널드James McDonald한테 수년 간 구타당한 후 맥도널드를 찔러 죽인 아프리카계 미국 여성이다. 사건이 일어난 바로 그날 두 사람은 술을 마시고 언쟁을 벌였다. 맥도널드가 뱅크스를 바닥에 쓰러뜨리고 유리 절단기로 절단하려 하자 뱅크스는 자신을 방어하기 위해 칼을 쥐고 맥도널드의 심장을 찔렀다. 뱅크스는 자기 방어라고 주장했으나, 2급 살인죄 판결을 받았다(밝은 색 피부의 주디 노먼과 비교해보라. 노먼은 더 가벼운 죄과인 고의적인 살인죄 판결을 받았다).[23]

화난 여성은 가정 폭력 사례들 밖에서도 피해를 당한다. 재판관들은 화난 남성 범죄 피해자에게는 찾지 않는 온갖 부정적 성격 특성을 화난 여성 강간 피해자한테서 끌어낸다. 예컨대 여성이 강간당했을 때 재판관들은 (배심원과 경찰도) 이 여성이 증인석에서 슬픔을 나타내면 강간범에게 더 무거운 형을 내린다. 만약 여성 피해자가 분노를 나타내면 재판관들은 **이 여성을** 부정적으로 평가한다. 그리고 이런 재판관들은 스스로 '화난 여성' 현상의 또 다른 버전의 피해자가 되는 것이다. 사람들은 남성에게서 감정을 지각하면 으레 이것을 상황 탓으로 돌리지만, 여성에게서 감정을 지각하면 이것을 성격과 결부시킨다. 즉, 그 여성은 몹쓸년이지만 그 남성은 일수가 사나울 뿐이라고 인식한다.[24]

법정 밖에는 우리가 느끼고 표현해도 되는 감정을 성 고정 관념에 따라 규정하는 법들이 존재한다. 낙태법에서는 자책감과 죄책감을 언급하지만, 안도감과 행복은 언급하지 않음으로써 여성에게 적합한 감정이 어떤 것인지를 은근히 강요한다. 동성애자 결혼의 합법성을 둘러싼 논쟁은 어찌 보면 동성 두 사람 간의 낭만적 사랑 감정을 규제해야 하느냐의 문제다. 하지만 동성애자 남성에게 영향을 주는 입양법은 아빠의 사랑이 엄마의 사랑과 같은지에 대해 의문을 제기한다.[25]

일반적으로, 남녀의 감정에 대한 법의 견해를 과학적으로 정당화할 수 있는 것은 없다. 남녀의 감정은 그저 인간 본성에 대한 케케묵은 견해에서 나온 신념일 뿐이다. 내가 선택한 예는 법적인 측면에서나 과학적인 측면에서나 문제의 작은 일부일 뿐이다. 나는 법정 안팎에서 비슷한 싸움을 벌이고 있는 인종 집단의 감정에 대한 고정 관념은 언급조차 하지 않았다. 법이 감정의 고정 관념을 명문화하는 한, 우리는 앞으로도 모순된 판결의 피해자가 될 것이다.[26]

범죄를 위한 뇌는 없다

스테파니아 앨버타니Stefania Albertani가 누이에게 약을 먹이고 살해한 후 불태워버렸다는 혐의를 인정했을 때 변호인단은 앨버타니의 뇌를 비난하는 대담한 조치를 취했다. 앨버타니의 뇌를 촬영해 통제 집단의 건강한 다른 여성 10명보다 피질 두 부위에 뉴런이 적다는 것을 보여준 것이다. 이 부위는 피고측이 공격성과 관련 있다고 주장한 섬insula과 억제력 강화와 관련 있는 것으로 추정되는 전측 대상회anterior cingulate gyrus였다. 두 전문가는 앨버타니의 뇌 구조와 그녀의 범죄 사이에는 '인과관계'가 있을 수 있다는 결론을 증언했다. 이 증언 후, 앨버타니의 징역형은 종신에서 20년으로 경감되었다.[27]

2011년에 이탈리아 언론을 떠들석하게 했던 이와 같은 법적 결정은 변호사들이 변호 전략에 신경과학 연구 결과를 채택하게 됨에 따라 더욱 일반화되고 있다. 그러나 이런 결정이 정당화되는가? 뇌 구조로 누가 범죄를 저지르는 이유를 설명할 수 있는가? 특정 크기의 부위 또는 특정 연결 부위는 실제로 살인 행동을 야기할 수 있는가? 이 과정에서 피고는 죄에 책임을 덜 지는가?[28]

앨버타니의 변호인단이 불러일으킨 것과 같은 법적 논쟁은 신경과학 연구 결과와 이로부터 도출된 결론을 대체로 올바르게 대변하지 않는다. '공격성' 같은 복잡한 심리 범주를 몇몇 뉴런 탓으로 돌리는 것은 변성 때문에 불가능하다. 다른 개념과 마찬가지로 '공격'은 구성될 때마다 뇌에서 다르게 실행될 수 있다. 때리기나 깨물기처럼 간단한 행동조차도 인간 뇌에서 단 하나의 일군의 뉴런에게 맡겨진 적은 없다.[29]

앨버타니의 변호인단이 언급한 뇌 부위는 뇌 전체에서 그야말로 고도로 연결된 허브 가운데 있다. 이런 부위는 언어에서부터 고통, 수학적 능력에 이르기까지 당신이 들 수 있는 모든 정신 사태에 대해 활성화가 증가한다는 것을 보여준다. 정말이지 이런 부위는 몇몇 사례에서 공격과 충동에 어떤 역할을 할지도 모른다. 그러나 이런 부위와 살인이라는 극단적 공격 사이에 특정 인과관계가 있다는 주장은 과장이다. 게다가 앨버타니에게 공격의 동기가 있었는지도 확실치 않다.[30]

뇌 크기의 다양성이 행동의 다양성을 설명한다는 주장도 과장이다. 정확히 똑같은 뇌는 없다. 뇌는 일반적으로 대략 똑같은 장소에 똑같은 부분이 있고, 꽤나 똑같은 방식으로 함께 연결되어 있을 뿐이다. 그러나 세밀한 수준, 즉 초소형 회로 수준에서 보면 차이가 엄청나다. 행동의 차이를 설명하는 것도 몇몇 있지만 설명하지 못하는 것이 더 많다. 당신의 뇌에 식별 가능한 효과를 미치지 않는 조건하에서 내 행동과 비교해볼 때 당신의 섬은 내 섬보다 더 클지도 모르고 더욱 고도로 연결되어 있을지도 모른다. 우리가 수많은 뇌를 검사하여 다소 공격적인 사람들 사이의 섬 크기에서 통계적으로 중요한 차이를 발견한다고 해도 이것이 섬이 더 크기 때문에 공격을 **유발한다**는 것을 의미하지는 않는다. 하물며 살인은 말할 것도 없다. 게다가 더 큰 섬이 공격을 유발한다 하더라도 살인자가 되려면 섬이 얼마만큼 커야 하는가에 대해선 밝혀진 바 없다. 종양이 뇌를 압박하여 심각한 성격 변화를 야기하는 사례가 간혹 있기는 하다. 그러나 일반적으로 살인을 뇌 부위 탓으로 돌리는 것은 과학적으로 정당화되지 않는다.[31]

어쩌면 앨버타니 사례에서 가장 놀라운 것은 뇌가 앨버타니의 살인 행동에 대해 '정상 참작 여지'를 준다고 전문가가 증언하고 재판관도 이렇게 생각한다는 점일 것이다. **모든** 행동은 뇌에서 유래한다. 어떠한 인간 행동, 사고 또는 느낌도 점화하는 뉴런을 떠나서는 존재하지 않는다. 생물학적 설명이 자동적으로 누군가를 면책해준다는 주장은 법정에서 신경과학을 잘못 이용하는 방식이다. 당신의 뇌가 바로 당신이다.[32]

종종 법에서는 간단한 단 하나의 원인을 찾고자 한다. 가장 쉬운 방법이 범죄 행위를 뇌 이상 탓으로 돌리는 것이다. 그러나 실생활에서 행동은 결코 간단하지 않다. 행동은 당신의 뇌가 하는 예측, 당신의 오감이 저지르는 예측 오류, 그 밖에 내수용 감각과 수십억 개의 예측 회로와 관련된 복잡한 다단계 과정을 포함하는 다수 요인의 결과이다. 한 사람 안의 이야기도 마찬가지다. 또한 당신의 뇌는 다른 신체에 있는 다른 뇌에 둘러싸여 있다. 말하거나 행동할 때마다 당신은 주위에 있는 다른 사람의 예측에 영향을 미치고, 다음에는 다른 사람이 곧바로 당신의 예측에 영향을 미친다. 문화 전체가 당신이 형성하는 개념과 당신이 하는 예측에 집단으로 역할을 한다. 따라서 당신의 행동에도 역할을 한다. 문화의 역할이 얼마나 큰지에 대해 논쟁할 수는 있지만 문화가 역할을 한다는 사실은 의문의 여지가 없다.

요약하자면, 때로는 생물학적 문제가 당신의 행동을 선택하는 뇌의 능력을 의도적으로 방해할 수 있다. 어쩌면 당신이 뇌의 종양을 키우고 있거나 몇몇 뉴런이 엉뚱한 장소에서 죽어가고 있을지도 모른다. 그러나 단지 뇌의 구조, 기능, 화학적 성질, 또는 유전적 특성 같은 뇌의 다양성만으로는 범죄에 대한 정상 참작 상황이 못된다. 다양성이 표준이다.

무엇으로 범죄자의 양심을 판단하는가?

보스턴 마라톤 폭탄 테러범 조하르 차르나예프Dzhokhar Tsarnaev는 2015년에 유죄 판결을 받아 사형이 선고되었다. 차르나예프가 받은 배심재판은 미국 헌법이 모든 미국인에게 보장하는 권리다. 선고를 보도한 BBC에 따르면, "오직 두 배심원만이 차르나예프가 양심의 가책을 느꼈다고 믿었다. 매사추세츠 주의 많은 사람들과 마찬가지로 다른 10명은 그가 뉘우치지 않고 있다고 생각한다." 배심원들은 재판 중에 그를 유심히 관찰함으로써 그가 양심의 가책을 느끼는지에 대해 이런 의견을 형성했다. 차르나예프는 재판 내내 '돌처럼 무표정하게' 앉아 있었다고 한다. 〈슬레이트Slate〉는 차르나예프의 피고측 변호사가 "검찰측에서 차르나예프에게는 양심의 가책이 없다고 한 주장에 대해 조하르 차르나예프가 양심의 가책을 조금이라도 느끼고 있다는 증거를 제출하지 못했다(또는 제출할 수 없었다)"고 전했다.[33]

배심재판은 형사 사건에서 공정함의 최적 표준으로 간주된다. 배심원들은 오직 제출된 증거를 근거로만 결정하도록 교육을 받는다. 그러나 예측하는 뇌에게 있어서 이것은 불가능한 과제이다. 배심원들은 피고, 원고, 증인, 재판관, 검사, 법정, 약간의 증거를 모두 자신의 개념 체계라는 렌즈를 통해 지각한다. 공정한 배심원이라는 이상은 사실 허구에 가까운 셈이다. 사실상 배심원단은 하나의 공정한 객관적 진실을 밝혀야 하는 십여 개의 주관적 지각이나 마찬가지다.

감정이 보편적으로 표현되고 인식된다는 것을 가정하는 고전적 견해는 배심원들이 피고의 안면 배치 또는 신체 움직임 또는 말로부터 어떤 식으로든 양심의 가책을 탐지할 수 있다는 견해에도 영향을 미쳤다. 법률 제도는 분노와 그 밖의 감정 같은 양심의 가책이 탐지 가능한 지문을 가진 단 하나의 보편적 본질을 가지고 있다고 가정한다. 그러나 양심의 가책은 특정 상황과 결부된 많은 다양한 사례로 구성된 감정 범주이다.

피고의 양심의 가책은 예측의 다단계 과정으로 존재하는 그의 문화 내에서 그의 이전 경험으로부터 선택한 '양심의 가책'에 대한 그의 개념에 따라 구성된다. 법정의 다른 측면에서 보면 배심원이 양심의 가책에 대해 지각하는 것은 심리 추론이고, 심리 추론은 피고의 안면 움직임, 몸의 자세, 목소리의 의미를 구성하는 뇌 예측의 다단계 과정에 기초한 추측이다. 따라서 배심원의 지각이 '정확하기' 위해서는 배심원과 피고가 비슷한 개념을 범주화해야 한다. 한마디 말도 없는 상태에서 한 사람은 양심의 가책을 느끼고 다른 사람은 이를 지각하는 식의 동시 발생은 두 사람의 배경, 나이, 성, 또는 민족적 배경이 비슷할 때 일어날 가능성이 있다.[34]

보스턴 마라톤 폭탄 테러 사례에서 만약 차르나예프가 자신의 행동에 양심의 가책을 느꼈다면 어떻게 되었을까? 엉엉 울었을까? 피해자에게 용서를 빌었을까? 자신의 잘못을 상세히 털어놓았을까? 만약 그가 양심의 가책을 표현하는 미국식 고정 관념을 따랐거나 이 상황이 할리우드 영화에 나오는 재판이었다면 그랬을지도 모른다. 그러나 차르나예프는 체첸 공화국Chechnya 출신의 젊은 이슬람 교도였다. 그는 미국에서 살았고, 절친한 미국인 친구들도 있었다. 그러나 그의 변호인단 이야기에 따르면 차르나예프는 체첸인 형과 많은 시간을 보냈다. 체첸 문화에서는 사내가 역경에 처했을 때 태연할 것을 기대한다. 또한 체첸인들은 싸움에서 지면 용감하게 패배를 받아들여야 한다. 이것이 '체첸의 늑대'라는 문화다. 따라서 차르나예프가 양심의 가책을 느꼈을지라도 당연히 아무런

표정도 짓지 않았을 것이다.[35]

한편 차르나예프는 숙모가 증언대에 서서 목숨을 탄원했을 때 눈물을 자아냈다고 한다. 체첸인에게는 체면 문화라는 것이 있어서 가족에게 수치를 안겨주는 일을 매우 고통스러워한다. 만약 차르나예프가 사랑하는 사람이 대중 앞에서 창피 당하는 것을 보았다면, 예컨대 숙모가 그를 위해 탄원하는 것을 보았을 때 몇 방울의 눈물을 흘렸다고 해서 체첸인의 체면 문화 규범을 깬 것은 아닐 것이다.[36]

배심원들은 차르나예프의 아무런 감정이 없는 태도를 설명하기 위해 지각을 구성할 때 오직 추측할 수 있을 뿐이다. 우리는 양심의 가책에 대한 서양 문화권적 개념을 적용해 그의 태도를 태연한 것이라기보다 냉담한 것 또는 허세를 부리는 것으로 지각한다. 따라서 이 경우에는 우리의 짐작이 법정에서의 문화적 오해를 낳아 급기야 그의 사형 선고를 초래했을 수도 있다. 또는 그는 실제로 양심의 가책을 느끼지 않았을지도 모른다.[37]

실제로 차르나예프는 폭탄 테러가 발생하고 몇 달 후, 재판에 회부되기 2년 전에 쓴 사과 편지에서 자신의 행동에 대해 양심의 가책을 표명했다. 그러나 배심원들은 이 편지를 보지 못했다. 이 편지는 '국제 안보 이슈'를 내세운 미국 정부의 특별 행정조치에 따라 기밀로 봉해져 재판 때 증거로 채택되지 않았던 것이다.[38]

2015년 6월 25일, 체르나예프는 양형 심리에서 최후 진술을 했다. 그는 폭탄 테러를 자백했고, 그의 범죄가 미치는 충격을 이해하고 있었다고 진술했다. "내가 앗아간 목숨에 대해, 내가 여러분에게 야기한 고통에 대해, 내가 가한 피해, 돌이킬 수 없는 피해에 대해 죄송하게 생각합니다"라고 나직이 사과했다. 재판정을 가득 메운 피해자와 언론의 반응은 예상대로 다양했다. 몇몇 사람은 망연자실했고, 몇몇 사람은 당황해했고, 몇몇 사람은 격분했다. 몇몇 사람은 그의 사과를 받아들였다. 많은 사람들은 그의 사과가 진심에서 우러나온 것인지 결정할 수 없었다.

우리는 차르나예프가 자신의 끔찍한 행동에 대해 양심의 가책을 경험했는지, 그의 편지가 선고에 영향을 미칠 수 있었는지 결코 알 수 없다. 그러나 한 가지 사실은 분명하다. 사형 선고 공판에서 배심원들이 법에 따라 징역형 또는 사형을 결정하기 위해 의존해야 하는 결정적 특징은 바로 피고의 양심의 가책이다. 그리고 양심의 가책에 대한 지각은 모든 감정 지각과 마찬가지로 탐지되지 않고 구성된다.[39]

스펙트럼의 다른 끝에서 보면 양심의 가책 표시는 절대적으로 아무것도 아닐 수 있다. 30년간 무장 강도, 강간, 탈옥의 죄를 범한 강력범 도미니크 치넬리Dominic Cinelli의 사례를 보기로 하자. 치넬리는 2008년에 매사추세츠 주 가석방 위원회 앞에 나타났을 때 종신형을 세 번이나 선고받고 복역 중이었다. 가석방 위원회는 수감자가 최소 형량 이상을 복역해야 할지 아니면 석방해야 할지를 결정할 심리학자, 교도관, 그 밖의 박식한 전문가들로 구성되어 있었다. 위원들은 수감자가 양심의 가책을 대량으로 표출하는 장면을 목격했다. 그중 몇몇은 진정한 경험일 수 있고, 다른 몇몇은 날조된 것일 수 있다. 그리고 위원들의 공적 책무는 결국 이 차이를 가려내는 능력에 달렸다.

2008년에 치넬리는 자신이 더 이상 어둠으로 가득 찬 영혼의 범죄자가 아니라고 가석방 위원회 위원들을 설득했다. 위원회는 만장일치로 그의 석방을 가결했다. 하지만 치넬리는 또다시 강도 행각을 벌이고 경찰관에게 치명적 총상을 입혔다. 나중에 그는 경찰과 총격전을 벌이다가 살해되었다. 매사추세츠 주지사 디벌 패트릭Deval Patrick은 가석방 위원회 위원 7명 중 5명의 사표를 수리했다. 패트릭은 위원들이 진정한 양심의 가책을 탐지하는 능력이 없었다고 생각한 것 같았다.[40]

치넬리가 연극을 했을 수도 있다. 치넬리가 증언 당시에는 진정으로 양심의 가책을 느꼈으나 출옥을 하고 나자 과거의 예측과 함께 과거의 세계관이 다시 나타나 과거의 자기가 되살아나 양심의 가책이 사라졌을 수도 있다. 양심의 가책이라는 느낌에 대한 객관적 기준이 없기 때문에 우리는 결코 확실히 알지 못할 것이다. 마찬가지로 분노, 슬픔, 공포, 또는 재판과 관련된 다른 감정에도 객관적 기준이 없다.

미국 연방대법원 판사 앤서니 케네디Anthony Kennedy는 피고에게 공정한 재판을 하기 위해 배심원은 "범죄자의 심리와 마음을 알아야만 한다"고 말한 적이 있다. 그러나 감정은 안면 움직임, 몸의 자세와 제스처 또는 목소리에 일관된 지문을 가지고 있지 않다. 배심원과 그 밖의 지각하는 사람들은 자신의 지식을 바탕으로 이런 움직임과 소리가 감정적 용어로 무엇을 의미하는지 추측한다. 그러나 객관적 정확성은 없다. 기껏해야 우리는 배심원들이 지각한 감정에 대해 서로 합의하는지 평가할 수 있을 뿐이다. 그러나 피고와 배심원들이 배경, 신념, 또는 기대가 다를 때 합의는 정확성을 제대로 반영하지 못한다. 만약 피고의 표정에 감정이 드러나지 않으면

법률 제도는 어떤 환경에서 재판이 완전히 공정해질 수 있느냐는 어려운 물음과 씨름해야 한다.[41]

배심원의 편견과 목격자의 기억 왜곡

피고의 미소에서 의기양양함을 발견하거나 증인의 떨리는 목소리에서 공포를 발견할 때 배심원 또는 재판관들은 심리 추론을 한다. 심리 추론은 감정 개념을 사용하여 행동(미소 짓기 또는 떨리는 목소리)이 특정 마음 상태에 의해 야기되었는지 추측하는 것이다. 당신이 기억하다시피 심리 추론은 어떻게 당신의 뇌가 예측의 다단계 과정을 거쳐 다른 사람들의 행동에 의미를 부여하느냐는 것이다(6장).[42]

심리 추론은 적어도 서양 문화권에서는 널리 행해지고 자동적인 것이어서 보통은 심리 추론을 하고 있는지 자각하지 못한다. 마치 엑스레이 찍듯이 다른 사람의 행동을 해독해 의도를 알아낼 수 있는 것처럼("나는 당신을 꿰뚫어 볼 수 있어.") 우리는 우리의 감각이 세계에 대한 정확한 객관적 표상을 제공한다고 믿는다. 이런 순간에 우리는 다른 사람들에 대한 우리의 지각을 우리 자신의 뇌 속에서 다른 사람들의 행동과 개념이 조합된 것으로 경험하기보다 **다른 사람들**의 분명한 속성(우리가 정동 실재론이라고 한 현상)으로 경험한다.

누가 형사재판을 받을 때, 자유와 생명이 위태로울 때는 외모와 실재 사이에 깊고 깊은 골짜기가 자리 잡고 있을 수 있다. 우리는 이 점을 잘 안다. 그러나 동시에 **우리는** 방에 틀어박혀 있는 얼간이

보다 더 정확히 진실과 허구를 식별할 수 있다고 절대적으로 확신한다. 법정에서의 문제는 바로 여기에 있다.

배심원과 재판관에게는 거의 불가능한 과제가 주어진다. 그들은 독심술사가 되거나 거짓말 탐지기가 되어야 한다. 또 어떤 사람이 상해를 **야기하려고 했는지** 결정해야 한다. 법률 제도에 따르면 의도는 피고 얼굴의 코만큼이나 명명백백한 사실이다. 그러나 예측하는 뇌에 있어서, 누군가의 의도에 대한 판단은 언제나 당신이 탐지한 사실이 아니라 피고의 행동을 근거로 당신이 구성한 **추측**이다. 감정의 경우와 마찬가지로 의도에 대해서도 지각하는 사람으로부터 독립된 객관적 기준이 없다. 70년간의 심리 연구는 이런 판단이 심리 추론, 즉 추측임을 뒷받침한다. DNA 증거가 피고를 범죄 현장으로 연결해줄지라도 이것은 피고가 범죄 의도를 가지고 있었는지 결정하지 못한다.[43]

재판관과 배심원은 보통 자신의 신념, 고정 관념, 현재 신체 상태에 따라 의도를 추론한다. 이것이 어떻게 작동하는지 일례를 들어보자. 피험자들은 경찰에 의해 뿔뿔이 흩어지고 있는 시위자 동영상을 보았다. 그들에게 시위자들이 낙태 시술에 반대하며 피켓 시위를 벌이는 친생명 운동가라고 했다. 임신 중절을 찬성하는 경향이 있는 자유민주주의자 피험자들은 운동가들에게 폭력적 의도가 있다고 추론한 반면에 사회적으로 보수적인 피험자들은 평화적 의도가 있다고 추론했다. 또한 연구자들은 똑같은 동영상을 두 번째 일군의 피험자에게 보여주면서 시위자들이 동성애 성향을 묻지도 말고 말하지도 말라는 군대의 정책에 반대하는 동성애 인권 운동가라고 말했다. 이번에는 동성애자 권리에 찬성하는 경향이 있는 자유민주주의자 피험자들이 운동가들에게 평화적 의도가 있다고 추론한 반면에 사회적으로 보수적인 피험자들은 폭력적 의도가 있다고 추론했다.[44]

이제 이 동영상이 재판의 증거라고 상상해보라. 모든 배심원은 똑같은 장면을 볼 것이다. 그러나 화면에 뜬 똑같은 행동을 각자의 정동 실재론을 통해 볼 것이다. 그리고 배심원들은 사실이 아닌 자신의 신념에 따라 구성된 자각에만 의지한 채 자리를 뜰 것이다. 이 말의 요점은 배심원들이 편견을 가지고 있다고 해도 그것을 드러내지 않는다는 것이다. 우리는 모두 이런 잘못을 범한다. 뇌는 우리가 믿는 것을 보도록 배선되어 있기 때문이다. 그리고 이것은 일반적으로 모든 사람의 자각 외부에서 일어난다.

정동 실재론은 공정한 배심원이라는 이상을 파괴한다. 살인 재판에서 유죄 선고 가능성을 높이고 싶은가? 섬뜩한 사진 증거 몇 장을 배심원단에게 보여주라. 그들의 신체 예산이 균형을 잃었다는 것을 귀띔해주라. 그러면 배심원단은 불쾌한 정동을 피고의 탓으로 돌릴 것이다. "내가 언짢다. 따라서 넌 나쁜 짓을 한 것이 틀림없다. 넌 나쁜 놈이야." 또는 고인의 가족 구성원들이 그 범죄로 얼마나 피해를 입었는지 설명하게 하라. 이것이 바로 피해 영향 진술이다. 그러면 배심원단은 더 무거운 벌을 권할 것이다. 마치 전문가처럼 피해를 동영상으로 기록하고 마치 드라마틱한 영화처럼 음악과 해설을 곁들여서 피해가 감정에 미친 영향을 부풀려라. 그러면 배심원단의 마음을 흔들 걸작을 만들 수 있을 것이다.[45]

정동 실재론은 법정 외부에서도 법과 관련이 있다. 집에서 평온한 저녁을 즐기고 있는데 느닷없이 밖에서 쾅쾅 소리가 날 때를 상상해보라. 밖을 내다 보니 아프리카계 미국인이 근처 집 문을 강제로 열려고 하고 있다. 본분에 충실한 시민답게 당신은 911에 신고하고, 경찰이 도착하여 범인을 체포한다. 축하한다. 당신 때문에 방금 하버드대학 교수 헨리 루이스 게이츠 주니어Henry Louis Gates, Jr.가 체포되었다. 이것은 2009년 7월 16일에 실제로 있었던 일이다. 게이츠는 여행 동안 잠궈놓았던 자기 집 대문을 열고 있었다. 정동 실재론이 다시 머릿속에 떠오를 것이다. 이 사건에서 실제 목격자는 어쩌면 범죄와 피부 색에 대한 자신의 개념을 근거로 정동적 느낌을 가졌고, 창 밖의 사내가 범죄를 저지를 의도를 가지고 있다고 심리 추론을 했다.[46]

정동 실재론의 비슷한 발발이 플로리다 주의 '정당방위' 법 제정의 계기가 되었다. 이 법은 많은 논란을 낳았다. 이 법에 따르면 만약 당신이 죽음 또는 커다란 신체적 상해가 임박했다고 믿을 만한 상당한 근거가 있을 경우 자위를 위해 가공할 물리력의 사용을 허용한다. 실제 사건이 이 법을 제정하는 촉매가 되었다. 그러나 이 사건은 당신이 생각하는 것과는 거리가 멀다. 2004년에 노부부가 잠을 자고 있던 플로리다 주의 이동식 주택에 불청객이 침입하려고 했다. 남편 제임스 워크맨James Workman은 총을 쥐고 불청객을 쏘았다. 흔히 알고 있는 것은 여기까지다. 이제 비극적인 진짜 사연을 살펴보자. 워크맨의 이동식 주택은 태풍 피해 지역에 있었고, 워크맨이 쏘아 죽인 사람은 연방재난관리청 직원이었다. 피해자 로드니 콕스Rodney Cox는 아프리카계 미국인이었다. 워크맨은 백인이다. 정동 실재론의 영향일 가능성이 크지만 워크맨은 콕스가 자기한테 해를 끼칠 것으로 지각하고 죄없는 사람에게 발포했다. 그러나 **첫 번째** 이야기는 사실의 부정확성에도 불구하고 플로리다 주법을 정당화하는 주된 계기가 되었다.[47]

역설적이게도 정당방위법의 역사야말로 이 법의 가치에 반하는 강력한 증거다. 인종 차별에 대한 고정 관념이 만연하고 정동 실재론이 사람들의 지각 방식을 좌우하는 사회에서 자신의 생명에 대한 합리적 공포를 판단하기란 불가능하다. 정당방위를 뒷받침하는 전체 논거는 정동 실재론에 의해 깨진다.

만약 정당방위가 그렇게 놀랍지 않다면, 정동 실재론이 합법적으로 무기를 들고 다니는 사람들에게 미칠 영향을 생각해보라. 정동 실재론이 사람들의 위협 지각에 영향을 미친다는 것은 말할 것도 없다. 따라서 정동 실재론은 죄없는 사람이 우발적으로 총에 맞아 죽을 수도 있다는 사실을 수반한다. 매우 간단한 이치다. 즉 당신은 위협을 예측하고, 세계에서 들어오는 감각 정보는 다르게 말한다. 그러나 당신의 통제 신경망은 예측 오류를 경시하고 위협 예측을 유지한다. 탕, 당신은 악의 없는 시민에게 발포했다. 인간의 뇌는 공상과 상상을 산출할 때와 똑같은 과정을 통해 이런 종류의 망상을 산출하도록 설계되어 있는 것이다.

이제 나는 총기에 대한 국가적 논쟁에 더 이상 개입하지 않을 것이다. 그러나 순전히 과학적 관점에서 이를 살펴보겠다. 미국의 건국 아버지들에게는 미국 연방헌법 수정 제2조의 '무기 소지' 권리를 보호해야 할 그럴 만한 이유가 있었다. 그러나 그들은 신경과학자가 아니었다. 1789년에는 인간의 뇌가 모든 지각을 구성하고 내수용 예측에 의해 지배받는다는 것을 아무도 몰랐다. 지금 이 순간 미국 국민의 60퍼센트 이상은 범죄가 증가하고 있다고 생각하고

(그러나 역사적으로 보면 낮은 편이다), 총을 소지해야 자신이 더 안전해질 것이라고 생각한다. 이런 신념이 무르익어 사람들은 아무도 없는 곳, 따라서 행동이 없는 곳에서의 치명적 위협을 정말로 알게 되었다. 정동 실재론을 통해 이제 우리는 감각이 객관적 실재를 드러내지 않는다는 것을 분명히 알고 있다. 이 결정적 지식이 법에 영향을 미칠까?[48]

우리의 감각이 세계를 곧이곧대로 해독하지 않는다는 과학적 증거는 산더미 같이 쌓여 있고, 일반적으로 법률 제도는 이러한 증거에 대처하는 데 많은 어려움을 겪었다. 수백 년 동안, 목격자의 보고는 가장 믿을 만한 형태의 증거의 하나로 간주되곤 했다. 증인이 "그가 그렇게 하는 것을 보았다" 또는 "그녀가 그렇게 말하는 것을 들었다"라고 하면 이런 진술은 사실로 간주되었다. 법 또한 기억을 마치 때묻지 않은 상태로 뇌에 전부 저장되었다가 나중에 영화처럼 재생되는 것으로 간주했다.[49]

배심원이 몇몇 오점이 없는 실재에 직접 접근하는 과정에서 자신의 신념을 제거할 수 없듯 증인과 피고는 사실의 집합을 보고하지 않고 자신의 지각을 기술한 것을 보고한다. 우리는 3장 도입부에서 본 세레나 윌리엄스의 승리에 도취한 얼굴에 대해 법정의 증언석에서 성경에 손을 얹고 윌리엄스가 극심한 공포 속에 비명을 질렀다고 증언할 수 있다. 목격자가 말한 모든 단어는 구성된 과거의 경험을 이용하여 매순간 구성되는 기억에 근거를 두고 있다.

세계적인 기억 전문가의 한 사람인 심리학자 대니얼 샥터는 1975년 오스트레일리아에서 일어났던 잔인한 강간 이야기를 소개한다. 피해자는 공격자의 얼굴을 분명히 보았다고 경찰에 말했다.

바로 과학자 도널드 톰슨Donald Thomson을 지목한 것이다. 다음 날 경찰은 이 목격자의 증언을 근거로 톰슨을 체포했다. 그러나 톰슨은 알리바이를 완벽하게 입증했다. 범행 시각에 텔레비전 인터뷰를 하고 있었다는 것이다. 나중에 밝혀지길 침입자가 들어왔을 때 피해자의 텔레비전이 켜져 있었고, 마침 톰슨의 인터뷰가 방영 중이었다. 역설적이게도 톰슨의 기억 왜곡 연구에 관한 인터뷰였다. 이 불쌍한 여성은 트라우마 상태에서 톰슨의 얼굴을 공격자와 융합시켰던 것이다.[50]

이처럼 잘못 기소된 대다수 남성은 그다지 운이 좋지 않다. 배심원들은 목격자의 증언에 큰 비중을 둔다. 그러나 그들은 증인의 자신만만한 태도에 영향을 받아 틀린 증언을 옳은 증언 못지않게 받아들인다. DNA 증거에 의해 뒤집힌 유죄 평결 연구를 보면 피고의 70퍼센트가 목격자 증언을 근거로 기소되었다고 한다.[51]

어쩌면 목격자 보고는 가장 미덥지 못한 증거일지도 모른다. 기억은 사진 같지 않다. 기억은 경험과 지각 감정을 구성하는 똑같은 핵심 신경망에 의해 만들어진 시뮬레이션이다. 기억은 당신의 뇌에서 점화하는 뉴런의 패턴으로 조각조각 대표되고, '회상'은 사태를 재구성하는 예측의 다단계 과정이다. 따라서 당신의 신체 전체가 증언석에서 신경이 날카로워지거나 만약 당신이 집요한 피고측 변호사에게 시달린다면 당신의 기억은 당신의 현재 환경에 의해 새롭게 만들어질 수도 있다.

법은 기억이 구성된다는 것을 좀처럼 받아들이지 않았다. 그러나 상황이 점차 변화하고 있다. 뉴저지New Jersey, 오레곤Oregon, 매사추세츠의 대법원에서 변화의 바람이 불고 있다. 이제 이들 주의 배심원들은 수년 간의 심리 연구를 바탕으로 한 지침, 즉 목격자의 증언에서 기억이 틀릴 수도 있다는 지침을 단계별로 자세히 교육받는다. 배심원들은 기억이 어떻게 구성되고 왜곡과 착각을 불러일으킬 수 있는 신념과 어떻게 결합하는지, 변호사와 경찰의 지침이 어떻게 편견을 야기할 수 있는지, 확신이 어떻게 정확성과 무관한지, 스트레스가 어떻게 기억을 약화시킬 수 있는지, DNA증거 덕분에 무죄 판결을 받은 사람의 4분의 3이 어째서 목격자의 증언에 의해 잘못된 유죄 판결을 받게 되는지에 관한 지침을 교육받는다.[52]

하지만 불행히도 감정 표현이 무엇인지, 심리 추론이 무엇인지, 그것들이 어떻게 구성되는지 설명해주는 지침은 없다.

공명정대한 판사는 존재하는가?

많은 사회에서 전형적인 재판관은 엄격한 법에 따라 감정 없는 결정을 하는 냉정한 재판관이다. 또한 감정이 공정한 결정에 방해가 될 터이므로 법 앞에서 재판관은 중립적일 것을 기대한다. 미국 연방대법원 판사 안토닌 스칼리아Antonin Scalia는 "훌륭한 재판관은 특히 자신의 감정을 비롯한 개인적 성향을 다스리고 억압하는 합리성에 대해 자부심을 가진다"라고 말했다.[53]

어떤 면에서는 법적 의사 결정에 합리적으로 접근하는 것은 그럴듯하고 고상해 보인다. 그러나 지금까지 본 것처럼 뇌 배선은 정동을 이성으로부터 분리하지 않는다. 우리는 이 주장에서 허점을 찾으려고 굳이 애쓸 필요는 없다. 이 주장에는 이미 허점이 존재한다.

재판관은 감정에 휘둘리지 않을 수 있다는 견해부터 살펴보기로 하자. 이 견해는 '감정을 가지고 있지 않다'기보다 '정동을 가지고 있지 않다'는 말로 해석되어야 한다. 이 견해는 그 사람이 뇌 손상을 입지 않은 한 생물학적으로 불가능한 것이다. 4장에서 논한 것처럼, 시끄러운 신체 예산 관리 회로가 뇌 전체를 통해 예측하는 한 어떤 결정도 정동으로부터 자유로울 수 없다.

재판관석에 앉아서 정동 없이 의사 결정을 한다는 것은 동화와 같은 이야기다. 또 다른 연방대법원 판사 로버트 잭슨Robert Jackson은 '감정에 휘둘리지 않는 재판관'을 '산타클로스' 또는 '톰 아저씨Uncle Sam' 또는 '부활절 토끼' 같은 '가공의 존재'라고 했다. 직접적인 과학적 증거를 통해 잭슨의 말이 꽤 정확하다는 것을 확인할 수 있다. 점심 시간 직전에 열린 가석방 사례에서 재판관들이 자신들의 불쾌한 정동을 배고픔 탓으로 돌리는 대신 죄수에게 돌렸을 때 재판관들의 공정함이 얼마나 쉽게 휘둘렸는지 기억하는가(4장)? 또 다른 일련의 실험에서, 미국과 캐나다의 주 판사 및 연방 판사 1,800명 이상에게 민사 사례 및 형사 사례 시나리오를 전해주면서 재판관들의 결정에 대해 질문했다. 피고를 더 호감이 가는 사람으로 묘사하든 덜 호감이 가는 사람으로 묘사하든 몇몇 시나리오는 똑같았다. 실험자들은 재판관들이 더 호감이 가는 사람 또는 더 동정이 가는 사람에게 유리하게 결정한다는 것을 발견했다.[54]

미국 연방대법원조차도 재판관석에서 정동이 새어나가는 것에 영향을 받는다. 한 정치 과학자 팀은 구두 변론 중에 판사들이 한 말과 질문 8백만 단어를 30년 넘게 살펴보았다. 그들은 재판관들이 '더 불쾌한 언어'에 주의를 기울이는 변호사측이 패소할 가능성이 있다는 것을 발견했다. 당신은 재판관들이 심문 중에 사용하는 부정적 단어를 세는 것만으로도 패소할 사람을 예측할 수 있다. 뿐만 아니라 구두 변론 중에 재판관들이 사용한 단어의 정동적 암시를 살펴봄으로써 표결을 예측할 수도 있다.[55]

상식에 따르면 재판관들은 법정에서 강력한 정동을 경험한다. 어떻게 그렇지 않을 수 있겠는가? 재판관들은 사람들의 미래를 손에 쥐고 있다. 그들은 근무 시간 내내 가증스러운 범죄와 엄청난 피해를 입은 사람들을 마주한다. 나는 강간 피해자와 아동 성 학대 피해자를 치료하는 일과 때로는 가해자를 다루는 일이 얼마나 진을 빼는 일인지 안다. 재판관들은 피해자보다 더 호감이 가는 피고와 마주할 때도 있다. 특히 소곤거리는 방청객, 변론에 열을 올리는 변호사로 가득 찬 법정에서 이것은 분명히 만만치 않은 상황이다. 그리고 때때로 재판관은 국민 전체의 정동을 짊어지기도 한다. 전 미국 연방대법원 판사 데이비드 수터David Souter는 '부시 대 고어Bush v. Gore' 사건을 심의하면서 마음 고생을 너무 심하게 한 나머지 판결을 내릴 때 눈물을 흘리기까지 했다. 이 모든 정신적 노력은 재판관의 신체 예산에 부담으로 작용한다. 재판관의 삶은 평정의 탈을 쓴 강렬하고도 지속적인 감정 노동의 삶이다.[56]

그러나 여전히 법조계에서는 휘둘리지 않는 최고 수준의 재판관이라는 허구를 소중히 여긴다. 연방 대법원 판사 엘리나 케이건Elena Kagan은 2010년에 대법관으로 지명된 후 감정이 사건 판결에 기여하는 것이 적절한가라는 질문을 받자 전혀 그렇지 않다고 답했다. "처음부터 끝까지 법이 있을 뿐입니다." 연방대법원 판사 소니아 소토마요르Sonia Sotomayor도 몇몇 상원의원이 그녀의 감정과 공감 능력이 공정한 재판 능력에 배치된다고 우려함에 따라 인준 청문회 때 반대에 부닥쳤다. 이에 대해 그는 재판관도 감정을 느끼지만 이를 근거로 판결을 내리면 안 된다고 답변했다.

그러나 재판관들이 결정을 내리는 데 있어 정동이 있다는 증거는 분명히 있다. 그 다음 물음은 재판관들에게는 정동이 없어야 **하느냐**는 것이다. 과연 순수한 이성이 현명한 결정을 내리는 최상의 방식일까? 다른 사람을 사형시켜야 할지에 대한 찬반을 침착하고도 냉정하게 저울질하는 사람을 상상해보라. 눈에 보이는 감정의 흔적은 없다. 〈양들의 침묵〉에 나오는 한니발 렉터Hannibal Lecter 또는 〈노인을 위한 나라는 없다No Country for Old〉에 나오는 앤톤 치거Anton Chigurh처럼 말이다. 다소 경박해 보이지만, 감정에 휘둘리지 않는 이런 식의 의사 결정은 본질적으로 형사 사건의 선고 시 법에서 지시하는 것과 같다. 정동이 없는 척하기보다는 현명하게 이용하는 것이 더 낫다. 미국 연방대법원 판사 윌리엄 브레넌William Brennan은 "따라서 세심함과 직관적이고도 열정적인 반응, 다양한 인간 경험에 대한 자각은 재판 과정에서 필연적이고도 바람직한 부분에 그치지 않고 두려워하기보다는 조장해야 할 측면이다"라고 말한 적이 있다. 핵심은 감정 입자도다. 즉 직무 위험 요인인 신체 감각에 대한 맹공격의 의미를 구성하기 위해 감정, 신체적인 것 등에 대한 개념들을 폭넓게 갖추는 것이다.[57]

예컨대 재판관이 제임스 홈즈James Holmes 같은 피고를 대한 경우를 생각해보자. 홈즈는 2012년 콜로라도 주의 오로라Aurora에서 심야 영화 〈배트맨〉 상영 중에 관객 12명을 죽이고 70명에게 부상을 입혔다. 재판관은 당연히 분노 경험을 구성할 것이다. 그러나 느낌만으로는 문제가 있다. 재판의 토대인 도덕 질서 위협을 응징하기 위해서라도 재판관의 분노는 피고를 엄벌하도록 촉발할 것이다. 그의 견해를 보완하기 위해 몇몇 법학자는 어쩌면 제정신이 아니거나 자신이 무언가의 피해자인 피고를 위해 재판관이 공감을 함양하려는 노력을 할 수 있을 것이라고 했다. 무지의 한 형태이기도 한 분노는 이 경우에 피고의 관점에 대한 무지에 해당한다. 홈즈는 분명히 수년간 심각한 정신질환과 싸웠다. 그는 열한 살 때 처음으로 자살하려고 했고, 감옥에서도 여러 번 자살을 시도했다. 극장에서 무고한 사람에게 발포한 사람이 공감을 함양하기는 매우 어렵다. 범죄가 얼마나 끔찍하고 소름끼치는 것이든지 간에 피고가 인간임을 기억하는 것은 때로는 힘든 싸움일지도 모른다. 그러나 이것은 공감이 가장 중요한 것일 때의 문제이다. 이것은 재판관이 선고 때 범죄자에게 너무 심한 처벌을 과하지 못하게 할 수 있고, 형벌 의사 결정의 도덕성과 인과응보를 보장하는 데 도움을 줄 수 있다. 이것이 법정에서 감정을 현명하게 사용하도록 기여하는 감정 입자도의 유형이다.[58]

노골적으로 말하자면 재판관이 느껴야 할 가장 유용한 감정은 재판에 임하는 재판관의 목표에 달려 있다. 예컨대 처벌 목표가 무엇인가? 응징인가? 미래의 상해를 피하기 위한 억제인가? 사회 복귀인가? 이것은 인간 마음에 대한 법 이론에 달려 있다. 목표가 무엇이든 간에 피고가 말로는 표현할 수 없는 끔찍한 짓을 저질렀을지라도 피해자의 인간성이 존중되도록 하면서 피고의 인간성이 보존되도록 하기 위한 처벌이 이루어져야 한다. 이렇게 하지 않으면 법률 제도 자체가 위험에 처한다.

감정의 괴롭힘은 유죄인가, 무죄인가?

다리를 부러뜨렸다고 고소할 수는 있어도 가슴 아프게 했다고 고소할 수 없는 이유는 무엇인가? 법은 감정적 손상을 신체적 손상보다 덜 심각한 것으로 간주하고, 처벌할 가치가 적다고 간주한다. 이것이 얼마나 모순인지 생각해보라. 신체가 당신을 당신답게 만들어주는 기관, 즉 뇌를 담는 용기用器임에도 법은 해부학적 신체의 온전함을 보호할 뿐 마음의 온전함을 보호하지는 않는다. 신체적 상해를 수반하지 않으면 감정적 상해는 실제로 존재하는 것으로 간주되지 않는다. 마음과 신체가 분리되어 있다고 보는 것이다.

만약 이 책에서 당신이 얻어갈 것이 있다면 그것은 정신과 신체 사이의 경계에 구멍이 많다는 것이다. 10장에서 나는 만성 스트레스, 부모의 감정적 학대와 소홀, 그 밖의 심리적 질병에서 생기는 신체적 상해가 최종적으로 신체적 질병과 손상을 야기하는 방식에 대해 설명했다. 어떻게 스트레스와 전염증성 시토킨이 뇌 위축을 포함한 수많은 건강 문제를 야기할 수 있는지, 암, 심장병, 당뇨병, 뇌졸중, 우울증, 그 밖의 무수한 다른 질병들의 발병 가능성을 증가시키는지 우리는 보았다.[59]

그러나 그것이 전부는 아니다. 감정적 상해는 당신의 목숨을 단축시킬 수 있다. 당신의 신체 안의 보호캡 같은 염색체 끝 부분에는 텔로머telomere(말단 소체)라는 작은 유전 물질 꾸러미가 있다. 인간, 파리, 아메바, 심지어는 당신 정원에 있는 식물에 이르기까지 모든 살아 있는 것에는 텔로머가 있다. 당신의 세포가 분열할 때마다 텔로머는 좀 더 짧아진다(말단 소체 복원 효소인 텔로머레이스

telomerase에 의해 복원될 수도 있다). 그래서 일반적으로 텔로머는 서서히 작아지고 언젠가 이것이 너무 작아지면 당신은 죽는다. 이것이 정상 노화다. 당신의 텔로머를 더 작아지게 하는 것이 무엇인지 추측해보라. 바로 스트레스다. 아주 어릴 때 역경을 경험한 아이는 텔로머가 더 짧다. 다시 말해 감정적 상해는 골절상보다 더 심각한 손상을 입힐 수 있고 더 오래 지속되며 더 많은 미래의 상해를 야기할 수 있다. 감정적 상해에서 생길 수 있는 지속적 피해의 정도 계량과 이해에 관한 한 이것은 법률 제도가 오도될 수 있음을 의미한다.[60]

또 다른 예로써 만성 통증을 살펴보자. 법은 대체로 만성 통증을 '감정적'인 것으로 간주한다. 관측 가능한 조직 손상이 없기 때문이다. 이런 사례들에서 법은 보통 보상을 받아야 할 만큼 고통이 실제로 존재하지 않는다고 결론을 내린다. 만성 통증에 시달리는 사람은 종종 정신적으로 앓고 있다는 진단을 받는다. '환상에 불과한' 고통을 감소시키려고 침습 수술을 선택할 때는 더더욱 그렇다. 의료 보험 회사는 만성 통증이 신체적인 것이 아니고 심리적인 것이라는 이유로 치료를 거부한다. 만성 통증 환자는 일을 할 수 없는데도 보상이 제공되지 않는다. 그러나 앞 장에서 본 것처럼, 만성 통증은 십중팔구 뇌의 잘못된 예측 질병이다. 고통은 실제로 존재한다. 법은 예측과 시뮬레이션이 뇌 작동의 정상 방식이라는 것을 간과하고 있다. 만성 통증은 정도는 다르지만 본질은 같다.[61]

흥미롭게도 법은 다른 유형의 상해들이 지금 없을 수도 있지만 미래에 나타난다는 것을 받아들인다. 대표적 예가 걸프전 증후군 같은 화학적 상해다. 이것은 걸프 전쟁 중에 알 수 없는 요인으로

야기된 것으로 보이는 다중상의 만성 질병인데 그 영향이 나중에 나타난다. 걸프전 증후군은 논란이 많다. 이것이 별개의 의학적 질환인지에 대해서도 의견이 분분하다. 참전 용사 수천 명이 걸프전 증후군에 대한 보상을 법원에 청구했지만 아직까지는 감정적인 것으로 보이는 스트레스와 그 밖의 상해에 대한 법적 수단이 없다.

이런 관찰이 끝났으니 나는 감정적 상해에 대한 법의 견해가 고문에 대한 국제 기준과 비교할 때 크게 모순되고 역설적이기까지 하다는 것을 지적하지 않을 수 없다. 제네바 협정은 전쟁 포로에 대한 심리적 상해를 금지하고, 마찬가지로 미국 헌법도 '잔인하고 일반적이지 않은 처벌'을 금지한다. 따라서 정부가 죄수에게 심리적 고문을 가하는 것은 불법이다. 그러나 감금 스트레스가 죄수의 텔로머를 단축시키고 따라서 그의 목숨을 단축시킴에도 장기간 독방에 감금하는 것은 완벽하게 합법이다.[62]

또한 아이의 텔로머가 단축되고 수명이 단축될 가능성이 있음에도 고등학생 불량배가 당신 아이를 모욕하고 괴롭히며 욕 보이는 것도 완벽하게 합법이다. 한무리의 여중생이 고의로 다른 소녀를 집단적으로 괴롭힐 때는 고통을 야기하려는 의도와 동기를 가지고 행동한다. 그러나 법적 조치는 드물다. 2010년에 15세의 피비 프린스Phoebe Prince는 수개월 간 언어 폭력과 신체적 위협을 당한 뒤 목매 죽었다. 십대 여섯 명이 프린스를 집단적으로 괴롭히고 페이스북 페이지에 상스러운 코멘트를 올린 후에 괴롭힘, 스토킹, 폭행, 온갖 인권 유린 혐의로 기소되었다. 이 사례는 매사추세츠 주가 집단 괴롭힘 방지법을 통과시키도록 재촉했다. 이런 법이 이제 마련되었지만 오직 가장 극단적인 사례들만 처벌한다. 당신은 아이들이 뛰어노는 운동장을 어떻게 법적 맥락에서 단속하겠는가?[63]

약자 괴롭힘에는 괴로움을 야기하려는 의도 외에 상해를 야기하려는 의도도 있을까? 우리는 확실히 알지 못한다. 그러나 대다수 사례에서 나는 그럴 것이라고 생각한다. 대다수 아이는 그들이 가하는 정신적 고통이 신체적 질병으로 바뀔 수 있고 뇌 조직을 위축시키며 지능지수를 떨어뜨리고 텔로머를 단축시키다는 것을 자각하지 못한다. 우리는 아이는 아이일 뿐이라고 한다. 그러나 약자 괴롭힘은 전국적인 유행병이다. 한 연구에서 전국의 아이 50퍼센트 이상이 최근 두 달 내에 학교에서 언어적으로 또는 사회적으로 약자 괴롭힘을 당했거나 다른 아이를 괴롭히는 데 참여했다고 보고했다. 20퍼센트 이상이 신체적 괴롭힘의 피해자 또는 가해자라고 보고했고, 13퍼센트 이상이 사이버 괴롭힘에 연루되었다고 보고했다. 평생 지속될 건강 문제를 야기할 수 있는 약자 괴롭힘은 심각한 아동기 위험으로 간주된다. 그래서 미국 의학연구소와 국가 조사위원회의 법과 정의 위원회에서는 약자 괴롭힘의 생물학적 영향과 심리학적 영향에 관한 포괄적 보고서를 만들고 있기도 하다.[64]

약자 괴롭힘 때문이든 다른 원인 때문이든 만약 당신이 매순간 정신적 고통을 겪는다면 그 고통은 상해로 간주되어야 하고 가해자는 처벌받아야 할까? 최근의 법적 사례는 그 답변이 때로는 '예'임을 시사한다. 애틀랜타Atlanta의 한 회사가 직원들에게 DNA 샘플을 요구했다. 누가 창고에 똥칠을 해놓았다는 것이 이유였다. 본인 동의 없이 누군가의 유전 정보를 취하는 것은 유전 정보 차별금지법에 따라 불법이다. 그러나 이 사례에서는 주로 감정적 이유에서 원고가 승소했다. 두 원고는 모욕 당하고 괴롭힘 당했다는 이유로 각기 약 25만 달러를 보상받고, '감정적 고통과 정신적 고통'에 대한 징벌적 보상금으로 175만 달러를 추가로 받았다. 엄청난 보상은 원고가 당한 실제 감정적 고통에 대한 비용이 아니라 미래에 당할 **잠재적** 감정적 고통 비용이었다. 결국, 그들의 개인적 건강 정보는 언제든 불리하게 사용될 수 있을 것이다. 미래에 대한 이 공포는 배심원들이 시뮬레이션하기 쉬웠고, 따라서 원고에게 공감하게 만들었다. 반면 만성 통증 사례에서는 시뮬레이션이 더 어렵다. 보이지 않는 것을 어떻게 보겠는가? 눈에 보이는 상처도 없고, 당신의 뇌가 시뮬레이션하는 데 도움이 될 만한 것은 아무것도 없다. 그래서 공감도 떨어지고 보상도 미약할 수밖에 없다.[65]

법률 제도는 순전히 실제적 이유로 정신적 고통을 처리하기가 어렵다. 만약 감정에 실재 또는 지문이 없다면 어떻게 객관적으로 측정할까? 또한 부러진 다리 같은 신체적 상해는 훨씬 더 가변적인 감정적 상해보다 경제적 측면에서 더 쉽게 예측 가능하다. 당신은 일상의 감정적 고통을 지속적 상해로부터 어떻게 구별하는가?[66]

여기서 가장 중요한 물음은 누구의 고통을 상해로 간주하느냐는 것일지도 모른다. 누가 우리의 공감을 받을 만하고 따라서 법의 충분한 보호를 받을 만한가? 만약 당신이 부주의로 또는 고의로 내 팔을 부러뜨렸다면 배상의 의무가 있다. 그러나 만약 당신이 부주의로 또는 고의로 내 가슴을 아프게 했다면 배상의 의무가 없다. 비록 우리가 오랫동안 가까이 지내며 서로의 신체 예산을 일치시켜 왔고 아프게 한 것 때문에 신체적 과정이 습관성 약물의 금단 현상으로 고통스러워졌다 할지라도 말이다. 당신은 아무리 고소하고 싶어도 또는 아무리 고소할 만하다 해도 가슴 아프게 했다는 이유로 누군가를 고소할 수 없다. 법은 사회적 실재를 만들고 강제하는 것이다. 고통에 대한 공감적 주장은 근본적으로 누구의 권리가 중요한가, 누구의 인간성이 중요한가에 대한 주장이다.[67]

올바른 법률 제도를 위한 다섯 가지 조언

당신도 알다시피, 법은 감정에 대한 고전적 견해와 여기에서 유래한 인간 본성에 대한 견해를 구현한다. 본질주의자에 대한 이야기는 설화다. 뇌를 고려하지도 않고 뇌와 신체의 연결을 고려하지도 않은 것이다. 따라서 나는 불가능한 줄 알면서도 뇌에 대한 현재의 과학적 견해를 바탕으로 배심원, 재판관, 그리고 법률 제도 일반에 대해 몇 가지 권고를 하고자 한다. 나는 법학자도 아니고, 과학의 관심사가 법의 관심사와 같지 않음을 알고 있다. 또한 책을 통해 인간성의 기본적 딜레마를 고찰하는 것과 이에 대한 판례를 확립하는 것은 별개라는 것도 알고 있다. 그러나 학문 사이에 다리를 놓으려는 시도는 중요하다. 신경과학과 법률 제도는 인간 본성에 대한 기본적 쟁점에 대해 견해가 크게 다르다. 만약 법률 제도가 사회적 실재에 대한 가장 인상적인 업적의 하나이고 양도할 수 없는 생명권, 자유권, 행복추구권을 앞으로도 보호한다면 이런 견해 차이는 반드시 해결되어야 한다.

나는 재판관과 배심원들(변호사, 경찰, 가석방 담당자 같은 그 밖의 법률 관련 배우들)에게 감정의 기본적 과학과 예측성 뇌를 교육하는 것으로 시작하고자 한다. 뉴저지, 오레곤, 매사추세츠 주의 대법원은 인간 기억은 구성되는 것이고 틀릴 수도 있다는 것을 공식적으로 배심원들에게 교육함으로써 올바른 방향으로 나아가고 있다. 우리는 감정에 대해서도 비슷한 접근법을 필요로 한다. 이 목적을 위해 나는 교육 핵심 5개를 제안한다. 당신은 이것을 법률 제도를 위한 정동 과학의 선언이라고 부를 수 있을 것이다.

선언의 첫 번째 교육 핵심은 이른바 감정 표현에 관한 것이다. 감정은 표현되지도, 표출되지도 않으며, 그 밖에 어떤 식으로든 얼굴, 신체, 목소리 등을 통해 객관적으로 드러나지 않는다. 무죄와 유죄 또는 처벌을 결정하는 사람은 이것을 알 필요가 있다. 당신은 분노, 슬픔, 회한, 또는 다른 사람의 어떤 다른 감정을 인식하거나 탐지할 수 없다. 오직 추측할 수 있을 뿐이다. 몇몇 추측은 다른 정보보다 더 잘 맞는다. 공정한 재판은 경험자(피고와 증인)와 지각하는 사람(배심원과 재판관) 간의 동기화에 달려 있는데 이것은 많은 환경에서 달성하기 어렵다. 예컨대 몇몇 피고는 말이 없는 움직임을 능숙하게 이용하여 회한 같은 감정 정보를 전달한다. 몇몇 배심원은 피고와의 개념 동기화를 다른 배심원보다 더 잘할 것이다. 이것은 정치 이슈에 대해 피고 또는 증인과 견해가 다를 때 또는 다른 사람이 민족적 배경이 같지 않을 때처럼 어려운 상황에서 배심원들이 감정을 지각하기 위해 더욱 노력할 필요가 있을지도 모른다는 것을 의미한다. 배심원들은 다른 사람의 입장에서 동기화를 꾀하고 공감을 배양하도록 노력해야 한다.[68]

두 번째 핵심은 실재에 관한 것이다. 시각, 청각, 그 밖의 감각은 언제나 느낌의 영향을 받는다. 가장 객관적인 것처럼 보이는 증거조차 정동 실재론의 영향을 받는다. 배심원과 재판관은 예측성 뇌와 정동 실재론에 대해, 어떻게 느낌이 말 그대로 법정에서 보고 듣는 것을 바꾸는지에 대해 교육을 받아야 한다. 어쩌면 내가 언급한 시위자 동영상 연구, 즉 정치 신념이 폭력적 의도를 지각하는 데 영향을 미치는 연구는 교육적 예로 이용될 수 있을 것이다. 또한 배심원들은 정동 실재론이 어떻게 목격자들에게 영향을 미치는지 이해해야 한다. "나는 그가 칼을 들고 있는 것을 보았습니다"라는 간단한 진술조차 정동 실재론의 영향을 받은 지각이다. 증인의 증언은 엄연한 사실을 전하지 않는다.

세 번째 핵심은 자기 통제에 관한 것이다. 자동적이라고 느껴지는 사태는 반드시 완전히 당신의 통제 밖에 있지는 않고 반드시 감정적이지도 않다. 예측성 뇌는 당신이 감정을 구성할 때 사고 또는 기억을 구성할 때와 똑같은 정도의 통제를 제공한다. 살인 재판정에 선 피고는 환경에 휘둘리고 분노에 촉발되어 필연적인 공격적 행동을 추구하는 인간의 탈을 쓴 단세포동물이 아니다. 대다수 분노 사례는 아무리 자동적인 것으로 느껴질지라도 살인을 야기하지 않는다. 또한 분노는 장기간에 걸쳐 매우 의도적으로 나타날 수도 있다. 따라서 애당초부터 자동적인 분노는 존재하지 않는다. 사태가 감정이든 또는 인지든 간에 당신은 상대적으로 더 많은 통제를 가질 때 상대적으로 더 많은 책임을 가진다.

네 번째 핵심은 "내 뇌가 그렇게 하도록 시켰다"는 변명을 조심해야 한다는 것이다. 배심원과 재판관은 특정한 뇌 부위가 나쁜 행동을 직접 야기했다는 주장을 의심해야 한다. 그것은 엉터리 과학이다. 모든 뇌는 유일무이하다. 다양성이 정상이고 (변성을 생각해보라) 반드시 의미 있는 것은 아니다. 불법 행동이 명확히 어떤 뇌 부위와 관련된 적은 없다. 여기서 나는 암이나 분명한 신경퇴행성 징후 같은 특이 종양을 들먹이지 않겠다. 이것은 특정한 유형의 전측두엽 치매 같은 몇몇 사례들에서 사람들이 행동을 법에 순응하게 하는 것을 더 어렵게 만든다. 그렇기는 하지만 많은 종양과 신경퇴행성 손상은 법률 제도와의 싸움을 전혀 야기하지 않는다.

마지막 교육 핵심은 본질주의를 유념해야 한다는 것이다. 배심원과 재판관들은 모든 문화는 성, 인종, 민족적 배경, 종교 같은 사회적 범주로 가득 차 있다는 것을 알아야 할 필요가 있다. 이런 것들을 자연 깊숙이 경계선을 가지고 있는 물리적, 생물학적 범주와 혼동해서는 안 된다. 또한 감정의 고정 관념은 법정의 문제가 아니다. 여성은 공격자에 대해 공포 대신 분노를 느낀다는 이유로 처벌받아서는 안 되며, 남성은 용감하고 공격적인 대신 의지가 약하고 상처받기 쉽다는 이유로 처벌받아서는 안 된다. 법의 '합리적 인간' 표준은 고정 관념에 바탕을 둔 허구이고, 모순되게 적용된다. 어쩌면 지금은 합리적 인간이라는 신화를 버리고 몇몇 다른 비교 표준을 생각해 낼 때다.[69]

정동 과학의 선언을 넘어, 우리는 또한 감정에 휘둘리지 않는 재판관이라는 케케묵은 신화를 가지고 있다. 이 신화는 미국 연방대법원 판사와 그 밖의 법률 전문가에 의해 유포되고 문제시된 것이다. 학자들은 법률 저널을 통해 사법 처리 시 감정의 가치에 대해 논쟁을 벌일 수도 있다. 그러나 내수용과 정동의 영향을 벗어나서 결정하는 것이 재판관을 포함한 어떤 인간에게도 유용하지 않다는 것을 인간 뇌 해부에서 확인할 수 있다. 감정은 적도 아니고 사치품도 아니다. 지혜의 원천이다. 재판관은 감정을 드러내서는 안 된다. 그러나 재판관은 감정을 자각해야 하고 분명히 최대한 이용해야 한다.

감정을 현명하게 이용하기 위해, 나는 재판관들이 높은 입자도의 감정 경험을 배울 것을 제안한다. 불쾌감을 느끼는 재판관이 분노를 짜증이나 배고픔과 다른 것으로 경험할 수 있을 만큼 섬세한 범주화 능력을 가지고 있다면 직무 수행에 많은 도움이 될 것이다. 분노는 냉담한 피고, 순진한 원고, 호전적인 증인, 유난히 개입하는 변호사에 대한 공감 능력을 키우는 계기가 되어야 한다. 공감이 없는 분노는 징벌적 처벌만을 촉진하여 법률 제도의 근저에 깔려 있는 정의 개념을 잠식할 위험이 있다. 재판관은 경험을 수집하고 더 많은 감정 단어를 학습하며 개념 조합을 이용하여 새로운 감정 개념을 만들어내고 탐색하며 자신의 감정 경험을 매순간 해체하고 재범주화함으로써(9장) 더 높은 감정 입자도를 키울 수 있다. 이것은 번잡스런 작업처럼 보이지만, 다른 기술과 마찬가지로 훈련하면 습관이 된다. 또한, 이것은 다른 문화 출신의 피고에게 감정 경험과 소통에 대한 다른 문화적 기준을 설명해주어야 하는 재판관에게 큰 도움이 될 것이다.

또한 재판관은 배심원을 선정할 때 정동 실재론의 영향을 줄이는 것을 학습할 수 있다. 종종 재판관과 변호사는 "이 사건에서 객관적이며 공정하고 치우치지 않을 수 있습니까?" 또는 "피고를 알고 있습니까?" 같은 솔직한 질문을 던져 배심원을 가려내기도 한다. 재판관은 배심원과 피고 사이의 표면적 유사성을 평가하려고 노력하기도 한다. 예컨대 재정 자문가가 고객의 퇴직 연금 수백만 달러를 횡령한 혐의로 기소된 경우 재판관은 배심원 중에 횡령 피해자가 있는지, 금융계에 종사하는 가까운 친척이 있는지 물어볼 수 있다. 그러나 유사성과 차이의 표면적인 특징은 빙산의 일각에 지나지 않는다. 배심원이 재판 중에 어떻게 예측할지를 이해하기 위해 배심원의 정동적 적소를 살펴보는 것이 현명할지 모른다. 이를 통해 지각에 영향을 미치는 편견을 찾아낼 수 있을 것이다. 예컨대 재판관은 배심원이 어떤 잡지를 보는지, 어떤 영화를 즐겨 보는지, 사격 게임을 즐기는지 등에 관해 심리학의 표준 평가 기법을 토대로 질문할 수 있다. 이런 정보를 얻음으로써 재판관은 배심원이 가진 편견에 대해 대놓고 물어보기보다 배심원이 여가를 어떻게 보내는지를 근거로 배심원의 잠재적 편견을 살펴볼 수 있다. 왜냐하면 이런 자기 보고가 반드시 타당한 것은 아니기 때문이다.[70]

지금까지 내가 한 제안은 가장 쉽게 실천할 수 있는 것이다. 이제 정말로 어려운 것, 즉 법의 기본 가정을 바꾸어 놓을 과학적 고찰을 다룰 차례이다.

나의 행동은 누구의 책임인가?

우리의 감각이 실재를 드러내지 않는다는 것을 우리는 이미 알고 있다. 재판관과 배심원은 분명히 정동 실재론 때문에 골머리를 앓고 있다. 이런 요인은, 마음과 뇌에 대한 그 밖의 지식과 마찬가지로, 상당히 급진적인 견해를 가지게 만든다(나는 이것을 말하기가 겁날 지경이다). 어쩌면 지금이 유무죄를 결정하는 토대로서의 배심재판을 재평가해야 할 때일지도 모른다. 배심재판은 미국 헌법에 명시되어 있다. 그러나 이 획기적인 문서의 기초자들은 인간의 뇌가 어떻게 작동하는지에 대해서도, 언젠가는 피해자의 손톱 밑에서 피고의 DNA를 탐지할 수 있으리라는 것에 대해서도 어렴풋이나마 알지 못했다. DNA 증거를 확보하기 전에, 법은 유죄 판단이 옳은 것인지 틀린 것인지 말할 수 없었다. 법률 제도는 오직 판단이 공정하게 이루어졌는지만 결정할 수 있었다. 다시 말해 규칙과 법적 과정이 일관되었는지만 결정할 수 있었다. 따라서 법은 진실에 관한 것이 아니라 일관성에 관한 것이었다. 법 절차에 있어서 적절한 과정은 결정 자체의 타당성에 관한 것이 아니라 유무죄를 결정함에 있어서 절차상 오류를 피하는 것에 관한 것이었다. 오늘날의 법률 제도는 오직 일관성이 공정한 결과를 낳는다는 것을 가정할 때만 작동한다. 하지만 DNA 검사가 이 모든 것을 바꾸어놓고 있다. DNA 검사는 완벽한 것은 아니지만, 정동에 휘둘리는 인간 배심원의 지각에 비하면 매우 객관적이다.[71]

DNA 증거가 없거나 중요치 않은 경우에는 배심원단 대신에 더 큰 재판관 명단에서 임의로 뽑은 다수 공동 재판관의 집단 지혜에 의지해 재판을 진행하는 것이 나을 것이다. 이미 말했듯이 나는 법학자가 아니라 과학자에 지나지 않는다. 따라서 어쩌면 더 현명한 법률가들이 더 좋은 방식으로 균형 잡힌 재판관 제도를 만들 수 있을지 모른다. 자기 자각 능력과 감정 입자도를 높이는 훈련을 받은 능숙한 재판관단이라면 배심원단보다 더 효과적으로 정동 실재론을 피할 수 있을 것이다. 하지만 이것은 결코 완벽한 해결책이 아니다. 적어도 미국에서는 재판관이 특정 신념으로부터 자유롭다는 착각을 하면서 나이 든 사람, 주로 유럽계 미국인을 편드는 경향이 있어 일군의 특정 신념을 지나치게 대변할지도 모른다. 또한 재판관은 최고형을 선고할 가능성이 있다. 한 가지는 분명하다. 미국에서는 매일 수천 명이 동년배의 배심원단 앞에 나타나 공정하게 판단해주기를 기대한다는 것이다. 그러나 실제로는 언제나 자기 중심적 관점에서 세계를 지각하는 인간의 뇌에 의해 판단을 받는다. 그렇지 않다고 믿는 것은 뇌의 구조에 의해 지지를 받지 못하는 허구일 뿐이다.[72]

이제 가장 난감한 이슈를 다룰 차례이다. 행동을 통제한다는 것, 따라서 행동에 책임을 진다는 것이 무슨 뜻인가. 심리학도 거의 마찬가지이지만 법은 보통 책임을 두 부분으로 나누어 생각한다. 당신이 야기했기 때문에 책임을 더 많이 지는 것과 상황이 야기했기 때문에 책임을 더 적게 지는 것이다. 하지만 내부 대 외부라는 이 간단한 이분법은 예측성 뇌의 실재와 맞물리지 않는다.

인간 본성에 관한 구성 관점에서는 모든 인간 행동은 세 가지 유형과 관련되어 있다. 첫 번째는 전통적인 것, 즉 매순간의 당신의 **행동**이다. 당신은 방아쇠를 당기고 돈을 탈취하여 달아난다. 법률 제도는 이 행동을 **범죄 행위**, 즉 유해한 행동이라 한다.

책임의 두 번째 유형은 불법 행동을 야기하는 당신의 특정 **예측**과 관련이 있다. 법률에서는 **범행 의도**, 즉 죄 지으려는 마음이라고 알져져 있다. 행동은 단 한순간에 야기되지 않는다. 언제나 예측에 의해 일어난다. 열린 금전등록기에서 돈을 훔칠 때 그 순간 당신은 행위자이다. 그러나 당신 행동의 궁극적 원인은 또한 '금전등록기', '돈', '소유', '훔치기' 같은 개념을 포함하고 있다. 이런 개념 하나하나는 당신 뇌 속의 크고 다양한 사례 개체군과 관련이 있고, 이를 바탕으로 당신은 당신의 행동을 야기하는 예측을 발한다. 이제, 만약 똑같은 상황에서 비슷한 개념을 가진 다른 사람들이, 즉 합리적인 사람이 현금을 훔치면 당신은 당신의 행동에 대해 덜 비난받을지도 모른다. 그러나 그들은 현금에 손대지 않을지도 모른다. 이 경우 당신의 책임은 더 크다.

책임의 세 번째 유형은 당신의 개념 체계 내의 **콘텐츠**와 관련이 있다. 이것은 법을 위반할 때 당신의 뇌가 이 체계를 어떻게 이용하여 예측하느냐는 것과는 별개다. 뇌는 진공에서 마음을 계산하지 않는다. 모든 인간은 그의 또는 그녀의 개념의 총합이다. 개념이 행동을 하게 하는 예측이 된다. 당신 머릿속의 개념은 순전히 개인적 선택의 문제가 아니다. 당신의 예측은 당신이 살고 있는 문화의 영향으로부터 나온다. 유럽계 미국인 경찰이 정동 실재론 때문에 아프리카계 미국인의 손에 총이 들려 있는 것을 정말로 보고, 이 무장하지 않은 시민에게 발포할 때 그 순간 사태는 외부의 무엇에 뿌리를 둔다. 경찰이 명백히 인종차별주의자일지라도 그의 행동은 부분적으로 그의 개념에 의해 야기된 것이고, 인종에 대한 미국인의 고정 관념을 포함하는 평생의 경험에 의해 형성된 것이다. 피해자의 개념과 행동도 마찬가지로 경찰에 대한 미국인의 고정 관념을 포함하는 평생의 경험에 의해 이루어진 것이다. 당신의 모든 예측은 직접 경험에 의해서만 형성되지는 않고 텔레비전, 영화, 친구들, 당신 문화의 상징들에 의해 간접적으로도 형성된다. 도시 범죄를 다룬 영화의 세계로 도피하거나 텔레비전의 경찰 드라마를 한두 시간 봄으로써 스트레스를 푸는 것은 흥미로운 일이지만, 경찰의 갈등 묘사는 특정 민족의 사람 또는 사회경제적 지위를 가진 사람에 의해 제기된 위험에 대한 우리의 예측을 미세하게 조정한다. 게다가 당신의 마음은 당신 뇌의 기능일뿐만 아니라 당신 문화권의 다른 뇌의 기능이기도 하다.[73]

한편 책임의 이 세 번째 영역은 두 가지로 나누어진다. 때때로 이것은 "사회가 비난받아야 한다"는 것으로 경시된다. 이 말은 지나치게 동정심이 많은 진보주의자의 정서로 풍자된다. 나는 좀 더 미묘한 차이가 나는 그 무엇을 말하고 있다. 만약 당신이 범죄를 저질렀다면 당신은 실제로 비난을 받아야 한다. 그러나 당신의 행동은 당신의 개념 체계에 뿌리를 두고 있고, 이 개념들은 드러나지 않는다. 개념들은 당신이 살고 있는 사회의 실재에 의해 만들어진다. 이 실재가 당신의 피부 밑에서 유전자를 켰다 껐다 하고 당신의 뉴런을 배선한다. 당신은 다른 동물과 마찬가지로 당신의 환경으로부터 학습한다. 그러나 모든 동물은 자신의 환경에 반응한다. 따라서 인간으로서 당신은 환경에 반응하여 당신의 개념 체계를 조정하는 능력을 가지고 있다. 이것은 당신이 수용하고 거부하는 개념에 최종적으로 책임을 져야 한다는 것을 의미한다.

8장에서 논한 것처럼, 예측성 뇌는 자기 통제의 지평을 행동 순간 너머로 확대하고, 따라서 당신의 책임을 복잡한 방식으로 확대한다. 당신의 문화는 특정 피부 색의 사람이 범죄자가 되기 쉽다고 당신에게 가르칠지도 모른다. 그러나 당신은 이런 신념이 야기할 수 있는 상해를 경감시키고 다른 방향에서 당신의 예측을 연마할 능력을 가지고 있다. 당신은 피부 색이 다른 사람을 친구로 삼을 수도 있고 이들이 법을 준수하는 시민이라는 것을 눈으로 확인할 수도 있다. 반면에 당신은 인종차별주의자 고정 관념을 강화하는 텔레비전 쇼를 안 볼 수도 있다. 또는 당신 문화의 기준을 맹목적으로 따를 수도 있고, 당신에게 부여된 정형화된 개념을 수용할 수도 있으며, 특정 사람을 나쁘게 대하는 기회를 증가시킬 수도 있다.

성경 연구 모임의 아프리카계 미국인 회원을 쏘아 죽인 딜런 루프는 백인 우월주의 상징으로 자신을 둘러싸기로 했다. 분명히 루프는 인종주의에 젖은 사회에서 자랐다. 그러나 대다수 미국의 성인도 그렇게 자랐지만 대다수는 돌아다니며 사람을 쏘아 죽이지 않는다. 따라서 뉴런 수준에서, 당신과 당신의 사회는 당신 뇌에서 더 가능성이 있는 특정 예측을 공동으로 야기한다. 그러나, 당신은 해로운 이데올로기를 극복할 책임을 여전히 지고 있다. 더욱 난감한 진실은 최종적으로 우리 각자가 자신의 예측에 책임을 진다는 것이다.

법에는 이렇게 예측에 기초해 책임을 이해하는 판례가 있다. 예컨대 만약 음주 운전을 하다가 차로 누군가를 치었다면 당신은 음주 상태에서 팔다리를 효과적으로 통제할 수 없었더라도 당신이 야기한 상해에 대해 책임을 져야 한다. 하지만 당신은 그렇게 하지 말았어야 한다. 왜냐하면 우리 사회의 모든 성인은 음주 상태가 잘못된 의사 결정의 위험을 안고 있다는 것을 알기 때문이다. 따라서 당신은 그 후에 일어난 사고 때문에 비난을 받는다.

법에서는 이것을 예견 가능성 논거라 한다. 당신이 상해를 가할 의사가 있었느냐 없었느냐는 것은 중요하지 않다. 당신은 책임이 있다. 이제 우리는 예견 가능성 논거를 거시적 수준의 상식에서 밀리세컨드 수준의 뇌 예측으로 확대할 수 있는 충분한 과학적 증거를 가지고 있다. 당신은 인종 고정 관념 같은 몇몇 개념이 문제를 일으킬 수 있다는 것을 잘 안다. 만약 당신의 뇌가 당신 앞에 있는 아프리카계 미국인 청년이 무기를 가지고 있다고 예측하고 당신이 아무도 없는 곳에서 총을 지각하면 정동 실재론에도 불구하고 당신에게 어느 정도의 비난 가능성이 있다. 당신의 개념을 바꾸는 것은 당신의 책임이기 때문이다. 만약 당신이 이런 고정 관념에 대해 알고 예방 접종을 하여 예측을 바꾼다는 목적을 가지고 당신의 개념 체계를 확대해도 당신은 여전히 아무도 없는 곳에서 실수로 총을 볼지도 모르고, 여전히 비극이 일어날지도 모른다. 그러나 당신의 비난 가능성은 약간 감소한다. 당신이 할 수 있는 것을 변화시키기 위해 책임감 있게 행동했기 때문이다.

결국 법률 제도는 문화가 사람들의 경험과 행동을 결정하는 개념과 예측에 미치는 어마어마한 영향을 이해하기 시작할 것이 틀림없다. 어쨌든 뇌는 자신이 발견하는 사회적 실재에 그 자신을 배선한다. 이 능력은 우리가 종으로서 가지는 가장 중요한 진화 이익의 하나다. 따라서 우리는 미래 세대의 뇌에 배선될 개념에 약간의 책임을 진다. 그러나 이것은 형법의 이슈가 아니다. 이것은 실제로 언론 자유의 권리를 보장한 미국 헌법 수정 제1조와 관련된 정책 이슈다. 그리고 미국 헌법 수정 제1조는 언론의 자유가 견해의 전쟁을 낳아 진실이 만연되게 하리라는 생각에 근거를 두고 있다. 그러나 미국 헌법의 기초자들은 문화가 뇌를 배선한다는 것을 알지 못했다. 당신의 피부 밑에는 견해가 자리를 잡고 오랫동안 머무르고 있고 견해가 고정화되기만 하면 당신은 그것을 쉽게 거부할 위치에 있지 않을지도 모른다.

결국 법정도 감각의 지배를 받는다

감정의 과학은 인간 본성에 대한 법의 오래된 가정, 즉 이제 우리가 알기로는 인간 뇌의 구조 때문에 중요시되지 않는 가정 몇 개를 비추는 편리한 손전등이다. 사람은 합리적 측면이 감정적 측면을 규제하는 그런 합리적 측면과 감정적 측면을 가지고 있지 않다. 재판관은 순수한 이성으로 결정하기 위해 정동을 배제할 수 없다. 배심원은 피고의 감정을 탐지할 수 없다. 가장 객관적으로 보이는 증거도 정동 실재론에 의해 영향을 받는다. 범죄 행위는 뇌의 얼룩과 분리될 수 없다. 감정적 상해는 단순한 고통이 아니라 생명을 단축시킬 수 있다. 한마디로 말해 법정 내에서의 또는 다른 어느 곳이든 모든 지각과 경험은 편견 없는 과정의 결과라기보다는 문화에 의해 주입되고 세계에서 들어온 감각 입력에 의해 수정된 고도로 개인화된 신념이다.

우리는 마음과 뇌의 새로운 과학이 법의 방향을 결정짓기 시작할 수 있는 전환점에 와 있다. 재판관, 배심원, 변호사, 증인, 경찰, 그 밖의 법률 과정 참가자들을 교육함으로써 우리는 최종적으로 더 공정한 법률 제도를 만들 수 있을 것이다. 어쩌면 우리는 곧 배심 재판정을 멀리할 수 없을 것이다. 그러나 감정이 구성된다는 것을 배심원에게 교육하는 것 같은 간단한 단계로도 현재 상황을 개선할 수 있다.

법률 제도는 여전히 당신을 합리적 사고라는 옷을 걸친 감정적 동물로 간주한다. 우리는 증거와 관찰을 통해 이 신화에 체계적으로 도전했다. 그러나 우리가 아직 질문하지 않은 가정이 하나 남아 있다. 짐승이 더 감정적이냐는 것이다. 침팬지처럼 우리와 가까운 영장류 조카의 뇌는 감정을 구성할 수 있는가? 개는 어떤가? 우리처럼 개념과 사회적 실재를 가지고 있는가? 우리의 감정적 능력은 동물의 왕국에서 정말로 유일무이한 것인가? 다음 장에서는 이런 주제를 탐구할 것이다.

| 12장 |

동물도 화를 내는가?

나는 개를 기르지 않는다. 그러나 내 친구들이 기르는 개는 내 가족과 다름없다. 그중 내가 좋아하는 개는 로우디Rowdy다. 로우디는 골든 리트리버 품종과 베른Bernese 품종의 혼혈종인데 활기 차고 장난 치기 좋아해 언제나 행동 준비 상태다. 또 이름에 걸맞게 곧잘 짖고 달려든다. 다른 개나 낯선 사람이 다가오면 으르렁거리기 일쑤다. 한마디로 로우디는 개다.

때때로 로우디는 자신을 억누르지 못한다. 그리고 이 때문에 파멸 직전까지 몰리기도 했다. 로우디가 주인인 내 친구 앤지Angie와 산책을 나갔을 때 십대 소년이 다가가 로우디를 쓰다듬었다. 로우디는 그 소년을 몰랐고 따라서 계속 짖으며 달려들었다. 소년은 분명히 다친 데가 없었다. 그래서 몇 시간 후에 소년의 엄마가 로우디를 붙잡아서 '잠재적으로 위험한 개'로 등록했을 때 우리는 놀랐다. 불쌍한 로우디는 그 후 몇 년간 밖에 나갈 때 입마개를 해야 했다. 만약 로우디가 또 누군가에게 달려들면 포악한 개로 등록될 것이고 어쩌면 안락사 당할 것이다.

그 소년은 로우디를 무서워하여 성난 위험한 개로 지각했다. 당신이 짖고 으르렁거리는 개를 만났을 때 그 개는 실제로 화를 내고 있을까? 그저 영역 표시 행동을 하는 것일까? 가까워지려고 설치는 것일까? 한마디로 말해 개는 감정을 경험할 수 있는가?

당연히, 상식적으로는 그렇다고 할 수 있다. 로우디는 으르렁거릴 때 감정을 느낀다. 수많은 책들이 이 이슈를 다룬다. 몇 개만 들어 보면 마크 비코프Marc Bekoff의 《동물의 감정 생활The Emotional Lives of Animal》, 버지니아 모렐Virginia Morell의 《영리한 동물Animal Wise》, 그레고리 번즈Gregory Berns 의 《개는 어떻게 우리를 사랑하는가How Dogs Love Us》가 있다. 동물 감정의 과학적 발견을 다룬 뉴스 기사도 수

그림 12-1 로우디

십 개 있다. 개는 질투를 하고 쥐는 후회를 경험하며 가재는 불안을 느끼고 파리조차 다가오는 파리채에 공포를 느낀다는 것이다. 당연히, 만약 당신이 애완동물과 함께 살고 있다면 애완동물이 감정적이라고 여겨지는 방식으로 행동하는 것, 즉 두려워서 이리저리 뛰는 것, 기뻐서 뛰어오르는 것, 슬퍼서 낑낑거리는 것, 사랑의 표시로 가르랑거리는 것을 분명히 보았을 것이다. 동물이 우리 인간과 마찬가지로 감정을 경험한다는 것은 분명한 것 같다.* 《단어를 넘어: 동물은 무엇을 생각하고 느낄까Beyond Words: What Animals Think and Feel》의 저자 칼 사피나Carl Safina는 간단 명료하게 말한다. "그렇다면 다른 동물들도 인간 감정을 가지고 있는가? 그렇다. 가지고 있다. 인간은 동물 감정을 가지고 있는가? 그렇다. 대체로 똑같은 감정을 가지고 있다."[1]

하지만 몇몇 과학자는 이를 확신하지 않는다. 그들은 동물의 감정은 착각에 불과하다고 말한다. 그들의 관점에 따르면, 로우디는 생존을 위한 행동을 촉발하는 뇌 회로는 가지고 있지만 감정을 위한 행동을 촉발하는 뇌 회로는 가지고 있지 않다. 또한 로우디는 우세할 때나 영역을 방어하기 위한 때는 다가가고 열세에 놓인 때나 위협을 피하기 위한 때는 물러난다. 이런 사례에서 로우디는 쾌감, 고통, 흥분 또는 그 밖의 다양한 정동을 경험할지 모르지만 그 이상의 것을 경험하는 정신적 메커니즘은 가지고 있지 않다고 한다. 정신적 메커니즘을 가지고 있지 않다는 설명은 그다지 완벽하

* 단순화하기 위해 나는 '동물,' '포유동물,' '영장류,' '유인원' 같은 단어를 엄격히 비인류non-human kind를 의미하는 것으로 사용한다. 물론 우리 인간은 이런 범주에 속한다.

지 않다. 왜냐하면 우리 자신의 경험을 거부하기 때문이다. 수백만의 애완동물 소유자는 그들의 개가 분노하여 으르렁거리고 슬퍼서 축 늘어지며 수치심에서 머리를 처박는다는 데 돈을 걸곤 한다. 이런 지각이 몇몇 일반적 정동 반응을 중심으로 만들어진 착각이라고 생각하기는 어렵다.[2]

나는 동물 감정의 매력에 빠져든 적이 있다. 내 딸은 침실에서 실험용 쥐인 기니피그guinea pig 몇 마리를 수년 간 기른 적이 있다. 어느 날 우리는 컵케이크라고 이름 붙인 작은 새끼를 얻었다. 컵케이크는 첫 주에 밤마다 낯선 우리 안에서 혼자 우는 것 같은 소리를 냈다. 나는 포근하고 아늑한 스웨터 주머니에 컵케이크를 넣어 돌아다니곤 했다. 그러자 컵케이크는 행복에 겨워 찍찍거렸다. 내가 우리에 다가갈 때마다 다른 기니피그는 찍찍거리며 달아나곤 했지만 작은 컵케이크는 꺼내주기를 기다리는 듯이 잠자코 앉아 있다가 냉큼 내 목으로 파고들어 주둥이를 비벼대곤 했다. 이런 순간에는 컵케이크가 나를 사랑한다는 생각을 떨치기가 매우 어려웠다. 여러 달 동안 컵케이크는 늦은 밤마다 나의 벗이 되어주었다. 내가 책상에 앉아서 일할 때면 컵케이크는 내 무릎에 자리잡고는 가르랑거리곤 했다. 우리 집 식구들은 실제로 컵케이크가 기니피그 몸을 가진 강아지였다고 생각했다. 그러나 과학자로서 나는 작은 컵케이크가 실제로 느끼는 것을 딱히 지각하지는 못했다는 것을 알았다.

이 장에서 우리는 동물의 뇌 회로와 실험적 연구를 바탕으로 동물이 느낄 수 있는 것을 체계적으로 탐구할 것이다. 우리는 증거를 주의 깊게 살펴보기 위해 인간 본성에 대한 본질주의적 이론뿐만 아니라 우리가 애완동물에 대해 가지고 있는 좋아하는 느낌도 배제해야만 할 것이다. 과학자들은 곤충에서 인간에 이르기까지 지구상의 많은 동물이 똑같은 기본적 신경계를 공유한다는 데 대다수 동의한다. 동물 뇌가 똑같은 일반적 청사진에 따라 만들어졌다는 데 어느 정도 동의하기까지도 한다. 그러나 집수리를 해본 사람이라면 누구나 알고 있듯이 청사진을 현실로 옮길 때 사소한 곳에서 문제가 불거지곤 한다. 다른 종의 뇌에 관한 한 이들 뇌가 똑같은 신경망 부위를 가지고 있을지라도 배선의 미세한 차이가 때로는 이런 큰 유사성만큼이나 중요하다.[3]

구성된 감정 이론을 적용하면 동물이 감정을 만드는 데 필요한 성분 3개를 가지고 있는지에 대해 의심하게 된다. 첫 번째 성분은 내수용이다. 즉 동물이 내수용 감각을 만들고 이를 정동으로 경험할 신경 장비를 가지고 있느냐는 것이다. 두 번째 성분은 감정 개념이다. 즉 동물이 '공포'와 '행복' 같은 순전히 정신적인 개념을 학습할 수 있고, 만약 그렇다면 이런 개념들로 예측하여 감각을 범주화할 수 있고 우리 인간처럼 감정을 만들 수 있느냐는 것이다. 마지막 성분은 사회적 실재가 존재한다는 것이다. 즉 동물이 감정 개념을 공유하여 이를 다음 세대에 물려줄 수 있느냐는 것이다.

동물이 무엇을 느낄 수 있는지 알아보기 위해 우리는 기본적으로 우리와 가장 가까운 진화적 사촌인 원숭이와 고등 유인원에 초점을 맞출 것이다. 이 과정에서 우리는 동물이 우리가 느끼는 종류의 감정을 가지고 있는지 알아낼 것이다. 미리 예고하지만, 답은 뜻밖의 특이함을 가지고 있다.

인간 아기와 원숭이 새끼의 차이점

모든 동물은 생존을 유지하기 위해 신체 예산을 조절한다. 따라서 분명히 모종의 내수용 신경망을 가지고 있다. 신경과학자 윔 반두펠Wim Vanduffel 및 단테 만티니Dante Mantini와 함께 우리 연구실은 짧은꼬리원숭이macaque monkey의 신경망 확인에 착수하여 성공을 거두었다(짧은꼬리원숭이와 인류는 약 2,500만 년 전에 마지막으로 공통의 조상을 공유했다). 짧은꼬리원숭이의 내수용 신경망은 우리가 발견한 인간의 내수용 신경망과 똑같은 부분을 일부분 가지고 있다. 물론 약간의 차이는 있지만, 짧은꼬리원숭이의 신경망은 인간 신경망과 똑같은 방식으로 예측을 수행하도록 조직되어 있다.[4]

짧은꼬리원숭이도 정동을 경험하는 것 같다. 당연히 짧은꼬리원숭이는 그들이 어떻게 느끼는지 우리에게 말해줄 수 없다. 그러나 내 박사 과정 학생 중 한 명이었던 엘리자 블리스 모로Eliza Bliss-Moreau는 우리가 정동을 느낄 때와 똑같은 상황에서 짧은꼬리원숭이가 우리 인간들과 똑같은 신체 변화를 보인다는 증거를 발견했다. 엘리자는 캘리포니아 대학 데이비스 캠퍼스의 캘리포니아 국립 영장류 연구 센터에서 짧은꼬리원숭이를 연구하고 있다. 엘리자의 원숭이는 다른 원숭이들이 놀고 싸우고 잠자는 등의 모습을 담은 동영상 300개를 보았다. 그동안 엘리자는 원숭이의 눈 움직임과 심혈관계 반응을 추적했다. 엘리자는 인간이 이런 동영상을 볼 때 하는 것과 똑같은 활동을 원숭이의 자율신경계 활동에서 발견했다. 인간의 경우, 이 신경계 활동은 그들이 느끼는 정동과 관련이 있다. 이것은 짧은꼬리원숭이가 먹거리 찾기와 털 손질 같은 긍정적 행동을 볼 때 유쾌한 정동을 경험하고, 위축되는 것 같은 부정적 행동을 볼 때 불쾌한 정동을 경험한다는 것을 시사한다.[5]

이런 단서와 그 밖의 생물학적 단서를 근거로 볼 때 짧은꼬리원숭이는 분명히 내수용을 처리하고 정동을 느낀다고 볼 수 있다. 만약 그렇다면 침팬지, 난쟁이 침팬지bonobo, 고릴라, 오랑우탄 같은 고등 유인원도 분명히 정동을 느낄 것이다. 일반적인 포유동물들에 관해서는 확실히 말하기 어렵다. 포유동물이 경계심과 피로뿐만 아니라 쾌감과 고통도 느낀다는 것은 의심할 여지가 없다. 많은 포유동물은 인간의 회로와 비슷해 보이면서도 기능이 다른 회로를 가지고 있다. 따라서 우리는 배선을 검사하는 것만으로는 물음에 답변을 할 수 없다. 개의 내수용 회로에 대한 연구는 거의 없지만 개의 행동으로 미루어 볼 때 개가 정동적 삶을 산다는 것은 꽤 분명해 보인다. 새, 물고기, 파충류는 어떨까? 우리는 아직까지 확실히 알지 못한다. 솔직히 말해 나는 이런 물음에 대해 민간인으로서 크나큰 호기심을 가지고 있다(내 남편은 과학 외 분야에서 나를 민간인이라고 부른다). 슈퍼마켓에서 고기나 달걀을 집을 때, 부엌에서 성가시기 짝이 없는 파리를 내쫓을 때, 내 머리에 반드시 떠오르는 물음이 있다. 얘네들은 무엇을 느낄까?

나는 모든 동물이 정동을 경험할 수 있다고 가정하는 것이 가장 좋다고 생각한다. 나는 이 논의를 통해 우리가 과학의 나라로부터 윤리의 나라로 나아갈 수 있다고 느낀다. 다시 말해 실험실 동물의 고통과 재난, 공장식 축산 농장에서 길러지는 식용 동물, 낚싯바늘이 입에 들어갈 때 물고기가 고통을 느끼느냐 같은 도덕적 이슈로 발전시키리라는 것을 깨닫는다. 우리 자신의 신경계 내에서 고통을 덜어주는 천연 화학 물질 오피오이드는 물고기, 선충, 달팽이, 새우, 게, 몇몇 곤충에서도 발견된다. 작은 파리조차 고통을 느낄지도 모른다. 우리는 이미 파리가 전기 충격에 병행되는 낌새를 피하는 것을 학습할 수 있음을 알고 있다.[6]

18세기 철학자 제레미 벤담Jeremy Bentham은 동물이 쾌감 또는 고통을 느낄 수 있다는 것을 우리가 증명할 수 있을 때만 동물이 인간 도덕권에 속한다고 생각했다. 하지만 이에 대해 나는 동의하지 않는다. 동물은 고통을 느낄 수 있는 **가능성이 조금이라도** 있으면 인간 도덕권에 포함될 가치가 있다. 그 때문에 파리를 죽이지 못하는가? 아니다. 그렇다고 해도 나는 잽싸게 죽일 것이다.[7]

정동에 관한 한 짧은꼬리원숭이는 인간과 중요한 차이가 있다. 가장 작은 곤충에서부터 가장 큰 산에 이르기까지 당신의 세계에 있는 엄청나게 많은 물체와 사태는 당신의 신체 예산의 변동을 야기하고 정동적 느낌을 변화시킨다. 요컨대 당신은 큰 정동적 적소를 가지고 있다. 그러나 짧은꼬리원숭이는 당신과 나만큼 많은 것에 신경 쓰지 않는다. 짧은꼬리원숭이의 정동적 적소는 우리의 그것보다 훨씬 작다. 멀리 솟아 있는 장엄한 산의 광경은 짧은꼬리원숭이의 신체 예산에 전혀 영향을 주지 않는다. 간단히 말해서, 더 많은 것들이 우리에게 중요하다.[8]

정동적 적소는 크기를 진실로 중요하게 문제시하는 생명체의 한 부위다. 우리가 실험실에서 갓난아기들에게 장난감을 주면 아기들은 보통 자신의 정동적 적소 범위 내에서 반응한다. 내 딸 소피아는 그냥 재미 삼아 장난감을 모양, 색, 크기별로 몇 번이고 분류하여 관련된 다양한 개념을 통계적으로 연마하곤 한다. 하지만, 짧은꼬리원숭이는 그렇지 않다. 장난감 자체는 흥미롭지 못하여 짧은꼬리원숭이의 신체 예산에 영향을 주지 못하고 개념 형성을 촉발하지도 않는다. 통계적 학습이 일어날 수 있도록 짧은꼬리원숭이의 정동적 적소에 장난감을 결부시키려면 우리는 맛있는 음료수나 먹거리 같은 어떤 종류의 보상을 짧은꼬리원숭이에게 제공해야 한다(엘리자는 원숭이가 좋아하는 먹거리에는 백포도 과즙, 마른 과일, 허니 넛 치리오Honey Nut Cheerios, 포도, 오이, 귤, 팝콘이 포함된다고 내게 알려주었다). 몇 번이고 보상을 해주면 짧은꼬리원숭이는 장남감 간의 유사성을 학습하게 될 것이다.

인간의 아기 또한 인간 보호자로부터 보상을 받는다. 보상에는 모유 또는 유아식 같은 맛있는 음식뿐만 아니라 신체 예산을 돌보는 나날의 효과도 포함된다. 보호자는 아기한테 먹을 것도 주고 따뜻하게도 해주는 등 여러 가지로 보살펴 주기 때문에 아기의 정동적 적소의 일부분이 된다. 아기는 자궁 안에서 학습된 엄마의 냄새와 목소리에 대한 초보적인 개념을 가지고 태어난다. 아기는 태어나고 나서 첫 몇 주 사이에 엄마의 감촉과 엄마의 얼굴 모습 같은 엄마의 그 밖의 지각적 규칙성 통합을 학습한다. 왜냐하면 엄마가 아기의 신체 예산을 조절하기 때문이다. 그러다 엄마와 그 밖의 보호자는 아기의 관심을 세계의 흥미로운 것들에게로 돌리게도 만든다. 아기는 그들의 시선을 쫓아 물체(예컨대 램프)를 본다. 그러면 그들은 아기를 보고 다시 램프를 보며 아기가 보고 있는 것에 대해 말한다. 그들은 '아기 말투'의 어조로 아기의 주의를 환기시켜 순응하게 만들면서 '램프'라는 단어를 의도적으로 말한다.[9]

다른 영장류는 이처럼 주의를 공유하지 않는다. 따라서 이런 방식으로 인간처럼 서로의 신체 예산을 조절할 수 없다. 어미 짧은꼬리원숭이도 갓난 새끼의 시선을 좇을지 모른다. 그러나 마치 새끼에게 자기가 무슨 생각을 하는지 맞춰 보라는 듯이, 새끼의 시선이 향한 물체로부터 다시 새끼의 얼굴로 시선을 왔다 갔다 하지는 않을 것이다. 영장류 새끼는 어미가 함께 있다는 보상을 받지 않아도 개념을 학습한다. 그러나 인간 아기만큼 넓고 다양하게 학습하지는 못한다.[10]

어째서 인간과 짧은꼬리원숭이는 다른 크기의 정동적 적소를 가지고 있는가? 무엇보다도 짧은꼬리원숭이의 내수용 신경망, 특히 예측 오류 통제에 사용되는 회로가 인간의 그것보다 덜 발달했다. 이것은 짧은꼬리원숭이가 과거 경험을 바탕으로 세계의 사물에 주의를 돌릴 만큼 영리하지 않다는 것을 의미한다. 더욱 중요한 것은 인간의 뇌가 짧은꼬리원숭이의 뇌보다 거의 다섯 배 크다는 사실이다. 우리는 통제 신경망과 내수용 신경망 부분에서 훨씬 더 큰 결합성을 가지고 있다. 인간의 뇌는 이 중대한 기계를 이용하여 우리가 6장에서 논한 방식으로 예측 오류를 압축하여 요약한다. 이것 덕분에 우리는 짧은꼬리원숭이보다 더 많은 출처로부터 온 더 많은 감각 정보를 더 효율적으로 통합하고 처리하여 순전히 정신적인 개념을 학습할 수 있다. 당신은 정동적 적소에 장엄한 산을 가질 수 있는데 짧은꼬리원숭이는 가질 수 없는 것도 바로 이 때문이다.[11]

목표에 기초한 개념형성의 부재

내수용 신경망과 이것이 형성되도록 도와주는 정동적 적소만으로는 감정을 느끼고 지각하는 데 충분하지 않다. 이외에도 뇌는 개념 체계를 만들고, 감정 개념을 구성하고, 감각을 자기 자신과 다른 사람의 감정으로 의미 있게 만들 수 있어야 한다. 감정 능력을 갖춘 가상의 짧은꼬리원숭이는 나무에 매달려 흔들거리는 또 다른 짧은꼬리원숭이를 볼 수 있어야 하고, 신체적 움직임뿐만 아니라 '기쁨' 사례도 볼 수 있어야 한다.

동물도 분명히 개념을 학습할 수 있다. 원숭이, 양, 염소, 소, 미국너구리, 햄스터, 판다, 점박이바다표범, 큰돌고래, 그 밖의 많은 동물은 냄새로 개념을 학습할 수 있다. 당신은 냄새를 개념적 지식으로 간주하지 않을지도 모른다. 그러나 영화관의 팝콘처럼 똑같은 냄새를 맡을 때마다 당신은 범주화하고 있다. 공기 중의 화학 혼합물질은 매번 다르다. 그러나 당신은 버터 바른 팝콘을 지각한다. 마찬가지로, 대다수 포유동물은 후각 개념을 이용하여 친구, 적, 새끼를 인식한다. 다른 많은 동물은 광경 또는 소리로도 개념을 학습한다. 양은 분명히 얼굴(!)로 다른 양을 인식하고, 염소는 매애 하는 목소리로 다른 염소를 인식한다.[12]

만약 당신이 먹거리 또는 음료수로 동물에게 보상해주어 정동적 적소를 확대하면 동물은 추가적 개념을 학습할 수 있다. 개코원숭이는 폰트에 상관없이 'B'와 '3'의 구별을 학습할 수 있고, 짧은꼬리원숭이는 동물 이미지와 먹이 이미지를 구별할 수 있다. 히말라야원숭이rhesus macaque와 일본 짧은꼬리원숭이Japanese macaque는 똑같은 종이고 색깔만 다를 뿐이지만, 히말라야원숭이는 '히말라야원숭이'의 개념을 '일본 짧은꼬리원숭이'의 개념과 별개로 학습할 수 있다(인간이 학습하는 것을 연상시키는가?). 짧은꼬리원숭이는 클로드 모네Claude Monet, 빈센트 반 고흐Vincent van Gogh, 살바도르 달리Salvador Dalí의 그림 스타일을 구별하는 개념을 학습할 수도 있다.[13]

그러나 동물이 학습한다는 개념은 인간 개념과 똑같은 것은 아닐 것이다. 인간은 목표에 기초한 개념을 구성하고 짧은꼬리원숭이의 뇌는 단순히 그렇게 하는 데 필요한 배선을 결여하고 있다. 똑같은 배선의 결여가 짧은꼬리원숭이의 정동적 적소가 더 작은 이유를 설명한다.

유인원은 어떤가? 유인원은 목표에 기초한 개념을 구성할 수 있는가? 우리와 유전적으로 가장 가까운 사촌인 침팬지 뇌는 짧은꼬리원숭이 뇌보다 크고, 감각 정보 통합에 필요한 배선을 갖추고 있다. 그러나 인간의 뇌는 여전히 침팬지 뇌보다 세 배 크고, 이 결정적 배선도 더 잘 갖추어져 있다. 그것이 침팬지의 목표에 기초한 개념을 배제하지는 않는다. 당신의 뇌는 '부富'와 같은 순전히 정신적인 개념을 만드는 데 더 적합한 반면에 침팬지 뇌는 '먹기'와 '따모으기'와 '바나나' 같은 행동과 구체적 물체의 개념을 만드는 데 더 적합하다.[14]

유인원은 대부분 가지에서 가지로 매달리는 것 같은 신체 행동 개념을 틀림없이 가지고 있다. 단, 어떤 침팬지가 나무에 매달려 있는 다른 침팬지를 보고 '기쁨' 사례를 지각할 수 있느냐를 알아내는 것이 중요하다. 이를 위해서는 관찰 대상인 침팬지가 순전히 정신적인 개념을 가지고 있는지, 매달려 있는 침팬지의 심리를 추론함으로써 의도를 추론해야 한다. 대다수 과학자들은 심리 추론이 인간 마음의 핵심 능력이라고 가정한다. 따라서 만약 유인원이 심리 추론을 할 수 있다면 많은 것이 위태로워진다. 우리는 원숭이가 심리 추론을 할 수 없다는 것을 안다. 원숭이는 인간이 무엇을 하고 있는지 이해할 수 있지만 인간이 무엇을 생각하고 무엇을 원하며 무엇을 느끼는지는 이해할 수 없다.[15]

아마도 유인원은 심리 추론을 하고 목표에 기초한 개념을 구성할 수 있을지 모른다. 그러나 이에 대한 과학적 판결은 아직 내려지지 않았다. 침팬지는 지각적 차이 가운데서도 몇몇 정신적 유사성을 만들어 낼 수 있으므로 꼭 필요한 것을 가지고 있을지도 모른다. 예컨대 침팬지는 표범이 나무에 오르고 뱀이 나무에 오르고 원숭이가 나무에 오른다는 것을 안다. 침팬지는 집고양이처럼 비슷한 행동을 하는 새로운 동물에게로 이 개념을 확대하여 고양이도 나무에 오를 것이라고 예측할 수 있을 것이다. 그러나 인간의 '오르다'는 개념은 단순한 행동 이상의 것이다. 그것은 목표를 의미하기도 한다. 그래서 실제로 사람이 계단을 뛰어 오르고 사다리를 천천히 걸어 오르고 암벽을 기어 오르는 것이 모두 '오르다'는 목표를 공유하는 것임을 침팬지가 이해하느냐 않느냐를 검사해야 한다. 이러한 검사를 통해 침팬지가 실제로 물리적 유사성을 넘어 서로 다르게 보이면서도 공유된 정신 목표를 가진 오른다는 사례를 함께 모은다면, 정신에 대한 엄청난 위업이 될 것이다. 만약 침팬지가 사회적 신분이 상승하는 것도 오르는 것으로 이해한다면 침팬지의 개념은 우리 자신의 개념과 똑같아질 것이다. 5장에서 학습한 것처럼, 인간 아기는 개념을 나타내는 단어를 가지면 이런 위업을 달성할 수 있다. 그리고 고등 유인원이 단어를 학습할 능력이 있고 이 단어를 이용하여 인간 아기가 하는 방식으로 개념을 학습할 수 있느냐는 것이 다음 질문이 될 것이다.[16]

1960년대 이후 과학자들은 미국 수화手話 같은 시각 상징 체계를 이용하여 유인원에게 언어를 가르치려고 노력하고 있다. 유인원에게 학습에 따른 보상을 주면 수백 개의 단어 또는 다른 상징을 이용하여 세계의 특징을 가리키는 법을 학습할 것이다. 또한 유인원은 "치즈 먹다 – 원한다" 또는 "껌 빨리 – 몇 개 갖기를 원한다" 같은 상징 결합을 통해 음식에 대한 복합적인 요청을 할 수도 있다. 과학자들은 유인원이 상징의 의미를 이해하는지, 보상을 요청하기 위해 그저 조련사를 흉내 내는지에 대해 여전히 논쟁을 벌인다. 우리의 가장 중요한 목적은 고등 유인원이 분명한 보상 없이 자력으로 단어 또는 상징들을 학습하여 이용할 수 있는지와 '부' 또는 '슬픔' 같은 순전히 정신적인 개념을 만들어낼 수 있는지를 밝히는 것이다.[17]

지금까지 유인원이 자력으로 상징들을 학습하고 이용할 수 있다는 증거로 드러난 것은 매우 적다. 유인원이 외부 보상 없이 상징을 나타낼 수 있는 개념은 단 하나밖에 없는 것 같다. 바로 '먹거리'이다. 우리는 아직까지 유인원이 단어 이용을 학습할 때 다음 단계에 들어가는지, 단어를 보고 듣고 감촉하고 맛보는 것을 넘어 정신을 추론하기 위한 안내장으로 이용하는지에 대해 모른다. 확실히 유인원이 인간 아기가 하는 방식으로 다른 동물의 마음을 탐색하여 개념을 찾도록 촉발하는 데 단어가 쓰이지는 않는다. 그러나 아주 흥미로운 가능성들이 존재한다. 예컨대 만약 당신이 침팬지에게 보상을 해준다면, 그리고 침팬지가 그 기능으로 이미 직접 경험을 했다면 침팬지는 그 기능(도구, 용기用器, 먹거리)에 따라 다른 것처럼 보이는 물체를 범주화할 수 있는 것 같다. 게다가 만약 당신이 침팬지에게 가르치고 보상을 해주어 상징을 '도구' 같은 범주에 결합하게 하면 침팬지는 상징을 낯선 도구에 결합할 수 있다.[18]

그렇다면 유인원은 **오직** 보상을 요청하기 위해서만 단어를 사용하는가? 회의론자들은 유인원이 날씨 또는 새끼에 대한 이야기를 하기 위해 상징 또는 단어를 사용하지 않는다고 확신한다. 유인원은 보상 이외의 다른 것을 **언급할** 수 있지만 오직 다른 편 끝에 보상이 기다리고 있을 때에만 그렇게 할 수 있다(조련사가 유인원에게 보상을 중단하면 상징 훈련을 받은 유인원에게 무슨 일이 일어날지 관찰하는 것은 흥미로울 것이다. 그런 상황에서도 유인원은 계속 상징을 사용할까?) 나는 전형적 인간 아기에게는 단어가 정동적 적소의 부분이지만 대다수 유인원에게는 본질적으로 정동적 적소의 부분이 아닌 것 같다는 점을 중요하게 생각한다. 즉 유인원에게는 단어만이 학습할 가치가 있는 것은 아니다.[19]

이 이야기에서 난쟁이 침팬지는 뚜렷하게 예외적이다. 난쟁이 침팬지는 매우 사회적인 동물이어서 보통의 침팬지보다 훨씬 더 평등하고 협력을 잘 한다. 또한 더 큰 사회적 신경망을 가지고 있어서 더 오래 논 후에야 성인 역할을 맡는다. 몇몇 난쟁이 침팬지는 외부 보상 없이 과제를 완수할 수 있는 것처럼 보이는 반면에 침팬지는 보상을 요청하는 것 같다. 계모와 그 밖의 어른 난쟁이 침팬지가 언어와 비슷한 상징을 학습하고 보상으로 먹거리를 얻는 것을 본 아기 난쟁이 침팬지 칸지Kanzi 이야기를 살펴보자. 다른 난쟁이 침팬지가 보상을 얻는 것을 본 칸지도 생후 6개월쯤 되자 자발적으로 상징을 학습하는 것처럼 보였다. 이를 주의 깊게 관찰하던 과학자들은 칸지가 몇몇 영어 단어를 이해하는 것처럼 보인다는 것을 깨달았다. 따라서 풍부한 언어 환경에 물든 난쟁이 침팬지의 뇌는 구체적인 단어의 의미를 학습할 수 있을 것이다.[20]

난쟁이 침팬지와 달리 침팬지는 어두운 측면을 가진 매력적이고 영리한 동물로 특징 지어져 왔다. 침팬지는 영역을 장악하거나 먹거리를 구하기 위해 기회가 생기면 서로 사냥하고 살해한다. 또한 이유 없이 낯선 놈을 공격하고 엄격한 지배 서열을 유지하며 암컷을 구타하여 성적으로 복종시킨다. 반면 난쟁이 침팬지는 성 관계를 맺음으로써 갈등을 해결하기를 더 좋아한다. 그것은 종족 학살보다 훨씬 좋은 대안이다.

그러나 실험실에서 개념을 학습한 침팬지가 억울한 누명을 덮어썼을지도 모른다. 침팬지는 유아기에 어미한테서 떨어져 자연 서식지와는 엄청 다른 환경, 즉 인간과 비슷한 환경에서 양육되고 언어 실험을 받는다. 보통 아기 침팬지는 최대 10년까지 어미와 함께 살면서 5년은 다른 새끼들과 함께 양육된다. 따라서 이런 조기 격리는 각 침팬지의 내수용 신경망 배선을 변화시켜 실험 결과에 크게 영향을 미쳤을 것이다(인간 아기를 엄마한테서 일찍 격리시키는 것을 상상해보라!)[21]

좀 더 자연스러운 환경에서 실험했을 때 침팬지의 정동적 적소는 그 외의 많은 실험에서 제시된 것보다 더 넓은 것처럼 보인다. 교토Kyoto 대학 영장류 연구소의 영장류 학자 테츠로 마츠자와Tetsuro Matsuzawa가 이러한 통찰을 제시했다. 마츠자와는 매우 인상적인 과제를 완수했다. 그는 숲처럼 보이게 만들어 놓은 야외 시설에 풀어놓은 3세대의 침팬지를 데리고 있었다. 매일 침팬지들은 실험실로 가서 **자발적으로** 실험을 받는다. 물론 침팬지들은 때로는 보상을 받는다. 그러나 거듭 강조하지만, 이것은 요점을 놓치는 것이다. 이런 동물들은 마츠자와나 기타 연구소의 다른 인간 실험자와 장기간 신뢰 관계를 맺고 있다. 어미 침팬지는 아기 침팬지를 무릎에 올려놓은 채 인간이 아기 침팬지를 실험하는 것을 허락하곤 한다. 예컨대 한 연구에서는 인간 아기와 아기 침팬지가 (실물과 똑같은 축소 모형을 이용하여) 포유동물, 가구, 차車의 개념을 학습할 때 각 아기를 어미 무릎에 앉히고 **보상 없이** 실험을 진행했다. 인간 실험자와의 신뢰 결속과 관련하여 아기가 어미와 가깝다는 것은 이 상황을 아기 침팬지의 정동적 적소에 가져다주기에 충분할지도 모른다. 믿기 어려운 일이지만, 아기 침팬지와 인간 아기는 이런 조건에서 똑같이 개념을 잘 형성했다. 게다가 인간 아기는 자진해서 장난감 트럭을 이리저리 움직이는 등 물체를 조작하여 더 그럴싸하게 개념을 형성했다. 반면에 아기 침팬지는 그렇게 하지 않았다.[22]

마츠자와의 실험은 침팬지의 개념 능력 한계 학습에 이상적이었을 것이다. 또한 우리는 개념 체계가 아직 말랑말랑한 아기 침팬지를 어미 무릎이라는 자연스러운 환경에서 실험할 수 있었다. 어쩌면 5장에서 말한 실험과 같은 개념 형성 실험을 했다고도 할 수 있다. 그런 상황에서 아기 침팬지는 '토마toma' 같은 무의미한 단어를 사용하여 작은 지각적 유사성을 공유하는 물체 또는 이미지를 인간 아기처럼 분류할 수 있었을까?

현재 우리는 침팬지가 목표에 기초한 개념을 형성한다는 확고한 증거를 가지고 있지 않다. 침팬지와 짧은꼬리원숭이가 인간 기본 모드 신경망(내수용 신경망의 부분)과 비슷한 신경망을 가지고 있음에도 침팬지는 날아다니는 표범 같이 완전히 새로운 것을 상상할 수 없다. 침팬지는 똑같은 상황을 다른 관점에서 고려할 수 없다. 현재와 다른 미래를 상상할 수도 없다. 또한 목표에 기초한 정보가 다른 동물의 머리 안에 들어 있다는 것을 깨닫지도 못한다. 이것이 바로 침팬지와 그 밖의 고등 유인원이 십중팔구 목표에 기초한 개념을 만들어내지 못하는 이유다. 보상을 받을 때 유인원은 단어를 학습할 수 있지만 자진해서 단어를 이용하여 '흰개미를 곁들이면 맛있는 것' 같은 목표를 가진 정신적인 개념을 만들어낼 수 없다.[23]

어떤 개념은 목표에 기초한 개념이 될 수 있다('물고기'는 애완동물도 될 수 있고 저녁 식사도 될 수 있다는 것을 상기하라). 그러나 감정 개념은 **오직** 목표에 기초한 개념이다. 따라서 침팬지는 '행복'과 '분노' 같은 감정 개념을 학습할 수 없는 것 같다. '화난' 같은 감정 단어를 학습할 수 있다고 하더라도 침팬지가 이 단어를 이해하거나 다른 동물의 행동을 분노로 범주화하는 것처럼 목표에 기초한 방식으로 사용할 수 있는지는 분명하지 않다.

때때로 유인원은 그들이 이해하지 못할 때 순전히 정신적인 개념을 이해하는 것 같다. 예컨대, 침팬지에게 과제를 완수한 대가로 토큰을 주어 먹거리와 교환할 수 있는 실험을 진행했다. 침팬지는 원하는 먹거리와 교환하기 위해 토큰 모으기를 자진해서 학습했다. 침팬지가 이런 거래를 하는 것을 보면 자칫 당신은 침팬지가 '돈' 개념을 이해한다고 추론하기 쉽다. 그러나 여기서 토큰은 일반 재화와 교환할 수 있는 통화의 한 형태라기보다는 먹거리를 획득하는 도구에 불과하다. 많은 인간이 그러하듯이 침팬지는 돈이 그 자체로 가치를 가진다는 것을 이해하지 못했다.[24]

침팬지가 목표에 기초한 개념을 형성할 수 없다면, 서로에게 개념을 가르치는 능력도 타고나지 않았음이 분명하다. 요컨대 침팬지는 사회적 실재를 가지고 있지 않다. 침팬지가 인간 조련사한테서 '분노' 같은 개념을 학습했다 치더라도, 한 세대가 다음 세대를 위한 맥락을 형성해 개념을 다음 세대의 뇌에 입력하지는 못한다. 지금까지 침팬지와 그 밖의 영장류는 돌로 견과를 깨뜨리는 것 같은 관례를 공유해 왔다. 그러나 어미 침팬지는 더 좋은 요리법을 자진해서 아기 침팬지에게 가르치지 않는다. 새끼 침팬지는 그저 관찰로 학습한다. 예컨대 일본 짧은꼬리원숭이 무리에서 한 마리가 먹거리를 먹기 전에 씻기 시작하면 10년 내에 무리의 어른 원숭이 4분의 3이 이 관례를 받아들였다. 이런 종류의 집단적 의도는 우리 인간이 발명한 단어와 정신적인 개념으로 할 수 있는 것에 비하면 크게 제한적인 것이다.[25]

사회적 실재에 대한 인간의 능력은 동물의 왕국에서 유일무이한 것처럼 보인다. 오직 우리만이 단어를 이용해 순전히 정신적인 개념을 만들어내고 공유할 수 있다. 오직 우리만이 이런 개념을 이용해 우리 자신의 신체 예산과 서로의 신체 예산을 더욱 효율적으로 조절할 수 있다. 게다가 우리는 서로 협력하고 경쟁한다. 오직 우리만이 감정 개념 같은 정신 상태 개념과 감각을 예측하고 의미 구성하는 개념을 가지고 있다. 사회적 실재는 인간의 막강한 능력이다.[26]

이러한 능력에 대해 이해하려면 우리는 다시 마츠자와의 침팬지를 살펴보아야 한다. 마츠자와가 침팬지의 가족 관계를 유지시키면서 그 무리를 친근한 방식으로 인간 문화에 안착시킨 방법은 주목할 만하다. 신뢰할 만하고 애정이 넘치는 인간 집단에 의해 문화적으로 동화된 어미 침팬지가 새끼를 양육함에 따라 세월이 흘러 마츠자와의 인간 문화적 맥락이 아기 침팬지의 뇌 발달에 영향을 미칠지 나는 궁금하다.

버지니아 모렐의 책 《영리한 동물》에서는 아기 침팬지한테 젖을 먹이는 어미 침팬지에게 사회적 지원을 해주는 두 인간 실험자에 대한 사례가 등장한다. 어미 침팬지는 아기 침팬지한테 젖 먹이기를 망설인다. 그러나 실험자들은 어미 침팬지에게 용기를 내라고 조심스럽게 격려한다. 모렐의 표현을 빌리면 "연구자가 아기 침팬지를 조심스럽게 들어올려 어미 침팬지 팔에 안긴다. 아기 침팬지가 손으로 어미 침팬지의 털을 움켜쥔다. 그러자 어미 침팬지가 젖을 먹이려고 한다. 그러나 아기 침팬지가 젖꼭지를 물자 어미 침팬지는 비명을 지른다. 어미 침팬지가 아기 침팬지를 바닥에 내동댕이칠 것 같다. 그러나 과학자의 부드러운 목소리가 또 들린다. '괜찮아, 괜찮아.' 과학자가 달래며 말한다. '처음에는 아플지도 몰라. 하지만 곧 아무렇지도 않아.' 어미 침팬지는 차츰 평온을 되찾고 아기 침팬지를 가슴에 앉아 어르면서 젖을 물린다." 수천 명의 인간 어머니가 매일 처음으로 젖 먹이는 경험을 한다. 나는 첫 수유 때 엄청 아팠던 경험을 당신에게 말할 수 있다. 그러나 유모, 연장의 여친척 또는 친구가 힘내라고 격려하면서 어떻게 해야 할지 가르쳐 주면 결국에는 모두 해결된다.[27]

어미 침팬지에게 이렇게 도와주는 사람은 그저 돌봐주는 사람에 그치지 않는다. 그들은 어미 침팬지의 정동에 가장 중요한 존재이고, 어미 침팬지의 신체 예산을 조절하는 역할을 한다. 어미 침팬지와 아기 침팬지 및 그들의 관계는 인간 문화에 젖어든 것이다. 이 사회적 접촉은 이런 침팬지들의 언어 능력 및 개념 능력에 장기적으로 영향을 미칠까? 만약 침팬지 새끼들이 결국에는 목표에 기초한 개념을 만들어낼 수 있다면 그것은 완전히 새로운 상황이다.

개는 인간의 감정을 이해하는가?

좋다, 침팬지와 그 밖의 영장류는 감정 개념 또는 사회적 실재를 가지고 있는 것 같지 않다. 그렇다면 로우디 같은 개는 어떨까? 아무튼 우리는 개를 인간의 동반자로 만들었다. 따라서 개는 우리 인간들처럼 진실로 사회적 동물이다. 만약 인간 아닌 어떤 동물이 감정을 가질 수 있다면 개가 1순위 후보가 될 것 같다.

20여 년 전에 러시아 과학자 드미트리 벨랴예프Dimitri Belyaev는 불과 약 40세대 만에 야생 여우를 개에 가깝게 길들였다. 암여우가 새끼를 낳을 때마다 벨랴에프는 가장 관심을 끌고 인간에게 덜 공격적인 여우 새끼를 골라 선별적으로 사육했다. 실험적으로 사육된 여우는 개처럼 보였다. 벨랴예프가 개와 닮은 여우를 선택하지 않았음에도 대가리는 더 짧아지고 코와 주둥이 부분은 더 넓어졌다. 꼬리는 동그랗게 말리고 귀는 축 늘어졌다. 이러한 특징들의 화학적 구성은 여우보다 개에 더 가까웠다. 이러한 변화는 인간과 상호 작용하고자 하는 강력한 동기를 가지고 있었다. 현대 품종의 개들도 바람직한 특정 형질(예: 인간 보호자에게 애착 보이기)을 위해 오랫동안 사육되었으며, 이런 형질과 함께 생겨난 다른 형질들도 있을 것이다. 그래서 어쩌면 인간 감정 개념 같은 것도 가지고 있을지 모른다.[28]

나는 우연히 길러진 이런 형질 중 하나가 모종의 개 신경계라고 본다. 우리는 개의 신체 예산을 조절할 수 있고, 개도 우리의 신체 예산을 조절할 수 있다(가까운 두 사람의 심박수가 동기화되듯이 개와 주인의 심박수가 동기화된다 해도 나는 놀라지 않을 것이다). 또한 우리는 뭔가 표현하는 듯한 눈을 가진 개를 선택했을 것이며, 우리로 하여금 복잡한 정신 상태를 상상하게 만드는 안면 근육을 가진 개를 선택했을 것이다. 우리는 개를 너무 사랑하는 나머지, 개가 우리를 사랑하도록 또는 적어도 그렇게 보이도록 개를 기른다. 우리는 네 발과 털이 좀 있을 뿐인 작은 사람처럼 개를 대한다. 그러나 개가 인간 감정을 경험하거나 지각할까?[29]

개는 다른 포유동물처럼 정동을 느낀다. 이것은 그다지 놀랍지 않다. 개가 정동을 나타내는 것처럼 보이는 한 가지 방식은 꼬리를 흔드는 것이다. 개는 주인을 볼 때처럼 유쾌한 사태 중에는 오른쪽으로 꼬리를 움직이는 것 같고, 낯선 개를 볼 때처럼 불쾌한 사태 중에는 왼쪽으로 움직이는 것 같다. 꼬리를 어느 쪽으로 움직이느냐는 것은 뇌 활동과 관련이 있다. 오른쪽으로 꼬리를 움직이는 것은 뇌의 왼쪽 측면 활동이 상대적으로 크다는 것을 의미하고, 왼쪽으로 꼬리를 움직이는 것은 뇌의 오른쪽 측면 활동이 상대적으로 크다는 것을 의미한다.[30]

또한 개는 서로의 꼬리를 보고 정동을 지각하는 것 같다. 심박수와 그 밖의 요인으로 측정해 볼 때 개는 오른쪽으로 흔드는 꼬리를 보면 더 편안해하고, 왼쪽으로 흔드는 꼬리를 보면 더 스트레스를 받는다. 또한 개는 인간의 얼굴과 목소리에서 정동을 지각하는 것 같다. 나는 개의 뇌 영상 관련 실험을 한 적이 없다. 그러나 만약 개가 정동을 가지고 있다면 당연히 모종의 내수용 신경망도 가지고 있을 것이다. 개의 정동적 적소가 얼마나 큰지는 아무도 모른다. 그러나 개의 사회적 속성을 감안할 때 개의 정동적 적소가 어떤 방식으로든 주인과 관련이 있다는 것은 틀림없다.[31]

개는 개념도 학습할 수 있다. 이것도 놀랍지 않다. 예컨대 만약 개가 훈련을 받았다면 개는 사진 속의 다른 동물과 개를 구별할 수 있다. 개는 천 번 이상 시행착오를 거쳐야 그 요령을 터득한다. 이에 비해 인간 아기는 시행착오를 수십 번만 하면 된다. 그러나 사진 속의 개가 생판 처음 보는 놈이거나 복잡한 장면과 결부되어 있을지라도 개는 80퍼센트 이상의 정확도로 학습할 수 있다. 개의 뇌임을 감안하면 대단한 것이다.[32]

또한 개는 후각 개념을 형성한다. 개는 개별 인간의 냄새를 구별할 수 있고, 신체의 다른 부분의 다른 냄새를 종합하여 다른 사람의 냄새와 구별한다. 당연히, 우리는 개가 냄새로 물체의 범주를 추적하도록 훈련받을 수 있다는 것을 안다. 음식물이나 마약을 가방에 숨겼다가 공항에서 발각된 사람이라면 누구나 경험하는 일이다.[33]

이제 나는 개가 몇몇 종류의 의도를 추론할 수 있다는 것을 조심스럽게 인정하고자 한다. 개는 침팬지보다 인간의 제스처를 더 잘 지각하고 인간의 시선을 더 잘 좇는다. 소피아는 어렸을 때 소피아가 좋아하던 해롤드Harold라는 개와 백사장에서 놀곤 했다. 소피아와 해롤드는 종종 인간 성인을 보며, 다시 말해 소피아는 나를 보고 해롤드는 그의 주인을 보며, 더 멀리 달려가는 것을 허락해달라고 했다. 개는 우리의 시선을 이용해 자기가 무엇을 해야 할지 알아차린다. 그 솜씨가 얼마나 뛰어난지 개는 우리의 눈에서 우리의 마음을 읽어내는 것처럼 **보인다.** 더욱 놀라운 것은 개가 **서로의** 시선을 좇아 세계에 대한 정보를 얻는다는 점이다. 로우디는 무슨 일이 벌어졌나 알고 싶을 때 또 다른 골든 리트리버 품종인 그의 '여동생 개' 비스킷Biscuit을 바라보면서 비스킷의 시선을 좇는다. 두 개는 서로를 의식하면서 꼼짝도 않는다. 그러다 갑자기 두 개는 행동에 돌입한다. 이것은 무성 영화를 보는 것과도 다를 바 없다.[34]

그러나 나는 개가 목표에 기초한 심리 추론을 한다는 것을 의심한다. 개는 실제로 인간 행동을 잘 지각할 것이다. 왜냐하면, 솔직히 말해 우리의 모든 기분에 민감하도록 개를 길렀기 때문이다.

개는 인간이 상징을 이용하여 의도를 전달한다는 것을 이해하는 것처럼 보인다. 예컨대 한 연구에서 실험자가 장난감을 다른 방에 두고는 소형 복제품 장난감을 상징으로 사용했다. 피험자 개(보더 콜리Border Collies)는 실험자가 소형 복제품을 이용해 다른 방의 같은 장난감을 찾아오라고 한다는 것을 이해했다. 이것은 물건을 물어오는 것보다 더 복잡한 실험이다. 또한 연구들은 개가 음향 신호를 이용해 흥분(정동)을 소통할 수 있음에도 으르렁거리기와 짖기를 달리하여 서로 소통한다는 것을 보여준다. 한 연구는 우리의 침팬지 친구들과 마찬가지로 소피아Sofia라는 개가 훈련을 통해 키보드의 기호를 누름으로써 걷기, 장난감, 물, 놀이, 음식, 개집 같은 몇

가지 기본적 개념을 소통할 수 있다는 것을 보여주기까지 한다.[35]

분명히 개는 위층에서 심상치 않은 일이 벌어지고 있다는 것을 안다. 그렇다고 해도 과학자들은 개가 감정 개념을 가지고 있다는 증거를 아직 확보하지 못하고 있다. 게다가 개의 많은 행동이 감정적인 것처럼 보일지라도 실제로 개가 감정 개념을 가지고 있지 않다는 꽤 좋은 증거가 있다. 예컨대 개 소유자는 개가 무언가 숨기고 있거나(시선 접촉 피하기) 고분고분하게 군다(귀를 축 늘어뜨리기, 누워서 배꼽 드러내기, 꼬리 내리기 같은 것)고 생각할 때 죄책감을 추론한다. 그러나 개가 죄책감 개념을 가지고 있을까?

이 물음을 다룬 흥미로운 연구가 있다. 매 실험마다 개 소유자는 탐나는 비스킷을 개한테 주고 먹지 말라고 지시하고는 곧장 방에서 나갔다. 그러나 소유자 몰래, 실험자가 방에 들어가 비스킷을 개한테 건네주거나 (개는 비스킷을 먹었다) 방에서 치워버림으로써 개의 행동에 영향을 주었다. 나중에 실험자는 소유자에게 사실을 말하거나 거짓말을 했다. 소유자의 반은 개가 복종했다는 말을 듣고 따뜻하고 친절한 방식으로 대했고, 나머지는 개가 비스킷을 먹어치웠다는 말을 듣고 야단을 쳤다. 이것은 다른 시나리오 4개를 만들었다. 각 시나리오의 출연진들을 친절한 소유자를 가진 순종적인 개, 야단맞은 순종적인 개, 친절한 소유자를 가진 반항적인 개, 야단맞은 반항적인 개다. 과연 무슨 일이 일어났을까? 반항적이든 않든 간에 야단맞은 개는 사람들이 정형화된 죄책감으로 지각하는 행동을 더 많이 했다. 이것은 개가 금지된 행동을 할 때 죄책감을 경험하지 않았다는 증거이다. 오히려 소유자들은 개가 비스킷을 먹어치웠다고 생각했을 때 죄책감을 지각했다.[36]

또 다른 연구는 진짜 개가 보고 있는 가운데 소유자에게 장난감 개와 상호 작용하도록 요청하여 개의 질투심을 관찰했다. 장난감 개는 짖고 낑낑 대며 꼬리를 흔들었다. 이 상황에서 개는 소유자가 다른 장난감(호박등)과 상호 작용하거나 책을 읽고 있을 때보다 더 자주 낑낑대며 달려들어 소유자와 장난감을 밀쳐내고 소유자와 장난감 사이에 자리 잡는다는 것이 연구 결과 밝혀졌다. 연구자들은 이런 연구 결과가, 특히 실험에 응한 많은 개가 킁킁거리며 장난감 개의 항문 냄새를 맡았기 때문에 개한테 질투심이 있음을 의미한다고 해석했다. 불행하게도 개의 행동을 설명해줄 방식에서 실험자들은 소유자들이 세 조건(장난감 개, 호박등, 독서)에서 다르게 행동했는지 확인하지 않았다. 또한 그들은 소유자의 행동이 똑같고 개는 질투심이 단 한 조건에서 요구된다는 것을 이해한다고 가정했다. 따라서 많은 애완동물 소유자들이 자기 개가 질투심을 경험한다고 확신함에도 우리는 이 신념을 뒷받침하는 과학적 증거를 가지고 있지 않은 셈이다.[37]

과학자들은 여전히 개 행동의 한계를 탐구하고 있다. 개의 후각과 청각은 우리보다 더 뛰어나다는 점에서 개의 정동적 적소는 우리의 정동적 적소보다 더 넓다. 그러나 개는 현재 세계 이외의 세계를 상상하기 위해 미래로 여행할 수 없다는 점에서 개의 정동적 적소는 우리의 정동적 적소보다 더 좁다. 증거 평가를 통해 얻은 내 견해로는 개에게 인간 감정 개념 같은 분노, 죄책감, 질투심 등이 없다는 것이다. 개별 개가 그 소유자와의 관계에서 인간 감정 개념과는 다른 몇몇 감정 비슷한 개념을 나름대로 발전시킬 수는 있다. 그러나 언어가 없는 개의 감정 개념은 인간의 감정 개념보다 좁을 것이 틀림없고, 개는 개념을 다른 개한테 가르칠 수 없을 것이다. 따라서 다른 개가 공통의 '분노'(또는 비슷한 개념)를 경험할 가능성은 거의 없다.

개가 인간 감정을 경험할 수 없다 하더라도 많은 개와 그 밖의 동물이 정동만을 통해 달성할 수 있는 것은 주목할 만하다. 많은 동물은 가까이 있는 다른 동물이 고통받을 때 불쾌한 정동을 경험할 수 있다. 첫 번째 동물의 신체 예산은 두 번째 동물의 불쾌감 때문에 무거운 부담을 진다. 그래서 첫 번째 동물은 상황을 해결하려고 한다.* 예컨대 쥐조차도 곤경에 처한 다른 쥐를 도와주기 마련이다. 인간 아기는 괴로워하는 다른 아기를 달래줄 수 있다. 당신은 이런 능력을 위한 감정 개념을 필요로 하지 않는다. 정동을 만들어 내는 내수용을 가진 신경계만 있으면 된다.[38]

개가 주목할 만한 몇몇 재주를 가지고 있다는 증거가 축적됨에도 우리는 여전히 개를 크게 오해하고 있다. 우리는 개들의 용어로 개를 보지 않고, 인간 본성에 대한 케케묵은 본질주의 이론을 이용하여 개를 우리 자신의 친척으로 본다. 《도그 센스Dog Sense》의 저자 존 브래드쇼John Bradshaw는 우리가 개를 대하면서 우위를 추구하는 '친밀한 늑대'로 잘못 보고 있다고 설명한다. 즉, 개를 교화하는 힘과 그 소유자(합리성에 의해 길들여져야만 하는 우리 자신의 가공의 내부 짐승에 버금가는 흥미로운 존재)에 의해 길들여질 필요가 있다고 보는 것이다. 이어서 브래드쇼는 우리가 야생 상태의 늑대를 동물

* 나는 여기서 '공감'이라는 단어를 쓰지 않는다. 일부 과학자들에게 공감은 그저 정동의 동의어에 지나지 않는다. 다른 과학자들에게 공감은 사회적 실재에 뿌리를 둔 순전히 정신적인 복잡한 개념이다. 불행하게도 이 두 개의 완전히 다른 개념이 영어에서는 같은 단어로 불린다.

원에 던져 넣었을 때처럼 개는 대단히 사회적인 동물이라고 설명한다. 개 몇 마리를 공원에 풀어놓아 보라. 그러면 개들은 금세 같이 논다. 개 안에 우위처럼 보이는 것은 브래드쇼가 말하는 '불안'이다. 우리가 말하고자 하는 것은 균형을 잃은 신체 예산이다. 우리가 우리에 의해 신체 예산이 조절되는 다정하고 친화적인 동물을 데리고 있다가 거의 매일 버리고 있다는 것을 생각해보라(인간 아이를 그렇게 버린다는 것을 당신은 상상할 수 있는가?) 당연히 개의 신체 예산은 엉망이 될 것이고, 개는 높은 흥분과 불쾌한 정동을 느낄 것이다. 우리는 감정적으로 우리한테 의존하도록 개를 길러 왔다. 따라서 소유자는 자기 개의 신체 예산에 신경 써야 한다. 개는 공포, 분노, 그 밖의 인간 감정을 느낄지 모르지만 쾌감, 괴로움, 애착, 그 밖의 정동적 느낌은 경험하지 못한다. 개가 성공적인 종으로서 인간 친구들과 협력하며 사는 데는 정동만으로도 충분할지 모른다.[39]

우리가 몰랐던 개의 감정 구성

이제 우리의 논의를 정리해보자. 동물은 수용성으로 신체 예산을 조절하는가? 여기서 말하는 동물은 동물의 왕국 전체가 아니라 쥐, 원숭이, 유인원, 개 같은 포유동물이다. 나는 그렇다고 대답할 수 있는 꽤 안전한 근거를 가지고 있다고 생각한다. 동물은 정동을 경험하는가? 이번에도 나는 몇몇 생물학적 단서와 행동적 단서를 근거로 꽤 자신있게 그렇다고 답변할 수 있다고 생각한다. 동물은 개념을 학습할 수 있고 이런 개념을 이용하여 예측하면서 범주화할 수 있는가? 분명히 그렇다. 동물은 행동에 기초한 개념을 학습할 수 있는가? 분명히 그렇다. 동물은 단어의 의미를 학습할 수 있는가? 어떤 환경 하에서, 뇌가 상징들을 포착하여 나중에 사용하려고 저장할 수 있는 통계적 패턴의 부분으로 만든다는 의미에서 몇몇 동물은 단어 또는 다른 상징 체계들을 학습할 수 있다.

그러면 동물은 단어를 사용하여 통계적 규칙성 너머의 세계로 갈 수 있는가? 다르게 보이거나 다르게 들리거나 다르게 느껴지는 물체 또는 행동을 결합하는 목표에 기초한 유사성을 만들어낼 수 있는가? 동물은 단어를 안내장으로 사용하여 정신적인 개념을 형성할 수 있는가? 동물은 세계에 대해 필요로 하는 정보가 그들 주위의 다른 동물의 마음속에 있다는 것을 깨닫는가? 동물은 행동을 범주화하여 이를 정신 사태로 의미 있게 만들 수 있는가?

아마도 그렇지 않을 것이다. 적어도 우리 인간이 하는 방식으로는 하지 못한다. 유인원은 상상 이상으로 우리 자신의 범주화와 비슷한 범주화를 구성할 수 있다. 그러나 현재로서는 지구상의 인간 아닌 동물이 인간이 가진 것과 같은 종류의 감정 개념을 가지고 있다는 분명한 증거는 없다. 우리만이 감정 개념을 포함한 사회적 실재를 만들어내고 전달하기 위해 필요한 모든 성분을 가지고 있다. 이것은 인간의 가장 좋은 친구에게도 들어맞는다.

그렇다면 다시 로우디에게로 되돌아가자. 로우디는 으르렁거리며 소년에게 달려들었을 때 화가 났을까? 지금까지의 우리 논의를 근거로 하면, 로우디는 감정 개념을 결여하고 있다. 따라서 당신은 내 답변이 아니오라고 추측할지 모른다.

그러나 꼭 그렇지는 않다. 구성된 감정 이론 관점에서 보면, "개가 으르렁거리면 화가 난 것인가?"라는 물음은 우선 **잘못된 물음**이다. 또는 적어도 불완전한 물음이다. 이 물음은 어떤 객관적인 의미에서 개가 어느 정도 화나 있거나 화나 있지 않다고 가정한다. 그러나 당신이 학습한 것처럼, 감정 범주는 일관된 생물학적 지문을 가지고 있지 않다. 감정은 언제나 몇몇 지각하는 사람의 관점으로부터 구성된다. 따라서 "로우디는 화난 것인가?"라는 물음은 실제로 두 개의 분리된 과학적 물음이다.

> "로우디는 소년의 시각에서 볼 때 화난 것인가?"
>
> "로우디는 로우디 자신의 시각에서 볼 때 화난 것인가?"

이 두 물음에 대한 답은 상당히 다르다.

첫 번째 물음은 "소년은 로우디의 행동으로부터 분노 지각을 구성할 수 있는가?"라는 질문이다. 절대적으로 그렇다. 개의 행동을 관찰할 때 우리는 자신의 감정 개념을 사용하여 예측하고 지각을 구성한다. 소년이 분노 지각을 구성했다면 로우디는 인간 시각에서 볼 때 화난 것이다.

소년의 평가는 옳았는가? 당신이 기억하고 있는 것처럼 사회적 실재의 범주 정확성은 의견 일치의 문제다. 당신과 내가 로우디의 집을 지나가고 있는데 로우디가 크게 으르렁거린다고 하자. 당신은 로우디가 화난 것으로 경험한다. 나는 그렇게 경험하지 않는다. 정확성은 우리의 의견이 일치하느냐는 뜻일 것이다. 로우디에 대한 우리의 경험은 그의 소유자 앤지의 경험과 일치하는가? 왜냐하면 앤지가 로우디를 가장 잘 알기 때문이다. 로우디에 대한 우리의 경험은 상황의 사회적 기준과 일치하는가? 왜냐하면 이것은 어쨌든 사회적 실재이기 때문이다. 만약 우리의 의견이 일치하면 우리의 구성은 일치한다.

이제 두 번째 물음, 즉 로우디의 경험을 살펴보자. 로우디는 으르렁거릴 때 화났다고 느꼈나? 로우디는 그의 감각 예측으로부터 분노 경험을 구성할 수 있었나? 답변은 거의 틀림없이 아니오이다. 개는 분노 사례 구성에 필요한 인간 감정 개념을 가지고 있지 않다. 서양의 '분노' 개념을 결여하고 있기 때문에 개는 자신의 내수용 정보와 그 밖의 감각 정보를 범주화하여 감정 사례를 만들어낼 수 없다. 개는 다른 개 또는 인간의 감정을 지각할 수도 없다. 개는 괴로움과 쾌감과 그 밖의 몇 가지 상태를 지각한다. 이것은 오직 정동을 요구하는 위업이다.

개가 감정과 비슷한 몇몇 개념을 가지는 것은 당연하다. 예컨대 이제 많은 과학자들은 개와 코끼리처럼 매우 사회적인 동물이 죽음이라는 개념을 어느 정도 가지고 있어서 모종의 슬픔을 느낄 수 있지 않을까 하고 생각한다. 이 슬픔이 인간의 슬픔과 정확히 똑같은 특징을 가질 필요는 없다. 그러나 이 두 가지 슬픔은 비슷한 것, 즉 애착, 신체 예산 관리, 정동의 신경화학적 기초에 뿌리를 두고 있을 수도 있다. 인간의 경우 부모, 애인, 또는 가까운 친구의 상실은 당신의 예산을 난장판으로 만들어 마약 금단 증상과 비슷한 작용을 하는 엄청난 괴로움을 야기할 수 있다. 한 동물이 신체 예산을 순조롭게 유지시켜 주는 데 도움이 되는 또 다른 동물을 잃을 때는 예산 불균형 때문에 비참해졌다고 느낄 것이다. 따라서 록밴드 록시 뮤직Roxy Music의 브라이언 페리Brian Ferry가 옳았다. 사랑은

마약이다.[40]

로우디의 불운에는 그의 행동에 영향을 미쳤을지 모르는 과거 사건이 있었다. 감금되기 전, 로우디는 '여동생 개' 새디Sadie를 잃었다. 이 골든 리트리버는 자연사했다. 두 개의 소유자 앤지는 이 때문에 로우디가 소년에게 달려들었다고 생각한다. 앤지는 로우디가 슬퍼하고 있었다고 말했다. 개의 용어로 말하면 이것은 로우디가 그의 신체 예산 조절을 도와주는 동물을 잃어버려서 일시적으로 훈련받은 것을 잊어버렸다는 것을 의미한다. 로우디는 자신이 달려들 생각은 없었다는 것을 알고 있다. 그러나 개가 어떤 자아를 가지고 있는지 몰라도 어쩌면 로우디는 그 날 제정신이 아니었을 것이다.

한 식구인 다른 개가 죽은 후 먹기를 중단하거나 심드렁해지는 개에 대한 보고가 있다. 몇몇 사람들은 이런 사례들을 개가 슬퍼하는 증거로 본다. 그러나 이런 사례들은 또한 단순히 불쾌한 정동에 수반되는 신체 예산 불균형 효과로 이해할 수도 있다. 어쨌든, 앤지는 새디의 죽음을 슬퍼하고 있었을 것이고, 앤지의 행동에 매우 민감한 로우디는 앤지의 정동적 변화를 어느 정도 탐지할 수 있었을 것이고, 자신의 예산을 훨씬 더 많이 써버렸을 것이다.

으르렁대는 개에 대한 물음을 두 가지의 물음으로 나누어 인간의 지각과 개의 지각을 따로 고찰하는 것은 단순한 말장난이 아니다. 나는 이 구별이 간단치 않다는 것을 인정한다. 감정에 대한 구성주의적 견해는 "개가 감정을 가지고 있지 않다"는 의미로 그리고 때로는 "사람도 감정을 가지고 있지 않다"는 의미로 빈번하게 잘못 해석되었다. 이렇게 단순화된 진술은 감정이 본질을 가지고 있으며 따라서 지각하는 사람과 무관하게 존재한다고 또는 존재하지 않는다고 가정하기 때문에 무의미하다. 그러나 감정은 지각이고, 모든 지각은 지각하는 사람을 전제한다. 따라서 감정 사례에 대한 모든 물음은 특정 관점에서 제기되어야 한다.

꼼짝하지 않는 것에 대한 심리 추론 오류

만약 유인원, 개, 그 밖의 동물이 인간 감정을 경험하는 능력을 가지고 있지 않다면 어째서 동물에게서, 심지어 곤충에게서 발견되는 감정에 대한 뉴스 이야기가 그렇게 많은가? 이것은 모두 과학에서 거듭 되풀이되는 미묘한 오류에서 비롯되고, 탐지하여 극복하기가 매우 까다로운 현상이다.

바닥에 전력망이 깔려 있는 상자에 쥐가 놓여 있다고 상상해보라. 과학자들이 큰 소리를 틀어놓고 곧바로 전기 충격을 쥐에 가한다. 충격이 편도체의 핵심 뉴런과 관련된 회로를 자극하게 됨에 따라 쥐는 꼼짝 못하게 되고 심박수와 혈압이 오른다. 과학자들은 이 과정을 수없이 반복하고, 소리와 충격을 짝지워 똑같은 결과를 얻는다. 나중에는 전기 충격 없이 소리만 튼다. 그러면 소리가 전기 충격의 전조라는 것을 학습한 쥐는 다시 꼼짝 않게 되고 심박수와 혈압이 오른다. 쥐의 뇌와 신체는 전기 충격을 기대하는 것처럼 반응한다.

고전적 견해를 신봉하는 과학자들은 쥐가 소리를 무서워하는 것을 학습했다고 말한다. 이 현상을 '공포 학습'이라 한다(이것은 1장에서 기술한 것처럼 편도체가 없어서 공포를 학습할 수 없는 것으로 추정되는 여성 SM에게 행해진 것과 똑같은 유형의 실험이다). 전 세계에서 수십 년 동안, 과학자들은 편도체의 뉴런이 어떻게 이들 동물에게 꼼짝 못하게 하는 것을 학습하게 하는지 알아내기 위해 쥐, 파리, 그 밖의 동물에게 전기 충격을 가했다. 과학자들은 이 동결 회로를 확인하고 나서 편도체가 공포의 실재인 공포 회로를 포함하고 있고 심박수 및 혈압의 증가와 꼼짝 않는 것은 일관된 생물학적 공포 지문을 나타낸다고 추론한다. 하지만 나는 어째서 과학자들이 이것을 공포라고 결론을 내렸는지 아직도 납득이 되지 않는다. 쥐는 놀라움이나 경계심을 학습할 수 없었을까? 아니면 고통이라도 학습할 수 없었을까? 만약 내가 쥐라면 전기 충격에 정말로 꼭지가 돌아버렸을 것이다. 어째서 이것이 '분노 학습'이 아니란 말인가?[41]

어쨌든 이런 과학자들은 그들의 공포 학습 분석이 쥐에서 인간에게로 확대된다고 말한다. 왜냐하면 편도체의 공포 관련 회로는 '삼위일체 뇌'에 이르기까지 포유동물의 진화를 통해 우리에게 전해졌기 때문이다. 이런 공포 학습 연구는 편도체를 이른바 뇌의 공포 위치로 확증하는 데 도움이 된다.[42]

심리학과 신경과학에서는 이른바 공포 학습을 산업적으로 활용하고 있다. 과학자들은 이것을 이용하여 외상 후 스트레스 장애(PTSD) 같은 불안 장애를 설명한다. 이것은 제약 산업에서 약물 발견에 이용되고, 수면 장애 이해에 이용된다. 구글 조회 수가 10만 회가 넘는 '공포 학습'은 심리학과 신경과학에서 가장 흔하게 사용되는 말 중 하나다. 그러나 알고 보면 공포 학습은 또 다른 잘 알려진 현상인 고전적 조건형성 또는 생리학자 이반 파블로프Ivan Pavlov의 이름을 딴 파블로프 조건형성의 별칭에 지나지 않는다. 파블로프는 군침을 흘리는 개에 대한 그의 유명한 실험으로 이것을 발견했다.* 고전적 공포 학습 실험은 불확실한 위험이 예상될 경우 소리 같은 무해한 자극이 특정 편도체 회로의 촉발 능력을 획득할 수 있다는 것을 증명한다. 과학자들은 수 년에 걸쳐 이 회로의 세세한 위치를 확인했다.[43]

이제 내가 넌지시 언급한 미묘한 오류를 다룰 차례이다. 꼼짝 않는 것은 행동이다. 반면에 공포는 훨씬 더 복잡한 정신 상태다. 공포 학습을 연구한다고 생각하는 과학자들은 꼼짝 않는 행동을 '공포'로 범주화하고, 꼼짝 않는 것을 담당하는 기저 회로를 공포 회로로 범주화한다. 내가 행복 경험을 구성할 수 없는 기니피그 컵케이크가 행복하다고 범주화한 것처럼 이런 과학자들은 부지불식간에 자신의 감정 개념을 적용하고 공포 지각을 구성하여 꼼짝 않는 쥐가 공포를 경험한다고 간주한다. 나는 이 일반적 과학적 오류를 **심리 추론 오류**라고 한다.

심리 추론은 정상이다. 우리 모두는 매일 자동적으로, 쉽사리 심리 추론을 한다. 친구가 미소짓는 것을 보면 당신은 즉시 친구가 행복하다고 추론할지도 모른다. 어떤 남자가 물 한 잔 마시는 것을 보면 당신은 이 남자가 목마르다고 추론할지도 모른다. 그렇지 않고 목이 말라 불안을 느끼거나 주장을 밝히기 전에 극적으로 뜸 들인다고 추론할지도 모른다. 점심 데이트 중에 얼굴이 확 달아오르는 것을 느끼면 당신은 낭만적 느낌 또는 유행성 감기 때문이라고

* 먹을 것을 주면 개는 군침을 흘린다. 먹을 것을 주기 전에 벨 울리기를 충분히 반복하면 개는 벨 소리만 듣고도 군침을 흘린다. 파블로프는 이 발견으로 1904년에 노벨상을 받았다.

추론할지도 모른다.[44]

아이는 장난감과 안심 담요security blankets에서 감정을 지각하고, 이것들과 흥미진진한 쌍방향 대화를 나눈다. 성인도 이 점에서는 전문가다. 1940년대부터 행해진 한 유명한 실험에서 프리츠 하이더Fritz Heider와 매리 앤 짐멜Mary-Ann Simmel은 무언가를 보는 사람이 정신 상태를 추론하는지를 알아보기 위해 간단한 기하학적 모양의 애니메이션을 만들었다. 동영상에는 삼각형 두 개와 큰 직사각형 주위를 움직이는 원 하나가 등장한다. 동영상은 소리도 없고, 움직임에 대한 설명도 없다. 그럼에도 이것을 보는 사람들은 이 모양에 감정과 그 밖의 정신 상태를 흔쾌히 부여했다. 몇몇 사람은 용감한 원이 구하러 올 때까지 큰 삼각형이 애꿎은 작은 삼각형을 괴롭힌다고 말했다.

인간 종의 구성원으로서 과학자들은 자신의 실험 결과를 해석할

그림 12-2 하이더-짐멜 동영상의 정지 화면은 heam.info/heider-simmel에서 볼 수 있다.

때 심리 추론을 한다. 실제로 신체 측정치를 기록하고 이에 정신적 원인을 부여할 때마다 과학자들은 심리 추론 오류를 범한다. "심장 박동 변화는 흥분 때문에 야기되었다." "그 노려보기는 분노를 나타낸다." "전측 섬 활동은 혐오 때문에 야기되었다." "그 피험자는 불안 때문에 컴퓨터 자판을 좀 빨리 눌렀다." 감정은 지각하는 사람에게서 독립된 객관적 의미로서 이런 행동을 야기하지 않는다. 이런 행동들은 그 자체가 심리적인 그 무엇이 일어났다는 증거임에 틀림없다. 과학자들은 그것이 무엇인지 추측한다. 과학자들이 하는 것은 바로 이것이다. 우리는 대상을 측정하여 수치의 패턴을 추론함으로써 무언가 의미 있는 것으로 바꾼다. 그러나 과학적 설명을 목표로 할 때 몇몇 추론만이 인정된다.[45]

공포 학습 현상은 감정의 과학에서 가장 극적인 심리 추론 오류의 예에 해당한다.* 공포 학습 실험자들은 움직임, 행동, 경험 사이의 중요한 구별을 흐릿하게 만든다. 근육을 수축하는 것은 움직임이다. 따라서 꼼짝 않는 것은 행동이다. 이것은 다수의 상호 조율된 근육 움직임과 관련이 있다. 공포 느낌은 꼼짝 않는 것 같은 행동과 함께 일어날 수 있는 경험일 수도 있고, 함께 일어날 수 없는 경험일 수도 있다. 꼼짝 않는 것을 통제하는 회로는 공포를 통제하는 회로가 아니다. 이 터무니없는 과학적 오해는, '공포 학습'이라는 말과 함께, 수십 년간 혼동의 씨앗을 뿌렸고, 고전적 조건형성 실험을 공포 산업으로 바꾸어놓았다.[46]

---

* '공포 학습' 관련 논문을 쓰는 과학자들의 뇌를 스캔하면 과학자들이 꼼짝 않는 쥐를 무서워하고 있는 것으로 기술할 때 심리 추론을 내수용과 통제 신경망의 결절에서의 활동으로 여긴다는 증거를 볼 것이다.

공포 학습이라는 개념은 그 밖의 문제들로 가득 차 있다. 위협적 상황에 처한 쥐가 언제나 꼼짝 않는 것은 아니다. 소리와 전기 충격이 예측할 수 없는 때에 함께 도달하는 작은 상자에 쥐를 넣어두면 쥐는 정말로 꼼짝 않는다. 그러나 더 큰 공간에 있을 때는 달아난다. 그리고 구석에 몰리면 공격한다. 만약 소리가 나는 동안 쥐를 저지하면(이것은 중요하지 않다. 쥐는 어쨌든 꼼짝 않을 것이기 때문이다), 쥐의 심박수는 올라가는 대신에 **내려간다.** 게다가 모든 이런 다양한 행동이 편도체를 필요로 하지도 않는다. 지금까지 과학자들은 이른바 쥐 뇌의 공포 경로(각 경로는 특정 행동과 관련이 있다)를 적어도 3개 확인했다. 그들은 모두 심리 추론 오류를 범하고 있다. 끝으로, 꼼짝 않는 것 같은 간단한 행동은 꼼짝 않는 것 또는 공포에 특화되지 않은 분산된 신경망 내의 다수 회로에 의해 뒷받침된다.[47]

간단히 말해, 당신은 '공포'를 '충격 받은 쥐의 꼼짝 않는 반응'이라고 동어반복적으로 정의해야 쥐에 충격을 가함으로써 공포를 연구할 수 있다.

쥐와 마찬가지로 인간은 위협을 받을 때 다양한 방식으로 행동한다. 꼼짝 않을지도 모르고, 달아날지도 모르며, 공격할지도 모른다. 또한 농담으로 넘겨버릴지도 모르고, 실신할지도 모르며, 사태를 무시할지도 모른다. 이런 행동은 포유동물이 공유하는 뇌의 별개의 회로에 의해 야기될지도 모른다. 그러나 이런 행동은 본질적으로 감정적인 것이 아니고, 감정이 생물학적 실재를 가지고 있다는 증거가 아니다.

그러나 몇몇 과학자는 동물의 고도로 복잡한 정신 상태를 분리시켰다고 계속 주장한다. 예컨대 아기 쥐는 태어난 후 어미 쥐한테서 분리되면 울음소리 같은 고음의 잡음을 낸다. 몇몇 과학자는 울음 담당 뇌 회로가 괴로움 담당 회로임에 틀림없다고 추론한다. 그러나 아기 쥐는 슬퍼하는 것이 아니다. 아기 쥐는 **냉정하다.** 소리는 아기 쥐가 신체 온도(신체 예산의 부분)를 조절하려는 노력의 부산물에 불과하다. 이 과제는 보통 죽은 어미 쥐가 수행하던 것이었다. 이것은 감정과 아무 상관이 없다. 심리 추론 오류의 또 하나의 예인 것이다.[48]

이제부터 동물 감정 관련 논문을 읽을 때에는 이 패턴을 살펴보라. 만약 과학자가 '공포' 같은 정신 상태 단어를 사용하여 행동을 꼼짝 않는 것 같다고 하면 당신은 "아하, 심리 추론 오류구나!"라고 생각할 것이다.

공정하게 말하자면, 과학자가 심리 추론의 덫을 피하기는 극히 어렵다. 연구비를 지원하는 단체들은 인간에 직접 관련된 연구에 자금 지원하기를 선호하기 때문이다. 또한 과학자들은 심리 추론을 행한다는 것을 먼저 인식해야 하는데 이것은 자기 성찰의 중대한 위업이다. 그 다음에 과학자는 동료들의 비판과 경멸에 부딪치더라도 시류를 거스를 용기를 가져야 한다.

신경과학자 조지프 르두Joseph E. LeDoux는 호평을 받고 있는 그의 책《감정적 뇌Emotional Brain》에서 공포 학습이라는 견해를 일반화시켰고, 이제 쥐를 언급할 때는 '공포'라는 용어를 사용하지 말자고 주장한다. 이런 입장을 취하는 것을 보면 르두는 보기 드물게 지적 용기를 가진 과학자다. 르두는 이른바 공포 학습을 다룬 논문을 수백 편 발표하고, 뇌의 공포 기초인 편도체를 다룬 인기 있는 책을 출간했다. 그러나 그는 반대 증거를 주의 깊게 살펴보고 자신의 견해를 수정했다. 그의 수정된 견해에 따르면, 꼼짝 않는 것은 위험에 처한 동물을 안전하게 지켜주는 데 도움이 된다. 이것은 생존 행동이다. 그의 고전적 실험은 공포 같은 정신 상태를 보여주는 것이 아니라 이제 그가 꼼짝 않는 행동을 통제하는 생존 회로라고 부르는 것을 보여준다. 르두의 이론 변화는 마음과 뇌의 새로운 과학적 혁명의 또 다른 예다. 이것은 과학적으로 더 정당하다고 볼 수 있는 감정 이론으로 나아가게 한다.[49]

르두와 생각이 비슷한 다른 과학자들이 견해를 수정했음에도 동물 감정을 연구한 몇몇 연구자들의 유튜브 동영상과 테드 강연TED talks에서 심리 추론 오류를 여전히 쉽게 발견할 수 있다. 그들은 몇 가지 행동을 대표하는 동물 영화 또는 사진을 당신에게 보여준다. 쥐를 간질일 때 쥐가 얼마나 행복한지 보라. 개가 낑낑거릴 때 얼마나 슬픈지 보라. 쥐가 꼼짝 않을 때 얼마나 무서워하는지 보라. 그러나 감정은 관찰되지 않고 구성된다는 것을 기억하라. 2장에서 임의의 얼룩이 꿀벌로 바뀌는 과정을 자각하지 못하듯이 동영상을 볼 때 당신은 개념적 지식을 이용하여 추론한다는 것을 전혀 자각하지 못한다. 따라서 당신에게 동물은 감정적인 것처럼 보인다.

4장에서 나는 이른바 감정에 반응하는 모든 뇌 부위가 신체 예산을 조절하기 위해 예측을 내놓는다고 설명했다. 여기에 심리 추론 오류를 추가하여 잘 섞어보라. 그러면 감정이 뇌에서 어떻게 작동하는지에 대한 어마어마한 신화의 비법을 알게 될 것이다. 이웃이 고통받을 때 설치류의 전측 대상회 피질 활동이 증가하는 것을 관찰하는 것과 설치류가 공감을 느낀다고 말하는 것은 별개의 문제다. 다른 많은 동물이 그러하듯이 두 동물이 서로의 신체 예산에

영향을 미치고 있을 뿐이라고 하는 것이 더 간단한 설명이다.[50]

당신은 문제의 동물이 당신 자신과 비슷할 때 심리 추론을 하기 쉽다. 잽싸게 움직이는 바퀴벌레보다는 잽싸게 움직이는 개에게서 기쁨을 지각하기가 더 쉽다. 자신의 살을 작은 아기에게 먹이로 주는 어미 무족영원류無足蠑蚖類보다는 새끼와 잠들어 있는 어미 토끼에게서 사랑을 발견하기가 더 쉽다. 공상과학 영화《디스트릭트 9District 9》은 이 현상의 적절한 예를 제공한다. 이 영화에 나오는 외계 동물, 즉 인간 크기의 곤충은 처음에는 혐오스럽게 보인다. 그러나 이놈들에게도 가족이 있고 사랑하는 상대가 있다는 것을 보고 나면 우리는 이 생명체들에게 공감을 느낀다. 하이더와 짐멜의 모양조차도 인간과 비슷하게 보인다. 왜냐하면 이것들의 속도와 궤적이 서로 뒤쫓는 사람들을 연상시키기 때문이다. 우리는 정신적 원인에 비추어서 이것들의 행동을 지각하기 시작하고, 이것들은 우리의 도덕권에 들어온다.[51]

동물에 대한 심리 추론 자체가 나쁜 것은 아니다. 이것은 완전히 정상이다. 나는 매일 차를 타고 가면서 사랑스러운 아기 오랑우탄이 나오는 광고판을 본다. 나는 오랑우탄이 실제로 나를 향해 미소 짓지 않는다는 것과 나 자신처럼 마음을 공유하지 않는다는 것을 알면서도 가까이 다가갈 때마다 불빛을 비춘다. 솔직히 말해, 만약 누구나 이런 동물이 우리의 도덕권에 들어오는 것을 인정하는 과정에서, 그리고 동물에 대해 심리 추론 오류를 범하고 있다면, 뿔을 얻기 위해 코끼리와 코뿔소를 학살하거나 식용으로 고릴라와 난쟁이 침팬지를 학살하는 밀렵꾼이 더 적어질 것이다. 만약 사람들이 처지가 비슷한 인간을 관찰할 때 심리 추론을 더 많이 한다면 어쩌면 우리는 덜 잔인해지고 전쟁도 더 적을 것이다. 그러나 과학자로서 연구를 할 때 우리는 심리 추론 유혹에 저항해야 한다.[52]

우리는 으레 우리 자신에 비추어서 동물을 생각한다. 그러고는 동물은 얼마나 우리와 비슷한가, 동물은 우리 자신에 대해 무엇을 가르치는가, 어떤 점에서 동물이 우리에게 유용한가, 우리는 동물보다 얼마나 뛰어난가라고 묻곤 한다. 만약 동물을 의인화하는 것이 동물을 보호하는 것이라면 얼마든지 해도 좋다. 그러나 우리 자신의 정체성이라는 렌즈를 통해 동물을 볼 때 우리는 종종 생각지도 않은 방식으로 동물을 해칠 수 있다. 우리는 극성스럽게 달라붙는 개를 '너무 설치는 것으로' 간주하여 개에게 예측 가능한 보살핌과 애정을 주어야 하는 순간에 벌을 주기도 한다. 야생 상태였다면 어미 침팬지는 아기 침팬지가 다섯 살이 될 때까지 젖을 먹이겠지만, 우리는 아기 침팬지를 어미로부터 떼어놓고 어미 침팬지 털의 따뜻함과 냄새를 빼앗는다.

우리의 도전 과제는 동물 마음을 인간 마음보다 열등한 것으로 이해하는 것이 아니라 동물 입장에서 동물 마음을 이해하는 것이다. 동물 마음을 인간 마음보다 열등한 것으로 이해하는 견해는 인간 본성에 대한 고전적 견해에서 나온 것이다. 이것은 침팬지와 그 밖의 영장류가 인간보다 덜 진화했고 우리 자신의 축소된 버전이라는 것을 은연중에 암시하는 것이다. 하지만 사실은 그렇지 않다. 침팬지와 그 밖의 영장류는 그들이 살고 있는 생태적 적소에 적응했다. 침팬지는 먹거리를 찾아 돌아다녀야 하는데 현대인은 대부분 그렇게 하지 않는다. 따라서 침팬지 뇌는 정신적 유사성을 구축하도록 배선되어 있지 않고 세부 사항을 확인하고 기억하도록 배

선되어 있다.[53]

결국 우리가 동물의 용어로 동물을 학습한다면 동물과의 관계가 더 좋아질 것이고 우리는 그로 인해 득을 볼 것이다. 우리 인간은 동물과 우리 모두가 살고 있는 지구에 해를 덜 끼칠 것이다.

동물의 마음을 읽는다는 것

적어도 지각하는 인간 존재에 관한 한 동물은 감정적 생물이다. 이것은 우리가 만들어낸 사회적 실재의 부분이다. 우리는 자동차, 실내용 화초, 심지어 동영상 속의 작은 원과 삼각형에까지 감정을 허락한다. 동물에게도 감정을 허락한다. 그러나 이것은 동물이 감정을 **경험한다**는 것을 의미하지 않는다. 작은 정동적 적소를 가진 동물은 감정 개념을 형성할 수 없다. 사자는 얼룩말을 먹이로 사냥해서 죽일 때 얼룩말을 미워할 수 없다. 바로 이 때문에 우리는 사자의 행동을 비도덕적이라고 하지 않는다. 인간 감정을 경험하는 동물에 관한 책 또는 뉴스 이야기를 읽을 때마다("고양이는 생쥐에 대해 샤덴프로이데를 느끼는가"), 이 관점을 유지하면 당신은 심리 추론 오류가 눈 앞에 구체화되는 것을 금세 볼 것이다.

아직도 몇몇 과학자는 모든 척추동물이 인간처럼 느낀다는 주장을 정당화할 핵심 감정 회로를 보존하고 있다고 생각한다. 뛰어난 신경과학자 야크 판크세프는 종종 사람들을 초대해 으르렁대는 개와 쉿쉿거리는 고양이 사진과 '어미 찾아 우는' 아기 새 동영상에서 이런 회로의 증거를 보여준다. 그러나 제시된 이런 감정 회로가 어떤 동물의 뇌에 존재한다는 것은 의심스럽다. 당신은 유명한 '4F'(싸움, 도망, 섭취, 교미) 같은 행동을 위한 생존 회로를 가지고 있다. 4F는 당신의 내수용 신경망의 신체 예산 관리 부위에 의해 통제되고 당신이 정동으로 경험하는 신체 변화를 야기하지만 감정에 기여하지는 않는다. 감정을 위해서 당신은 범주화를 위한 감정 개념을 필요로 한다.[54]

동물 마음에서 감정적 능력을 찾는 작업은 지속되고 있다. 난쟁이 침팬지와 어쩌면 우리의 가까운 사촌인 침팬지는 그들 나름의 감정 개념을 형성하기 위한 훌륭한 배선을 뇌 회로에 가지고 있을지도 모른다. 그런 의미에서 코끼리는 흥미진진한 또 다른 가능성을 가졌다. 코끼리는 장수하고, 가까이 지내는 무리에서 강력한 유대를 형성하는 사회적 동물이기 때문이다. 돌고래도 마찬가지다. 수천 년간 인간 옆에서 사육된 로우디 같은 개도 좋은 후보이다. 비록 그것이 **인간** 감정은 아닐지라도 무언가 더 많은 것이 이런 동물에 계속 일어나고 있는지도 모른다. 실험실 쥐, 기니피그 컵케이크, 우리가 감정을 가진 것으로 경험하는 그 밖의 대다수 동물에 관해 말하자면 이것들은 감정을 구성할 수 없다. 왜냐하면 필요한 감정 개념을 가지고 있지 않기 때문이다. 인간이 아닌 동물은 정동을 느낀다. 그러나 이것들의 감정 실재는, 현재로서는, 오직 우리 자신 안에 있다.

4부

감정과 마음의 관계

| 13장 |

뇌가 창조한 마음 뇌를 오해한 마음

인간의 뇌는 속임수의 거장이다. 인간의 뇌는 능숙한 마술사처럼 경험을 만들어내고 행동을 이끌면서도 어떻게 그렇게 하는지를 보여주는 대신에 마치 뇌의 산물이(우리가 매일 경험하는 것들이) 뇌의 내부 작동 방식을 그대로 반영한 것 같은 확실한 착각을 우리에게 심어준다. 기쁨, 슬픔, 놀라움, 공포 등의 감정은 서로 별개인 것처럼 보이고 우리 안에 내장된 것처럼 느껴지기 때문에 우리는 자연스럽게 이것들의 원인이 우리 안에 따로따로 존재할 것이라고 가정하게 된다. 어찌 보면 뇌가 실체화 작업을 하는 마당에 우리가 마음에 대해 잘못된 이론을 갖게 되는 것은 너무나 자연스럽다. 어찌 보면 우리는 뇌의 작동 방식을 알아내려는 뇌들의 집합이기 때문이다.

수천 년 동안 이 속임수는 대체로 성공을 거두었다. 마음의 실체는 한 세기 또는 두 세기가 지날 때마다 다른 모습을 띠곤 했지만, 정신적 기관이라는 관념은 대부분의 시기 동안 꿈쩍도 하지 않았다.* 이런 본질을 물리치는 일은 오늘날에도 결코 만만치 않다. 뇌는 범주화를 수행하도록 배선되어 있고, 범주는 본질주의를 낳기 때문이다. 우리가 내뱉는 명사 하나하나가 우리의 의도와 무관하게 본질을 발명할 수 있는 기회로 작용한다.

그러나 이제 마음의 과학은 마침내 걸음마를 떼고 제대로 달릴 채비를 하고 있다. 두개골은 더 이상 신비한 힘들의 장이 아니다. 이제 뇌 영상 기술을 사용해 인간의 머릿속을 들여다볼 수 있다. 새로운 측정 도구 덕분에 심리학과 신경과학은 이제 연구실을 벗어나 실세계로 들어가고 있다. 그러나 우리가 21세기 첨단 도구로 페타바이트petabyte의 뇌 데이터를 축적하는 동안에 매스미디어, 벤처 기업, 대다수 교과서, 그리고 일부 과학자는 여전히 이 데이터를 17세기의 마음 이론으로(플라톤 1.0에서 공상적인 골상학 버전으로 업그레이드된 이론으로) 해석한다. 그러나 신경과학이 뇌의 기능에 관해 제공한 이해는 감정뿐만 아니라 모든 정신 사태와 관련해 우리 자신의 경험이 제공하는 것보다 훨씬 더 적절한 것이다.

내가 지금까지 설명을 제대로 했다면, 당신은 이제 교과서나 대중매체에서 감정에 관해 사실처럼 보이도록 떠드는 많은 것들이 매우 의심스러우며 재고되어야 한다는 점을 깨달았을 것이다. 이 책을 통해 당신은 감정이 인간의 뇌와 신체가 지닌 생물학적 특성의 일부이긴 하지만, 감정마다 전용 뇌 회로가 있는 것은 아니라는

* 간략히 말하자면 개념이 경험에 의존한다는 견해(경험론)는 개념이 타고난 것이므로(생득설) 또는 직관이나 논리로부터 도출되므로(이성론) 우리에게 개념이 내장되어 있다는 신념에 의해 계속 압도당했다. 17세기의 관념 연합론자부터 20세기의 행동주의자까지 모든 경험론적 시도는 결국 실패하고 말았다.

점을 알게 되었다. 감정은 진화의 결과이지만, 동물 조상으로부터 물려받은 본질 같은 것이 있는 것은 아니다. 당신은 의식적인 노력을 기울이지 않더라도 감정을 경험할 수 있지만, 그렇다고 해서 당신이 이런 경험의 수동적인 수취인은 아니다. 당신은 따로 지시를 받지 않더라도 타인의 감정을 지각할 수 있지만, 그렇다고 해서 감정을 타고나거나 학습과 무관하지 않다. 우리가 타고난 것은 개념을 사용해 사회적 실재를 구축할 수 있는 능력이다. 그리고 이 사회적 실재를 통해 다시 뇌가 배선된다. 감정은 사회적 실재의 매우 실제적인 창조물이며, 이것이 가능한 까닭은 인간의 뇌가 다른 인간의 뇌와 협조하기 때문이다.

이 마지막 장에서 우리는 구성된 감정 이론이라는 손전등을 사용해 마음과 뇌의 더 큰 주제들을 비출 것이다. 우리는 예측하는 뇌에 관해 그리고 이와 관련된 모든 것에 관해(변성, 핵심 체계, 개념 발달을 위한 배선 과정 등에 관해) 다시 한 번 면밀히 살펴봄으로써 이런 뇌에서 **어떤 종류의 마음**이 출현하는지를 고찰할 것이다. 우리는 마음의 어떤 측면이 보편적이거나 필연적인지, 그리고 어떤 측면은 그렇지 않은지를 살펴보고, 이것이 다른 사람들과 당신 자신을 이해하는 데 무슨 의미를 지니는지 생각해 볼 것이다.

신경망에서 창조된 마음

사람들이 인간에 관해 글을 쓰기 시작한 이래로 인간의 마음이 어떤 전능한 힘에 의해 창조되었다는 가정은 늘 우리와 함께 있었다. 고대 그리스인에게 이 힘은 여러 신으로 체화된 자연이었다. 기독교에서는 대자연의 품으로부터 인간 본성을 빼앗아 전능한 유일신의 손에 넘겼다. 다윈은 이것을 다시 빼앗아 진화라는 자연의 특정한 성질에 바쳤다. 그래서 갑자기 당신은 더 이상 불멸의 영혼도 아니고, 당신의 마음은 더 이상 선과 악, 정의와 죄악이 싸우는 전쟁터도 아니게 되었다. 그 대신에 당신은 당신의 행동을 통제하기 위해 다투는, 진화를 통해 형성된 특별한 내부 힘들의 집합이 되었다. 당신의 뇌가 당신의 신체와 다투고, 합리성이 감정과, 피질이 피질 하부와, 당신 외부의 힘이 당신 내부의 힘과 다툰다는 것이다. 이성적인 피질로 포장된 동물 뇌를 가진 당신은 자연계의 다른 동물과 구별된다. 다른 동물과 달리 당신에게만 영혼이 있어서가 아니다. 당신이 통찰력과 이성을 지닌 존재로서 진화의 정점에 있기 때문이다. 즉, 당신은 신의 형상을 따르는 것이 아니라 세계가 제시하는 것에 대해 특정한 방식으로 반응할 수 있는 소질을 유전자를 통해 미리 갖춘 채 세상에 나온 것이다. 감정과 같은 경험은 당신이 철두철미한 동물이라는 사실을 입증하는 증거로 선포된다. 그렇지만 당신은 내면의 짐승을 이겨낼 수 있으므로 동물의 왕국에서 특별한 존재로 간주된다.

그러나 당신은 이 책에서 뇌에 관한 새로운 발견들을 바탕으로 혁명적으로 뒤바뀐 인간 존재의 의미에 관해 알게 되었다. 당신의 마음은 분명히 진화의 산물이지만, 유전자에 의해서만 조형되지는 않는다. 물론 당신의 뇌는 그물처럼 얽힌 뉴런들로 되어 있지만, 이것은 인간의 마음이 성장하는 데 관여하는 한 요인일 뿐이다. 또한 당신의 뇌는 당신의 신체 안에서 발달했지만, 이런 과정은 다른 신체 안에 있는 다른 뇌들 사이에 자리 잡고 있으며, 이 주위 사람들은 행동과 말을 통해 당신의 신체 예산에 영향을 미치고 당신의 정동적 적소를 확장하는 역할을 한다.

당신의 마음은 열정과 이성이라는 대립적인 내부 힘들의 전쟁터가 아니며, 이 싸움에 따라 당신의 행동에 대한 책임이 결정되는 것도 아니다. 오히려 당신의 마음은 뇌의 끊임없는 예측 한가운데 있는 계산의 한 순간이다.

당신의 뇌는 개념을 사용해 예측한다. 비록 과학자들은 어떤 개념이 타고난 것이고 어떤 개념이 학습된 것인지에 대한 논쟁을 계속하고 있지만, 당신의 뇌가 물리적 환경과 사회적 환경에 맞게 배선됨에 따라 당신이 많은 개념을 학습했다는 것은 의심의 여지가 없는 사실이다. 이 개념들은 당신이 살고 있는 문화에서 유래한 것이며 집단 생활의 핵심 딜레마에(즉 앞지를 것인가 아니면 사이좋게 지낼 것인가라는 정답 없는 줄다리기와 같은 상황에) 대처하는 데 도움을 준다. 세계를 둘러보면 사이좋게 지내기를 선호하는 문화도 있고 앞지르기를 선호하는 문화도 있다.

이 모든 발견을 통해 드러나는 결정적 통찰은 문화의 맥락 안에서 진화한 인간의 뇌를 바탕으로 **한 종류 이상의 마음**이 창조될 수 있다는 것이다. 예컨대 서양 문화권의 사람들은 사고와 감정을 근본적으로 다른 것으로, 그리고 때로는 충돌하는 것으로 경험한다. 반면에 발리인과 일롱고트족 문화에서는 그리고 어찌 보면 불교 철학의 영향권에 드는 문화에서는 사고와 감정을 엄격히 구별하지 않는다.[1]

같은 종류의 신경망들로 이루어진 같은 종류의 뇌에서 어떻게 다른 종류의 마음이 출현할 수 있을까? 어떻게 같은 유형의 뇌에서 저마다 물리적 환경과 사회적 환경에 적응하는 가운데 이런저런 감정 개념과 경험으로 가득 찬 **당신의** 마음이 창조되었고, 같은 개념의 다른 사례를 가진 또는 어쩌면 몇 가지 다른 감정 개념을 가지고 있을 **나의** 마음이 창조되었으며, 나아가 사고와 감정에 대해 분리된 개념이나 경험을 가지고 있지 않은 발리인의 마음이 창조되었을까?

정상적으로 발달하는 모든 인간 뇌는, 특히 당신의 안경과 삐딱하게 바라보는 버릇을 던져 버리고 보면 표면상 꽤 비슷해 보인다. 모든 인간 뇌에는 두 개의 반구가 있다. 모든 피질에는 다섯 개의 엽이 있으며 최대 6개의 층이 있다. 모든 피질 안의 뉴런들은 정보를 압축해 효율적인 요약본을 만들고 개념 체계를 창조해 행동과 경험을 조형하도록 배선되어 있다. 이런 특징 중 많은 부분은 다른 포유동물에게도 있으며, 신경계의 정말로 오래된 몇몇 측면은 곤충에게도 있다(한 예를 들자면 척추동물의 신경계를 머리부터 꼬리까지 조직하는 혹스Hox 유전자라는 것이 있다).

그러나 다른 한편으로 뇌는 사람에 따라 상당히 다르기도 하다. 각 피질의 골짜기와 산마루의 배치, 피질의 특정 층에 또는 피질 아래 부위에 있는 뉴런 수, 뉴런들 사이의 세부 배선, 신경망 내부의 연결 강도 등에서 차이가 있다. 이런 미세한 사항을 고려하면, 똑같은 종이라도 완전히 동일한 구조를 가진 뇌는 하나도 없다.[2]

또한 단일한 뇌 안에서도, 배선이 정지 상태에 있는 것은 아니다. 수목이 봄에는 풍성해지고 가을에는 줄어드는 것처럼 뉴런의 축색돌기들과 수상돌기들 사이의 상호 연결은 당신이 나이를 먹으면서 증가하기도 하고 감소하기도 한다. 그리고 특정 뇌 부위에서는 새 뉴런들이 자라기도 한다. 가소성이라고 불리는 이런 종류의 해부학적 변화는 경험에 따라서도 일어난다. 당신의 경험이 뇌의 배선에서 부호화되고 결국에는 배선 자체를 변화시킬 수 있으며, 그러면 당신이 똑같은 경험을 다시 하거나 이전 경험을 사용해 새로운 경험을 창조할 확률이 높아진다.[3]

나아가 매순간 수십억 개의 뉴런은 끊임없이 이 패턴에서 저 패턴으로 재연결된다. 이것은 신경전달물질이라고 불리는 화학 물질 덕분이다. 이 물질 덕분에 뉴런들 사이에 신호가 전달되고, 1초도 안 되는 사이에 신경 연결이 구축되기도 하고 끊기기도 하며, 이에 따라 정보가 흘러가는 경로가 변경된다. 신경전달물질 덕분에 동일한 집단의 신경망들로 이루어진 단 하나의 뇌에서 다양한 정신 사태가 구성되고 부분의 합보다 더 큰 무언가가 창조될 수 있다.[4]

물론 뇌에서는 상이한 집합의 뉴런이 동일한 결과를 낳는 변성도 일어난다. 게다가 뇌 조직을 어느 수준에서 관찰하든 상관없이 (그것이 신경망이든 부위든 개별 뉴런이든 상관없이) 뇌 조직은 분노, 주의, 또는 시각이나 청각 같은 하나 이상의 정신 사태 범주에 관여한다.[5]

신경과학자들은 미세한 배선 과정, 신경전달물질, 가소성, 변성, 다목적 회로 같은 엄청난 다양성의 원천을 요약하는 의미에서 뇌를 가리켜 '복잡계complex system'라고 부른다. 여기서 복잡하다는 것은 "아이고, 이 뇌는 정말 복잡하네"라는 일상적인 의미가 아니라 조금 더 형식적인 의미를 지닌다. **복잡도**complexity는 효율적으로 정보를 창조하고 전달하는 모든 구조를 기술하기 위한 척도다. 복잡도가 높은 체계는 오래된 패턴 조각들을 조합해 새로운 패턴을 많이 창조할 수 있다. 이런 복잡계는 신경과학, 물리학, 수학, 경제학, 그 밖의 여러 학문에서 찾아볼 수 있다.[6]

인간의 뇌는 복잡도가 높은 체계다. 하나의 물리적 구조 안에서 수십억 개의 뉴런을 재연결하여 어마어마하게 다양한 경험과 지각과 행동을 구성할 수 있다. 인간의 뇌는 주요 '허브'(6장)를 중심으로 매우 효율적인 소통 방식을 구현함으로써 이러한 높은 복잡도를 달성한다. 이런 조직 덕분에 뇌는 다양한 원천에서 온 수많은 정보를 효율적으로 통합하여 의식의 토대를 형성할 수 있다. 반면에 고전적 견해에서 가정하는 것처럼 상이한 기능을 수행하는 독립적인 부위들로 이루어진 뇌 모형은 각 부위가 자신의 기능만 수행할 수 있는 복잡도가 낮은 체계다.[7]

복잡도가 높고 변성의 성질을 지닌 뇌는 더 많은 정보를 창조하고 운반할 수 있다는 뚜렷한 장점을 가진다. 또한 다수의 경로로 동일한 목적지에 도달할 수 있기 때문에 더 견고하고 안정적이다. 게다가 상해나 질병에 대해서도 더 강한 저항력을 보인다. 이와 관련해 우리는 편도체가 손상된 쌍둥이의 예(1장), 예측성 뇌 회로가 파괴된 로저의 사례(4장) 등을 이미 살펴보았다. 따라서 이런 뇌는 당신이 생존해서 유전자를 다음 세대에 전수할 확률을 높인다.[8]

자연 선택은 복잡한 뇌를 선호한다. 당신이 당신 경험의 설계자인 이유는 합리성 덕분이 아니라 복잡도 덕분이다. 그리고 우리의 유전자는 당신이나 다른 사람들이 자신의 뇌를 개조하고 따라서 자신의 마음도 개조할 수 있는 기회를 제공한다.[9]

복잡도에는 뇌의 배선도가 보편적인 정신 기관들로 이루어진 단한 종류의 마음을 만들어내기 위한 지침이 아니라는 의미가 담겨 있다. 인간의 뇌에 사전 설정된 정신적 개념은 그리 많지 않다. 아마도 쾌감과 불쾌감(유인성), 동요와 평온(흥분도), 시끄러움과 조용함, 밝음과 어두움, 그 밖에 의식의 몇몇 속성 정도일 것이다. 오히려 다양성이 표준이다. 인간의 뇌는 주변 상황에 따라 다양한 많은 개념을 학습하고 많은 사회적 실재를 발명하도록 구조화되어 있다. 물론 이런 다양성이 무한하거나 자의적인 것은 아니다. 이것은 뇌의 효율과 속도를 높일 필요성, 외부 세계, 사이좋게 지낼지 아니면 앞지를지를 둘러싼 인간적인 딜레마 등에 의해 제약을 받는다. 그리고 당신이 속한 문화는 이 딜레마에 대처할 때 사용할 특정 집합의 개념과 가치와 관습을 당신에게 건넨다.[10]

보편적인 개념들을 가진 보편적인 마음이 있어야만 우리 모두가 같은 종이 되는 것은 아니다. 사회적 환경과 물리적 환경에 따라 배선이 진행되어 결국에는 여러 종류의 마음을 산출하는 대단히 복잡한 뇌로 충분하다.

인간의 마음에 설정된 세 가지 모드

인간의 뇌는 여러 종류의 마음을 창조할 수 있지만, 모든 인간의 마음에는 몇 가지 공통 성분이 있다. 수천 년 동안 학자들은 본질이 마음의 필수 조각이라고 믿었지만, 그렇지는 않다. 이 책에서 살펴본 마음의 세 측면인 정동 실재론, 개념, 사회적 실재가 바로 그 성분이다. 뇌의 해부학적 구조와 기능을 바탕으로 하는 이것들은

(어쩌면 다른 것들과 함께) 질병의 경우를 빼고는 필연적이며 따라서 보편적이다.

정동 실재론, 즉 당신이 믿는 대로 경험하는 현상은 당신 뇌의 배선 때문에 필연적이다. 내수용 신경망의 신체 예산 관리 부위(메가폰을 들고 설치는 당신 내부의 시끄럽고 고집불통인 과학자)는 뇌에서 가장 강력한 예측자이고, 일차 감각 부위는 열렬한 청취자다. 논리와 이성이 아니라 정동이 실린 신체 예산 예측은 당신의 경험과 행동을 좌우하는 주요 운전자다. 우리는 모두 어떤 음식이 맛있다면서 마치 이 맛이 음식에 담겨 있는 것처럼 생각하지만, 실제로 맛은 구성물이고 맛있다는 느낌은 우리 자신의 정동이다. 교전 지역의 병사가 누군가의 손에서 총이 없는데도 총을 지각할 때, 그는 실제로 총을 **본다**. 이것은 오류가 아니라 원래 지각이 그런 것이다. 가석방 심리 중에 배가 고픈 재판관은 더 부정적인 판결을 내리기도 한다.

이러한 정동 실재론에서 완전히 자유로운 사람은 없다. 당신의 지각은 세계를 촬영한 사진이 아니다. 네덜란드 화가 베르메르Vermeer의 작품처럼 사진 같은 그림도 아니다. 오히려 당신의 지각은 반 고흐나 모네의 작품을 더 닮았다(또는 아주 안 좋은 날이면 잭슨 폴락Jackson Pollock의 작품에 더 가까울지도 모른다).[11]

그러나 당신은 정동 실재론의 효과를 통해 이런 것들을 인식할 수는 있다. 어떤 것이 맞다는 직감이 들 때, 어떤 소식을 듣거나 어떤 이야기를 읽고 그것이 곧바로 믿길 때, 또는 어떤 메시지를 곧바로 물리치거나 심지어 그 전달자를 싫어할 때, 이것은 정동 실재론에 의한 것이다. 우리는 모두 자신의 신념을 뒷받침하는 것을 좋아하고, 이런 신념에 반하는 것을 보통 싫어한다.

한편 정동 실재론은 반대 증거가 상당할 때도 어떤 것을 계속 믿도록 만든다. 이것은 무지나 악의 때문이 아니다. 뇌의 배선과 작동 방식이 그럴 뿐이다. 당신이 믿는 모든 것, 당신이 보는 모든 것은 당신 뇌의 예산 관리 활동에 의해 물들어 있다.

정동 실재론을 점검하지 않고 그대로 놔두면 사람들은 절대적인 확신과 고집불통에 빠질 것이다. 대립하는 두 집단이 저마다 옳다고 확신할 때, 그들은 정치적 충돌, 이데올로기적 투쟁, 심지어 전쟁을 서슴지 않는다. 이 책에서 살펴본 인간 본성에 대한 두 견해, 고전적 견해와 구성적 견해도 수천 년 동안 서로 치고 받았다.[12]

이런 지속적인 싸움 속에서 정동 실재론은 양쪽이 상대방의 관점을 판에 박힌 형태로 왜곡하는 결과를 낳았다. 고전적 견해는 생물학적 결정론으로, 즉 문화는 전혀 중요치 않고 유전자가 모든 운명을 결정한다는 입장으로, 그래서 부자와 투쟁하는 자로 나뉜 현재의 사회 질서를 정당화하는 입장으로 희화화되었다. 이렇게 묘사된 것은 '사이좋게 지내기'보다 '앞지르기'를 선호하는 극단적 버전이다. 반면에 구성적 견해는 개인을 희생하는 절대적 집단주의라고, 또는 〈스타 트랙Star Trek〉에 나오는 보그Borg 집합체처럼 인간 집단을 하나의 커다란 초생물체로 간주하고, 뇌가 정확히 똑같은 기능을 수행하는 뉴런들로 이루어진 '천편일률적인 고깃덩어리meatloaf'라고 보는 잘못된 견해라고 비판을 받는다. 이것은 '사이좋게 지내기'가 '앞지르기'를 압도하는 과장된 버전이다. 이 싸움의 양쪽 모두 과학공동체에서 생기기 마련인 미묘한 차이들을 무시하고 있다. 그러나 우리가 지금까지 살펴본 것처럼 증거가 가리키는 방향은 조금 더 미묘한 것이다. 생물학적 메커니즘과 문화의 경계선은 상호 침투가 가능하기 때문이다. 문화는 자연 선택을 바탕으로 발생했다. 그리고 문화는 피부 아래로, 뇌 속으로 스며들고, 인간의 다음 세대가 조형되는 데 기여한다.[13]

정동 실재론은 불가피한 것이지만, 당신이 이것에 대해 속수무책인 것은 아니다. 정동 실재론에 대한 최선의 방어책은 호기심이다. 나는 학생들에게 책에서 읽은 것을 사랑하거나 미워하게 될 때, 특히 이 점을 유념하라고 말한다. 이런 느낌은 십중팔구 책에서 읽은 견해가 당신의 정동적 적소에 굳건히 자리 잡고 있음을 의미하므로, 이에 대해 열린 마음을 유지할 필요가 있다. 당신의 정동은 어떤 과학이 좋다는 또는 나쁘다는 증거가 될 수 없다. 생물학자 스튜어트 파이어슈타인Stuart Firestein은 그의 멋진 책《무지: 과학의 추진력Ignorance: How It Drives Science》에서 세계에 관해 학습하는 방식으로서 호기심을 추천한다. 불확실성을 어색해하지 말고, 수수께끼에서 즐거움을 찾으며, 의심의 함양을 게을리하지 말라고 그는 조언한다. 이런 습관은 마음속 깊이 뿌리내린 신념에 반하는 증거를 평온하게 바라볼 수 있게 해 주고, 지식 탐험의 기쁨을 경험하는 데 도움을 줄 것이다.[14]

마음의 두 번째 필연적인 측면은 당신이 개념을 가지고 있다는 점이다. 인간의 뇌는 개념 체계를 구성하도록 배선되어 있다. 당신은 순식간에 사라지는 빛과 소리 조각 같은 아주 작은 물리적 사태에 대해서도 그리고 '인상파 미술'이나 '비행기 탑승 시 소지 불허 품목' 같은 아주 복잡한 관념에 대해서도 개념을 형성한다(후자에는 장전된 총, 코끼리 떼, 코미디 〈휴가 대소동National Lampoon's Vacation〉의

에드나Edna 이모처럼 성깔 고약한 지인 등이 포함될 것이다). 당신의 뇌에 있는 개념들은 세계에 대한 모형인데, 이것 덕분에 당신은 생명을 유지하고, 신체의 에너지 수요를 충족하며, 궁극적으로는 당신의 유전자를 전파할 수 있다.

그러나 필연적이지 않은 것은 당신이 **특정** 개념을 가지고 있다는 점이다. 물론 모든 사람은 '긍정적인가' 아니면 '부정적인가'와 같은 몇 가지 기본 개념을 가지고 있을 것이다. 그러나 모든 사람이 '감정'과 '사고' 같은 뚜렷이 구별된 개념을 가지고 있지는 않다. 무슨 개념이든 당신의 신체 예산을 조절하고 생명을 유지하는 데 기여한다면 적어도 뇌의 관점에서 볼 때는 제 역할을 다하는 것이다. 당신이 어릴 적에 학습한 감정 개념들은 이런 것들 가운데 눈에 띄는 하나일 뿐이다.

개념은 단순히 '당신의 머릿속에' 있지 않다. 당신과 내가 커피에 관해 수다를 떨고 있다고 상상해보라. 내가 재치 있게 한마디 하자, 당신은 미소를 지으며 고개를 끄덕인다. 만약 내 뇌가 당신의 미소와 끄덕임을 예측했다면, 그리고 내 뇌에 들어온 시각 입력을 통해 이런 움직임이 확증되었다면, 이번에는 내가 당신을 향해 똑같이 고개를 끄덕일 것이라는 내 예측이 내 행동이 된다. 그러면 다시 당신은 다른 많은 가능성과 함께 내 끄덕임을 예측했을 수 있으며, 이 모든 것들은 다시 당신의 감각 입력에 변화를 야기하고 당신의 예측과 상호 작용한다. 다시 말해 당신의 뇌에 있는 뉴런들 사이의 상호 작용은 직접 연결을 통해서뿐만 아니라 나와 상호 작용하는 것과 같은 외부 환경을 통해 간접적으로도 이루어진다. 우리는 예측과 행동의 동기화를 통해 서로의 신체 예산을 조절한다.

이런 동기화는 사회적 유대와 공감의 토대다. 이를 바탕으로 사람들은 서로를 신뢰하고 좋아한다. 그리고 이것은 부모와 아기의 유대감 형성에도 결정적으로 작용한다.[15]

그러므로 당신의 개인적인 경험은 당신의 행동에 의해 능동적으로 구성된다. 당신이 세계를 비틀면, 세계가 다시 당신을 비튼다. 당신은 매우 실제적인 의미에서 당신 환경의 설계자일 뿐만 아니라 당신 경험의 설계자이기도 하다. 당신의 움직임이, 그리고 그에 따른 다른 사람들의 움직임이 당신의 감각 입력에 영향을 미친다. 그리고 이런 감각을 통해 모든 경험이 그렇듯이 당신의 뇌는 재배선될 수 있다. 그러므로 당신은 당신 경험의 설계자일 뿐만 아니라 배선을 직접 담당하는 전기 기사이기도 하다.

개념은 인간 생존에 결정적으로 중요하지만, 또한 개념을 통해 본질주의로 가는 문이 열린다는 점에 유의할 필요가 있다. 개념은 있지 않은 것을 보도록 우리를 부추긴다. 파이어슈타인의 《무지: 과학의 추진력》은 다음과 같은 옛 속담으로 시작된다. "어두운 방에서 검은 고양이를 찾기는 매우 어렵다. 특히 고양이가 없으면 더욱 그렇다." 이 말은 본질에 대한 탐색을 훌륭하게 요약하고 있다. 역사 속에서 우리는 본질을 찾아 헤맨 수많은 과학자를 찾아볼 수 있다. 이들의 노력이 실패한 까닭은 잘못된 개념을 지침으로 삼아 가설을 세웠기 때문이다. 파이어슈타인은 우주에 가득 차 있어 빛 이동의 매질로 기능한다고 여겨진 신비의 물질인 발광성 에테르를 예로 든다. 파이어슈타인이 설명하듯이 에테르가 검은 고양이였으며, 물리학자들은 어두운 방에서 이론을 세우고 실험을 하면서 있지도 않은 고양이에 대한 증거를 찾으려고 엄청나게 애를 썼다. 마찬가지로 감정에 대한 고전적 견해에서 말하는 정신 기관은 문제를 정답으로 오인하고 있는 인간의 발명품이다.

그런가 하면 개념은 있는 것을 보지 **않도록** 부추기기도 한다. 무지개를 수놓는 가공의 줄무늬 하나에는 무수한 파장이 담겨 있지만, 당신이 가진 '빨강', '파랑' 등의 개념 때문에 당신의 뇌는 이런 다양성을 무시한다. 마찬가지로 찌푸린 얼굴이라는 '슬픔'의 고정관념은 이 감정 범주에서 나타나는 엄청난 다양성을 경시하게 만든다.

우리가 논의한 바 있는 마음의 세 번째 필연적 측면은 바로 사회적 실재다. 갓 태어난 아기는 스스로 신체 예산을 조절하지 못한다. 다른 누가 이것을 해줘야 한다. 이 과정에서 아기의 뇌는 통계적으로 학습하면서 개념을 창조하고 아기의 환경에 따라 배선 작업을 진행한다. 이때 이 환경에는 사회적 세계를 특정한 방식으로 구성해놓은 다른 사람들이 가득하다. 그래서 이 사회적 세계가 아기에게도 실재가 된다. 사회적 실재야말로 인간의 막강한 능력이다. 우리는 순전히 정신적인 개념을 서로 소통할 수 있는 유일한 동물이다. 그러나 어떤 **특정한** 사회적 실재도 필연적이지는 않다. 이것은 해당 집단에 기여하는 하나의 실재일 뿐이며, 물리적 실재의 제약도 받는다.

사회적 실재는 어떤 면에서 파우스트의 거래와도 같다. 문명의 건설 같은 몇몇 핵심적인 인간 활동과 관련해 사회적 실재는 뚜렷한 이점을 제공한다. 문화가 가장 원활하게 작동하는 경우는 화폐나 법률 같은 우리 자신의 정신적 창조물이 정말로 있다고 믿을 때, 그리고 우리가 그것을 창조했다는 것을 깨닫지 못할 때다. 우리는 이런 구성물에 우리의 손이(또는 이를테면 우리의 뉴런이) 연루되어 있다고 전혀 의심치 않으며, 그래서 그냥 이것을 현실로 받아들인다.

그러나 우리를 효과적인 문명 건설자로 만드는 바로 이 막강한 능력 때문에 우리가 어떻게 그것들을 만들었는지를 이해하기란 쉽지 않다. 우리는 지각하는 사람에 의존하는 개념을(꽃, 잡초, 색, 화폐, 인종, 표정 등을) 지각하는 사람과 무관한 실재로 끊임없이 오인한다. 우리가 순전히 신체적인 것이라고 생각하는 많은 개념이(예: 감정) 실제로는 신체적인 것에 대한 신념일 뿐이며, 생물학적인 것처럼 보이는 많은 것이 실제로는 사회적인 것이다. 명백히 생물학적인 것처럼 보이는 것도(예: 눈먼 상태) 생물학에서는 객관적이지 않을 수 있다. 시각을 상실한 몇몇 사람들이 세상을 돌아다니는 데 아무런 문제가 없으므로 자신의 눈이 멀지 않았다고 생각하는 것과 마찬가지다.[16]

당신이 사회적 실재를 창조하면서도 이 점을 깨닫지 못한다면 어떻게 될까? 그 결과는 혼란이다. 예컨대 많은 심리학자는 모든 심리 개념이 사회적 실재라는 점을 깨닫지 못한다. 우리는 '의지력', '끈기', '근성'의 차이가 무엇인지에 관해 논쟁하면서 마치 이것들이 자연에 따로따로 있는 것처럼 생각하지만, 이것들은 집단 지향성을 통해 공유된 구성물일 뿐이다. 우리는 '감정', '감정 조절', '자기 조절', '기억', '상상', '지각', 그 밖의 여러 정신 범주를 분리하고 각각의 평점을 매기곤 한다. 하지만, 이것들은 모두 내수용과 세계에서 들어오는 감각 입력을 바탕으로 통제 신경망의 지원 아래 범주화를 통해 의미가 부여됨으로써 출현하는 것으로 설명될 수 있다. 이런 개념들은 명백히 사회적 실재이다. 왜냐하면 모든 문화에 이것들이 있지는 않은 반면에 뇌는 다 뇌기 때문이다. 이렇게 볼 때 심리학이라는 학문은 동일한 현상들을 계속 재발견하면서 그것들에 새 이름을 부여하고 뇌의 다른 곳에서 그것들을 찾는 일을 반복하고 있다. 심리학에서 '자기'를 가리키는 개념이 백 개쯤 되는 것도 이런 이유 때문이다. 심지어 신경망도 다수의 이름을 달고 다닌다. 내수용 신경망의 일부인 기본 모드 신경망의 경우 별명이 셜록 홈즈보다도 더 많다.[17]

사회적인 것을 물리적인 것으로 잘못 해석하면, 우리의 세계와 우리 자신을 오해하게 된다. 이런 의미에서 사회적 실재가 막강한 능력이 되려면 우리가 이런 능력을 가졌다는 것을 깨달아야 할 것이다.

확실성의 속박에서 벗어나기

마음의 이런 세 가지 필연적 측면을 통해 구성적 견해가 우리에게 주는 교훈은 회의적인 태도다. 당신의 경험은 실재를 열어 보이는 창문이 아니다. 오히려 당신의 뇌는 당신의 신체 예산에 중요한 것을 중심으로 당신의 세계를 모형화하도록 배선되어 있으며, 당신은 이 모형을 실재로서 경험한다. 이 순간에서 저 순간으로 이어지는 당신의 경험이 마치 실에 꿴 구슬처럼 별개의 정신 상태가 연달아 이어지는 것처럼 느껴질지 모르지만, 이 책에서 살펴보았듯이 당신의 뇌 활동은 내인성 핵심 신경망들 전체에 걸쳐 연속성을 지닌다. 당신의 경험은 두개골 밖의 세계가 촉발한 것처럼 보일지 모르지만, 이것은 예측과 수정이 폭풍우처럼 휘몰아치는 가운데 형성된다. 역설적이게도 우리의 뇌가 창조한 마음이 뇌를 오해한다.

구성적 견해는 회의주의를 따르는 반면에, 본질주의는 확실성을 깊이 신봉한다. 본질주의에 의하면 “당신의 뇌는 당신의 마음에 나타나는 그대로다”. 당신은 생각하므로, 당신의 뇌에는 생각하는 부위가 반드시 있을 것이다. 당신은 감정을 경험하므로, 당신의 뇌에는 감정을 담당하는 부위가 반드시 있을 것이다. 전 세계 사람들의 사고, 감정, 지각에 대한 증거가 당신에게 보이므로, 이에 상응하는 뇌 부위들은 보편적일 것이며 누구나 동일한 정신적 실체들을 가지고 있을 것이다. 유전자를 통해 산출된 마음은 모든 인간에게 공통될 것이다. 이 동물과 저 동물에게서도 감정이 보이므로(다윈은 파리에게서도 감정을 보았다), 이런 동물들도 우리와 똑같은 보편적 감정 부위를 가지고 있음에 틀림없다. 신경 활동은 이 부위에서 저 부위로 마치 계주 선수가 배턴 터치를 하듯이 전달된다.

본질주의는 인간 본성에 대한 견해를 넘어 세계관까지 제시한다. 본질주의는 사회에서 당신이 차지하는 위치가 당신의 유전자에 의해 좌우된다고 암묵적으로 말한다. 따라서 당신이 남보다 더 똑똑하거나 더 빠르거나 더 힘이 있다면, 다른 사람과 달리 당신이 성공하는 것은 정당한 일이다. 사람들은 자격이 있는 만큼 얻고 얻는 만큼 자격이 있다. 이것은 유전적으로 공정한 세계에 대한 신념이며, 이것을 뒷받침하는 것은 과학처럼 들리는 이데올로기다.

우리가 ‘확실성’으로 경험하는 것은, 즉 자기 자신, 다른 사람, 주위 세계에 관해 무엇이 진실인지 안다는 느낌은 우리가 하루하루를 잘 헤쳐 나가도록 뇌가 꾸며낸 착각이다. 이따금 확실성을 조금씩 내려놓는 것은 좋은 생각이다. 예컨대 우리는 모두 성격의 관점에서 우리 자신과 다른 사람에 관해 생각하곤 한다. 그 남자는 '너그러워'. 그 여자는 '정직해'. 당신의 상사는 '멍청한 자식'이야. 우리는 확실성의 느낌에 사로잡혀 마치 이들의 너그러움, 정직, 멍청함이 실제로 이들의 본질이며, 이들 안에 자리 잡고 있는 것처럼, 마치 이것들을 객관적으로 탐지하고 측정할 수 있는 것처럼 취급하기 쉽다. 이런 태도는 이들을 향한 우리의 행동을 좌우할 뿐만 아니라 우리의 이런 행동이 정당하다고까지 느끼게 만든다. 그러나 실제로 '너그러운' 남자는 그저 당신에게 잘 보이려는 것일 수도 있으며, '정직한' 여자는 은밀히 자기 잇속을 챙길 수도 있고, 당신의 '멍청한' 상사는 집에 앓아 누운 아이 때문에 마음이 딴 데 가 있을 수도 있다. 확실성은 다른 설명 가능성을 놓치게 만든다. 이것은 우리가 현실 파악을 제대로 못할 만큼 어리석거나 모자란다는 얘기가 아니다. 내가 말하고자 하는 것은 우리가 파악할 단 하나의 현실이란 존재하지 않는다는 것이다. 당신의 뇌는 주위에서 들어오는 감각 입력에 대해 하나 이상의 설명을 만들어낼 수 있다. 실재가 무수하게 많은 것은 아니지만, 하나 이상인 것은 분명하다.

적당량의 회의주의는 고전적 견해의 유전적으로 공정한 세계와는 다른 세계관을 낳는다. 사회에서 당신이 차지하는 위치는 무작위로 결정된 것도 아니지만 필연적인 것도 아니다. 가난하게 태어난 아프리카계 미국 아이의 경우를 생각해보자. 이 아이는 뇌 발달의 초기 시기에 적절한 영양을 공급받을 가능성이 높지 않다. 특히 아이의 환경이 전전두 피질prefrontal cortex의 발달에 부정적인 영향을 끼칠 것이다. 이곳의 뉴런들은 학습(즉 예측 오류 처리하기)과 통제에 특히 중요하다. 어찌 보면 당연하게도 이 부위의 크기와 성능은 학교 공부를 잘하기 위해 필요한 많은 기술과 연관이 있다. 영양 불량은 얇은 전전두 피질로 이어지고, 이것은 열등한 학교 성적과 연관이 있다. 그리고 고등학교 미졸업 같은 낮은 교육 수준은 다시 빈곤으로 이어진다. 이런 순환 과정을 통해 인종에 대한 사회적 고정 관념은 사회적 실재에서 **뇌 배선의 물리적 실재**로 변화할 수 있으며, 그래서 마치 빈곤이 줄곧 유전자 탓이었던 것처럼 보일 수 있다.[18]

물론 이런 고정 관념이 뜻밖에 정확하다는 것을 보여주는 연구도 있다. 예컨대 스티븐 핑커는 《빈 서판The Blank Slate》에서 다음과 같이 썼다. "아프리카계 미국인이 백인보다 복지 수당을 받을 확률이 더 높다고 믿는 사람들은 …… 비합리적이거나 편협한 자가 아니다. (조사 수치를 비교해보면) 이런 신념이 맞기 때문이다." 핑커나 몇몇 다른 사람들은 많은 과학자가 고정 관념을 부정확한 것으로 배척하는 이유가 평소에 정치적 공정성을 지키도록 들볶이기 때문에, 또는 평범한 사람에게 괜히 겸손한 척하기 때문에, 또는 인간 본성에 대한 우리 자신의 뒤죽박죽이 된 가정에 의해 편향되었기 때문이라고 주장한다. 그러나 우리가 방금 살펴본 것처럼 또 다른 해석이 가능하다. 즉 공식 복지 통계 수치가 맞는 까닭은 우리가 사회를 통해 그렇게 만들었기 때문이다.[19]

우리는 우리의 가치관과 관행을 통해 몇몇 집단의 의견을 제한하고 그들의 가능성을 위축시키면서 다른 집단의 기회는 확장한다. 그러고는 고정 관념이 정확하다고 말한다. 고정 관념이 정확한 것은 우리가 공유하는 사회적 실재와 관련할 때만 해당된다. 이 실재는 우리가 집단적 개념들을 가지고 먼저 창조한 것이다. 사람들은 당구대 위를 굴러다니며 서로 부딪치는 당구공들의 집합이 아니다. 우리는 서로의 신체 예산을 조절하고 개념과 사회적 실재를 함께 형성하는 뇌들의 집합이며, 이런 과정을 통해 서로의 마음이 구성되고 서로의 결과가 결정되는 데 기여한다.

일부 독자는 이런 종류의 구성주의 세계관이 모든 것을 상대화하는 입장에서 전형적으로 과도한 동정심을 드러내는 진보주의 상아탑 학자의 견해라며 배척할지 모른다. 실제로 이 견해는 전통적인 정치 노선들을 가로지르고 있다. 당신이 문화에 의해 조형된다는 견해는 전형적으로 진보적인 것이다. 반면에 6장에서 논의한 것처럼 당신이 가진 개념이 궁극적으로 당신의 행동에 영향을 미치며 이에 대해 당신이 넓은 의미에서 책임을 져야 한다는 견해는 보수주의의 뿌리 깊은 생각이다. 또한 당신은 다른 사람들에 대해서도 어느 정도 책임이 있다. 여기에는 덜 유복한 사람들뿐만 아니라 미래 세대도 포함된다. 당신이 그들의 뇌 배선에 어느 정도 영향을 미치기 때문이다. 이렇게 다른 사람들을 어떻게 대할 것인가의 문제는 근본적으로 종교적인 견해와 관련이 있다. 전통적인 아메리칸 드림에 따르면 "노력하면 불가능한 것이 없다"고 하는데, 구성적 견해에서도 당신이 당신 운명의 주인이라고 말한다. 그러나 당신은 당신 환경의 제약을 받고 있기도 하다. 부분적으로는 당신이 속한 문화에 의해 결정되는 당신의 뇌 배선이 당신의 나중 의견에 영향을 미치기 때문이다.

나는 당신에 관해 아는 것이 별로 없지만, 어느 정도의 불확실성은 내게 전혀 불편을 끼치지 않는다. 오히려 그동안 익숙했던 개념을 문제 삼거나 어떤 것이 물리적이고 어떤 것이 사회적인지를 따지는 것은 내게 신선한 느낌을 선사한다. 따라서 우리가 범주화를 통해 의미를 창조하며, 재범주화를 통해 의미를 바꿀 수 있다는 점을 깨닫는 것은 일종의 자유를 선사한다. 그리고 불확실성은 사태가 보이는 것과 다를 수도 있음을 의미한다. 이것을 깨달으면 어려울 때는 희망이 생기고 잘나갈 때는 감사하게 된다.

우리는 더 나은 질문을 통해 진보한다

이제 내가 독배를 들 차례다. 예측, 내수용, 범주화, 내가 설명한 여러 신경망의 역할 등은 모두 객관적 사실이 아니다. 이것은 과학자가 뇌 안에서 일어나는 물리적 활동을 기술하기 위해 발명한 개념들이다. 나는 이 개념들이 뉴런의 특정 계산 작업들을 이해하기 위한 최선의 방법이라고 주장한다. 그러나 뇌 배선도를 읽는 방법은 여러 가지가 있다(그리고 그 중 몇몇은 이것을 배선도라고 부르지도 않는다). 구성된 감정 이론은 심리적 실체나 정신 기관 같은 것보다 뇌를 더 면밀하게 표상한다. 그러나 장래에 뇌 구조를 기술하는 더 유용하고 기능적인 개념이 등장해도 나는 놀라지 않을 것이다. 파이어슈타인이 《무지: 과학의 추진력》에서 관찰한 것처럼 어떤 사실도 "차세대 도구를 가진 차세대 과학자로부터 안전하지 않다."[20]

그러나 과학의 역사는 구성적 견해를 향해 천천히, 그러나 꾸준히 행진해 왔다. 물리학, 화학, 생물학은 소박실재론과 확실성에 뿌리를 둔 직관적이고 본질주의적인 이론으로 시작되었다. 그러다 이런 이론을 넘어서는 진보가 이루어진 것은 낡은 관찰이 특정 조건에서만 참이라는 점을 깨닫게 되었기 때문이다. 이에 따라 개념의 대체 작업이 이루어졌다. 정치 혁명을 통해 새 정부와 사회 질서가 들어서는 것처럼 과학 혁명은 특정한 사회적 실재를 또 다른 사회적 실재로 대체한다. 이렇게 과학의 개념들은 본질주의에서 다양성으로, 소박 실재론에서 구성으로 점진적으로 나아갔다.[21]

구성된 감정 이론은 감정, 마음, 뇌에 관한 최신 과학적 증거를 예측하고 이에 일치하지만, 뇌에 관한 많은 사항은 여전히 수수께끼이다. 오늘날 우리는 뉴런이 뇌에서 유일하게 중요한 세포가 아니라는 사실을 발견하고 있다. 교질 세포는 오랫동안 무시되어 왔지만 대단한 일을 한다는 사실이 밝혀졌으며, 어쩌면 시냅스 없이 서로 소통하고 있을지도 모른다. 위장을 통제하는 장 신경계는 마음을 이해하기 위해 점점 더 중요해 보이지만, 이것은 측정하기가 지극히 어렵기 때문에 아직도 거의 연구되지 않은 상태다. 심지어 위에 있는 미생물도 우리의 정신 상태에 엄청난 영향을 미친다는 사실이 발견되고 있지만, 어떻게 또는 왜 그런지는 아무도 알지 못한다. 혁신적인 연구가 매우 많이 진행 중이기 때문에 10년 후면 오늘날의 전문가들이 뇌 영상 기계 앞에서 플라톤처럼 느껴질지도 모른다.

도구가 향상되고 지식이 증가함에 따라 오늘날 우리가 아는 것보다 더욱 철저하게 뇌가 구성에 물들어 있다는 사실이 밝혀질 것이라고 나는 확신한다. 어쩌면 내수용과 개념 같은 우리 이론의 핵심 성분조차 언젠가 더욱 미세한 수준에서 진행되는 구성 과정이 발견된다면 너무 본질주의적인 것으로 간주될지도 모른다. 과학의 이야기는 여전히 진화 중이지만, 이것은 놀라운 일이 아니다. 과학의 진보가 언제나 답을 찾는 데 있지는 않았다. 과학의 진보는 더 나은 물음을 던지는 것의 문제이기도 하다. 오늘날 이런 물음을 통해 감정의 과학에서, 그리고 더 넓게는 마음과 뇌의 과학에서 패러다임의 전환이 일어나고 있다.

희망컨대 앞으로 우리는 사람, 쥐, 초파리 등에서 감정을 담당하는 뇌 부위를 발견했다는 뉴스를 점점 덜 접하게 될 것이며, 반면에 뇌와 신체가 어떻게 감정을 구성하는지에 관한 뉴스는 점점 더 많아질 것이다. 그사이 당신이 감정에 관하여 본질주의에 물든 뉴스를 접할 때마다 회의로 인한 통증을 느낀다면, 당신도 이 과학 혁명에서 일익을 담당하는 셈이다.

과학의 중대한 패러다임 전환이 대부분 그렇듯이 이 과학 혁명에도 우리의 건강과 법률과 우리가 누구인지를 근본적으로 뒤바꿀 잠재력이 담겨 있다. 이것은 새로운 실재를 만들어내는 잠재력이다. 이 책을 통해 당신이 당신 경험의(그리고 주위 사람들의 경험의) 설계자라는 사실을 깨달았다면, 우리는 함께 이 새로운 실재를 구성하고 있는 것이다.

| 감사의 말 |

아이 하나를 키우려면 마을 하나가 필요하다는 말이 있다. 내 딸이 '아기 동생'이라고 부르곤 했던 이 책도 예외가 아니었다. 지난 3년 반 동안 논평, 비판, 과학, 지원을 아끼지 않은 수많은 사람들은 이 주제의 풍성함과 나의 놀라운 친구들, 가족, 동료들의 풍성함을 함께 보여주는 증거였다.

이 책은 가족으로 치자면, 일반 가정보다 부모 숫자가 더 많은 비전통적인 가족에서 태어났다. 이 책이 삶을 시작했을 때 호튼 미플린 하코트Houghton Mifflin Harcourt 출판사의 편집자 코트니 영Courtney Young과 안드레아 슐츠Andrea Schulz가 함께 있었는데, 18개월 후에는 둘 다 근사한 일자리를 찾아 떠나고 말았다. 몇 개월 동안 나는 홀어미 신세가 되었고, 호튼 미플린 하코트 출판사의 발행인이자 사실상 이 책의 고조부 격인 브루스 니콜스Bruce Nichols만이 곁을 지켰다. 그러다 새 편집자로 알렉스 리틀필드Alex Littlefield가 고용되었다. 그는 자녀 양육에 대해 나와 뚜렷이 다른 시각을 가지고 있었다. 그래서 바람 잘 날 없는 사춘기가 찾아 왔지만, 종종 그렇듯이 격렬한 논쟁 끝에 최선의 의견이 도출되었다. 나는 우리가 결국 더 날씬하고 더 튼튼한 책으로 키워 졸업식을 마치고 사회에 발을 디디도록 한 데 대해 알렉스에게 감사한다.

나는 이 책의 입양 삼촌인 〈뉴욕타임스〉의 제이미 라이슨Jamie Ryerson에게 지극한 감사를 표하고 싶다. 그는 시간이 촉박한 가운데 너무 길고 지나치게 전문적으로 되어버린 세 장을 다듬는 데 큰 도움을 주었다. 방대한 자료의 핵심을 압축하면서도 스타일과 목소리는 그대로 살린 제이미의 솜씨는 놀라웠다. 그는 온화한 편집자처럼 보였지만, 그의 안에는 위풍당당한 갑옷이 숨겨져 있었다.

나의 에이전트이자 이 마을의 마법사였던 맥스 브록만Max Brockman은 이 책이 탄생하는 데 결정적 역할을 했다. 그는 출판계의 안팎을 내게 소개시켜 주었을 뿐만 아니라 우리가 긴 집필 과정 동안 장애에 부딪힐 때마다 현명한 조언을 아끼지 않았다. 감사하고 또 감사할 뿐이다.

아이 하나뿐만 아니라 책 하나를 쓰려면 마을 하나가 필요한 것은 맞다. 그러나 내 마을은 감정 연구의 세계에서 유일한 마을이 아니었다. 내가 '고전적 견해'라고 부른 다른 마을은 창의적이고 뛰어난 업적을 이룬 많은 과학자들의 집이었으며, 그중 몇몇은 나의 친한 동료였다. 두 마을 사이에 공유지가 있었기 때문에 갈등과 경쟁은 불가피했지만, 근무 시간이 끝나면 우리는 음료나 저녁 식사를 함께 하면서 논쟁을 계속하곤 했다. 20년 동안 활기 찬 논의와 친밀한 우정을 나눌 수 있었던 것에 대해 나는 제임스 그로스

James Gross와 조지 보난노George Bonanno에게 감사한다. 마찬가지로 체화된 인지 일반과, 특히 래리 바살루Larry Barsalou의 연구를 내게 소개해준 폴라 니덴탈Paula Niedenthal에게도 감사한다. 또한 유익한 대화를 나눈 안드레아 스카란티노Andrea Scarantino, 디사 소터(힘바족 연구), 랄프 아돌프Ralph Adolphs, 스티븐 핑커에게도 감사한다. 또한 몇 년 전에 짐 러셀Jim Russell과 내가 보스턴으로 초대했을 때 제안을 너그러이 받아들여 한 달 동안 대학원 세미나에서 자신의 이론적 견해를 강의했던 야크 판크세프에게도 감사의 말씀을 전한다.

마찬가지로 나의 탁월한 동료 로버트 레벤슨에게도 매우 특별한 감사의 말을 전해야겠다. 다른 관점을 가진 사람과 솔직한 대화를 나눌 수 있다면, 그것만으로도 크나큰 선물이다. 로버트는 우리가 만날 때마다 이런 과학적 탐구 정신을 진실로 체현하고 있었다. 그의 호기심과 통찰력 있는 관찰은 내게 줄곧 도전적인 자극이 되었으며, 나는 그를 나의 가장 소중한 동료 중 한 명이라고 생각한다. 나는 지난 50년 동안 감정 연구의 방향을 찾아가는 데 기여한 폴 에크먼에게도 깊은 감사와 존경심을 느낀다. 우리는 과학적 세부사항에 대해 의견이 다를지 모르지만, 그가 용감하게 걸어온 길은 놀라운 것이었다. 폴이 1960년대에 연구 결과를 발표하기 시작했을 때, 그는 당시의 지배적인 분위기 때문에 학회에서 맹비난을 받아야 했고, 파시스트 또는 인종주의자라는 말을 들어야 했으며, 전반적으로 제대로 대우를 받지 못했다.* 그래도 그는 굴하지 않고 그의 고전적 견해를 추구했으며, 마침내 감정의 과학이 일반의 관심

* 당시 분위기는 스티븐 핑커가 《빈 서판》에서 언급한 것과 같은 것이었다.

을 받도록 하는 데 결정적 기여를 했다.

구성된 감정의 마을로 다시 돌아와 나는 내가 카렌 퀴글리Karen Quigley와 함께 이끄는 노스이스턴 대학과 매사추세츠 종합병원의 학제정동과학연구실Interdisciplinary Affective Science Laboratory에 심심한 감사의 말을 전한다. 우리 연구실은 내가 과학자로서 활동한 이래 지속적인 기쁨과 자부심의 원천이 되고 있다. 근면하고 재능 있는 연구 조교, 대학원생, 박사 후 과정 연구자, 연구원 등이 함께하는 이곳은 이 책의 근간을 이루는 지식 체계에 헤아릴 수 없을 만큼 커다란 기여를 했다. 연구실의 모든 성원은 affective-science.org/people.shtml에서 찾아볼 수 있다. 이 책에 인용된 소중한 기여를 해준 사람들로는 크리스틴 린드퀴스트Kristen Lindquist, 엘리자 블리스-모로, 마리아 젠드론, 알렉산드라 투루토글루, 크리스티 윌슨-맨던홀Christy Wilson-Mendenhall, 아제이 새트퓨트Ajay Satpute, 에리카 시겔, 엘리자베스 클락-폴너Elizabeth Clark-Polner, 제니퍼 푸게이트, 케빈 빅커트Kevin Bickart, 마리안 와이어리치Mariann Weierich, 수잔 오스터윅Suzanne Oosterwijk, 요시야 모리구치Yoshiya Moriguchi, 로레나 체인스Lorena Chanes, 에릭 앤더슨Eric Anderson, 장지애Jiahe Zhang, 서명구Myeong-Gu Seo가 있다. 중요한 과학적 기여 외에도 무한한 인내와 격려를 선사한 연구실 구성원들에게 감사한다. 그들은 내가 주기적으로 자리를 비워도 한 번도(적어도 내가 들리는 곳에 있을 때는) 불평한 적이 없으며, 때로는 내가 이 책의 완성을 서두르느라 그들의 연구가 오랫동안 지체되는 것을 견뎌 냈다.

나는 공동연구자들이 이 책에 소개된 몇몇 연구를 함께 하면서 내게 선사한 우정과 열성과 활기 차고 통찰력 있는 토론에 특히 감사한다. 누구보다도 개념에 대한 근본적인 연구를 수행한 래리 바살루에게 심심한 감사의 마음을 표한다. 래리는 그 세대의 가장 창의적이고 엄밀한 사상가 중 한 명이다. 나는 그와 함께 일할 기회를 갖게 된 것에 대해 영원히 감사할 것이다. 짐 러셀을 향한 감사의 마음은 무엇으로도 표현할 수 없다. 그는 내가 젊은 조교수 시절 많은 동료들이 내 이야기를 어처구니 없게 여길 때도 내 생각을 진지하게 들어 주었다. 정동적 원형 모형에 대한 그의 독창적인 연구는 워낙 널리 인정을 받아서 이 분야의 사람들이 그를 더 이상 거의 인용하지도 않을 정도다! 래리와 짐은 과학적 탐구를 통해 명성과 행운을 쌓기보다는 발견과 설명의 기회를 최대화하는 데 몰두할 수 있도록 내게 큰 영감을 주었다(왜냐하면 때때로 학계에서는 전자가 후자를 방해하곤 하기 때문이다). 이 점에서 그들은 내 박사논문 지도교수인 마이크 로스Mike Ross와 에릭 우디Eric Woody를 연상시킨다. 이들에게도 나는 영원히 감사할 것이다.

또한 감정과 인지 사이의 거짓 경계를 벗겨내는 데 도움을 준 브래드 딕커슨Brad Dickerson, 정동이 시각에 미치는 영향을(그리고 다른 많은 프로젝트를) 함께 연구한 모쉬 바Moshe Bar, 메타 분석을 공동 작업한 토어 웨이저Tor Wager, 대인관계 감정에 대해 장기 공동연구를 수행한 폴라 피트로모나코Paula Pietromonaco에게도 매우 큰 감사의 인사를 전한다. 또한 우리 연구실에서 나미비아의 힘바족을 연구할 때 공동연구를 수행한 데비 로버슨, 마찬가지로 탄자니아의 하드자족을 대상으로 감정 지각을 연구할 수 있도록 도와준 알리사 크리텐덴Alyssa Crittenden에게도 특히 감사한다.

내가 최근에 시작한 공동연구의 영향도 이 책에서 다루고 있으므로 이 연구자들에게도 열렬한 감사의 인사를 전한다. 예측하는 뇌의 구조와 기능에 대한 연구를 함께 수행 중인 카일 시먼스Kyle Simmons, 신경망 연결과 뇌 허브에 관한 나의 장황한 이야기를 경청해주는 마르텐 반 덴 휘벨Martijn van den Heuvel, 짧은꼬리원숭이의 신경망을 공동 연구 중인 빔 반두펠과 단테 만티니, 감동적인 영화 시청 시 신경망 역동성을 공동 연구 중인 탈마 헨들러Talma Hendler, 신생아 뇌 발달 연구에 참여할 기회를 준 웨이 가오Wei Gao, 패턴 분류가 신경 지문의 증거를 제공하지 않는다는 것을 흔쾌히 보여준 팀 존슨Tim Johnson, 가상현실에서 계산 모형으로 시뮬레이션과 예측을 연구할 수 있는 기회에 눈을 뜨게 해준 스테이시 마셀라Stacy Marcella, 그 밖에도 인내와 관심을 가지고 내 마을로 이주하여 구성된 감정 이론을 검증하기 위한 계산주의 틀을 만들고 있는 노스이스턴 대학 B/SPIRAL(생의학 신호 처리, 영상, 추론, 학습) 그룹의 다나 브룩스Dana Brooks, 데니즈 에도그무스Deniz Erdogmus, 제니터 다이Jennifer Dy, 사라 브라운Sarah Brown, 자우메 콜-프런트Jaume Coll-Font와 나머지 성원들이 바로 그들이다.

내가 임상심리학의 마을에서 출발해 사회심리학, 정신생리학, 인지과학 정거장을 거쳐 신경과학의 마을까지 여행하는 동안에 전문 지식의 공유를 너그러이 허락해준 더 큰 마을 동료들의 지원이 없었더라면 이 책은 불가능했을 것이다. 내 친구 짐 블라스코비치Jim Blascovich와 카렌 퀴글리는 내게 말초신경계의 기초를 가르쳐주었고, 카렌은 내게 안면 근전도 검사에 대해서도 가르쳐주었다. 나의 신경과학 공부는 내게 용기를 주었고 나의 물음에 언제나 답변할 준비가 되어 있었던 소중한 마이클 뉴먼Michael Numan, 내가 감정의 신경 기초에 처음 관심을 가졌을 때 격려를 아끼지 않았고 내게 매사추세츠 종합병원의 스코트 로치Scott Rauch를 소개해준 리처드 레인Richard Lane과 함께 시작되었다. 스코트는 내가 무엇을 하고 있는지 인식하지도 못하던 시절에 내게 뇌 영상을 배울 기회를 열성적으로 제공했다. 또한 나는 내 첫 번째 뇌 영상 연구의 수행을 도와주었고 내가 국립노화연구소National Institute on Aging의 대규모 뇌 영상 연구비를 처음 따냈을 때 연구에 함께 참여했던 크리스 라이트에게도 신세를 졌다. 또 시간을 내어 내 물음에 답해준 관대하고 사려 깊은 동료들에게도 심심한 감사를 드린다. 통각, 보상, 내수용 처리 사이의 관계에 관해 매혹적이고 깨달음을 주는 토론의 기회를 늘 제공했던 하워드 필즈Howard Fields, 시각체계에 관한 나의 장황한 질문에 대해 지극히 유용한 설명을 제공한 비제이 발라수브라마니안Vijay Balasubramanian, 후각체계에 대한 통찰을 열성적으로 전해준 톰 클릴랜드Thom Cleland, 살아 있는 인간의 두개골 내 전기 기록에 관해 내부 정보를 선사한 모란 세프Moran Cerf, 내가 예측 부호화에 대해 암울한 이메일을 보냈을 때 격려와 통찰이 넘치는 이메일로 내게 힘을 준 칼 프리스톤Karl Friston이 바로 그들이다. 그 밖에도 여러 사람이 이메일이나 스카이프Skype를 통해 내 물음에 유익한 답변을 제공했는데, 광유전학optogenetics 기술을 사용한 연구에 대해 자세히 설명해준 대유 린Dayu Lin, 포유동물 피질 학습의 기초를 가르쳐준 마크 부통Mark Bouton, 짧은꼬리원숭이의 범주 학습에 대한 단일 세포 기록 연구의 시사점을 설명해준 얼 밀러Earl Miller, 전측 대상 피질의 지도 작성법에 관해 자세히 알려준 매튜 러시워스Matthew Rushworth가 바로 그들이다.

또한 아무리 난해한 것이어도 개의치 않고 나의 끊임없는 질문에 대해 흔쾌히 신속하게 답변을 해준 신경해부학과 동료들에게 변치 않는 감사의 마음을 전한다. 바바라 핀레이는 모든 것에 관해 모든 것을 알고 있었고, 알고 있는 대로 너그러이 지식을 공유했으며, 헬렌 바르바스Helen Barbas는 예측성 뇌에 대한 내 접근법의 초석이 된 피질 내 정보 흐름 모형에 관해 알려주었고, 미겔 앙헬 가르시아 카베차스Miguel Ángel García Cabezas는 세포 수준의 신경해부학에 관해 자세히 설명해주었으며, 버드 크레익Bud Craig은 어쩌면 지구상의 어느 누구보다도 뇌의 섬에 관해 많은 것을 알고 있었으며, 래리 스완슨Larry Swanson은 신속하고 유익한 답변은 물론이고 나를 다른 신경과학자와 연결시켜 주었으며, 이렇게 해서 연결된 머레이 셔먼Murray Sherman은 시상에 관한 내 물음에 답해 주었고, 조지 스트릿터Georg Striedter는 뇌 진화에 관한 전문 지식을 제공했다.

그리고 발달심리학에 관한 전문 지식을 공유해준 동료들에게 따뜻한 감사의 말을 전한다. 린다 캄라스와 해리엇 오스터는 아기와 어린 아이의 감정 능력에 관해 안내자 역할을 해주었다. 또한 페이 쉬, 수잔 젤먼, 산드라 왁스맨은 5장을 검토하였고 단어가 유아기 감정 개념 발달에 지지대 역할을 한다는 견해에 대한 나의 탐구를 지원하기 위해 인지와 감정 발달 사이의 전통적인 학문적 경계를 기꺼이 무시했다. 또한 생득 개념에 대해 함께 토론한 수잔 카레이Susan Carey에게도 감사를 표한다.

감정과 법률 제도를 다룬 11장은 사랑하는 친구 쥬디 에더스하임Judy Edersheim과 아만다 퍼스틸닉Amanda Pustilnik이 나와 함께 심리학, 신경과학, 법률의 관계에 관해 장시간 토론하면서 내게 통찰과 격려를 주지 않았더라면 불가능했을 것이다. 11장은 우리 세 사람의 공동 작업으로 보는 것이 더 정확할 것이다. 나는 미국 연방재판관을 지낸 낸시 게트너가 하버드 로스쿨에서 진행한 법률과 신경과학 강의에 나를 초대해 발표할 기회를 준 것에 대해 감사한다. 또한 매사추세츠 종합병원의 법률, 뇌, 행동 센터Center for Law, Brain, and Behavior에 근무하면서 그들의 마을에 나를 초대했던 여러 사람들에게도 감사를 전하고 싶다. 그리고 11장의 DNA 예를 제공한 니타 파라헤니Nita Farahany에게도 감사한다.

이 책이 가능하도록 내게 기꺼이 통찰을 전해준 여러 분야의 많은 동료가 있었다.

영장류 인지 분야: 엘리자 블리스-모로, 허브 테레이스Herb Terrace, 테츠로 마츠자와.

문화 관련 주제: 아네타 파블렌코Aneta Pavlenko, 바챠 메스퀴타, 잔느 차이Jeanne Tsai, 미셸 젤펀드Michele Gelfand, 릭 스웨더Rick Shweder.

미소 짓기의 역사: 콜린 존스Colin Jones, 메리 버드.

자폐증: 질리언 설비번Jillian Sullivan, 매튜 굿윈Matthew Goodwin, 올리버 와일드-스미스Oliver Wilde-Smith.

본질주의: 수잔 젤먼, 존 코울리John Coley, 마죠리 로드스Marjorie Rhodes.

정동 실재론과 경제학: 마셜 조넨샤인Marshall Sonenshine.

사변 철학과 실천: 크리스티 윌슨-맨던홀, 존 던John Dunne, 래리 바살루, 폴 콘돈Paul Condon, 웬디 하젠캄프Wendy Hasenkamp, 아서 자이언스Arthur Zajonc, 토니 백Tony Back.

이들에게도 감사의 인사를 전한다.

더 열렬한 감사를 표하고 싶은 분이 있는데, 제리 클로어Jerry Clore는 일관되게 사려 깊고 호기심 많으며 협조적인 태도를 보여주었고, 헬렌 메이버그는 우울의 수수께끼에 관해 나와 수년 동안 대화를 나누었으며, 조 르두는 내가 여러 이유로, 특히 그의 놀라운 개방성 때문에 크게 존경하는 분이다. 아미타이 셴하브Amitai Shenhav, 다그마 스터너드Dagmar Sternad, 데이브 드스테노Dave DeSteno, 데이비드 보숙David Borsook, 데렉 아이작코위치Derek Isaacowitz, 엘리사 에펠Elissa Epel, 엠레 데미랄프Emre Demiralp, 아이리스 베렌트Iris Berent, 조-앤 바코로프스키Jo-Anne Bachorowski, 고인이 된 마이클 오렌Michael Owren, 조던 스몰러Jordan Smoller, 필립 스킨스Philippe Schyns, 라켈 잭Rachael Jack, 호세-미구엘 페르난데스-돌스, 케빈 옥스너Kevin Ochsner, 커트 그레이Kurt Gray, 린다 바토셕Linda Bartoshuk, 매트 리버만Matt Lieberman, 마야 타미르Maya Tamir, 나오미 아이젠버거Naomi Eisenberger, 폴 블룸, 폴 왈렌Paul Whalen, 마가렛 클락Margaret Clark, 피터 살로비Peter Salovey, 필 루빈Phil Rubin, 스티브 코울Steve Cole, 타냐 싱어Tania Singer, 웬디 멘데스Wendy Mendes, 윌 커닝햄Will Cunningham, 베아트리스 드 겔더Beatrice de Gelder, 레아 섬머빌Leah Summerville, 죠수아 부크홀츠Joshua Buckholtz와 같은 통찰력 깊은 동료들과 벌인 토론도 이 책에 영향을 미쳤다.

아론 스코트Aaron Scott(이 책의 대다수 그림을 창조한 뛰어난 그래픽 디자이너이기도 하다), 앤 크링Ann Kring(모든 원고에 대해 소중한 통찰을 제공한 가장 충실한 독자였다), 아제이 새트퓨트, 알레자 월러스Aleza Wallace, 아만다 퍼스틸닉, 아니타 네뱌스-월러스Anita Nevyas-Wallace, 안나 노이먼Anna Neumann, 크리스티 윌슨-맨던홀, 다나 브룩스, 대니얼 렌프로Daniel Renfro, 데보라 배럿, 엘리자 블리스-모로, 에밀 몰도반Emil Moldovan, 에릭 앤더슨, 에리카 시겔, 페이 쉬, 플로린 루카Florin Luca, 깁 백런드Gibb Backlund, 허버트 테레이스, 아이언 클레크너Ian Kleckner, 장지애, 졸리 웜우드Jolie Wormwood, 쥬디 에더스하임, 카렌 퀴글리, 크리스틴 린드퀴스트, 래리 바살루, 로레나 체인스, 니콜 베츠Nicole Betz, 폴 콘돈, 폴 케이드Paul Cade, 산드라 왁스맨, 셔 애칠Shir Atzil, 스티븐 배럿Stephen Barrett, 수잔 젤먼, 토냐 르벨Tonya LeBel, 빅토르 다닐첸코Victor Danilchenko, 잭 로드리고Zac Rodrigo는 초기 독자로서 소중한 논평과 비판으로 내게 큰 도움을 주었다.

또한 노스이스턴 대학 심리학과장 조안느 밀러Joanne Miller와 학과의 나머지 동료들이 이 책이 완성되기까지 지원과 인내심을 보여준 데 특히 감사한다.

나는 이 책의 집필을 실현 가능하게 만든 여러 지원 기관과 특별 연구비의 신세를 졌다. 여기에는 미국철학회의 특별 연구비, 심리과학협회의 제임스 맥킨 카텔 기금James McKeen Cattell Fund, 미육군행동사회과학연구소의 후한 지원이 포함된다. 특히 나는 당시 육군연구소에서 내 프로그램 담당관이었으며 그 후에도 격려와 지지를 아끼지 않은 폴 게이드Paul Gade에게 감사한다. 이 책에서 보고한 연구들은 그 밖에도 다른 재단의 관대한 연구비 지원과 유용한 안내를 받았다. 내게 처음으로 신경과학 연구비를 주었던 국립과학재단의 스티브 브레클러Steve Breckler, 나의 K02 독립과학자상 연구지원을 관장했던 국립정신건강연구소의 수잔 브랜드Susan Brandon, 그 밖에 케빈 퀸Kevin Quinn과 자닌 시몬스Janine Simmons, 국립노화연구소의 리스 닐슨Lis Nielsen, 국립암연구소의 페이지 그린Paige Green

과 베키 페러Becky Ferrer, 국립건강연구소의 소장 개척자상, 국립아동건강발달연구소, 미육군 행동사회과학연구소의 폴 게이드, 제이 굿윈Jay Goodwin, 그렉 루악Greg Ruark, 마음과 삶 연구소의 웬디 하젠캄프와 아서 자이언스에게 감사를 표한다.

나는 이 책의 법률, 행정, 유통 관련 문제를 담당했던 분들에게도 매우 특별한 신세를 지고 있다. 프레드 폴너Fred Polner(내 변호사)와 마이클 힐리Michael Healy(브록만Brockman 출판사 변호사), 이 책에 수록된 몇몇 뇌 영상을 제작한 엠마 히치콕Emma Hitchcock과 장지애, 리덕스 픽쳐스Redux Pictures의 로즈메리 매로우Rosemary Marrow, 폴 에크먼 그룹Paul Ekman Group의 크리스 마틴Chris Martin과 엘리나 앤더슨Elyna Anderson, 마틴 랜도의 사진 사용 허가를 담당한 베럴리 온스타인Beverly Ornstein, 로나 미내쉬Rona Menashe, 딕 구트먼Dick Guttman, 연구 논문을 아주 신속하게 검색하고 제공했던 니콜 베츠, 안나 노이먼, 커스틴 이뱅크스Kirsten Ebanks, 샘 라이온스Sam Lyons, 필요한 감정 개념을 멋지게 조합한 제프리 유제니디스에게 감사한다.

또한 연방수사국 에이전트 론다 하일리히Ronda Heilig, 보스턴의 로건Logan 국제공항에서 보안책임자로 있으면서 교통안전국의 관찰기법을 이용한 승객 검사(SPOT) 프로그램을 개발한 피터 디도메니카Peter DiDomenica가 고전적 견해의 기관 훈련 프로그램에 관해 나와 이야기를 나눈 것에 대해 감사한다.

그리고 호튼 미플린 하코트 출판사의 나머지 팀원들인 나오미 깁스Naomi Gibbs, 테린 뢰더Taryn Roeder, 아에샤 미르자Ayesha Mirza, 라일라 메글리오Leila Meglio, 로리 글레이저Lori Glazer, 필러 가르시아-브라운Pilar Garcia-Brown, 마가렛 호건Margaret Hogan, 라헬 드샤노Rachael

DeShano에게도 감사를 전한다.

이상한 소리처럼 들리겠지만 나는 필요한 다양한 분야의 많은 자료를 신속히 통합하고 종합하는 데 인터넷이 중요한 역할을 했다는 점을 또한 인정하고 싶다. 무슨 아이디어가 떠오르면 즉시 인터넷을 조사해 몇 분 만에 관련 연구 논문을 다운로드하거나 거의 모든 책을 익일 배송으로 구매할 수 있었다. 따라서 구글, 아마존Amazon(물론 내가 쓴 돈을 생각하면 그들도 나한테 감사해야 한다), 논문의 온라인 접근을 허용한 많은 과학 학술지 웹사이트 등에 우리를 접근할 수 있게 해준 기술자들에게 진심 어린 감사를 보낸다. 이 책은 버전 통제시스템인 서브버전Subversion과 리눅스Linux 기반 툴을 포함한 오픈 소스 소프트웨어로 일부 제작되었다.

그리고 이 책을 쓰는 동안 내 신체 예산을 건강하게 지켜준 사람들을 잊을 수 없다. 나는 앤 크링, 바챠 메스퀴타, 바바라 프레드릭슨, 제임스 그로스, 쥬디 에더스하임, 카렌 퀴글리, 앤지 호크Angie Hawk, 잔느 차이가 보여준 사랑과 격려에 대해 진실로 깊이 감사한다. 그들은 수개월에 걸친 집필 기간 동안 지적 도전과 편안함을 모두 주었으며, 내가 지치지 않도록 초콜릿, 커피, 그 밖의 차까지 지속적으로 공급해주었다. 결정적인 사회적 지원을 제공한 플로린과 막달레나 루카Magdalena Luca, 카르멘 발렌시아Carmen Valencia에게도 특별한 감사를 전한다. 나의 확대된 가족이 보여준 지원에도 깊이 감사한다. 여기에는 내 시누이인 루이스 그린스팬Louise Greenspan과 데보라 배럿, 나의 대녀인 올리비아 앨리슨Olivia Allison, 내 조카인 잭 로드리고, 그리고 당연히 6장과 7장에서 독자들이 가상으로 만났던 비교 불가의 삼촌 케빈 앨리슨이 포함된다. 그리고 특별한 트레이너 마이크 알베스Mike Alves, 기적을 낳는 나의 물리치료사 배리 메클리어Barry Meklir에게 깊이 감사한다. 그들은 내가 하루에 16시간을 앉아 있은 후에도 걷고 타이핑할 수 있도록 도와주었다. 그리고 최고의 마사지 요법을 선보인 빅토리아 크루탄Victoria Krutan에게도 감사한다.

내 딸 소피아는 내가 3년 동안 늦은 밤까지 또는 이른 아침부터 그리고 주말에도 소피아의 이 '어린 동생'에만 몰두한 것을(그리고 가끔씩 내 성질이 폭발한 것을) 나이에 걸맞지 않은 호의와 자제력으로 용인해주었다. 형제자매 간 경쟁의 모범 사례를 들라면, 바로 이것이 여기에 해당했다. 소피아, 너는 내 딸이다. 나는 너를 위해 이 책을 썼다. 나는 네가 네 마음의 힘을 이해하기 바란다. 너는 어릴 적에 악몽을 꾸다 잠에서 깨곤 했다. 그러면 우리는 네 침대 주변의 보호 구역에 폭신한 동물 인형을 놓았으며, 내가 '요술 가루'를 뿌리면 다시 잠이 들곤 했다. 놀라운 것은 네가 마술을 믿었다는 것이 아니라 오히려 믿지 **않았다는** 것이다. 우리는 모두 이것이 꾸민 것이라는 점을 알았지만, 그래도 이것이 효력을 발휘했다. 너의 활기차고 작은 네 살배기 자기는 막강한 능력을 발휘해 나와 함께 사회적 실재를 창조했으며, 그것은 지금 너의 용감하고, 익살맞고, 통찰력 있는 십대 자기도 마찬가지다. 세계에 의해 시달림을 받는다고 느낄 때조차 너는 네 경험의 설계자다.

내가 이 책을 시작한 이유가 소피아 때문이었다면, 내가 이것을 완성한 이유는 내 남편 댄 때문이다. 댄은 종종 나의 폭풍우 뒤에 찾아오는 평온과도 같다. 내가 그를 처음 알았을 때부터 그는 내가 특별한 것을 할 수 있다고 믿어 의심치 않았다. 댄은 모든 책 원고의 모든 단어를 때로는 여러 번 읽었으며, 그래서 내 힘으로만 이룰 수 있는 것보다 더 나은 책이 되었다. 내 뇌는 그가 종종 던진 "이것은 그 1퍼센트를 위한 거야?"라는 물음에서 결코 자유롭지 못할 것이다(그가 말한 1퍼센트는 일반인과 대조되는 내 학술 동료들을 가리킨다). 물론 지금은 내 뇌에서 이것을 시뮬레이션하면 내 입에 미소가 지어진다. 그의 많은 초능력 중에서도 압권은 그의 동시 수행 능력이었는데, 그는 이 책을 편집했고, 내 걱정을 가라앉혔으며, 내 등을 긁어주었고, 저녁 식사를 준비했으며, 씁쓸한 기색도 전혀 없이 우리의 사회적 삶 전체를 연기했고, 집필의 마지막 몇 달 동안은 우리를 지탱할 음식들을 충분히 챙겼기 때문이다. 우리가 처음 생각했던 것보다 훨씬 더 큰 도전에 직면했다는 사실이 분명해졌을 때도 그는 결코, 한 번도 꽁무니를 빼지 않았다. 댄의 또 다른 막강한 능력은(매번 적당한 크기의 음식 저장 용기를 고르는 불가사의한 능력 외에도) 다른 어느 누구도 엄두를 못 낼 때 나를 웃게 만들 수 있다는 점이다. 그는 다른 사람이 모르는 방식으로 나를 알고 있다. 나는 매일 아침 깨어날 때마다 그가 내 곁에 있다는 것에 대해 감사와 경외감을 느낀다.

| 부록 A |

뇌의 기초

매년 할로윈 데이가 찾아오면, 나는 젤라틴으로 실제 크기의 뇌 모형을 만든다. 복숭아 향의 젤라틴에 끓는 물을 붓고, 연유를 추가해 불투명한 혼합물을 만든 다음에, 녹색 식용 색소를 몇 방울 떨어뜨려 뭔가 흥미를 돋우는 회색 뇌를 만든다. 이 뇌는 우리 가족과 연구실이 합동 설계해서 2004년 이후 자선 이벤트로 운영하는 흉가에 사용하는 소품이다. 흉가를 둘러 보는 방문객들은 일단 놀란 가슴을 가라앉힌 후 다시 정상으로 말할 수 있게 되면 뇌가 진짜 같다면서 언제나 감탄을 금치 못한다. 그러나 흥미롭게도 실제 뇌는 균일한 젤라틴 덩어리를 전혀 닮지 않았다. 뇌는 수십억 개의 뇌 세포가 서로 정보를 주고받도록 배선된 대규모 네트워크다.[1]

이 책의 내용을 제대로 이해하려면 인간의 뇌에 관한 몇 가지 기본적인 사실을 알 필요가 있다. 우리의 논의와 관련해 가장 중요한 유형의 뇌 세포는 **뉴런**neuron이다. 뉴런은 매우 다양하지만, 일반적

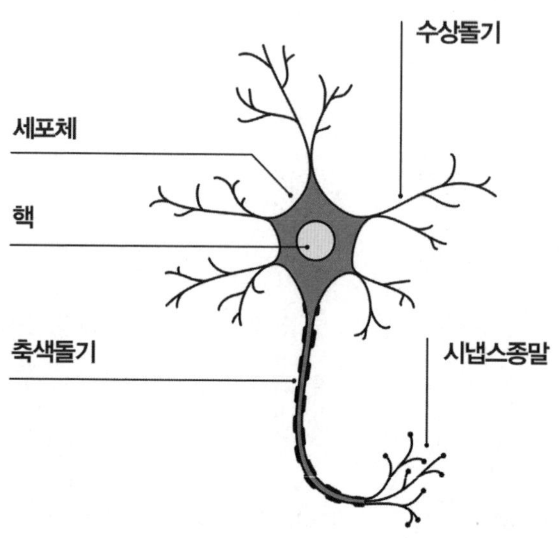

그림 A-1 뉴런의 형태는 다양하지만, 각 뉴런은 세포체 1개, 긴 축색돌기 1개, 수상돌기 몇 개를 가지고 있다.

으로 각 뉴런은 세포체 1개, 꼭대기에 나뭇가지처럼 생긴 수상돌기라는 구조물 몇 개, 바닥에 뿌리처럼 생긴 축색돌기라는 구조물 1개 및 그 끝의 축색 종말로 이루어진다(그림 A-1).

한 뉴런의 축색 종말은 보통 수천 개의 다른 뉴런들의 수상돌기에 근접해 있으며, 이것들 사이에 시냅스라고 불리는 연결이 이루어진다. 한 뉴런이 '점화'해 축색돌기를 따라 축색 종말로 전기 신호를 보내면, 종말에서 신경전달물질이라고 불리는 화학 물질이 시냅스로 방출되고, 다른 뉴런의 수상돌기에 있는 수용기에서 이것을 받아들인다. 신경전달물질은 시냅스의 다른 쪽에 있는 뉴런을 흥분 또는 억제하여 그 뉴런의 점화율을 변화시킨다. 이런 과정을 통해 한 뉴런이 수천 개의 다른 뉴런에 영향을 미치고, 수천 개의 뉴런이 한 뉴런에 영향을 미칠 수 있으며, 이 모든 것이 동시에 이루어진다. 이것이 뇌의 활동이다.[2]

더 거시적인 수준에서 보면 인간의 뇌는 뉴런의 배열 방식을 기초로 대충 3개의 주요 부분으로 나눌 수 있다.* **피질**은 뉴런들이 층으로 배열된 것인데, 어느 곳이든 4개에서 6개 층 사이로 있으며(그림 A-2 참조), 회로와 신경망을 이루도록 배선되어 있다. 피질의 단면도를 보면 뉴런들이 종렬로 조직되어 있음을 알 수 있다. 이때 같은 열의 뉴런들은 서로 그리고 다른 열의 뉴런들과 시냅스를 이룬다.[3]

피질은 접힌 형태로 **피질하 영역**을 둘러싸고 있는데, 피질하 영역은 층을 이루는 피질과 달리 뉴런 덩어리로 조직되어 있다(그림 A-3 참조). 그리고 예컨대 오랫동안 인기를 누렸던 편도체는 피질하 영역의 일부다.[4]

뇌의 세 번째 부분인 **소뇌**는 등쪽 뇌 바닥을 향해 있다. 소뇌는 신체 동작 조율과 이 정보를 뇌의 나머지에 제공하는 데 중요한 역할을 한다.[5]

과학자들은 상이한 뉴런 집단, 즉 '뇌 부위'를 가리키기 위해 몇 가지 용어법을 고안했다.** 피질은 엽이라고 불리는 별개 부위들로 나뉘는데, 이것은 뇌에 있는 대륙과도 같다(그림 A-4).

---

* 사람들은 필요에 따라 뇌를 매우 다양한 방식으로 나눈다. 공간 분할(꼭대기와 바닥, 앞과 뒤, 안과 밖), 해부학적 분할(엽, 영역, 네트워크에 따라), 화학적 분할(신경전달물질에 따라), 기능적 분할(어느 부분이 어떤 임무를 수행하는가) 등이 있다. 피질과 피질하 영역 사이의 분할은 감정의 역사에서 매우 중요하므로, 나는 이 단순화된 과점에서 뇌에 관해 이야기할 것이다.

** 과학자마다 자신의 목표와 취향에 맞게 다른 용어를 사용해 다른 방식으로 뇌를 썰고 자른다. 나는 가장 통상적인 구별의 일부만을 여기서 소개할 것이다.

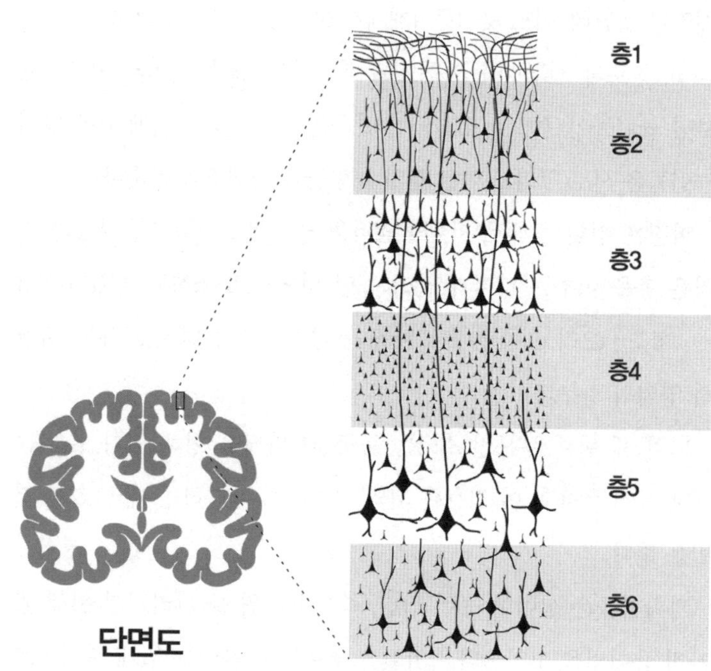

그림 A-2 6개 층의 피질 단면도

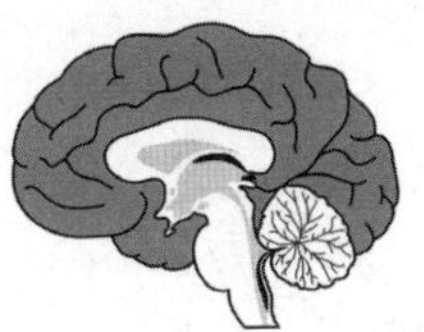

피질

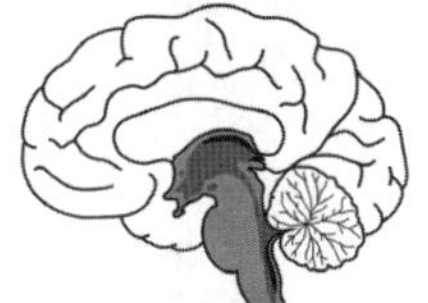

피질하 영역

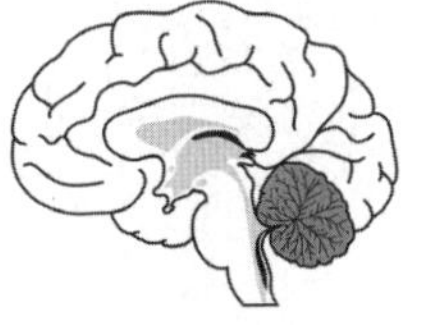

소뇌

그림 A-3 뇌의 세 주요 부분

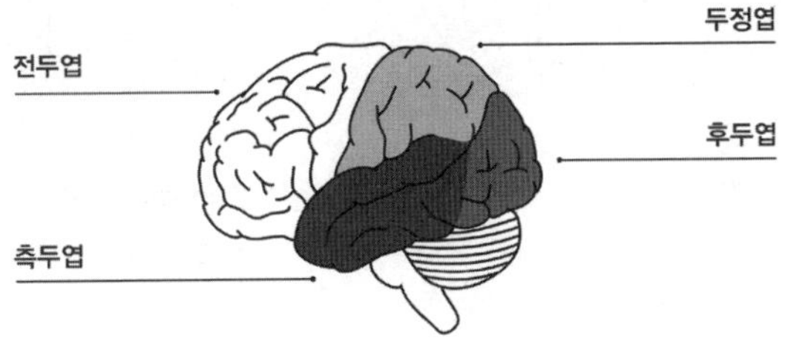

그림 A-4 피질의 엽

외측도

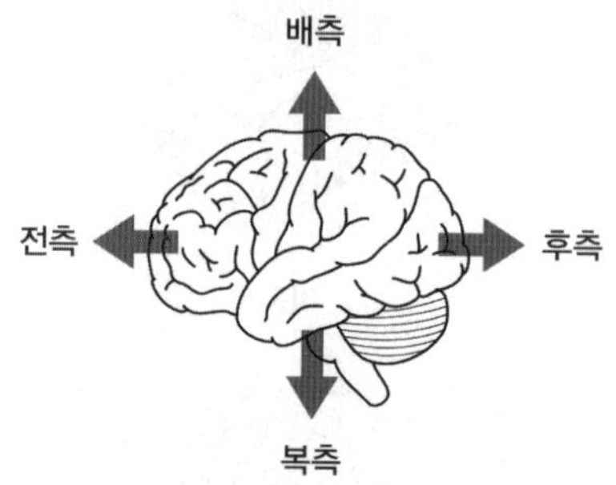

복측도

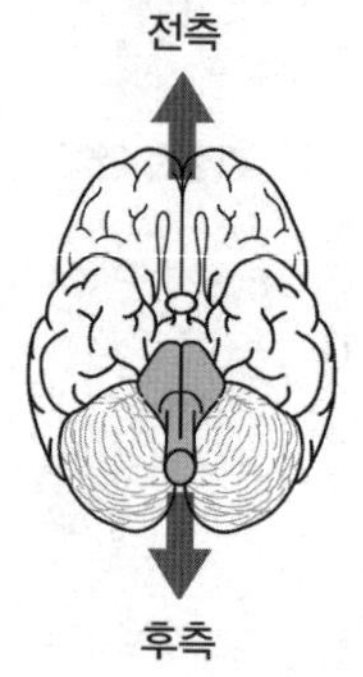

복측도

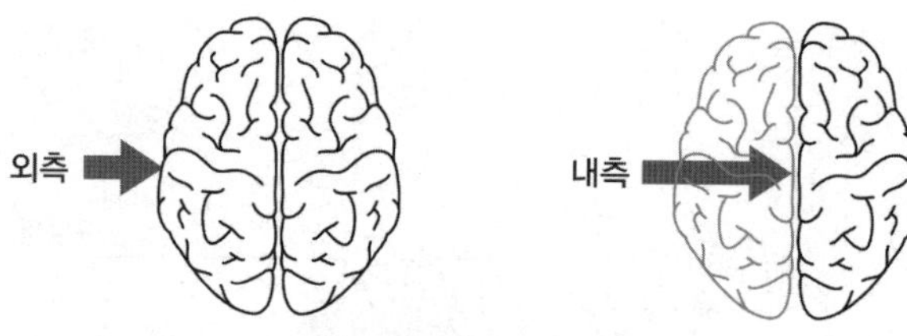

그림 A-5 뇌의 도로 표지판. 전측anterior = 앞쪽, 후측posterior = 뒤쪽, 배측dorsal = 꼭대기 쪽, 복측ventral = 바닥 쪽, 내측medial = 정중선 또는 중앙 쪽, 외측lateral = 정중선에서 바깥쪽으로 멀어진 쪽

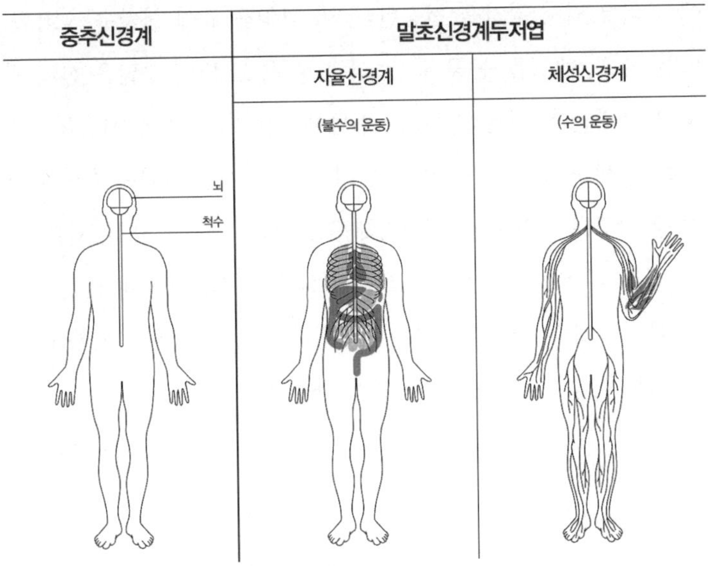

중추신경계	말초신경계두저엽	
	자율신경계	체성신경계
	(불수의 운동)	(수의 운동)

뇌
척수

그림 A-6 인간 신경계의 구성 요소

뇌 전체를 항해하기 위해 과학자들은 동쪽, 북서쪽 같은 나침반 방향 대신에 '배전측'(위 앞쪽), '내측'(내벽) 같은 어구를 사용한다. 그림 A-5는 당신이 길을 찾는 데 도움을 주는 다양한 도로 표지판을 보여준다.

당신의 뇌는 **중추신경계**의 일부이며, 이것은 신체 전체를 달리는 뉴런들로 이루어진 **말초신경계**와 구별된다. 역사적인 여러 이유에서(이것이 모두 합당한 것은 아니다) 이 둘은 보통 별개의 체계로 연구된다. 당신의 척수(중추신경계의 일부)는 신체와 뇌 사이에 정보를 전달한다.

자율신경계는 당신의 뇌가 신체 내부 환경을 조절하는 큰 길과 같다. 이것은 뇌의 명령을 신체 내부 기관(내장)에 전달하고, 내장에서 뇌로 다시 감각을 전송한다. 이 과정을 통해 심박수, 호흡률, 발한, 소화, 배고픔, 동공 확장, 성적 흥분, 그 밖의 수많은 신체 기능이 통제된다. 자율신경계는 신체에 에너지 원천을 사용하라고 말하는 '싸움 또는 도망' 반응과 이 원천을 재충전하는 '휴식과 소화'를 담당한다. 또한 자율신경계는 물질대사, 수분 균형, 체온, 소금, 심장과 허파 기능, 염증, 그 밖에 신체의 모든 체계에 걸친 다른 원천들(예: 신체 예산)의 통제를 지원한다. 체성 신경계는 뇌가 근육, 관절, 힘줄, 인대에 접근할 수 있게 해준다.[6]

2장 보충

잠깐! 2장 앞부분을 먼저 읽으시오.

그림 B-1 정체를 드러낸 수수께끼 사진

3장 보충

잠깐! 3장 앞부분을 먼저 읽으시오.

그림 C-1 2008년 미국 오픈 테니스 챔피언십 결승에서 세레나 윌리엄스가 언니 비너스를 꺾은 후 환호하는 모습

| 부록D |

개념 다단계 과정의 증거

나는 위계 구조처럼 보이는 두 가지 방식으로 뇌를 기술했다(이것은 뇌 활동에 대한 이해를 돕기 위한 은유다. 뉴런은 엄격한 의미에서 위계 구조로 배선되어 있지 않다). 6장에 나오는 첫 번째 위계 구조는 뇌가 감각 입력을 사용해 개념을 형성하는 과정을 유사성과 차이의 위계 구조로 설명한다. 이 위계 구조는 상향식이며 신경과학자들에게는 낯익은 것이다. 당신의 일차 감각 부위가 바닥에 있다. 이곳 뉴런들이 점화해 특정 사례를 이루는 신체 감각의 다양한 감각적 세부 사항들(빛 파장 변화, 공기 압력 변화 등)을 표상한다. 그리고 이 위계 구조의 꼭대기에 있는 뉴런들은 최고 수준에서 이 사례의 효율적이고 다중 감각적인 요약본을 표상한다.

4장에 나오는 두 번째 위계 구조는 피질 구조를 바탕으로 개념이 예측으로서 압축 해제되는 과정을 설명한다. 이 위계 구조는 하향식이며 내가 발견한 몇 가지를 통합하고 있다. 뇌의 떠버리인 신체 예산 관리 회로, 더 흔하게는 내장운동 변연 회로라고 불리는 이 구조의 꼭대기에 있으며, 예측을 내놓지만 받지는 않는다. 반면에 일차 감각 부위는 바닥에 있으며, 예측을 받지만 다른 피질 부위에 예측을 내놓지는 않는다. 이런 방식으로 신체 예산 관리 부위는 뇌 전체에 걸쳐 그리고 점점 더 미세한 수준으로 일차 감각 부위까지 예측을 전파한다.

이 두 위계 구조는 동일한 회로망이 서로 반대로 작동하는 것이다. 첫 번째 위계 구조는 개념을 학습하는 데 관여하고, 두 번째로 내가 **개념 다단계 과정**concept cascade이라고 부르는 개념을 적용해 당신의 지각과 행동을 구성하는 데 관여한다. 이런 방식으로 범주화는 시뮬레이션된 유사성에서 시뮬레이션된 차이로 흘러가는 예측과 그 반대 방향으로 흘러가는 예측 오류가 통합된 뇌 전체의 활동이다.

개념 다단계 과정에는 몇 가지 합리적 추론이 담겨 있지만, 이것은 신경과학적 증거에 부합한다. 현재 우리가 갖고 있는 과학적 증거는 모든 외부 감각 체계가(시각, 청각 등) 예측에 의해 작동한다는 것이다. 동료 신경과학자 카일 시먼스와 함께 내가 발견한 바에 따르면 내수용 신경망도 이런 식으로 작동하도록 구조화되어 있다.[1]

오늘날 과학자들은 시각체계 안에서 일어나는 개념 다단계 과정의 특정 세부 사항에 대해서는 알고 있다. 내가 이 책에서 소개한 더 포괄적인 개념 다단계 과정은 매우 견고한 다음 세 증거를 근거로 한다. (1) 4장에서 논의한 것처럼 예측과 예측 오류가 피질 구조 전반에 걸쳐 흘러가는 방식에 대한 해부학적 증거, (2) 6장에서 논의한 것처럼 피질이 감각 차이를 다중 감각적 요약본으로 압축하도록 구조화되어 있음을 보여주는 해부학적 증거, (3) 우리가 이제 논의할 것처럼 여러 신경망의 기능에 대한 과학적 증거.[2]

예측은 **기본 모드 신경망**이라고 알려진 내수용 신경망의 부분에서 개념의 목표를 표상하는 다중 감각적 요약본으로서 발생한다. 나는 개념이 기본 모드 신경망에 '저장'되어 있다고 말하지 않았다. 바로 그런 의미에서 나는 '발생'이라는 단어를 사용했다. 개념들이 기본 모드 신경망에서, 또는 그 밖의 어느 곳에서 마치 실체처럼 대량 거주하는 것이 아니다. 기본 모드 신경망은 개념의 일부만을 시뮬레이션한다. 즉 개념 사례들의 효율적인 다중 감각적 요약본만 시뮬레이션하며 사례들의 감각적 세부 사항까지 시뮬레이션하지는 않는다. 당신의 뇌가 특정 상황에서 사용할 목적으로 '행복' 개념을 즉석에서 구성할 때, 변성이 작용한다. 각 사례는 그것에 고유한 뉴런 패턴에 따라 창조된다. 사례들이 개념적으로 비슷할수록 기본 모드 신경망에서 일어나는 신경 패턴도 서로 비슷할 것이며 일부는 똑같은 뉴런들이 동원되면서 중첩되기도 할 것이다. 상이한 표상이라고 해서 뇌에서 분리되어 있을 필요는 없다. 그저 분리 가능할 뿐이다.[3]

기본 모드 신경망은 내인성 신경망이다. 실제로 이것은 최초로 발견된 내인성 신경망이기도 하다. 과학자들은 피험자가 누워서 쉴 때 몇몇 뇌 부위의 활동이 증가하는 것을 관찰했다. 그들은 이런 부위에 '기본 모드'라는 이름을 붙였다. 이런 부위는 뇌가 실험 절차에 의해 조사 또는 자극을 받지 않을 때 자발적으로 활성화되기 때문이다. 그리고 내가 이 신경망에 관해 처음 알게 되었을 때, 나는 이름 선택이 적절치 않다고 생각했다. 그 후로 다른 많은 내인성 신경망이 발견되었기 때문이다. 그러나 이 이름은 역설적이기도 하다. 과학자들은 원래 뇌의 '기본' 활동이 목적 없이 이 과제 저 과제를 배회하는 상념이라고 생각했는데, 실제로는 이 신경망이 뇌에서 모든 예측의 핵심으로 작용하기 때문이다. 세계를 해석하고 항해하는 뇌의 '기본 모드'는 **개념을 사용한 예측**이므로 이 이름은 이 신경망에 훌륭하게 들어맞는다.[4]

신경과학자들은 기본 모드 신경망이 개념의 핵심 **부분**을 표상한다는 것을 매우 확정적으로 증명할 수 있었다. 이 발견을 위해서는 재치 있는 실험이 필요했다. 단순히 피험자에게 어떤 개념을 시뮬레이션하라고 요청한 뒤 기본 모드 신경망의 활동 증가를 살피는 것은 불가능하다. 왜냐하면 단 하나의 개념으로 내인성 활동의 소용돌이에 교란을 일으키기는 바다의 굽이치는 파도에 침 뱉기처럼 효과가 미미할 수밖에 없기 때문이다. 다행히도 인지신경과학자 제프리 바인더Jeffrey R. Binder 등은 이 문제를 우회할 수 있는 기발한 뇌 영상 실험을 고안했다. 그들은 두 실험 과제를 만들어 냈는데, 그중 하나는 다른 하나보다 개념적 지식을 더 많이 필요로 했다. 그런 다음에 실험 결과를 '빼기'해서 차이를 구하는 방법을 사용했다.

바인더의 첫 번째 실험 과제에서 뇌 스캐너 안의 피험자는 '여우', '코끼리', ' 암소' 같은 동물 이름을 들은 다음에 질문을 받았다. 이것에 답하려면 순전히 정신적인 유사성을 지닌 것들에 대해 풍부한 개념적 지식이 필요했다(예: "그 동물은 미국에도 있고 사람들이 이용하는 것인가요?"). 두 번째 과제에서 뇌 스캐너 안의 피험자는 어떤 결정을 내려야 했는데, 이것은 지각적 유사성에 기초한 제한

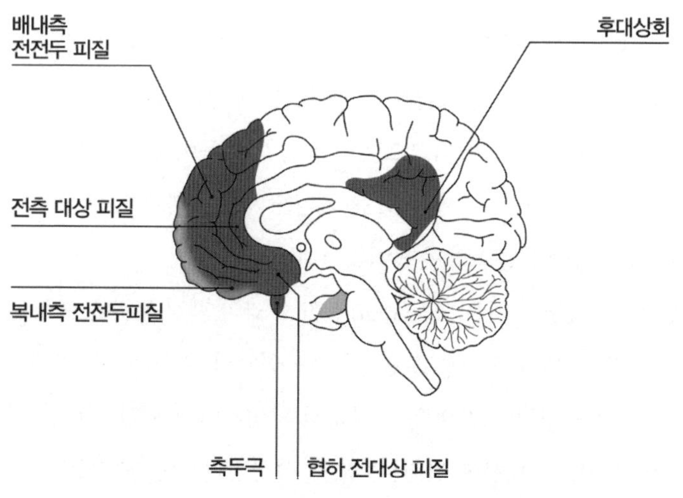

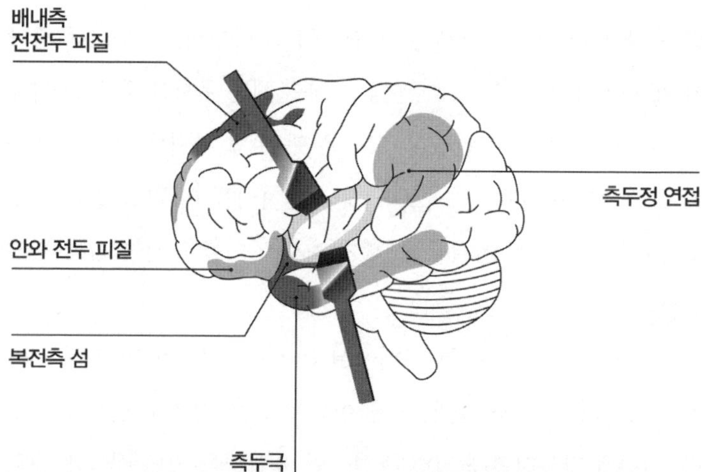

그림 D-1 내수용 신경망 안에 있는 기본 모드 신경망. 예측을 개시하는 신체 예산 관리 부위는 암회색으로 표시되어 있다. 이 부위는 신체의 조직과 기관, 물질대사, 면역 기능을 통제하는 피질하 영역의 핵들에 명령을 보낸다. 위는 내측도이고 아래는 외측도이다.

된 개념적 지식만을 필요로 했다(예컨대 '파-다-수pa-da-su' 같은 음절을 들려 주면서 'b'나 'd' 자음을 들으면 반응해야 했다). 연구자들은 이 두 과제가 모두 감각 신경망과 운동 신경망의 활동 증가를 초래하지만, 첫 번째 과제만이 기본 모드 신경망의 활동 증가를 초래할 것이라고 예측했다. 그리고 실제로 바인더 등은 한 뇌 영상에서 다른 뇌 영상을 '빼기'함으로써 감각 및 운동 세부 사항과 관련된 뇌 활동을 제거하고 기본 모드 신경망의 활동 증가를 예측대로 관찰할 수 있었다. 그리고 바인더의 이 연구 결과는 비슷한 뇌 영상 실험 120건에 대한 메타 분석을 통해 재현될 수 있었다.[5]

기본 모드 신경망은 심리 추론을 지원한다. 즉 심리적인 개념을 사용해 다른 사람의 사고와 느낌을 범주화하는 것을 지원한다. 한 연구에서 피험자들은 커피 마시기, 이 닦기, 아이스크림 먹기 같은 행동에 대해 기술한 글을 읽었다. 그런 다음 사람들이 이런 행동을 **어떻게** 했는가라는 질문을 몇 차례 받았다. "머그잔으로 커피를 마셨다", "칫솔로 이를 닦았다", "숟가락으로 아이스크림을 떠 먹었다" 같은 답변을 하는 동안에 피험자들은 뇌의 운동 부위에서 이런 행동을 시뮬레이션하는 것이 관찰되었다. 그런가 하면 다른 경우에는 사람들이 이런 행동을 **왜** 했는가라는 질문을 몇 차례 받았다. 그 결과 "정신을 차리려고 커피를 마셨다", "충치를 막기 위해 이를 닦았다", "맛있으니까 아이스크림을 먹었다" 같은 판단은 순전히 정신적인 개념을 필요로 했고, 이에 따라 기본 모드 신경망의 활동 증가가 관찰되었다.[6]

점점 더 많은 인지신경과학자, 사회심리학자, 신경학자 들이 기본 모드 신경망 덕분에 세계가 지금 이 순간의 모습과 어떻게 다를 수 있는지를 시뮬레이션할 수 있을 것이라고 추측한다. 여기에는 과거를 기억하거나 다른 관점에서 미래를 상상하는 일이 포함된다. 이 주목할 만한 능력은 인간 삶의 두 가지 큰 도전인 '다른 사람과 사이좋게 지내기'와 '앞질러 이익 챙기기'의 갈등 상황에 대처할 때 상당한 도움을 줄 것이다. 《행복에 걸려 비틀거리다》의 저자이자 재치 있는 표현을 잘하기로 유명한 사회심리학자 대니얼 길버트는 기본 모드 신경망을 가리켜 비행사 훈련용 비행 시뮬레이터와 비슷한 종류의 '경험 시뮬레이터'라고 부른다. 미래 세계를 시뮬레이션함으로써 당신은 미래 목표를 달성하기 위한 준비를 더 잘 갖추게 될 것이다.[7]

기본 모드 신경망은 과거와 현재와 미래를 통합한다. 개념으로 구성되는 과거 정보를 바탕으로 현재에 대한 예측이 형성되고, 이를 통해 당신은 미래의 목표를 달성하기 위한 준비를 더 잘 갖추게 된다.

내가 보기에 기본 모드 신경망은 범주화에서 핵심 역할을 하는 듯하다. 이 신경망에서 예측이 개시되어 시뮬레이션을 만들어냄으로써 뇌는 세계를 모형화하는 마술을 부릴 수 있다. 이때 '세계'에는 외부 세계, 다른 사람의 마음, 뇌를 지탱하는 신체가 포함되어 있다. 때때로 이런 시뮬레이션은 외부 세계를 통해 수정된다(예컨대 당신이 감정을 구성할 때). 그리고 때로는 수정되지 않기도 한다(예컨대 당신이 상상하거나 꿈을 꿀 때).[8]

물론 기본 모드 신경망이 혼자서 작동하는 것은 아니다. 이 신경망에는 개념을 형성하는 데 필요한, 즉 다단계 과정의 출발점이 되는 목표 기반의 다중 감각적 지식을 형성하는 데 필요한 패턴의 일부만이 포함되어 있다. 당신이 무엇을 상상하거나 상념에 잠길 때마다, 또는 당신의 뇌가 다른 내인성 활동을 수행할 때마다, 당신은 또한 주변 광경, 소리, 신체 예산의 변화, 그 밖의 감각 등을 시뮬레이션한다. 이것은 감각 신경망과 운동 신경망의 영역에 속한다. 그러므로 개념 사례가 구성되려면 기본 모드 신경망이 이런 다른 신경망과 상호 작용해야 할 것이라고 추론할 수 있다(그리고 실제로 그러한데, 이에 대해서는 곧이어 살펴볼 것이다).[9]

신생아는 완전히 발달한 기본 모드 신경망을 가지고 있지 않다. 그렇기 때문에 신생아는 예측도 할 수 없고 빛이 사방으로 흩어지는 주의의 '손전등'을 가지고 있다. 신생아의 뇌는 예측 오류를 바탕으로 학습하면서 많은 시간을 보낸다. 아마도 다중 감각적 세계에 대한 이런 경험이 신생아의 신체 예산 관리와 결부되어 기본 모드 신경망 형성에 필요한 입력으로 작용할 것이다. 이런 과정은 생후 몇 년 동안 개념을 부호화하는 뇌의 배선 작업이 진행되는 가운데 일어날 것이다. 아기의 뇌가 환경에 어울리게 배선됨에 따라 처음에는 '외부'였던 것이 나중에는 '내부'가 된다.[10]

우리 연구실에서는 개념과 범주화의 생물학적 메커니즘을 한동안 탐구했다. 그 와중에 우리는 기본 모드 신경망, 내수용 신경망의 나머지 부분, 통제 신경망 등의 역할에 대해 상당한 증거를 발견했다. 사람들이 자신의 감정을 경험하거나 다른 사람의 눈 깜박임, 찌푸린 눈살, 근육 경련, 쾌활한 목소리 등에서 감정을 지각할 때, 우리는 그 사람들의 뇌를 들여다보면서 이런 신경망들의 핵심 부분이 분주히 작업 중이라는 것을 꽤 분명하게 확인할 수 있었다. 처음에는 1장에서 이야기한 것처럼 감정에 대해 발표된 모든 뇌 영상 연구를 조사하는 메타 분석을 실시했다. 우리는 뇌 전체를 '복셀'이라고 불리는 아주 작은 정육면체로 분할한 다음에 연구 대상이 된 감정 범주와 관련해 활동이 일관되게 의미 있는 증가를 보인 복셀들을 확인하는 작업을 거쳤다. 그 결과 우리는 어떤 감정 범주도 특정 뇌 부위와 연관되어 있지 않다는 것을 확인했다. 또한 이 메타 분석을 통해 구성된 감정 이론에 대한 증거도 확인할 수 있었다. 즉 함께 활성화될 개연성이 높은 복셀 집단들을 확인했는데, 신경망의 활동처럼 보이는 이런 복셀 집단들은 일관되게 내수용 신경망과 통제 신경망 안에 있었다.[11]

누구의 얼굴을 바라보거나, 냄새를 맡거나, 음악을 듣거나, 영화를 보거나, 과거 일을 회상하거나, 그 밖의 감정을 불러일으킬 만한 다양한 과제를 수행한 피험자를 대상으로 수백 명의 과학자가 독립적으로 수행한 150건 이상의 연구가 우리의 메타 분석에 포함되었다는 사실을 고려할 때, 이런 분석을 통해 확인된 신경망들은 그만큼 더 설득력을 지닐 수밖에 없다. 게다가 이 연구 결과가 더욱 주목할 만한 이유는 메타 분석의 대상이 된 연구들이 구성된 감정 이론을 검증할 목적으로 설계된 연구가 아니었기 때문이다. 오히려 대다수 연구는 고전적 견해에서 영감을 얻어 각 감정을 상이한 뇌 부위와 연관시킬 목적으로 설계되었다. 게다가 감정 범주의 가장 정형화된 예들만 연구했고 실생활에서 나타나는 각 감정의 온갖 변형된 예들은 조사하지도 않았다.

우리의 메타 분석 프로젝트는 여전히 진행 중이며, 우리는 지금까지 거의 400건의 뇌 영상 연구를 수집했다. 이 데이터를 바탕으로 나와 동료들은 패턴 분류 분석 기법(1장)을 사용해 감정 범주를 다섯 가지로 요약했다(그림 D-2 참조). 이 다섯 경우 모두에서 내수용 신경망은 중요한 역할을 했다. 통제 신경망도 다섯 경우에 모두 나타났지만, 행복과 슬픔의 경우에는 덜 분명했다. 여기서 우리가 볼 수 있는 것은 신경 지문이 아니라 추상적 요약일 뿐이라는 점을 명심할 필요가 있다. 분노, 혐오, 공포, 행복, 슬픔의 어느 한 사례도 해당 감정의 요약과 정확히 일치하지 않는다. 각 사례에는 변성의 원리가 말해 주듯이 다양한 조합의 뉴런들이 사용될 수 있다. 예컨대 메타 분석에 포함된 대다수 분노 연구에서 뇌 활동은 다른 감정 요약보다 분노 요약에 더 가까웠기 때문에 이것이 분노라는 결론이 내려졌다. 그러나 이런 방식으로 분노 사례를 **진단**할 수는 있어도, 어느 뉴런이 활성화될지를 구체적으로 예측할 수는 없다. 다시 말해 우리는 다윈의 개체군 사고 원리를 분노의 구성에 적용했다. 그리고 우리가 연구한 다른 네 감정 범주의 경우에도 결과는 마찬가지였다.[12]

우리는 구성된 감정 이론을 검증할 목적으로 실험을 설계했을 때도 비슷한 결과를 얻었다. 한 연구에서 나는 공동연구자인 크리스티 윌슨-맨던홀과 로렌스 바살루와 함께 뇌 스캐너 안에 누운 피험자에게 상상 속의 장면에 몰입할 것을 요청했다. 그 결과 피험자의 시뮬레이션과 함께 감각 부위와 운동 부위의 활동이 증가한다는 증거가 나타났다. 또한 피험자의 신체 예산이 교란된다는 증거를 내수용 신경망의 관련 변화를 통해 확인할 수 있었다. 몰입 과제를 수행한 후에는 매번 두 번째 단계에서 피험자에게 한 단어를 보여주면서 자신의 내수용 감각을 '분노' 또는 '공포'의 사례로 범주화할 것을 요청했다. 그리고 피험자가 이런 개념을 시뮬레이

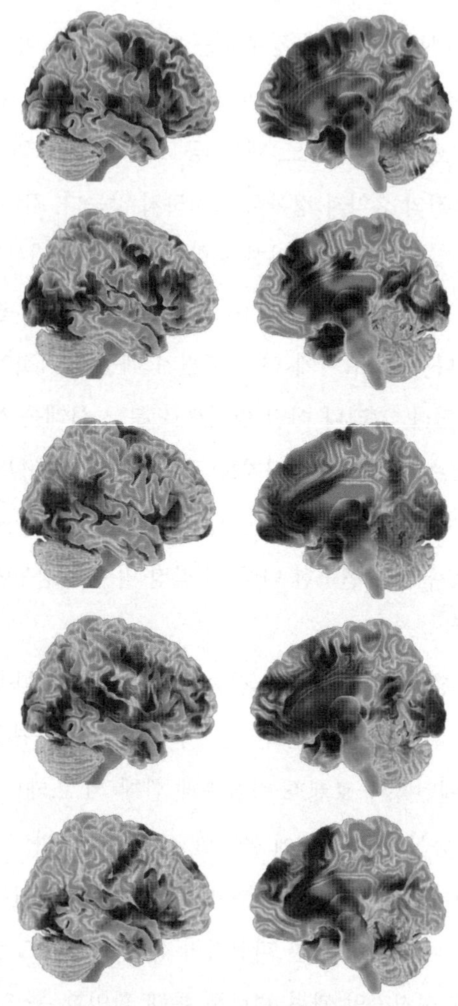

그림 D-2 '분노', '혐오', '공포', '행복', '슬픔' 개념의(위에서 아래로) 통계적 요약. 이것은 신경 지문이 아니다(1장 참조). 왼쪽은 외측도이고 오른쪽은 내측도이다.

션하자 내수용 신경망의 활동이 더욱 증가하는 것이 관찰되었다. 또한 낮은 수준의 감각 및 운동 세부 사항을 표상하는 뉴런들의 활성화와 통제 신경망의 한 핵심 마디에서도 활동 증가가 관찰되었다.[13]

또 다른 연구에서 우리는 피험자에게 전형적이지도 않고 빈번하지도 않은 시뮬레이션을 구성하도록 했다. 예컨대 롤러코스터를 타는 유쾌한 공포의 경험이나 자신을 상처 내기 시합에서 우승하는 불쾌한 행복의 경험 같은 것이었다. 우리가 세운 가설에 따르면 유쾌한 행복이나 불쾌한 공포처럼 정신적 습관이 되어버린 전형적인 사례를 시뮬레이션할 때보다 덜 전형적인 시뮬레이션을 할 경우에는 내수용 신경망이 예측을 내놓기 위해 더 분주하게 작업할 것이다. 그리고 우리가 관찰한 것은 이것과 정확히 일치했다.[14]

우리가 조금 더 최근에 수행한 일련의 실험에서 피험자는 감정을 불러일으킬 만한 영화 장면을 시청했다. 이때 우리는 내수용 신경망에서 감정 경험이 지속적으로 구성되는 것을 확인할 수 있었다. 이스라엘 텔아비브 대학의 탈마 헨들러 연구실에서는 슬픔, 공포, 분노의 다양한 경험을 야기할 영화 장면들을 선정했다. 예컨대 몇몇 피험자는 〈소피의 선택Sophie's Choice〉에 나오는 한 장면을 시청했다. 이 장면에서 메릴 스트립Meryl Streep이 연기한 주인공은 자신의 두 아이 중에서 누구를 아우슈비츠Auschwitz 수용소의 가스실로 보낼지 선택해야만 했다. 그런가 하면 또 다른 피험자들은 영화 〈스텝맘Stepmom〉의 한 장면을 시청했다. 이 장면에서 수잔 서랜든Susan Sarandon이 연기한 인물은 자식들에게 자신이 암에 걸려서 조만간 죽을 것이라고 털어놓는다. 이런 모든 경우에서 피험자가 강렬한 감정을 경험했다고 보고한 순간에는 기본 모드 신경망과 내수용 신경망의 나머지 부분이 더욱 동기화된 점화 양태를 보인 반면에, 피험자가 덜 강렬한 경험을 보고한 순간에는 동기화된 점화 양태가 덜 뚜렷이 나타났다.[15]

감정 지각과 관련해 비슷한 증거를 보여준 다른 연구도 있었다. 한 연구에서 피험자는 영화를 시청한 후에 배우의 신체 동작을 명백하게 감정 표현으로 범주화했다. 즉 피험자는 신체 동작의 의미에 관해 심리 추론을 한 셈이었는데, 이것은 개념을 사용해야만 가능한 과제였다. 이때 피험자의 뇌에서는 내수용 신경망, 통제 신경망의 몇몇 마디, 그리고 물체가 표상되는 시각피질에서 활동 증가가 나타났다.[16]

개념에 관해 논의하면서 개념을 실체화하지 않도록 유의할 필요가 있다. 개념이 마치 뇌에 '저장'되어 있는 것처럼 생각하기가 너무나도 쉽기 때문이다. 당신은 개념이 기본 모드 신경망에 따로 머무르는 것처럼 다시 말해, 마치 요약본이 감각 및 운동 세부 사항과 별개로 존재하는 것처럼 생각할지 모른다. 그러나 어떤 개념의 어떤 사례든 뇌 전체에서 표상된다는 것을 보여주는 수많은 증거가 있다(그리고 그것을 의심할 만한 단서는 거의 없다). 당신이 그림 D-3의 망치를 바라보면, 손의 움직임을 통제하는 운동 피질에서 뉴런들의 점화가 증가한다(그리고 만약 당신이 나와 비슷하다면, 엄지손가락의 고통을 시뮬레이션하는 뉴런들도 미친 듯이 점화할 것이다). 이런 증가는 물체의 이름('망치')을 읽을 때도 일어난다. 또한 망치를 바라보면 당신이 손으로 잡는 동작을 취할 확률도 올라간다.[17]

그림 D-3 당신의 운동 피질을 자극해 시뮬레이션 하기

아래 단어들을 읽어보라.

사과, 토마토, 딸기, 심장, 바닷가재

이 경우에도 비슷하게 일차 시각피질에서 색 감각을 처리하는 뉴런들의 점화율이 증가한다. 이 물체들은 모두 대부분의 경우 빨간색을 띠기 때문이다. 이처럼 개념의 정신적 핵심 같은 것이 기본 모드 신경망에 따로 있는 것이 아니다. 개념은 뇌 전체에 걸쳐 표상된다.[18]

본질주의적 오해의 두 번째 가능성은 설령 개념의 나머지 부분이(예: 감각 및 운동 특징) 뇌 전체에 분산되어 있더라도 각 개념의 목표를 마치 작은 본질처럼 표상하는 특정 뉴런 집단이 기본 모드 신경망에 있을 것이라고 생각하는 것이다. 그러나 이것도 사실이 아니다. 만약 이것이 사실이라면, 모든 조건에서 이 '본질'이 먼저 활

성화되는 것이 뇌 영상을 통해 관찰되어야 할 것이다. 그러한 이유는 개념 다단계 과정의 꼭대기에 있고, 상황에 따라 더 가변적인 감각적 또는 운동적 차이가 뒤따를 것이기 때문이다. 그러나 이런 종류의 증거는 전혀 찾아볼 수 없다.[19]

여기서도 우리가 받아들여야 할 것은 본질주의가 아니라 변성이다. 예컨대 당신이 친한 친구와 함께하기 같은 특정 목표를 지닌 '행복'이라는 감정 개념의 사례를 구성할 때마다, 신경 점화 패턴은 다를 수 있다. 심지어 '행복'에 대한 최고 수준의 다중 감각적 요약본이 기본 모드 신경망에서 표상될 때도, 관여하는 뉴런들은 매번 다를 수 있다. 이런 사례들이 물리적으로 비슷할 필요는 없다. 그래도 이것들은 모두 '행복'의 사례다. 그렇다면 이것들을 함께 묶는 것은 무엇인가? 그런 것은 없다. 이것들은 특정한 영구적인 방식으로 함께 '묶여' 있지 않다. 그러나 이런 사례들은 예측으로서 동시발생적으로 개시될 확률이 매우 높다. 당신이 '행복'이란 단어를 읽거나 누가 말하는 것을 들을 때, 또는 좋아하는 사람들과 함께 있을 때, 당신의 뇌에서는 다양한 예측이 개시될 것이며, 각 예측의 발생 확률은 상황의 특성에 따라 조금씩 다를 것이다. 단어는 강력하다. 이것은 뇌가 변성의 원리에 따라 작동한다는 사실, 단어가 개념 학습의 열쇠라는 사실, 기본 모드 신경망과 언어 신경망이 많은 뇌 부위를 공유한다는 사실에 근거한 나의 합리적 추론이다.[20]

본질주의의 세 번째 오류는 개념을 '물체' 비슷한 것으로 생각하는 것이다. 나는 대학생 시절에 천문학 수업을 들으면서 우주가 팽창한다는 것을 배웠다. 처음에 나는 황당했다. "도대체 **어디로** 팽창한다고?" 내가 혼란스러웠던 까닭은 우주가 공간으로 팽창한다고 직관적으로 잘못 생각했기 때문이다. 어느 정도 성찰 끝에 나는 내가 '공간'을 말 그대로 물리적인 의미에서 크고 어둡고 텅 빈 양동이처럼 생각했다는 사실을 깨달았다. 그러나 '공간'은 이론적 관념(개념)이지, 구체적이고 고정된 무슨 실체가 아니다. 즉 공간은 언제나 다른 어떤 것과 관련해 계산되는 것이다("공간과 시간은 바라보는 이의 눈에 있다.").[21]

사람들이 개념에 관해 생각할 때도 비슷한 일이 일어난다. '공간'이 그 안으로 우주가 팽창하는 물리적 실체가 아닌 것처럼 개념은 뇌에 존재하는 '물체'가 아니다. '개념'과 '공간'은 관념이다. '한' 개념이라고 말하는 것은 언어적 편의성 때문일 뿐이다. 실제로 당신이 가지고 있는 것은 한 개념 체계다. "당신이 경외감의 한 개념을 가지고 있다"라는 말은 "당신이 경외감으로 범주화한 또는 당신을 위해 경외감으로 범주화된 많은 사례를 당신이 가지고 있으며, 이 각 사례는 당신의 뇌에서 한 패턴으로 재현될 수 있다"라는 의미로 번역되어야 한다. 여기서 '개념'은 특정 순간에 당신의 개념 체계에서 경외감에 관해 구성되는 모든 지식을 가리킨다. 당신의 뇌는 개념이 '담긴' 그릇이 아니다. 당신의 뇌에서 개념은 일정 기간에 걸친 계산의 순간으로서 창출된다. 당신이 '개념을 사용'할 때, 당신은 해당 개념의 사례를 즉석에서 실제로 구성한다. 당신의 뇌에는 '개념'이라고 불리는 작은 지식 뭉치가 저장되어 있지 않다. 마찬가지로 당신의 뇌에는 '기억'이라고 불리는 작은 뭉치가 저장되어 있지도 않다. 개념은 이것을 창조하는 과정과 별개로 존재하지 않는다.[22]

| 주요 용어 해설 |

가소성Plasticity

노화 또는 경험에 따른 뇌 배선 변화.

감각 입력Sensory input

감각기관에 도달해 뇌로 이동하는 모든 것(빛, 기압, 화학물질 등등). 여기에는 신체 기관, 조직, 호르몬, 면역체계 등에서 오는 입력도 포함된다.

감정 경험Emotional experience

감정의 사례를 느끼는 것.

감정 사례(an) Instance of emotion

어떤 감정이 일어났을 때 '어떤 감정'이라는 표현보다 과학적으로 좀 더 객관적인 표현.

감정 입자도Emotional granularity

감정 경험과 지각을 섬세하게 또는 거칠게 구성하는 능력.

감정 지각Emotional perception

다른 사람, 동물, 무생물 등에서 감정 사례를 지각하는 것.

감정에 대한 고전적 견해Classical view of emotion

행복, 공포 등의 감정 범주마다 독특하고 보편적이며 진화를 통해 인간에게 전수된 생물학적 지문이 있다는 견해.

감정의 문화적 동화Emotional acculturation

다른 문화의 감정 개념을 학습하는 것.

개념 다단계 과정Concept cascade

위계적으로 조직된 예측들이 내수용 신경망에 있는 효율적인 다중 감각적 요약본에서 시작해 1차 감각 및 운동 부위까지 다단계로 압축 해제되는 과정.

개념 조합Conceptual combination

이미 아는 개념들을 조합해 새 개념의 사례를 구성하는 것.

개념Concept

특정 목적에 비추어 비슷한 것으로 취급되는 사례 집합(범주 참조).

개체군 사고Population thinking

생물 종이란 특별한 본질을 가지고 있지 않은 다양한 개체들의 집합이라는 다윈의 견해.

경험맹Experiential blindness

당장 범주화하지 못하는 상태. 예컨대 이 책 2장의 얼룩 사진을 처음 보았을 때 겪는 경험.

고전적 평가 이론Classical appraisal theories

뇌가 현상황에 대한 사전 판단('평가')을 근거로 감정 회로를 촉발한다는 견해. 감정에 대한 고전적 견해 중의 한 이론.

공포 학습Fear learning

고전적 조건형성을 통해 피험자가 얼어붙는 행동을 학습하도록 만드는 실험 기법. 그러나 여기서 '공포'라는 단어는 잘못된 명칭이다.

구성Construction

뇌가 기초적인 요소들을 바탕으로 경험과 지각을 만들어낸다는 견해.

구성된 감정 이론Theory of constructed emotion

저자의 감정 이론. 이에 따르면 뇌는 우리가 깨어 있는 매순간 개념으로 조직된 과거 경험을 사용해 우리의 행동을 인도하고 우리의 감각에 의미를 부여한다. 이때 관련 개념이 감정 개념이면, 뇌가 감정 사례를 구성하는 셈이다.

기능성 자기공명영상Functional magnetic resonance imaging(fMRI)

살아 있는 생물의 뇌 활동을 관찰하기 위한 기술.

기본 감정 기법Basic emotion method

피험자에게 연출된 얼굴이나 목소리에 어울리는 감정 단어나 구절을 찾으라는 과제를 주는 실험법.

기본 감정 이론Basic emotion theory

감정에 대한 고전적 견해 중에서 가장 널리 알려진 이론.

내수용 신경망Interoceptive network

내수용에서 중요한 역할을 하는 뇌 부위 집합.

내수용Interoception

신체의 기관, 조직, 호르몬, 면역체계 등에서 유래하는 감각이 뇌에서 표상되는 것.

내인성 신경망Intrinsic network

우리가 별다른 일도 하지 않는데 작동하면서 예측을 내놓는 모든 신경망.

뇌 부위Brain region

통일체로 취급되는 뉴런 집단. 예컨대 편도체(피질하 부위), 전전두 피질(피질 부위) 등이 여기에 해당한다.

뇌 영상Neuroimaging

살아 있는 생물의 뇌 활동을 관찰하기 위해 뇌를 스캐너로 촬영하는 것.

뉴런Neuron

뇌에서 가장 흔히 발견되는 세포 유형.

말초신경계Peripheral nervous system

신경계의 일부로서 운동에 관여한다.

메타 분석Meta-analysis

다수의 연구 결과를 분석해 종합적인 결론을 얻기 위한 기법.

범주Category

특정 목적에 비추어 비슷한 것으로 취급되는 사례 집합. 전통적 이해에 따르면 범주는 세계에 존재하고, 개념은 이런 범주의 정신적 표상으로 간주된다(개념 참조).

범주화Categorization

뇌가 개념을 사용해 감각 입력에 의미를 부여하는 과정.

변성Degeneracy

다양한 뉴런 조합이 종종 동일한 결과를 낳는 것(다대일).

변연계Limbic system

뇌에 있는 감정의 집으로 한때 간주되었던 가공의 체계. '변연'이라는 단어는 특정 뇌 조직의 구조를 가리킬 때는 의미가 있지만, 감정을 전담하는 신경망 같은 것은 없다.

복셀Voxel

3차원 뇌의 아주 작은 일부를 나타내는 3차원 픽셀.

본질Essence

사물의 근저에 놓인 진정한 본성 또는 원인. 예컨대 어떤 뇌 회로 또는 유전자는 인간의 어떤 행동의 원인으로 간주된다.

본질주의Essentialism

본질이 객관적으로 존재한다는 신념. 예컨대 몇몇 사람들은 공포와 행복에 뚜렷이 구별되는 생물학적 원인이 있다고 믿는다.

사회적 실재Social reality

어떤 것이 실재한다는 점에 대한 특정 집단 사람들의 공통된 견해. 이것은 언어를 통해 공유된다.

삼위일체 뇌Triune brain

'인지' 회로가 '감정' 회로를 덮어 싸는 식으로 뇌가 층층이 진화했으며, 이런 뇌 구조를 바탕으로 사고가 감정을 통제할 수 있다는 신화.

소박 실재론Naïve realism

우리가 세계를 객관적으로 지각한다는 신화.

손상Lesion

뇌의 손상된 조직.

수상돌기Dendrite

뉴런의 세포체에서 뻗어 나온 가지처럼 생긴 구조물로서 다른 뉴런으로부터 정보를 받는다.

시냅스Synapse

뉴런 사이의 연결.

시뮬레이션Simulation

감각 입력이 들어오지도 않는데 뇌가 감각 뉴런의 점화를 변화시키는 경우.

신경망Brain network

통일체로 작동하는 뉴런 집단. 같은 스포츠팀의 몇몇 선수는 경기에 참가하고 몇몇은 벤치에서 대기하는 것처럼 같은 집단 안의 여러 뉴런은 시점에 따라 상이한 방식으로 신경망 활동에 참여한다.

신경전달물질Neurotransmitter

뉴런 사이의 신호 전달을 가능케 하는 화학물질.

신체 예산 관리 부위Body-budgeting regions

신체의 미래 에너지 수요를 예측하는 데 관여하는 뇌 부위를 간단히 가리키기 위한 용어. 전문 용어로는 내장운동visceromotor 부위 또는 변연limbic 부위라고 불린다.

신체 예산Body budget

뇌가 신체 안의 에너지원을 분배하는 방식에 대한 은유.

심리 추론 오류Mental inference fallacy

어떤 행동을 어떤 심리 상태와 동일시하는 것. 예컨대 눈을 크게 뜨는 행동은 반드시 '공포의 표현'이라고 가정하는 것. 그러나 사람들은 온갖 이유로 눈을 크게 뜬다.

심리 추론Mental inference

다른 사람, 동물, 물체 등이 어떤 심리 상태에 있을 것이라고 추측하는 것.

안면 근전도 검사Facial electromyography(EMG)

전극을 안면에 부착해 근육 운동을 정밀하게 측정하는 실험실 기법.

안면 배치Facial configuration

감정이 얼굴에 나타난다는 의미가 담긴 '표정facial expression'보다 중립적인 용어.

엽Lobe

다수의 뇌 부위를 포괄할 수도 있는 뇌의 연속된 주요 영역. 인간의 대뇌 피질에는 전두엽frontal, 두정엽parietal, 측두엽temporal, 후두엽occipital의 4개 엽이 있다.

예측 고리Prediction loop

예측 산출, 예측의 시뮬레이션, 예측과 실제 감각 입력의 비교, 그에 따른 예측 수정 또는 통과가 이루어지는 일련의 뇌 배선.

예측 오류Prediction error

예측과 뇌가 예측하려 한 실제 감각 입력 사이의 차이.

예측Prediction

다음 순간에 들어올 감각 입력에 대한 뇌의 추측.

유인성Valence

유쾌부터 불쾌까지 우리가 지속적으로 경험하는 기초적인 느낌. 정동의 한 속성이다.

일차 내수용 피질Primary interoceptive cortex

내수용 감각의 시뮬레이션이 일어나는 뇌 부위. 후측 섬엽posterior insula이라고 더 많이 부른다.

자극-반응Stimulus-response

뇌가 세계의 사태에 그저 반응하면서 반사적으로 작동한다는 신화.

자연 선택Natural selection

환경에 가장 잘 적응한 생물이 가장 잘 생존해 번식할 것이라는 찰스 다윈의 견해.

자율신경계Autonomic nervous system

말초 신경계의 일부로서 신체 기관과 조직의 불수의 운동에 관여한다.

전염증성 시토킨Proinflammatory cytokines

신체와 뇌에 염증을 야기하는 단백질.

정동 실재론Affective realism

내가 보거나 듣거나 기타 방식으로 지각하는 것이 내수용에 따라 좌우되는 현상.

정동Affect

가장 단순한 느낌. 유쾌와 불쾌 및 평온과 동요 사이에서 끊임없이 변동한다.

정동적 적소Affective niche

바로 이 순간에 나의 신체 예산을 위해 중요한 모든 것.

중추신경계Central nervous system

뇌와 척수.

지각하는 사람과 무관한Perceiver independent

지각하는 사람이 있든 없든 상관없이 객관적으로 실재하는 것. 예컨대 중성자는 지각하는 사람과 무관하다.

지각하는 사람에 의존하는Perceiver dependent

사람이 있어야만 인간 세계에 실재하는 것. 예컨대 '화폐' 개념은 지각하는 사람에 의존한다.

지문Fingerprint

개인이 어떤 감정을 경험하고 있는지를 알아내기에 충분한 것으로 간주되는 특징적인 신체(얼굴, 신체, 목소리, 뇌 등의) 변화 패턴.

진화심리학Evolutionary psychology

감정이 전문화된 기능을 담당하는 정신적 기관mental organ과도 같으며 몇몇 유전자가 감정의 본질이라고 생각하는 고전적 견해의 일종.

집단지향성Collective intentionality

어떤 것이 실재한다는 점에 대한 특정 집단 사람들의 공통된 견해.

체성 신경계Somatic nervous system

말초신경계의 일부로서 수의 운동에 관여한다.

축색돌기Axon

뉴런의 세포체에서 뻗어 나온 뿌리처럼 생긴 구조물로서 다른 뉴런에 정보를 전달한다.

통계적 학습Statistical learning

관찰을 통해 유사한 것과 그렇지 않은 것의 확률을 계산하여 패턴을 학습하는 뇌의 타고난 능력.

통제 신경망Control network

일부 뉴런의 점화율을 올리거나 내려서 특히 범주화 과정을 최적화하는 신경망. 성인의 경우 이를 바탕으로 '주의의 스포트라이트'가 작동한다.

패턴 분류Pattern classification

상이한 것들을 통계적으로 구별하도록(예컨대 뇌에서 관찰되는 여러 공포 사례와 여러 분노 사례를 구별하도록) 컴퓨터를 훈련시켜 미래 사례를 신뢰성 있게 분류하도록 하는 기술. 이 기술 자체는 문제가 없으나, 감정의 과학에서는 이 기술을 종종 오해 또는 오용하여 감정의 신경 지문이 존재한다는 주장으로 이어지곤 한다.

편도체Amygdala

한때 뇌의 공포 회로가 있다고 널리 가정되었던 뇌 부위.

피질 하부Subcortex

피질 아래에 있는 뉴런 덩어리.

피질Cortex

피질하 부위를 덮고 있는 뉴런 층. '회백질gray matter'이라고도 불린다.

핵심 체계Core system

여러 결과를 낳는 하나의 뉴런 집단(일대다).

허젤러흐Gezellig

친구와 있을 때 경험하는 편안함 같은 것을 가리키는 네덜란드의 감정 개념. 영어로 정확히 번역하기 어렵다. 이것은 한 사람이 다른 사람에 대해 갖는 내면의 느낌이 아니라 세계 안에서 자신을 경험하는 한 방식이다.

흥분도Arousal

평온과 동요 사이의 지속적인 변동으로 경험되는 기초적인 느낌. 정동의 한 속성이다.

| 주석 |

이 책은 웹사이트 how-emotions-are-made.com에 더 많은 주석이 올라와 있다. 거기에서 감정의 구성 및 관련 주제에 관하여 과학적인 추가 세부 사항, 논평, 이야기 등을 확인할 수 있다.

이 인쇄판에 실린 많은 주석에는 beam.info를 가리키는 웹사이트 링크가 포함되어 있다(예: heam.info/malloy). 이 링크를 이용하면 how-emotions-are-made.com의 해당 페이지를 쉽게 찾을 수 있다.

들어가며

1. 학생들을 보호했다는 사실입니다: heam.info/malloy의 비디오와 필기록 참조.

2. 관습에 따라 약간씩 다를 것이다: Tracy and Randles 2011; Ekman and Cordaro 2011; Roseman 2011.

3. 신문 기사에서 찾아볼 수 있다: 우리 연구실에서 수행한 연구에서(heam.info/magazines 참조). 이모티콘을 사용하고 있다: Sharrock 2013. heam.info/facebook-1도 참조.

4. 도구를 판매한다: heam.info/analytics-1의 참고문헌 참조. '팀 융화력'을 평가한다: ESPN 2014. heam.info/bucks도 참조. 몇십 년째 실시하고 있다: 최근까지 FBI 국립 아카데미는 폴 에크만의 연구에 기초한 훈련 과정을 제공했다.

5. 합의의 산물이다: Searle 1995.

6. 세금만 축났을 뿐이다: Government Accountability Office 2013. SPOT의 재판이라 할 HIDE(적의 탐지 및 평가Hostile Intent Detection and Evaluation)는 최근 증거와 부합할지도 모른다(heam.info/spot-1 참조).

7. 치명적인 결과로 이어졌다: 이런 차별 대우는 여성의 심장마비 위험율이 높다는 이야기를 의사들이 들은 후에도 계속되고 있다(Martin et al. 1998; Martin et al. 2004).

8. 병사가 목숨을 잃었다: Triandis 1994, 29.

1장

1. 우울을 느끼는지에 대한 질문을 던졌다: Higgins 1987.

2. 감정 입자도라고 불렀다: 감정 입자도의 발견은 감정 연구의 새로운 영역을 열었다(heam.info/granularity-1 참조).

3. 본성의 아주 오래된 일부라고 주장했다: 이 책은 심리학에 엄청난 영향을 미쳤다(heam.info/darwin-1 참조).

4. 42개의 작은 근육이 있다: Tassinary et al. 2007.

5. 행복을 각각 표현한 것이었다: Ekman et al. 1969; Izard 1971; Tomkins and Mc-Carter 1964.

6. 가장 어울리는 단어를 선택한다: 예컨대 Ekman et al. 1969; Izard 1971. 가장 어울리는지를 고르도록 한다: 예컨대 Ekman and Friesen 1971. 이것은 개발자인 심리학자 John Dashiell(1927)의 이름을 따서 '대실Dashiell'이라고 불린다.

7. 선택한다는 사실을 증명할 수 있었다: Ekman and Friesen 1971; Ekman et al. 1987. 일관되게 연결시켰다: Ekman et al. 1969; Ekman and Friesen 1971. 뉴기니의 포르족을 대상으로 한 연구 프로그램의 개관은 Russell 1994 참조. 비슷한 연구가 수행되었는데: Russell 1994; Elfenbein and Ambady 2002.

8. 감정의 지문임에 틀림없다: "한 감정과 다른 감정을 구별하는 가장 강력한 증거는 표정 연구가 제공한다. 분노, 공포, 기쁨, 슬픔, 혐오를 나타내는 보편적 표정이 있다는 견고하고 일관된 증거가 있다"(Ekman 1992, 175-176).

9. 정확히 확인할 수 있다: Tassinary and Cacioppo 1992. 각 근육이 움직인 정도를 계산한다: 무작위 움직임 또는 비감정 대조 기간 동안의 움직임에 대한 계산을 통해 통제.

10. 구별할 수 있을 뿐이다: Cacioppo et al. 2000.

11. 대신 사용하기도 한다: Ekman and Friesen 1984. 안면 움직임 부호화는 스웨덴 해부학자 칼-헤르만 조흐체Carl-Herman Hjortsjö가 1969년에 처음 개발한 방법을 변형한 것이다(heam.info/FACS 참조). 일관되게 일치하지 않았다: Matsumoto, Keltner, et al. 2008. 감정 표현을 다룬 수백 편의 발표 논문이 있지만, 이 연구의 보고에 따르면 자발적인 안면 움직임을 측정한 연구는 25개밖에 되지 않았다. 그리고 안면 움직임 부호화을 사용한 이 연구들 중 절반에서만 이런 움직임이 예상한 안면 배치와 일치하는 것으로 나타난 반면, 좀 더 느슨한 형태의 안면 움직임 부호화를 사용한 연구에서는 모두 이런 일치가 나타났다. 다시 말해 모든 연구에서 사람들이 감정을 경험하는 동안 예상된 표정과 일치하는 안면 움직임을 자발적으로 보인다는

주장을 지지하는 증거가 발견되었다(heam.info/FACS 참조).

12. 예의범절을 배우지 않았기 때문이다: 고전적 견해에서는 이런 예의범절을 가리켜 '표현 규칙'(Matsumoto, Yoo, et al. 2008)이라고 부른다. 서로 구별되지 않았다: Camras et al. 2007. 이 연구에서 사용된 안면 움직임 부호화 기법은 아기용으로 특별 설계되었다(Oster 2006). 유아의 감정에 관해 더 자세한 것은 heam.info/infants-2 참조. 분노를 구별한 것이다: 아기들은 문화적 차이도 보인다(heam.info/camras-1 참조).

13. 다르게 안면을 움직인다: 이들의 안면 움직임은 시선 방향, 머리 위치, 호흡 같은 비정서적 요인과도 연관지어 해석되었다(Oster 2005). 분화된 표정을 짓지는 않는다: heam.info/newborns-1 참조. 또한 아기는 감정별로 구별되는 울음을 보이지도 않는다(heam.info/newborns-2 참조).

14. 분노가 아니라 혐오를 지각했다: Aviezer et al. 2008.

15. 연기하라고 요청한 것이다: Silvan S. Tomkins and Robert McCarter(1964)는 Darwin([1872]2005)에 인용된 프랑스 신경학자 기욤-벤자민-아망 뒤샹Guillaume-Benjamin-Amand Duchenne이 촬영한 초기 사진들을 토대로 사진를 제작했다. Widen and Russell 2013도 참조.

16. 사진을 이용한 연구를 수행했다: 이 연구는 나의 대학원생이었고 지금은 박사 후 과정 연구원인 마리아 젠드론이 수행했다. 표정들이 실려 있었다: Schatz and Ornstein 2006.

17. 살짝 찌푸려 있었다: 애석하게도 리오 씨의 홍보 담당은 시사하는 바가 많은 이 사진을 싣게 해 달라는 내 요청을 거절했다.

18. 눈을 더 크게 뜰지 모른다: Susskind et al. 2008.

19. 사회적 소통의 수단이 된다: Fridlund 1991; Fernandez-Dols and Ruiz-Belda 1995. 매번 동일한지 알지 못한다: Barrett 2011b; Barrett et al. 2011. 어떤 합리적 근거도 없다: 인간 외 영장동물의 표정이 인간과 비슷한지에 대한 증거와 관련해서는 heam.info/primates-1 참조. 태어날 때부터 눈이 먼 사람들이 표정을 짓는지에 대한 증거와 관련해서는 heam.info/blind-2 참조.

20. 연구에서 찾아볼 수 있다: Ekman et al. 1983. 자율신경계의 변화를: 자율신경계는 심장, 허파 등등의 신체 내부 기관을 통제한다. 이것은 말초신경계의 일부이다(반면에 뇌와 척수는 중추신경계로 간주된다). 기계에 피험자를 연결했다: 피부 전기반응 또는 전기 피부반응이라고도 불린다(heam.info/galvanic-1 참조).

21. 직접 가르치기도 했다: 또한 두 번째 과제도 사용되었다(heam.info/recall-1 참조).

22. 의견이 크게 갈린다: 감정을 지각하는 동안 안면 근육이 움직일 수도 있다(heam.info/faces- 2 참조).

23. 더 빠르게 뛰었다: 이런 결과의 일부는 놀라운 것이 아니며 다른 것은 수수께끼다(heam.info/body-1 참조).

24. 짐작할 수 있었을 것이다: Levenson et al. 1990, Study 4. 아직 알려지지 않았던 사실이다: Barsalou et al. 2003. heam.info/simulation-1 참조. 대상으로 수행한 실험이었다: Levenson et al. 1992. 이 실험들은 신뢰도를 확립했을 뿐만 아니라 구체성도 개선하여 고전적 견해를 뒷받침하게 되었다. 서양 피험자들보다 훨씬 적게 했다: 아프리카 피험자들이 서구화된 동일한 감정 개념을 공유했는지는 불분명하다(heam.info/sumatra-1 참조).

25. 기타 신체 기능을 측정했다: heam.info/body-4 참조. 변화 패턴이 없음을 의미한다: 구별은 정동과 관련해서만 가능했다(heam.info/body-2 참조). 또 다른 패턴이 발견되곤 했다: Kragel and LaBar 2013; Stephens et al. 2010.

26. 피험자를 포괄하는 것이었다: 이 연구는 내 대학원생이었던 에리카 시겔이 박사 논문으로 수행한 것이다. Siegel et al.(검토 중). 지문을 찾는 데 실패했다: 이 메타 분석의 세부 사항에 대해서는 heam.info/meta-analysis-1 참조.

27. 그렇지는 않다: 고전적 견해의 몇몇 버전은 이런 차이를 설명하기 위해 설계되었다. 예컨대 고전적 평가 이론(8장)은 개인이 상황을 특정한 방식으로 평가해야 비로소 분노가 촉발된다고 주장한다(heam.info/appraisal-1 참조). 생리학자들에 의해 자세히 밝혀졌다: 교감신경계와 부교감신경계를 합쳐 자율신경계라고 부른다. 이것은 신체 움직임을 지원하기 위해 진화했다(예컨대 이것 덕분에 일어서도 어지럽지 않다). 잘 알려진 것처럼 교감신경계의 활동은 실제 움직임 행동(심장-신체 연결, Obrist et al. 1970) 또는 예상 상태(예컨대 초대사 활동supra-metabolic activity, Obrist 1981)와 관련된 물질대사 수요를 위해 활성화된다(heam.info/threat-1도 참조). 완전히 달라질 수 있다: Kassam and Mendes 2013; Harmon-Jones and Peterson 2009.

28. 신체 반응을 포함할 수 있다는 사실이다: 피험자들은 실험자가 예상한 시점에 특정 감정을(예컨대 슬픔을) 느낀다고 보고했지만, 측정 결과로는 다양한 신체 반응을 보였다. 다양성이 표준이다: heam.info/variation-1 참조.

29. 것을 적용하고 있었다: Darwin (1859) 2003. 통계적인 용어로만 기술될 수 있다: Mayr 2007. 분노 사례는 존재하지 않는다: 2015년에 미국인 가족의 평균 크기는 3.14명이었다(U.S. Census Bureau 2015).

30. 망설임 없이 접근했다: Kltiver and Bucy(1939)는 이것을 '정신맹psychic blindness'이라고 불렀다(heam.info/kluver-1 참조).

31. 별다른 공포를 느끼지 않는다고 보고했다: Adolphs and Tranel 2000; Tranel et al. 2006; Feinstein et al. 2011. 표정으로 인식하지 못했다: Adolphs et al. 1994.

32. 못한다고 결론 내렸다: Bechara et al. 1995.

33. 공포를 들을 수 있다는 사실을 발견했다: Adolphs and Tranel 1999; Atkinson et al. 2007. SM은 얼굴만 나오는 장면에서도 공포를 지각하는 데 어려움을 겪었다(Adolphs and Tranel 2003 참조). SM이 겪은 어려움은 공포와 무관하게 설명될 수 있다(heam.info/SM-1 참조). 느끼거나 지각할 수 있었다: SM은 몇몇 조건에서는 얼굴에서 공포를 지각할 수 있을 것이다(heam.info/SM-2 참조).

34. 매우 상이한 반응 특성을 보였다: Becker et al. 2012. 다른 신경망을 통해 보충되었다: 같은 곳. heam.info/twins-1도 참조.

35. 비슷하게 가변적인 것이었다: 일반적으로 뇌 손상을 통해 감정을 연구하는 것은 문제가 많다(heam.info/lesions-1 참조).

36. 생성될 수 있음을 의미한다: Edelman and Gaily 2001. 변성은 개인의 감정 경험에도 적용된다(heam.info/degeneracy-1 참조).

37. 활동의 증가가 관찰되었다: 과학자가 뇌 활동의 '증가'를 이야기할 때는 언제나 특정 통제 기준 대비 증가를 의미한다. 편의상 나는 이 책 전체에 걸쳐 '특정 통제 기준 대비'라는 표현을 쓰지 않았다. '증가된 뇌 활동'이라는 표현도 마찬가지로 단순화한 것이다. 엄밀히 말해 뇌 영상(구체적으로는 기능성 자기공명영상 또는 fMRI)은 신경 활동 변화와 관련이 있는 혈류 변화로 인해 생기는 자기장 변화를 측정한다. 이 경우에도 나는 편의상 '활동'의 증가 또는 감소라는 표현을 사용할 것이다(heam.info/fMRI 참조). 더 강력한 연관이 있었다: Moriguchi et al. 2013. 변성의 예이다: 이 연구에 대해 더 자세한 것은 heam.info/degeneracy- 2에 실려 있다.

38. 기여한다는 사실이었다: Barrett and Satpute 2013. 철학자 마이크 앤더슨Mike Anderson은 이것을 다목적이라는 의미에서 다중 사용multi-use이라고 부른다(Anderson 2014). 정신 상태의 생성에 관여한다: 일대다는 뇌 부위 수준에서도 존재한다(예컨대 Yeo et al. 2014).

39. 머릿속을 들여다볼 수 있다: fMRI는 약간의 변형을 제외하면 당신이 병원에서 받는 MRI 검사와 매우 비슷하다(heam.info/fMRI 참조).

40. 얼굴을 볼 때보다 활동이 증가했다: Breiter et al. 1996.

41. 반드시 점화해야 할 것이다: Fischer et al. 2003.

42. 활동이 증가한다: 이 효과는 Dubois et al.(1999)이 처음으로 관찰했다(heam.info/

novelty 참조). 피험자들에게 낯선 것이다: Somerville and Whalen 2006. 대안적 설명을 제공한다: 공포에 대한 초기 실험도 비슷한 변천 과정을 거쳤다(heam.info/amygdala-1 참조).

43. 최종 답변을 구하기로 결정했다: 이 연구는 우리 연구실에서 대학원생으로 있었던 크리스틴 린드퀴스트가 박사 논문으로 완성한 것이다(Lindquist et al. 2012).

44. 지문은 없다는 것이었다: 우리의 메타 분석에 대해 더 자세한 것은 heam.info/meta-analysis-2 참조. 하나로 간주하든(신경망): Touroutoglou et at. 2015. 개별 뉴런을 전기로 자극하든: Guillory and Bujarski 2014. 실험들도 결과는 마찬가지였다: Barrett, Lindquist, Bliss-Moreau, et at. 2007. heam.info/stimulation-1 참조.

45. 까다로운 것은 사실이다: Levenson 2011.

46. 맥락과 관련이 있을 것이다: 물론 이런 다양성이 무한하지는 않으며, 신체에서 발생 가능하고 해당 문화에서 사용 가능한 패턴에 의해 제약을 받는다. 감정에 목소리 지문이나 호르몬 지문이 없다는 증거는 heam.info/vocal-1 참조. 한 감정 범주 안에서 다양한 패턴의 뇌 활동이 관찰된다는 것을 보여주는 연구로서 우리 연구실에서 발표한 다음 두 논문도 참조하라. Wilson-Mendenhall et al. 2011, Wilson-Mendenhall et al. 2015.

47. 표준으로 착각하고 있다: Clark-Polner, Johnson, et al.(인쇄 중). 감정 지문을 찾으려는 시도에 패턴 분류가 잘못 적용된 예에 대해서는 heam.info/pattern-1 참조.

48. 분류 기법을 적용했다: Wager et al. 2015.

2장

1. 시뮬레이션이라고 부르기로 하겠다: Barsalou 1999; Barsalou 2008b. 과학에서 흔히 그렇듯이 다른 심리학자들은 이 정신적 능력을 연구 관심에 따라 다르게 불렀다. 예컨대 '지각 추론perceptual inference'과 '지각 완성perceptual completion'(Pessoa et al. 1998), '체화된 인지embodied cognition', '기반 인지grounded cognition' 등이 있다.

2. 시큼하면서도 달콤한 맛: 감각 뉴런은 운동 시에도 점화하며, 운동 뉴런은 감각 시에도 점화한다. 예컨대 Press and Cook 2015; Graziano 2016. 사과를 꾸며내는 것이다: Barsalou 1999.

3. 구역질을 하기까지 했다: 시뮬레이션은 고대 그리스인이 어떻게 별에서 신과 괴물을 보았는지를 설명해 준다(heam.info/simulation-2 참조).

4. 세계에 대한 시뮬레이션이다: 관련 검토로서 Chanes and Barrett 2016 참조.

5. 개념에 기초한다: Barsalou 2003, 2008a.

6. 바람직하기 때문에 만들어진다: 비슷한 비유로서 Boghossian 2006 참조.

7. 감미롭게 느껴질 것이다: Yeomans et al. 2008.

8. 직감으로 경험할 수도 있을 것이다: Danziger et al. 2011.

9. 우리에게 보여준다: 커피숍에서 내가 경험한 것은 제임스의 설명에 꼭 들어맞는다(heam.info/coffee 참조). 구성된 감정 이론이라고 부를 것이다: 내가 학술지에 발표한 논문에서는 이것을 '감정의 개념 활동 이론Conceptual Act Theory of Emotion'이라고 불렀다. 편집진의 솜씨에 감사를 표한다.

10. 똑같이 오류라고 불러야 한다: 과학자들은 이것을 '정동 귀인 오류affective misattribution'라고 부른다(heam.info/affect-9 참조). 사례로 구성했을 것이다: 일부 문화에서는 감정 개념이 없으며 그 대신에 신체의 불쾌를 경험하는데, 이에 대해서는 7장에서 다룰 것이다.

11. 많은 주제를 포괄한다: 구성에 관한 참고문헌은 heam.info/construction-1 참조.

12. 환경 변화에 의미를 부여할 수 있다: Freddolino and Tavazoie 2012; Tagkopoulos et al. 2008.

13. 받는지를 연구한다: 사회적 구성의 다양한 예는 Hacking 1999 참조. 다르게 촉발된다고 주장한다: Harré 1986.

14. 관여한다고 생각했다: 이 철학자들에 관해 더 자세한 것은 heam.info/construction-2 참조. 라고 그는 썼다: James 1884, 188. 한다는 사실을 관찰했다: Schachter and Singer 1962. 샥스터와 싱어의 이 유명한 실험에 대한 서술은 heam.info/arousal-1 참조. 대조를 이룬다: 심리학의 창시자로 간주되는 윌리엄 제임스와 빌헬름 분트는 감정 기관의 존재에 대해 회의적이었다(heam.info/james-wundt 참조). 발전시켜 왔다: 새로운 심리학적 구성 이론의 다른 예는 Barrett and Russell 2015; LeDoux 2014, 2015 참조. 구별되지 않는다는 점이다: 구성적 견해의 뿌리는 정신철학mental philosophy까지 거슬러 올라간다(heam.info/construction-3 참조).

15. 머릿속에 있음을 의미한다: 뇌의 전체적인 배선은 모든 척추동물에 보존되어 있고 물고기에서도 관찰되는 아주 오래된 혹스 유전자에서 비롯한다. 그러나 인간의 활동은 뇌의 미세 배선에 영향을 미치며, 여기에 경험이 축적되어 나중에 사용된다(Donoghue and Purnell 2005). 결정하는 데 기여한다: Mareschal et al. 2007; Karmiloff-Smith 2009; Westermann et al. 2007.

16. 뿌리를 두고 있다: 제임스는 다음과 같이 말했다. "있을 수 있는 다양한 감정의 수에는 한계가 없다. 그리고 다양한 개인의 감정이 그것의 성립 요건과 그것을 야기하는 물체의 측면 모두에서 무한히 다양할 수 있는 이유에도 한계가 없다"(1894, 454).

17. 여전히 다양성이 존재한다: 몇 가지 흥미로운 예는 heam.info/chocolate-1 참조.

18. 부엌과도 같다: Barrett 2009.

19. 특정 시점에 작업에 관여한다: Marder and Taylor 2011.

20. 쉬운 일이 아니다: 크루아상의 맛을 바탕으로 그것을 역설계한다고 상상해 보라(heam.info/croissant 참조). 역설계에서 문제가 생기는 것은 창발emergence(Barrett 2011a), 즉 체계가 구성 요소들의 합을 넘어서는 속성을 지니는 현상과 관련이 있음을 시사한다(heam.info/emergence-1도 참조).

21. 사실을 잘 알고 있다: 유전학에서는 이것을 '반응 표준norm of reaction'이라고 부른다(heam.info/holism-1 참조).

22. 강건한 생존을 가능케 한다: Whitacre and Bender 2010; Whitacre et al. 2012. 뇌의 계산력을 높인다: Rigotti et al. 2013; Balasubramanian 2015. 유연한 마음의 바탕이다: 변성은 자연 선택의 필요 조건이다(heam.info/degeneracy-3 참조).

23. 이것을 먹느냐이다: 그러나 컵케이크와 머핀은 모두 간식이다. 그리고 아침 식사이자 디저트인 바나나 빵은 바나나 머핀 또는 컵케이크와 모양만 빼곤 사실상 동일하다.

24. 대사 작용도 달라졌다: Crum et al. 2011.

25. 사람 안에 존재한다: 반면에 안면 근육 움직임을 얼마나 '정확히' 탐지하는지를 측정하는 것은 가능한데, 왜냐하면 이런 움직임은 1장에서 살펴본 것처럼 전기를 이용해 측정할 수 있기 때문이다. Srinivasan et al.(인쇄 중)도 참조.

3장

1. 직후의 모습이다: 비슷한 예로는 Barrett, Lindquist, and Gendron 2007 참조. 또한 Aviezer et al. 2012도 참조. 더 자세한 내용은 heam.info/aviezer-1 참조.

2. 이해하는 데 관여했다: 비슷한 현상은 맥거크 효과McGurk Effect에서도 일어난다. 이것은 누가 당신에게 말할 때, 당신이 보는 것(입 움직임)이 당신이 듣는 것(당신이 지각하는 소리)에 영향을 미치는 현상이다(heam.info/mcgurk 참조).

3. 휩싸인 것으로 지각할 수 있다: 또한 개인에 대한 지식이 있어야만 다양한 사진에서 그 사람을 알아볼 수 있다(heam.info/faces-4 참조).

4. 가정하기 때문이다: 예컨대 Izard 1994.

5. 얼굴을 선택했다. : 기본 감정 기법에서는 예상 감정 단어를 선택하는 것을 '정확성accuracy'이라고 부르는데, 이것은 잘못된 호칭이다(heam.info/bem-1 참조). 예상대로 반응한다: Russell 1994, 표 2. heam.info/bem-2 참조.

6. 더욱 낮은 결과가 나왔다: 예컨대 Widen et al. 2011 참조.

7. 예비 작용을 한다: heam.info/priming-1 참조. 예비 효과라고 불린다: 이것은 누구에게 "하얀 곰을 생각하지 않으려고 노력하라"라고 말할 때와 비슷하다(heam.info/wegner-1 참조). 특정한 방식으로 예비시켰다: 시뮬레이션의 흥미진진한 예는 Gosselin and Schyns 2003 참조. 사진을 범주화하게 된다: 이 연구는 내 대학원생이었던 마리아 젠드론이 석사 논문으로 수행한 것이다(Gendron et al. 2012). 중요한 기여를 했을 것이다: 당신은 음악을 거꾸고 듣는 예비 과정을 통해 이것을 직접 경험할 수 있다(heam.info/stairway 참조).

8. 더욱더 취약해질 것이다: 이 연구는 내 대학원생이었던 크리스틴 린드퀴스트가 학부 우등 졸업 논문으로 수행한 것이다(Lindquist et al. 2006).

9. 1초도 지속하지 않는 효과였다: 똑같은 방식으로 당신이 가진 감정 개념을 잠시 비활성화할 수 있다(heam.info/satiate-1 참조). 틀린 답변이었다: 피험자들은 실험에서 제공된 감정 단어에 의해 어떤 개념이 마음에 떠오르는가에 따라 얼굴을 말 그대로 다르게 본다(heam.info/gendron-1 참조).

10. 묶으라고 요청했다: Lindquist et al. 2014. 모든 피험자는 묘사된 감정에 따라 얼굴을 분류했으며, 모든 피험자는 같은 더미의 사람들이 정확히 똑같은 감정을 느꼈을 것이라고 확신했다. 그리고 환자들에게도 배우 사진 분류를 요청해 우리의 지시를 이해하고 이행할 수 있는지 확인했다. 예상을 벗어났다: 다른 실험에서는 이 환자들이 더미를 제멋대로 쌓았다(heam.info/dementia-1 참조). 차이만을 반영하는 것이다: 우리는 이 샘플에서 세 환자를 연구했다(heam.info/dementia-2 참조).

11. 단어를 혼용했다: Widen(인쇄 중), heam.info/widen-1 참조. 그렇지 않았던 것이다: Caron et al. 1985. 이 현상을 가리켜 '이를 드러내기toothiness'라고 부른다(heam.info/teeth-1 참조).

12. 어려움을 겪는다는 사실이다: 기본 감정 기법의 연출된 사진 대신에 실제 감정 경험 동안 자발적인 안면 움직임을 볼 경우 피험자들의 수행 결과는 더욱 나빠진다. 일치는 지극히 미미하다(Crivelli et al. 2015; Naab and Russell 2007; Yik et al. 1998).

13. 나미비아로 향했다: Roberson et al. 2005. 로버슨은 사람들이 색깔을 보편적인 방식으로 지각하지 않는다는 것을 증명했다. 색 범주의 보편성 문제에 대해 더 자세한 것은 heam.info/color-1 참조. 도착할 수 있었다: heam.info/himba-1 참조.

14. 배우들의 사진을 사용했다: 매사추세츠에는 힘바족 사람이 한 명도 없었기 때문에 우리는 이 사진 세트를 신중히 제작해야 했다(heam.info/himba-2 참조). 매우 많은 더미를 쌓았다: Gendron et al. 2014b. 행동으로 범주화했다: Vallacher and Wegner 1987. 가장 중요한 요인인 듯했다: 추가 실험에서 우리는 분류 과제의 길잡이가 될 수 있는 감정 단어를 제시했다. 그러자 기본 감정 기법을 사용하면 얻을 것 같은 결과와 조금 비슷하게 더미가 쌓였으나 극적인 변화는 아니었다. Gendron et al. 2014b 참조.

15. 기법을 힘바족에 적용했다: Sauter et al. 2010. 소터가 사용한 절차에 대한 서술은 heam.info/sauter-1 참조. 보편적이라는 결론을 내렸다: 소터 등의 연구 결과가 재현된 연구도 몇몇 있었다(Laukka et al. 2013; Cordaro et al. 2016). 소리라고 명명했다: Gendron et al. 2014a. 더 자세한 것은 heam.info/himba-3 참조.

16. 기술하라는 요청을 받았다: "참가자가 이야기를 정확히 이해했는지 확인하기 위해 이야기를 들려 준 후 매번 참가자에게 이야기 속 인물이 무엇을 느끼는지 물었다"(Sauter et al. 2015, 355). 소터 등은 이 추가 단계를 '조작 점검'이라고 불렀다(heam.info/himba-4 참조). 있도록 허용했다: Sauter et al. 2015, 355(강조 추가). 고를 기회도 없었던 셈이었다: Gendron et al. 2014a.

17. 어울리는 소리를 선택했다: 힘바족 참가자는 "말하려는 감정을 우선 자신의 언어로 설명했고, 그 다음에 그 이야기에 대한 실험 과제로 넘어갔다"(Sauter et al. 2015, 355). 다시 말해 모든 과제는 과학자들이 과제 '블록'이라고 부른 것 안에서 차례대로 제시되었다(heam.info/himba-4 참조).

18. 미소 짓기는 중세에 등장했으며: Trumble 2004, 89. 비로소 유행했다: Jones 2014. 의미가 부여되곤 했다: Beard 2014, 75. heam.info/smile-1도 참조. 보편적이지 않을지도 모른다: 미소는 문화에 따라 다른 의미를 지닌다(Rychlowska et al. 2015). heam.info/smile-2 참조.

19. 포인트가 존재한다: Fischer 2013.

20. 의심스러울 수밖에 없다: 기본 감정 기법을 사용하지 않은 실험에서 전 세계 사람들은 쾌감과 불쾌감을 지각할 수 있다(heam.info/valence-2 참조).

21. 결과를 반복 확인했다: Crivelli et al. 2016.

22. 강력한 증거가 나타난 반면에: 요약한 내용으로는 Russell 1994; Gendron et al. 2014b 참조. 주장하게 되는 오류를 낳았다: 이 핵심 조건에 관해서는 Norenzayan

and Heine 2005 참조.

23. 전무한 일이었을 것이다: Ekman 2007, 7. 받아들이지 않았을지도 모른다: 이것은 '표현'이라는 단어에 담긴 가정을 지적한 사회심리학자 로버트 자이언스Robert Zajonc의 공적 덕분이다. 일본인의 몇몇 감정 개념도 그러하다: 예컨대 heam.info/Japanese-1 참조. 사이의 교류라고 생각한다: Lutz 1980; Lutz 1983.

24. 구체적으로 지적한 바 있다: Russell 1994.

25. 노벨상을 수상했다: Firestein 2012, 22.

26. 보편적인 것을 기록하고 있다: 이 프로젝트는 용감한 청년 심리학자 데이비드 코다로David Cordaro와 함께 시작되었다(heam.info/cordaro 참조).

4장

1. 질적으로 다르게 느껴진다: 쾌감과 불쾌감은 육감과도 같다(heam.info/pleasure-1 참조). 가만히 있지 않지만 말이다: 연구된 모든 인간 언어에는 '기분이 좋다'와 '기분이 나쁘다'에 해당하는 표현이 있다(Wierzbicka 1999). 또한 다양한 인간 언어의 단어들에는 좋고 나쁨의 의미가 내포되어 있다(Osgood et al. 1957). 이런 연구 결과를 바탕으로 제임스 러셀 같은 심리학자는 유인성과 흥분도 속성이 보편적이라고 주장한다(Russell 1991a). heam.info/pleasure-2 참조.

2. 대한 당신 뇌의 표상이다: 당신의 신체는 어지럽게 배치된 '체계들'이다(heam.info/systems-1 참조).

3. 작동할 것이라고 가정했다: 이 비유의 뿌리는 매우 깊다(heam.info/stimulus-1 참조).

4. 잠자고 있지 않다: Wall ø e et al. 2014, heam.info/neurons-1 참조. 죽을 때까지 계속된다: 예컨대 Llinás 2001; Raichle 2010; Swanson 2012.

5. 내인성 신경망이라고 부른다: Yeo et al. 2011. 이 신경망의 일부는 태어날 때부터 있고, 다른 것은 아기가 신체적 환경 및 사회적 환경과 상호 작용하는 가운데 생후 몇 년 안에 발달한다(예컨대 Gao et al. 2009; Gao, Alcauter, et al. 2014; Gao, Elton, et al. 2014). 산출하고 있기 때문이다: Marder and Taylor 2011; Marder 2012. 기능에 관한 고찰은 모듈/허브 수준보다 신경망 수준에서 하는 것이 가장 적합하다(heam.info/network-1 참조). 발견 중의 하나로 간주된다: heam.info/intrinsic-1 참조.

6. 등의 기원이다. : 내인성 활동은 기본 모드 활동 또는 휴식 상태라고도 불린다(heam.

info/resting-1 참조).

7. 평생을 보낸다: 이런 관찰과 약간 다른 관찰도 있는데, Fred Rieke(1999)나 다른 연구자들에 따르면 뇌 자체가 자신의 상태에만 접근할 수 있는 블랙 박스이다. 소리에 가장 어울릴까: Bar 2007.

8. 예측을 한다: Clark 2013; Hohwy 2013; Friston 2010; Bar 2009; Lochmann and Deneve 2011.

9. 모드로 간주하기도 한다: 기억도 비슷하게 작동한다(heam.info/memory-1 참조).

10. 설명하는 것을 포함한다 : Clark 2013; Hohwy 2013; Deneve and Jardri 2016. 시각적 예측이 되었을 것이다: 당신이 사과 맛을 보면(이것이 시큼한가 아니면 달콤한가?), 미각 피질의 뉴런들이 점화 패턴을 바꾸어 미각 예측을 내놓는다. 당신이 사과 깨무는 소리를 들으면서 턱으로 흘러 내리는 사과 즙을 느끼면, 또한 청각 피질과 체감각 피질의 뉴런 점화가 바뀌어 청각 및 체감각 예측이 생긴다.

11. 의도를 갖기 전에 일어난다: Wolpe and Rowe 2015. '자유 의지의 착각'이라고 부른다: 자유 의지의 착각에 관한 재미있는 책들을 heam.info/free-1에서 찾아볼 수 있다.

12. 맞먹는 양의 시각 데이터를 전송한다: Koch et al. 2006. 외부 세계에서 뇌에 도달하는 감각 입력은 불완전하다(heam.info/vision-1 참조). 필요할 것이기 때문이다: Sterling and Laughlin 2015; Balasubramanian 2015.

13. 아주 소수의 뉴런만이: 아래 그림에서 화살표는 예측이 단일 뉴런에서 V1로 전달된다는 것을 의미하지 않는다. 이 예에 관해 더 자세한 것은 heam.info/vision-2 참조.

14. 내인성 활동을 표상한다: Raichle 2010. 이 내인성 활동은 많은 물질대사를 필요로 한다(heam.info/expensive-1 참조).

15. 0.5초밖에 되지 않는다: 정규 크기의 야구장 내야에서 당신이 공 잡을 위치로 이동할 수 있는 시간은 약 688밀리세컨드다. 프로야구 선수의 경우에는 약 400밀리세컨드의 여유를 더 가진다(heam.info/baseball-1 참조).

16. 예측이 필요하다: Ranganathan and Carlton 2007. 농구의 경우에도 마찬가지다(Aglioti et al. 2008 참조). 사과를 예측하는 것과도 같다: 물체의 위치를 확인하고 그것에 대한 행동을 준비할 때는 시각체계의 배측 부분이 더 집중적으로 관여한다. 이곳은 세계에서 들어온 예측 오류를 시각체계의 복측 부분보다 약간 더 빨리 전달한다. 후자는 의식적인 시각에서 더 중요하다(Barrett and Bar 2009). heam.info/dorsal-1 참조. 그러고 나서 공을 잡는다: 당신이 예측된 지점에서 공을 의식적으로 보기 훨씬 전에 뇌에서 당신의 공 잡는 행동이 개시된다. 팔을 움직이려는 의도를

자각하게 되는 것은 현재 위치에서 공을 보는 것을 자각하게 되는 것과 거의 동시에 일어난다. 그래서 마치 공을 본 다음에 그것을 잡으려고 팔을 움직이는 것처럼 느껴진다(heam.info/ventral-1 참조).

17. 고집했다: 또 다른 예는 부주의 맹시inattentional blindness일 것이다(heam.info/blind-1 참조).

18. 뇌 전체를 돌아다닌다: Chanes and Barrett 2016. 쥐를 대상으로 한 연구에서 미각이 예측에 의해 작동한다는 증거가 있지만, 아직 인간을 대상으로 한 실험은 없다. 2장에서 소개한 내 딸의 구역질 나는 음식 파티와 연어 아이스크림 실험은 후각 예측과 미각 예측의 작동 방식을 모두 예시하고 있다.

19. 이해할 수 있다: Carhart-Harris et al. 2016; Barrett and Simmons 2015; Chanes and Barrett 2016. heam.info/LSD 참조.

20. 혈압이 변화한다: 자율신경계와 함께 뇌에서 신체 움직임을 가능케 하는 신체 내 2개의 다른 체계에 명령을 보낸다. 내분비계는 호르몬을 통해 물질대사, 이온(나트륨 등) 등등을 조절하고, 면역체계는 질병으로부터 신체를 보호한다(heam.info/interoception-7 참조). 언급했던 내수용이다: 내수용은 찰스 스코트 셰링턴 경Sir Charles Scott Sherrington이 최초로 정의했다. 포괄적이고 읽을 만한 업데이트로서 Craig 2015와 heam.info/interoception-1을 참조하라.

21. 애매모호한 잡음과도 같다: 내수용 정보는 애매모호한 잡음과도 같다(heam.info/interoception-2 참조). 감각도 예측한다: Barrett and Simmons, 2015.

22. 생생하게 느끼기도 한다: 심지어 기관에 염증이 생겨도 감각이 산출되지 않을 것이다(heam.info/interoception-3 참조). 신체 감각에 대한 당사자 보고는 실제 감도와 거의 일치하지 않는다(heam.info/interoception-6 참조). 설계되지 않았다: heam.info/interoception-2 참조.

23. 감정 사례가 될 수 있다: 과학자들은 여전히 어째서 강렬한 내수용 감각이 때로는 신체 증상으로 경험되고 때로는 감정으로 경험되는지를 알지 못한다.

24. 내재한다는 사실을 발견했다: Kleckner et al.(검토 중). 내수용 신경망은 2개의 중첩되는 신경망으로 되어 있는데, 이것들은 이름을 붙인 과학자의 관심에 따라 다양하게 불린다(heam.info/interoception-12 참조). 모형을 갱신한다: 내수용은 실제로 이 신경망에 기초한 뇌 전체 과정이다(heam.info/interoception-9 참조).

25. 2개의 신경망이 포함된다: 여러 연구에 따르면 기본 모드 신경망과 돌출 신경망은 반대로 작동하는 듯하다. 즉 뇌는 기본 모드 신경망이 '활성화'되고 돌출 신경망은 '비활성화'된(다시 말해 하나는 휴식 기간 때보다 더 많은 신호를 보내고 다른 하나는 신호를 덜 보내는) 내부 모드에 있을 수도 있고 또는 반대 패턴의 외부 모드에 있

을 수도 있다. 이 대립은 분석상의 인공물이다. 두 신경망은 협력할 수도 있고 대립적으로 작동할 수도 있다. 내수용 신경망의 피질 및 피질하 부위에 대한 자세한 목록은 heam.info/regions-1 참조.

26. 내수용 피질이라고 불린다: 일차 내수용 피질에 대해 더 자세한 것은 heam.info/interoception-10 참조.

27. 평상 시 방식대로 시뮬레이션된다: Barrett and Simmons 2015. 뇌에 있는 다른 모든 내인성 신경망은 최소 한 영역에서 내수용 신경망과 중첩된다(van den Heuvel and Sporns 2013). 따라서 내수용 신경망이 모든 예측을 혼자 만들어내는 것은 아니다(heam.info/interoception-11 참조).

28. 담당하는 회로가 있다: 과학자들은 이 예산 관리 활동을 가리켜 '가변항상성allostasis'(Sterling 2012)이라고 부른다. heam.info/allostasis-1 참조.

29. 관리 부위이기 때문이다: 이 부위는 '변연' 부위라고 불리며, 여기에는 편도체, 중격핵nucleus accumbens과 복측 선조ventral striatum의 나머지, 전측/내측/후측 대상 피질, 복내측 전전두 피질(안와 전두 피질의 일부), 전측 섬 등등이 포함된다.

30. 여기에 포함될 뿐이다: 코티솔에 대해 더 자세한 것은 heam.info/cortisol-1 참조.

31. 깔깔대고 웃었다: 만약 우리가 에리카의 내분비와 면역 반응을 측정했다면 이것이 상승한 것을 발견했을 것이다. 예컨대 신체 예산 관리 회로는 당신이 움직일 때 관절 염증을 예방하기 위한 면역 반응을 조절하도록 자율신경계에 명령을 내린다. Koopman et al. 2011 참조.

32. 담긴 사진을 보여주었다: 이 자극은 국제정동사진체계International Affective Picture System(Lang et al. 1993)에서 가져온 것이다. 확장 같은 변화를 일으켰다: heam.info/galvanic-1 참조. 통제하는 것을 관찰할 수 있었다: Weierich et al. 2010; Moriguchi et al. 2011. heam.info/fMRI도 참조.

33. 상상하기만 하면 된다: 우리 연구실에서는 인지과학자 래리 바살루 및 크리스티 윌슨-맨던홀(그는 래리의 예전 박사 과정 학생으로 우리 연구실에서 박사 후 과정을 마쳤다)과 공동연구로 이것을 증명했다. 우리는 피험자에게 우리가 제시한 몇몇 장면을 상상하라고 요청한 다음 fMRI를 이용해 피험자의 뇌 활동을 관찰했다(Wilson-Mendenhall et al. 2011). heam.info/scenarios 참조. 강력한 영향을 미친다: Killingsworth and Gilbert 2010.

34. 상당한 혜택을 선사한다: Palumbo et al.(인쇄 중). 스트레스 상황에서는 동기화가 비용을 초래할 수도 있다(Waters et al. 2014; Pratt et al. 2015 참조). 덜 괴롭게 느껴진다: 과학자들은 전기 충격을 이용한 실험에서 이것을 관찰했다(Coan et al. 2006; Younger et al. 2010). 리뷰 논문으로는 Eisenberger 2012; Eisenberger and Cole

2012 참조. 오르기도 더 쉽다: Schnall et al. 2008. 상당히 줄어든다: John-Henderson, Stellar, et al. 2015. 추가 논의는 10장과 heam.info/children-2 참조. 주요한 원인이다: Sbarra and Hazan 2008; Hofer 1984, 2006.

35. 단순한 느낌의 토대이다: 이것은 흔히 '기분'이라고 불린다.

36. 훨씬 단순한 느낌이다: 인문학자들과 과학자들은 수세기 동안 정동과 감정을 혼동했다(heam.info/affect-1 참조). 감정의 과학에서 '정동'이라는 용어는 때때로 감정적인 모든 것을 의미하기도 한다. 이 책에서는 유인성과 흥분도의 느낌으로 경험되는 내부 환경 변화라는 더 구체적으로 의미로 제한해 이 용어를 사용했다. 정동의 이 현대적 개념은 빌헬름 분트가 발전시켰다(heam.info/wundt-1 참조). 유인성이라고 부른다: Barrett and Bliss-Moreau 2009a; Russell 2003. '유인성'이라는 단어는 과학에서 다른 의미도 지닌다(heam.info/valence-1 참조).

37. 기본 특징이라고 말한다: 동서양 철학에서 유인성과 흥분도는 인간의 기본적인 경험으로 기술된다(heam.info/affect-2 참조). 상관없이 그러하다: 유아가 감정을 경험한다는 일관된 증거는 없지만, 그래도 정동은 경험한다(Mesman et al. 2012). heam.info/affect-3 참조.

38. 당신과 함께 있다: Barrett and Bliss-Moreau 2009a; Quattrocki and Friston 2014. heam.info/affect-4 참조.

39. 수수께끼 중의 하나다: 피질의 구조는 정동의 수수께끼에 대한 단서를 제공한다(heam.info/cortex-2 참조). 조절하기 위해 진화했다: 사람들은 감정이 사람들에게 중요하므로 내수용이 감정을 '위해' 존재할 것이라고 믿는다. 그리고 과학자들은 일반인과 마찬가지로 자신에게 중요한 것을 설명하기 위해 인과 가설을 세운다. heam.info/teleology 참조. 긴박하게 그러한가: 불쾌한 정동은 신체 예산의 불균형을 알리는 뇌의 신호일 것이다(heam.info/budget-1 참조).

40. 설명을 찾도록 만든다: 예컨대 흥분도는 학습의(즉 예측 오류 처리의, Johansen and Fields 2004; Fields and Margolis 2015; McNally et al. 2011) 단서가 된다. 학습과 함께 예측과 범주화가 향상되며, 따라서 구체적인 행동 계획도 향상된다. 정동적 적소를 형성한다: 비슷한 개념으로 '생태적 적소ecological niche'가 있는데, 이것은 어느 생물의 생존에 중요한 물리적 환경의 모든 측면을 가리킨다.

41. 세기를 나타낸다: 원형 모형은 원의 기하학적 구조를 통해 관계를 표상한다(Barrett and Russell 1999). heam.info/circumplex 참조.

42. 옮겨갈 수 있다: 지난 30년 동안 수행된 수백 건의 연구를 통해 증명된 것처럼 느낌은 이 정동적 원형 모형 안의 점으로 표시할 수 있다(Russell and Barrett 1999; Barrett and Bliss-Moreau 2009a). 몇몇 사람들은 유인성과 흥분도의 변화를 함께 느끼는 반면에, 다른 사람들은 이 두 속성을 서로 무관한 것으로 느낀다(Kuppens

et al. 2013). 동양 문화권의 사람들도 마찬가지다: Tsai 2007; Zhang et al. 2013.

43. 증거처럼 느껴진다: 철학자들은 이것을 '세계에 초점을 맞춘' 정동이라고 부른다(heam.info/alfect-8 참조). 연구가 수행됐다: Danziger et al. 2011. 실험실 연구에서 피험자가 강력한 정동을 바탕으로 가혹한 재판 결정을 내릴 경우 내수용 신경망의 내장운동 부위에서 활동 증가가 관찰된다(Buckholtz et al. 2008).

44. 결정을 내리는지 연구했다: Huntsinger et al. 2014. 사람들은 정동을 자신의 주의 초점 안에 있는 것에 관한 정보로 사용한다(heam.info/realism-3 참조). 이런 편향이 사라진다: Schwarz and Clore 1983. 평가하는 경향이 있기 때문이다: 면접시험을 치르는 사람들은 비 오는 날에 더 낮은 점수를 받는다(Redelmeier and Baxter 2009; heam.info/realism-4 참조). 점심 시간이기 때문일 수도 있다: 이런 경험을 가리켜 '행그리hangry'(배고파 화난hungry and angry)라는 개념이 발명되기도 했다. 없을 확률이 높다: 한 잔 하기 같은 단순한 행동도 정동 실재론의 계기가 된다(Winkielman et al. 2005). heam.info/real ism-5 참조.

45. 다르게 지각했다: Anderson et al. 2012. 정동은 그 시점에 마음에 있는 것이면 무엇이든 대상으로 삼는다(heam.info/realism-1 참조).

46. '자초'했을 것이라고 말한다: 정동 실재론은 우리가 책임을 회피하게 만든다(heam.info/realism-2 참조).

47. 어려움을 느끼곤 한다: Shenhav et al. 2013; Inzlicht et al. 2015.

48. 카메라를 총으로 오판했다: 로이터 통신사 기자 나미르 누어-엘덴Namir Noor-Eldeen, 운전사 사에드 흐마Saeed Chmagh, 그밖에 여러 사람이 살해되었다(heam.info/gunner-1 참조).

49. 오인했다고 보고했다: Fachner et al. 2015, 27-30.

50. 확장될 것이라고 예측한다: 동맥에는 압수용기baroreceptor라는 특수 세포가 있다(heam.info/budget-2 참조). 감각도 미리 예측해야 한다: heam.info/interoception-8 참조.

51. 내수용 예측은 그렇지 않다: Barrett and Simmons 2015. 그대로 간직하고 있다: heam.info/cortex-1 참조.

52. 굼뜨게 예측을 수정한다: 때때로, 예컨대 당신의 목숨이 위태로울 때는 신체 예산 관리 부위가 신속히 반응해 예측을 바꿀 수도 있다. 당신이 고속도로를 주행 중인데 다른 운전자가 갑자기 끼어들면, 신체 예산 관리 부위는 당신이 경로를 바꾸도록 훨씬 빠르게 작동한다.

53. 시뮬레이션의 결과다: Barrett and Simmons 2015. 우리 연구실에서는 정동이 주로 예측이라는 증거를 발견했다(heam.info/affect-5 참조).

54. 억측이 아니다: 개인의 뇌를 들여다보면서 뇌 영상을 촬영하는 동안에 내수용 예측이 정동으로 정확히 어떻게 변환되는지를 관찰할 수 있을까? 내 생각엔 아직 불가능해 보인다. 그러나 우리 연구실에서 400건 이상의 뇌 영상 연구를 조사한 메타 분석 결과에 따르면 내수용 예측을 내놓는 내수용 신경망의 신체 예산 관리 부위는 사람들이 정동적 느낌의 강한 변화를 보고할 때 활동이 일관되게 증가한다(Lindquist et al. 2015). 자극 요법을 개발했다: Holtzheimer et al. 2012; Lujan et al. 2013. 전극을 내려 보낸다: 특히 내수용 신경망 안에서 신체 예산 관리 부위들을 연결하는 축색돌기 다발(heam.info/mayberg-1 참조). 등락을 거듭한다: Choi et al. 2015. 가능성을 제시한다: 그러나 메이버그가 자극한 뉴런은 정동에 전문화된 것이 아니다(heam.info/affect-6 참조).

55. 로저의 사례가 그랬다: Feinstein et al. 2010. heam.info/HSE 참조. 정신적 문제를 안고 있었다: 이 마지막 예는 놀라운 것이 아닌데, 왜냐하면 변연 조직이 이런 신체 기능을 조절하기 때문이다. 변성의 예가 될 것이다: 로저의 자율신경계, 내분비계, 면역체계는 정상이었고 그 밖에도 내수용에 관여하는 피질하 회로 조직의 많은 부분(뇌간과 시상하부hypothalamus 부위 등)이 정상이었기 때문에, 여전히 감각 입력이 신체에서 내수용 피질로 전달되었으며, 이것을 사용해 예측 오류를 계산할 수 있었다(heam.info/roger 참조). 경험할 가능성이 높다: 이런 환자는 여전히 내수용 지각을 경험한다(heam.info/PAF 참조).

56. 메커니즘에 속한다: van den Heuvel and Sporns 2011, 2013. 없도록 배선되어 있다: Chanes and Barrett 2016. 저명한 신경해부학자 헬렌 바르바스에 따르면 신체 예산 관리 부위('변연' 부위라고도 불린다)는 이 부위와 다른 피질 부위 사이의 연결 패턴을 토대로 뇌에서 가장 강력한 피드백 체계이다. '피드백'의 또 다른 이름은 '예측'이다. Barbas and Rempel-Clower 1997 및 heam.info/cortex-1 참조.

57. 과학자가 에 의해 좌우된다: Seo et al. 2010. 신경경제학은 뇌가 다양한 선택의 가치를 어떻게 평가해 의사 결정이 이루어지는지를 설명하고자 한다. 가치와 정동은 서로 관련된 개념이다. heam.info/neuroeconomics 참조.

58. 없다는 사실을 관찰한다: Damasio 1994. 돌이킬 수 없게 엮여 있다: 데이비드 흄 같은 다른 철학자들도 이런 견해를 가지고 있었음에 틀림없다(heam.info/affect-7 참조).

59. 영향력을 발휘하고 있다: 이 점에서 경제 위기, 규제 강화, 불평, 규제 완화, 또 다른 경제 위기 사이를 왔다 갔다 했던 지난 세기는 주목할 만하다(heam.info/econ-1도 참조).

60. 대규모 경기 침체로 이어졌다: Madrick 2014. 결정자라는 것이다: Krugman 2014. 또 다른 조건은 사람들이 필요한 가격 정보와 제품 정보를 모두 가지고 있다는 가정인데, 이것은 현실에서 거의 일어나지 않는 상황이다. 컬럼비아 대학 재무경제학과 교수 마셜 조넨샤인과 나눈 개인적인 대화, 2013년 5월 10일 - 7월 31일. 꿈틀거리고 있다: 인간 피질의 해부학적 구조가 다른 경제적 재난을 재촉했을지 모른다(heam.info/crises 참조).

61. 덧씌워 있다고 한다: '신피질'은 포유동물 뇌에 정말로 새로운 것이 아니다(heam.info/triune-1 참조). 오해 중 하나다: MacLean and Krai 1973. heam.info/triune-2 참조. 『감성지능』을 썼다: Goleman 2006. 그는 새로 발표한 책에서도 여전히 삼위일체 뇌의 변형에 의존한다. 다 아는 사실이다: 학술지 《뇌, 행동, 진화Brain, Behavior and Evolution》의 편집장이자 《뇌 진화의 원리Principles of Brain Evolution》(2005)의 저자인 진화생물학자 조지 스트릿터는 다음과 같이 썼다. "척추동물 뇌의 진화 과정에 관한 많은 '고전적' 견해들이(예컨대 조상의 '냄새 뇌'에 신피질이 추가되었다는 견해 등이) 여전히 많은 비전문가 사이에서 득세하고 있지만, 이것들은 오래 전에 반증되었다"(2006, 2). 척추동물에 존재한다: 핀레이에 대한 더 많은 인용은 heam.info/finlay-1 참조. 날렵함을 유지한다: Striedter 2006; Finlay and Uchiyama 2015. 뇌 진화에 관해 더 자세한 것은 heam.info/evolution-1 참조.

5장

1. 색깔 띠를 지각하게 된다: 이 과정은 '범주 지각categorical perception'이라고 불린다(heam.info/rainbow-1 참조).

2. 단어로 범주화하게 된다: 당신에게 낯선 언어를 들을 때는 단어의 경계조차 구별하기 어려울 것이다(heam.info/speech-1 참조).

3. 사람이더라도 맥락에 따라 다르다: 이 서술은 많은 부분 래리 바살루 덕분이다(Barsalou 1992, 9장). 이해가 불가능하다: Pollack and Pickett 1964. 소통할 수 있게 된다: Foulke and Sticht 1969; Liberman et al. 1967.

4. 규칙성을 지각하는 것이다: Grill-Spector and Weiner 2014.

5. 학습하지도 못할 것이다: 호르헤 루이스 보르헤스Jorge Luis Borges의 소설 『기념할 만한 재미Funes the Memorious』는 이런 상태를 극적으로 표현하고 있다(heam.info/funes 참조).

6. 경험하지 않는다: 윌리엄 제임스는 신생아가 지각하는 세계를 묘사하기 위해 "마구 피어나는 부산스러운 혼란"이라는 표현을 사용했다.

7. 기회를 제공하고자 한다: 수, 원인 같은 일부 개념이 생득적인지에 관해 의미 있는 논쟁이 활기차게 벌어지고 있다. 그러나 이 논쟁은 여기서 우리의 논의에 크게 중요하지 않은데, 왜냐하면 구성된 감정 이론이나 실험의 해석이 이에 따라 달라지지는 않기 때문이다. 그러나 관련이 있는 곳에서는 이 논쟁을 언급할 것이다.

8. 당신의 경험을 만들어낸다: 철학자 임마누엘 칸트는 우리가 개념의 관점에서 세계를 지각한다고 썼다(heam.info/kant-2 참조).

9. 저장되어 있다고 가정했다: Smith and Medin 1981; Murphy 2002.

10. 심리학을 지배했다: Murphy 2002. 아무도 없을 것이다: 철학자 루트비히 비트겐슈타인Ludwig Wittgenstein도 대다수 개념이 필요하고 충분한 특징들로 정의될 수 없다고 지적했으며, 그 대신에 '가족 유사성family resemblance'이라는 개념을 주로 사용했다(Wittgenstein 1953; Murphy 2002; Lakoff 1990도 참조). 마침내 붕괴했다: Murphy 2002.

11. 원형prototype으로서 표상된다: Rosch 1978; Mervis and Rosch 1981; Posner and Keele 1968. 대부분 가지고 있는 사례다: 가족 유사성이라고도 알려져 있다(heam.info/prototype-1 참조).

12. 느끼지 않는 듯하다: 예컨대 제임스 러셀은 감정 개념을 원형의 관점에서 이해한다(Russell 1991b). heam.info/russell-1 참조.

13. 좀처럼 발견되지 않는다: 내 연구에서는 이런 상황을 '감정 역설'(Barrett 2006b)이라고 불렀다(heam.info/paradox-1 참조).

14. 즉석에서 구성할 것이다: 뇌는 개념 조합을 수행하는데, 이에 대해서는 이 장 뒷부분과 heam.info/combination-1 참조. 사이에 구성할 것이다: 뇌는 패턴 분류 비슷한 것을 사용한다(heam.info/pattern-2 참조).

15. 패턴을 산출할 수 있다: Posner and Keele 1968. 구성될 수 있을 것이다: 그러나 몇몇 과학자는 여전히 각 감정 개념이 뇌에 고정되어 있는 원형이라고 믿는다(heam.info/prototype-2 참조).

16. 운송 수단인 셈이다: Barsalou 1985; Voorspoels et al. 2011. 그러나 Kim and Murphy 2011도 보라. 관련 논의는 Murphy 2002 참조.

17. 즉석에서 구성해낸다: 뇌는 과거 경험의 조각들을 조합해 현재 상황의 감각 단서에 가장 적합한 개념을 창조한다. 이 덕분에 당신은 이 상황에서 당신의 목표를 달성할 수 있다. Barsalou(1985)는 개념이 역동적이고 유연하게 구성된다는 것을 증명했다(heam.info/goals-1 참조).

18. 물리치고 살아 남는다: 이런 견해는 Edelman(1987)의 견해와 동일하지는 않지만 비슷한 면이 있다(heam.info/edelman-1 참조).

19. 학습 능력을 가지고 있다: Xu and Kushnir 2013; Tenenbaum et al. 2011. 통계적 학습에 대해 더 자세한 것은 heam.info/stats-1 참조.

20. 끼어들 생각은 없다: 이것은 생득설 대 경험론 논쟁이다(heam.info/concepts-1 참조).

21. 자연스러운 관심을 가지고 있는데: Vouloumanos and Waxman 2014. 일어났기 때문일 것이다: Moon et al. 2013. 몇 분 만에 학습하기도 한다: Maye et al. 2002, in Kuhl 2007 참조. 특정 소리 개념(음소)의 패턴이 경험을 바탕으로 학습되는가 아니면 경험에 의해 촉발되는가(즉 생득적인가) 하는 문제는 커다란 논쟁거리이다. 생득설에 대한 뛰어난 논의로는 Berent 2013 참조. 개념이 유사성을 바탕으로 어떻게 학습될 수 있는지에 대한 경험론적 견해를 논의한 것으로는 Goldstone 1994 참조. 또한 heam.info/concepts-5도 보라. 포함된 소리로 한정된다: 사용되지 않은 신경 연결은 제거될 확률이 높다. 세계의 언어 조율 작용에 대해 더 자세한 것은 Kuhl and Rivera-Gaxiola 2008 참조.

22. 일반화할 수 있다: Gweon et al. 2010.

23. 사탕 쪽으로 기어갔다: Denison and Xu 2010. 아기는 6개월만 되어도 개연성에 민감하며(Denison et al. 2013), 개연성을 사용해 예측과 결정을 산출할 수 있다(Denison and Xu 2014).

24. 아니라 그것을 예상한다: Freddolino and Tavazoie 2012. 잽싸게 학습한다: Keil and Newman 2010; Gelman 2009. 타인의 마음에 있는 정보는 타인의 개념 체계가 만들어 낸 유사성이다.

25. 마찬가지라고 믿는다: Repacholi and Gopnik 1997. 가득 담겨 있었다: Ma and Xu 2011.

26. 차이를 지적할 수 있다: 이 실험의 세부 사항은 heam.info/ball-1 참조. 일어날 일을 예측한다: Southgate and Csibra 2009; Vouloumanos et al. 2012. 생후 8개월 된 아기도 목표를 추론할 수 있다(Hamlin et al. 2009; Nielsen 2009; Brandone and Wellman 2009).

27. 민감하게 반응한다: Vouloumanos and Waxman 2014; Vouloumanos et al. 2012; Keil and Newman 2010; Lloyd-Fox et al. 2015; Golinkoff et al. 2015.

28. 개념 학습을 촉진한다: Sloutsky and Fisher 2012. 개념 형성을 유도하는데: Waxman and Gelman 2010; Waxman and Markow 1995.

29. 전혀 나타나지 않았다: 다른 소리들도 효과가 나타나지 않았다(heam.info/sounds-1 참조).

30. 정신적으로 마찬가지야: Waxman and Gelman 2010.

31. 무의미 이름을 부여했다: Xu et al. 2005. 형성을 촉진한다: heam.info/goals-2 참조. 개념을 더 잘 학습한다: Yin and Csibra 2015. 실험 결과는 heam.info/goals-3 참조.

32. 경험맹 상태에 있다: Turati 2004. heam.info/faces-1도 참조.

33. 단순히 가정했다: 예컨대 Denham 1998; Izard 1994; Leppanen and Nelson 2009.

34. 장애물을 극복하는 것이다: Clore and Ortony 2008; Ceulemans et al. 2012; Roseman 2011.

35. 저장하도록 인도했다: Schyns et al. 1998.

36. 분노에 대한 지각을 구성하게 된다: 이것은 감정이 행동을 야기한다는 것을 아동이 배우기 시작할 때일 수 있다(heam.info/knowledge-1 참조).

37. 등에도 구성될 수 있다: 분노와 관련된 목표에 대해 더 자세한 것은 heam.info/anger-1 참조.

38. 개념이 발달하지 않는다: 심리학자 제임스 러셀과 셰리 와이든은 아동의 감정 개념에 대한 연구를 오랫동안 수행했다. Widen(인쇄 중) 참조. heam.info/russell-2도 참조. 3~4개월경이면 나타난다: 유아의 정동 개념에 대해 더 자세한 것은 heam.info/infants-1 참조.

39. 얼굴 등이 포함되어 있었다: Parr et al. 2007. 획득했음을 보여준다: Fugate et al. 2010.

40. 나를 껴안을 것이다: Harris et al.(인쇄 중).

41. 영어에 추가하고 싶다: Panayiotou 2004.

42. 감정 단어들이 꽤 존재한다: Pavlenko 2014. 기존 개념들의 영향을 받을 것이다: Pavlenko 2009. heam.info/language-1도 참조. 구별할 줄 알아야 한다: 같은 곳, 6장.

43. 때문에 발생한 것이다: 내 남편과 함께 일했던 우크라이나 출신 컴퓨터 과학자 빅토르 다닐첸코가 내게 한 이야기에 따르면 러시아어가 모국어인데 미국에서 사는 사람들은 러시아어로 말하면서 영어 관용구를 사용하곤 한다. 대표적인 예는 "설탕

이 다 떨어지다to run out of sugar"인데, 이것을 러시아어로 문자 그대로 번역하면 "설탕 더미에서 달려가 발발하다"가 된다.

44. 특별한 능력이 있기 때문이다: Wu and Barsalou 2009. heam.info/combination-1도 참조.

45. 감정 개념들을 사용했기 때문이다: 이것은 구성된 감정 이론이 고전적 견해와 갈라지는 또 다른 지점이다. 고전적 견해에서는 완전히 새로운 감정 경험을 구성한다기보다 마치 이 감정이 객관적으로 구별 가능한 것처럼 개인이 "여러 감정을 동시에 느낀다"고 말할 것이다.

46. 뇌의 강력한 능력이다: heam.info/combination-1 참조.

47. 마음속에 품을 수 있다: Feigenson and Halberda 2008.

48. 약 10퍼센트에 달하는 것으로 추정된다: Salminen et al. 1999. '실감정증'이라는 단어는 어근 'a'(결핍), 'lexis'(단어), 'thymos'(기분)에서 유래했다. Lindquist and Barrett 2008의 리뷰 및 heam.info/alexithymia-1 참조. 감정으로 경험하지는 못한다: Lane et al. 1997; Lane and Garfield 2005. 어려움을 겪는다: Lane et al. 2000. heam.info/alexithymia-1 참조. 제한된 감정 어휘만을 구사하며: Lecours et al. 2009; Meganck et al. 2009. heam.info/alexithymia-1 참조. 기억하는 데도 어려움을 겪는다: Luminet et al. 2004.

49. 총체적인 패턴으로 파악한다: Frost et al. 2015.

50. 사례는 포함되지 않을 것이다: heam.info/shepard-1 참조.

51. 예측으로 활용할 수 있을 것이다: 확률의 베이스 규칙Bayesian rules을 사용하여(Perfors et al. 2011). heam.info/bayes-1도 참조.

52. 설계자라는 인상을 받기 어렵다: 그러나 사람들은 사태의 시간 순서를 능동적으로 구성한다(heam.info/causality-1 참조).

6장

1. 예측이 산출되었을 것이다: 서양 문화권에서 '분노'의 공통 목표는 위협 또는 상해로부터 자신을 방어하는 것이다(Clore and Ortony 2008; Ceulemans et al. 2012).

2. 목표를 추구할 수도 있다: heam.info/anger-1 참조.

3. 가지고 있다고 말한다: Gopnik 2009. heam.info/gopnik-1도 참조. 내장되어 있다:

Posner et al. 1980.

4. 예측을 할 수 있게 된다: 상이한 감각은 서로 '지원하는 역할'을 한다(heam.info/multi-2 참조).

5. 인식할 수 있게 된다: 많은 논문에서 얼굴을 개념 형성 설명을 위한 교과서 사례로 사용하는데, 왜냐하면 시각체계가 잘 연구되었고 그래서 다른 대다수 감각체계보다 더 잘 이해되었기 때문이며, 그리고 인간은 감각 입력에서 얼굴을 보는 데 전문가이기 때문이다. 잘 서술되고 이해하기 쉬운 얼굴 사용의 예로서 Hawkins and Blakeslee 2004 참조. heam.info/muller-1도 참조.

6. 방식으로 형성될 것이다: 뉴런의 이런 분산된 반응 패턴에 대해 더 자세한 것은 heam.info/concepts-2 참조.

7. 뉴런 패턴으로 표상된다: 이제 여러 번 살펴보았듯이 뉴런은 다목적으로 작동한다. 이것은 개념과 관련해서도 그렇다. 뉴런은 점화율을 변경해 다양한 연결에 참여하며, 그래서 단일 뉴런이 동일한 개념의 여러 사례와 여러 개념에 관여한다. 물론 다목적은 범용이 아니다. 동일한 개념의 여러 사례는 동일한 뉴런을 공유할 필요가 없으며, 상이한 개념의 사례들은 상이한 뉴런 집단에 위치할 필요가 없다. 상이한 사례는 분리 가능해야 하지만, 분리되어 있지는 않다. Grill- Spector and Weiner 2014 및 heam.info/multi-1 참조.

8. '함께 분류'되어 있지 않다: heam.info/multi-1 참조.

9. 말하는 것과 마찬가지다: 또한 뇌가 '어떤 개념의 사례를 학습'할 때, 이것은 뇌가 감각 입력을, 즉 예측 오류를 받아 처리하면서 이전 사례와 더 비슷하고 다른 사례와 덜 비슷한 새 사례를 만든다고 말하는 것과 마찬가지다.

10. 도착하기도 전에 이것을 예측한다: Chanes and Barrett 2016. 너무 빠르게 일이 '처리'되고 '예측'되면, 예측은 맥락에 맞게 조정된 것으로 보이지 않을 것이다. 이것은 정신병리학의 특징일 것이다.

11. 어떨지 상상해보라: Lin 2013.

12. 사실을 알고 있었다: 예상prospection이라고도 불린다(예컨대 Schaefer et al. 2012; Buckner 2012; Mesulam 2002). 초점을 맞추는 과학자들도 있다: Clark 2013; Friston 2010; Bar 2009; Bruner 1990; Barsalou 2009. 4장 그림 4-3 참조. 5장에서 설명한 것처럼 당신 삶의 매순간 처음부터 지각을 계산하고 행동을 계획하는 것은 물질대사의 측면에서 비효율적이다. 우리가 진화의 산물로서 가지고 있는 효율적인 신경계는 중복(물질대사의 측면에서 낭비인 것)을 최소화해 비용을 절약한다. 뇌는 감각과 사태의 특정 패턴이 일정한 규칙성을 가지고 재발한다는 사실을 이용한다. 뇌는 새롭고 신체 예산에 중요한 것만 학습한다(즉 뉴런 점화율을 변경하고

결국에는 새 뉴런 또는 연결이 자란다). 이 때문에 뇌는 규칙성을 거듭 탐지하기 위해 자원을 낭비하기보다 가능한 경우 이런 규칙성을 예측한다(즉 재구성, 추론 또는 추측한다). heam.info/present-1 참조. '기억된 현재'라고 불렀다: Edelman 1990.

13. 확률론적인 성격을 띤다: 수천 개의 예측이 개시되므로 많은 것이 동시에 활성화될 수 있을 것이다. 그러나 들어오는 입력에 가장 적합한 것이 당신의 경험이 될 것이며 당신의 행동을 확증 또는 수정할 것이다. 이것은 정확히 똑같은 상황에서 경험된 분노의 느낌도 다른 때와 약간 다르게 느껴지는 한 이유일 수 있다. 개체군 안의 다른 예측은 다를 것이다. 정확한 동일성은 뇌가 달성 가능한(잡음과 맥락 때문에) 것보다 더 높은 정밀도를(모든 개별 뉴런 수준에서) 요구할 것이다.

14. 통제 신경망control network이라고 불리는: 과학자들은 이 목적에 관여하는 3개의 중첩되는 내인성 신경망을 확인했다(예컨대 Power et al. 2011). heam.info/control-4 참조.

15. 숫자인가?") 관여한다: 뇌에는 다른 선택 메커니즘도 있다(heam.info/selection-1 참조).

16. 행동을 결정하게 된다: 에델만의 신경다윈주의 이론Theory of Neural Darwinism에 대한 나의 짧은 논의는 heam.info/edelman-1 참조.

17. 수행하는 데 기여한다: 심리학에는 이 '땜질'을 서술하는 많은 이름이 있다. 목표를 유념하기, 초점 주의, 주의 산만 제거, 최선의 행동을 선택하기 등등이 있다. 그리고 심리학에서는 이것들을 작업 기억, 선택적 주의 등등의 상이한 과정으로 언급한다. heam.info/control-5 참조.

18. 말 것인가?") 돕는다: heam.info/selection-1 참조.

19. 자제할 때가 그런 상황이다: Gross and Barrett 2011; Ochsner and Gross 2005. heam.info/regulation-1 참조.

20. 효율적으로 전달될 수 있다: 이 효율적인 구조는 많은 클럽 허브를 지닌 미시 세계의 구조물이다(heam.info/hubs-1 참조).

21. 전제 조건이 될 것이다: Chanes and Barrett 2016. heam.info/meg-1도 참조. 손상과 관련이 있다: 특히 전측 섬과 전측 대상 피질anterior cingulate cortex(Menon 2011; Crossley et al. 2014).

22. 정보 너머로 가는 것이다: 인지심리학자 제롬 브루너Jerome S. Bruner는 '의미의 행위'라고 표현했다(Bruner 1990). heam.info/bruner-1도 참조.

7장

1. 구성되는 경험이다: 몇몇 사람들은 이런 진동이 소리의 본질이라고 믿는데, 왜냐하면 소리는 이것 없이는 들을 수 없기 때문이다. 그러나 이 설명은 요점을 놓치고 있다. 진동은 소리 발생의 충분 조건이 아니다. 소리의 원인은 단순한 한 가지가 아니다(heam.info/sound-1 참조).

2. 변환해 뇌에 전달한다: 세 종류의 원추체가 모두 함께 작동해야만 빨강 같은 색 범주를 지각할 수 있다(heam.info/cones-1 참조).

3. 통해 '빨강' 개념을 획득한다: Shepard and Cooper 1992. heam.info/shepard-1 참조. 다르게 나뉘기 때문이다: Roberson et al. 2005. heam.info/color-1 참조.

4. 존재와 무관한 범주로 간주된다: 철학자들은 이런 것을 가리켜 '존재론적으로 객관적'이라고 부른다(heam.info/perceiver-1 참조).

5. 꽃으로 탈바꿈한다: 꽃과 잡초에 대한 생물학자들의 기준도 주관적이다(heam.info/flower-1 참조). 유일무이하게 결정되지 않는다: Einstein et al. 1938, 33. 그리고 막스 플랑크는 『현대 물리학에 비추어 본 우주The Universe in the Light of Modern Physics』(1931, 58-59)에서 더욱 냉소적으로 다음과 같이 말했다. "우리에게는 물리학 법칙이 존재한다고 가정할 권리가 없다. 또는 설령 그것이 현재까지 존재했더라도, 미래에도 계속 비슷하게 존재할 것이라고 가정할 권리가 없다."

6. 수집하는 데 도움을 준다: Susskind et al. 2008.

7. 될 수 없다고 반박한다: 예컨대 16세기 철학자 프랜시스 베이컨Francis Bacon은 일상 언어를 과학에서 사용해 단어의 지시물을 근거 없이 실체화하는 것을 경고했다. 그리고 윌리엄 제임스도 마찬가지였다. 그 후 많은 과학자와 철학자는 '통속심리학folk psychology'의 해악을 경고했다. 상식적인 개념 또는 단어는 근저에 놓인 메커니즘을 찾기 위해 비출 최선의 전등이 아닐 것이다. 두 번째 견해를 지지했다: Barrett 2006a.

8. 실재의 고전적 예다: Searle 1995. 에른스트 카시러Ernst Cassirer도 사회적 실재라는 관념을 이미 언급했다(heam.info/reality-3 참조).

9. 실재의 핵심이다: 개념이란 물리적으로 다를 수 있지만 특정 목적을 위해 비슷하게 취급되는 사례들의 개체군이다. 사회적 실재에서 이 목적은 사람들이 부과한 일련의 기능으로서 사례 자체의 물리적 성질을 초월한다(다시 말해 사람들은 사례들의 물리적 차이에도 불구하고 이것들을 정신적으로 유사하게 취급한다).

10. 집단지향성collective intentionality이라고 불린다: 집단지향성에 대해 더 자세한 것은 heam.info/collective-1 참조.

11. 이루어지는 범주화다: 나는 협동적 범주화를 통해 우리 연구실을 창조했다. 나는 함께 일할 사람들을 모았고, 우리에게 이름을 붙였으며(그래서 우리는 우리 자신을 공통 목표를 가진 집단으로 간주한다), 그렇게 휙 생겨났다. 연구실 티셔츠와 연구실 로고가 들어간 마우스패드도 이 점에서 나쁘지 않았다.

12. 협동적인 범주화가 가능하다: Tomasello 2014.

13. 명명하는지와 상관없다: 단어 없이 개념 학습이 어떻게 이루어질 수 있는지에 대해 더 자세한 것은 heam.info/concepts-3 참조.

14. 한에서 감정인 것이다: 언어학자 조지 레이코프George Lakoff는 감정이 본질적으로 논란 거리가 되는 개념이라고 말하는데, 왜냐하면 미국 문화에서 사람들은 감정이 존재한다는 데는 의견이 일치하지만, 감정의 정의에 대해 항상 의견이 일치하는 것은 아니며, 과학자들이 이것을 해결할 수도 없기 때문이다. 내가 보기에 논란 거리가 되는 개념들은 사회적 실재를 둘러싼 싸움에서("누구의 개념이 승리하여 실재를 정의하게 될 것인가?") 발생하는 사상자와도 같다.

15. 설명하는 데 기여한다: Tomasello 2014.

16. 비교해 볼 수 있을 뿐이다: 감정을 드러내는 사람과 지각하는 사람은 동일한 심리적 순간을 범주화하고 있지 않다(heam.info/concepts-4 참조).

17. 물음 자체가 잘못된 것이다: 이것은 '범주 오류'의 예다. 철학자 길버트 라일Gilbert Ryle에 따르면 범주 오류는 한 범주에 속한 것을 다른 범주에 속한 것으로 오인하는 존재론적 오류다. 이 경우에는 사회적 실재가 물리적 실재로 오인된다.

18. 종종 묘사되곤 한다: Bourke 2000; Jamison 2005; Lawrence (1922) 2015. 함양할 수 있을 것이다: 심리학자 마야 타미르는 이것을 도구적 감정 조절의 예로 언급할 것이다. 사람들이 불쾌한 감정을 구성하는 까닭은 그것이 특정 맥락에서 유용하기 때문이다(Tamir 2009).

19. 문명을 창조할 수 있었다: Boyd et al. 2011.

20. 단정할 수는 없다: 보편적이라고 해서 반드시 타고나는 것도 아니다. 코카 콜라를 생각해 보라. 것인지가 관건일 것이다: 예컨대 탄자니아의 하드자족은 홍적세 이후 최소 15만 년을 아프리카 사바나 지역에서 계속 살았는데, 그들은 우리 연구실에서 2016년에 방문했을 때 공포를 연출한 안면 배치를 인식하지 못했다. 문화와 진화의 관계에 대한 뛰어난 논의로는 Laland and Brown 2011; Richerson and Boyd 2008; Jablonka et al. 2014 참조. heam.info/culture-1도 참조.

21. 쿵족Kung은 예외다: 쿵족!Kung에 대해 그리고 '공포'를 가리키는 별개 단어가 없는 듯한 언어에 대해 더 자세한 것은 heam.info/kung-1 참조.

22. 떠받치는 추진력이다: 사회적 실재는 문화의 정의 안에 파묻혀 있다. 동물학자 케빈 랄랜드Kevin N. Laland와 질리언 브라운Gillian R. Brown은 문화를 가리켜 "응집력 있는 정신적 표상들의 집합, 사람들 사이에 전파되고 사회적 학습을 통해 획득된 관념, 신념, 가치 등의 집합"(Laland and Brown 2011, 9)이라고 부른다. 유전학자 에바 잽론카Eva Jablonka의 정의에서는 행동과 생산물이 추가된다(Jablonka et al. 2014). 이점을 누릴 수도 있다: Boyd et al. 2011. 이 논문에서는 생물학과 문화가 인간 행동의 통제를 두고 싸우는 것이 아니라고 주장한다(인지와 감정이 전투를 벌이는 것이 아닌 것처럼). 이런 싸움은 모두 우리의 마음속에 있다. 즉 이것은 유전자의 영향만큼이나 문화의 영향도 받은 마음들이 창조한 사회적 실재다. 로버트 보이드Robert Boyd 등은 다음과 같이 말한다. "문화는 우리의 특정 골반만큼이나 인간이 지닌 생물학적 특성의 일부다"(2011, 10924). 감정 개념을 창조하고 다른 사람과 공유하며 이것을 사용해 사회적 실재를 구성하는 능력은 우리의 생물학적 성질과 긴밀히 결부되어 있다.

23. 무지개의 러시아 단어(라두가р а д у г а)를 검색하면: 러시아어 자판이 아닌 경우 'р а д у г а '라는 단어를 입력하려면 translate.google.com을 방문해 '무지개'라는 단어를 러시아어로 번역한 뒤 복사해 갖다 붙이면 된다.

24. 하늘색)가 상이한 범주다: 다른 문화의 예로서 힘바족은 서양인의 '녹색'과 '파란색'의 일부 색조를 단일 색채로 범주화하며, 파푸아뉴기니의 베린모족은 5개 색채 범주만을 가지고 있다.

25. 수많은 감정 개념을 기록했다: 훌륭한 요약을 보려면 Russell 1991a; Mesquita and Frijda 1992; Pavlenko 2014 참조. '포렐시에Forelsket'라고 부른다: So Bad So Good 2012. '휘게Hygge'라는 개념을 사용한다: Verosupertramp85 2012. '토치카Tocka'는 영적 비통이고: 같은 곳. '사우다드Saudade'는 강력한 영적 갈망이다: Wikipedia, 표제어 'Saudade'(최근 변경일: 2016년 4월 1일), http://en.wikipedia.org/wiki/Saudade. '페나 헤나Pena Ajena'라는 것이었다: So Bad So Good 2012.

26. 껴안고 싶은 충동: Garber 2013; So Bad So Good 2012.

27. 전에 느끼는 쾌감: 'Better Than English' 2016.

28. 못나 보이는 느낌: Pimsleur 2014.

29. 등을 의미할 수 있다: Lutz 1980; Russell 1991b. 느끼는 고통'쯤 된다: Kundera 1994. 할 때 느끼는 감정이다: So Bad So Good 2012.

30. '분노'라는 개념이 없다: Briggs 1970. '슬픔'이라는 개념이 없다: Levy 1975; Levy 2014.

31. 경험이라고 생각한다: Nummenmaa et al. 2014. 다양한 시대의 다양한 인문학자

들도 감정이 몸 안에 있다고 생각했다(heam.info/body-3 참조). 사태라고 본다: Pavlenko 2014. 문화도 있다는 점이다: 같은 곳.

32. 가정해서는 안 된다: Wierzbicka 1986, 584. 17세기의 발명품이다: Danziger 1997.

33. 다르게 기술된다: 단어와 개념적 표상을 대응시키기는 간단치도 않고 보편적이지도 않다(heam.info/concepts-13 참조). 차이는 놀라울 정도다: Malt and Wolff 2010, 7.

34. 없었기 때문이다: 내 남편의 동료인 빅토르 다닐첸코의 이야기에 따르면 우크라이나인에게 상습적인 미소는 표준이 아니며, '미국식 미소'라는 용어는 위조와 진실하지 않은 미소를 의미한다. 유쾌한 상태를 선호한다: Tsai 2007.

35. 느낌도 받곤 한다: De Leersnyder et al. 2011.

36. 보고하는 경향이 있다: Consedine et al. 2014.

8장

1. 확률이 높을 것이다: 인간의 뇌는 사춘기 말기까지 발달하지만, 가장 민감한 시기는 생후 첫 3개월에 시작되어 생후 첫 5~6년 동안 지속되며, 특히 신체 예산 관리, 통제, 학습에 중요한 뇌 부위가 그렇다(Hill et al. 2010). 이런 뇌 부위는 가난하게 자란 유아와 어린 아이의 경우 상대적으로 얇다(뉴런 사이 연결이 적거나 심지어 뉴런이 적다). 중요한 것은 이들의 뇌가 더 작아지기 시작하는 것은 아니지만 생후 첫 3년에 걸쳐 더 천천히 자란다는 점이다(Hanson et al. 2013). 뇌의 성장은 특히 뉴런 간 연결에서 일어나며(Kostovic and Judas 2015), 따라서 연결 감소는 지능 지수와 연관이 깊은 개념 발달과 처리 속도를 제한할 것이다. 그러므로 사회적 실재는 물리적 실재가 된다(heam.info/children-1 참조).

2. 선택되는 데 관여한다: 통제하고 있다는 경험은 종종 정동 및 신념과 밀접한 관련이 있으며 당신이 발휘하는 통제의 실제 크기와는 대체로 무관하다(Job et al. 2013; Inzlicht et al. 2015; Job et al. 2015; Barrett et al. 2004). heam.info/control-7 참조.

3. 5개월 동안 지속되었다: Halperin et al. 2013. 이들 연구에서 재범주화 방법은 '재평가'라고 불렸으며, 이것은 상황의 의미를 변화시키기로 정의되었다.

4. 모형을 만들어낸다: Sporns 2011.

5. 전수되었다고 주장했다: Darwin (1872) 2005.

6. 모두 언급할 것이다: 철학자들은 본질의 정의에 관해 논쟁을 벌이고 있다(heam.info/essences-1 참조).

7. 회로가 감정의 실체라고 주장한다: Panksepp 1998; Pinker 2002, 220; Tracy and Randles 2011도 참조. 유전자가 감정의 실체라고 주장한다: Pinker 1997. 주장에 따르면 각 감정은 아프리카 사바나 지역에서 살았던 사람족 조상의 특정 문제를 해결하기 위해 설계된 전용 '계산 기관'에서 나오며, 그래서 당신의 유전자가 다음 세대로 복제될 확률이 높아진다. 정신적 기관과 진화에 관해서는 많은 글이 있다(heam.info/organs-1 참조). 비슷하다고 말한다: Cosmides and Tooby 2000; Ekman and Cordaro 2011. 핑커는 감정 프로그램이 본질이라고 주장하지 않으며 좀 더 미묘한 접근을 취한다. 『마음은 어떻게 작동하는가How the Mind Works』에서 그는 다음과 같이 말한다. "감정에 관한 문제는 감정이 우리의 동물적인 과거의 길 들지 않은 힘 또는 유물이라는 데 있지 않다. 문제는 감정이 행복, 지혜, 도덕적 가치 등을 증진하기 위해서가 아니라 감정을 만들어 낸 유전자의 복제물을 전파하기 위해 설계되었다는 점이다"(1997, 370). 그러므로 설령 우리가 석기 시대 뇌에 의해 창조된 석기 시대 마음을 가지고 돌아다닌다 해도, 감정이 "뇌에 아주 깊숙이 각인되어 유기체가 먼 조상과 똑같이 느낄 수밖에 없는"(371) 것은 아니다. 자동적으로 촉발된다: 어떤 감정이 기본 감정인지는 과학자들 사이에서 논란 거리다(heam.info/basic-1 참조). 촉발될지가 결정된다: 예컨대 Frijda 1988; Roseman 1991.

8. 기폭제가 되었다: Darwin (1859) 2003. 해방시킨 점이었다: Mayr 1982, 87. heam.info/darwin-2도 참조.

9. 속성(본질)이 있다고 믿었다: 이런 유형들은 그것이 맨눈에 보이는 모습대로 엄격하게 순서가 정해졌고 목록화되었는데, 이런 것을 유형학이라고 부른다(heam.info/typology 참조). 흐르는 황금색인가: American Kennel Club 2016.

10. '적자생존'이다: 이 용어는 인문학자 허버트 스펜서Herbert Spencer가 다윈의 『종의 기원』을 읽은 후 1864년에 만들었다. 다른 개체들의 집단이었다: 종은 목표에 기초한 개념이며, 이때 목표는 성공적인 번식이다. 다른 속성이나 메커니즘을 이 개념의 토대로 삼을 수도 있다(Mayr 2007, 10장 참조). 종 개념을 사용해 개체들을 동일한 번식 공동체에 속하는 것으로 분류하면 이 개체들이 하나의 개념 범주가 된다. 다윈 진화론의 핵심이다: 《종의 기원》에는 실제로 다섯 가지 개념적 혁신이 담겨 있다(heam.info/origin-1 참조).

11. 충격적인 일이다: 다윈이 보인 위선적인 태도의 이유는 무엇이었을까? heam.info/darwin-3 참조.

12. 사랑 등을 표현한다: Darwin (1872) 2005, 188. 곱슬곱슬해질 수도 있다고 주장했다: 이것은 대표성 오류의 대표적 예다(heam.info/frizzy 참조).

13. 똑같은 두려움이 아니다: James 1894, 206.

14. 다마지오를 들 수 있다: Damasio 1994. 작은 조각과도 같다: Damasio and Carvalho 2013. 다마지오는 그의 베스트셀러 3권에서 신체 표지 가설을 더욱 발전시켰다. heam.info/damasio-1도 참조. 변환될 때 발생한다: Damasio and Carvalho 2013.

15. 불가능하다는 문제를 안고 있다: 과학에서 희망은 위험할 수 있다(heam.info/essentialism-1 참조).

16. 심리적 기원일 것이다: 5장에서 언급했던 발달심리학자 페이 쉬는 단어가 '본질의 플레이스홀더essence placeholder'라고 말한다(Xu 2002). 생각하는 경향이 있다: James (1890) 2007, 195. 믿음을 갖기 쉽다: 철학자들은 실체가 있는 범주를 가리켜 '자연종natural kind'이라고 부른다. 이런 범주는 자연에 확실한 경계를 가지고 있다. 예컨대 감정 범주가 자연종이라고 가정하면, 감정의 지문은 모든 사례를 기술하기에 필요하고 충분한 특징들의 집합이 될 것이다. 이것은 감정이라는 종류를 상사 관계analogy에 따라 정의한다. 반면에 감정의 근저에 놓인 원인은 감정 범주를 상동 관계homology에 따라 정의한다(Barrett 2006a).

17. 들어오게 할 것이라고 예상한다: Gopnik and Sobel 2000. 매우 효율적인 방식이다: 생애 초기에 유아는 많은 개념을 가지고 있으며 따라서 귀납 추론을 한다. 예컨대 Bergelson and Swingley 2012; Parise and Csibra 2012.

18. 요약본으로 압축된다: 더 자세한 것은 heam.info/finlay-2 참조.

19. 도장이 찍혀 있다: Darwin (1871) 2004, 689. 정점에 서 있다: 아리스토텔레스, 다윈 등등이 그런 견해를 밝혔다(heam.info/beast-1 참조).

20. 당신 밖에 있는 셈이다: 고전적 견해의 다른 이론에서는 이 경계를 다르게 이해한다(heam.info/boundary-1 참조).

21. 더 잘 이해할 수 있다: Darwin (1872) 2005, 11.

22. 십여 차례 등장한다: 같은 곳, 19(2회), 25, 27(2회), 30(2회), 32, 39, 44(3회), 46, 187(2회). 강력한 예였다: 이 주장은 당시 많은 사람을 격분케 했다(heam.info/darwin-4 참조).

23. 그 답을 찾을 수 있다: 플로이드 올포트는 현대 심리학에서 자주 논의되지 않지만, 그의 동생 고든 올포트Gordon Allport는 사회심리학의 거두로서 성격과 편견에 관해 중요한 책을 썼으며 20세기에 가장 영향력 있는 몇몇 심리학자의 지도교수였다. 작용한다고 생각한다: Allport 1924, 215.

24. 텔레비전을…: Gardner 1975.

25. 많은 증거를 가지고 있었다: Finger 2001. 있다는 점을 지적했다: 이것은 당시의 다른 증거와 일치한다(heam.info/broca-1 참조). 보호를 받고 있었기 때문에: Lorch 2008. heam.info/broca-2도 참조. 강화로 이어졌다: 브로카 영역에 대한 자세한 이야기는 heam.info/broca-3 참조.

26. 생각에 심취했다: 《인간의 유래와 성선택》에 대해 더 자세한 것은 heam.info/darwin-5 참조. 있다고 결론지었다: Darwin (1871) 2004, 89, 689.

27. 위치한다고 여겨졌다: '변연'이라는 용어는 17세기 해부학의 매우 깜깜했던 시대에 생겨났다(heam.info/limbic-1 참조). 견해가 반영되어 있었다: 다윈의 여러 관념은 플라톤과 아리스토텔레스에서 유래했다(heam.info/darwin-6 참조).

28. 점에도 동의하지 않는다: 변연계 개념에 대한 비판은 heam.info/limbic-2 참조.

29. 전사에 비유했다: 플라톤은 이 모형을 '삼분된 영혼tripartite soul'이라고 불렀다(heam.info/plato-1 참조). 주장이 제기되기도 했다: 이 두 견해 모두 오늘날까지 이어진다(Dreyfus and Thompson 2007).

30. 구성주의적 견해를 가지고 있었다: Sabra 1989(Hohwy 2013, 5에서 인용됨). 결부시킨 본질주의자였다: 이들 기독교 신학자에 대해 더 자세한 것은 heam.info/medieval-1 참조. 대응하는지를 보여야 한다: James (1890) 2007, 28. 선언했기 때문이다: heam.info/war-1 참조.

31. 실체화하는 듯하다: "나는 정신적 삶을 빠른 사고와 느린 사고를 각각 산출하는 시스템 1과 시스템 2라는 두 행위 주체의 은유로 기술한다. 나는 직관적 사고와 의도된 사고의 특징이 마치 당신의 마음속에 있는 두 인물의 속성과 기질인 것처럼 이야기한다. 최근 연구를 바탕으로 떠오르는 그림 속에서 직관적인 시스템 1은 당신의 경험이 알려 주는 것보다 더 영향력이 있으며 당신이 행하는 많은 선택과 판단의 은밀한 저자이다"(Kahneman 2011, 13). 심리학의 대다수 관념과 마찬가지로 시스템 1과 시스템 2는 are metaphors or concepts of that people use, 사람들이 동의 아래 현상을 언급하기 위해(과정이나 뇌 체계를 언급하기 위해서가 아니라) 사용하는 은유 또는 개념이다. 시스템 1은 예측이 예측 오류에 의해 덜 수정되는 때를 가리키고, 시스템 2는 예측이 예측 오류에 의해 더 수정되는 때를 가리킨다.

32. 기억의 구성 이론을 발전시켰다: Schacter 1996.

33. 찰흙 장난감도 아니다: Pinker 2002. 민감성을 조절한다: 예컨대 Charney 2012. heam.info/genes-1 참조.

34. 부적절한 질문일 뿐이다: Pinker 2002,40-41. 관건은 세부 사항에 있다: heam.info/evolution-3 참조.

35. 교미mating(fucking)가 바로 그것이었다: 이 행동들을 묶어서 언급한 사람은 1958년에 심리학자 칼 프리브램Karl H. Pribram이었는데, 다만 그는 네 번째 'F'를 '섹스sex'라고 불렀다(Pribram 1958).

36. 모듈 또는 기관으로 비유되었다: Neisser 2014; Fodor 1983; Chomsky 1980; Pinker 1997.

37. 우연히 보게 되면서부터다: Duffy 1934, 1941. 들어 보지도 못했던 것이다: 이 논문들의 간단한 목록은 heam.info/chorus-1 참조. 추측을 전개하고 있었다: Gendron and Barrett 2009.

38. 자체를 거부하는 것이다: Kuhn 1966, 79. 뒷전으로 밀려나고 있다: 마이크로소프트, 애플 등등의 안면 인식 노력에 대해 더 자세한 것은 heam.info/faces-3 참조.

39. 이데올로기를 따르고 있는 것이다: Fewontin 1991.

40. 결코 과장이 아니다: 우리가 여기서 이야기하는 것은 급진적 탈바꿈이 아니라 작고 점진적인 변화다.

9장

1. 조절할 수 있다고 말한다: 자기계발서에서 사용되는 감정 조절의 한 인기 있는 이론은 심리학자 제임스 그로스James J. Gross의 것이다. 최근 예로서 Gross 2015 참조. heam.info/gross-1도 참조.

2. 불량 식품이다: Kiecolt-Glaser 2010. 수면 부족 상태이며: National Sleep Foundation 2011. 정신질환으로 이어질 수 있다: Cassolf et al. 2012; Banks and Dinges 2007; ffarveyet al. 2011; Goldstein and Walker 2014. 매우 해로운 것이라는 광고를 내보낸다: 사람들이 비현실적 목표를 가지고 있다는 몇몇 증거는 Rottenberg 2014에서 찾을 수 있다. 즉 2006년에 고등학생의 25% 이상은 많은 돈을 버는 것이 자신에게 아주 중요하다고 말했는데, 이것은 1976년의 16%보다 꽤 증가한 수치다(Bachman et al. 2006). 그리고 31%는 언젠가 유명해지겠다는 목표를 가지고 있다고 말했다(Halpern 2008). 그리고 성형 시술을 받은 사람의 숫자는 2015년에만 20% 증가했으며 1997년과 2007년 사이에 500% 증가했다(American Society for Aesthetic Plastic Surgery 2016). 수면 패턴은 망가진다: Chang, Aeschbach, et al. 2015. heam.info/sleep-1 참조.

3. 처치하기 위한 것이다: TedMed 2015. 메이요 의료원Mayo Clinic의 최근 연구도 이렇게 높은 수치를 보이는데, 이에 따르면 미국인의 26%는 오피오이드 또는 항우울제 처방을 받고 있다(Nauert 2013). 그리고 응답자의 80~90%는 사람들이 스트

레스 경감을 위해 마약을 복용한다고 믿는다(American Psychological Association 2012). 모르핀morphine보다 강력한 오피오이드의 사용은 10년 동안(2002년부터 2012년까지) 200% 증가했으며, 오피오이드 처방을 받은 사람의 대다수는(80%) 모르핀과 비슷하거나 모르핀보다 강력한 약을 복용한다. 이것은 2012년 미국 인구의 거의 7%에 달하는 수치다(Center for Disease Control and Prevention 2015).

4. 규칙적으로 운동하고: 많은 연구에 따르면 운동은 건강에 매우 다양한 방식으로 이로우며(Gleeson et al. 2011; Denham et al. 2016; Erickson et al. 2011), 특히 조깅은 적어도 당신이 쥐라면 매우 이롭다(Nokia et al. 2016). 잠을 충분히 자라: Goldstein and Walker 2014.

5. 신체 예산의 향상에 기여한다: Olausson et al. 2010; McGlone et al. 2014. 원천이 될 것이다: 예컨대 Tejero-Fernandez et al. 2015.

6. 생기는 효과일 것이다: 깊고 느린 호흡은 부교감신경계를 더 활기차게 만들고, 이것은 다시 진정 효과를 낳는다. 이것은 신체 예산 관리 부위의 활동을 의도적으로 통제할 수 있는 손쉬운 방법이다. 반면에 빠르고 짧은 호흡은 반대 효과를 낳는다. 단백질의 수준을 감소시킨다: Kiecolt-Glaser et al. 2014; Kiecolt- Glaseret al. 2010. 낮추는 작용을 한다: Pinto et al. 2012; Ford 2002; Josefsson et al. 2014.

7. 효과도 있는 듯하다: Park and Mattson 2009; Beukeboom et al. 2012. 그밖에 통제할 수 없는 소음, 녹색 공간 결여, 불안정한 체온, 밀집, 신선한 야채 결핍 등의 해로운 효과와 기타 빈곤이 초래하는 질병은 잘 알려져 있다(10장 참조).

8. 예산에 유익할 것이다: 울음 때문에 호흡이 느려질 경우 부교감신경계에 영향을 미쳐 마음이 가라앉는 데 도움이 된다(heam.info/crying-1 참조).

9. 모두 누리게 될 것이다: Dunn et al. 2011. Dunn and Norton 2013도 참조.

10. 효과가 있을 것이다: Clave-Brule et al. 2009.

11. 중요하다"라고 그는 말한다: Coleman 1998, 34. 높일 수 있다는 식이다: 예컨대 Bourassa-Perron 2011.

12. 다양하게 분포한다: 관련 연구들을 검토한 것으로 Barrett and Bliss-Moreau 2009a 참조.

13. 기간도 더 짧다: Quoidbach et al. 2014, 만 명의 피험자를 대상으로 한 연구 2.

14. 또 다른 계기가 될 것이다: heam.info/emotions-1 참조.

15. 효과가 있는 것으로 증명되었다: Kircanski et al. 2012. '감정 명명' 또는 '정동 명명'이라고 불린 이 방법은 내수용 신경망에 있는 신체 예산 관리 부위의 활동 감소

및 통제 신경망 부위의 활동 증가와 관련이 있다(Lieberman et al. 2007; Lieberman et al. 2005).

16. 30퍼센트나 더 발휘했고: Barrett et al. 2001. 이 논문은 강렬한 부정적 정동이 감정 경험으로 범주화된 경우 감정 조절 향상과 관련이 있다는 것을 처음으로 증명했다. 리뷰 연구로서 Kashdan et al. 2015 참조. heam.info/negative-1도 참조. 과음을 덜 했으며: 그들은 입자도가 낮은 사람들에 비해 알코올을 약 40% 덜 소비했다(Kashdan et al. 2010). 보복을 덜 했다: 20~50% 덜 했다(Pond et al. 2012). 선택하는 데도 더 낫다: Kimhy et al. 2014.

17. 주요 우울 장애: Demiralp et al. 2012. 사회 불안 장애: Kashdan and Farmer 2014. 섭식 장애: Selby et al. 2013. 자폐 범주성 장애: Erbas et al. 2013. 경계 인격 장애: Suvak et al. 2011; Dixon-Gordon et al. 2014. 좀 더 불안하고 우울한 느낌: Mennin et al. 2005, 연구 1; Erbas et al. 2014, 연구 2와 3. 구별할 때 낮은 입자도를 보인다: Kimhy et al. 2014.

18. 예측할 수 있기 때문이다: 예컨대 Emmons and McCullough 2003; Froh et al. 2008.

19. 미식축구 선수들을 생각해보라: Ford and Tamir 2012.

20. 여행 가이드라고 생각하라: Gottman et al. 1996; Katz et al. 2012. 훌륭하게 발달할 것이다: 예컨대 Taumoepeau and Ruffman 2006,2008. 리뷰 연구로는 Harris et al.(인쇄 중) 참조.

21. 형성에 중요한 역할을 한다: Ensor and Hughes 2008.

22. 준비를 갖춘 셈이다: 리뷰 연구로는 Merz et al. 2015 참조. 성적이 모두 향상되었다: Brackett et al. 2012. heam.info/yale-1도 참조. 것으로 평가되었다: Hagelskamp et al. 2013.

23. 독해력에서도 더 나은 능력을 보였다: Hart and Risley 1995. 이들 연구에 대해 더 자세한 것은 heam.info/words-1 참조. 뒤처지게 되었다: Fernald et al. 2013. 개선시킬 수 있다: Merzet al. 2015; Weisleder and Fernald 2013; Leffel and Suskind 2013; Rowe and Goldin-Meadow 2009; Hirsh-Pasek et al. 2015.

24. 더 부족함을 의미한다: Hart and Risley 2003.

25. 영향을 미칠 수 있기 때문이다: 또한 유아는 얼굴보다 목소리에서 정동 지각을 더 일찍 학습한다(heam.info/affect-10 참조).

26. 공원을 산책하라: Reynolds 2015; Bratman et al. 2015.

27. 이것은 놀라운 수치다: Spiegel 2012. Wood and Runger 2016도 참조.

28. 달래기 위해서 먹는다: Mysels and Sullivan 2010.

29. 실질적인 혜택을 가져다줄 수 있다: 이 주제는 스트레스 재평가(Jamieson, Mendes, et al. 2013)라고 불린다. 학생들보다 높은 점수를 얻었다: Jamieson et al. 2010; Jamieson et al. 2012; Jamieson, Nock, et al. 2013. 시토킨의 수준이 내려가기 때문에: Crum et al. 2013. 더 나은 능력을 발휘하게 된다: John-Henderson, Rheinschmidt, et al. 2015. 올릴 수 있다는 사실이 증명되었다: Jamieson et al. 2016. 행로가 바뀔 수도 있다: 수학 보충수업을 들은 학생의 27%만이 학사 학위를 땄다(더 자세한 것은 heam.info/math-1 참조).

30. 미만에서 운동하게 된다: Cabanac and Leblanc 1983; Ekkekakis et al. 2013; Williams et al. 2012. 해병대 예를 제공한 아이언 클레크너에게도 감사한다.

31. 파멸적인 사고를 한다: Sullivan et al. 2005. 갈망도 줄어들 것이다: Garland et al. 2014. 이것은 중요한 결과다: Chen 2014.

32. 존재한다는 가정이다: 자기에 대한 서양 심리학의 입장에 대해 더 자세한 것은 heam.info/self-1 참조.

33. 불쾌한 정동과 같다: 불교에서는 자기를 강화하는 소유, 칭찬 등등을 '마음의 독'이라고 부른다. 이런 것은 번뇌를 야기할 뿐만 아니라(예컨대 사기꾼 같은 마음) 당신의 가치를 무시하거나 당신의 허구적 자기를 폭로할지 모를 모든 것을 해치려는 충동을 야기한다. 허구적 자기의 예로는 heam.info/self-2 참조. 번뇌이기 때문이다: 사람들이 늘 똑같다는 허구를 버리는 것도 좋은 생각이다(heam.info/self-3 참조).

34. 사람에 의존하기 때문이다: 그렇다고 해서 당신의 '자기'가 다른 사람들이 당신을 어떻게 보는가 또는 취급하는가의 단순한 반영이라는 뜻은 아니다. 이것은 철학자 조지 허버트 미드George Herbert Mead와 사회학자 쿨리C. H. Cooley가 주장한 상징적 상호작용론이다. 그러나 당신이 누군지를 아무도 모르는 새로운 맥락에서(예컨대 비행기를 타고 여행할 때) 당신이 다른 사람과 매우 다르게 행동하거나 느낀다고 생각한 적이 있는가? 자기가 될 수 없다: 이것은 사회심리학자 헤이즐 마쿠스Hazel Markus가 애용하는 문구다. 쉽게 이해할 수 있다: 배구공 이름이 '윌슨'이 된 까닭은 그 공이 윌슨 스포츠 용품 회사에서 만들었기 때문이다.

35. 평범하고 일상적인 개념이다: 자기는 개념이지만, 사회심리학자들이 의미하는 방식으로는 아니다(heam.info/self-4 참조).

36. 다수의 자기를 가지고 있다고 말한다: 심리학자 헤이즐 마쿠스의 선구적인 연구 이래로 그렇다(heam.info/markus-1 참조). 것으로 간주할 수 있다: '당신의 자기'에 해당하는 여러 사례의 개체군이 한 단어에 의해, 어쩌면 당신의 이름에 의해 하나로

뭉친다는 것이 가능할까? heam.info/self-5 참조.

37. 신체에 관련되어 있다: Lebrecht et al. 2012. 심리적 기초가 된다: 다른 과학자와 철학자도 비슷한 직관을 표현한 바 있다(Damasio 1999; Craig 2015).

38. 자기감도 결국 사라진다: Prebble et al. 2012.

39. 불필요하게 될 것이다: 자기 해체는 마음의 독을 제거해 경험의 참된 본성을, 즉 전통 불교의 논장論藏에서 말하는 '다르마'를 드러내는 것이다.

40. 버리는 데 도움이 될 것이다: 버림받아서 심장이 찢어지는 느낌은 약간 까다롭다. 왜냐하면 누구와 애착 관계를 맺는 것은 두 사람이 서로의 신체 예산을 공동 조절함을 의미하고, 따라서 분리와 상실에는 이것을 상쇄하기 위해 신체 예산을 재조정하는 일이 뒤따르기 때문이다.

41. 더 강한 것을 확인할 수 있다: Tang et al. 2015; Creswell et al.(인쇄 중). 세 유형의 명상에 뇌가 미치는 영향을 요약한 것으로 heam.info/meditation-1 참조. 진행되지 않았기 때문이다: 몰입 명상은 자기 해체에 도움이 되며, 마음 챙김 명상은 확실치 않다(heam.info/meditation-2 참조).

42. 키우고 경험하는 것이다: Keltner and Haidt 2003. 무신론자의 경외감은 신자의 신앙과 비슷하다(Caldwell-Harris et al. 2011).

43. 전혀 시끄럽지 않게 느껴졌다: 수컷 귀뚜라미만 노래를 부르며, 이 노래는 목적에 따라 다양하지만, 대부분은 암컷을 끌기 위해 노래를 부른다. 그러므로 조금만 추론을 하면 이 소리를 자연의 황홀한 연가로 들을 수 있을 것이다.

44. 증명된 것이 없다: Stellar et al. 2015.

45. 빠져 있을 뿐이다: Rimmele et al. 2011.

46. 범주화할 때 일어난다: Gendron and Barrett(인쇄 중); Stolk et al. 2016.

47. 때문이 아닐까 싶다: 이를 뒷받침하는 간접 증거는 Giuliano et al. 2015 참조. 동기화하는 법을 배웠다: 일부 과학자는 이런 현상을 정동 동기화 또는 정동 전염이라고 부른다.

48. 개미, 바퀴벌레도 그렇다: Broly and Deneubourg 2015.

49. 되어야 할 책임이 있다: Zaki et al. 2008.

10장

1. 오직 25-40퍼센트이다: Cohen and Williamson 1991.

2. 곧잘 감기에 걸린다: Cohen et al. 2003.

3. 염증이 확 일어난다: Yeager et al. 2011. 염증에 대해 더 자세한 것은 heam.info/inflammation-1 참조.

4. 앓다고 느끼게 된다: 연구실에서 피험자에게 전염증성 시토킨의 일시 증가를 야기하는 장티푸스 백신을 주사하자, 내수용 신경망의 활동 증가가 관찰되었으며, 피곤하고 매우 불쾌하다는 보고도 이루어졌다(Eisenberger et al. 2010; Harrison, Brydon, Walker, Gray, Steptoe, and Critchley 2009; Harrison, Brydon, Walker, Gray, Steptoe, Dolan, et al. 2009). 만들어내기 때문이다: Mathis and Shoelson 2011. 더 자주 걸릴지도 모른다: Yang et al. 2016; Cohen et al. 1997; Holt- Lunstad et al. 2010.

5. 발견하고는 깜짝 놀랐다: 전염증성 시토킨은 혈류와 뇌 사이의 장벽을 건너간다(Dantzer et al. 2000; Wilson et al. 2002; Miller et al. 2013). 가지고 있다는 것도 안다: Louveau et al. 2015. 뇌 구조 변화를 야기한다: Soskin et al. 2012; Ganzel et al. 2010; McEwen and Gianaros 2011; McEwen et al. 2015. heam.info/inflammation-2 참조. 기억력을 떨어뜨릴 수 있고: Karlsson et al. 2010. 결과를 떨어뜨릴 수도 있다: 이것은 악순환이다. 즉 아동기 역경 및 빈곤과 종종 연관되는 더 낮은 지능 지수는 중년에 더 높은 수준의 염증을 예측한다(Calvin et al. 2011). Metti et al. 2015도 참조.

6. 코티솔과 시토킨을 내뿜는다: 시토킨과 코티솔 수준의 관계에 대해 더 자세한 것은 heam.info/cortisol-2 참조. 간주하기 시작한다: Dantzer et al. 2014; Miller et al. 2013. 이런 상황은 실제로 당신을 내수용과 통각 입력에 민감하게 만든다(Walker et al. 2014).

7. 정말로 곤경에 처한다: Dowlati et al. 2010; Slavich and Cole 2013; Slavich and Irwin 2014; Seruga et al. 2008.

8. 촉진제 같은 작용을 한다: Irwin and Cole 2011; Slavich and Cole 2013. 스트레스, 유전자, 시토킨에 대해 더 자세한 것은 heam.info/cytokines-1 참조. heam.info/glial-1도 참조. 죽음이 더 빨리 닥치는 것이다: 베타 교감신경계 활동의 스트레스 관련 증가는 전염증성 유전자 발현을 촉진하고 항바이러스 면역 유전자가 세포 복제로서 발현되는 것을 억제한다(Irwin and Cole 2011). 이 전사轉寫 효과는 가슴 조직, 림프절, 뇌에서 관찰되었다(Williams et al. 2009; Sloan et al. 2007; Drnevich et al. 2012). 이런 방식으로 급성 생리적 상태가 며칠, 몇 주, 몇 달, 심지어 몇 년 동안 세포 구조에 영향을 미칠 수 있으며(Slavich and Cole 2013), 이를 통해 암 취약성

이 증가한다. 또한 스트레스 관련 교감신경계 활동은 종양 세포의 미시 환경에 직접 영향을 미쳐, 암세포 전이를 촉진하고 종양 세포의 잠재력을 강화하며 치사율을 높인다(Antoni et al. 2006; Cole andSood 2012).

9. 지문이 있다고 믿었다: Zachar and Kendler 2007; Zachar 2014.

10. 허브 손상과 관련이 있다: Menon 2011; Crossley et al. 2014; Goodkind et al. 2015.

11. 스트레스는 몹시 해롭다: 아동기 역경과 성인의 조기 치사율에 관한 논의는 Danese and McEwen 2012 참조. 외로움 관련 사망에 대해서는 Perissinotto et al. 2012 참조. 빈곤과 뇌 발달의 관계에 대해서는 Hanson et al. 2013 참조. 아동기 빈곤과 성인 요절의 관계(가족력, 인종, 흡연, 기타 위험 요인과 무관하게)에 대해서는 Hertzman and Boyce 2010 참조. Adler et al. 1994도 참조.

12. 미치는지 묻는 경향이 있다: 흔치 않은 반대 예로서 Lazarus 1998 참조.

13. 갉아먹고 위축시킨다: Ganzel et al. 2010; McEwen and Gianaros 2011; McEwen et al. 2015.

14. 조절하는 능력을 감소시킨다: 예컨대 Danese and McEwen 2012; Sheridan and McLaughlin 2014; Schilling et al. 2008; Ansell et al. 2012; Hart and Rubia 2012; Teicher and Samson 2016; Felitti et al. 1998. 아동기 역경이 뇌 배선에 미치는 영향에 대해 더 자세한 것은 heam.info/adversity-1 참조. 향하는 궤도에 올려놓는다: Miller and Chen 2010. 신경망 발달에 있어서: Teicher et al. 2002; Teicher et al. 2003; Teicher et al. 2006; Teicher and Samson 2016. 당하는 것도 마찬가지다: Teicher et al. 2002; Teicher et al. 2003; Teicher et al. 2006. 잘 걸린다: Copeland et al. 2014. 높이는 수많은 방식 중 하나다: Repetti et al. 2002. 스트레스의 악영향에 대해 더 자세한 것은 heam.info/stress-3 참조.

15. 전립선암으로부터 회복되는 중에: Hoyt et al. 2013. 또는 스트레스가 많은 사태 후에: Master et al. 2009. 남성들에게서 발견되었다: Hoyt et al. 2013. 받는 일이 더 적다: Stanton et al. 2000; Stanton et al. 2002. 모른다는 것을 의미한다: 이름 붙이기는 부정적 이미지에 대한 교감신경계의 반응성을 최대 일주일 동안 감소시켰다(Tabibnia et al. 2008).

16. 일어나는 경험이기도 하다: International Association for the Study of Pain 2012. 국제고통연구학회에서는 오늘날 고통을 감정 경험으로 정의하면서 다음과 같이 말한다. "고통은 언제나 주관적이다. 각 개인은 생애 초기에 부상에 관련된 경험을 통해 이 단어의 용법을 배운다." 이것을 번역하자면, 고통은 저마다 다른 지각들의 개체군이며 이런 지각을 구성하기 위해 필요한 개념은 생애 초기에 학습된다. 이렇게 보면 구성된 감정 이론과 비슷해 보이지 않는가?

17. 이것을 의미 있게 만든다: 통각 예측 오류를 처리하는 신체 예산 관리 부위의 예로서 Roy et al. 2014 참조.

18. 이것들의 활동을 변화시킨다: 예컨대 Wiech et al. 2010. 리뷰 연구로 Tracey 2010; Wager and Atlas 2015 참조. 완화하는 것이다: Bilchel et al. 2014; Tracey 2010; Wager and Atlas 2015. 아편 제제를 포함한다: 오피오이드는 이 플라시보 효과에 관여하는 유일한 신경전달물질이 아니다. 콜레키스토키닌cholecystokinin도 관여하는데, 이것은 마리화나처럼 뇌의 내인성 카나비노이드cannabinoid 수용체에 작용한다. 콜레키스토키닌은 통각을 증가시키는 반면, 오피오이드는 통각을 감소시킨다(Wager and Atlas 2015). 별칭을 가지고 있다: Benedetti et al. 2006; Benedetti 2014; Tracey 2010; Wager and Atlas 2015. heam.info/opioids-1도 참조. 많은 사람은 도파민이 긍정성과 보상에 연관된 신경화학물질이라고 믿는다. 이에 대해 더 자세한 것은 heam.info/dopamine-1 참조.

19. 신경망과 관련이 있다: 이 동일한 신경망이 고통 경험을 구성하는 동안 통각 입력의 의미 구성에 어떻게 관여하는지를 보여주는 또 다른 예로 Woo et al. 2015 참조. 고통 구성과 감정 구성의 유사성에 대해 더 자세한 것은 heam.info/pain-1 참조. 형태일 가능성도 있다: 저명한 신경해부학자 버드 크레익은 특히 이 회로 조직에 관해 많은 것을 알고 있으며, 통각이 내수용의 한 형태라고 주장한다(Craig 2015). heam.info/craig-1 참조.

20. 느낀다고 보고할 것이다: 예컨대 Wiech and Tracey 2009; Roy et al. 2009; Bushnell et al. 2013; Ellingsen et al. 2013. 내놓기 때문에 일어난다: 이 회로 일부의 부분적 개관으로 Wager and Atlas 2015 참조. 줄일 수도 있다: 통각 경로에 대해 더 자세한 것은 heam.info/pain-2 참조. 복통이 일어날 수도 있다: 예컨대 Traub et al. 2014.

21. 편두통, 만성 요통이다: 만성 통증은 신경성, 염증성, 또는 특발성idiopathic일 수 있다(heam.info/pain-3 참조). 고통 비용으로 치른다: American Academy of Pain Medicine 2012. 정도로 치료가 어렵다: Apkarian et al. 2013의 추정에 따르면 5천만 미국인이 고통 때문에 일부 또는 완전히 불구 상태이다. 의료 수수께끼의 하나이다: 이 수수께끼의 일부는 고통 완화를 위해 복용한 오피오이드 약제가 실제로는 급성 통증을 만성 통증으로 변환시키는 데 기여한다는 점이다. 오피오이드에 따른 통각 과민증을 포괄적으로 검토한 연구로 Fee et al. 2011 참조. heam.info/opioids-2도 참조.

22. 뇌 질병으로 간주한다: Borsook 2012; Scholz and Woolf 2007; Tsuda et al. 2013. 국제고통연구학회에서는 만성 통증을(즉 그들이 '신경성 통증'이라고 부르는 것을) "체감각체계의 손상 또는 질병으로 야기된 고통"으로 정의한다(IASP 2012). 또한 비정상 예측은 '질병'으로 간주된다.

23. 여전히 느낄 수 있다: van der Faan et al. 2011. 환각지 증후군에 대해 더 자세한 것은 heam.info/phantom-1 참조.

24. 겪을 가능성이 더 크다: Beggs et al. 2012. 받을 가능성이 더 크다: Hermann et al. 2006; Walker et al. 2009. 보통 마취를 안 했다: Wikipedia, 표제어 'Pain in Babies'(최근 변경일: 2016년 2월 23일), http://en.wikipedia.org/wiki/Pain_in_babies. 예측과 관련이 있는 것 같다: National Institute of Neurological Disorders and Stroke 2013; Maihofner et al. 2005; Birklein 2005.

25. 그 결과는 다를 것이다: 1장에서 우리는 다양한 감정 범주의 사례를 진단하기 위해(예컨대 분노 사례를 공포 사례와 구별하기 위해) 패턴 분류법을 사용하는 것에 관해 논의했다. 이때 분류자는 해당 감정의 뇌 상태가 아니다. 감정 사례를 성공적으로 진단하는 패턴은 추상적인 통계적 표상인데, 이것은 어떤 범주 사례에도 존재할 필요가 없다. 감정과 고통의 경우에도 마찬가지다. 내 동료 토어 웨이저는 통각 고통과 감정을 성공적으로 구별하는 패턴 분류자를 발표했으며(Wager et al. 2013; Chang, Gianaros, et al. 2015), 우리는 함께 분노, 슬픔, 공포, 혐오, 행복에 대한 패턴 분류자를 발표했다(Wager et al. 2015). 이들 분류자는 고통과 감정의 신경적 본질이 아니라 각 범주의 매우 다양한 사례들을 통계적으로 요약한 것이다. 그 결과도 역시 다를 것이다: Wilson- Mendenhallet al. 2011.

26. 매우 그럴 듯하다: heam.info/pain-8 참조. 오용일 가능성이 있다: heam.info/pain-5 참조. 비극적인 사례인 것 같다: 만성 통증은 인간 본성에 대한 고전적 견해를 정면에서 반박한다(heam.info/pain-6 참조).

27. 회상하기도 했다: Styron 2010.

28. 마음의 질병으로 여긴다: 어떤 질병이 '신경 질환' 또는 '정신 질환'인지를 비교하기 위해 Neuroskeptic(2011)에서는 1990년부터 2011년까지 신경학 잡지 또는 미국정신의학저널에 발표된 학술논문 수를 주제별로 계산했다. heam.info/neurology-1도 참조. 우울증을 촉발할지 모른다: 특정 유전자는 당신을 환경에 어느 정도 민감하도록 만든다(Ellis and Boyce 2008). 많은 정보를 얻을 수 있는 독서로 Akil 2015 참조. heam.info/depression-1도 참조.

29. 효과가 있는 것도 아니다: Olfson and Marcus 2009; Kirsch 2010. heam.info/depression-5 도 참조. 평생 반복된다: Curry et al. 2011. 야기할 것으로 추정한다: Mathers et al. 2008.

30. 요인으로 이루어진 것이 아니다: 왜냐하면 대다수 인간 현상과 특성은 변성 유전자 조합에 의해 야기되기 때문이다. 이것은 매우 가변적이어서 상세한 유전적 설명(서로 영향을 주고받는 유전자와 메커니즘까지 포함한)이 거의 불가능하며, 이런 현상이나 특성이 높은 유전도를 보일 때도 마찬가지다. 이것은 해당 특성에서 관찰된 차

이의 많은 부분이 유전적 가변성 때문임을 의미한다(Turkheimer et al. 2014).

31. 정보를 바탕으로 예측을 수정한다: 근육에는 에너지 센서가 있어서, 예컨대 에너지 사용에 관한 피드백을 뇌로 전송한다(Craig 2015). 우울 증상을 경험한다: Barrett and Simmons 2015. 관련 질병에 노출시킨다: 물질대사는 면역체계를 어느 정도 통제한다. 지방 세포는 전염증성 시토킨을 방출하며(Mathis and Shoelson 2011), 이것은 비만이 만성 염증을 악화함을 의미한다. 예컨대 Spyridaki et al. 2014 참조.

32. 당신을 망쳐 놓는다: Kaiser et al. 2015. 우울증에 시달리는 사람들의 뇌를 살펴보면 이 가설과 일치하는 활동 및 연결 변화를 볼 수 있다(heam.info/depression-2 참조).

33. 간주할 때만 이해할 수 있다: 우울증의 경우 조절 장애는 흔한 현상이다(heam.info/depression-3 참조). 간직하고 있을 수도 있다: Ganzel et al. 2010; Dannlowski et al. 2012. 일단 글루코코티코이드glucocorticoid 유전자가 어린 연령 때(쥐의 경우) 과발현되면, 뇌 경로가 확립되어 설령 유전자가 성인기에 꺼지더라도 기분 장애와 기타 불안정성에 대해 평생 취약해진다(Wei et al. 2012). 유해한 과거 경험은 또한 아동기의 염증 지연으로 이어져 나중에 우울증이나 다른 질병의 발병 위험률을 높인다(Khandaker et al. 2014). 만들었을 수도 있다: 때때로 '신경증neuroticism' 또는 '정동 반응성affective reactivity'이라고도 불린다. heam.info/depression-1도 참조. 위험에 노출되기 쉽다: 난소 호르몬인 프로게스테론progesterone의 수준이 높은 경우 위험이 가장 높다. 이것은 기분 장애에 시달리는 여성의 비율이 남성 비율보다 훨씬 높은 이유를 설명하는 데 도움이 될 것이다(Lokuge et al. 2011; Soni et al. 2013). 예컨대 Bryant et al. 2011 및 heam.info/women-1도 참조.

34. 연결도 복구된다: 즉 협하subgenual 전측 대상 피질의 활동이 감소하고, 이것과 내수용 신경망 나머지 사이의 연결이(예: 예측 오류 신호를 보내는 시상 연결) 증가한다(Riva-Posse et al. 2014; Seminowicz et al. 2004; Mayberg 2009; Goldapple et al. 2004; Nobler et al. 2001). 메타 분석 리뷰 연구로 Fu et al. 2013 참조. 사람들이 있다는 것이다: McGrath et al. 2014.

35. 불안에도 결정적 역할을 한다: 불안 경험 동안 내수용 신경망과 통제 신경망의 연결에 대해서는 McMenamin et al. 2014 참조. 불안과 만성 통증 사이의 유사성에 대해서는 Zhuo 2016, 및 Hunter and McEwen 2013 참조. 불안이 예측을 통해 통증을 증가시킨다는 견해와 일치하는 증거에 대해서는 Ploghaus et al. 2001 참조. 장애가 불안이라는 것이다: Paulus and Stein 2010. 담당하는 신경 경로와 똑같다: 예컨대 Menon 2011; Crossley et al. 2014. 심지어 공포와 불안도 한때는 별개 회로에 의해 야기된다고 생각되었다(Tovote et al. 2015). heam.info/anxiety-1도 참조.

36. 통제하지 못한다고 말한다: Suvak and Barrett 2011, 및 Etkin and Wager 2007을

비교하라. heam.info/anxiety-2도 참조.

37. 고전적 불안이다: 불안에 우울이 이어지는 것은 우울에 불안이 이어지는 것보다 더 나쁠 수 있는데, 왜냐하면 후자의 경우 예측 오류를 다시 처리하기 시작할 수 있기 때문이다.

38. 신경망에 자리잡고 있다: van den Heuvel and Sporns 2013. 효과적으로 학습하지 못한다: Browning et al. 2015. 만들어낼 수도 있다: 예측 오류로 가득한 뇌가 항상 불안한 것은 아니다. 유아의 주의 손전등(6장) 또는 참신한 것과 불확실성이 쾌감이 될 때(예컨대 새 애인을 만날 때)를 생각해보라(예컨대 Wilson et al. 2013 참조). heam.info/anxiety-3도 참조. 무시하게 된다: Damasio and Carvalho 2013; Paulus and Stein 2010. 무방비 상태가 된다: 특히 예측 오류를 '가르치는 신호'로 사용할 경우(McNally et al. 2011; Fields and Margolis 2015). 만족을 덜 느낀다: 심각한 수술(인공항문형성술)을 받고 6개월 후에 인공항문형성술을 되돌릴 기회가 있었던 환자들은 영구 불구 상태의 환자들보다 자신의 삶에 덜 만족했다(Smith et al. 2009). 이처럼 희망은 끔찍한 스트레스가 될 수 있다.

39. 증후군과도 중첩될 수 있다: 분명히 말하지만 나는 우울과 만성 통증이 같은 현상이라고 주장하는 것이 아니다. 나는 이것들에 공통된 원인들이 있다고 말하는 것이다. 특정 만성 통증 증후군이 우울과 무관한지 아니면 우울의 표현인지를 둘러싸고 오랜 논쟁이 벌어지고 있다. 과거에 이 논쟁은 '모든 것이 당신 머리속에 있다'는 식의 틀 안에서 전개되었는데, 이 경우 조직 손상 없이 스스로 경험된 통증은 정신병의 신호로 간주되었다. 이런 주장의 가정에 따르면 우울은 그저 정신병일 뿐이다. 그러나 이런 역사적 구별은 현대 신경과학에 비추어 볼 때 무의미하다. 우울과 만성 통증은 모두 물질대사와 염증에 뿌리를 둔 신경변성 뇌 질환으로 간주될 수 있다. 일부 처방약이 우울의 일부 사례를 감소시키는 데는 효과가 있지만 만성 통증에는 그렇지 않다는 사실은(또는 그 정반대의 사실은) 이 두 가지가 별개의 생물학적 범주임을 의미하는 것이 아닌데, 왜냐하면 우울은 변성 원인을 가지고 있기 때문이다. 우울에 시달리는 모든 사람이(즉 이 범주의 가변적 성원들 모두가) 동일한 약으로 성공적으로 치료되는 것이 아니다(즉 다양성이 표준이다). 그리고 동일한 논리가 만성 통증의 모든 범주에 적용될 것이다.

40. 매우 다양하고 가변적이다: Barrett 2013.

41. 다름 아닌 자폐증 같다: 자폐증의 진단 증상은 나의 서술과 일치한다(heam.info/autism-1 참조).

42. 적용되는 용어이다: Jeste and Geschwind 2014. heam.info/autism-2도 참조.

43. 한다"라고 말한다: Grandin 1991. 했던 기억이 난다: Grandin 2009. 모든 것이 해결된다: Higashida 2013.

44. 예측 실패라고 생각한다: Van de Cruys et al. 2014; Quattrocki and Friston 2014; Sinha et al. 2014. 궤도를 변화시킬 것이다: 관련 논의로 heam.info/autism-3 참조.

45. 소리가 뒤를 잇는다: 오늘날 아동과 청소년이 대중매체에서 신체 공격과 대인 관계의 공격성 모두를 학습한다는 것을 보여주는 증거는 널려 있다(Anderson et al. 2003). 아동용이든 일반 시청자용이든 시트콤의 경우 표본 조사한 프로그램의 90% 이상에서 공격성이 발견되었고, 리얼리티 프로그램의 경우 71%에서 공격성이 발견되었다(Martins and Wilson 2011). 2~11세 아동에게 가장 인기 있는 50개 텔레비전 프로그램에는 대인 관계 공격성 사례가 시간당 평균 14개 또는 4~5분당 1개씩 포함되어 있었다(Martins and Wilson 2012a). 어린 십대는 십대(십대 초반 아동용) 시트콤에서 호감이 가는 배역이 행한 대인 관계 공격 또는 신체 공격을 (불편한 것이 아니라) 재미있다고 말했다. 게다가 십대는 스스로 이런 공격을 모방할 가능성이 높다고 보고했다(Martins et al.(인쇄 중)). 더 어린 학령 아동(K-5)의 소녀들은 텔레비전에서 대인 관계 공격을 시청한 후에 학교에서 이것을 모방할 가능성이 높아졌다(Martins and Wilson 2012b). 가장 우려되는 것은 이런 프로그램에서, 특히 리얼리티 쇼에서 피해자가 고통을 경험하지 않는 것처럼 묘사된다는 점이다(Martins and Wilson 2011). 텔레비전 쇼는 아동과 청소년의 행동뿐만 아니라 타인에 대한 그들의 기대에도 영향을 미친다. 예컨대 한 사람이 다른 사람을 신체적으로 또는 대인 관계에서 공격적으로 상해를 가하는 장면을 텔레비전에서 시청한 후에 아동들은 다른 사람이 적대적인 의도를 가지고 있다고 더 빈번하게 예측했다(Martins 2013).

46. 재앙 때문일까?: Kolodny et al. 2015.

47. 먹거리를 탐하게 만든다: Mena et al. 2013. 진통제 작용을 할지 모른다: Mysels and Sullivan 2010. 놀라지 않을 것이다: Avena et al. 2008.

48. 기대를 걸기 시작한다: 이런 관찰을 바탕으로 미국 국립정신건강연구소에서는 구성된 감정 이론을 연상시키는 방식으로 과학적 접근을 완전히 개편하기에 이르렀다. 명명된 각 질병을 별개의 본질을 가진 것으로 취급하는 대신에 이제 과학자들은 각 질병을 다양성으로 가득 찬 범주로 취급하면서 그 바탕에 놓인 공통 원인을 찾고 있다(NIMH 2015).

11장

1. 낄낄거리는 것은 부적합하다: 그러나 사회심리학자이자 나의 좋은 친구인 댄 웨그너 Dan Wegner는 그렇지 않았다. 그는 루게릭 병을 앓다 2013년에 사망했는데, 댄의 추도식에서는 그의 요청에 따라 연사들이 가짜 코가 달린 플라스틱 그루초Groucho 안경을 낀 채 돌아다녔다.

2. 당신의 행동에 대해 책임이 있는가: 당신은 형사 소송에 대해 법적으로 책임이 있지

만, 민사 소송 또는 업무상 과실 같은 과실 행위에 대해서는 꼭 그렇지도 않다. 왜냐하면 후자의 경우 예컨대 타인에 대한 의무, 이 의무의 태만, 근인 또는 법적 원인, 보상 가능한 상해 등이 책임의 법적 요건이기 때문이다. 가진 개인이기 때문이다: '도발적인 언행'은 예외일 수 있는데, 이것은 다른 사람이 내뱉은 특정 단어가 매우 공격적이어서 당신이 그 사람에게 상해를 입히는 것이 정당화되는 경우다.

3. 당신은 처벌받아야 한다: 법에서는 행위, 의도, 동기를 구별한다(heam.info/harm-1 참조).

4. 비난받아야 한다고 주장했다: People v. Patterson, 39 N.Y.2d 288 (1976).

5. 파괴 자국을 남긴다: Kahan and Nussbaum 1996; Percy et al. 2010. 훌륭한 은유로 Lakoff 1990 참조. 책임이 일부 경감된다: 몇몇 법학자는 감정이 합리성의 이탈이라기보다 합리성의 한 형태일 수 있다는 점을 인정한다(heam.info/rational-1 참조).

6. 찾을 수 있다: Kreibig 2010; Siegel et al.(검토 중).

7. 다양한 행동을 목격한다: Kuppens et al. 2007.

8. 터뜨릴 수도 있다: Kim et al. 2015. 언제 화를 낼지를 아는 것은 감성지능의 한 핵심 측면이다(Ford and Tamir 2012). heam.info/anger-2도 참조. 작정한 것처럼 보였다: Zavadski 2015; Sanchez and Foster 2015.

9. 감정적인 것은 아니다: Barrett et al. 2004. heam.info/control-1도 참조.

10. 나온 것처럼 말이다: Cisek and Kalaska 2010.

11. 행동만 존재하기 때문이다: 실제로 마치 단일한 운동 행동이 있는 것처럼 보인다. 약간씩 다른 다수의 운동 행동은 동일한 행위를 수행하기 위해 용서될 수 있으며, 이렇게 볼 때 운동 행동은 변성의 성질을 지닌다. 유용한 개관으로 Anderson 2014, 에피소드 5 참조. Franklin and Wolpert 2011도 참조.

12. 만한 능력을 부여한다: Swanson 2012, 그리고 그 전에는 George Howard Parker(1919)와 신경과학자이자 노벨상 수상자인 Santiago Ramon y Cajal(1909-1911)이 그랬다. heam.info/association-1도 참조.

13. 그저 경험일 뿐이다: 통제 신경망은 당신이 자각하든 그렇지 않든 언제나 능동적으로 관여하고 있다(heam.info/control-2 참조).

14. 의지)을 정의한다: 통제감은 자각(당신의 통제 시도를 보고 또는 성찰할 수 있다), 행위 주체(당신이 통제하고 있다고, 행위 주체라고 경험한다), 노력(이 과정을 노력이 들어가는 것으로 경험한다), 통제(자동 과정이 일어나고 있는 것을 자각하며 이것에 반대로 작용하려는 동기를 가지고 있다)로 정의된다(heam.info/control-3 참조).

15. 여전히 노력하고 있다: 내가 보기엔 뇌가 다른 경험과 마찬가지로 통제의 경험을 창조하는 듯하다. 즉 당신은 '행위 주체Agency'라는 개념을 가지고 있으며, 이것을 다양한 감각에 예측으로 적용한다. 비슷한 견해로 Graziano 2013 참조.

16. 문화에 널리 퍼져 있다: 남성과 여성의 고정 관념에 대해 더 자세한 것은 heam.info/stereo-1 참조. 냉정하다는 것을 알았다: Albright 2003. heam.info/albright-1도 참조.

17. 성차가 없다: Barrett et al. 1998. 고정화되어 있지 않다: 신경과학적 증거에 따르면 '남성 뇌'와 '여성 뇌'는 신화다(heam.info/stereo-2 참조).

18. 경험한다고 보고하지 않는다: Kring and Gordon 1998; Dunsmore et al. 2009. 실제로 여성은 일반적으로 안면 근육을 더 움직일 뿐이며, 따라서 정말로 더 '표현적'인 것이 아니다(Kelly et al. 2006). 또한 안면 근전도를 측정한 연구 중에는 성차를 발견한 연구도 많고 발견하지 못한 연구도 똑같이 많다(Barrett and Bliss-Moreau 2009b).

19. 살인 사례를 살펴보자: Kahan and Nussbaum 1996.

20. 공격자로 여겨지기 때문에: Tiedens 2001. 두려워한다고 가정되기 때문에: 이런 신념은 모든 포유동물이 위협받을 때 공격한다는 사실과 배치된다(heam.info/attack-1 참조). 직장까지 잃는다: Brescoll and Uhlmann 2008; Tiedens 2001. 신호로 간주한다: 힐러리 클린턴Hillary Clinton은 또 다른 예다(heam.info/clinton-1 참조).

21. 가벼운 형을 받는다: Percy et al. 2010; Miller 2010.

22. 수동적이며 무기력하다고 인식된다: Morrison 2006; Moore 1994. 피해 여성을 "무기력하거나 수동적이거나 정신적 장애가 있는"(1592) 것으로 묘사하는 법정 의견을 인용한 "Developments in the Law" 1993도 참조.

23. 2급 살인죄 판결을 받았다: Moore 1994. 고의적인 살인죄 판결을 받았다: 아프리카계 미국 여성은 꽁꽁 묶인 상태다(heam.info/defense-1 참조).

24. 무거운 형을 내린다: Schuster and Propen 2010, in Bandes(출간 예정). 일수가 사나울 뿐이라고 인식한다: Barrett and Bliss-Moreau 2009b.

25. 언급되지 않기 때문이다: Abrams and Keren 2009. 하느냐의 문제다: Calhoun 1999.

26. 언급조차 하지 않았다: 예컨대 리처드 닉슨Richard Nixon이 선포한 '범죄와의 전쟁' 관련 법은 미국 내 특정 인종 집단에 대한 두려움의 문화를 창조했다(Simon

2007). 피해자가 될 것이다: Abrams and Keren 2009, 2032.

27. 있다는 결론을 증언했다: Feresin 2011.

28. 더욱 일반화되고 있다: 리뷰 연구로 Edersheim et al. 2012 참조.

29. 맡겨진 적은 없다: Graziano 2016.

30. 증가한다는 것을 보여준다: 거의 6천 개에 달하는 뇌 영상 실험에 대한 메타 분석이 보여주는 것처럼(heam.info/meta-1 참조). 역할을 할지도 모른다: 이것은 '역추론 문제'라고 불린다(heam.info/rev-1 참조).

31. 살인은 말할 것도 없다: 뇌 부위 크기와 자유 의지에 대해 더 자세한 것은 heam.info/size-1 참조. 간혹 있기는 하다: Burns and Swerdlow 2003; Mobbs et al. 2007.

32. 잘못 이용하는 방식이다: 똑같은 논거를 앨버타니를 가둬 두는 이유로 들 수 있을 것이다(heam.info/albertani-1 참조).

33. 않고 있다고 생각한다: McKelvey 2015. 없었다)"고 했다: Stevenson 2015.

34. 일어날 가능성이 있다: Haney 2005, 189-209; Lynch and Haney 2011. heam.info/empathy-1도 참조. 이상은 당신과 동등한 지위의 배심원에 의해 판결을 받는다는 사상에 대한 것이다(이것은 영국의 마그나 카르타Magna Carta와 미국 권리장전에 소중히 간직되어 있다).

35. '체첸의 늑대'라는 문화다: Wikipedia, 표제어 'Chechen Wolf'(최근 변경일: 2015년 3월 18일), http://en.wikipedia.org/wiki/Chechen_wolf.

36. 고통스러워한다: Nisbett and Cohen 1996.

37. 초래했을 수도 있다: 살인 사건의 피고가 심리 중 계속 미소를 짓는다고 상상해 보라(heam.info/trial-1 참조).

38. 증거로 채택되지 않았던 것이다: Keefe 2015. Gertner 2015도 참조.

39. 양심의 가책이다: 실제로 피고가 양심의 가책을 느끼는지에 대한 배심원의 지각에 따라 사형 권고 여부가 결정된다(Lynch and Haney 2011).

40. 사표를 수리했다: 몇몇 보도에 따르면 6명이 사임했다(heam.info/tsarnaev-1 참조).

41. 한다"고 말한 적이 있다: Riggins v. Nevada, 504 U.S. 127, 142 (1992) (Kennedy, J., 동의 의견). 아마도 피고는 배심원의 후회 지각과 관련된 것 때문에 공정한 재판을 박탈당할 것이다.

42. 부여하느냐는 것이다(6장): 이것은 서양 문화권에서 널리 존재하기 때문에 학자들은 계속 이것을 재발견하면서 '마음 지각', '개인 지각', '정신화' 등등의 다양한 이름을 붙이고 있다. 이 문제에 관해 재미있고 통찰력 있는 논의로 Wegner and Gray 2016 참조.

43. 추측임을 뒷받침한다: Gilbert 1998.

44. 의도가 있다고 추론했다: Kahan et al. 2012.

45. 벌을 권할 것이다: Nadler and Rose 2002; Salerno and Bottoms 2009, 둘 다 in Bandes, 출간 예정. Bandes and Blumenthal 2012도 참조. 걸작을 만들 수 있을 것이다: Kelly v. California, 555 US 1020 (2008).

46. 강제로 열려고 하고 있었다: Goodnough 2009.

47. 주된 계기가 되었다: Montgomery 2012.

48. 신경과학자가 아니었다: 미국 헌법 수정 제2조 전문은 heam.info/second 참조. 안전해질 것이라고 생각한다: Kohut 2015, in Blow 2015.

49. 많은 어려움을 겪었다: Loftus and Palmer 1974; Kassin et al. 2001.

50. 강간 이야기를 소개한다: Massachusetts General Hospital Center for Law, Brain, and Behavior 2013.

51. 근거로 기소되었다: Innocence Project 2015; Arkowitz and Lilienfeld 2010.

52. 자세히 교육받는다: New Jersey Courts 2012; State v. Lawson, 291 P.3d 673, 352 Or. 724 (2012); Commonwealth v. Gomes, 470 Mass. 352, 22 N.E.3d 897 (2015). 지침을 교육받는다: Schacter and Loftus 2013; Delfenbacher et al. 2004.

53. 가진다"라고 말했다: Scalia and Garner 2008.

54. 존재'라고 했다: United States v. Ballard, 322 U.S. 78, 93-94 (1944) (Jackson, J., 반대 의견), 기억하는가(4장): Danziger et al. 2011. 결정한다는 것을 발견했다: Wistrich et al. 2015.

55. 가능성이 있다는 것을 발견했다: Black et al. 2011. 정동적 암시를 살펴봄으로써: 아이러니하게도 판사 안토닌 스칼리아는 나중에 감정적인 변론 스타일 때문에 유명해졌다(heam.info/scalia-1 참조).

56. 흘리기까지 했다: Wikipedia, 표제어 'David Souter'(최근 변경일: 2016년 3월 30일), http://en.wikipedia.org/wiki/David_Souter. 감정 노동의 삶이다: 사회학자 알리

호흐실드Arlie Hochschild는 이것을 '감정 노동'이라고 부른다(Hochschild 1983).

57. 지시하는 것과 같다: 1972년 대법원 판결에 따르면 "사형을 부과하는 모든 결정은 변덕이나 감정보다 이성에 기초해 있으며, 또 그렇게 보인다"(Furman v. Georgia, 408 U.S. 238, 311 [1972], [Stewart, J., 동의 의견], Pillsbury 1989, 655n2에서 인용). 그 후로 대법원은 판결문에서 감정적 고려를 제거하기 위해 많은 노력을 기울였다. 그들은 재판관이 감정의 도움 없이 규칙을 따르면 결과는 공정할 것이라고 가정하는 듯하다. 물론 뇌 배선이 폭로하듯이 어떤 판결도 신체 예산 관리를 위한 고려에서 자유로울 수 없으며, 따라서 재판관은 본인도 모르게 정동 실재론(4장)에 따른 규칙을 이행할 수 있다. 아이러니하게도 재판관은 자신의 일을 하기 위해 정동이 필요하다는 것을 알고 있다. 한 재판관은 다음과 같이 말한다. "이제 당신에게 두 가지가 일어날 수 있었다. 하나는 앞으로도 고상한 개인으로 남아서 당신의 감정 때문에 이 모든 것에 몹시 당황하게 되는 것이다. 왜냐하면 이 모든 것이 당신의 느낌을 끊임없이 찌르고 있기 때문이다. 아니면 당신은 코뿔소처럼 두꺼운 가죽을 갖게 될 것이다. 이 경우 당신은 부적절한 재판관이 될 것이라고 생각한다. 왜냐하면 일단 인간성을(당신이 정말로 잃어서는 안 되는 인간성에 대한 느낌을) 잃으면 이 일을 할 수 있으리라고 생각하지 않기 때문이다."(Anleu and Mack 2005, 612). heam.info/judges-1 참조. 측면이다"라고 말한 적이 있다: Brennan 1988, Wistrich et al. 2015에서 인용. 브레넌은 안토니오 다마지오의 입장을 예견케 한다. 여기서 과학은 판사 브레넌 편이다. 왜냐하면 정동 실재론(4장)에서 자유로운 사람은 없기 때문이다.

58. 70명에게 부상을 입혔다: Wikipedia, 표제어 '2012 Aurora Shooting'(최근 변경일: 2016년 4월 21일), http://en.wikipedia.org/wiki/2012_Aurora_shooting. 경험을 구성할 것이다: 우리는 분노가 적절하다고, 심지어 유용하다고 말할 것이다. 왜냐하면 이것은 타인에 대한 존중을 지지하는 사회에서 도덕 질서를 보존할 의무가 재판관에게 있음을 보여주는 사회적 실재의 한 형태이기 때문이다. Berns 1979 참조, in Pillsbury 1989, 689nll2. Ortony et al. 1990도 참조. 노력을 할 수 있을 것이라고 했다: Pillsbury 1989. 사법에서 공감과 감정의 역할에 대해서는 논쟁이 오랫동안 지속되었다. 관심 있는 독자는 heam.info/empathy-2를 보라. 피고의 관점에 대한 무지에 해당한다: 무지로 이해된 분노는 불교 같은 명상 철학에서 비롯한다. 처벌을 과하지 못하게 할 수 있고: Pillsbury 1989. 재판관이 자신을 피고와 비슷하게 바라보는 것은 쉽지 않으며, 어쩌면 이 때문에 재판관은 최대 형량을 내리는 경향이 있을지 모른다(같은 곳, 705nl55). 감정 입자도의 유형이다: heam.info/empathy-3 참조. 향상된 감정 입자도가 도덕적 의사 결정을 어떻게 개선할 수 있는지에 대한 예로서 Cameron et al. 2013 참조.

59. 증가시키는지 우리는 보았다: Copeland et al. 2013.

60. 텔로머가 더 짧다: Kiecolt-Glaser et al. 2011.

61. 잘못된 예측 질병이다: Borsook 2012.

62. 일반적이지 않은 처벌'을 금지한다: 전쟁 포로 대우에 관한 협정(III). 제네바, 1949년 8월 12일. 전쟁 포로는 "모든 상황에서 자신의 인격과 명예를 존중할 자격이 있다"(제14조). 그리고 "언제나 모욕과 공적 호기심으로부터… 보호받아야 한다"(제13조). 미국 헌법 수정 제8조.

63. 완벽하게 합법이다: Guarneri-White 2014. 당한 뒤 목매 죽었다: Wikipedia, 표제어 'Suicide of Phoebe Prince'(최근 변경일: 2016년 1월 30일), https://en.wikipedia.org/wiki/Suicide_of_Phoebe_Prince. 단속하겠는가: 약자 괴롭힘을 둘러싼 문제는 우리 문화에서 약자 괴롭힘을 규범의 문제로 파악함에 따라 더욱 복잡해졌다(heam.info/bully-1 참조).

64. 연루되었다고 보고했다: 2005년에 2개월에 걸쳐 7천 명 이상의 6~10학년 아동에 대한 전국 표본 조사를 실시했다(Wang et al. 2009).

65. 똥칠을 해놓았기 때문이었다: Monyak 2015. 달러를 추가로 받았다: 사건 변론을 맡은 변호사는 미국 주식회사에 메시지를 보내 달라고 배심원에게 요청했다(heam.info/atlanta-1 참조). 미약할 수밖에 없다: 민사 소송의 대다수는 법정 밖에서 화해가 이루어진다(heam.info/harm-2 참조).

66. 더 쉽게 예측 가능하다: 괴로움을 달러로 어떻게 정량화하겠는가? heam.info/harm-3 참조.

67. 고통스러워졌다 할지라도 말이다: Fisher et al. 2010.

68. 배심원보다 더 잘할 것이다: Zaki et al. 2008. 배양하도록 노력해야 한다: Schumann et al. 2014.

69. 혼동해서는 안 된다: 생물학적 성별조차 자연종이 아니다. 관련해 유익한 논의로 Dreger 1998, 및 Dreger et al. 2005 참조. Dreger 2015도 참조.

70. 타당한 것은 아니기 때문이다: 예비 심문 동안 적용 가능한 한 가지 유용한 접근법은 미국 변호사 댄 카한Dan Kahan의 연구에서 찾아볼 수 있다(heam.info/kahan-1 참조).

71. 틀린 것인지 말할 수 없었다: 그렇다고 해서 객관적 증거가 오류에서 자유롭다거나 인간의 판단이 전혀 개입되지 않는다는 것은 아니다. 가정할 때만 작동한다: 재판관과 변호사는 일관성이 항상 정의를 낳지는 않으며, 일부 잘못된 양성 반응이 있을 수 있음을(무고한 사람이 유죄 판결을 받을 수 있음을) 깨달아야 할 것이다. 여기에 담긴 의미를, 즉 제도를 위해 일부 희생이 있을 수밖에 없다는 함의를 생각하면 걱정스럽고 불안하기까지 하다. 《헝거 게임The Hunger Games》이 완전히 소설이라고 누가 말했나?

72. 최고형을 선고할 가능성이 있다: Pillsbury 1989, 705n 155.

73. 문화의 영향으로부터 나온다: 이 멋진 문구는 내 친구이자 동료인 매사추세츠 종합병원 법률, 뇌, 행동 센터 공동센터장 쥬디스 에더스하임Judith Edersheim의 것이다. 무장하지 않은 시민에게 발포할 때: Fachner et al. 2015, 27-30. 간접적으로도 형성된다: 또 다른 예를 들자면 많은 사람에 대한 인종차별을 상징하는 동맹국 깃발이 주의회 의사당 건물 꼭대기에 다른 주 깃발들과 함께 나부끼고 있는 것이다(heam.info/flag-1 참조).

12장

1. 뉴스 기사도 수십 개 있다: 『타임Time』, 『퍼시픽 스탠더드Pacific Standard』, 『뉴스위크Newsweek』, 『애틀랜틱 먼슬리Atlantic Monthly』, 『보스턴 글로브Boston Globe』, 『시카고 트리뷴Chicago Tribune』, 『유에스에이 투데이USA Today』, 『로스앤젤레스 타임스Los Angeles Times』, 『뉴욕 타임스New York Times』를 간단히 뒤져 본 결과 2009년~2014년 사이에 동물이 감정을 가지고 있다는 기사가 26개나 되었다. 개는 질투를 하고: Harris and Prouvost 2014. 쥐는 후회를 경험하며: Steiner and Redish 2014. 가재는 불안을 느끼고: Fossat et al. 2014. 파리채에 공포를 느낀다는 것이다: Gibson et al. 2015. 똑같은 감정을 가지고 있다: Safina 2015, 34.

2. 가지고 있지 않다: LeDoux 2014.

3. 데 대다수 동의한다: Swanson 2012; Donoghue and Purnell 2005.

4. 공통의 조상을 공유했다: Goodman 1999. 그 후 이 종들은 모두 각자의 습성에 적응하며 진화했다. 따라서 우리의 현대적인 형태는 진화의 비교 대상으로 간주하기 어렵다. 그러나 과학자들은 실험 결과를 해석할 때 이것을 고려하려고 무진 애를 쓴다. 수행하도록 조직되어 있다: Touroutoglou et al. 2016. 더 일반적으로 말하자면 짧은꼬리원숭이와 인간의 뇌는 매우 비슷하며(Barbas 2015), 일부 주목할 만한 변화가 특히 뇌 앞쪽에 있을 뿐이다(Hill et al. 2010). heam.info/macaque-1도 참조.

5. 경험한다는 것을 시사한다: Bliss-Moreau et al. 2013. heam.info/macaque-2도 참조.

6. 학습할 수 있음을 알고 있다: Malik and Hodge 2014.

7. 도덕권에 속한다고 생각했다: 벤담은 공리주의를 신봉했다(heam.info/bentham-1 참조).

8. 우리에게 중요하다: 세계화는 당신의 정동적 적소가 대규모로 팽창한 것일 뿐이다(heam.info/niche-1 참조).

9. 의도적으로 말한다: Amso and Scerif 2015. 유아와 보호자는 주의를 공유한다(heam.info/sharing-1 참조).

10. 하지는 않을 것이다: Okamoto-Barth and Tomonaga 2006. heam.info/gaze-1 참조.

11. 다섯 배 크다는 사실이다: Passingham 2009. 정신적인 개념을 학습할 수 있다: 진화적 변화의 대부분은 예측 오류를 처리하는 뉴런이 많은 피질 부위에서 일어났다(heam.info/evolution-2 참조).

12. 냄새로 개념을 학습할 수 있다: 동물은 개념을 가지고 있다(Lea 2010). 일차 후각 피질에 있는 변연 구조물은 내장운동 변연 부위와 밀접히 연결되어 있다. 리뷰 연구로 Chanes and Barrett 2016 참조. 소리로도 개념을 학습한다: 포유동물은 후각 개념이 더 우세한 반면에, 새는 시각이 더 우세하다. 포유동물과 새는 약 2억 년 전에 공통 조상에서 갈라졌다. 다른 염소를 인식한다: Lea 2010.

13. 동물을 보상해주어: Mareschal et al. 2010. heam.info/animals-1도 참조. 구별을 학습할 수 있고: Vauclair and Fagot 1996. 이미지를 구별할 수 있다: Fabre- Thorpe 2010. 별개로 학습할 수 있다: Yoshikubo 1985; Marmi et al. 2004. 더 많은 예는 Fabre-Thorpe 2010 참조. 개념을 학습할 수도 있다: 네 마리의 짧은꼬리원숭이는 이 세 화가와 네 번째 화가인 장 레옹 제롬Jean-Léon Gérôme의 그림을 일부 분류하는 훈련을 받았다. 여기에는 암기할 만한 얼굴이나 물체 전체의 모습은 포함되지 않았다. 즉 원숭이들은 그림의 화풍에 주의를 기울여야 했다(Altschul et al. 2015).

14. 배선도 더 잘 갖추어져 있다: Goodman 1999. heam.info/evolution-2도 참조.

15. 의도를 추론해야 한다: Vallacher and Wegner 1987; Gilbert 1998. 느끼는지는 이해할 수 없다: Martin and Santos 2014.

16. 만들어 낼 수 있으므로: 예컨대 Tomasello 2014; Flare and Woods 2013. 그것은 목표이다: Michael Tomasello(2014, 27-29)에 따르면 유인원은 순전히 지각적인 유사성을 넘어서는 개념을 창조하며, 상황에 대한 정보도(예컨대 음식이 있는지 없는지) 표상한다. 십중팔구 유인원은 개념을 생성적인 방식으로 창조할 것이다. 즉 이전 경험의 조각들을 사용해 그 시점까지는 아주 새로운 개념을 창조할 수 있을 것이다(같은 곳, 28). '오르다'는 개념에 대한 논의는 같은 곳, 29에 있다. 위업이 될 것이다: 인간과 침팬지 뇌의 기본 모드 신경망은 서로 연결된 부위가 비슷하지만 미시적 배선에서 차이를 보인다(heam.info/chimp-1 참조). 학습할 수 있느냐는 것이: 과학자들은 인간 언어의 신경 메커니즘에 대해 활발한 논쟁을 벌이는 중이다(heam.info/language-2 참조).

17. 복합적인 요청을 할 수도 있다: Tomasello 2014, 105. heam.info/animals-2도 참조. 여전히 논쟁을 벌인다: 유인원에게 언어를 가르치려 한 유명한 시도에 대해서는 heam.info/animals-3 참조.

18. 증거는 매우 적다: 즉 침팬지를 상징에 기초한 언어에 노출시킬 뿐, 명백한 보상을 주지 않을 때(예컨대 Matsuzawa 2010; Hillix and Rumbaugh 2004). 낯선 도구에 결합할 수 있다: Tanaka 2011. 침팬지는 다르게 생긴 물체로 동일한 기능을 달성할 수 있다는 점을 인식할 수 있는 것처럼 보이는데, 단 이 기능에 어느 정도 직접적인 운동 행동이 포함되어 있어야 한다. 예컨대 침팬지는 막대기를 사용해 다양한 방법으로(예: 땅에서 흰개미 낚기, 음식 통조림 열기, 나무에서 열매 떨어뜨리기) 음식을 얻을 수 있다는 것을 이해할 것이다. 또한 사다리가 나무에서 열매를 흔들기 위한 '도구'라는 것도 이해할 것이다. 그러나 견과를 깨기 위한 돌멩이와 나무 위 열매에 닿기 위한 사다리처럼 완전히 상이한 물체가 매우 상이한 행동을 통해 사용된 경우에도 모두 '도구'라는 점을 이해할까? 똑같은 돌멩이가 음식과 무관한 목적을 위해 사용되어도, 예컨대 가벼운 물체가 바람에 날아가지 않도록 눌러 놓는 데 사용되어도 '도구'라는 점을 이해할까? 침팬지가 막대기를 사용해 지위가 낮은 침팬지를 위협할 때, 또는 인간에게 음식을 요청할 때, 막대기와 인간도 마찬가지로 '도구'라는 점을 이해할까?

19. 그렇게 할 수 있다: Herb Terrace, 개인적 소통, 2015년 6월 6일. 가치가 있는 것은 아니다: 어떤 사태나 물체가 동물의 신체 예산에 교란 작용을 일으키지 않으면, 그래서 에너지 조절을 위해 중요하지 않으면, 이것의 개념 형성에 자원을 투자할 필요가 별로 없다. 인지심리학자 파트리시아 쿨Patricia K. Kuhl의 연구에 따르면 언어 학습은 뇌의 신체 예산 관리 부위가 관여해야 이루어진다(예컨대 Kuhl 2014 참조).

20. 평등하고 협력을 잘 한다: 침팬지와 난쟁이 침팬지는 약 100만 년 전에 공통 조상을 가졌다(Becquet et al. 2007; Hey 2010). 의미를 학습할 수 있을 것이다: 침팬지와 난쟁이 침팬지의 비교는 heam.info/chimp-2 참조.

21. 영향을 미쳤을 것이다: Tetsuro Matsuzawa, 개인적 소통, 2015년 6월 12일. heam.info/chimp-3도 참조.

22. 똑같이 개념을 잘 형성했다: Murai et al. 2005.

23. 상상할 수 없다: Tomasello 2014, 29. 관점에서 고려할 수 없다: 같은 곳. 이것은 침팬지 뇌에 배선되어 있지 않은 종류의 시뮬레이션을 필요로 한다(Mesulam 2002). 것을 깨닫지도 못한다: 새끼 침팬지는 생후 1년 중에 어미의 시선 좇기를 그만둔다(Matsuzawa 2010). 어른 침팬지는 특정 상황에서 시선을 좇을 수 있다(heam.info/chimp-4 참조).

24. 도구에 불과하다: Sousa and Matsuzawa 2006. 침팬지는 복잡한 방식으로 도구를 만들고 사용할 줄 안다. heam.info/chimp-5도 참조.

25. 이 관례를 받아들였다: Trivedi 2004. 관련 논의는 Jablonka et al. 2014 참조.

26. 유일무이한 것처럼 보인다: 다른 과학자들도 비슷한 견해를 가지고 있다(heam.

info/reality-2 참조).

27. 어르면서 젖을 물린다: Morell 2013, 222-223.

28. 동기를 가지고 있었다: 벨랴예프의 이야기에 대해 더 자세한 것은 Hare and Woods 2013 참조.

29. 예산을 조절할 수 있다: 인간과 개 사이의 신체 예산 조절을 보여주는 실험에 대해 더 자세한 것은 heam.info/dogs-1 참조.

30. 크다는 것을 의미한다: Quaranta et al. 2007.

31. 더 스트레스를 받는다: Siniscalchi et al. 2013. 논평으로 heam.info/sides-1 참조. 정동을 지각하는 것 같다: Turcsan et al. 2015.

32. 개를 구별할 수 있다: Range et al. 2008.

33. 구별한다: Settle et al. 1994.

34. 시선을 더 잘 좇는다: Hare and Woods 2013, 50-51. 읽어 내는 것처럼 보인다: 깊이 있는 논의로 Bradshaw 2014, 200 참조. 정보를 얻는다는 점이다: Hare and Woods 2013, 50.

35. 더 복잡한 실험이다: Kaminski et al. 2009; Hare and Woods 2013, 129. 소통한다는 것을 보여준다: Owren and Rendall 2001. 보여주기까지 한다: Rossi and Ades 2008.

36. 재치 있는 연구가 있다: Horowitz 2009.

37. 의미한다고 해석했다: Harris and Prouvost 2014. 이해한다고 가정했다: 주인의 미묘한 움직임이 동물의 행동에 큰 영향을 미칠 수 있다(통계적 학습을 바탕으로). heam.info/animals-4 참조.

38. 도와주기 마련이다: 이런 행동은 신체 예산의 부담을 덜어 준다(예컨대 Bartal et al. 2011). 더 자세한 것은 heam.info/burden-1 참조. 아기를 달래 줄 수 있다: Dunfield et al. 2011. heam.info/burden-2 참조.

39. 사회적인 동물이라고 설명한다: 늑대가 어째서 선천적으로 공격적인 동물이 아닌지에 대한 흥미진진한 논의로 Bradshaw 2014를 보라. heam.info/wolves-1도 참조.

40. 않을까 하고 생각한다: Morell 2013, 148; Bekoff and Goodall 2008, 66. 괴로움을 야기할 수 있다: Vernon et al. 2016. 사랑은 마약이다: Fisher et al. 2010.

41. 학습'이 아니란 말인가: Jerome Kagan(Kagan 2007)도 비슷한 주장을 했다.

42. 전해졌기 때문이다: 삼위일체 뇌를 가정하는 '공포 학습' 연구는 고전적 견해를 지지하는 입장에서 인간을 대상으로도 수행되었다(예컨대 LaBar et al. 1998).

43. 세세한 위치를 확인했다: 예컨대 신경과학자 조지프 르두의 획기적인 연구는 편도체의 핵심 부위 안에서 시냅스가 어떻게 변화하여 소리 같은 중립적 감각 입력이 얼어붙기 같은 타고난 방어 반응을 자동적으로 유도하게 되는지를 보여준다(LeDoux 2015).

44. 쉽사리 심리 추론을 한다: 이해하기 쉬운 입문서로 Wegner and Gray 2016 참조. 심리 추론은 서양 문화권에서 매우 흔하기 때문에 학자들은 이것을 계속 재발견하면서 이것에 다양한 이름을 붙이고 있다(heam.info/inference-1 참조).

45. 의미 있는 것으로 바꾼다: 이것은 빌헬름 분트가 1800년대 말엽 수행한 최초의 심리학 실험과 함께 시작되었다(heam.info/wundt-2 참조).

46. 산업으로 바꾸어놓았다: 이 혼동은 행동주의 시대에 심리학에서 제도화되었다(heam.info/behaviorism-1 참조).

47. 공간에 있을 때는 달아난다: 예컨대 Berlau and McGaugh 2003. heam.info/rats-1 참조. 구석에 몰리면 공격한다: Reynolds and Berridge 2008. heam.info/rats-2 참조. 올라가는 대신에 내려간다: Iwata and LeDoux 1988. 편도체를 필요로 하지도 않는다: 공포 학습이 반드시 편도체를 포함하는 것은 아니다. 포식동물을 향한 공격(이른바 '방어적인 짓밟기' 또는 '찌르기')은 편도체에 의존하지 않는다(De Boer and Koolhaas 2003; Kopchia et al. 1992). 편도체가 관여하는 것은 위협이 매우 모호하고 학습이 필요할 때(즉 예측 오류를 처리해야 할 때[Li and McNally 2014])이다. 설령 편도체 뉴런이 평소 학습에 관여하더라도, 이것이 학습의 필요 조건은 아닐 것이다. 예컨대 생후 약 2주 후 편도체를 제거한 새끼 원숭이도 혐오스러운 것에 관해 학습할 수 있었다. 이들 원숭이의 경우에 신체 예산 관리 부위(전측 대상 피질)가 뇌 발달 기간 동안에 확대되었으며, 이 부위가 혐오 학습을 지원했다(Bliss-Moreau and Amaral, 검토 중). 추론 오류를 범하고 있다: Gross and Canteras 2012; Silva et al. 2013. heam.info/inference-2도 참조. 회로에 의해 뒷받침된다: Tovote et al. 2015. heam.info/inference-3 참조.

48. 틀림없다고 추론한다: Blumberg et al. 2000. 신경과학자 야크 판크세프(Panksepp 1998)에 따르면 새끼 쥐는 사회적으로 분리된 상황에서 '스트레스/공포' 울음을 낸다. 예컨대 최근 논문에서 그는 다음과 같이 썼다. "울음을 산출하는 별개의 감정적 힘 덕분에 어린 동물은 특히 실험자에 의해 길을 잃거나 보호자와 분리될 때 보호에 대한 절실한 필요를 신호로 알릴 수 있다. 이런 분리 울음은 보호자를 각성시켜 새끼를 찾아 데려 오고 새끼의 요구에 주의를 기울이게 만든다"(Panksepp 2011, 1799).

어미 쥐가 수행하던 것이었다: Blumberg and Sokoloff 2001. 관련 논의는 Barrett, Lindquist, Bliss-Moreau, et al. 2007 참조.

49. 견해를 수정했다: 그의 최근 이론 논문에서는 '공포'의 감정 사례와 얼어붙는 행동을 분명하게 구별한다(LeDoux 2015).

50. 말하는 것은 별개의 문제이다: Burkett et al. 2016; Panksepp and Panksepp 2013. 오해하지 말라. 설치류는 서로의 신체 예산을 조절하는 사회적 동물이다. 이것은 설치류가 스트레스를 느낄 수 있고 같은 종 다른 개체의 스트레스를 지각할 수 있음을 의미한다. 사회적 곤충은 화학물질을 이용해 서로의 신체 예산을 조절한다. 포유동물은 접촉을 통해 그리고 아마 소리를 통해서도 이것을 한다. 인간은 이 모든 수단을 사용하며, 거기에 단어까지 사용한다. 그러나 남는 물음은 과연 이 모든 동물이 공감을 느낄까 하는 것이다. 아니면 인간만이 신체 예산 관리 조절을 공감으로 변환시키는 추가 기능에 필요한 목표에 기초한 개념을 가지고 있는 것일까?

51. 심리 추론을 하기 쉽다: Mitchell et al. 1997. 다른 이유에 대해서는 Epley et al. 2007; Wegner and Gray 2016 참조. 발견하기가 더 쉽다: Kupfer et al. 2006. 연상시키기 때문이다: 인간과의 유사성은 단순할 수 있다(heam.info/inference-4 참조).

52. 완전히 정상이다: 나는 '의인화'라는 용어를 일부러 사용하지 않았다(heam.info/anthro-1 참조).

53. 것을 은연중에 암시하는 것이다: 고전적 견해는 단순한 뇌가 더 복잡한 뇌로 진화한다는 '삼위일체 뇌'의 신화를 바탕으로 이런 자만을 부추긴다(heam.info/evolution-4 참조). 기억하도록 배선되어 있다: Matsuzawa 2010.

54. 회로의 증거를 보여준다: 판크세프의 회로에 대해 더 자세한 것은 heam.info/panksepp-1 참조. 존재한다는 것은 의심스럽다: Barrett, Lindquist, Bliss-Moreau, et al. 2007. 감정에 기여하지는 않는다: 생존 회로는 감정 개념과 일대일로 대응하지 않는다(heam.info/survival-1 참조).

13장

1. 엄격히 구별하지 않는다: 일부 문화에서는 '사고-감정'이라고 한 단어로 번역해야 할 단어를 가지고 있다(예컨대 Danziger 1997, 1장; William Reddy, 개인적 소통, 2007년 9월 16일; Wikan 1990). heam.info/balinese-1도 참조.

2. 뇌는 하나도 없다: Van Essen and Dierker 2007; Finn et al. 2015; Hathaway 2015.

3. 뉴런들이 자라기도 한다: Opendak and Gould 2015; Ernst and Frisen 2015. 경험에 따라서도 일어난다: heam.info/plasticity-1 참조.

4. 화학 물질 덕분이다: Bargmann 2012. 신경전달물질은 뉴런 소통의 효율 등에 영향을 미친다(heam.info/neuro-1 참조). 흘러가는 경로가 변경된다: Sporns 2011, 272. 무언가가 창조될 수 있다: 리뷰 연구로는 Park and Friston 2013 참조. 예컨대 인지 수요가 증가하면 신경망이 재조직된다(Kitzbichler et al. 2011). 더 자세한 것은 heam.info/wiring-2 참조.

5. 범주에 관여한다: 단일 뇌 세포는 1장과 2장에서 논의한 것처럼 다목적으로 작동할 수 있으며, 여러 심리 상태에 관여한다(heam.info/neu rons-2 참조).

6. 학문에서 찾아볼 수 있다: Bullmore and Sporns 2012. 뇌가 복잡한 적응 체계라는 것은 뉴런 간 연결 강도를 끊임없이 재조직하여 환경(신체와 외부 세계) 변화를 예측함을 의미한다. 복잡계는 창발을 낳는다. 즉 이 체계 전체의 산물은 체계의 구성 요소들만으로 환원될 수 없다. 이 산물은 '부분의 합 이상'이다(Simon 1991). 복잡성은 뇌 활동 패턴에서 다양성이 표준임을 의미한다(heam.info/complexity-1 참조).

7. 의식의 토대를 형성할 수 있다: Tononi and Edelman 1998; Edelman and Tononi 2000. 수행할 수 있기 때문이다: 특수한 목적을 가진 뉴런들로 가득한 뇌는 완전히 동기화된 뇌와 마찬가지로 복잡성도 낮을 것이다. 왜냐하면 이 두 경우에 대다수 뉴런은 정보를 공유하지 않기 때문이다(전자의 경우 모든 뉴런이 다르게 작동하고, 후자의 경우 모두 동일하게 작동한다).

8. 견고하고 안정적이다: Whitacre and Bender 2010, 그림 10. heam.info/whitacre-1도 참조. 전수할 확률을 높인다: Edelman and Gaily 2001. 변성은 자연 선택에 수반된다. 변성은 뇌의 부상 복원력을 높이며, 이 때문에 자연 선택은 변성의 성질을 지닌 뇌를 선호한다. 변성이 제공하는 다양성은 무엇보다도 자연 선택의 전제 조건이다(heam.info/degen eracy-4 참조).

9. 복잡한 뇌를 선호한다: 뇌의 진화적 성공은 계속 변화하는 환경을 물질대사상 효율적으로 모형화하는 능력에 달렸다(Edelman and Gaily 2001; Whitacre and Bender 2010). 진화는 이런 종류의 뇌를 산출하는 유전자 조합을 가진 개체를 선택할 수밖에 없다(그리고 유전자 조합 자체도 변성과 복잡성의 성질을 가진다). 종의 생존에 중요한 체계일수록 그 체계를 지원하는 유전자에 더 많은 변성과 복잡성이 존재할 것이다. 그러므로 변성과 복잡성은 자연 선택의 전제 조건이자 자연 선택의 필연적 산물이다. 나는 자연 선택이 계속 증가하는 복잡성을 선호한다고 주장하는 것이 아니다. 자연 선택은 복잡한 적응 체계를 선호한다.

10. 몇몇 속성 정도일 것이다: 그리고 소수 다른 개념도 있을 것이다(heam.info/properties-1 참조). 관습을 당신에게 건넨다: heam.info/world-1 참조.

11. 가까울지도 모른다: 뇌는 꿀벌이나 자동차 같은 객체의 표상을 구성한 다음 이것이 자기에 대해 갖는 중요성을 평가하지 않는다. 신체 예산에 대한 중요성은 내수용 예측을 통해 구성에 이미 내장되어 있다. 이것은 고전적 견해의 한 이론인 감정의 인과적 평가 이론과 배치되는데, 이 이론에서는 당신이 먼저 객체을 지각한 다음 이것의 자기 관련성, 참신성 등등을 평가한다고 가정한다.

12. 서로 치고 박았다: 그밖에도 많은 세계관이 있다(heam.info/world-1 참조).

13. 견해라고 비판을 받는다: Pinker 2002, 40. 조형되는 데 기여한다: Durham 1991; Jablonka et al. 2014; Richerson and Boyd 2008.

14. 말라고 그는 조언한다: Firestein 2012.

15. 형성에도 결정적으로 작용한다: heam.info/synchrony-1 참조.

16. 문제가 없으므로: 사회운동가 캐롤라인 케이시Caroline Casey는 17세 때 운전을 배우겠다고 나서기 전까지 자신이 장님이라는 것을 몰랐다(Casey 2010).

17. 홈즈보다도 더 많다: 기본 모드 신경망과 돌출 신경망은 다양하게 불린다(Barrett and Satpute 2013). heam.info/dmn-5 참조.

18. 부정적인 영향을 끼칠 것이다: 피질 상층의 뉴런은 태아기 말기에 생겨나 생후 유아기와 아동기 동안 계속 성숙하면서 연결을 발달시킨다(Kostovic and Judas 2015). 빈곤은 뇌 발달의 다른 측면에도 비슷하게 유해하다(Noble et al. 2015). 통제에 특히 중요하다: Barrett and Simmons 2015; Finlay and Uchiyama 2015. 다시 빈곤으로 이어진다: heam.info/children-1 참조.

19. 보여주는 연구도 있다: Jussim, Cain, et al. 2009; Jussim, Crawford, et al. 2009. 신념이 맞기 때문이다: Pinker 2002, 204. 편향되었기 때문이라고 주장한다: Jussim 2012; Pinker 2002.

20. 안전하지 않다: Firestein 2012, 21.

21. 사회적 실재로 대체한다: '혁명'이라는 개념도 사회적 실재다(heam.info/revolution-1 참조).

부록 A

1. 사용하는 소품이다: "Fright Night" 2012.

2. 점화율을 변화시킨다: Marder 2012. 이 전달은 교질 세포glial cell에 의해 어느 정도

효율적으로 이루어진다(Ji et al. 2013; Salter and Beggs 2014). heam.info/glial-2 참조.

3. 이루도록 배선되어 있다: 피질과 피질하 부위 사이의 이행 부위는 이종피질allocortex이라고 불리며, 이것은 거의 보이지 않을 정도의 횡렬을 이루는 곳도 있고 세 층을 이루는 곳도 있다(Zilles et al. 2015).

4. 조직되어 있다(그림 A-3 참조): '피질의cortical'란 단어는 '피질 안에'란 의미고, '피질하subcortical'는 '피질 아래'란 의미다.

5. 신체 동작 조율과: 소뇌의 주요 역할은 시간과 공간 안에서 이루어지는 신체 동작이 피질에서 이루어지는 예측과 패턴 완성에 어떤 영향을 미칠지를 예상하는 것이다(Pisotta and Molinari 2014; Shadmehr et al. 2010).

6. 소화'를 담당한다: 자율신경계에는 세 가지가 있다. 때때로 '싸움 또는 도망' 체계라고 불리기도 하는 교감신경계는 신체에 에너지 원천을 소비하라고 말한다. 교감신경계는 피부의 땀선, 혈관 주위의 평활근, 신체 내부 기관, 동공 확장 근육, 면역세포를 산출하는 신체 부분 등등에 정보를 보낸다. '휴식과 소화' 체계라고도 불리는 부교감신경계는 신체에 에너지 원천을 보충하라고 말한다. 부교감신경계는 동공 근육에 수축하라고 말하고, 신체에 타액과 인슐린을 분리하라고 말하며, 그밖에 장 신경계라고 불리는 세 번째 가지와 일부 소통하면서 음식 소화와 관련된 기능을 수행한다. heam.info/nervous-1 참조.

부록 D

1. 예측에 의해 작동한다는 것이다: 개관은 Chanes and Barrett 2016 참조. 자세한 내용은 heam.info/prediction-12 참조. 구조화되어 있다: Barrett and Simmons 2015.

2. 사항에 대해서는 알고 있다: Grill-Spector and Weiner 2014; Gilbert and Li 2013. 방식에 대한 해부학적 증거: Barbas and Rempel-Clower 1997; Barbas 2015. 보여주는 해부학적 증거: 많은 뉴런은 촘촘히 연결된 더 소수의 뉴런에 정보를 전달하는데, 이것은 압축과 규모 축소가 일어나고 있음을 의미한다(Finlay and Uchiyama 2015).

3. 중첩되기도 할 것이다: 최근 발견에 따르면 개념적으로 유사한 시각 사례들은 피질 공간에 서로 더 가깝게 저장된다. 시각 피질의 예는 Grill-Spector and Weiner 2014 참조.

4. 증가하는 것을 관찰했다: 아이러니하게도 과학자들은 외부 세계의 자극을 받지 않는 뇌가 '꺼져' 있다고 가정했기 때문에 이 신경망의 증거를 여러 번 놓쳤다. 기본 모드

신경망의 발견 과정에 대해 더 자세한 것은 Buckner 2012 참조. 자발적으로 활성화되기 때문이다: 당연히 내인성 뇌 활동은 뇌가 실험에서 조사받지 않을 때만 중요한 것이 아니다. 처음 이 신경망을 명명한 과학자들은 명명 당시 이 신경망이(또는 내인성 활동이) 일상적 사고, 감정, 지각에 대해 갖는 중요성을 깨닫지 못했을 것이다. 신경망이 발견되었기 때문이다: Yeo et al. 2011; Barrett and Satpute 2013. 훌륭하게 들어맞는다: 기본 모드 신경망은 여러 이름으로 불린다(heam.info/dmn-1 참조).

5. 예측대로 관찰할 수 있었다: 바인더는 사람들이 개념에 관한 질문을 명시적으로 받지 않을 때도 개념 처리가 일어나는 것을 증명했다(Binder et al. 1999). 이 실험에 대해 더 자세한 것은 heam.info/binder-2 참조. 재현될 수 있었다: Binder et al. 2009.

6. 증가가 관찰되었다: Spunt et al. 2010.

7. 것이라고 추측한다: 예컨대 Barrett 2009; Bar 2007. 리뷰 연구로는 Buckner 2012 참조.

8. 핵심 역할을 하는 듯하다: Barrett 2012; Lindquist and Barrett 2012. 비슷하지만 동일하지는 않은 관점으로 Edelman 1990, 및 Binder and Desai 2011 참조.

9. 것이라고 추론할 수 있다: 인지신경과학자 엘리너 맥과이어Eleanor A. Maguire는 이와 비슷한 견해를 보인다(Hassabis and Maguire 2009). heam.info/maguire-1 참조.

10. 주의의 '손전등'을 가지고 있다: Gao, Alcauter, et al. 2014.

11. 있지 않다는 것을 확인했다: Lindquist et al. 2012. 신경망 안에 있었다: Kober et al. 2008.

12. 경우에는 덜 분명했다: Wager et al. 2015. 더 자세한 것은 1장 및 heam.info/patterns-1 참조. 정확히 일치하지 않는다: Clark-Polner, Johnson, et al.(인쇄 중); Clark-Polner, Wager, et al.(인쇄 중).

13. 통해 확인할 수 있었다: Wilson-Mendenhall et al. 2013. 더욱 놀라운 것은 자원자들이 신체 위험을 상상했을 때는 공간 안의 물리적 객체를 추적하고 확인하는 신경망에서 비교적 커다란 활동 증가가 관찰된 반면에, 사회적 장면을 상상했을 때는 다른 사람의 사고와 감정을 추론하는 데 관여하는 신경망의 활동이 증가했다는 점이다(Wilson-Mendenhall et al. 2011).

14. 이것과 정확히 일치했다: Wilson-Mendenhall et al. 2015. Oosterwijk et al. 2015도 참조. 구성된 감정 이론을 지지하는 다른 뇌 영상 연구에 대해서는 heam.info/

TCE-1 참조.

15. 양태를 보인 반면에: Raz et al. 2016. 더 자세한 것은 heam.info/movies-1 참조.

16. 다른 연구도 있었다: 인지신경과학자 로버트 스펀트Robert Spunt 등의 연구 참조(예컨대 Spunt and Lieberman 2012). Peelen et al. 2010, 및 Skerry and Saxe 2015도 참조. 더 자세한 논의는 heam.info/dmn-3 참조.

17. 단서는 거의 없다): 몇몇 과학자는 개념에 대한 이 두 견해(감각 표상 및 운동 표상이 포함된다는 견해 대 '추상적'이라는, 즉 감각 및 운동 세부 사항과 무관하게 저장된다는 견해)를 절충하려 한다. heam.info/dmn-4 참조. 뉴런들의 점화가 증가한다: Chao and Martin 2000. 리뷰 연구로는 Barsalou 2008b 참조. 읽을 때도 일어난다: Tucker and Ellis 2004. 취할 확률도 올라간다: Klatzky et al. 1989; Tucker and Ellis 2001.

18. 전체에 걸쳐 표상된다: 리뷰 연구로는 Barsalou 2009 참조.

19. 것이라고 생각하는 것이다: 이 잘못된 이해에 대해 더 자세한 것은 heam.info/concepts-20 참조. 전혀 찾아볼 수 없다: 증거에 대한 논의로 Febois et al. 2015 참조.

20. 매번 다를 수 있다: 한 개념 안에 여러 목표가 있을 수 있으며, 그중 어느 것도 핵심이 아니다(heam.info/concepts-21 참조).

21. 사실을 깨달았다: 몇 년 뒤 나는 브라이언 그린Brian Greene의 2007년도 책 『우주의 구조The Fabric of the Cosmos』를 읽고 나서야 비로소 이 황당한 오류를 깨달았는데, 이 책의 2장 제목이 바로 "우주와 양동이: 공간은 인간의 추상물인가 아니면 물리적 실체인가?"였다(Greene 2007). 바라보는 이의 눈에 있다: 같은 곳, 47.

22. 뭉치가 저장되어 있지도 않다: Schacter 1996.

Abrams, Kathryn, and Hila Keren. 2009. "Who's Afraid of Law and the Emotions." *Minnesota Law Review* 94: 1997.

Adler, Nancy E., Thomas Boyce, Margaret A. Chesney, Sheldon Cohen, Susan Folkman, Robert L. Kahn, and S. Leonard Syme. 1994. "Socioeconomic Status and Health: The Challenge of the Gradient." *American Psychologist* 49 (1): 15–24.

Adolphs, Ralph, and Daniel Tranel. 1999. "Intact Recognition of Emotional Prosody Following Amygdala Damage." *Neuropsychologia* 37 (11): 1285–1292.

———. 2000. "Emotion Recognition and the Human Amygdala." In The Amygdala. A Functional Analysis, edited by J. P. Aggleton, 587–630. New York: Oxford University Press.

———. 2003. "Amygdala Damage Impairs Emotion Recognition from Scenes Only When They Contain Facial Expressions." *Neuropsychologia* 41 (10): 1281–1289.

Adolphs, Ralph, Daniel Tranel, Hanna Damasio, and Antonio Damasio. 1994. "Impaired Recognition of Emotion in Facial Expressions Following Bilateral Damage to the Human Amygdala." Nature 372 (6507): 669–672.

Aglioti, Salvatore M., Paola Cesari, Michela Romani, and Cosimo Urgesi. 2008. "Action Anticipation and Motor Resonance in Elite Basketball Players." *Nature Neuroscience* 11 (9): 1109–1116.

Akil, Huda. 2015. "The Depressed Brain: Sobering and Hopeful Lesson." National Institutes of Health Wednesday Afternoon Lectures, June 10. http://videocast.nih.gov/summary. asp?Live=16390.

Albright, Madeleine. 2003. *Madam Secretary: A Memoir*. New York: Miramax Books.

Allport, Floyd. 1924. *Social Psychology*. Boston: Houghton Mifflin.

Altschul, Drew, Greg Jensen, and Herbert S. Terrace. 2015. "Concept Learning of Ecological and Artificial Stimuli in Rhesus Macaques." *PeerJ Preprints* 3. doi:10.7287/peerj.preprints.967v1.

American Academy of Pain Medicine. 2012. "AAPM Facts and Figures on Pain." http://www.painmed.org/patientcenter/facts_on_pain.aspx.

American Kennel Club. 2016. "The Golden Retriever." http://www.akc.org/dog-breeds/golden-retriever/.

American Psychological Association. 2012. "Stress in America: Our Health at Risk." https:// www.apa.org/news/press/releases/stress/2011/final-2011.pdf.

American Society for Aesthetic Plastic Surgery. 2016. "Initial Data from the American Society for Aesthetic Plastic Surgery Points to 20% Increase in Procedures in 2015." http://www. surgery.org/media/news-releases/initial-data-from-the-american-society-for-aesthetic -plastic-surgery-points-to-20percent-increase-in-procedures-in-2015-300226241.html.

Amso, Dima, and Gaia Scerif. 2015. "The Attentive Brain: Insights from Developmental Cognitive Neuroscience." *Nature Reviews Neuroscience* 16 (10): 606–619.

Anderson, Craig A., Leonard Berkowitz, Edward Donnerstein, L. Rowell Huesmann, James D. Johnson, Daniel Linz, Neil M. Malamuth, and Ellen Wartella. 2003. "The Influence of Media Violence on Youth." *Psychological Science in the Public Interest* 4 (3): 81–110.

Anderson, Eric, Erika H. Siegel, Dominique White, and Lisa Feldman Barrett. 2012. "Out of Sight but Not Out of Mind: Unseen Affective Faces Influence Evaluations and Social Impressions." *Emotion* 12 (6): 1210–1221.

Anderson, Michael L. 2014. *After Phrenology: Neural Reuse and the Interactive Brain.* Cambridge, Mass.: MIT Press.

Anleu, Sharyn Roach, and Kathy Mack. 2005. "Magistrates' Everyday Work and Emotional Labour." *Journal of Law and Society* 32 (4): 590–614.

Ansell, Emily B., Kenneth Rando, Keri Tuit, Joseph Guarnaccia, and Rajita Sinha. 2012. "Cumulative Adversity and Smaller Gray Matter Volume in Medial Prefrontal, Anterior Cingulate, and Insula Regions." *Biological Psychiatry* 72 (1): 57–64.

Antoni, Michael H., Susan K. Lutgendorf, Steven W. Cole, Firdaus S. Dhabhar, Sandra E. Sephton, Paige Green McDonald, Michael Stefanek, and Anil K. Sood. 2006. "The Influence of Bio-Behavioural Factors on Tumour Biology: Pathways and Mechanisms." *Nature Reviews Cancer* 6 (3): 240–248.

Apkarian, A. Vania, Marwan N. Baliki, and Melissa A. Farmer. 2013. "Predicting Transition to Chronic Pain." *Current Opinion in Neurology* 26 (4): 360–367.

Arkowitz, Hal, and Scott O. Lilienfeld. 2010. "Why Science Tells Us Not to Rely on Eyewitness Accounts." *Scientific American Mind*, January 1. http://www.scientificamerican.com/article/do-the-eyes-have-it/.

Atkinson, Anthony P., Andrea S. Heberlein, and Ralph Adolphs. 2007. "Spared Ability to Recognise Fear from Static and Moving Whole-Body Cues Following Bilateral Amygdala Damage." *Neuropsychologia* 45 (12): 2772–2782.

Avena, Nicole M., Pedro Rada, and Bartley G. Hoebel. 2008. "Evidence for Sugar Addiction: Behavioral and Neurochemical Effects of Intermittent, Excessive Sugar Intake."

Neuroscience and Biobehavioral Reviews 32 (1): 20–39.

Aviezer, Hillel, Ran R. Hassin, Jennifer Ryan, Cheryl Grady, Josh Susskind, Adam Anderson, Morris Moscovitch, and Shlomo Bentin. 2008. "Angry, Disgusted, or Afraid? Studies on the Malleability of Emotion Perception." *Psychological Science* 19 (7): 724–732.

Aviezer, Hillel, Yaacov Trope, and Alexander Todorov. 2012. "Body Cues, Not Facial Expressions, Discriminate Between Intense Positive and Negative Emotions." *Science* 338 (6111): 1225–1229.

Bachman, Jerald G., Lloyd D. Johnston, and Patrick M. O'Malley. 2006. "Monitoring the Future: Questionnaire Responses from the Nation's High School Seniors." Institute for Social Research Survey Research Center, University of Michigan. www.monitoringthefuture.org/datavolumes/2006/2006dv.pdf.

Balasubramanian, Vijay. 2015. "Heterogeneity and Efficiency in the Brain." *Proceedings of the IEEE* 103 (8): 1346–1358.

Bandes, Susan A. Forthcoming. "Share Your Grief but Not Your Anger: Victims and the Expression of Emotion in Criminal Justice." In Emotional Expression: Philosophical, Psychological, and Legal Perspectives, edited by Joel Smith and Catharine Abell. New York: Cambridge University Press.

Bandes, Susan A., and Jeremy A. Blumenthal. 2012. "Emotion and the Law." *Annual Review of Law and Social Science* 8: 161–181.

Banks, Siobhan, and David F. Dinges. 2007. "Behavioral and Physiological Consequences of Sleep Restriction." *Journal of Clinical Sleep Medicine* 3 (5): 519–528.

Bar, Moshe. 2007. "The Proactive Brain: Using Analogies and Associations to Generate Predictions." *Trends in Cognitive Sciences* 11 (7): 280–289.

———. 2009. "The Proactive Brain: Memory for Predictions." *Philosophical Transactions of the Royal Society B: Biological Sciences* 364 (1521): 1235–1243.

Barbas, Helen. 2015. "General Cortical and Special Prefrontal Connections: Principles from Structure to Function." *Annual Review of Neuroscience* 38: 269–289.

Barbas, Helen, and Nancy Rempel-Clower. 1997. "Cortical Structure Predicts the Pattern of Corticocortical Connections." *Cerebral Cortex* 7 (7): 635–646.

Bargmann, C. I. 2012. "Beyond the Connectome: How Neuromodulators Shape Neural Circuits." *Bioessays* 34 (6): 458–465.

Barrett, Deborah. 2012. *Paintracking: Your Personal Guide to Living Well with Chronic Pain*. New York: Prometheus Books.

Barrett, Lisa Feldman. 2006a. "Are Emotions Natural Kinds?" *Perspectives on*

Psychological Science 1 (1): 28–58.

———. 2006b. "Solving the Emotion Paradox: Categorization and the Experience of Emotion." *Personality and Social Psychology Review* 10 (1): 20–46.

———. 2009. "The Future of Psychology: Connecting Mind to Brain." *Perspectives on Psychological Science* 4 (4): 326–339.

———. 2011a. "Bridging Token Identity Theory and Supervenience Theory Through Psychological Construction." *Psychological Inquiry* 22 (2): 115–127.

———. 2011b. "Was Darwin Wrong about Emotional Expressions?" *Current Directions in Psychological Science* 20 (6): 400–406.

———. 2012. "Emotions Are Real." Emotion 12 (3): 413–429.

———. 2013. "Psychological Construction: The Darwinian Approach to the Science of Emotion." *Emotion Review* 5: 379–389.

Barrett, Lisa Feldman, and Moshe Bar. 2009. "See It with Feeling: Affective Predictions During Object Perception." *Philosophical Transactions of the Royal Society B: Biological Sciences* 364 (1521): 1325–1334.

Barrett, Lisa Feldman, and Eliza Bliss-Moreau. 2009a. "Affect as a Psychological Primitive." *Advances in Experimental Social Psychology* 41: 167–218.

———. 2009b. "She's Emotional. He's Having a Bad Day: Attributional Explanations for Emotion Stereotypes." *Emotion* 9 (5): 649–658.

Barrett, Lisa Feldman, James Gross, Tamlin Conner Christensen, and Michael Benvenuto. 2001. "Knowing What You're Feeling and Knowing What To Do About It: Mapping the Relation Between Emotion Differentiation and Emotion Regulation." *Cognition and Emotion* 15 (6): 713–724.

Barrett, Lisa Feldman, Kristen A. Lindquist, Eliza Bliss-Moreau, Seth Duncan, Maria Gendron, Jennifer Mize, and Lauren Brennan. 2007. "Of Mice and Men: Natural Kinds of Emotions in the Mammalian Brain? A Response to Panksepp and Izard." *Perspectives on Psychological Science* 2 (3): 297–311.

Barrett, Lisa Feldman, Kristen A. Lindquist, and Maria Gendron. 2007. "Language as Context for the Perception of Emotion." *Trends in Cognitive Sciences* 11 (8): 327–332.

Barrett, Lisa Feldman, Batja Mesquita, and Maria Gendron. 2011. "Context in Emotion Perception." *Current Directions in Psychological Science* 20 (5): 286–290.

Barrett, Lisa Feldman, Lucy Robin, Paula R. Pietromonaco, and Kristen M. Eyssell. 1998. "Are Women the 'More Emotional' Sex? Evidence from Emotional Experiences in Social Context." *Cognition and Emotion* 12 (4): 555–578.

Barrett, Lisa Feldman, and James A. Russell. 1999. "Structure of Current Affect: Controver-sies and Emerging Consensus." *Current Directions in Psychological Science* 8 (1): 10–14.

———, eds. 2015. *The Psychological Construction of Emotion.* New York: Guilford Press.

Barrett, Lisa Feldman, and Ajay B. Satpute. 2013. "Large-Scale Brain Networks in Affective and Social Neuroscience: Towards an Integrative Functional Architecture of the Brain." *Current Opinion in Neurobiology* 23 (3): 361–372.

Barrett, Lisa Feldman, and W. Kyle Simmons. 2015. "Interoceptive Predictions in the Brain." *Nature Reviews Neuroscience* 16 (7): 419–429.

Barrett, Lisa Feldman, Michele M. Tugade, and Randall W. Engle. 2004. "Individual Differ-ences in Working Memory Capacity and Dual-Process Theories of the Mind." *Psycho-logical Bulletin* 130 (4): 553–573.

Barsalou, Lawrence W. 1985. "Ideals, Central Tendency, and Frequency of Instantiation as Determinants of Graded Structure in Categories." *Journal of Experimental Psychology: Learning, Memory, and Cognition* 11 (4): 629–654.

———. 1992. *Cognitive Psychology: An Overview for Cognitive Scientists.* Mawah, NJ: Law-rence Erlbaum.

———. 1999. "Perceptual Symbol Systems." *Behavioral and Brain Sciences* 22 (4): 577–609.

———. 2003. "Situated Simulation in the Human Conceptual System." *Language and Cognitive Processes* 18: 513–562.

———. 2008a. "Cognitive and Neural Contributions to Understanding the Conceptual System." *Current Directions in Psychological Science* 17 (2): 91–95.

———. 2008b. "Grounded Cognition." *Annual Review of Psychology* 59: 617–645.

———. 2009. "Simulation, Situated Conceptualization, and Prediction." *Philosophical Transactions of the Royal Society B: Biological Sciences* 364 (1521): 1281–1289.

Barsalou, Lawrence W., W. Kyle Simmons, Aron K. Barbey, and Christine D. Wilson. 2003. "Grounding Conceptual Knowledge in Modality-Specific Systems." *Trends in Cognitive Sciences* 7 (2): 84–91.

Bartal, Inbal Ben-Ami, Jean Decety, and Peggy Mason. 2011. "Empathy and Pro-Social Behavior in Rats." *Science* 334 (6061): 1427–1430.

Beard, Mary. 2014. *Laughter in Ancient Rome: On Joking, Tickling, and Cracking Up.* Berke-ley: University of California Press.

Bechara, Antoine, Daniel Tranel, Hanna Damasio, Ralph Adolphs, Charles Rockland, and Antonio R. Damasio. 1995. "Double Dissociation of Conditioning and Declara-tive Knowledge Relative to the Amygdala and Hippocampus in Humans." *Science* 269 (5227): 1115–1118.

Becker, Benjamin, Yoan Mihov, Dirk Scheele, Keith M. Kendrick, Justin S. Feinstein, Andreas Matusch, Merve Aydin, Harald Reich, Horst Urbach, and Ana-Maria Oros-Peusquens. 2012. "Fear Processing and Social Networking in the Absence of a Functional Amygdala." *Biological Psychiatry* 72 (1): 70–77.

Becquet, Celine, Nick Patterson, Anne C. Stone, Molly Przeworski, and David Reich. 2007. Genetic Structure of Chimpanzee Populations. *PLOS Genetics* 3 (4): e66. doi:10.1371/journal.pgen.0030066.

Beggs, Simon, Gillian Currie, Michael W. Salter, Maria Fitzgerald, and Suellen M. Walker. 2012. "Priming of Adult Pain Responses by Neonatal Pain Experience: Maintenance by Central Neuroimmune Activity." *Brain* 135 (2): 404–417.

Bekoff, Marc, and Jane Goodall. 2008. *The Emotional Lives of Animals: A Leading Scientist Explores Animal Joy, Sorrow, and Empathy—and Why They Matter*. Novato, CA: New World Library.

Benedetti, Fabrizio. 2014. "Placebo Effects: From the Neurobiological Paradigm to Transla-tional Implications." *Neuron* 84 (3): 623–637.

Benedetti, Fabrizio, Martina Amanzio, Sergio Vighetti, and Giovanni Asteggiano. 2006. "The Biochemical and Neuroendocrine Bases of the Hyperalgesic Nocebo Effect." *Journal of Neuroscience* 26 (46): 12014–12022.

Berent, Iris. 2013. "The Phonological Mind." *Trends in Cognitive Sciences* 17 (7): 319–327.

Bergelson, Elika, and Daniel Swingley. 2012. "At 6–9 Months, Human Infants Know the Meanings of Many Common Nouns." *Proceedings of the National Academy of Sciences* 109 (9): 3253–3258.

Berlau, Daniel J., and James L. McGaugh. 2003. "Basolateral Amygdala Lesions Do Not Prevent Memory of Context-Footshock Training." *Learning and Memory* 10 (6): 495–502.

Berns, Walter. 1979. *For Capital Punishment: Crime and the Morality of the Death Penalty*. New York: Basic Books.

"Better Than English." 2016. http://betterthanenglish.com/.

Beukeboom, Camiel J., Dion Langeveld, and Karin Tanja-Dijkstra. 2012. "Stress-Reducing Effects of Real and Artificial Nature in a Hospital Waiting Room." *Journal of Alternative* and Complementary Medicine 18 (4): 329–333.

Binder, Jeffrey R., and Rutvik H. Desai. 2011. "The Neurobiology of Semantic Memory." *Trends in Cognitive Sciences* 15 (11): 527–536.

Binder, Jeffrey R., Rutvik H. Desai, William W. Graves, and Lisa L. Conant. 2009. "Where Is the Semantic System? A Critical Review and Meta-Analysis of 120 Functional Neuro-imaging Studies." *Cerebral Cortex* 19 (12): 2767–2796.

Binder, Jeffrey R., Julia A. Frost, Thomas A. Hammeke, P. S. F. Bellgowan, Stephen M. Rao, and Robert W. Cox. 1999. "Conceptual Processing During the Conscious Resting State: A Functional MRI Study." *Journal of Cognitive Neuroscience* 11 (1): 80–93.

Birklein, Frank. 2005. "Complex Regional Pain Syndrome." *Journal of Neurology* 252 (2): 131–138.

Black, Ryan C., Sarah A. Treul, Timothy R. Johnson, and Jerry Goldman. 2011. "Emotions, Oral Arguments, and Supreme Court Decision Making." *Journal of Politics* 73 (2): 572–581.

Bliss-Moreau, Eliza, and David G. Amaral. Under review. "Associative Affective Learning Persists Following Early Amygdala Damage in Nonhuman Primates."

Bliss-Moreau, Eliza, Christopher J. Machado, and David G. Amaral. 2013. "Macaque Cardiac Physiology Is Sensitive to the Valence of Passively Viewed Sensory Stimuli." *PLOS One* 8 (8): e71170. doi:10.1371/journal.pone.0071170.

Blow, Charles M. 2015. "Has the N.R.A. Won?" *New York Times*, April 20. http://www.ny times.com/2015/04/20/opinion/charles-blow-has-the-nra-won.html.

Blumberg, Mark S., and Greta Sokoloff. 2001. "Do Infant Rats Cry?" *Psychological Review* 108 (1): 83–95.

Blumberg, Mark S., Greta Sokoloff, Robert F. Kirby, and Kristen J. Kent. 2000. "Distress Vocalizations in Infant Rats: What's All the Fuss About?" *Psychological Science* 11 (1): 78–81.

Boghossian, Paul. 2006. *Fear of Knowledge: Against Relativism and Constructivism*. Oxford: Clarendon Press.

Borsook, David. 2012. "Neurological Diseases and Pain." *Brain* 135 (2): 320–344.

Bourassa-Perron, Cynthia. 2011. *The Brain and Emotional Intelligence: New Insights*. Florence, MA: More Than Sound.

Bourke, Joanna. 2000. *An Intimate History of Killing: Face-to-Face Killing in Twentieth-Century Warfare*. New York: Basic Books.

Boyd, Robert, Peter J. Richerson, and Joseph Henrich. 2011. "The Cultural Niche: Why

Social Learning Is Essential for Human Adaptation." *Proceedings of the National Academy of Sciences* 108 (Supplement 2): 10918–10925.

Brackett, Marc A., Susan E. Rivers, Maria R. Reyes, and Peter Salovey. 2012. "Enhancing Academic Performance and Social and Emotional Competence with the RULER Feeling Words Curriculum." *Learning and Individual Differences* 22 (2): 218–224.

Bradshaw, John. 2014. Dog Sense: *How the New Science of Dog Behavior Can Make You a Better Friend to Your Pet.* New York: Basic Books.

Brandone, Amanda C., and Henry M. Wellman. 2009. "You Can't Always Get What You Want: Infants Understand Failed Goal-Directed Actions." *Psychological Science* 20 (1): 85–91.

Bratman, Gregory N., J. Paul Hamilton, Kevin S. Hahn, Gretchen C. Daily, and James J. Gross. 2015. "Nature Experience Reduces Rumination and Subgenual Prefrontal Cortex Activation." *Proceedings of the National Academy of Sciences* 112 (28): 8567–8572.

Breiter, Hans C., Nancy L. Etcoff, Paul J. Whalen, William A. Kennedy, Scott L. Rauch, Randy L. Buckner, Monica M. Strauss, Steven E. Hyman, and Bruce R. Rosen. 1996. "Response and Habituation of the Human Amygdala During Visual Processing of Facial Expression." *Neuron* 17 (5): 875–887.

Brennan, William J., Jr. 1988. "Reason, Passion, and the Progress of the Law." *Cardozo Law Review* 10: 3.

Brescoll, Victoria L., and Eric Luis Uhlmann. 2008. "Can an Angry Woman Get Ahead? Status Conferral, Gender, and Expression of Emotion in the Workplace." *Psychological Science* 19 (3): 268–275.

Briggs, Jean L. 1970. *Never in Anger: Portrait of an Eskimo Family.* Cambridge, MA: Harvard University Press.

Broly, Pierre, and Jean-Louis Deneubourg. 2015. "Behavioural Contagion Explains Group Cohesion in a Social Crustacean." *PLOS Computational Biology* 11 (6): e1004290. doi:10.1371/journal.pcbi.1004290.

Browning, Michael, Timothy E. Behrens, Gerhard Jocham, Jill X. O'Reilly, and Sonia J. Bishop. 2015. "Anxious Individuals Have Difficulty Learning the Causal Statistics of Aversive Environments." *Nature Neuroscience* 18 (4): 590–596.

Bruner, Jerome S. 1990. *Acts of Meaning.* Cambridge, MA: Harvard University Press.

Bryant, Richard A., Kim L. Felmingham, Derrick Silove, Mark Creamer, Meaghan O'Donnell, and Alexander C. McFarlane. 2011. "The Association Between Menstrual Cycle and Traumatic Memories." *Journal of Affective Disorders* 131 (1): 398–401.

Büchel, Christian, Stephan Geuter, Christian Sprenger, and Falk Eippert. 2014. "Placebo

Analgesia: A Predictive Coding Perspective." Neuron 81 (6): 1223–1239.

Buckholtz, Joshua W., Christopher L. Asplund, Paul E. Dux, David H. Zald, John C. Gore, Owen D. Jones, and Rene Marois. 2008. "The Neural Correlates of Third-Party Punishment." Neuron 60 (5): 930–940.

Buckner, Randy L. 2012. "The Serendipitous Discovery of the Brain's Default Network." Neuroimage 62 (2): 1137–1145.

Bullmore, Ed, and Olaf Sporns. 2012. "The Economy of Brain Network Organization." Nature Reviews Neuroscience 13 (5): 336–349.

Burkett, J. P., E. Andari, Z. V. Johnson, D. C. Curry, F. B. M. de Waal, and L. J. Young. 2016. "Oxytocin-Dependent Consolation Behavior in Rodents." Science 351 (6271): 375–378.

Burns, Jeffrey M., and Russell H. Swerdlow. 2003. "Right Orbitofrontal Tumor with Pedophilia Symptom and Constructional Apraxia Sign." *Archives of Neurology* 60 (3): 437– 440.

Bushnell, M. Catherine, Marta Čeko, and Lucie A. Low. 2013. "Cognitive and Emotional Control of Pain and Its Disruption in Chronic Pain." *Nature Reviews Neuroscience* 14 (7): 502–511.

Cabanac, M., and J. Leblanc. 1983. "Physiological Conflict in Humans: Fatigue vs. Cold Discomfort." *American Journal of Physiology* 244 (5): R621–628.

Cacioppo, John T., Gary G. Berntson, Jeff H. Larsen, Kristen M. Poehlmann, and Tiffany A. Ito. 2000. "The Psychophysiology of Emotion." In *Handbook of Emotions*, 2nd edition, edited by Michael Lewis and Jeannette M. Haviland-Jones, 173–191. New York: Guilford Press.

Caldwell-Harris, Catherine L., Angela L. Wilson, Elizabeth LoTempio, and Benjamin Beit-Hallahmi. 2011. "Exploring the Atheist Personality: Well-Being, Awe, and Magical Thinking in Atheists, Buddhists, and Christians." *Mental Health, Religion and Culture* 14 (7): 659–672.

Calhoun, Cheshire. 1999. "Making Up Emotional People: The Case of Romantic Love." In *The Passions of Law*, edited by Susan A. Bandes, 217–240. New York: New York Univer-sity Press.

Calvin, Catherine M., G. David Batty, Gordon Lowe, and Ian J. Deary. 2011. "Childhood Intelligence and Midlife Inflammatory and Hemostatic Biomarkers: The National Child Development Study (1958) Cohort." *Health Psychology* 30 (6): 710–718.

Cameron, C. Daryl, B. Keith Payne, and John M. Doris. 2013. "Morality in High Definition: Emotion Differentiation Calibrates the Influence of Incidental Disgust on Moral Judgments." *Journal of Experimental Social Psychology* 49 (4): 719–725.

Camras, Linda A., Harriet Oster, Tatsuo Ujiie, Joseph J. Campos, Roger Bakeman, and

Zhaolan Meng. 2007. "Do Infants Show Distinct Negative Facial Expressions for Fear and Anger? Emotional Expression in 11-Month-Old European American, Chinese, and Japanese Infants." *Infancy* 11 (2): 131–155.

Carhart-Harris, Robin L., Suresh Muthukumaraswamy, Leor Rosemana, Mendel Kaelena, Wouter Droog, et al. 2016. "Neural Correlates of the LSD Experience Revealed by Multimodal Neuroimaging." *Proceedings of the National Academy of Sciences* 113 (7): 4853–4858.

Caron, Rose F., Albert J. Caron, and Rose S. Myers. 1985. "Do Infants See Emotional Expressions in Static Faces?" *Child Development* 56 (6): 1552–1560.

Casey, Caroline. 2010. "Looking Past Limits." TED.com. https://www.ted.com/talks/caroline_casey_looking_past_limits.

Cassoff, Jamie, Sabrina T. Wiebe, and Reut Gruber. 2012. "Sleep Patterns and the Risk for ADHD: A Review." *Nature and Science of Sleep* 4: 73–80.

Centers for Disease Control and Prevention. 2015. "Prescription Opioid Analgesic Use Among Adults: United States, 1999–2012." http://www.cdc.gov/nchs/products/databriefs/db189.htm.

Ceulemans, Eva, Peter Kuppens, and Iven Van Mechelen. 2012. "Capturing the Structure of Distinct Types of Individual Differences in the Situation-Specific Experience of Emotions: The Case of Anger." *European Journal of Personality* 26 (5): 484–495.

Chanes, Lorena, and Lisa Feldman Barrett. 2016. "Redefining the Role of Limbic Areas in Cortical Processing." *Trends in Cognitive Sciences* 20 (2): 96–106.

Chang, Anne-Marie, Daniel Aeschbach, Jeanne F. Duffy, and Charles A. Czeisler. 2015. "Evening Use of Light-Emitting eReaders Negatively Affects Sleep, Circadian Timing, and Next-Morning Alertness." *Proceedings of the National Academy of Sciences* 112 (4): 1232–1237.

Chang, Luke J., Peter J. Gianaros, Stephen B. Manuck, Anjali Krishnan, and Tor D. Wager. 2015. "A Sensitive and Specific Neural Signature for Picture-Induced Negative Affect." *PLOS Biology* 13 (6): e1002180.

Chao, Linda L., and Alex Martin. 2000. "Representation of Manipulable Man-Made Objects in the Dorsal Stream." *Neuroimage* 12 (4): 478–484.

Charney, Evan. 2012. "Behavior Genetics and Postgenomics." *Behavioral and Brain Sciences* 35 (5): 331–358.

Chen, Lucy L. 2014. "What Do We Know About Opioid-Induced Hyperalgesia?" *Journal of Clinical Outcomes Management* 21 (3): 169–175.

Choi, Ki Sueng, Patricio Riva-Posse, Robert E. Gross, and Helen S. Mayberg. 2015.

"Map-ping the 'Depression Switch' During Intraoperative Testing of Subcallosal Cingulate Deep Brain Stimulation." *JAMA Neurology* 72 (11): 1252–1260.

Chomsky, Noam. 1980. "Rules and Representations." *Behavioral and Brain Sciences* 3 (1): 1–15.

Cisek, P., and J. Kalaska. 2010. "Neural Mechanisms for Interacting with a World Full of Action Choices." *Annual Review of Neuroscience* 33: 269–298.

Clark, Andy. 2013. "Whatever Next? Predictive Brains, Situated Agents, and the Future of Cognitive Science." *Behavioral and Brain Sciences* 36: 281–253.

Clark-Polner, E., T. Johnson, and L. F. Barrett. In press. "Multivoxel Pattern Analysis Does Not Provide Evidence to Support the Existence of Basic Emotions." *Cerebral Cortex*.

Clark-Polner, Elizabeth, Tor D. Wager, Ajay B. Satpute, and Lisa Feldman Barrett. In press. "Neural Fingerprinting: Meta-Analysis, Variation, and the Search for Brain-Based Es-sences in the Science of Emotion." In *Handbook of Emotions*, 4th edition, edited by Lisa Feldman Barrett, Michael Lewis, and Jeannette M. Haviland-Jones, 146–165. New York: Guilford Press.

Clave-Brule, M., A. Mazloum, R. J. Park, E. J. Harbottle, and C. Laird Birmingham. 2009. "Managing Anxiety in Eating Disorders with Knitting." *Eating and Weight Disorders-Studies on Anorexia, Bulimia and Obesity* 14 (1): e1–e5.

Clore, Gerald L., and Andrew Ortony. 2008. "Appraisal Theories: How Cognition Shapes Affect into Emotion." In *Handbook of Emotions*, 3rd edition, edited by Michael Lewis, Jeannette M. Haviland-Jones, and Lisa Feldman Barrett, 628–642. New York: Guilford Press.

Coan, James A., Hillary S. Schaefer, and Richard J. Davidson. 2006. "Lending a Hand: Social Regulation of the Neural Response to Threat." *Psychological Science* 17 (12): 1032–1039.

Cohen, Sheldon, William J. Doyle, David P. Skoner, Bruce S. Rabin, and Jack M. Gwaltney. 1997. "Social Ties and Susceptibility to the Common Cold." *JAMA* 277 (24): 1940–1944.

Cohen, Sheldon, William J. Doyle, Ronald Turner, Cuneyt M. Alper, and David P. Skoner. 2003. "Sociability and Susceptibility to the Common Cold." *Psychological Science* 14 (5): 389–395.

Cohen, Sheldon, and Gail M. Williamson. 1991. "Stress and Infectious Disease in Humans." *Psychological Bulletin* 109 (1): 5–24.

Cole, Steven W., and Anil K. Sood. 2012. "Molecular Pathways: Beta-Adrenergic Signaling in Cancer." *Clinical Cancer Research* 18 (5): 1201–1206.

Consedine, Nathan S., Yulia E. Chentsova Dutton, and Yulia S. Krivoshekova. 2014.

"Emotional Acculturation Predicts Better Somatic Health: Experiential and Expressive Acculturation Among Immigrant Women from Four Ethnic Groups." *Journal of Social and Clinical Psychology* 33 (10): 867–889.

Copeland, William E., Dieter Wolke, Adrian Angold, and E. Jane Costello. 2013. "Adult Psychiatric Outcomes of Bullying and Being Bullied by Peers in Childhood and Adolescence." *JAMA Psychiatry* 70 (4): 419–426.

Copeland, William E., Dieter Wolke, Suzet Tanya Lereya, Lilly Shanahan, Carol Worthman, and E. Jane Costello. 2014. "Childhood Bullying Involvement Predicts Low-Grade Systemic Inflammation into Adulthood." *Proceedings of the National Academy of Sciences* 111 (21): 7570–7575.

Cordaro, Daniel T., Dacher Keltner, Sumjay Tshering, Dorji Wangchuk, and Lisa M. Flynn. 2016. "The Voice Conveys Emotion in Ten Globalized Cultures and One Remote Village in Bhutan." *Emotion* 16 (1): 117–128.

Cosmides, Leda, and John Tooby. 2000. "Evolutionary Psychology and the Emotions." In *Handbook of Emotions*, 2nd edition, edited by Michael Lewis and Jeannette M. Haviland-Jones, 91–115. New York: Guilford Press.

Craig, A. D. 2015. *How Do You Feel? An Interoceptive Moment with Your Neurobiological Self.* Princeton, NJ: Princeton University Press.

Creswell, J. D., A. A. Taren, E. K. Lindsay, C. M. Greco, P. J. Gianaros, A. Fairgrieve, A. L. Marsland, K. W. Brown, B. M. Way, R. K. Rosen, and J. L. Ferris. In press. "Alterations in Resting State Functional Connectivity Link Mindfulness Meditation with Reduced Interleukin-6." *Biological Psychiatry*.

Crivelli, Carlos, Pilar Carrera, and José-Miguel Fernández-Dols. 2015. "Are Smiles a Sign of Happiness? Spontaneous Expressions of Judo Winners." *Evolution and Human Behavior* 36 (1): 52–58.

Crivelli, Carlos, Sergio Jarillo, James A. Russell, and José-Miguel Fernández-Dols. 2016. "Reading Emotions from Faces in Two Indigenous Societies." *Journal of Experimental Psychology* 145 (7): 830–843.

Crossley, Nicolas A., Andrea Mechelli, Jessica Scott, Francesco Carletti, Peter T. Fox, Philip McGuire, and Edward T. Bullmore. 2014. "The Hubs of the Human Connectome Are Generally Implicated in the Anatomy of Brain Disorders." *Brain* 137 (8): 2382–2395.

Crum, Alia J., William R. Corbin, Kelly D. Brownell, and Peter Salovey. 2011. "Mind over Milkshakes: Mindsets, Not Just Nutrients, Determine Ghrelin Response." *Health Psychology* 30 (4): 424–429.

Crum, Alia J., Peter Salovey, and Shawn Achor. 2013. "Rethinking Stress: The Role of Mindsets in Determining the Stress Response." *Journal of Personality and Social Psychology* 104 (4): 716–733.

Curry, John, Susan Silva, Paul Rohde, Golda Ginsburg, Christopher Kratochvil, Anne Simons, Jerry Kirchner, Diane May, Betsy Kennard, and Taryn Mayes. 2011. "Recovery and Recurrence Following Treatment for Adolescent Major Depression." *Archives of General Psychiatry* 68 (3): 263–269.

Damasio, Antonio. 1994. *Descartes' Error: Emotion, Reason and the Human Brain*. New York: Avon.

———. 1999. *The Feeling of What Happens: Body and Emotion in the Making of Consciousness*. New York: Harcourt Brace & Company.

Damasio, Antonio, and Gil B. Carvalho. 2013. "The Nature of Feelings: Evolutionary and Neurobiological Origins." *Nature Reviews Neuroscience* 14 (2): 143–152.

Danese, Andrea, and Bruce S. McEwen. 2012. "Adverse Childhood Experiences, Allostasis, Allostatic Load, and Age-Related Disease." *Physiology and Behavior* 106 (1): 29–39.

Dannlowski, Udo, Anja Stuhrmann, Victoria Beutelmann, Peter Zwanzger, Thomas Lenzen, Dominik Grotegerd, Katharina Domschke, Christa Hohoff, Patricia Ohrmann, and Jochen Bauer. 2012. "Limbic Scars: Long-Term Consequences of Childhood Maltreatment Revealed by Functional and Structural Magnetic Resonance Imaging." *Biological Psychiatry* 71 (4): 286–293.

Dantzer, Robert, Cobi Johanna Heijnen, Annemieke Kavelaars, Sophie Laye, and Lucile Capuron. 2014. "The Neuroimmune Basis of Fatigue." *Trends in Neurosciences* 37 (1): 39–46.

Dantzer, Robert, Jan-Pieter Konsman, Rose-Marie Bluthé, and Keith W. Kelley. 2000. "Neural and Humoral Pathways of Communication from the Immune System to the Brain: Parallel or Convergent?" *Autonomic Neuroscience* 85 (1): 60–65.

Danziger, Kurt. 1997. *Naming the Mind: How Psychology Found Its Language*. London: Sage.

Danziger, Shai, Jonathan Levav, and Liora Avnaim-Pesso. 2011. "Extraneous Factors in Judicial Decisions." *Proceedings of the National Academy of Sciences* 108 (17): 6889–6892.

Darwin, Charles. (1859) 2003. *On the Origin of Species*. Facsimile edition. Cambridge, MA: Harvard University Press.

———. (1871) 2004. *The Descent of Man, and Selection in Relation to Sex*. London: Penguin Classics.

———. (1872) 2005. *The Expression of the Emotions in Man and Animals*. Stilwell, KS: Di-gireads.com.

Dashiell, John F. 1927. "A New Method of Measuring Reactions to Facial Expression of Emotion." *Psychological Bulletin* 24: 174–175.

De Boer, Sietse F., and Jaap M. Koolhaas. 2003. "Defensive Burying in Rodents: Ethology, Neurobiology and Psychopharmacology." *European Journal of Pharmacology* 463 (1): 145–161.

Deffenbacher, Kenneth A., Brian H. Bornstein, Steven D. Penrod, and E. Kiernan McGorty. 2004. "A Meta-Analytic Review of the Effects of High Stress on Eyewitness Memory." *Law and Human Behavior* 28 (6): 687–706.

De Leersnyder, Jozefien, Batja Mesquita, and Heejung S. Kim. 2011. "Where Do My Emotions Belong? A Study of Immigrants' Emotional Acculturation." *Personality and Social Psychology Bulletin* 37 (4): 451–463.

Demiralp, Emre, Renee J. Thompson, Jutta Mata, Susanne M. Jaeggi, Martin Buschkuehl, Lisa Feldman Barrett, Phoebe C. Ellsworth, Metin Demiralp, Luis Hernandez-Garcia, and Patricia J. Deldin. 2012. "Feeling Blue or Turquoise? Emotional Differentiation in Major Depressive Disorder." *Psychological Science* 23 (11): 1410–1416.

Deneve, Sophie, and Renaud Jardri. 2016. "Circular Inference: Mistaken Belief, Misplaced Trust." *Current Opinion in Behavioral Sciences* 11: 40–48.

Denham, Joshua, Brendan J. O'Brien, and Fadi J. Charchar. 2016. "Telomere Length Maintenance and Cardio-Metabolic Disease Prevention Through Exercise Training." *Sports Medicine*, February 25, 1–25.

Denham, Susanne A. 1998. *Emotional Development in Young Children*. New York: Guilford Press.

Denison, Stephanie, Christie Reed, and Fei Xu. 2013. "The Emergence of Probabilistic Rea-soning in Very Young Infants: Evidence from 4.5- and 6-Month-Olds." *Developmental Psychology* 49 (2): 243–249.

Denison, Stephanie, and Fei Xu. 2010. "Twelve- to 14-Month-Old Infants Can Predict Sin-gle-Event Probability with Large Set Sizes." *Developmental Science* 13 (5): 798–803.

———. 2014. "The Origins of Probabilistic Inference in Human Infants." *Cognition* 130 (3): 335–347.

"Developments in the Law: Legal Responses to Domestic Violence." 1993. *Harvard Law Review* 106 (7): 1498–1620.

Dixon-Gordon, Katherine L., Alexander L. Chapman, Nicole H. Weiss, and M. Zachary Rosenthal. 2014. "A Preliminary Examination of the Role of Emotion Differentiation in the Relationship Between Borderline Personality and Urges for Maladaptive Behaviors." *Journal of Psychopathology and Behavioral Assessment* 36 (4): 616–625.

Donoghue, Philip C. J., and Mark A. Purnell. 2005. "Genome Duplication, Extinction and Vertebrate Evolution." *Trends in Ecology and Evolution* 20 (6): 312–319.

Dowlati, Yekta, Nathan Herrmann, Walter Swardfager, Helena Liu, Lauren Sham, Elyse K. Reim, and Krista L. Lanctôt. 2010. "A Meta-Analysis of Cytokines in Major Depression." *Biological Psychiatry* 67 (5): 446–457.

Dreger, Alice Domurat. 1998. *Hermaphrodites and the Medical Invention of Sex*. Cambridge, MA: Harvard University Press.

———. 2015. *Galileo's Middle Finger: Heretics, Activists, and the Search for Justice in Science*, New York: Penguin.

Dreger, Alice D., Cheryl Chase, Aron Sousa, Philip A. Gruppuso, and Joel Frader. 2005. "Changing the Nomenclature/Taxonomy for Intersex: A Scientific and Clinical Rationale." *Journal of Pediatric Endocrinology and Metabolism* 18 (8): 729–734.

Dreyfus, Georges, and Evan Thompson. 2007. "Asian Perspectives: Indian Theories of Mind." In *The Cambridge Handbook of Consciousness*, edited by Philip David Zelazo, Morris Moscovitch, and Evan Thompson, 89–114. New York: Cambridge University Press.

Drnevich, J., et al. 2012. "Impact of Experience-Dependent and -Independent Factors on Gene Expression in Songbird Brain." *Proceedings of the National Academy of Sciences of the United States of America* 109: 17245–17252.

Dubois, Samuel, Bruno Rossion, Christine Schiltz, Jean-Michel Bodart, Christian Michel, Raymond Bruyer, and Marc Crommelinck. 1999. "Effect of Familiarity on the Process-ing of Human Faces." *Neuroimage* 9 (3): 278–289.

Duffy, Elizabeth. 1934. "Emotion: An Example of the Need for Reorientation in Psychology." *Psychological Review* 41 (2): 184–198.

———. 1941. "An Explanation of 'Emotional' Phenomena Without the Use of the Concept 'Emotion.'" *Journal of General Psychology* 25 (2): 283–293.

Dunfield, Kristen, Valerie A. Kuhlmeier, Laura O'Connell, and Elizabeth Kelley. 2011. "Examining the Diversity of Prosocial Behavior: Helping, Sharing, and Comforting in Infancy." *Infancy* 16 (3): 227–247.

Dunn, Elizabeth W., Daniel T. Gilbert, and Timothy D. Wilson. 2011. "If Money Doesn't Make You Happy, Then You Probably Aren't Spending It Right." *Journal of Consumer Psychology* 21 (2): 115–125.

Dunn, Elizabeth, and Michael Norton. 2013. *Happy Money: The Science of Smarter*

Spending. New York: Simon and Schuster.

Dunsmore, Julie C., Pa Her, Amy G. Halberstadt, and Marie B. Perez-Rivera. 2009. "Parents' Beliefs About Emotions and Children's Recognition of Parents' Emotions." *Journal of Nonverbal Behavior* 33 (2): 121–140.

Durham, William H. 1991. *Coevolution: Genes, Culture, and Human Diversity*. Stanford, CA: Stanford University Press.

Edelman, Gerald M. 1987. *Neural Darwinism: The Theory of Neuronal Group Selection*. New York: Basic Books.

———. 1990. *The Remembered Present: A Biological Theory of Consciousness*. New York: Basic Books.

Edelman, G. M., and J. A. Gally. 2001. "Degeneracy and Complexity in Biological Systems." *Proceedings of the National Academy of Sciences* 98: 13763–13768.

Edelman, Gerald M., and Giulio Tononi. 2000. *A Universe of Consciousness: How Matter Becomes Imagination*. New York: Basic Books.

Edersheim, Judith G., Rebecca Weintraub Brendel, and Bruce H. Price. 2012. "Neuroimaging, Diminished Capacity and Mitigation." In *Neuroimaging in Forensic Psychiatry: From the Clinic to the Courtroom*, edited by Joseph R. Simpson, 163–193. West Sussex, UK: Wiley-Blackwell.

Einstein, Albert, Leopold Infeld, and Banesh Hoffmann. 1938. "The Gravitational Equations and the Problem of Motion." *Annals of Mathematics* 39 (1): 65–100.

Eisenberger, Naomi I. 2012. "The Pain of Social Disconnection: Examining the Shared Neural Underpinnings of Physical and Social Pain." *Nature Reviews Neuroscience* 13 (6): 421–434.

Eisenberger, Naomi I., and Steve W. Cole. 2012. "Social Neuroscience and Health: Neuro-physiological Mechanisms Linking Social Ties with Physical Health." *Nature Neuroscience* 15 (5): 669–674.

Eisenberger, Naomi I., Tristen K. Inagaki, Nehjla M. Mashal, and Michael R. Irwin. 2010. "Inflammation and Social Experience: An Inflammatory Challenge Induces Feelings of Social Disconnection in Addition to Depressed Mood." *Brain, Behavior, and Immunity* 24 (4): 558–563.

Ekkekakis, Panteleimon, Elaine A. Hargreaves, and Gaynor Parfitt. 2013. "Invited Guest Editorial: Envisioning the Next Fifty Years of Research on the Exercise-Affect Relationship." *Psychology of Sport and Exercise* 14 (5): 751–758.

Ekman, Paul. 1992. "An Argument for Basic Emotions." *Cognition and Emotion* 6: 169–200.

———. 2007. *Emotions Revealed: Recognizing Faces and Feelings to Improve Communication and Emotional Life*. New York: Henry Holt.

Ekman, Paul, and Daniel Cordaro. 2011. "What Is Meant by Calling Emotions Basic." *Emotion Review* 3 (4): 364–370.

Ekman, Paul, and Wallace V. Friesen. 1971. "Constants Across Cultures in the Face and Emotion." *Journal of Personality and Social Psychology* 17 (2): 124–129.

———. 1984. *EM-FACS Coding Manual*. San Francisco: Consulting Psychologists Press.

Ekman, Paul, Wallace V. Friesen, Maureen O'Sullivan, Anthony Chan, Irene Diacoyanni-Tarlatzis, Karl Heider, Rainer Krause, William Ayhan LeCompte, Tom Pitcairn, and Pio E. Ricci-Bitti. 1987. "Universals and Cultural Differences in the Judgments of Fa-cial Expressions of Emotion." *Journal of Personality and Social Psychology* 53 (4): 712–717.

Ekman, Paul, Robert W. Levenson, and Wallace V. Friesen. 1983. "Autonomic Nervous System Activity Distinguishes Among Emotions." *Science* 221 (4616): 1208–1210.

Ekman, Paul, E. Richard Sorenson, and Wallace V. Friesen. 1969. "Pan-Cultural Elements in Facial Displays of Emotion." *Science* 164 (3875): 86–88.

Elfenbein, Hillary Anger, and Nalini Ambady. 2002. "On the Universality and Cultural Specificity of Emotion Recognition: A Meta-Analysis." *Psychological Bulletin* 128 (2): 203–235.

Ellingsen, Dan-Mikael, Johan Wessberg, Marie Eikemo, Jaquette Liljencrantz, Tor Endestad, Håkan Olausson, and Siri Leknes. 2013. "Placebo Improves Pleasure and Pain Through Opposite Modulation of Sensory Processing." *Proceedings of the National Academy of Sciences* 110 (44): 17993–17998.

Ellis, Bruce J., and W. Thomas Boyce. 2008. "Biological Sensitivity to Context." *Current Directions in Psychological Science* 17 (3): 183–187.

Emmons, Robert A., and Michael E. McCullough. 2003. "Counting Blessings Versus Burdens: An Experimental Investigation of Gratitude and Subjective Well-Being in Daily Life." *Journal of Personality and Social Psychology* 84 (2): 377–389.

Emmons, Scott W. 2012. "The Mood of a Worm." *Science* 338 (6106): 475–476.

Ensor, Rosie, and Claire Hughes. 2008. "Content or Connectedness? Mother-Child Talk and Early Social Understanding." *Child Development* 79 (1): 201–216.

Epley, Nicholas, Adam Waytz, and John T. Cacioppo. 2007. "On Seeing Human: A Three-Factor Theory of Anthropomorphism." *Psychological Review* 114 (4): 864–886.

Erbas, Yasemin, Eva Ceulemans, Johanna Boonen, Ilse Noens, and Peter Kuppens. 2013. "Emotion Differentiation in Autism Spectrum Disorder." *Research in Autism Spectrum*

Disorders 7 (10): 1221–1227.

Erbas, Yasemin, Eva Ceulemans, Madeline Lee Pe, Peter Koval, and Peter Kuppens. 2014. "Negative Emotion Differentiation: Its Personality and Well-Being Correlates and a Comparison of Different Assessment Methods." *Cognition and Emotion* 28 (7): 1196–1213.

Erickson, Kirk I., Michelle W. Voss, Ruchika Shaurya Prakash, Chandramallika Basak, Amanda Szabo, Laura Chaddock, Jennifer S. Kim, Susie Heo, Heloisa Alves, and Siobhan M. White. 2011. "Exercise Training Increases Size of Hippocampus and Improves Memory." *Proceedings of the National Academy of Sciences* 108 (7): 3017–3022.

Ernst, Aurélie, and Jonas Frisén. 2015. "Adult Neurogenesis in Humans-Common and Unique Traits in Mammals." *PLOS Biology* 13 (1): e1002045. doi:10.1371/journal.pbio.1002045.

ESPN. 2014. "Bucks Hire Facial Coding Expert." December 27. http://espn.go.com/nba/story/_/id/12080142/milwaukee-bucks-hire-facial-coding-expert-help-team-improve.

Etkin, Amit, and Tor D. Wager. 2007. "Functional Neuroimaging of Anxiety: A Meta-Analysis of Emotional Processing in PTSD, Social Anxiety Disorder, and Specific Phobia." *American Journal of Psychiatry* 164 (10): 1476–1488.

Fabre-Thorpe, Michèle. 2010. "Concepts in Monkeys." In *The Making of Human Concepts,* edited by Denis Mareschal, Paul C. Quinn, and Stephen E. G. Lea, 201–226. New York: Oxford University Press.

Fachner, George, Steven Carter, and Collaborative Reform Initiative. 2015. "An Assessment of Deadly Force in the Philadelphia Police Department." Washington, DC: Office of Community Oriented Policing Services.

Feigenson, Lisa, and Justin Halberda. 2008. "Conceptual Knowledge Increases Infants' Memory Capacity." *Proceedings of the National Academy of Sciences* 105 (29): 9926–9930.

Feinstein, Justin S., Ralph Adolphs, Antonio Damasio, and Daniel Tranel. 2011. "The Human Amygdala and the Induction and Experience of Fear." *Current Biology* 21 (1): 34–38.

Feinstein, Justin S., David Rudrauf, Sahib S. Khalsa, Martin D. Cassell, Joel Bruss, Thomas J. Grabowski, and Daniel Tranel. 2010. "Bilateral Limbic System Destruction in Man." *Journal of Clinical and Experimental Neuropsychology* 32 (1): 88–106.

Felitti, Vincent J., Robert F. Anda, Dale Nordenberg, David F. Williamson, Alison M. Spitz, Valerie Edwards, Mary P. Koss, and James S. Marks. 1998. "Relationship of Childhood Abuse and Household Dysfunction to Many of the Leading Causes of Death in Adults:

The Adverse Childhood Experiences (ACE) Study." *American Journal of Preventive Medicine* 14 (4): 245–258.

Feresin, Emiliano. 2011. "Italian Court Reduces Murder Sentence Based on Neuroimaging Data." *Nature News Blog*, September 1. http://blogs.nature.com/news/2011/09/italian_court_reduces_murder_s.html.

Fernald, Anne, Virginia A. Marchman, and Adriana Weisleder. 2013. "SES Differences in Language Processing Skill and Vocabulary Are Evident at 18 Months." *Developmental Science* 16 (2): 234–248.

Fernández-Dols, José-Miguel, and María-Angeles Ruiz-Belda. 1995. "Are Smiles a Sign of Happiness? Gold Medal Winners at the Olympic Games." *Journal of Personality and Social Psychology* 69 (6): 1113–1119.

Fields, Howard L., and Elyssa B. Margolis. 2015. "Understanding Opioid Reward." *Trends in Neurosciences* 38 (4): 217–225.

Finger, Stanley. 2001. *Origins of Neuroscience: A History of Explorations into Brain Function*. New York: Oxford University Press.

Finlay, Barbara L., and Ryutaro Uchiyama. 2015. "Developmental Mechanisms Channeling Cortical Evolution." *Trends in Neurosciences* 38 (2): 69–76.

Finn, Emily S., Xilin Shen, Dustin Scheinost, Monica D. Rosenberg, Jessica Huang, Marvin M. Chun, Xenophon Papademetris, and R. Todd Constable. 2015. "Functional Connectome Fingerprinting: Identifying Individuals Using Patterns of Brain Connectivity." *Nature Neuroscience* 18 (11): 1664–1671.

Firestein, Stuart. 2012. *Ignorance: How It Drives Science*. New York: Oxford University Press.

Fischer, Håkan, Christopher I. Wright, Paul J. Whalen, Sean C. McInerney, Lisa M. Shin, and Scott L. Rauch. 2003. "Brain Habituation During Repeated Exposure to Fearful and Neutral Faces: A Functional MRI Study." *Brain Research Bulletin* 59 (5): 387–392.

Fischer, Shannon. 2013. "About Face." *Boston Magazine*, July. 68–73.

Fisher, Helen E., Lucy L. Brown, Arthur Aron, Greg Strong, and Debra Mashek. 2010. "Reward, Addiction, and Emotion Regulation Systems Associated with Rejection in Love." *Journal of Neurophysiology* 104 (1): 51–60.

Fodor, Jerry A. 1983. *The Modularity of Mind: An Essay on Faculty Psychology*. Cambridge, MA: MIT Press.

Ford, Brett Q., and Maya Tamir. 2012. "When Getting Angry Is Smart: Emotional Preferences and Emotional Intelligence." *Emotion* 12 (4): 685–689.

Ford, Earl S. 2002. "Does Exercise Reduce Inflammation? Physical Activity and C-Reactive Protein Among US Adults." *Epidemiology* 13 (5): 561–568.

Fossat, Pascal, Julien Bacqué-Cazenave, Philippe De Deurwaerdère, Jean-Paul Delbecque, and Daniel Cattaert. 2014. "Anxiety-Like Behavior in Crayfish Is Controlled by Serotonin." *Science* 344 (6189): 1293–1297.

Foulke, Emerson, and Thomas G. Sticht. 1969. "Review of Research on the Intelligibility and Comprehension of Accelerated Speech." *Psychological Bulletin* 72 (1): 50–62.

Franklin, David W., and Daniel M. Wolpert. 2011. "Computational Mechanisms of Sensorimotor Control." Neuron 72 (3): 425–442.

Freddolino, Peter L., and Saeed Tavazoie. 2012. "Beyond Homeostasis: A Predictive-Dy-namic Framework for Understanding Cellular Behavior." Annual Review of Cell and Developmental Biology 28: 363–384.

Fridlund, Alan J. 1991. "Sociality of Solitary Smiling: Potentiation by an Implicit Audience." *Journal of Personality and Social Psychology* 60 (2): 229–240.

"Fright Night." 2012. Science 338 (6106): 450.

Frijda, Nico H. 1988. "The Laws of Emotion." *American Psychologist* 43 (5): 349–358.

Friston, Karl. 2010. "The Free-Energy Principle: A Unified Brain Theory?" *Nature Reviews Neuroscience* 11: 127–138.

Froh, Jeffrey J., William J. Sefick, and Robert A. Emmons. 2008. "Counting Blessings in Early Adolescents: An Experimental Study of Gratitude and Subjective Well-Being." *Journal of School Psychology* 46 (2): 213–233.

Frost, Ram, Blair C. Armstrong, Noam Siegelman, and Morten H. Christiansen. 2015. "Domain Generality Versus Modality Specificity: The Paradox of Statistical Learning." *Trends in Cognitive Sciences* 19 (3): 117–125.

Fu, Cynthia H. Y., Herbert Steiner, and Sergi G. Costafreda. 2013. "Predictive Neural Biomarkers of Clinical Response in Depression: A Meta-Analysis of Functional and Structural Neuroimaging Studies of Pharmacological and Psychological Therapies." *Neurobiology of Disease* 52: 75–83.

Fugate, Jennifer, Harold Gouzoules, and Lisa Feldman Barrett. 2010. "Reading Chimpanzee Faces: Evidence for the Role of Verbal Labels in Categorical Perception of Emotion." *Emotion* 10 (4): 544–554.

Ganzel, Barbara L., Pamela A. Morris, and Elaine Wethington. 2010. "Allostasis and the Human Brain: Integrating Models of Stress from the Social and Life Sciences." *Psychological Review* 117 (1): 134–174.

Gao, Wei, Sarael Alcauter, Amanda Elton, Carlos R. Hernandez-Castillo, J. Keith Smith, Juanita Ramirez, and Weili Lin. 2014. "Functional Network Development During the First Year: Relative Sequence and Socioeconomic Correlations." *Cerebral Cortex* 25 (9): 2919–2928.

Gao, Wei, Amanda Elton, Hongtu Zhu, Sarael Alcauter, J. Keith Smith, John H. Gilmore, and Weili Lin. 2014. "Intersubject Variability of and Genetic Effects on the Brain's Functional Connectivity During Infancy." *Journal of Neuroscience* 34 (34): 11288–11296.

Gao, Wei, Hongtu Zhu, Kelly S. Giovanello, J. Keith Smith, Dinggang Shen, John H. Gilmore, and Weili Lin. 2009. "Evidence on the Emergence of the Brain's Default Network from 2-Week-Old to 2-Year-Old Healthy Pediatric Subjects." *Proceedings of the National Academy of Sciences* 106 (16): 6790–6795.

Garber, Megan. 2013. "Tongue and Tech: The Many Emotions for Which English Has No Words." *Atlantic*, January 8. http://www.theatlantic.com/technology/archive/2013/01/tongue-and-tech-the-many-emotions-for-which-english-has-no-words/266956/.

Gardner, Howard. 1975. *The Shattered Mind: The Person After Brain Damage*. New York: Vintage.

Garland, Eric L., Brett Froeliger, and Matthew O. Howard. 2014. "Effects of Mindfulness-Oriented Recovery Enhancement on Reward Responsiveness and Opioid Cue-Reactivity." *Psychopharmacology* 231 (16): 3229–3238.

Gelman, Susan A. 2009. "Learning from Others: Children's Construction of Concepts." *Annual Review of Psychology* 60: 115–140.

Gendron, M., and L. F. Barrett. 2009. "Reconstructing the Past: A Century of Ideas About Emotion in Psychology." *Emotion Review* 1 (4): 316–339.

———. In press. "How and Why Are Emotions Communicated." In *The Nature of Emotion: Fundamental Questions*, 2nd edition, edited by A. S. Fox, R. C. Lapate, A. J. Shackman, and R. J. Davidson. Oxford: Oxford University Press.

Gendron, Maria, Kristen A. Lindquist, Lawrence W. Barsalou, and Lisa Feldman Barrett. 2012. "Emotion Words Shape Emotion Percepts." *Emotion* 12 (2): 314–325.

Gendron, Maria, Debi Roberson, Jacoba Marieta van der Vyver, and Lisa Feldman Barrett. 2014a. "Cultural Relativity in Perceiving Emotion from Vocalizations." *Psychological Science* 25 (4): 911–920.

———. 2014b. "Perceptions of Emotion from Facial Expressions Are Not Culturally Universal: Evidence from a Remote Culture." *Emotion* 14 (2): 251–262.

Gertner, Nancy. 2015. "Will We Ever Know Why Dzhokhar Tsarnaev Spoke After It Was Too Late?" Boston Globe, June 30. http://clbb.mgh.harvard.edu/will-we-ever-know

-why-dzhokhar-tsarnaev-spoke-after-it-was-too-late.

Gibson, William T., Carlos R. Gonzalez, Conchi Fernandez, Lakshminarayanan Ramasamy, Tanya Tabachnik, Rebecca R. Du, Panna D. Felsen, Michael R. Maire, Pietro Perona, and David J. Anderson. 2015. "Behavioral Responses to a Repetitive Visual Threat Stimulus Express a Persistent State of Defensive Arousal in Drosophila." *Current Biology* 25 (11): 1401–1415.

Gilbert, Charles D., and Wu Li. 2013. "Top-Down Influences on Visual Processing." *Nature Reviews Neuroscience* 14 (5): 350–363.

Gilbert, D. T. 1998. "Ordinary Personology." In *The Handbook of Social Psychology*, edited by S. T. Fiske and L. Gardner, 89–150. New York: McGraw-Hill.

Giuliano, Ryan J., Elizabeth A. Skowron, and Elliot T. Berkman. 2015. "Growth Models of Dyadic Synchrony and Mother-Child Vagal Tone in the Context of Parenting At-Risk." *Biological Psychology* 105: 29–36.

Gleeson, Michael, Nicolette C. Bishop, David J. Stensel, Martin R. Lindley, Sarabjit S. Mastana, and Myra A. Nimmo. 2011. "The Anti-Inflammatory Effects of Exercise: Mechanisms and Implications for the Prevention and Treatment of Disease." *Nature Reviews Immunology* 11 (9): 607–615.

Goldapple, Kimberly, Zindel Segal, Carol Garson, Mark Lau, Peter Bieling, Sidney Kennedy, and Helen Mayberg. 2004. "Modulation of Cortical-Limbic Pathways in Major Depression: Treatment-Specific Effects of Cognitive Behavior Therapy." *Archives of General Psychiatry* 61 (1): 34–41.

Goldstein, Andrea N., and Matthew P. Walker. 2014. "The Role of Sleep in Emotional Brain Function." *Annual Review of Clinical Psychology* 10: 679–708.

Goldstone, Robert L. 1994. "The Role of Similarity in Categorization: Providing a Groundwork." *Cognition* 52 (2): 125–157.

Goleman, Daniel. 1998. *Working with Emotional Intelligence*. New York: Bantam.

———. 2006. *Emotional Intelligence*. New York: Random House.

Golinkoff, Roberta Michnick, Dilara Deniz Can, Melanie Soderstrom, and Kathy Hirsh-Pasek. 2015. "(Baby) Talk to Me: The Social Context of Infant-Directed Speech and Its Effects on Early Language Acquisition." *Current Directions in Psychological Science* 24 (5): 339–344.

Goodkind, Madeleine, Simon B. Eickhoff, Desmond J. Oathes, Ying Jiang, Andrew Chang, Laura B. Jones-Hagata, Brissa N. Ortega, Yevgeniya V. Zaiko, Erika L. Roach, and May-uresh S. Korgaonkar. 2015. "Identification of a Common Neurobiological Substrate for Mental Illness." *JAMA Psychiatry* 72 (4): 305–315.

Goodman, Morris. 1999. "The Genomic Record of Humankind's Evolutionary Roots." *American Journal of Human Genetics* 64 (1): 31 – 39.

Goodnough, Abby. 2009. "Harvard Professor Jailed; Officer Is Accused of Bias." *New York Times*, July 20. http://www.nytimes.com/2009/07/21/us/21gates.html.

Gopnik, Alison. 2009. *The Philosophical Baby: What Children's Minds Tell Us About Truth, Love and the Meaning of Life*. New York: Random House.

Gopnik, Alison, and David M. Sobel. 2000. "Detecting Blickets: How Young Children Use Information About Novel Causal Powers in Categorization and Induction." *Child Development* 71 (5): 1205 – 1222.

Gosselin, Frédéric, and Philippe G. Schyns. 2003. "Superstitious Perceptions Reveal Properties of Internal Representations." *Psychological Science* 14 (5): 505 – 509.

Gottman, John M., Lynn Fainsilber Katz, and Carole Hooven. 1996. "Parental Meta-Emotion Philosophy and the Emotional Life of Families: Theoretical Models and Prelimi-nary Data." *Journal of Family Psychology* 10 (3): 243 – 268.

Government Accountability Office (GAO). 2013. "Aviation Security: TSA Should Limit Future Funding for Behavior Detection Activities (GAO-14 – 159)." http://www.gao.gov/products/GAO-14-159.

Grandin, Temple. 1991. "An Inside View of Autism." http://www.autism.com/advocacy_grandin.

———. 2009. "How Does Visual Thinking Work in the Mind of a Person with Autism? A Personal Account." *Philosophical Transactions of the Royal Society of London B: Biological Sciences* 364 (1522): 1437 – 1442.

Graziano, Michael S. A. 2013. *Consciousness and the Social Brain*. New York: Oxford Uni-versity Press.

———. 2016. "Ethological Action Maps: A Paradigm Shift for the Motor Cortex." *Trends in Cognitive Sciences* 20 (2): 121 – 132.

Greene, Brian. 2007. *The Fabric of the Cosmos: Space, Time, and the Texture of Reality*. New York: Vintage.

Grill-Spector, Kalanit, and Kevin S. Weiner. 2014. "The Functional Architecture of the Ventral Temporal Cortex and Its Role in Categorization." *Nature Reviews Neuroscience* 15 (8): 536 – 548.

Gross, Cornelius T., and Newton Sabino Canteras. 2012. "The Many Paths to Fear." *Nature Reviews Neuroscience* 13 (9): 651 – 658.

Gross, James J. 2015. "Emotion Regulation: Current Status and Future Prospects."

Psychological Inquiry 26 (1): 1–26.

Gross, James J., and Lisa Feldman Barrett. 2011. "Emotion Generation and Emotion Regulation: One or Two Depends on Your Point of View." *Emotion Review* 3 (1): 8–16.

Guarneri-White, Maria Elizabeth. 2014. *Biological Aging and Peer Victimization: The Role of Social Support in Telomere Length and Health Outcomes*. Master's thesis, University of Texas at Arlington, 1566471.

Guillory, Sean A., and Krzysztof A. Bujarski. 2014. "Exploring Emotions Using Invasive Methods: Review of 60 Years of Human Intracranial Electrophysiology." *Social Cognitive and Affective Neuroscience* 9 (12): 1880–1889.

Gweon, Hyowon, Joshua B. Tenenbaum, and Laura E. Schulz. 2010. "Infants Consider Both the Sample and the Sampling Process in Inductive Generalization." *Proceedings of the National Academy of Sciences* 107 (20): 9066–9071.

Hacking, Ian. 1999. *The Social Construction of What?* Cambridge, MA: Harvard University Press.

Hagelskamp, Carolin, Marc A. Brackett, Susan E. Rivers, and Peter Salovey. 2013. "Improving Classroom Quality with the Ruler Approach to Social and Emotional Learning: Proximal and Distal Outcomes." *American Journal of Community Psychology* 51 (3–4): 530–543.

Halperin, Eran, Roni Porat, Maya Tamir, and James J. Gross. 2013. "Can Emotion Regulation Change Political Attitudes in Intractable Conflicts? From the Laboratory to the Field." *Psychological Science* 24 (1): 106–111.

Halpern, Jake. 2008. *Fame Junkies: The Hidden Truths Behind America's Favorite Addiction*. Boston: Houghton Mifflin Harcourt.

Hamlin, J. Kiley, George E. Newman, and Karen Wynn. 2009. "Eight-Month-Old Infants Infer Unfulfilled Goals, Despite Ambiguous Physical Evidence." *Infancy* 14 (5): 579–590.

Haney, Craig. 2005. *Death by Design: Capital Punishment as a Social Psychological System*. New York: Oxford University Press.

Hanson, Jamie L., Nicole Hair, Dinggang G. Shen, Feng Shi, John H. Gilmore, Barbara L. Wolfe, and Seth D. Pollak. 2013. "Family Poverty Affects the Rate of Human Infant Brain Growth." *PLOS One* 8 (12): e80954. doi:10.1371/journal.pone.0080954.

Hare, Brian, and Vanessa Woods. 2013. *The Genius of Dogs: How Dogs Are Smarter than You Think*. New York: Penguin.

Harmon-Jones, Eddie, and Carly K. Peterson. 2009. "Supine Body Position Reduces Neural Response to Anger Evocation." *Psychological Science* 20 (10): 1209–1210.

Harré, Rom. 1986. *The Social Construction of Emotions*. New York: Blackwell.

Harris, Christine R., and Caroline Prouvost. 2014. "Jealousy in Dogs." *PLOS One* 9 (7): e94597. doi:10.1371/journal.pone.0094597.

Harris, Paul L., Marc de Rosnay, and Francisco Pons. In press. "Understanding Emotion." In *Handbook of Emotions*, 4th edition, edited by Lisa Feldman Barrett, Michael Lewis, and Jeannette M. Haviland-Jones, 293–306. New York: Guilford Press.

Harrison, Neil A., Lena Brydon, Cicely Walker, Marcus A. Gray, Andrew Steptoe, and Hugo D. Critchley. 2009. "Inflammation Causes Mood Changes Through Alterations in Subgenual Cingulate Activity and Mesolimbic Connectivity." *Biological Psychiatry* 66 (5): 407–414.

Harrison, Neil A., Lena Brydon, Cicely Walker, Marcus A. Gray, Andrew Steptoe, Raymond J. Dolan, and Hugo D. Critchley. 2009. "Neural Origins of Human Sickness in Interoceptive Responses to Inflammation." *Biological Psychiatry* 66 (5): 415–422.

Hart, Betty, and Todd R. Risley. 1995. *Meaningful Differences in the Everyday Experience of Young American Children*. Baltimore: Paul H. Brookes.

———. 2003. "The Early Catastrophe: The 30 Million Word Gap by Age 3." *American Educator* 27 (1): 4–9.

Hart, Heledd, and Katya Rubia. 2012. "Neuroimaging of Child Abuse: A Critical Review." *Frontiers in Human Neuroscience* 6 (52): 1–24.

Harvey, Allison G., Greg Murray, Rebecca A. Chandler, and Adriane Soehner. 2011. "Sleep Disturbance as Transdiagnostic: Consideration of Neurobiological Mechanisms." *Clinical Psychology Review* 31 (2): 225–235.

Hassabis, Demis, and Eleanor A. Maguire. 2009. "The Construction System of the Brain." *Philosophical Transactions of the Royal Society B: Biological Sciences* 364 (1521): 1263–1271.

Hathaway, Bill. 2015. "Imaging Study Shows Brain Activity May Be as Unique as Fingerprints." YaleNews, October 12. http://news.yale.edu/2015/10/12/imaging-study-shows-brain-activity-may-be-unique-fingerprints.

Hawkins, Jeff, and Sandra Blakeslee. 2004. *On Intelligence*. New York: St. Martin's Griffin.

Hermann, Christiane, Johanna Hohmeister, Sueha Demirakça, Katrin Zohsel, and Herta Flor. 2006. "Long-Term Alteration of Pain Sensitivity in School-Aged Children with Early Pain Experiences." *Pain* 125 (3): 278–285.

Hertzman, Clyde, and Tom Boyce. 2010. "How Experience Gets Under the Skin to Create Gradients in Developmental Health." *Annual Review of Public Health* 31: 329–347.

Hey, Jody. 2010. "The Divergence of Chimpanzee Species and Subspecies as Revealed in Multipopulation Isolation-with-Migration Analyses." *Molecular Biology and Evolution* 27 (4): 921 – 933.

Higashida, Naoki. 2013. *The Reason I Jump: The Inner Voice of a Thirteen-Year-Old Boy with Autism*. New York: Random House.

Higgins, E. Tory. 1987. "Self-Discrepancy: A Theory Relating Self and Affect." *Psychological Review* 94 (3): 319 – 340.

Hill, Jason, Terrie Inder, Jeffrey Neil, Donna Dierker, John Harwell, and David Van Essen. 2010. "Similar Patterns of Cortical Expansion During Human Development and Evolution." *Proceedings of the National Academy of Sciences* 107 (29): 13135 – 13140.

Hillix, William A., and Duane M. Rumbaugh. 2004. "Language Research with Nonhuman Animals: Methods and Problems." In *Animal Bodies, Human Minds: Ape, Dolphin, and Parrot Language Skills*, 25 – 44. New York: Kluwer Academic.

Hirsh-Pasek, Kathy, Lauren B. Adamson, Roger Bakeman, Margaret Tresch Owen, Roberta Michnick Golinkoff, Amy Pace, Paula K. S. Yust, and Katharine Suma. 2015. "The Con-tribution of Early Communication Quality to Low-Income Children's Language Suc-cess." *Psychological Science* 26 (7): 1071 – 1083. doi:10.1177/0956797615581493.

Hochschild, Arlie R. 1983. *The Managed Heart: Commercialization of Human Feeling*. Berkeley: University of California Press.

Hofer, Myron A. 1984. "Relationships as Regulators: A Psychobiologic Perspective on Be-reavement." *Psychosomatic Medicine* 46 (3): 183 – 197.

———. 2006. "Psychobiological Roots of Early Attachment." *Current Directions in Psychological Science* 15 (2): 84 – 88.

Hohwy, Jakob. 2013. *The Predictive Mind*. Oxford: Oxford University Press.

Holt-Lunstad, Julianne, Timothy B. Smith, and J. Bradley Layton. 2010. "Social Relationships and Mortality Risk: A Meta-Analytic Review." *PLOS Med* 7 (7): e1000316. doi:1.1371/journal.pmed.1316.

Holtzheimer, Paul E., Mary E. Kelley, Robert E. Gross, Megan M. Filkowski, Steven J. Garlow, Andrea Barrocas, Dylan Wint, Margaret C. Craighead, Julie Kozarsky, and Ronald Chismar. 2012. "Subcallosal Cingulate Deep Brain Stimulation for Treatment-Resistant Unipolar and Bipolar Depression." *Archives of General Psychiatry* 69 (2): 150 – 158.

Horowitz, Alexandra. 2009. "Disambiguating the 'Guilty Look': Salient Prompts to a Familiar Dog Behaviour." *Behavioural Processes* 81 (3): 447 – 452.

Hoyt, Michael A., Annette L. Stanton, Julienne E. Bower, KaMala S. Thomas, Mark S. Litwin, Elizabeth C. Breen, and Michael R. Irwin. 2013. "Inflammatory Biomarkers and

Emotional Approach Coping in Men with Prostate Cancer." *Brain, Behavior, and Immunity* 32: 173–179.

Hunter, Richard G., and Bruce S. McEwen. 2013. "Stress and Anxiety Across the Lifespan: Structural Plasticity and Epigenetic Regulation." *Epigenomics* 5 (2): 177–194.

Huntsinger, Jeffrey R., Linda M. Isbell, and Gerald L. Clore. 2014. "The Affective Control of Thought: Malleable, Not Fixed." *Psychological Review* 121 (4): 600–618.

Innocence Project. 2015. "Eyewitness Misidentification." http://www.innocenceproject.org/causes-wrongful-conviction/eyewitness-misidentification.

International Association for the Study of Pain. 2012. "IASP Taxonomy." http://www.iasp-pain.org/Taxonomy.

Inzlicht, Michael, Bruce D. Bartholow, and Jacob B. Hirsh. 2015. "Emotional Foundations of Cognitive Control." *Trends in Cognitive Sciences* 19 (3): 126–132.

Irwin, Michael R., and Steven W. Cole. 2011. "Reciprocal Regulation of the Neural and Innate Immune Systems." *Nature Reviews Immunology* 11 (9): 625–632.

Iwata, Jiro, and Joseph E. LeDoux. 1988. "Dissociation of Associative and Nonassociative Concomitants of Classical Fear Conditioning in the Freely Behaving Rat." *Behavioral Neuroscience* 102 (1): 66–76.

Izard, Carroll E. 1971. *The Face of Emotion*. East Norwalk, CT: Appleton-Century-Crofts.

———. 1994. "Innate and Universal Facial Expressions: Evidence from Developmental and Cross-Cultural Research." *Psychological Bulletin* 115 (2): 288–299.

Jablonka, Eva, Marion J. Lamb, and Anna Zeligowski. 2014. *Evolution in Four Dimensions: Genetic, Epigenetic, Behavioral, and Symbolic Variation in the History of Life*. Revised edition. Cambridge, MA: MIT Press.

James, William. 1884. "What Is an Emotion?" *Mind* 34: 188–205.

———. (1890) 2007. *The Principles of Psychology*. Vol. 1. New York: Dover.

———. 1894. "The Physical Basis of Emotion." *Psychological Review* 1: 516–529.

Jamieson, J. P., M. K. Nock, and W. B. Mendes. 2012. "Mind over Matter: Reappraising Arousal Improves Cardiovascular and Cognitive Responses to Stress." *Journal of Experimental Psychology*: General 141 (3): 417–422.

Jamieson, Jeremy P., Aaron Altose, Brett J. Peters, and Emily Greenwood. 2016. "Reappraising Stress Arousal Improves Performance and Reduces Evaluation Anxiety in Classroom Exam Situations." *Social Psychological and Personality Science* 7 (6): 579–587.

Jamieson, Jeremy P., Wendy Berry Mendes, Erin Blackstock, and Toni Schmader. 2010. "Turning the Knots in Your Stomach into Bows: Reappraising Arousal Improves Performance on the GRE." *Journal of Experimental Social Psychology* 46 (1): 208–212.

Jamieson, Jeremy P., Wendy Berry Mendes, and Matthew K. Nock. 2013. "Improving Acute Stress Responses: The Power of Reappraisal." *Current Directions in Psychological Science* 22 (1): 51–56.

Jamieson, Jeremy P., Matthew K. Nock, and Wendy Berry Mendes. 2013. "Changing the Conceptualization of Stress in Social Anxiety Disorder Affective and Physiological Consequences." *Clinical Psychological Science* 1: 363–374.

Jamison, Kay R. 2005. *Exuberance: The Passion for Life*. New York: Vintage Books.

Jeste, Shafali S., and Daniel H. Geschwind. 2014. "Disentangling the Heterogeneity of Au-tism Spectrum Disorder Through Genetic Findings." *Nature Reviews Neurology* 10 (2): 74–81.

Ji, Ru-Rong, Temugin Berta, and Maiken Nedergaard. 2013. "Glia and Pain: Is Chronic Pain a Gliopathy?" *Pain* 154: S10–S28.

Job, Veronika, Gregory M. Walton, Katharina Bernecker, and Carol S. Dweck. 2013. "Beliefs About Willpower Determine the Impact of Glucose on Self-Control." *Proceedings of the National Academy of Sciences* 110 (37): 14837–14842.

———. 2015. "Implicit Theories About Willpower Predict Self-Regulation and Grades in Everyday Life." *Journal of Personality and Social Psychology* 108 (4): 637–647.

Johansen, Joshua P., and Howard L. Fields. 2004. "Glutamatergic Activation of Anterior Cingulate Cortex Produces an Aversive Teaching Signal." *Nature Neuroscience* 7 (4): 398–403.

John-Henderson, Neha A., Michelle L. Rheinschmidt, and Rodolfo Mendoza-Denton. 2015. "Cytokine Responses and Math Performance: The Role of Stereotype Threat and Anxiety Reappraisals." *Journal of Experimental Social Psychology* 56: 203–206.

John-Henderson, Neha A., Jennifer E. Stellar, Rodolfo Mendoza-Denton, and Darlene D. Francis. 2015. "Socioeconomic Status and Social Support: Social Support Reduces Inflammatory Reactivity for Individuals Whose Early-Life Socioeconomic Status Was Low." *Psychological Science* 26 (10): 1620–1629.

Jones, Colin. 2014. *The Smile Revolution in Eighteenth Century Paris*. New York: Oxford University Press.

Josefsson, Torbjörn, Magnus Lindwall, and Trevor Archer. 2014. "Physical Exercise Intervention in Depressive Disorders: Meta-Analysis and Systematic Review." *Scandinavian Journal of Medicine and Science in Sports* 24 (2): 259–272.

Jussim, L., J. T. Crawford, S. M. Anglin, J. Chambers, S. T. Stevens, and F. Cohen. 2009. "Stereotype Accuracy: One of the Largest Relationships in All of Social Psychology." In *Handbook of Prejudice, Stereotyping, and Discrimination*, 2nd edition, edited by Todd D. Nelson, 31 – 64. New York: Psychology Press.

Jussim, Lee. 2012. *Social Perception and Social Reality: Why Accuracy Dominates Bias and Self-Fulfilling Prophecy*. New York: Oxford University Press.

Jussim, Lee, Thomas R. Cain, Jarret T. Crawford, Kent Harber, and Florette Cohen. 2009. "The Unbearable Accuracy of Stereotypes." *Handbook of Prejudice, Stereotyping, and Discrimination*, 2nd edition, edited by Todd D. Nelson, 199 – 227. New York: Psychology Press.

Kagan, Jerome. 2007. *What Is Emotion?: History, Measures, and Meanings*. New Haven, CT: Yale University Press.

Kahan, Dan M., David A. Hoffman, Donald Braman, and Danieli Evans. 2012. "They Saw a Protest: Cognitive Illiberalism and the Speech-Conduct Distinction." *Stanford Law Review* 64: 851.

Kahan, Dan M., and Martha C. Nussbaum. 1996. "Two Conceptions of Emotion in Criminal Law." *Columbia Law Review* 96 (2): 269 – 374.

Kahneman, Daniel. 2011. *Thinking, Fast and Slow*. New York: Macmillan.

Kaiser, Roselinde H., Jessica R. Andrews-Hanna, Tor D. Wager, and Diego A. Pizzagalli. 2015. "Large-Scale Network Dysfunction in Major Depressive Disorder: A Meta-Analysis of Resting-State Functional Connectivity." *JAMA Psychiatry* 72 (6): 603 – 611.

Kaminski, Juliane, Juliane Bräuer, Josep Call, and Michael Tomasello. 2009. "Domestic Dogs Are Sensitive to a Human's Perspective." *Behaviour* 146 (7): 979 – 998.

Karlsson, Håkan, Björn Ahlborg, Christina Dalman, and Tomas Hemmingsson. 2010. "Association Between Erythrocyte Sedimentation Rate and IQ in Swedish Males Aged 18 – 20." *Brain, Behavior, and Immunity* 24 (6): 868 – 873.

Karmiloff-Smith, Annette. 2009. "Nativism Versus Neuroconstructivism: Rethinking the Study of Developmental Disorders." *Developmental Psychology* 45 (1): 56 – 63.

Kashdan, Todd B., Lisa Feldman Barrett, and Patrick E. McKnight. 2015. "Unpacking Emo-tion Differentiation Transforming Unpleasant Experience by Perceiving Distinctions in Negativity." *Current Directions in Psychological Science* 24 (1): 10 – 16.

Kashdan, Todd B., and Antonina S. Farmer. 2014. "Differentiating Emotions Across Contexts: Comparing Adults With and Without Social Anxiety Disorder Using Random, Social Interaction, and Daily Experience Sampling." *Emotion* 14 (3): 629 – 638.

Kashdan, Todd B., Patty Ferssizidis, R. Lorraine Collins, and Mark Muraven. 2010. "Emotion Differentiation as Resilience Against Excessive Alcohol Use an Ecological Momentary Assessment in Underage Social Drinkers." *Psychological Science* 21 (9): 1341–1347.

Kassam, Karim S., and Wendy Berry Mendes. 2013. "The Effects of Measuring Emotion: Physiological Reactions to Emotional Situations Depend on Whether Someone Is Asking." *PLOS One* 8 (6): e64959. doi:10.1371/journal.pone.0064959.

Kassin, Saul M., V. Anne Tubb, Harmon M. Hosch, and Amina Memon. 2001. "On the 'General Acceptance' of Eyewitness Testimony Research: A New Survey of the Experts." *American Psychologist* 56 (5): 405–416.

Katz, Lynn Fainsilber, Ashley C. Maliken, and Nicole M. Stettler. 2012. "Parental Meta-Emotion Philosophy: A Review of Research and Theoretical Framework." *Child Development Perspectives* 6 (4): 417–422.

Keefe, P. R. 2015. "The Worst of the Worst." New Yorker, September 14. http://www.new yorker.com/magazine/2015/09/14/the-worst-of-the-worst.

Keil, Frank C., and George E. Newman. 2010. "Darwin and Development: Why Ontogeny Does Not Recapitulate Phylogeny for Human Concepts." In *The Making of Human Concepts*, edited by Denis Mareschal, Paul Quinn, and Stephen E. G. Lea, 317–334. New York: Oxford University Press.

Kelly, Megan M., John P. Forsyth, and Maria Karekla. 2006. "Sex Differences in Response to a Panicogenic Challenge Procedure: An Experimental Evaluation of Panic Vulnerability in a Non-Clinical Sample." *Behaviour Research and Therapy* 44 (10): 1421–1430.

Keltner, Dacher, and Jonathan Haidt. 2003. "Approaching Awe, a Moral, Spiritual, and Aes-thetic Emotion." *Cognition and Emotion* 17 (2): 297–314.

Khandaker, Golam M., Rebecca M. Pearson, Stanley Zammit, Glyn Lewis, and Peter B. Jones. 2014. "Association of Serum Interleukin 6 and C-Reactive Protein in Childhood with Depression and Psychosis in Young Adult Life: A Population-Based Longitudinal Study." *JAMA Psychiatry* 71 (10): 1121–1128.

Kiecolt-Glaser, Janice K. 2010. "Stress, Food, and Inflammation: Psychoneuroimmunology and Nutrition at the Cutting Edge." *Psychosomatic Medicine* 72 (4): 365–369.

Kiecolt-Glaser, Janice K., Jeanette M. Bennett, Rebecca Andridge, Juan Peng, Charles L. Shapiro, William B. Malarkey, Charles F. Emery, Rachel Layman, Ewa E. Mrozek, and Ronald Glaser. 2014. "Yoga's Impact on Inflammation, Mood, and Fatigue in Breast Cancer Survivors: A Randomized Controlled Trial." *Journal of Clinical Oncology* 32 (10): 1040–1051.

Kiecolt-Glaser, Janice K., Lisa Christian, Heather Preston, Carrie R. Houts, William B. Malarkey, Charles F. Emery, and Ronald Glaser. 2010. "Stress, Inflammation, and Yoga

Practice." *Psychosomatic Medicine* 72 (2): 113–134.

Kiecolt-Glaser, Janice K., Jean-Philippe Gouin, Nan-ping Weng, William B. Malarkey, David Q. Beversdorf, and Ronald Glaser. 2011. "Childhood Adversity Heightens the Impact of Later-Life Caregiving Stress on Telomere Length and Inflammation." *Psychosomatic Medicine* 73 (1): 16–22.

Killingsworth, M. A., and D. T. Gilbert. 2010. "A Wandering Mind Is an Unhappy Mind." *Science* 330 (6006): 932.

Kim, Min Y., Brett Q. Ford, Iris Mauss, and Maya Tamir. 2015. "Knowing When to Seek Anger: Psychological Health and Context-Sensitive Emotional Preferences." *Cognition and Emotion* 29 (6): 1126–1136.

Kim, ShinWoo, and Gregory L. Murphy. 2011. "Ideals and Category Typicality." *Journal of Experimental Psychology: Learning, Memory, and Cognition* 37 (5): 1092–1112.

Kimhy, David, Julia Vakhrusheva, Samira Khan, Rachel W. Chang, Marie C. Hansen, Jacob S. Ballon, Dolores Malaspina, and James J. Gross. 2014. "Emotional Granularity and Social Functioning in Individuals with Schizophrenia: An Experience Sampling Study." *Journal of Psychiatric Research* 53: 141–148.

Kircanski, K., M. D. Lieberman, and M. G. Craske. 2012. "Feelings into Words: Contributions of Language to Exposure Therapy." *Psychological Science* 23 (10): 1086–1091.

Kirsch, Irving. 2010. *The Emperor's New Drugs: Exploding the Antidepressant Myth*. New York: Basic Books.

Kitzbichler, Manfred G., Richard N. A. Henson, Marie L. Smith, Pradeep J. Nathan, and Edward T. Bullmore. 2011. "Cognitive Effort Drives Workspace Configuration of Human Brain Functional Networks." *Journal of Neuroscience* 31 (22): 8259–8270.

Klatzky, Roberta L., James W. Pellegrino, Brian P. McCloskey, and Sally Doherty. 1989. "Can You Squeeze a Tomato? The Role of Motor Representations in Semantic Sensibility Judgments." *Journal of Memory and Language* 28 (1): 56–77.

Kleckner, I. R., J. Zhang, A. Touroutoglou, L. Chanes, C. Xia, W. K. Simmons, B. C. Dickerson, and L. F. Barrett. Under review. "Evidence for a Large-Scale Brain System Support-ing Interoception in Humans."

Klüver, Heinrich, and Paul C. Bucy. 1939. "Preliminary Analysis of Functions of the Tempo-ral Lobes in Monkeys." *Archives of Neurology and Psychiatry* 42: 979–1000.

Kober, H., L. F. Barrett, J. Joseph, E. Bliss-Moreau, K. Lindquist, and T. D. Wager. 2008. "Functional Grouping and Cortical-Subcortical Interactions in Emotion: A Meta-Anal-ysis of Neuroimaging Studies." *Neuroimage* 42 (2): 998–1031.

Koch, Kristin, Judith McLean, Ronen Segev, Michael A. Freed, Michael J. Berry, Vijay Balasubramanian, and Peter Sterling. 2006. "How Much the Eye Tells the Brain." *Current Biology* 16 (14): 1428–1434.

Kohut, Andrew. 2015. "Despite Lower Crime Rates, Support for Gun Rights Increases." Pew Research Center, April 17. http://www.pewresearch.org/fact-tank/2015/04/17/despite -lower-crime-rates-support-for-gun-rights-increases.

Kolodny, Andrew, David T. Courtwright, Catherine S. Hwang, Peter Kreiner, John L. Eadie, Thomas W. Clark, and G. Caleb Alexander. 2015. "The Prescription Opioid and Heroin Crisis: A Public Health Approach to an Epidemic of Addiction." *Annual Review of Public Health* 36: 559–574.

Koopman, Frieda A., Susanne P. Stoof, Rainer H. Straub, Marjolein A. van Maanen, Margriet J. Vervoordeldonk, and Paul P. Tak. 2011. "Restoring the Balance of the Autonomic Nervous System as an Innovative Approach to the Treatment of Rheumatoid Arthritis." *Molecular Medicine* 17 (9): 937–948.

Kopchia, Karen L., Harvey J. Altman, and Randall L. Commissaris. 1992. "Effects of Lesions of the Central Nucleus of the Amygdala on Anxiety-Like Behaviors in the Rat." *Pharmacology Biochemistry and Behavior* 43 (2): 453–461.

Kostović, I., and M. Judaš. 2015. "Embryonic and Fetal Development of the Human Cerebral Cortex." In *Brain Mapping, An Encyclopedic Reference, Volume 2: Anatomy and Physiology, Systems,* edited by Arthur W. Toga, 167–175. San Diego: Academic Press.

Kragel, Philip A., and Kevin S. LaBar. 2013. "Multivariate Pattern Classification Reveals Autonomic and Experiential Representations of Discrete Emotions." *Emotion* 13 (4): 681–690.

Kreibig, S. D. 2010. "Autonomic Nervous System Activity in Emotion: A Review." *Biological Psychology* 84 (3): 394–421.

Kring, A. M., and A. H. Gordon. 1998. "Sex Differences in Emotion: Expression, Experience, and Physiology." *Journal of Personality and Social Psychology* 74 (3): 686–703.

Krugman, Paul. 2014. "The Dismal Science: 'Seven Bad Ideas' by Jeff Madrick." New York Times, September 25. http://www.nytimes.com/2014/09/28/books/review/seven-bad-ideas-by-jeff-madrick.html.

Kuhl, Patricia K. 2007. "Is Speech Learning 'Gated' by the Social Brain?" *Developmental Science* 10 (1): 110–120.

———. 2014. "Early Language Learning and the Social Brain." *Cold Spring Harbor Symposia on Quantitative Biology* 79: 211–220.

Kuhl, Patricia, and Maritza Rivera-Gaxiola. 2008. "Neural Substrates of Language Acquisition." *Annual Review of Neuroscience* 31: 511–534.

Kuhn, Thomas S. 1966. *The Structure of Scientific Revolutions*. Chicago: University of Chi-cago Press.

Kundera, Milan. 1994. *The Book of Laughter and Forgetting*. New York: HarperCollins.

Kupfer, Alexander, Hendrik Müller, Marta M. Antoniazzi, Carlos Jared, Hartmut Greven, Ronald A. Nussbaum, and Mark Wilkinson. 2006. "Parental Investment by Skin Feeding in a Caecilian Amphibian." *Nature* 440 (7086): 926–929.

Kuppens, P., F. Tuerlinckx, J. A. Russell, and L. F. Barrett. 2013. "The Relationship Between Valence and Arousal in Subjective Experience." *Psychological Bulletin* 139: 917–940.

Kuppens, Peter, Iven Van Mechelen, Dirk J. M. Smits, Paul De Boeck, and Eva Ceulemans. 2007. "Individual Differences in Patterns of Appraisal and Anger Experience." *Cognition and Emotion* 21 (4): 689–713.

LaBar, Kevin S., J. Christopher Gatenby, John C. Gore, Joseph E. LeDoux, and Elizabeth A. Phelps. 1998. "Human Amygdala Activation During Conditioned Fear Acquisition and Extinction: A Mixed-Trial fMRI Study." *Neuron* 20 (5): 937–945.

Lakoff, George. 1990. *Women, Fire, and Dangerous Things: What Categories Reveal About the Mind*. Chicago: University of Chicago Press.

Laland, Kevin N., and Gillian R. Brown. 2011. *Sense and Nonsense: Evolutionary Perspectives on Human Behaviour*. Oxford: Oxford University Press.

Lane, Richard D., Geoffrey L. Ahern, Gary E. Schwartz, and Alfred W. Kaszniak. 1997. "Is Alexithymia the Emotional Equivalent of Blindsight?" *Biological Psychiatry* 42 (9): 834–844.

Lane, Richard D., and David A. S. Garfield. 2005. "Becoming Aware of Feelings: Integration of Cognitive-Developmental, Neuroscientific, and Psychoanalytic Perspectives." *Neuropsychoanalysis* 7 (1): 5–30.

Lane, Richard D., Lee Sechrest, Robert Riedel, Daniel E. Shapiro, and Alfred W. Kaszniak. 2000. "Pervasive Emotion Recognition Deficit Common to Alexithymia and the Re-pressive Coping Style." *Psychosomatic Medicine* 62 (4): 492–501.

Lang, Peter J., Mark K. Greenwald, Margaret M. Bradley, and Alfons O. Hamm. 1993. "Looking at Pictures: Affective, Facial, Visceral, and Behavioral Reactions." *Psychophys-iology* 30 (3): 261–273.

Laukka, Petri, Hillary Anger Elfenbein, Nela Söder, Henrik Nordström, Jean Althoff, Wanda Chui, Frederick K. Iraki, Thomas Rockstuhl, and Nutankumar S. Thingujam. 2013. "Cross-Cultural Decoding of Positive and Negative Non-Linguistic Emotion Vo-calizations." *Frontiers in Psychology* 4 (353): 185–192.

Lawrence, T. E. (1922) 2015. *Seven Pillars of Wisdom*. Toronto: Aegitas.

Lazarus, R. S. 1998. "From Psychological Stress to the Emotions: A History of Changing Outlooks." In *Personality: Critical Concepts in Psychology*, vol. 4, edited by Cary L. Cooper and Lawrence A. Pervin, 179–200. London: Routledge.

Lea, Stephen E. G. 2010. "Concept Learning in Nonprimate Mammals: In Search of Evidence." In *The Making of Human Concepts*, edited by Denis Mareschal, Paul Quinn, and Stephen E. G. Lea, 173–199. New York: Oxford University Press.

Lebois, Lauren A. M., Christine D. Wilson-Mendenhall, and Lawrence W. Barsalou. 2015. "Are Automatic Conceptual Cores the Gold Standard of Semantic Processing? The Context-Dependence of Spatial Meaning in Grounded Congruency Effects." *Cognitive Science* 39 (8): 1764–1801.

Lebrecht, S., M. Bar., L. F. Barrett, and M. J. Tarr. 2012. "Micro-Valences: Perceiving Affec-tive Valence in Everyday Objects." *Frontiers in Perception Science* 3 (107): 1–5.

Lecours, S., G. Robert, and F. Desruisseaux. 2009. "Alexithymia and Verbal Elaboration of Affect in Adults Suffering from a Respiratory Disorder." *European Review of Applied Psychology–Revue européenne de psychologie appliquée* 59 (3): 187–195.

LeDoux, Joseph E. 2014. "Coming to Terms with Fear." *Proceedings of the National Academy of Sciences* 111 (8): 2871–2878.

———. 2015. *Anxious: Using the Brain to Understand and Treat Fear and Anxiety*. New York: Penguin.

Lee, Marion, Sanford Silverman, Hans Hansen, and Vikram Patel. 2011. "A Comprehensive Review of Opioid-Induced Hyperalgesia." *Pain Physician* 14: 145–161.

Leffel, Kristin, and Dana Suskind. 2013. "Parent-Directed Approaches to Enrich the Early Language Environments of Children Living in Poverty." *Seminars in Speech and Language* 34 (4): 267–278.

Leppänen, Jukka M., and Charles A. Nelson. 2009. "Tuning the Developing Brain to Social Signals of Emotions." *Nature Reviews Neuroscience* 10 (1): 37–47.

Levenson, Robert W. 2011. "Basic Emotion Questions." *Emotion Review* 3 (4): 379–386.

Levenson, Robert W., Paul Ekman, and Wallace V. Friesen. 1990. "Voluntary Facial Action Generates Emotion-Specific Autonomic Nervous System Activity." *Psychophysiology* 27 (4): 363–384.

Levenson, Robert W., Paul Ekman, Karl Heider, and Wallace V. Friesen. 1992. "Emotion and Autonomic Nervous System Activity in the Minangkabau of West Sumatra." *Journal of Personality and Social Psychology* 62 (6): 972–988.

Levy, Robert I. 1975. *Tahitians: Mind and Experience in the Society Islands*. Chicago: Uni-versity of Chicago Press.

———. 2014. "The Emotions in Comparative Perspective." In *Approaches to Emotion*, edited by K. Scherer and P. Ekman, 397–412. Hillsdale, NJ: Erlbaum.

Lewontin, Richard. 1991. *Biology as Ideology: The Doctrine of DNA*. New York: HarperPe-rennial.

Li, Susan Shi Yuan, and Gavan P. McNally. 2014. "The Conditions That Promote Fear Learning: Prediction Error and Pavlovian Fear Conditioning." *Neurobiology of Learning and Memory* 108: 14–21.

Liberman, Alvin M., Franklin S. Cooper, Donald P. Shankweiler, and Michael Studdert-Kennedy. 1967. "Perception of the Speech Code." *Psychological Review* 74 (6): 431–461.

Lieberman, M. D., N. I. Eisenberger, M. J. Crockett, S. M. Tom, J. H. Pfeifer, and B. M. Way. 2007. "Putting Feelings into Words: Affect Labeling Disrupts Amygdala Activity in Response to Affective Stimuli." *Psychological Science* 18 (5): 421–428.

Lieberman, M. D., A. Hariri, J. M. Jarcho, N. I. Eisenberger, and S. Y. Bookheimer. 2005. "An fMRI Investigation of Race-Related Amygdala Activity in African-American and Caucasian-American Individuals." *Nature Neuroscience* 8 (6): 720–722.

Lin, Pei-Ying. 2013. "Unspeakableness: An Intervention of Language Evolution and Hu-man Communication." http://uniquelang.peiyinglin.net/01untranslatable.html.

Lindquist, Kristen A., and Lisa Feldman Barrett. 2008. "Emotional Complexity." In *Hand-book of Emotions*, 3rd edition, edited by Michael Lewis, Jeannette M. Haviland-Jones, and Lisa Feldman Barrett, 513–530. New York: Guilford Press.

———. 2012. "A Functional Architecture of the Human Brain: Emerging Insights from the Science of Emotion." *Trends in Cognitive Sciences* 16 (11): 533–540.

Lindquist, Kristen A., Lisa Feldman Barrett, Eliza Bliss-Moreau, and James A. Russell. 2006. "Language and the Perception of Emotion." *Emotion* 6 (1): 125–138.

Lindquist, Kristen A., Maria Gendron, Lisa Feldman Barrett, and Bradford C. Dicker-son. 2014. "Emotion Perception, but Not Affect Perception, Is Impaired with Semantic Memory Loss." *Emotion* 14 (2): 375–387.

Lindquist, Kristen A., Ajay B. Satpute, Tor D. Wager, Jochen Weber, and Lisa Feldman Barrett. 2015. "The Brain Basis of Positive and Negative Affect: Evidence from a Meta-Analysis of the Human Neuroimaging Literature." *Cerebral Cortex* 26 (5): 1910–1922.

Lindquist, Kristen A., Tor D. Wager, Hedy Kober, Eliza Bliss-Moreau, and Lisa Feldman Barrett. 2012. "The Brain Basis of Emotion: A Meta-Analytic Review." *Behavioral and*

Brain Sciences 35 (3): 121–143.

Llinás, Rodolfo Riascos. 2001. *I of the Vortex: From Neurons to Self.* Cambridge, MA: MIT Press.

Lloyd-Fox, Sarah, Borbála Széplaki-Köllöd, Jun Yin, and Gergely Csibra. 2015. "Are You Talking to Me? Neural Activations in 6-Month-Old Infants in Response to Being Addressed During Natural Interactions." *Cortex* 70: 35–48.

Lochmann, Timm, and Sophie Deneve. 2011. "Neural Processing as Causal Inference." *Current Opinion in Neurobiology* 21 (5): 774–781.

Loftus, Elizabeth F., and J. C. Palmer. 1974. "Reconstruction of Automobile Destruction: An Example of the Interaction Between Language and Memory." *Journal of Verbal Learning and Verbal Behavior* 13 (5): 585–589.

Lokuge, Sonali, Benicio N. Frey, Jane A. Foster, Claudio N. Soares, and Meir Steiner. 2011. "Commentary: Depression in Women: Windows of Vulnerability and New Insights into the Link Between Estrogen and Serotonin." *Journal of Clinical Psychiatry* 72 (11): 1563–1569.

Lorch, Marjorie Perlman. 2008. "The Merest Logomachy: The 1868 Norwich Discussion of Aphasia by Hughlings Jackson and Broca." *Brain* 131 (6): 1658–1670.

Louveau, Antoine, Igor Smirnov, Timothy J. Keyes, Jacob D. Eccles, Sherin J. Rouhani, J. David Peske, Noel C. Derecki, David Castle, James W. Mandell, and Kevin S. Lee. 2015. "Structural and Functional Features of Central Nervous System Lymphatic Vessels." *Nature* 523: 337–341.

Lujan, J. Luis, Ashutosh Chaturvedi, Ki Sueng Choi, Paul E. Holtzheimer, Robert E. Gross, Helen S. Mayberg, and Cameron C. McIntyre. 2013. "Tractography-Activation Models Applied to Subcallosal Cingulate Deep Brain Stimulation." *Brain Stimulation* 6 (5): 737–739.

Luminet, Olivier, Bernard Rimé, R. Michael Bagby, and Graeme Taylor. 2004. "A Multimodal Investigation of Emotional Responding in Alexithymia." *Cognition and Emotion* 18 (6): 741–766.

Lutz, Catherine. 1980. *Emotion Words and Emotional Development on Ifaluk Atoll.* Ph.D. diss., Harvard University, 003878556.

———. 1983. "Parental Goals, Ethnopsychology, and the Development of Emotional Meaning." *Ethos* 11 (4): 246–262.

Lynch, Mona, and Craig Haney. 2011. "Looking Across the Empathic Divide: Racialized Decision Making on the Capital Jury." *Michigan State Law Review* 2011: 573–607.

Ma, Lili, and Fei Xu. 2011. "Young Children's Use of Statistical Sampling Evidence to Infer the Subjectivity of Preferences." *Cognition* 120 (3): 403–411.

MacLean, P. D., and V. A. Kral. 1973. *A Triune Concept of the Brain and Behavior.* Toronto: University of Toronto Press.

Madrick, Jeff. 2014. *Seven Bad Ideas: How Mainstream Economists Have Damaged America and the World.* New York: Vintage.

Maihöfner, Christian, Clemens Forster, Frank Birklein, Bernhard Neundörfer, and Hermann O. Handwerker. 2005. "Brain Processing During Mechanical Hyperalgesia in Complex Regional Pain Syndrome: A Functional MRI Study." *Pain* 114 (1): 93–103.

Malik, Bilal R., and James J. L. Hodge. 2014. "Drosophila Adult Olfactory Shock Learning." *Journal of Visualized Experiments* (90): 1–5. doi:10.3791/50107.

Malt, Barbara, and Phillip Wolff. 2010. *Words and the Mind: How Words Capture Human Experience.* New York: Oxford University Press.

Marder, E., and A. L. Taylor. 2011. "Multiple Models to Capture the Variability in Biological Neurons and Networks." *Nature Neuroscience* 14: 133–138.

Marder, Eve. 2012. "Neuromodulation of Neuronal Circuits: Back to the Future." Neuron 76 (1): 1–11.

Mareschal, Denis, Mark H. Johnson, Sylvain Sirois, Michael Spratling, Michael S. C. Thomas, and Gert Westermann. 2007. *Neuroconstructivism-I: How the Brain Constructs Cognition.* New York: Oxford University Press.

Mareschal, Denis, Paul C. Quinn, and Stephen E. G. Lea. 2010. *The Making of Human Concepts.* New York: Oxford University Press.

Marmi, Josep, Jaume Bertranpetit, Jaume Terradas, Osamu Takenaka, and Xavier Domingo-Roura. 2004. "Radiation and Phylogeography in the Japanese Macaque, Macaca Fuscata." *Molecular Phylogenetics and Evolution* 30 (3): 676–685.

Martin, Alia, and Laurie R. Santos. 2014. "The Origins of Belief Representation: Monkeys Fail to Automatically Represent Others' Beliefs." *Cognition* 130 (3): 300–308.

Martin, René, Ellen E. I. Gordon, and Patricia Lounsbury. 1998. "Gender Disparities in the Attribution of Cardiac-Related Symptoms: Contribution of Common Sense Models of Illness." *Health Psychology* 17 (4): 346–357.

Martin, René, Catherine Lemos, Nan Rothrock, S. Beth Bellman, Daniel Russell, Toni Tripp-Reimer, Patricia Lounsbury, and Ellen Gordon. 2004. "Gender Disparities in Common Sense Models of Illness Among Myocardial Infarction Victims." *Health Psychology* 23 (4): 345–353.

Martins, Nicole. 2013. "Televised Relational and Physical Aggression and Children's

Hostile Intent Attributions." *Journal of Experimental Child Psychology* 116 (4): 945–952.

Martins, Nicole, Marie-Louise Mares, Mona Malacane, and Alanna Peebles. In press. "Liked Characters Get a Moral Pass: Young Viewers' Evaluations of Social and Physical Aggression in Tween Sitcoms." *Communication Research.*

Martins, Nicole, and Barbara J. Wilson. 2011. "Genre Differences in the Portrayal of Social Aggression in Programs Popular with Children." *Communication Research Reports* 28 (2): 130–140.

———. 2012a. "Mean on the Screen: Social Aggression in Programs Popular with Children." *Journal of Communication* 62 (6): 991–1009.

———. 2012b. "Social Aggression on Television and Its Relationship to Children's Aggression in the Classroom." *Human Communication Research* 38 (1): 48–71.

Massachusetts General Hospital Center for Law, Brain, and Behavior. 2013. "Memory in the Courtroom: Fixed, Fallible or Fleeting?" http://clbb.mgh.harvard.edu/memory-in-the-courtroom-fixed-fallible-or-fleeting.

Master, Sarah L., David M. Amodio, Annette L. Stanton, Cindy M. Yee, Clayton J. Hilmert, and Shelley E. Taylor. 2009. "Neurobiological Correlates of Coping Through Emotional Approach." *Brain, Behavior, and Immunity* 23 (1): 27–35.

Mathers, Colin, Doris Ma Fat, and Jan Ties Boerma. 2008. *The Global Burden of Disease: 2004 Update.* Geneva: World Health Organization.

Mathis, Diane, and Steven E. Shoelson. 2011. "Immunometabolism: An Emerging Frontier." *Nature Reviews Immunology* 11 (2): 81–83.

Matsumoto, David, Dacher Keltner, Michelle N. Shiota, Maureen O'Sullivan, and Mark Frank. 2008. "Facial Expressions of Emotion." In *Handbook of Emotions,* 3rd edition, edited by Michael Lewis, Jeannette M. Haviland-Jones, and Lisa Feldman Barrett, 211–234. New York: Guilford Press.

Matsumoto, David, Seung Hee Yoo, and Johnny Fontaine. 2008. "Mapping Expressive Dif-ferences Around the World: The Relationship Between Emotional Display Rules and Individualism Versus Collectivism." *Journal of Cross-Cultural Psychology* 39 (1): 55–74.

Matsuzawa, Tetsuro. 2010. "Cognitive Development in Chimpanzees: A Trade-Off Between Memory and Abstraction." In *The Making of Human Concepts,* edited by Denis Mare-schal, Paul C. Quinn, and Stephen E. G. Lea, 227–244. New York: Oxford University Press.

Mayberg, Helen S. 2009. "Targeted Electrode-Based Modulation of Neural Circuits for De-pression." *Journal of Clinical Investigation* 119 (4): 717–725.

Maye, Jessica, Janet F. Werker, and LouAnn Gerken. 2002. "Infant Sensitivity to Distributional Information Can Affect Phonetic Discrimination." *Cognition* 82 (3): B101–B111.

Mayr, Ernst. 1982. *The Growth of Biological Thought: Diversity, Evolution, and Inheritance*. Cambridge, MA: Harvard University Press.

———. 2007. *What Makes Biology Unique? Considerations on the Autonomy of a Scientific Discipline*. New York: Cambridge University Press.

McEwen, Bruce S., Nicole P. Bowles, Jason D. Gray, Matthew N. Hill, Richard G. Hunter, Ilia N. Karatsoreos, and Carla Nasca. 2015. "Mechanisms of Stress in the Brain." *Nature Neuroscience* 18 (10): 1353–1363.

McEwen, Bruce S., and Peter J. Gianaros. 2011. "Stress- and Allostasis-Induced Brain Plas-ticity." *Annual Review of Medicine* 62: 431–445.

McGlone, Francis, Johan Wessberg, and Håkan Olausson. 2014. "Discriminative and Affec-tive Touch: Sensing and Feeling." *Neuron* 82 (4): 737–755.

McGrath, Callie L., Mary E. Kelley, Boadie W. Dunlop, Paul E. Holtzheimer III, W. Ed-ward Craighead, and Helen S. Mayberg. 2014. "Pretreatment Brain States Identify Likely Nonresponse to Standard Treatments for Depression." *Biological Psychiatry* 76 (7): 527–535.

McKelvey, Tara. 2015. "Boston in Shock over Tsarnaev Death Penalty." BBC News, May 16. http://www.bbc.com/news/world-us-canada-32762999.

McMenamin, Brenton W., Sandra J. E. Langeslag, Mihai Sirbu, Srikanth Padmala, and Luiz Pessoa. 2014. "Network Organization Unfolds over Time During Periods of Anxious Anticipation." *Journal of Neuroscience* 34 (34): 11261–11273.

McNally, Gavan P., Joshua P. Johansen, and Hugh T. Blair. 2011. "Placing Prediction into the Fear Circuit." *Trends in Neurosciences* 34 (6): 283–292.

Meganck, Reitske, Stijn Vanheule, Ruth Inslegers, and Mattias Desmet. 2009. "Alexithymia and Interpersonal Problems: A Study of Natural Language Use." *Personality and Indi-vidual Differences* 47 (8): 990–995.

Mena, Jesus D., Ryan A. Selleck, and Brian A. Baldo. 2013. "Mu-Opioid Stimulation in Rat Prefrontal Cortex Engages Hypothalamic Orexin/Hypocretin-Containing Neurons, and Reveals Dissociable Roles of Nucleus Accumbens and Hypothalamus in Cortically Driven Feeding." *Journal of Neuroscience* 33 (47): 18540–18552.

Mennin, Douglas S., Richard G. Heimberg, Cynthia L. Turk, and David M. Fresco. 2005. "Preliminary Evidence for an Emotion Dysregulation Model of Generalized Anxiety Disorder." *Behaviour Research and Therapy* 43 (10): 1281–1310.

Menon, V. 2011. "Large-Scale Brain Networks and Psychopathology: A Unifying Triple

Network Model." *Trends in Cognitive Science* 15 (10): 483–506.

Mervis, Carolyn B., and Eleanor Rosch. 1981. "Categorization of Natural Objects." *Annual Review of Psychology* 32 (1): 89–115.

Merz, Emily C., Tricia A. Zucker, Susan H. Landry, Jeffrey M. Williams, Michael Assel, Heather B. Taylor, Christopher J. Lonigan, Beth M. Phillips, Jeanine Clancy-Menchetti, and Marcia A. Barnes. 2015. "Parenting Predictors of Cognitive Skills and Emotion Knowledge in Socioeconomically Disadvantaged Preschoolers." *Journal of Experimental Child Psychology* 132: 14–31.

Mesman, Judi, Harriet Oster, and Linda Camras. 2012. "Parental Sensitivity to Infant Distress: What Do Discrete Negative Emotions Have to Do with It?" *Attachment and Human Development* 14 (4): 337–348.

Mesquita, Batja, and Nico H. Frijda. 1992. "Cultural Variations in Emotions: A Review." *Psychological Bulletin* 112 (2): 179–204.

Mesulam, M.-Marcel. 2002. "The Human Frontal Lobes: Transcending the Default Mode Through Contingent Encoding." In *Principles of Frontal Lobe Function*, edited by Donald T. Stuss and Robert T. Knight, 8–30. New York: Oxford University Press.

Metti, Andrea L., Howard Aizenstein, Kristine Yaffe, Robert M. Boudreau, Anne Newman, Lenore Launer, Peter J. Gianaros, Oscar L. Lopez, Judith Saxton, and Diane G. Ives. 2015. "Trajectories of Peripheral Interleukin-6, Structure of the Hippocampus, and Cognitive Impairment over 14 Years in Older Adults." *Neurobiology of Aging* 36 (11): 3038–3044.

Miller, Andrew H., Ebrahim Haroon, Charles L. Raison, and Jennifer C. Felger. 2013. "Cytokine Targets in the Brain: Impact on Neurotransmitters and Neurocircuits." *Depression and Anxiety* 30 (4): 297–306.

Miller, Antonia Elise. 2010. "Inherent (Gender) Unreasonableness of the Concept of Rea-sonableness in the Context of Manslaughter Committed in the Heat of Passion." *William and Mary Journal of Women and the Law* 17: 249.

Miller, Gregory E., and Edith Chen. 2010. "Harsh Family Climate in Early Life Presages the Emergence of a Proinflammatory Phenotype in Adolescence." *Psychological Science* 21 (6): 848–856.

Mitchell, Robert W., Nicholas S. Thompson, and H. Lyn Miles. 1997. *Anthropomorphism, Anecdotes, and Animals*. Albany, NY: SUNY Press.

Mobbs, Dean, Hakwan C. Lau, Owen D. Jones, and Christopher D. Frith. 2007. "Law, Responsibility, and the Brain." *PLOS Biology* 5 (4): e103. doi:10.1371/journal.pbio.0050103.

Montgomery, Ben. 2012. "Florida's 'Stand Your Ground' Law Was Born of 2004 Case, but Story Has Been Distorted." Tampa Bay Times, April 14. http://www.tampabay.com/news/publicsafety/floridas-stand-your-ground-law-was-born-of-2004-case-but-story-has-been/1225164.

Monyak, Suzanne. 2015. "Jury Awards $2.2M Verdict Against Food Storage Company in 'Defecator' DNA Case." Daily Report, June 22. http://www.dailyreportonline.com/id=1202730177957/Jury-Awards-22M-Verdict-Against-Food-Storage-Company-in-Defecator-DNA-Case.

Moon, Christine, Hugo Lagercrantz, and Patricia K. Kuhl. 2013. "Language Experienced in Utero Affects Vowel Perception After Birth: A Two-Country Study." *Acta paediatrica* 102 (2): 156–160.

Moore, Shelby A. D. 1994. "Battered Woman Syndrome: Selling the Shadow to Support the Substance." *Howard Law Journal* 38 (2): 297.

Morell, Virginia. 2013. *Animal Wise: How We Know Animals Think and Feel*. New York: Broadway Books.

Moriguchi, Y., A. Negreira, M. Weierich, R. Dautoff, B. C. Dickerson, C. I. Wright, and L. F. Barrett. 2011. "Differential Hemodynamic Response in Affective Circuitry with Aging: An fMRI Study of Novelty, Valence, and Arousal." *Journal of Cognitive Neuroscience* 23 (5): 1027–1041.

Moriguchi, Yoshiya, Alexandra Touroutoglou, Bradford C. Dickerson, and Lisa Feldman Barrett. 2013. "Sex Differences in the Neural Correlates of Affective Experience." *Social Cognitive and Affective Neuroscience* 9 (5): 591–600.

Morrison, Adele M. 2006. "Changing the Domestic Violence (Dis) Course: Moving from White Victim to Multi-Cultural Survivor." *UC Davis Law Review* 39: 1061–1120.

Murai, Chizuko, Daisuke Kosugi, Masaki Tomonaga, Masayuki Tanaka, Tetsuro Matsuzawa, and Shoji Itakura. 2005. "Can Chimpanzee Infants (Pan Troglodytes) Form Categorical Representations in the Same Manner as Human Infants (Homo Sapiens)?" *Developmental Science* 8 (3): 240–254.

Murphy, G. L. 2002. *The Big Book of Concepts*. Cambridge, MA: MIT Press.

Mysels, David J., and Maria A. Sullivan. 2010. "The Relationship Between Opioid and Sugar Intake: Review of Evidence and Clinical Applications." *Journal of Opioid Management* 6 (6): 445–452.

Naab, Pamela J., and James A. Russell. 2007. "Judgments of Emotion from Spontaneous Facial Expressions of New Guineans." *Emotion* 7 (4): 736–744.

Nadler, Janice, and Mary R. Rose. 2002. "Victim Impact Testimony and the Psychology of Punishment." *Cornell Law Review* 88: 419.

National Institute of Mental Health. 2015. "Research Domain Criteria (RDoC)." https://www.nimh.nih.gov/research-priorities/rdoc/.

National Institute of Neurological Disorders and Stroke. 2013. "Complex Regional Pain Syndrome Fact Sheet." http://www.ninds.nih.gov/disorders/reflex_sympathetic_dystrophy/detail_reflex_sympathetic_dystrophy.htm.

National Sleep Foundation. 2011. "Annual Sleep in America Poll Exploring Connections with Communications Technology Use and Sleep." https://sleepfoundation.org/media-center/press-release/annual-sleep-america-poll-exploring-connections-communications-technology-use.

Nauert, Rick. 2013. "70 Percent of Americans Take Prescription Drugs." PsychCentral, June 20. http://psychcentral.com/news/2013/06/20/70-percent-of-americans-take-prescription-drugs/56275.html.

Neisser, Ulric. 2014. *Cognitive Psychology*, Classic Edition. New York: Psychology Press.

Neuroskeptic. 2011. "Neurology vs Psychiatry." *Neuroskeptic Blog*. http://blogs.discovermagazine.com/neuroskeptic/2011/04/07/neurology-vs-psychiatry.

New Jersey Courts, State of New Jersey. 2012. "Identification: In-Court and Out-of-Court Identifications." http://www.judiciary.state.nj.us/criminal/charges/idinout.pdf.

Nielsen, Mark. 2009. "12-Month-Olds Produce Others' Intended but Unfulfilled Acts." *Infancy* 14 (3): 377–389.

Nisbett, Richard E., and Dov Cohen. 1996. *Culture of Honor: The Psychology of Violence in the South*. Boulder, CO: Westview Press.

Noble, Kimberly G., Suzanne M. Houston, Natalie H. Brito, Hauke Bartsch, Eric Kan, Joshua M. Kuperman, Natacha Akshoomoff, David G. Amaral, Cinnamon S. Bloss, and Ondrej Libiger. 2015. "Family Income, Parental Education and Brain Structure in Children and Adolescents." *Nature Neuroscience* 18 (5): 773–778.

Nobler, Mitchell S., Maria A. Oquendo, Lawrence S. Kegeles, Kevin M. Malone, Carl Campbell, Harold A. Sackeim, and J. John Mann. 2001. "Decreased Regional Brain Metabolism After ECT." *American Journal of Psychiatry* 158 (2): 305–308.

Nokia, Miriam S., Sanna Lensu, Juha P. Ahtiainen, Petra P. Johansson, Lauren G. Koch, Steven L. Britton, and Heikki Kainulainen. 2016. "Physical Exercise Increases Adult Hippocampal Neurogenesis in Male Rats Provided It Is Aerobic and Sustained." *Journal of Physiology* 594 (7): 1–19.

Norenzayan, Ara, and Steven J. Heine. 2005. "Psychological Universals: What Are They and How Can We Know?" *Psychological Bulletin* 131 (5): 763–784.

Nummenmaa, Lauri, Enrico Glerean, Riitta Hari, and Jari K. Hietanen. 2014. "Bodily Maps of Emotions." *Proceedings of the National Academy of Sciences* 111 (2): 646–651.

Obrist, Paul A. 1981. *Cardiovascular Psychophysiology: A Perspective*. New York: Plenum.

Obrist, Paul A., Roger A. Webb, James R. Sutterer, and James L. Howard. 1970. "The Cardiac-Somatic Relationship: Some Reformulations." *Psychophysiology* 6 (5): 569–587.

Ochsner, K. N., and J. J. Gross. 2005. "The Cognitive Control of Emotion." *Trends in Cognitive Science* 9 (5): 242–249.

Okamoto-Barth, Sanae, and Masaki Tomonaga. 2006. "Development of Joint Attention in Infant Chimpanzees." In *Cognitive Development in Chimpanzees*, edited by T. Matsuzawa, M. Tomanaga, and M. Tanaka, 155–171. Tokyo: Springer.

Olausson, Håkan, Johan Wessberg, Francis McGlone, and Åke Vallbo. 2010. "The Neuro-physiology of Unmyelinated Tactile Afferents." *Neuroscience and Biobehavioral Reviews* 34 (2): 185–191.

Olfson, Mark, and Steven C. Marcus. 2009. "National Patterns in Antidepressant Medication Treatment." *Archives of General Psychiatry* 66 (8): 848–856.

Oosterwijk, Suzanne, Kristen A. Lindquist, Morenikeji Adebayo, and Lisa Feldman Barrett. 2015. "The Neural Representation of Typical and Atypical Experiences of Negative Images: Comparing Fear, Disgust and Morbid Fascination." *Social Cognitive and Affective Neuroscience* 11 (1): 11–22.

Opendak, Maya, and Elizabeth Gould. 2015. "Adult Neurogenesis: A Substrate for Experience-Dependent Change." *Trends in Cognitive Sciences* 19 (3): 151–161.

Ortony, Andrew, Gerald L. Clore, and Allan Collins. 1990. *The Cognitive Structure of Emotions*. New York: Cambridge University Press.

Osgood, Charles Egerton, George John Suci, and Percy H. Tannenbaum. 1957. *The Measurement of Meaning*. Urbana: University of Illinois Press.

Oster, Harriet. 2005. "The Repertoire of Infant Facial Expressions: An Ontogenetic Perspective." *In Emotional Development: Recent Research Advances*, edited by J. Nadel and D. Muir, 261–292. New York: Oxford University Press.

———. 2006. "Baby FACS: Facial Action Coding System for infants and Young Children." Unpublished monograph and coding manual. New York University.

Owren, Michael J., and Drew Rendall. 2001. "Sound on the Rebound: Bringing Form and Function Back to the Forefront in Understanding Nonhuman Primate Vocal Signaling." *Evolutionary Anthropology: Issues, News, and Reviews* 10 (2): 58–71.

Palumbo, R. V., M. E. Marraccini, L. L. Weyandt, O. Wilder-Smith, H. A. McGee, S. Liu, and M. S. Goodwin. In press. "Interpersonal Autonomic Physiology: A Systematic Review of the Literature." *Personality and Social Psychology Review.*

Panayiotou, Aalexia. 2004. "Bilingual Emotions: The Untranslatable Self." *Estudios de sociolingüística: Linguas, sociedades e culturas* 5 (1): 1–20.

Panksepp, J. 1998. *Affective Neuroscience: The Foundations of Human and Animal Emotions.* New York: Oxford University Press.

———. 2011. "The Basic Emotional Circuits of Mammalian Brains: Do Animals Have Affective Lives?" *Neuroscience and Biobehavioral Reviews* 35 (9): 1791–1804.

Panksepp, Jaak, and Jules B. Panksepp. 2013. "Toward a Cross-Species Understanding of Empathy." *Trends in Neurosciences* 36 (8): 489–496.

Parise, Eugenio, and Gergely Csibra. 2012. "Electrophysiological Evidence for the Understanding of Maternal Speech by 9-Month-Old Infants." *Psychological Science* 23 (7): 728–733.

Park, Hae-Jeong, and Karl Friston. 2013. "Structural and Functional Brain Networks: From Connections to Cognition." *Science* 342 (6158): 1238411.

Park, Seong-Hyun, and Richard H. Mattson. 2009. "Ornamental Indoor Plants in Hospital Rooms Enhanced Health Outcomes of Patients Recovering from Surgery." *Journal of Alternative and Complementary Medicine* 15 (9): 975–980.

Parker, George Howard. 1919. *The Elementary Nervous System.* Philadelphia: J. B. Lippin-cott.

Parr, Lisa A., Bridget M. Waller, Sarah J. Vick, and Kim A. Bard. 2007. "Classifying Chimpanzee Facial Expressions Using Muscle Action." *Emotion* 7 (1): 172–181.

Passingham, Richard. 2009. "How Good Is the Macaque Monkey Model of the Human Brain?" *Current Opinion in Neurobiology* 19 (1): 6–11.

Paulus, Martin P., and Murray B. Stein. 2010. "Interoception in Anxiety and Depression." *Brain Structure and Function* 214 (5–6): 451–463.

Pavlenko, Aneta. 2009. "Conceptual Representation in the Bilingual Lexicon and Second Language Vocabulary Learning." In *The Bilingual Mental Lexicon: Interdisciplinary Approaches*, edited by Aneta Pavlenko, 125–160. Bristol, UK: Multilingual Matters.

———. 2014. *The Bilingual Mind: And What It Tells Us About Language and Thought.* Cam-bridge: Cambridge University Press.

Peelen, M. V., A. P. Atkinson, and P. Vuilleumier. 2010. "Supramodal Representations of Perceived Emotions in the Human Brain." *Journal of Neuroscience* 30 (30): 10127–

10134.

Percy, Elise J., Joseph L. Hoffmann, and Steven J. Sherman. 2010. "Sticky Metaphors and the Persistence of the Traditional Voluntary Manslaughter Doctrine." *University of Michigan Journal of Law Reform* 44: 383.

Perfors, Amy, Joshua B. Tenenbaum, Thomas L. Griffiths, and Fei Xu. 2011. "A Tutorial In-troduction to Bayesian Models of Cognitive Development." *Cognition* 120 (3): 302–321.

Perissinotto, Carla M., Irena Stijacic Cenzer, and Kenneth E. Covinsky. 2012. "Loneliness in Older Persons: A Predictor of Functional Decline and Death." *Archives of Internal Medicine* 172 (14): 1078–1084.

Pessoa, L., E. Thompson, and A. Noe. 1998. "Finding Out About Filling-In: A Guide to Perceptual Completion for Visual Science and the Philosophy of Perception." *Behavioral and Brain Sciences* 21 (6): 723–802.

Pillsbury, Samuel H. 1989. "Emotional Justice: Moralizing the Passions of Criminal Punishment." *Cornell Law Review* 74: 655–710.

Pimsleur. 2014. "Words We Wish Existed in English." Pimsleur Approach. https://www.pimsleurapproach.com/words-we-wish-existed-in-english/.

Pinker, Steven. 1997. *How the Mind Works*. New York: Norton.

———. 2002. *The Blank Slate: The Modern Denial of Human Nature*. New York: Penguin.

Pinto, A., D. Di Raimondo, A. Tuttolomondo, C. Buttà, G. Milio, and G. Licata. 2012. "Effects of Physical Exercise on Inflammatory Markers of Atherosclerosis." *Current Pharmaceutical Design* 18 (28): 4326–4349.

Pisotta, Iolanda, and Marco Molinari. 2014. "Cerebellar Contribution to Feedforward Control of Locomotion." *Frontiers in Human Neuroscience* 8: 1–5.

Planck, Max. 1931. *The Universe in the Light of Modern Physics*. London: Allen and Unwin.

Ploghaus, Alexander, Charvy Narain, Christian F. Beckmann, Stuart Clare, Susanna Bantick, Richard Wise, Paul M. Matthews, J. Nicholas P. Rawlins, and Irene Tracey. 2001. "Exacerbation of Pain by Anxiety Is Associated with Activity in a Hippocampal Network." *Journal of Neuroscience* 21 (24): 9896–9903.

Pollack, Irwin, and James M. Pickett. 1964. "Intelligibility of Excerpts from Fluent Speech: Auditory vs. Structural Context." *Journal of Verbal Learning and Verbal Behavior* 3 (1): 79–84.

Pond, Richard S., Jr., Todd B. Kashdan, C. Nathan DeWall, Antonina Savostyanova, Nathaniel M. Lambert, and Frank D. Fincham. 2012. "Emotion Differentiation Moderates Aggressive Tendencies in Angry People: A Daily Diary Analysis." *Emotion* 12 (2): 326–337.

Posner, M. I., C. R. Snyder, and B. J. Davidson. 1980. "Attention and the Detection of Signals." *Journal of Experimental Psychology* 109 (2): 160–174.

Posner, Michael I., and Steven W. Keele. 1968. "On the Genesis of Abstract Ideas." *Journal of Experimental Psychology* 77 (July): 353–363.

Power, Jonathan D., Alexander L. Cohen, Steven M. Nelson, Gagan S. Wig, Kelly Anne Barnes, Jessica A. Church, Alecia C. Vogel, Timothy O. Laumann, Fran M. Miezin, and Bradley L. Schlaggar. 2011. "Functional Network Organization of the Human Brain." *Neuron* 72 (4): 665–678.

Pratt, Maayan, Magi Singer, Yaniv Kanat-Maymon, and Ruth Feldman. 2015. "Infant Negative Reactivity Defines the Effects of Parent-Child Synchrony on Physiological and Behavioral Regulation of Social Stress." *Development and Psychopathology* 27 (4, part 1): 1191–1204.

Prebble, S. C., D. R. Addis, and L. J. Tippett. 2012. "Autobiographical Memory and Sense of Self." *Psychological Bulletin* 139 (4): 815–840.

Press, Clare, and Richard Cook. 2015. "Beyond Action-Specific Simulation: Domain-General Motor Contributions to Perception." *Trends in Cognitive Sciences* 19 (4): 176–178.

Pribram, Karl H. 1958. "Comparative Neurology and the Evolution of Behavior." In *Behavior and Evolution*, edited by Anne Roe and George Gaylord Simpson, 140–164. New Haven, CT: Yale University Press.

Quaranta, A., M. Siniscalchi, and G. Vallortigara. 2007. "Asymmetric Tail-Wagging Responses by Dogs to Different Emotive Stimuli." *Current Biology* 17 (6): R199–R201.

Quattrocki, E., and Karl Friston. 2014. "Autism, Oxytocin and Interoception." *Neuroscience and Biobehavioral Reviews* 47: 410–430.

Quoidbach, Jordi, June Gruber, Moïra Mikolajczak, Alexsandr Kogan, Ilios Kotsou, and Michael I. Norton. 2014. "Emodiversity and the Emotional Ecosystem." *Journal of Experimental Psychology: General* 143 (6): 2057–2066.

Raichle, M. E. 2010. "Two Views of Brain Function." *Trends in Cognitive Science* 14 (4): 180–190.

Ramon y Cajal, Santiago. 1909–1911. *Histology of the Nervous System of Man and Verte-brates*. Translated by Neeley Swanson and Larry W. Swanson. New York: Oxford

Uni-versity Press.

Ranganathan, Rajiv, and Les G. Carlton. 2007. "Perception-Action Coupling and Anticipatory Performance in Baseball Batting." *Journal of Motor Behavior* 39 (5): 369–380.

Range, Friederike, Ulrike Aust, Michael Steurer, and Ludwig Huber. 2008. "Visual Categorization of Natural Stimuli by Domestic Dogs." *Animal Cognition* 11 (2): 339–347.

Raz, G., T. Touroutoglou, C. Wilson-Mendenhall, G. Gilam, T. Lin, T. Gonen, Y. Jacob, S. Atzil, R. Admon, M. Bleich-Cohen, A. Maron-Katz, T. Hendler, and L. F. Barrett. 2016. "Functional Connectivity Dynamics During Film Viewing Reveal Common Networks for Different Emotional Experiences." *Cognitive, Affective, and Behavioral Neuroscience* 16 (4): 709–723.

Redelmeier, Donald A., and Simon D. Baxter. 2009. "Rainy Weather and Medical School Admission Interviews." *Canadian Medical Association Journal* 181 (12): 933.

Repacholi, Betty M., and Alison Gopnik. 1997. "Early Reasoning About Desires: Evidence from 14- and 18-Month-Olds." *Developmental Psychology* 33 (1): 12–21.

Repetti, Rena L., Shelley E. Taylor, and Teresa E. Seeman. 2002. "Risky Families: Family Social Environments and the Mental and Physical Health of Offspring." *Psychological Bulletin* 128 (2): 330–366.

Reynolds, Gretchen. 2015. "How Walking in Nature Changes the Brain." New York Times, July 22. http://well.blogs.nytimes.com/2015/07/22/how-nature-changes-the-brain/.

Reynolds, S. M., and K. C. Berridge. 2008. "Emotional Environments Retune the Valence of Appetitive Versus Fearful Functions in Nucleus Accumbens." *Nature Neuroscience* 11 (4): 423–425.

Richerson, Peter J., and Robert Boyd. 2008. *Not by Genes Alone: How Culture Transformed Human Evolution*. Chicago: University of Chicago Press.

Rieke, Fred. 1999. *Spikes: Exploring the Neural Code*. Cambridge, MA: MIT Press.

Rigotti, Mattia, Omri Barak, Melissa R. Warden, Xiao-Jing Wang, Nathaniel D. Daw, Earl K. Miller, and Stefano Fusi. 2013. "The Importance of Mixed Selectivity in Complex Cognitive Tasks." *Nature* 497 (7451): 585–590.

Rimmele, Ulrike, Lila Davachi, Radoslav Petrov, Sonya Dougal, and Elizabeth A. Phelps. 2011. "Emotion Enhances the Subjective Feeling of Remembering, Despite Lower Accuracy for Contextual Details." *Emotion* 11 (3): 553–562.

Riva-Posse, Patricio, Ki Sueng Choi, Paul E. Holtzheimer, Cameron C. McIntyre, Robert E. Gross, Ashutosh Chaturvedi, Andrea L. Crowell, Steven J. Garlow, Justin K. Rajendra, and Helen S. Mayberg. 2014. "Defining Critical White Matter Pathways Mediating Successful

Subcallosal Cingulate Deep Brain Stimulation for Treatment-Resistant Depression." *Biological Psychiatry* 76 (12): 963–969.

Roberson, Debi, Jules Davidoff, Ian R. L. Davies, and Laura R. Shapiro. 2005. "Color Categories: Evidence for the Cultural Relativity Hypothesis." *Cognitive Psychology* 50 (4): 378–411.

Rosch, Eleanor. 1978. "Principles of Categorization." In *Cognition and Categorization*, edited by Eleanor Rosch and Barbara B. Lloyd, 2–48. Hillsdale, NJ: Erlbaum.

Roseman, I. J. 1991. "Appraisal Determinants of Discrete Emotions." *Cognition and Emotion* 5 (3): 161–200.

———. 2011. "Emotional Behaviors, Emotivational Goals, Emotion Strategies: Multiple Levels of Organization Integrate Variable and Consistent Responses." *Emotion Review* 3: 1–10.

Rossi, Alexandre Pongrácz, and César Ades. 2008. "A Dog at the Keyboard: Using Arbitrary Signs to Communicate Requests." *Animal Cognition* 11 (2): 329–338.

Rottenberg, Jonathan. 2014. *The Depths: The Evolutionary Origins of the Depression Epidemic*. New York: Basic Books.

Rowe, Meredith L., and Susan Goldin-Meadow. 2009. "Differences in Early Gesture Explain SES Disparities in Child Vocabulary Size at School Entry." *Science* 323 (5916): 951–953.

Roy, M., D. Shohamy, N. Daw, M. Jepma, G. E. Wimmer, and T. D. Wager. 2014. "Representation of Aversive Prediction Errors in the Human Periaqueductal Gray." *Nature Neuroscience* 17 (11): 1607–1612.

Roy, Mathieu, Mathieu Piché, Jen-I Chen, Isabelle Peretz, and Pierre Rainville. 2009. "Cerebral and Spinal Modulation of Pain by Emotions." *Proceedings of the National Academy of Sciences* 106 (49): 20900–20905.

Russell, J. A. 1991a. "Culture and the Categorization of Emotions." *Psychological Bulletin* 110 (3): 426–450.

———. 1991b. "In Defense of a Prototype Approach to Emotion Concepts." *Journal of Personality and Social Psychology* 60 (1): 37–47.

———. 1994. "Is There Universal Recognition of Emotion from Facial Expressions? A Review of the Cross-Cultural Studies." *Psychological Bulletin* 115 (1): 102–141.

———. 2003. "Core Affect and the Psychological Construction of Emotion." *Psychological Review* 110 (1): 145–172.

Russell, J. A., and L. F. Barrett. 1999. "Core Affect, Prototypical Emotional Episodes, and

Other Things Called Emotion: Dissecting the Elephant." *Journal of Personality and Social Psychology* 76 (5): 805–819.

Rychlowska, Magdalena, Yuri Miyamoto, David Matsumoto, Ursula Hess, Eva Gilboa-Schechtman, Shanmukh Kamble, Hamdi Muluk, Takahiko Masuda, and Paula Marie Niedenthal. 2015. "Heterogeneity of Long-History Migration Explains Cultural Differences in Reports of Emotional Expressivity and the Functions of Smiles." *Proceedings of the National Academy of Sciences* 112 (19): E2429–E2436.

Sabra, Abdelhamid I. 1989. *The Optics of Ibn al-Haytham, Books I–III: On Direct Vision.* Vol. 1. London: Warburg Institute, University of London.

Safina, Carl. 2015. *Beyond Words: What Animals Think and Feel.* New York: Macmillan.

Salerno, Jessica M., and Bette L. Bottoms. 2009. "Emotional Evidence and Jurors' Judgments: The Promise of Neuroscience for Informing Psychology and Law." *Behavioral Sciences and the Law* 27 (2): 273–296.

Salminen, Jouko K., Simo Saarijärvi, Erkki Äärelä, Tuula Toikka, and Jussi Kauhanen. 1999. "Prevalence of Alexithymia and Its Association with Sociodemographic Variables in the General Population of Finland." *Journal of Psychosomatic Research* 46 (1): 75–82.

Salter, Michael W., and Simon Beggs. 2014. "Sublime Microglia: Expanding Roles for the Guardians of the CNS." *Cell* 158 (1): 15–24.

Sanchez, Raf, and Peter Foster. 2015. "'You Rape Our Women and Are Taking over Our Country,' Charleston Church Gunman Told Black Victims." Telegraph, June 18. http://www.telegraph.co.uk/news/worldnews/northamerica/usa/11684957/You-rape-our-women-and-are-taking-over-our-country-Charleston-church-gunman-told-black-victims.html.

Sauter, Disa A., Frank Eisner, Paul Ekman, and Sophie K. Scott. 2010. "Cross-Cultural Rec-ognition of Basic Emotions Through Nonverbal Emotional Vocalizations." *Proceedings of the National Academy of Sciences* 107 (6): 2408–2412.

———. 2015. "Emotional Vocalizations Are Recognized Across Cultures Regardless of the Valence of Distractors." *Psychological Science* 26 (3): 354–356.

Sbarra, David A., and Cindy Hazan. 2008. "Coregulation, Dysregulation, Self-Regulation: An Integrative Analysis and Empirical Agenda for Understanding Adult Attachment, Separation, Loss, and Recovery." *Personality and Social Psychology Review* 12 (2): 141–167.

Scalia, Antonin, and Bryan A. Garner. 2008. *Making Your Case: The Art of Persuading Judges.* St. Paul, MN: Thomson/West.

Schacter, D. L., D. R. Addis, D. Hassabis, V. C. Martin, R. N. Spreng, and K. K. Szpunar.

2012. "The Future of Memory: Remembering, Imagining, and the Brain." *Neuron* 76 (4): 677–694.

Schacter, Daniel L. 1996. *Searching for Memory: The Brain, the Mind, and the Past*. New York: Basic Books.

Schacter, Daniel L., and Elizabeth F. Loftus. 2013. "Memory and Law: What Can Cognitive Neuroscience Contribute?" *Nature Neuroscience* 16 (2): 119–123.

Schachter, Stanley, and Jerome Singer. 1962. "Cognitive, Social, and Physiological Determinants of Emotional State." *Psychological Review* 69 (5): 379–399.

Schatz, Howard, and Beverly J. Ornstein. 2006. *In Character: Actors Acting*. Boston: Bulfinch Press.

Schilling, Elizabeth A., Robert H. Aseltine, and Susan Gore. 2008. "The Impact of Cumulative Childhood Adversity on Young Adult Mental Health: Measures, Models, and Interpretations." *Social Science and Medicine* 66 (5): 1140–1151.

Schnall, Simone, Kent D. Harber, Jeanine K. Stefanucci, and Dennis R. Proffitt. 2008. "Social Support and the Perception of Geographical Slant." *Journal of Experimental Social Psychology* 44 (5): 1246–1255.

Scholz, Joachim, and Clifford J. Woolf. 2007. "The Neuropathic Pain Triad: Neurons, Immune Cells and Glia." *Nature Neuroscience* 10 (11): 1361–1368.

Schumann, Karina, Jamil Zaki, and Carol S. Dweck. 2014. "Addressing the Empathy Deficit: Beliefs About the Malleability of Empathy Predict Effortful Responses When Empathy Is Challenging." *Journal of Personality and Social Psychology* 107 (3): 475–493.

Schuster, Mary Lay, and Amy Propen. 2010. "Degrees of Emotion: Judicial Responses to Victim Impact Statements." *Law, Culture and the Humanities* 6 (1): 75–104.

Schwarz, Norbert, and Gerald L. Clore. 1983. "Mood, Misattribution, and Judgments of Well-Being: Informative and Directive Functions of Affective States." *Journal of Personality and Social Psychology* 45 (3): 513–523.

Schyns, P. G., R. L. Goldstone, and J. P. Thibaut. 1998. "The Development of Features in Object Concepts." *Behavioral and Brain Sciences* 21 (1): 1–17, 17–54.

Searle, John R. 1995. *The Construction of Social Reality*. New York: Simon and Schuster.

Selby, Edward A., Stephen A. Wonderlich., Ross D. Crosby, Scott G. Engel, Emily Panza, James E. Mitchell, Scott J. Crow, Carol B. Peterson, and Daniel Le Grange. 2013. "Nothing Tastes as Good as Thin Feels: Low Positive Emotion Differentiation and Weight-Loss Activities in Anorexia Nervosa." *Clinical Psychological Science* 2 (4): 514–531.

Seminowicz, D. A., H. S. Mayberg, A. R. McIntosh, K. Goldapple, S. Kennedy, Z. Segal, and S. Rafi-Tari. 2004. "Limbic-Frontal Circuitry in Major Depression: A Path Modeling Metanalysis." *Neuroimage* 22 (1): 409–418.

Seo, M.-G., B. Goldfarb, and L. F. Barrett. 2010. "Affect and the Framing Effect Within Individuals Across Time: Risk Taking in a Dynamic Investment Game." *Academy of Management Journal* 53: 411–431.

Seruga, Bostjan, Haibo Zhang, Lori J. Bernstein, and Ian F. Tannock. 2008. "Cytokines and Their Relationship to the Symptoms and Outcome of Cancer." *Nature Reviews Cancer* 8 (11): 887–899.

Settle, Ray H., Barbara A. Sommerville, James McCormick, and Donald M. Broom. 1994. "Human Scent Matching Using Specially Trained Dogs." *Animal Behaviour* 48 (6): 1443–1448.

Shadmehr, Reza, Maurice A. Smith, and John W. Krakauer. 2010. "Error Correction, Sensory Prediction, and Adaptation in Motor Control." *Annual Review of Neuroscience* 33: 89–108.

Sharrock, Justine. 2013. "How Facebook, A Pixar Artist, and Charles Darwin Are Reinventing the Emoticon." *Buzzfeed*, February 8. http://www.buzzfeed.com/justinesharrock/how-facebook-a-pixar-artist-and-charles-darwin-are-reinventi?utm_term=.ig1rx82Ky#.hxRb0da4w.

Shenhav, Amitai, Matthew M. Botvinick, and Jonathan D. Cohen. 2013. "The Expected Value of Control: An Integrative Theory of Anterior Cingulate Cortex Function." *Neuron* 79 (2): 217–240.

Shepard, Roger N., and Lynn A. Cooper. 1992. "Representation of Colors in the Blind, Color-Blind, and Normally Sighted." *Psychological Science* 3 (2): 97–104.

Sheridan, Margaret A., and Katie A. McLaughlin. 2014. "Dimensions of Early Experience and Neural Development: Deprivation and Threat." *Trends in Cognitive Sciences* 18 (11): 580–585.

Siegel, E. H., M. K. Sands, P. Condon, Y. Chang, J. Dy, K. S. Quigley, and L. F. Barrett. Under review. "Emotion Fingerprints or Emotion Populations? A Meta-Analytic Investigation of Autonomic Features of Emotion Categories."

Silva, B. A., C. Mattucci, P. Krzywkowski, E. Murana, A. Illarionova, V. Grinevich, N. S. Canteras, D. Ragozzino, and C. T. Gross. 2013. "Independent Hypothalamic Circuits for Social and Predator Fear." *Nature Neuroscience* 16 (12): 1731–1733.

Simon, Herbert A. 1991. "The Architecture of Complexity." *Proceedings of the American Philosophical Society* 106 (6): 467–482.

Simon, Jonathan. 2007. *Governing Through Crime: How the War on Crime Transformed*

American Democracy and Created a Culture of Fear. New York: Oxford University Press.

Sinha, Pawan, Margaret M. Kjelgaard, Tapan K. Gandhi, Kleovoulos Tsourides, Annie L. Cardinaux, Dimitrios Pantazis, Sidney P. Diamond, and Richard M. Held. 2014. "Autism as a Disorder of Prediction." *Proceedings of the National Academy of Sciences* 111 (42): 15220–15225.

Siniscalchi, Marcello, Rita Lusito, Giorgio Vallortigara, and Angelo Quaranta. 2013. "Seeing Left- or Right-Asymmetric Tail Wagging Produces Different Emotional Responses in Dogs." *Current Biology* 23 (22): 2279–2282.

Skerry, Amy E., and Rebecca Saxe. 2015. "Neural Representations of Emotion Are Organ-ized Around Abstract Event Features." *Current Biology* 25 (15): 1945–1954.

Slavich, George M., and Steven W. Cole. 2013. "The Emerging Field of Human Social Ge-nomics." *Clinical Psychological Science* 1 (3): 331–348.

Slavich, George M., and Michael R. Irwin. 2014. "From Stress to Inflammation and Major Depressive Disorder: A Social Signal Transduction Theory of Depression." *Psychological Bulletin* 140 (3): 774.

Sloan, Erica K., John P. Capitanio, Ross P. Tarara, Sally P. Mendoza, William A. Mason, and Steve W. Cole. 2007. "Social Stress Enhances Sympathetic Innervation of Primate Lymph Nodes: Mechanisms and Implications for Viral Pathogenesis." *Journal of Neuroscience* 27 (33): 8857–8865.

Sloutsky, Vladimir M., and Anna V. Fisher. 2012. "Linguistic Labels: Conceptual Markers or Object Features?" *Journal of Experimental Child Psychology* 111 (1): 65–86.

Smith, Dylan M., George Loewenstein, Aleksandra Jankovic, and Peter A. Ubel. 2009. "Happily Hopeless: Adaptation to a Permanent, but Not to a Temporary, Disability." *Health Psychology* 28 (6): 787–791.

Smith, Edward E., and Douglas L. Medin. 1981. *Categories and Concepts*. Cambridge, MA: Harvard University Press.

So Bad So Good. 2012. "25 Handy Words that Simply Don't Exist in English." April 29. http://sobadsogood.com/2012/04/29/25-words-that-simply-dont-exist-in-english/.

Somerville, Leah H., and Paul J. Whalen. 2006. "Prior Experience as a Stimulus Category Confound: An Example Using Facial Expressions of Emotion." *Social Cognitive and Affective Neuroscience* 1 (3): 271–274.

Soni, Mira, Valerie H. Curran, and Sunjeev K. Kamboj. 2013. "Identification of a Nar-row Post-Ovulatory Window of Vulnerability to Distressing Involuntary Memories in Healthy Women." *Neurobiology of Learning and Memory* 104: 32–38.

Soskin, David P., Clair Cassiello, Oren Isacoff, and Maurizio Fava. 2012. "The Inflammatory Hypothesis of Depression." *Focus* 10 (4): 413–421.

Sousa, Cláudia, and Tetsuro Matsuzawa. 2006. "Token Use by Chimpanzees (Pan Troglo-dytes): Choice, Metatool, and Cost." In *Cognitive Development in Chimpanzees*, edited by T. Matsuzawa, M. Tomanaga, and M. Tanaka, 411–438. Tokyo: Springer.

Southgate, Victoria, and Gergely Csibra. 2009. "Inferring the Outcome of an Ongoing Novel Action at 13 Months." *Developmental Psychology* 45 (6): 1794–1798.

Spiegel, Alix. 2012. "What Vietnam Taught Us About Breaking Bad Habits." *National Public Radio*, January 2. http://www.npr.org/sections/health-shots/2012/01/02/144431794/what-vietnam-taught-us-about-breaking-bad-habits.

Sporns, Olaf. 2011. *Networks of the Brain*. Cambridge, MA: MIT Press.

Spunt, R. P., E. B. Falk, and M. D. Lieberman. 2010. "Dissociable Neural Systems Support Retrieval of How and Why Action Knowledge." *Psychological Science* 21 (11): 1593–1598.

Spunt, R. P., and M. D. Lieberman. 2012. "An Integrative Model of the Neural Systems Supporting the Comprehension of Observed Emotional Behavior." *Neuroimage* 59 (3): 3050–3059.

Spyridaki, Eirini C., Panagiotis Simos, Pavlina D. Avgoustinaki, Eirini Dermitzaki, Maria Venihaki, Achilles N. Bardos, and Andrew N. Margioris. 2014. "The Association Between Obesity and Fluid Intelligence Impairment Is Mediated by Chronic Low-Grade Inflammation." *British Journal of Nutrition* 112 (10): 1724–1734.

Srinivasan, Ramprakash, Julie D. Golomb, and Aleix M. Martinez. In press. "A Neural Basis of Facial Action Recognition in Humans." *Journal of Neuroscience*.

Stanton, Annette L., Sharon Danoff-Burg, Christine L. Cameron, Michelle Bishop, Charlotte A. Collins, Sarah B. Kirk, Lisa A. Sworowski, and Robert Twillman. 2000. "Emotionally Expressive Coping Predicts Psychological and Physical Adjustment to Breast Cancer." *Journal of Consulting and Clinical Psychology* 68 (5): 875.

Stanton, Annette L., Sharon Danoff-Burg, and Melissa E. Huggins. 2002. "The First Year After Breast Cancer Diagnosis: Hope and Coping Strategies as Predictors of Adjustment." *Psycho-Oncology* 11 (2): 93–102.

Steiner, Adam P., and A. David Redish. 2014. "Behavioral and Neurophysiological Correlates of Regret in Rat Decision-Making on a Neuroeconomic Task." *Nature Neuroscience* 17 (7): 995–1002.

Stellar, Jennifer E., Neha John-Henderson, Craig L. Anderson, Amie M. Gordon, Galen D. McNeil, and Dacher Keltner. 2015. "Positive Affect and Markers of Inflammation: Discrete Positive Emotions Predict Lower Levels of Inflammatory Cytokines." *Emotion* 15 (2):

129–133.

Stephens, C. L., I. C. Christie, and B. H. Friedman. 2010. "Autonomic Specificity of Basic Emotions: Evidence from Pattern Classification and Cluster Analysis." *Biological Psychology* 84 (3): 463–473.

Sterling, Peter. 2012. "Allostasis: A Model of Predictive Regulation." *Physiology and Behavior* 106 (1): 5–15.

Sterling, Peter, and Simon Laughlin. 2015. *Principles of Neural Design*. Cambridge, MA: MIT Press.

Stevenson, Seth. 2015. "Tsarnaev's Smirk." Slate.com, April 21. http://www.slate.com/ar ticles/news_and_politics/dispatches/2015/04/tsarnaev_trial_sentencing_phase_pros ecutor_makes_case_that_dzhokhar_tsarnaev.html.

Stolk, Arjen, Lennart Verhagen, and Ivan Toni. 2016. "Conceptual Alignment: How Brains Achieve Mutual Understanding." *Trends in Cognitive Sciences* 20 (3): 180–191.

Striedter, Georg F. 2006. "Précis of Principles of Brain Evolution." *Behavioral and Brain Sciences* 29 (1): 1–12.

Styron, William. 2010. *Darkness Visible: A Memoir of Madness*. New York: Open Road Me-dia.

Sullivan, Michael J. L., Mary E. Lynch, and A. J. Clark. 2005. "Dimensions of Catastrophic Thinking Associated with Pain Experience and Disability in Patients with Neuropathic Pain Conditions." *Pain* 113 (3): 310–315.

Susskind, Joshua M., Daniel H. Lee, Andrée Cusi, Roman Feiman, Wojtek Grabski, and Adam K. Anderson. 2008. "Expressing Fear Enhances Sensory Acquisition." *Nature Neuroscience* 11 (7): 843–850.

Suvak, M. K., and L. F. Barrett. 2011. "Considering PTSD from the Perspective of Brain Processes: A Psychological Construction Analysis." *Journal of Traumatic Stress* 24: 3–24.

Suvak, M. K., B. T. Litz, D. M. Sloan, M. C. Zanarini, L. F. Barrett, and S. G. Hofmann. 2011. "Emotional Granularity and Borderline Personality Disorder." *Journal of Abnormal Psychology* 120 (2): 414–426.

Swanson, Larry W. 2012. *Brain Architecture: Understanding the Basic Plan*. New York: Oxford University Press.

Tabibnia, Golnaz, Matthew D. Lieberman, and Michelle G. Craske. 2008. "The Lasting Effect of Words on Feelings: Words May Facilitate Exposure Effects to Threatening Im-ages." *Emotion* 8 (3): 307–317.

Tagkopoulos, Ilias, Yir-Chung Liu, and Saeed Tavazoie. 2008. "Predictive Behavior

Within Microbial Genetic Networks." *Science* 320 (5881): 1313–1317.

Tamir, Maya. 2009. "What Do People Want to Feel and Why? Pleasure and Utility in Emotion Regulation." *Current Directions in Psychological Science* 18 (2): 101–105.

Tanaka, Masayuki. 2011. "Spontaneous Categorization of Natural Objects in Chimpanzees." In *Cognitive Development in Chimpanzees*, edited by T. Matsuzawa, M. Tomanaga, and M. Tanaka, 340–367. Tokyo: Springer.

Tang, Yi-Yuan, Britta K. Hölzel, and Michael I. Posner. 2015. "The Neuroscience of Mind-fulness Meditation." *Nature Reviews Neuroscience* 16 (4): 213–225.

Tassinary, Louis G., and John T. Cacioppo. 1992. "Unobservable Facial Actions and Emo-tion." *Psychological Science* 3 (1): 28–33.

Tassinary, Louis G., John T. Cacioppo, and Eric J. Vanman. 2007. "The Skeletomotor Sys-tem: Surface Electromyography." In *Handbook of Psychophysiology*, 3rd edition, edited by John T. Cacioppo and Louis G. Tassinary, 267–300. New York: Cambridge University Press.

Taumoepeau, Mele, and Ted Ruffman. 2006. "Mother and Infant Talk About Mental States Relates to Desire Language and Emotion Understanding." *Child Development* 77 (2): 465–481.

———. 2008. "Stepping Stones to Others' Minds: Maternal Talk Relates to Child Mental State Language and Emotion Understanding at 15, 24, and 33 Months." *Child Development* 79 (2): 284–302.

TedMed. 2015. "Great Challenges." http://www.tedmed.com/greatchallenges.

Teicher, Martin H., Susan L. Andersen, Ann Polcari, Carl M. Anderson, and Carryl P. Navalta. 2002. "Developmental Neurobiology of Childhood Stress and Trauma." *Psychiatric Clinics* 25 (2): 397–426.

Teicher, Martin H., Susan L. Andersen, Ann Polcari, Carl M. Anderson, Carryl P. Navalta, and Dennis M. Kim. 2003. "The Neurobiological Consequences of Early Stress and Childhood Maltreatment." *Neuroscience and Biobehavioral Reviews* 27 (1): 33–44.

Teicher, Martin H., and Jacqueline A. Samson. 2016. "Annual Research Review: Enduring Neurobiological Effects of Childhood Abuse and Neglect." *Journal of Child Psychology and Psychiatry* 57 (3): 241–266.

Teicher, Martin H., Jacqueline A. Samson, Ann Polcari, and Cynthia E. McGreenery. 2006. "Sticks, Stones, and Hurtful Words: Relative Effects of Various Forms of Childhood Maltreatment." *American Journal of Psychiatry* 163: 993–1000.

Tejero-Fernández, Victor, Miguel Membrilla-Mesa, Noelia Galiano-Castillo, and Manuel Arroyo-Morales. 2015. "Immunological Effects of Massage After Exercise: A Systematic

Review." *Physical Therapy in Sport* 16 (2): 187–192.

Tenenbaum, Joshua B., Charles Kemp, Thomas L. Griffiths, and Noah D. Goodman. 2011. "How to Grow a Mind: Statistics, Structure, and Abstraction." *Science* 331 (6022): 1279–1285.

Tiedens, Larissa Z. 2001. "Anger and Advancement Versus Sadness and Subjugation: The Effect of Negative Emotion Expressions on Social Status Conferral." *Journal of Personality and Social Psychology* 80 (1): 86–94.

Tomasello, Michael. 2014. *A Natural History of Human Thinking*. Cambridge, MA: Harvard University Press.

Tomkins, Silvan S., and Robert McCarter. 1964. "What and Where Are the Primary Affects? Some Evidence for a Theory." *Perceptual and Motor Skills* 18 (1): 119–158.

Tononi, Giulio, and Gerald M. Edelman. 1998. "Consciousness and Complexity." *Science* 282 (5395): 1846–1851.

Touroutoglou, A., E. Bliss-Moreau, J. Zhang, D. Mantini, W. Vanduffel, B. Dickerson, and L. F. Barrett. 2016. "A Ventral Salience Network in the Macaque Brain." *Neuroimage* 132: 190–197.

Touroutoglou, A., K. A. Lindquist, B. C. Dickerson, and L. F. Barrett. 2015. "Intrinsic Connectivity in the Human Brain Does Not Reveal Networks for 'Basic' Emotions." *Social Cognitive and Affective Neuroscience* 10 (9): 1257–1265.

Tovote, Philip, Jonathan Paul Fadok, and Andreas Lüthi. 2015. "Neuronal Circuits for Fear and Anxiety." *Nature Reviews Neuroscience* 16 (6): 317–331.

Tracey, Irene. 2010. "Getting the Pain You Expect: Mechanisms of Placebo, Nocebo and Reappraisal Effects in Humans." *Nature Medicine* 16 (11): 1277–1283.

Tracy, Jessica L., and Daniel Randles. 2011. "Four Models of Basic Emotions: A Review of Ekman and Cordaro, Izard, Levenson, and Panksepp and Watt." *Emotion Review* 3 (4): 397–405.

Tranel, Daniel, Greg Gullickson, Margaret Koch, and Ralph Adolphs. 2006. "Altered Experience of Emotion Following Bilateral Amygdala Damage." *Cognitive Neuropsychiatry* 11 (3): 219–232.

Traub, Richard J., Dong-Yuan Cao, Jane Karpowicz, Sangeeta Pandya, Yaping Ji, Susan G. Dorsey, and Dean Dessem. 2014. "A Clinically Relevant Animal Model of Temporomandibular Disorder and Irritable Bowel Syndrome Comorbidity." *Journal of Pain* 15 (9): 956–966.

Triandis, Harry Charalambos. 1994. *Culture and Social Behavior*. New York: McGraw-Hill.

Trivedi, Bijal P. 2004. "'Hot Tub Monkeys' Offer Eye on Nonhuman 'Culture'." *National Geographic News*, February 6. http://news.nationalgeographic.com/news/2004/02/0206_040206_tvmacaques.html.

Trumble, Angus. 2004. *A Brief History of the Smile*. New York: Basic Books.

Tsai, Jeanne L. 2007. "Ideal Affect: Cultural Causes and Behavioral Consequences." *Perspectives on Psychological Science* 2 (3): 242–259.

Tsuda, Makoto, Simon Beggs, Michael W. Salter, and Kazuhide Inoue. 2013. "Microglia and Intractable Chronic Pain." *Glia* 61 (1): 55–61.

Tucker, Mike, and Rob Ellis. 2001. "The Potentiation of Grasp Types During Visual Object Categorization." *Visual Cognition* 8 (6): 769–800.

———. 2004. "Action Priming by Briefly Presented Objects." *Acta psychologica* 116 (2): 185–203.

Turati, Chiara. 2004. "Why Faces Are Not Special to Newborns: An Alternative Account of the Face Preference." *Current Directions in Psychological Science* 13 (1): 5–8.

Turcsán, Borbála, Flóra Szánthó, Ádám Miklósi, and Enikő Kubinyi. 2015. "Fetching What the Owner Prefers? Dogs Recognize Disgust and Happiness in Human Behaviour." *Animal Cognition* 18 (1): 83–94.

Turkheimer, Eric, Erik Pettersson, and Erin E. Horn. 2014. "A Phenotypic Null Hypothesis for the Genetics of Personality." *Annual Review of Psychology* 65: 515–540.

U.S. Census Bureau. 2015. "Families and Living Arrangements." http://www.census.gov/hhes/families.

Vallacher, Robin R., and Daniel M. Wegner. 1987. "What Do People Think They're Doing? Action Identification and Human Behavior." *Psychological Review* 94 (1): 3–15.

Van de Cruys, Sander, Kris Evers, Ruth Van der Hallen, Lien Van Eylen, Bart Boets, Lee de-Wit, and Johan Wagemans. 2014. "Precise Minds in Uncertain Worlds: Predictive Coding in Autism." *Psychological Review* 121 (4): 649–675.

Van den Heuvel, Martijn P., and Olaf Sporns. 2011. "Rich-Club Organization of the Human Connectome." *Journal of Neuroscience* 31 (44): 15775–15786.

———. 2013. "An Anatomical Substrate for Integration Among Functional Networks in Human Cortex." *Journal of Neuroscience* 33 (36): 14489–14500.

Van der Laan, L. N., D. T. de Ridder, M. A. Viergever, and P. A. Smeets. 2011. "The First Taste Is Always with the Eyes: A Meta-Analysis on the Neural Correlates of Processing Visual Food Cues." *Neuroimage* 55 (1): 296–303.

Van Essen, David C., and Donna Dierker. 2007. "On Navigating the Human Cerebral

Cor-tex: Response to 'In Praise of Tedious Anatomy'." *Neuroimage* 37 (4): 1050-1054.

Vauclair, Jacques, and Joël Fagot. 1996. "Categorization of Alphanumeric Characters by Guinea Baboons: Within—and Between—Class Stimulus." *Cahiers de psychologie cognitive* 15 (5): 449-462.

Vernon, Michael L., Shir Atzil, Paula Pietromonaco, and Lisa Feldman Barrett. 2016. "Love Is a Drug: Parallel Neural Mechanisms in Love and Drug Addiction." Unpublished manuscript, University of Massachusetts, Amherst.

Verosupertramp85. 2012. "Lost in Translation." January 13. http://verosupertram.wordpress.com/2012/01/13/lost-in-translation.

Voorspoels, Wouter, Wolf Vanpaemel, and Gert Storms. 2011. "A Formal Ideal-Based Ac-count of Typicality." *Psychonomic Bulletin and Review* 18 (5): 1006-1014.

Vouloumanos, Athena, Kristine H. Onishi, and Amanda Pogue. 2012. "Twelve-Month-Old Infants Recognize That Speech Can Communicate Unobservable Intentions." *Proceedings of the National Academy of Sciences* 109 (32): 12933-12937.

Vouloumanos, Athena, and Sandra R. Waxman. 2014. "Listen Up! Speech Is for Thinking During Infancy." *Trends in Cognitive Sciences* 18 (12): 642-646.

Wager, T. D., J. Kang, T. D. Johnson, T. E. Nichols, A. B. Satpute, and L. F. Barrett. 2015. "A Bayesian Model of Category-Specific Emotional Brain Responses." *PLOS Computational Biology* 11 (4): e1004066.

Wager, Tor D., and Lauren Y. Atlas. 2015. "The Neuroscience of Placebo Effects: Connect-ing Context, Learning and Health." *Nature Reviews Neuroscience* 16 (7): 403-418.

Wager, Tor D., Lauren Y. Atlas, Martin A. Lindquist, Mathieu Roy, Choong-Wan Woo, and Ethan Kross. 2013. "An fMRI-Based Neurologic Signature of Physical Pain." *New England Journal of Medicine* 368 (15): 1388-1397.

Walker, A. K., A. Kavelaars, C. J. Heijnen, and R. Dantzer. 2014. "Neuroinflammation and Comorbidity of Pain and Depression." *Pharmacological Reviews* 66 (1): 80-101.

Walker, Suellen M., Linda S. Franck, Maria Fitzgerald, Jonathan Myles, Janet Stocks, and Neil Marlow. 2009. "Long-Term Impact of Neonatal Intensive Care and Surgery on Somatosensory Perception in Children Born Extremely Preterm." *Pain* 141 (1): 79-87.

Wall ø e, Solveig, Bente Pakkenberg, and Katrine Fabricius. 2014. "Stereological Estimation of Total Cell Numbers in the Human Cerebral and Cerebellar Cortex." *Frontiers in Human Neuroscience* 8: 508.

Wang, Jing, Ronald J. Iannotti, and Tonja R. Nansel. 2009. "School Bullying Among Adolescents in the United States: Physical, Verbal, Relational, and Cyber." *Journal of Adoles-*

cent Health 45 (4): 368–375.

Waters, Sara F., Tessa V. West, and Wendy Berry Mendes. 2014. "Stress Contagion Physi-ological Covariation Between Mothers and Infants." *Psychological Science* 25 (4): 934– 942.

Waxman, Sandra R., and Susan A. Gelman. 2010. "Different Kinds of Concepts and Differ-ent Kinds of Words: What Words Do for Human Cognition." In *The Making of Human Concepts*, edited by Denis Mareschal, Paul C. Quinn, and Stephen E. G. Lea, 101–130. New York: Oxford University Press.

Waxman, Sandra R., and Dana B. Markow. 1995. "Words as Invitations to Form Categories: Evidence from 12- to 13-Month-Old Infants." *Cognitive Psychology* 29 (3): 257–302.

Wegner, Daniel M., and Kurt Gray. 2016. *The Mind Club: Who Thinks, What Feels, and Why It Matters*. New York: Viking.

Wei, Qiang, Hugh M. Fentress, Mary T. Hoversten, Limei Zhang, Elaine K. Hebda-Bauer, Stanley J. Watson, Audrey F. Seasholtz, and Huda Akil. 2012. "Early-Life Forebrain Glucocorticoid Receptor Overexpression Increases Anxiety Behavior and Cocaine Sensitization." *Biological Psychiatry* 71 (3): 224–231.

Weierich, M. R., C. I. Wright, A. Negreira, B. C. Dickerson, and L. F. Barrett. 2010. "Novelty as a Dimension in the Affective Brain." *Neuroimage* 49 (3): 2871–2878.

Weisleder, Adriana, and Anne Fernald. 2013. "Talking to Children Matters: Early Language Experience Strengthens Processing and Builds Vocabulary." *Psychological Science* 24 (11): 2143–2152.

Westermann, Gert, Denis Mareschal, Mark H. Johnson, Sylvain Sirois, Michael W. Spratling, and Michael S. C. Thomas. 2007. "Neuroconstructivism." *Developmental Science* 10 (1): 75–83.

Whitacre, James, and Axel Bender. 2010. "Degeneracy: A Design Principle for Achieving Robustness and Evolvability." *Journal of Theoretical Biology* 263 (1): 143–153.

Whitacre, James M., Philipp Rohlfshagen, Axel Bender, and Xin Yao. 2012. "Evolutionary Mechanics: New Engineering Principles for the Emergence of Flexibility in a Dynamic and Uncertain World." *Natural Computing* 11 (3): 431–448.

Widen, Sherri C. In press. "The Development of Children's Concepts of Emotion." In *Handbook of Emotions*, 4th edition, edited by Lisa Feldman Barrett, Michael Lewis, and Jeannette M. Haviland-Jones, 307–318. New York: Guilford Press.

Widen, Sherri C., Anita M. Christy, Kristen Hewett, and James A. Russell. 2011. "Do Proposed Facial Expressions of Contempt, Shame, Embarrassment, and Compas-sion

Communicate the Predicted Emotion?" *Cognition and Emotion* 25 (5): 898 – 906.

Widen, Sherri C., and James A. Russell. 2013. "Children's Recognition of Disgust in Others." *Psychological Bulletin* 139 (2): 271 – 299.

Wiech, Katja, Chia-shu Lin, Kay H. Brodersen, Ulrike Bingel, Markus Ploner, and Irene Tracey. 2010. "Anterior Insula Integrates Information About Salience into Perceptual Decisions About Pain." *Journal of Neuroscience* 30 (48): 16324 – 16331.

Wiech, Katja, and Irene Tracey. 2009. "The Influence of Negative Emotions on Pain: Behavioral Effects and Neural Mechanisms." *Neuroimage* 47 (3): 987 – 994.

Wierzbicka, Anna. 1986. "Human Emotions: Universal or Culture-Specific?" *American Anthropologist* 88 (3): 584 – 594.

———. 1999. *Emotions Across Languages and Cultures: Diversity and Universals*. Cambridge: Cambridge University Press.

Wikan, Unni. 1990. *Managing Turbulent Hearts: A Balinese Formula for Living*. Chicago: University of Chicago Press.

Williams, David M., Shira Dunsiger, Ernestine G. Jennings, and Bess H. Marcus. 2012. "Does Affective Valence During and Immediately Following a 10-Min Walk Predict Concurrent and Future Physical Activity?" *Annals of Behavioral Medicine* 44 (1): 43 – 51.

Williams, J. Bradley, Diana Pang, Bertha Delgado, Masha Kocherginsky, Maria Tretiakova, Thomas Krausz, Deng Pan, Jane He, Martha K. McClintock, and Suzanne D. Conzen. 2009. "A Model of Gene-Environment Interaction Reveals Altered Mammary Gland Gene Expression and Increased Tumor Growth Following Social Isolation." *Cancer Prevention Research* 2 (10): 850 – 861.

Wilson, Craig J., Caleb E. Finch, and Harvey J. Cohen. 2002. "Cytokines and Cognition—The Case for a Head-to-Toe Inflammatory Paradigm." *Journal of the American Geriatrics Society* 50 (12): 2041 – 2056.

Wilson, Timothy D., Dieynaba G. Ndiaye, Cheryl Hahn, and Daniel T. Gilbert. 2013. "Still a Thrill: Meaning Making and the Pleasures of Uncertainty." In *The Psychology of Meaning*, edited by Keith D. Markman and Travis Proulx, 421 – 443. Washington, DC: Ameri-can Psychological Association.

Wilson-Mendenhall, Christine D., Lisa Feldman Barrett, and Lawrence W. Barsalou. 2013. "Situating Emotional Experience." *Frontiers in Human Neuroscience* 7: 1 – 16.

———. 2015. "Variety in Emotional Life: Within-Category Typicality of Emotional Experiences Is Associated with Neural Activity in Large-Scale Brain Networks." *Social Cognitive and Affective Neuroscience* 10 (1): 62 – 71.

Wilson-Mendenhall, Christine D., Lisa Feldman Barrett, W. Kyle Simmons, and

Lawrence W. Barsalou. 2011. "Grounding Emotion in Situated Conceptualization." *Neuropsychologia* 49: 1105–1127.

Winkielman, P., K. C. Berridge, and J. L. Wilbarger. 2005. "Unconscious Affective Reactions to Masked Happy Versus Angry Faces Influence Consumption Behavior and Judgments of Value." *Personality and Social Psychology Bulletin* 31 (1): 121–135.

Wistrich, Andrew J., Jeffrey J. Rachlinski, and Chris Guthrie. 2015. "Heart versus Head: Do Judges Follow the Law or Follow Their Feelings." *Texas Law Review* 93: 855–923.

Wittgenstein, Ludwig. 1953. *Philosophical Investigations*. London: Blackwell.

Wolpe, Noham, and James B. Rowe. 2015. "Beyond the 'Urge to Move': Objective Measures for the Study of Agency in the Post-Libet Era." In *Sense of Agency: Examining Awareness of the Acting Self*, edited by Nicole David, James W. Moore, and Sukhvinder Obhi, 213–235. Lausanne, Switzerland: Frontiers Media.

Woo, Choong-Wan, Mathieu Roy, Jason T. Buhle, and Tor D. Wager. 2015. "Distinct Brain Systems Mediate the Effects of Nociceptive Input and Self-Regulation on Pain." *PLOS Biology* 13 (1): e1002036. doi:10.1371/journal.pbio.1002036.

Wood, Wendy, and Dennis Rünger. 2016. "Psychology of Habit." *Annual Review of Psychology* 67: 289–314.

Wu, L. L., and L. W. Barsalou. 2009. "Perceptual Simulation in Conceptual Combination: Evidence from Property Generation." *Acta psychologica (amst)* 132 (2): 173–189.

Xu, Fei. 2002. "The Role of Language in Acquiring Object Kind Concepts in Infancy." *Cognition* 85 (3): 223–250.

Xu, Fei, Melissa Cote, and Allison Baker. 2005. "Labeling Guides Object Individuation in 12-Month-Old Infants." *Psychological Science* 16 (5): 372–377.

Xu, Fei, and Tamar Kushnir. 2013. "Infants Are Rational Constructivist Learners." *Current Directions in Psychological Science* 22 (1): 28–32.

Yang, Yang Claire, Courtney Boen, Karen Gerken, Ting Li, Kristen Schorpp, and Kathleen Mullan Harris. 2016. "Social Relationships and Physiological Determinants of Longevity Across the Human Life Span." *Proceedings of the National Academy of Sciences* 113 (3): 578–583.

Yeager, Mark P., Patricia A. Pioli, and Paul M. Guyre. 2011. "Cortisol Exerts Bi-Phasic Regu-lation of Inflammation in Humans." *Dose Response* 9 (3): 332–347.

Yeo, B. T., et al. 2011. "The Organization of the Human Cerebral Cortex Estimated by Intrinsic Functional Connectivity." *Journal of Neurophysiology* 106 (3): 1125–1165.

Yeo, B. T. Thomas, Fenna M. Krienen, Simon B. Eickhoff, Siti N. Yaakub, Peter T. Fox,

Randy L. Buckner, Christopher L. Asplund, and Michael W. L. Chee. 2014. "Functional Specialization and Flexibility in Human Association Cortex." *Cerebral Cortex* 25 (10): 3654–3672.

Yeomans, Martin R., Lucy Chambers, Heston Blumenthal, and Anthony Blake. 2008. "The Role of Expectancy in Sensory and Hedonic Evaluation: The Case of Smoked Salmon Ice-Cream." *Food Quality and Preference* 19 (6): 565–573.

Yik, Michelle S. M., Zhaolan Meng, and James A. Russell. 1998. "Brief Report: Adults' Freely Produced Emotion Labels for Babies' Spontaneous Facial Expressions." *Cognition and Emotion* 12 (5): 723–730.

Yin, Jun, and Gergely Csibra. 2015. "Concept-Based Word Learning in Human Infants." *Psychological Science* 26 (8): 1316–1324.

Yoshikubo, Shin'ichi. 1985. "Species Discrimination and Concept Formation by Rhesus Monkeys (Macaca Mulatta)." *Primates* 26 (3): 285–299.

Younger, Jarred, Arthur Aron, Sara Parke, Neil Chatterjee, and Sean Mackey. 2010. "View-ing Pictures of a Romantic Partner Reduces Experimental Pain: Involvement of Neural Reward Systems." *PLOS One* 5 (10): e13309. doi:10.1093/cercor/bhv001.

Zachar, Peter. 2014. *A Metaphysics of Psychopathology*. Cambridge, MA: MIT Press.

Zachar, Peter, and Kenneth S. Kendler. 2007. "Psychiatric Disorders: A Conceptual Taxonomy." *American Journal of Psychiatry* 164: 557–565.

Zaki, J., N. Bolger, and K. Ochsner. 2008. "It Takes Two: The Interpersonal Nature of Em-pathic Accuracy." *Psychological Science* 19 (4): 399–404.

Zavadski, Katie. 2015. "Everything Known About Charleston Church Shooting Suspect Dylann Roof." *Daily Beast*, June 20. http://www.thedailybeast.com/articles/2015/06/18/everything-known-about-charleston-church-shooting-suspect-dylann-roof.html.

Zhang, F., H. Fung, T. Sims, and J. L. Tsai. 2013. "The Role of Future Time Perspective in Age Differences in Ideal Affect." 66th Annual Scientific Meeting of the Gerontological Society of America, New Orleans, November 20–24.

Zhuo, Min. 2016. "Neural Mechanisms Underlying Anxiety–Chronic Pain Interactions." *Trends in Neurosciences* 39 (3): 136–145.

Zilles, Karl, Hartmut Mohlberg, Katrin Amunts, Nicola Palomero-Gallagher, and Sebastian Bludau. 2015. "Cytoarchitecture and Maps of the Human Cerebral Cortex." In *Brain Mapping: An Encyclopedic Reference*, volume 2, edited by Arthur W. Toga, 115–136. Cambridge, MA: Academic Press.

감정의 지문을 찾아서

분노, 공포, 혐오, 놀라움, 슬픔, 행복. 심리학에서는 이것을 가리켜 흔히 인간의 여섯 가지 기본 감정이라고 부른다. 여기서 기본적이라는 것은 인간이면 누구나 연령, 성별, 인종, 문화, 시대 등에 상관없이 보편적으로 느끼는 감정이라는 얘기다. 오랜 진화 과정을 통해 형성된 이런 기본 감정은 표정이나 목소리 등을 통해 자연스럽게 표현되며, 우리는 다른 사람의 이런 감정 표현을 별다른 학습 없이도 어렵지 않게 지각한다. 나아가 인간의 뇌에는 이런 각각의 감정을 전담하는 감정 회로가(이른바 '분노 회로', '공포 회로' 등이) 따로따로 존재한다고 여겨진다. 이 책은 감정에 대한 이런 고전적 견해를 정면으로 반박한 책이다.

저자는 "감정에 대한 고전적 견해"를 비판하면서(1장) 감정이 우리 안에 내장되어 있다가 어느 순간 자극을 받으면 촉발되는 것이 아니라, 우리가 애매한 자극에 의미를 부여함으로써 감정을 '구성'

한다고 주장한다. 이 책에서는 저자의 "구성된 감정 이론"을 자세히 설명한 다음에(2~7장), 이에 기초한 새로운 인간관(8장) 및 이 이론의 실천적 함의를 감성지능(9장), 건강(10장), 법률제도(11장), 인간과 다른 동물의 관계(12장)의 측면에서 논의했다. 여기 후기에서는 구성된 감정 이론의 핵심 메시지를 간단히 정리해 보겠다.

반응하는 뇌 vs 예측하는 뇌

과거에 과학자들은 뇌가 평소에 잠자고 있다가 외부 세계에서 자극이 들어오면 깨어나는 반응성 장치라고 생각했다. 숲속을 거닐다 뱀이 나타나면, 평소 잠자고 있던 뇌의 '공포 회로'에 스위치가 켜지면서 얼굴과 신체의 미리 설정된 변화(눈이 커지고 비명을 지르며 달아나기)가 촉발된다는 것이다. 그러나 뇌에 있는 약 860억 개의 뉴런은 외부 자극이 없을 때도 끊임없이 서로를 자극하고 있는데, 뇌의 이런 내인성 활동은 마치 호흡과도 같이 우리가 태어날 때부터 죽을 때까지 멈추지 않고 계속된다. 그리고 저자는 이런 내인성 활동의 기본 작업 모드가 예측이라고 말한다. 여기서 말하는 예측이란 내일 또는 미래의 예측이 아니라 몇 밀리세컨드 후의 '현재'에 대한 예측이다. 이런 예측성 '신경 대화'를 바탕으로 뇌는 우리 주위에서 무슨 일이 일어나는지, 그리고 이것을 어떻게 처리해야 할지를 끊임없이 판단한다. 예컨대 마트에서 과일 코너로 접어드는 순간 우리의 뇌는 이미 사과를(또는 당신이 사는 동네 마트에 평소 바나나가 먼저 진열되어 있다면, 바나나를) 예측한다. 그리고 잠시 후 실제로 사과를 보게 되면, 감각 자극은 예측을 확증하는 역할 외에 별다른 정보 가치를 갖지 않으므로 뇌에서 더 이상 가공될 필요도 없다(정보 처리의 측면에서 예측이 반응보다 훨씬 효율적이다). 그리고 우리가 사과를 한 개 집으면, 우리가 "사과를 집어야지" 하고 생각하기도 전에 뇌에서 사과를 집는 행동과 관련된 여러 운동 예측이 발생한다(이른바 "자유의지의 착각").

마음의 구성, 따라서 또한 감정의 구성

뇌의 예측이 우리의 생존과 안녕에 기여하려면 무엇보다 현실성을 띠어야 할 것이다. 즉 우리가 사는 세계의 사태에 충분히 부합해야 할 것이다. 이런 현실성을 보장해주는 것은 우리의 과거 경험이다. 과거 경험이 거의 없는 신생아는 상당한 정도로 경험맹 상태에 있다. 경험맹 상태란 감각 자극이 들어오긴 하지만 그것이 무엇인지 해석할 수 없어서 의미 있는 경험 대신에 애매모호한 잡음에 둘러싸여 있는 상태다. 이런 아기의 뇌는 거의 예측을 하지 못하거나 섣부른 예측 오류로 가득하다. 반면에 성인의 뇌는 상당히 현실적인 예측들로 가득하다. 우리는 과거 경험을 바탕으로 조금 후에 일어날 세계의 사태와 우리의 신체 상태와 다른 사람의 마음 등을 끊임없이 예측한다. 그리고 이런 예측은 때때로 외부 세계에서 들어오는 감각을 통해 수정되기도 하고(예컨대 우리가 세계를 경험할 때), 때로는 수정될 필요가 없기도 하다(예컨대 우리가 공상에 빠져 있을 때). 심지어 심장이 쿵쾅거리는 느낌, 배가 더부룩한 느낌, 마음이 평온한 느낌 같은 매우 기초적인 느낌도 단순히 우리의 신체 상태를 반영하는 것이 아니라 신체에서 전달되는 자극을 뇌가 예측하고 해석한 결과라고 한다. 결국 우리가 느끼는 모든 것은 뇌가 우리의 과거 경험을 바탕으로 예측하고 해석한 결과인 셈이다. 다시 말해 뇌가 믿는 것이 곧 우리가 경험하는 것이다. 그리고 뇌가 이렇게 예측하고 경험을 구성하면서 사용하는 개념이 감정 개념이면(행복, 슬픔 등등), 뇌는 감정의 사례를 구성하는 셈이고, 우리는 감정을 경험하는 셈이다. 예컨대 우리는 심장이 쿵쾅거리는 느낌을 상황에 따라 앞에 있는 이성에 대한 사랑의 감정으로 구성하기도 하고 아침에 두 잔이나 마신 커피의 효과로 구성하기도 한다.

뇌와 환경의 연속성

다른 사람의 표정이나 목소리 등을 통해 그 사람의 감정을 어렵지 않게 읽을 수 있는 듯한 경험을 종종 하는데, 이것은 감정과 감정의 표현 방식이 보편적이기 때문이 아니라 그 사람과 우리가 감정에 대한 해석 방식과 감정의 표현 방식을 상당히 공유하기 때문이다. 이렇게 여러 사람이 공유하는 해석틀, 표현 방식, 행동 코드 등등을 통틀어 우리는 문화라고 부르곤 한다. 이 책은 문화에 따라 감정 경험이 어떻게 다를 수 있는지에 대해 풍성한 예를 제시한다. 나아가 저자는 우리 몸과 뇌의 생물학적 메커니즘과 우리를 둘러싼 문화적 환경 사이에 상호 침투가 빈번히 일어난다고 주장한다. 저자는 인간의 뇌 자체가 문화적 인공물이라고 말하는데, 왜냐하면 문화적 경험에 따라 뇌의 배선이 달라지기 때문이다. 문화는 뇌의 배선에 영향을 미친다. 그러면 뇌는 문화의 운반자가 되어 다시 문화의 창조와 영속에 기여한다. 이것은 오늘 우리가 우리의 경험을 바꿀 수 있다면, 내일 우리의 뇌 배선이 달라질 것이며, 그러면 다시 모레 우리의 경험이 달라질 것임을 의미한다. 뇌와 환경의 이런 연속성 또는 상호 침투는 많은 실천적 함의를 지니는데, 이에 대해서는 이 책 9~12장에서 자세히 논의하고 있다.

전체적으로 이 책이 우리에게 던지는 메시지는 우리가 우리 자신의 설계자라는 것이다. "당신에게는 마치 감정의 강물이 당신을 덮치는 것처럼 느껴질지 모르나, 실제로는 당신이 이 강의 원천이다." "감정은 우리가 만들어낸다." "당신은 세계의 사태에 그저 반응하도록 배선된 수동적 동물이 아니다. 당신은 당신의 경험과 지각을 생각보다 훨씬 더 크게 좌우한다. 당신은 예측하고 구성하며 행동한다. 당신은 당신 경험의 설계자다." 이 책은 우리가 우리 자신의 설계자인 이유를 신경과학의 언어와 증거를 통해 제시하면서, 이런 구성적 견해가 우리의 삶을 어떻게 바꿀 수 있는지 탐구한 흥미진진한 책이다.

옮 긴 이
최호영

고려대학교 심리학과를 졸업한 뒤, 독일 베를린자유대학교에서 구성주의에 대한 연구로 심리학 박사학위를 받았다. 현재 중앙대학교 중앙철학연구소 전임연구원으로 있다. 주된 관심 분야는 이론 심리학이며, 인문학 기반의 학제적 마음 연구를 진행하고 있다. 지은 책으로《인지와 자본》(공저), 옮긴 책으로《여섯 가지 미래》,《도덕적 불감증》,《가장 인간적인 인간》,《영장류 게임》,《만들어진 생각, 만들어진 행동》,《식수 혁명》,《앎의 나무》,《학습된 낙관주의》,《지혜의 탄생》,《뇌의식과 과학》 등이 있다.

감정은 어떻게 만들어지는가?

초판 1쇄 발행 | 2017년 9월 22일
초판 19쇄 발행 | 2024년 10월 18일

지은이 | 리사 펠드먼 배렛
옮긴이 | 최호영

발행인 | 홍은정

주 소 | 경기도 파주시 심학산로12, 4층 401호
전 화 | 031-839-6800
팩 스 | 031-839-6828

발행처 | ㈜한올엠앤씨
등 록 | 2011년 5월 14일
이메일 | booksonwed@gmail.com

* 책읽는수요일, 비즈니스맵, 라이프맵, 생각연구소, 지식갤러리, 스타일북스는 ㈜한올엠앤씨의 브랜드입니다.